सीताराम

रामचरितमानस

तुलसीदास

कृत

रामायण

rāmcharitmānas

the

rāmāyana

of

tulsīdās

मूल, देवनागरी, छोटा आकार

Original Devnagri Text, Small

Published by: only **RAMA** only
(an Imprint of e1i1 Corporation)

Title: **Ramayana, Small**
Sub-Title: **Ramcharitmanas, Hindi Edition, Small Size**
Author: **Goswami Tulsidas**
Editor: **Vidya Wati**
Cover Design: **Sushma**

Identifiers

Library of Congress Control Number: **2017903505**
ISBN: **978-1-945739-08-8** (Paperback)
ISBN: **978-1-945739-09-5** (Hardcover)

—o—

About the Book: Ramcharitmanas—the Glorious-Lake of the enactments of Lord God Rama—is the Awadhi rendering of the Ramayana narrative. This Holy-Book, which is studied religiously by millions of Hindus across the world every day, was composed, as the legend has it, by Lord Shiva, and then it passed on down through several different narrators, until finally reaching the present era it was penned down by the medieval saint Tulsidas.

-- Hindi only Edition. Small Font and Paper Size--
-- THIS EDITION CONTAINS THE ORIGINAL DEVANAGARI TEXT. IT DOES NOT CONTAIN THE TRANSLITERATION OR TRANSLATION --
-- FOR TRANSLITERATION / TRANSLATION PLEASE SEE OUR OTHER EDITIONS --

About the Author: Goswami Tulsidas (1497-1623), a poet-saint, reformer and philosopher of India is renowned for his devotion to Lord Rama. A composer of several popular works, he is best known as the author of this Epic: Ramcharitmanas. He has been acclaimed as one of the greatest poets in Indian and world literature.

—o—

श्रीरामचरितमानस
śrīrāmacaritamānasa

CONTENTS

I	प्रथम सोपान	बालकाण्ड	bālakāṇḍa	1
II	द्वितीय सोपान	अयोध्याकाण्ड	ayodhyākāṇḍa	55
III	तृतीय सोपान	अरण्यकाण्ड	araṇyakāṇḍa	99
IV	चतुर्थ सोपान	किष्किन्धाकाण्ड	kiṣkindhākāṇḍa	109
V	पञ्चम सोपान	सुन्दरकाण्ड	sundarakāṇḍa	115
VI	षष्ठ सोपान	लंकाकाण्ड	laṁkākāṇḍa	125
VII	सप्तम सोपान	उत्तरकाण्ड	uttarakāṇḍa	147

— OTHER CONTENTS —

- FRONT -

श्री रामायण आरती . śrī rāmāyaṇa āratī

- BACK -

श्री राम-स्तुति . śrī rāma-stuti

श्री हनुमान-स्तुति . śrī hanumāna-stuti

श्री हनुमान चालीसा . śrī hanumāna cālīsā

श्री हनुमान आरती . śrī hanumāna āratī

About Rāmcharitmānas and Tulsīdās

श्री रामायण आरती — śrī rāmāyaṇa ārati

आरति श्रीरामायनजी की, कीरति कलित ललित सिय पी की.
ārati śrīrāmāyanajī kī, kīrati kalita lalita siya pī kī.

गावत ब्रह्मादिक मुनि नारद, बालमीक बिग्यान बिसारद.
gāvata brahmādika muni nārada, bālamīka bigyāna bisārada.
सुक सनकादि सेष अरु सारद, बरनि पवनसुत कीरति नीकी.१.
suka sanakādi seṣa aru sārada, barani pavanasuta kīrati nīkī. [1]

गावत बेद पुरान अष्टदस, छओ सास्त्र सब ग्रंथन को रस.
gāvata beda purāna aṣṭadasa, chao sāstra saba graṁthana ko rasa.
मुनि जन धन संतन को सरबस, सार अंस संमत सबही की.२.
muni jana dhana saṁtana ko sarabasa, sāra aṁsa saṁmata sabahī kī. [2]

गावत संतत संभु भवानी, अरु घटसंभव मुनि बिग्यानी.
gāvata saṁtata saṁbhu bhavānī, aru ghaṭasaṁbhava muni bigyānī.
ब्यास आदि कबिबर्ज बखानी, कागभुसुंडि गरुड के ही की.३.
byāsa ādi kabibarja bakhānī, kāgabhusuṁḍi garuḍa ke hī kī. [3]

कलिमल हरनि बिषय रस फीकी, सुभग सिंगार मुक्ति जुबती की.
kalimala harani biṣaya rasa phīkī, subhaga siṁgāra mukti jubatī kī.
दलन रोग भव मूरि अमी की, तात मात सब बिधि तुलसी की.४.
dalana roga bhava mūri amī kī, tāta māta saba bidhi tulasī kī. [4]

आरति श्रीरामायनजी की, कीरति कलित ललित सिय पी की ...
ārati śrīrāmāyanajī kī, kīrati kalita lalita siya pī kī ...

रामायण
तुलसीदास
B. K. Mitra
रामचरितमानस

श्रीजानकीवल्लभो विजयते

śrījānakīvallabho vijayate

श्रीरामचरितमानस

śrīrāmacaritamānasa

प्रथम सोपान - बालकाण्ड

prathama sopāna - bālakāṇḍa

श्लोक-śloka:

वर्णानामर्थसंघानां रसानां छन्दसामपि,
मङ्गलानां च कर्त्तारौ वन्दे वाणीविनायकौ.१.
भवानीशङ्करौ वन्दे श्रद्धाविश्वासरूपिणौ,
याभ्यां विना न पश्यन्ति सिद्धाःस्वान्तःस्थमीश्वरम्.२.
वन्दे बोधमयं नित्यं गुरुं शङ्कररूपिणम्,
यमाश्रितो हि वक्रोऽपि चन्द्रः सर्वत्र वन्द्यते.३.
सीतारामगुणग्रामपुण्यारण्यविहारिणौ,
वन्दे विशुद्धविज्ञानौ कवीश्वरकपीश्वरौ.४.
उद्भवस्थितिसंहारकारिणीं क्लेशहारिणीम्,
सर्वश्रेयस्करीं सीतां नतोऽहं रामवल्लभाम्.५.
यन्मायावशवर्त्ति विश्वमखिलं ब्रह्मादिदेवासुरा
यत्सत्त्वादमृषैव भाति सकलं रज्जौ यथाहेर्भ्रमः,
यत्पादप्लवमेकमेव हि भवाम्भोधेस्तितीर्षावतां
वन्देऽहं तमशेषकारणपरं रामाख्यमीशं हरिम्.६.
नानापुराणनिगमागमसम्मतं यद्
रामायणे निगदितं क्वचिदन्यतोऽपि,
स्वान्तःसुखाय तुलसी रघुनाथगाथा-
भाषानिबन्धमतिमञ्जुलमातनोति.७.

सोरठा-soraṭhā:

जो सुमिरत सिधि होइ गन नायक करिबर बदन,
करउ अनुग्रह सोइ बुद्धि रासि सुभ गुन सदन.१.
मूक होइ बाचाल पंगु चढइ गिरिबर गहन,
जासु कृपाँ सो दयाल द्रवउ सकल कलि मल दहन.२.
नील सरोरुह स्याम तरुन अरुन बारिज नयन,
करउ सो मम उर धाम सदा छीरसागर सयन.३.
कुंद इंदु सम देह उमा रमन करुना अयन,
जाहि दीन पर नेह करउ कृपा मर्दन मयन.४.
बंदउँ गुरु पद कंज कृपा सिंधु नररूप हरि,
महामोह तम पुंज जासु बचन रबि कर निकर.५.

चौपाई-caupāī:

बंदउँ गुरु पद पदुम परागा, सुरुचि सुबास सरस अनुरागा.
अमिअ मूरिमय चूरन चारू, समन सकल भव रुज परिवारू.
सुकृति संभु तन बिमल बिभूती, मंजुल मंगल मोद प्रसूती.
जन मन मंजु मुकुर मल हरनी, किएँ तिलक गुन गन बस करनी.
श्रीगुर पद नख मनि गन जोती, सुमिरत दिब्य दृष्टि हियँ होती.
दलन मोह तम सो सप्रकासू, बड़े भाग उर आवइ जासू.
उघरहिं बिमल बिलोचन ही के, मिटहिं दोष दुख भव रजनी के.
सूझहिं राम चरित मनि मानिक, गुपुत प्रगट जहँ जो जेहि खानिक.

दोहा-dohā:

जथा सुअंजन अंजि दृग साधक सिद्ध सुजान,
कौतुक देखत सैल बन भूतल भूरि निधान.१.

चौपाई-caupāī:

गुरु पद रज मृदु मंजुल अंजन, नयन अमिअ दृग दोष बिभंजन.
तेहिं करि बिमल बिबेक बिलोचन, बरनउँ राम चरित भव मोचन.
बंदउँ प्रथम महीसुर चरना, मोह जनित संसय सब हरना.
सुजन समाज सकल गुन खानी, करउँ प्रनाम सप्रेम सुबानी.
साधु चरित सुभ चरित कपासू, निरस बिसद गुनमय फल जासू.
जो सहि दुख परछिद्र दुरावा, बंदनीय जेहिं जग जस पावा.
मुद मंगलमय संत समाजू, जो जग जंगम तीरथराजू.
राम भक्ति जहँ सुरसरि धारा, सरसइ ब्रह्म बिचार प्रचारा.
बिधि निषेधमय कलि मल हरनी, करम कथा रबिनंदनि बरनी.
हरि हर कथा बिराजति बेनी, सुनत सकल मुद मंगल देनी.
बटु बिस्वास अचल निज धरमा, तीरथराज समाज सुकरमा.
सबहि सुलभ सब दिन सब देसा, सेवत सादर समन कलेसा.
अकथ अलौकिक तीरथराऊ, देइ सद्य फल प्रगट प्रभाऊ.

दोहा-dohā:

सुनि समुझहिं जन मुदित मन मज्जहिं अति अनुराग,
लहहिं चारि फल अछत तनु साधु समाज प्रयाग.२.

चौपाई-caupāī:

मज्जन फल पेखिअ ततकाला, काक होहिं पिक बकउ मराला.
सुनि आचरज करै जनि कोई, सतसंगति महिमा नहिं गोई.

बालमीक नारद घटजोनी, निज निज मुखनि कही निज होनी.
जलचर थलचर नभचर नाना, जे जड़ चेतन जीव जहाना.
मति कीरति गति भूति भलाई, जब जेहिं जतन जहाँ जेहिं पाई.
सो जानब सतसंग प्रभाऊ, लोकहुँ बेद न आन उपाऊ.
बिनु सतसंग बिबेक न होई, राम कृपा बिनु सुलभ न सोई.
सतसंगत मुद मंगल मूला, सोइ फल सिधि सब साधन फूला.
सठ सुधरहिं सतसंगति पाई, पारस परस कुधात सुहाई.
बिधि बस सुजन कुसंगत परहीं, फनि मनि सम निज गुन अनुसरहीं.
बिधि हरि हर कबि कोबिद बानी, कहत साधु महिमा सकुचानी.
सो मो सन कहि जात न कैसें, साक बनिक मनि गुन गन जैसें.

दोहा-dohā:

बंदउँ संत समान चित हित अनहित नहिं कोइ,
अंजलि गत सुभ सुमन जिमि सम सुगंध कर दोइ.३क.

संत सरल चित जगत हित जानि सुभाउ सनेहु,
बालबिनय सुनि करि कृपा रामचरन रति देहु.३ख.

चौपाई-caupāī:

बहुरि बंदि खल गन सतिभाएँ, जे बिनु काज दाहिनेहु बाएँ.
पर हित हानि लाभ जिन्ह केरें, उजरें हरष बिषाद बसेरें.
हरि हर जस राकेस राहु से, पर अकाज भट सहसबाहु से.
जे पर दोष लखहिं सहसाखी, पर हित घृत जिन्ह के मन माखी.
तेज कृसानु रोष महिषेसा, अघ अवगुन धन धनी धनेसा.
उदय केत सम हित सबही के, कुंभकरन सम सोवत नीके.
पर अकाजु लगि तनु परिहरहीं, जिमि हिम उपल कृषी दलि गरहीं.
बंदउँ खल जस सेष सरोषा, सहस बदन बरनइ पर दोषा.
पुनि प्रनवउँ पृथुराज समाना, पर अघ सुनइ सहस दस काना.
बहुरि सक्र सम बिनवउँ तेही, संतत सुरानीक हित जेही.
बचन बज्र जेहि सदा पिआरा, सहस नयन पर दोष निहारा.

दोहा-dohā:

उदासीन अरि मीत हित सुनत जरहिं खल रीति,
जानि पानि जुग जोरि जन बिनती करइ सप्रीति.४.

चौपाई-caupāī:

मैं अपनी दिसि कीन्ह निहोरा, तिन्ह निज ओर न लाउब भोरा.
बायस पलिअहिं अति अनुरागा, होहिं निरामिष कबहुँ कि कागा.
बंदउँ संत असज्जन चरना, दुखप्रद उभय बीच कछु बरना.
बिछुरत एक प्रान हरि लेहीं, मिलत एक दुख दारुन देहीं.
उपजहिं एक संग जग माहीं, जलज जोंक जिमि गुन बिलगाहीं.
सुधा सुरा सम साधु असाधू, जनक एक जग जलधि अगाधू.
भल अनभल निज निज करतूती, लहत सुजस अपलोक बिभूती.
सुधा सुधाकर सुरसरि साधू, गरल अनल कलिमल सरि ब्याधू.
गुन अवगुन जानत सब कोई, जो जेहि भाव नीक तेहि सोई.

दोहा-dohā:

भलो भलाइहि पै लहइ लहइ निचाइहि नीचु,
सुधा सराहिअ अमरताँ गरल सराहिअ मीचु.५.

चौपाई-caupāī:

खल अघ अगुन साधु गुन गाहा, उभय अपार उदधि अवगाहा.
तेहि तें कछु गुन दोष बखाने, संग्रह त्याग न बिनु पहिचाने.
भलेउ पोच सब बिधि उपजाए, गनि गुन दोष बेद बिलगाए.
कहहिं बेद इतिहास पुराना, बिधि प्रपंचु गुन अवगुन साना.
दुख सुख पाप पुन्य दिन राती, साधु असाधु सुजाति कुजाती.
दानव देव ऊँच अरु नीचू, अमिअ सुजीवनु माहुरु मीचू.
माया ब्रह्म जीव जगदीसा, लच्छि अलच्छि रंक अवनीसा.
कासी मग सुरसरि क्रमनासा, मरु मारव महिदेव गवासा.
सरग नरक अनुराग बिरागा, निगमागम गुन दोष बिभागा.

दोहा-dohā:

जड़ चेतन गुन दोषमय बिस्व कीन्ह करतार,
संत हंस गुन गहहिं पय परिहरि बारि बिकार.६.

चौपाई-caupāī:

अस बिबेक जब देइ बिधाता, तब तजि दोष गुनहिं मनु राता.
काल सुभाउ करम बरिआईं, भलेउ प्रकृति बस चुकइ भलाईं.
सो सुधारि हरिजन जिमि लेहीं, दलि दुख दोष बिमल जसु देहीं.
खलउ करहिं भल पाइ सुसंगू, मिटइ न मलिन सुभाउ अभंगू.
लखि सुबेष जग बंचक जेऊ, बेष प्रताप पूजिअहिं तेऊ.
उधरहिं अंत न होइ निबाहू, कालनेमि जिमि रावन राहू.
किएहुँ कुबेषु साधु सनमानू, जिमि जग जामवंत हनुमानू.
हानि कुसंग सुसंगति लाहू, लोकहुँ बेद बिदित सब काहू.
गगन चढ़इ रज पवन प्रसंगा, कीचहिं मिलइ नीच जल संगा.
साधु असाधु सदन सुक सारीं, सुमिरहिं राम देहिं गनि गारीं.
धूम कुसंगति कारिख होई, लिखिअ पुरान मंजु मसि सोई.
सोइ जल अनल अनिल संघाता, होइ जलद जग जीवन दाता.

दोहा-dohā:

ग्रह भेषज जल पवन पट पाइ कुजोग सुजोग,
होहिं कुबस्तु सुबस्तु जग लखहिं सुलच्छन लोग.७क.

सम प्रकास तम पाख दुहुँ नाम भेद बिधि कीन्ह,
ससि सोषक पोषक समुझि जग जस अपजस दीन्ह.७ख.

जड़ चेतन जग जीव जत सकल राममय जानि,
बंदउँ सब के पद कमल सदा जोरि जुग पानि.७ग.

देव दनुज नर नाग खग प्रेत पितर गंधर्ब,
बंदउँ किंनर रजनिचर कृपा करहु अब सर्ब.७घ.

चौपाई-caupāī:

आकर चारि लाख चौरासी, जाति जीव जल थल नभ बासी.
सीय राममय सब जग जानी, करउँ प्रनाम जोरि जुग पानी.
जानि कृपाकर किंकर मोहू, सब मिलि करहु छाडि छल छोहू.
निज बुधि बल भरोस मोहि नाहीं, तातें बिनय करउँ सब पाहीं.
करन चहउँ रघुपति गुन गाहा, लघु मति मोरि चरित अवगाहा.
सूझ न एकउ अंग उपाऊ, मन मति रंक मनोरथ राऊ.
मति अति नीच ऊँचि रुचि आछी, चहिअ अमिअ जग जुरइ न छाछी.
छमिहहिं सज्जन मोरि ढिठाई, सुनिहहिं बालबचन मन लाई.
जौं बालक कह तोतरि बाता, सुनहिं मुदित मन पितु अरु माता.

हँसिहहिं कूर कुटिल कुबिचारी, जे पर दूषन भूषनधारी.
निज कबित्त केहि लाग न नीका, सरस होउ अथवा अति फीका.
जे पर भनिति सुनत हरषाहीं, ते बर पुरुष बहुत जग नाहीं.
जग बहु नर सर सरि सम भाई, जे निज बाढ़ि बढ़हिं जल पाई.
सज्जन सकृत सिंधु सम कोई, देखि पूर बिधु बाढ़इ जोई.

दोहा-dohā:

भाग छोट अभिलाषु बड़ करउँ एक बिस्वास,
पैहहिं सुख सुनि सुजन सब खल करिहहिं उपहास.८.

चौपाई-caupāī:

खल परिहास होइ हित मोरा, काक कहहिं कलकंठ कठोरा.
हंसहि बक दादुर चातकही, हँसहिं मलिन खल बिमल बतकही.
कबित रसिक न राम पद नेहू, तिन्ह कहँ सुखद हास रस एहू.
भाषा भनिति भोरि मति मोरी, हँसिबे जोग हँसें नहिं खोरी.
प्रभु पद प्रीति न सामुझि नीकी, तिन्हहि कथा सुनि लागिहि फीकी.
हरि हर पद रति मति न कुतरकी, तिन्ह कहुँ मधुर कथा रघुबर की.
राम भगति भूषित जियँ जानी, सुनिहहिं सुजन सराहि सुबानी.
कबि न होउँ नहिं बचन प्रबीनू, सकल कला सब बिद्या हीनू.
आखर अरथ अलंकृति नाना, छंद प्रबंध अनेक बिधाना.
भाव भेद रस भेद अपारा, कबित दोष गुन बिबिध प्रकारा.
कबित बिबेक एक नहिं मोरें, सत्य कहउँ लिखि कागद कोरें.

दोहा-dohā:

भनिति मोरि सब गुन रहित बिस्व बिदित गुन एक,
सो बिचारि सुनिहहिं सुमति जिन्ह कें बिमल बिबेक.९.

चौपाई-caupāī:

एहि महँ रघुपति नाम उदारा, अति पावन पुरान श्रुति सारा.
मंगल भवन अमंगल हारी, उमा सहित जेहि जपत पुरारी.
भनिति बिचित्र सुकबि कृत जोऊ, राम नाम बिनु सोह न सोऊ.
बिधुबदनी सब भाँति सँवारी, सोह न बसन बिना बर नारी.
सब गुन रहित कुकबि कृत बानी, राम नाम जस अंकित जानी.
सादर कहहिं सुनहिं बुध ताही, मधुकर सरिस संत गुनग्राही.
जदपि कबित रस एकउ नाहीं, राम प्रताप प्रकट एहि माहीं.
सोइ भरोस मोरें मन आवा, केहिं न सुसंग बडप्पनु पावा.
धूमउ तजइ सहज करुआई, अगरु प्रसंग सुगंध बसाई.
भनिति भदेस बस्तु भलि बरनी, राम कथा जग मंगल करनी.

छंद-chamda:

मंगल करनि कलि मल हरनि तुलसी कथा रघुनाथ की,
गति कूर कबिता सरित की ज्यों सरित पावन पाथ की.
प्रभु सुजस संगति भनिति भलि होइहि सुजन मन भावनी,
भव अंग भूति मसान की सुमिरत सुहावनि पावनी.

दोहा-dohā:

प्रिय लागिहि अति सबहि मम भनिति राम जस संग,
दारु बिचारु कि करइ कोउ बंदिअ मलय प्रसंग.१०क.

स्याम सुरभि पय बिसद अति गुनद करहिं सब पान,
गिरा ग्राम्य सिय राम जस गावहिं सुनहिं सुजान.१०ख.

चौपाई-caupāī:

मनि मानिक मुकुता छबि जैसी, अहि गिरि गज सिर सोह न तैसी.
नृप किरीट तरुनी तनु पाई, लहहिं सकल सोभा अधिकाई.
तैसेहिं सुकबि कबित बुध कहहीं, उपजहिं अनत अनत छबि लहहीं.
भगति हेतु बिधि भवन बिहाई, सुमिरत सारद आवति धाई.
राम चरित सर बिनु अन्हवाएँ, सो श्रम जाइ न कोटि उपाएँ.
कबि कोबिद अस हृदयँ बिचारी, गावहिं हरि जस कलि मल हारी.
कीन्हें प्राकृत जन गुन गाना, सिर धुनि गिरा लगत पछिताना.
हृदय सिंधु मति सीप समाना, स्वाति सारदा कहहिं सुजाना.
जौं बरसइ बर बारि बिचारू, होहिं कबित मुकुतामनि चारू.

दोहा-dohā:

जुगुति बेधि पुनि पोहिअहिं रामचरित बर ताग,
पहिरहिं सज्जन बिमल उर सोभा अति अनुराग.११.

चौपाई-caupāī:

जे जनमे कलिकाल कराला, करतब बायस बेष मराला.
चलत कुपंथ बेद मग छाँडे, कपट कलेवर कलि मल भाँडे.
बंचक भगत कहाइ राम के, किंकर कंचन कोह काम के.
तिन्ह महँ प्रथम रेख जग मोरी, धींग धरमध्वज धंधक धोरी.
जौं अपने अवगुन सब कहऊँ, बाढ़इ कथा पार नहिं लहऊँ.
ताते मैं अति अलप बखाने, थोरे महुँ जानिहहिं सयाने.
समुझि बिबिधि बिधि बिनती मोरी, कोउ न कथा सुनि देइहि खोरी.
एतेहु पर करिहहिं जे असंका, मोहि ते अधिक ते जड़ मति रंका.
कबि न होउँ नहिं चतुर कहावउँ, मति अनुरूप राम गुन गावउँ.
कहँ रघुपति के चरित अपारा, कहँ मति मोरि निरत संसारा.
जेहिं मारुत गिरि मेरु उड़ाहीं, कहहु तूल केहि लेखे माहीं.
समुझत अमित राम प्रभुताई, करत कथा मन अति कदराई.

दोहा-dohā:

सारद सेस महेस बिधि आगम निगम पुरान,
नेति नेति कहि जासु गुन करहिं निरंतर गान.१२.

चौपाई-caupāī:

सब जानत प्रभु प्रभुता सोई, तदपि कहें बिनु रहा न कोई.
तहाँ बेद अस कारन राखा, भजन प्रभाउ भाँति बहु भाषा.
एक अनीह अरूप अनामा, अज सच्चिदानंद पर धामा.
ब्यापक बिस्वरूप भगवाना, तेहिं धरि देह चरित कृत नाना.
सो केवल भगतन हित लागी, परम कृपाल प्रनत अनुरागी.
जेहि जन पर ममता अति छोहू, जेहिं करुना करि कीन्ह न कोहू.
गई बहोर गरीब नेवाजू, सरल सबल साहिब रघुराजू.
बुध बरनहिं हरि जस अस जानी, करहिं पुनीत सुफल निज बानी.
तेहिं बल मैं रघुपति गुन गाथा, कहिहउँ नाइ राम पद माथा.
मुनिन्ह प्रथम हरि कीरति गाई, तेहिं मग चलत सुगम मोहि भाई.

दोहा-dohā:

अति अपार जे सरित बर जौं नृप सेतु कराहिं,
चढ़ि पिपीलिकउ परम लघु बिनु श्रम पारहि जाहिं.१३.

चौपाई-caupāī:

एहि प्रकार बल मनहि देखाई, करिहउँ रघुपति कथा सुहाई.
ब्यास आदि कबि पुंगव नाना, जिन्ह सादर हरि सुजस बखाना.

चरन कमल बंदउँ तिन्ह केरे, पुरवहुँ सकल मनोरथ मेरे.
कलि के कबिन्ह करउँ परनामा, जिन्ह बरने रघुपति गुन ग्रामा.
जे प्राकृत कबि परम सयाने, भाषाँ जिन्ह हरि चरित बखाने.
भए जे अहहिं जे होइहहिं आगें, प्रनवउँ सबहि कपट सब त्यागें.
होहु प्रसन्न देहु बरदानू, साधु समाज भनिति सनमानू.
जो प्रबंध बुध नहिं आदरहीं, सो श्रम बादि बाल कबि करहीं.
कीरति भनिति भूति भलि सोई, सुरसरि सम सब कहँ हित होई.
राम सुकीरति भनिति भदेसा, असमंजस अस मोहि अँदेसा.
तुम्हरी कृपाँ सुलभ सोउ मोरे, सिअनि सुहावनि टाट पटोरे.

दोहा-dohā:

सरल कबित कीरति बिमल सोइ आदरहिं सुजान,
सहज बयर बिसराइ रिपु जो सुनि करहिं बखान.१४क.

सो न होइ बिनु बिमल मति मोहि मति बल अति थोर,
करहु कृपा हरि जस कहउँ पुनि पुनि करउँ निहोर.१४ख.

कबि कोबिद रघुबर चरित मानस मंजु मराल,
बाल बिनय सुनि सुरुचि लखि मो पर होहु कृपाल.१४ग.

सोरठा-soraṭhā:

बंदउँ मुनि पद कंजु रामायन जेहिं निरमयउ,
सखर सुकोमल मंजु दोष रहित दूषन सहित.१४घ.

बंदउँ चारिउ बेद भव बारिधि बोहित सरिस,
जिन्हहि न सपनेहुँ खेद बरनत रघुबर बिसद जसु.१४ङ.

बंदउँ बिधि पद रेनु भव सागर जेहिं कीन्ह जहँ,
संत सुधा ससि धेनु प्रगटे खल बिष बारुनी.१४च.

दोहा-dohā:

बिबुध बिप्र बुध ग्रह चरन बंदि कहउँ कर जोरि,
होइ प्रसन्न पुरवहु सकल मंजु मनोरथ मोरि.१४छ.

चौपाई-caupāī:

पुनि बंदउँ सारद सुरसरिता, जुगल पुनीत मनोहर चरिता.
मज्जन पान पाप हर एका, कहत सुनत एक हर अबिबेका.
गुर पितु मातु महेस भवानी, प्रनवउँ दीनबंधु दिन दानी.
सेवक स्वामि सखा सिय पी के, हित निरुपधि सब बिधि तुलसी के.
कलि बिलोकि जग हित हर गिरिजा, साबर मंत्र जाल जिन्ह सिरिजा.
अनमिल आखर अरथ न जापू, प्रगट प्रभाउ महेस प्रतापू.
सो उमेस मोहि पर अनुकूला, करिहिं कथा मुद मंगल मूला.
सुमिरि सिवा सिव पाइ पसाऊ, बरनउँ रामचरित चित चाऊ.
भनिति मोरि सिव कृपाँ बिभाती, ससि समाज मिलि मनहुँ सुराती.
जे एहि कथहि सनेह समेता, कहिहहिं सुनिहहिं समुझि सचेता.
होइहहिं राम चरन अनुरागी, कलि मल रहित सुमंगल भागी.

दोहा-dohā:

सपनेहुँ साचेहुँ मोहि पर जौं हर गौरि पसाउ,
तौ फुर होउ जो कहेउँ सब भाषा भनिति प्रभाउ.१५.

चौपाई-caupāī:

बंदउँ अवध पुरी अति पावनि, सरजू सरि कलि कलुष नसावनि.
प्रनवउँ पुर नर नारि बहोरी, ममता जिन्ह पर प्रभुहि न थोरी.
सिय निंदक अघ ओघ नसाए, लोक बिसोक बनाइ बसाए.
बंदउँ कौसल्या दिसि प्राची, कीरति जासु सकल जग माची.
प्रगटेउ जहँ रघुपति ससि चारू, बिस्व सुखद खल कमल तुसारू.
दसरथ राउ सहित सब रानी, सुकृत सुमंगल मूरति मानी.
करउँ प्रनाम करम मन बानी, करहु कृपा सुत सेवक जानी.
जिन्हहि बिरचि बड़ भयउ बिधाता, महिमा अवधि राम पितु माता.

सोरठा-soraṭhā:

बंदउँ अवध भुआल सत्य प्रेम जेहि राम पद,
बिछुरत दीनदयाल प्रिय तनु तृन इव परिहरेउ.१६.

चौपाई-caupāī:

प्रनवउँ परिजन सहित बिदेहू, जाहि राम पद गूढ़ सनेहू.
जोग भोग महँ राखेउ गोई, राम बिलोकत प्रगटेउ सोई.
प्रनवउँ प्रथम भरत के चरना, जासु नेम ब्रत जाइ न बरना.
राम चरन पंकज मन जासू, लुबुध मधुप इव तजइ न पासू.
बंदउँ लछिमन पद जलजाता, सीतल सुभग भगत सुख दाता.
रघुपति कीरति बिमल पताका, दंड समान भयउ जस जाका.
सेष सहस्रसीस जग कारन, जो अवतरेउ भूमि भय टारन.
सदा सो सानुकूल रह मो पर, कृपासिंधु सौमित्रि गुनाकर.
रिपुसूदन पद कमल नमामी, सूर सुसील भरत अनुगामी.
महाबीर बिनवउँ हनुमाना, राम जासु जस आप बखाना.

सोरठा-soraṭhā:

प्रनवउँ पवनकुमार खल बन पावक ग्यानधन,
जासु हृदय आगार बसहिं राम सर चाप धर.१७.

चौपाई-caupāī:

कपिपति रीछ निसाचर राजा, अंगदादि जे कीस समाजा.
बंदउँ सब के चरन सुहाए, अधम सरीर राम जिन्ह पाए.
रघुपति चरन उपासक जेते, खग मृग सुर नर असुर समेते.
बंदउँ पद सरोज सब केरे, जे बिनु काम राम के चेरे.
सुक सनकादि भगत मुनि नारद, जे मुनिबर बिग्यान बिसारद.
प्रनवउँ सबहि धरनि धरि सीसा, करहु कृपा जन जानि मुनीसा.
जनकसुता जग जननि जानकी, अतिसय प्रिय करुना निधान की.
ताके जुग पद कमल मनावउँ, जासु कृपाँ निरमल मति पावउँ.
पुनि मन बचन कर्म रघुनायक, चरन कमल बंदउँ सब लायक.
राजिवनयन धरें धनु सायक, भगत बिपति भंजन सुख दायक.

दोहा-dohā:

गिरा अरथ जल बीचि सम कहिअत भिन्न न भिन्न,
बंदउँ सीता राम पद जिन्हहि परम प्रिय खिन्न.१८.

चौपाई-caupāī:

बंदउँ नाम राम रघुबर को, हेतु कृसानु भानु हिमकर को.
बिधि हरि हरमय बेद प्रान सो, अगुन अनूपम गुन निधान सो.
महामंत्र जोइ जपत महेसू, कासीं मुकुति हेतु उपदेसू.
महिमा जासु जान गनराऊ, प्रथम पूजिअत नाम प्रभाऊ.
जान आदिकबि नाम प्रतापू, भयउ सुद्ध करि उलटा जापू.

सहस नाम सम सुनि सिव बानी, जपि जेईं पिय संग भवानी.
हरषे हेतु हेरि हर ही को, किय भूषन तिय भूषन ती को.
नाम प्रभाउ जान सिव नीको, कालकूट फलु दीन्ह अमी को.

दोहा-dohā:

बरषा रितु रघुपति भगति तुलसी सालि सुदास,
राम नाम बर बरन जुग सावन भादव मास.१९.

चौपाई-caupāī:

आखर मधुर मनोहर दोऊ, बरन बिलोचन जन जिय जोऊ.
सुमिरत सुलभ सुखद सब काहू, लोक लाहु परलोक निबाहू.
कहत सुनत सुमिरत सुठि नीके, राम लखन सम प्रिय तुलसी के.
बरनत बरन प्रीति बिलगाती, ब्रह्म जीव सम सहज सँघाती.
नर नारायन सरिस सुभ्राता, जग पालक बिसेषि जन त्राता.
भगति सुतिय कल करन बिभूषन, जग हित हेतु बिमल बिधु पूषन.
स्वाद तोष सम सुगति सुधा के, कमठ सेष सम धर बसुधा के.
जन मन मंजु कंज मधुकर से, जीह जसोमति हरि हलधर से.

दोहा-dohā:

एकु छत्रु एकु मुकुटमनि सब बरननि पर जोउ,
तुलसी रघुबर नाम के बरन बिराजत दोउ.२०.

चौपाई-caupāī:

समुझत सरिस नाम अरु नामी, प्रीति परसपर प्रभु अनुगामी.
नाम रूप दुइ ईस उपाधी, अकथ अनादि सुसामुझि साधी.
को बड़ छोट कहत अपराधू, सुनि गुन भेदु समुझिहहिं साधू.
देखिअहिं रूप नाम आधीना, रूप ग्यान नहिं नाम बिहीना.
रूप बिसेष नाम बिनु जानें, करतल गत न परहिं पहिचानें.
सुमिरिअ नाम रूप बिनु देखें, आवत हृदयँ सनेह बिसेषें.
नाम रूप गति अकथ कहानी, समुझत सुखद न परति बखानी.
अगुन सगुन बिच नाम सुसाखी, उभय प्रबोधक चतुर दुभाषी.

दोहा-dohā:

राम नाम मनिदीप धरु जीह देहरीं द्वार,
तुलसी भीतर बाहेरहुँ जौं चाहसि उजिआर.२१.

चौपाई-caupāī:

नाम जीहँ जपि जागहिं जोगी, बिरति बिरंचि प्रपंच बियोगी.
ब्रह्मसुखहि अनुभवहिं अनूपा, अकथ अनामय नाम न रूपा.
जाना चहहिं गूढ़ गति जेऊ, नाम जीहँ जपि जानहिं तेऊ.
साधक नाम जपहिं लय लाएँ, होहिं सिद्ध अनिमादिक पाएँ.
जपहिं नामु जन आरत भारी, मिटहिं कुसंकट होहिं सुखारी.
राम भगत जग चारि प्रकारा, सुकृती चारिउ अनघ उदारा.
चहू चतुर कहुँ नाम अधारा, ग्यानी प्रभुहि बिसेषि पिआरा.
चहुँ जुग चहुँ श्रुति नाम प्रभाऊ, कलि बिसेषि नहिं आन उपाऊ.

दोहा-dohā:

सकल कामना हीन जे राम भगति रस लीन,
नाम सुप्रेम पियूष ह्रद तिन्हहुँ किए मन मीन.२२.

चौपाई-caupāī:

अगुन सगुन दुइ ब्रह्म सरूपा, अकथ अगाध अनादि अनूपा.
मोरें मत बड़ नामु दुहू तें, किए जेहिं जुग निज बस निज बूतें.
प्रौढ़ि सुजन जनि जानहिं जन की, कहउँ प्रतीति प्रीति रुचि मन की.
एकु दारुगत देखिअ एकू, पावक सम जुग ब्रह्म बिबेकू.
उभय अगम जुग सुगम नाम तें, कहेउँ नामु बड़ ब्रह्म राम तें.
ब्यापकु एकु ब्रह्म अबिनासी, सत चेतन धन आनँद रासी.
अस प्रभु हृदयँ अछत अबिकारी, सकल जीव जग दीन दुखारी.
नाम निरूपन नाम जतन तें, सोउ प्रगटत जिमि मोल रतन तें.

दोहा-dohā:

निरगुन तें एहि भाँति बड़ नाम प्रभाउ अपार,
कहउँ नामु बड़ राम तें निज बिचार अनुसार.२३.

चौपाई-caupāī:

राम भगत हित नर तनु धारी, सहि संकट किए साधु सुखारी.
नामु सप्रेम जपत अनयासा, भगत होहिं मुद मंगल बासा.
राम एक तापस तिय तारी, नाम कोटि खल कुमति सुधारी.
रिषि हित राम सुकेतुसुता की, सहित सेन सुत कीन्हि बिबाकी.
सहित दोष दुख दास दुरासा, दलइ नामु जिमि रबि निसि नासा.
भंजेउ राम आपु भव चापू, भव भय भंजन नाम प्रतापू.
दंडक बनु प्रभु कीन्ह सुहावन, जन मन अमित नाम किए पावन.
निसिचर निकर दले रघुनंदन, नामु सकल कलि कलुष निकंदन.

दोहा-dohā:

सबरी गीध सुसेवकनि सुगति दीन्हि रघुनाथ,
नाम उधारे अमित खल बेद बिदित गुन गाथ.२४.

चौपाई-caupāī:

राम सुकंठ बिभीषन दोऊ, राखे सरन जान सबु कोऊ.
नाम गरीब अनेक नेवाजे, लोक बेद बर बिरिद बिराजे.
राम भालु कपि कटकु बटोरा, सेतु हेतु श्रमु कीन्ह न थोरा.
नामु लेत भवसिंधु सुखाहीं, करहु बिचारु सुजन मन माहीं.
राम सकुल रन रावनु मारा, सीय सहित निज पुर पगु धारा.
राजा रामु अवध रजधानी, गावत गुन सुर मुनि बर बानी.
सेवक सुमिरत नामु सप्रीती, बिनु श्रम प्रबल मोह दलु जीती.
फिरत सनेहँ मगन सुख अपनें, नाम प्रसाद सोच नहिं सपनें.

दोहा-dohā:

ब्रह्म राम तें नामु बड़ बर दायक बर दानि,
रामचरित सत कोटि महँ लिय महेस जियँ जानि.२५.

मासपारायण पहला विश्राम

चौपाई-caupāī:

नाम प्रसाद संभु अबिनासी, साजु अमंगल मंगल रासी.
सुक सनकादि सिद्ध मुनि जोगी, नाम प्रसाद ब्रह्मसुख भोगी.
नारद जानेउ नाम प्रतापू, जग प्रिय हरि हरि हर प्रिय आपू.
नामु जपत प्रभु कीन्ह प्रसादू, भगत सिरोमनि भे प्रहलादू.
ध्रुवँ सगलानि जपेउ हरि नाऊँ, पायउ अचल अनूपम ठाऊँ.
सुमिरि पवनसुत पावन नामू, अपने बस करि राखे रामू.
अपतु अजामिलु गजु गनिकाऊ, भए मुकुत हरि नाम प्रभाऊ.
कहौं कहाँ लगि नाम बड़ाई, रामु न सकहिं नाम गुन गाई.

दोहा-dohā:

नामु राम को कलपतरु कलि कल्यान निवासु,
जो सुमिरत भयो भाँग तें तुलसी तुलसीदासु.२६.

चौपाई-caupāī:

चहुँ जुग तीनि काल तिहुँ लोका, भए नाम जपि जीव बिसोका.
बेद पुरान संत मत एहू, सकल सुकृत फल राम सनेहू.
ध्यानु प्रथम जुग मखबिधि दूजें, द्वापर परितोषत प्रभु पूजें.
कलि केवल मल मूल मलीना, पाप पयोनिधि जन मन मीना.
नाम कामतरु काल कराला, सुमिरत समन सकल जग जाला.
राम नाम कलि अभिमत दाता, हित परलोक लोक पितु माता.
नहिं कलि करम न भगति बिबेकू, राम नाम अवलंबन एकू.
कालनेमि कलि कपट निधानू, नाम सुमति समरथ हनुमानू.

दोहा-dohā:

राम नाम नरकेसरी कनककसिपु कलिकाल,
जापक जन प्रहलाद जिमि पालिहि दलि सुरसाल.२७.

चौपाई-caupāī:

भायँ कुभायँ अनख आलसहूँ, नाम जपत मंगल दिसि दसहूँ.
सुमिरि सो नाम राम गुन गाथा, करउँ नाइ रघुनाथहि माथा.
मोरि सुधारिहि सो सब भाँती, जासु कृपा नहिं कृपाँ अघाती.
राम सुस्वामि कुसेवकु मोसो, निज दिसि देखि दयानिधि पोसो.
लोकहुँ बेद सुसाहिब रीती, बिनय सुनत पहिचानत प्रीती.
गनी गरीब ग्रामनर नागर, पंडित मूढ़ मलीन उजागर.
सुकबि कुकबि निज मति अनुहारी, नृपहि सराहत सब नर नारी.
साधु सुजान सुसील नृपाला, ईस अंस भव परम कृपाला.
सुनि सनमानहिं सबहि सुबानी, भनिति भगति नति गति पहिचानी.
यह प्राकृत महिपाल सुभाऊ, जान सिरोमनि कोसलराऊ.
रीझत राम सनेह निसोतें, को जग मंद मलिनमति मोतें.

दोहा-dohā:

सठ सेवक की प्रीति रुचि रखिहहिं राम कृपालु,
उपल किए जलजान जेहिं सचिव सुमति कपि भालु.२८क.

हौंहु कहावत सबु कहत राम सहत उपहास,
साहिब सीतानाथ सो सेवक तुलसीदास.२८ख.

चौपाई-caupāī:

अति बड़ि मोरि ढिठाई खोरी, सुनि अघ नरकहुँ नाक सकोरी.
समुझि सहम मोहि अपडर अपनें, सो सुधि राम कीन्हि नहिं सपनें.
सुनि अवलोकि सुचित चख चाही, भगति मोरि मति स्वामि सराही.
कहत नसाइ होइ हियँ नीकी, रीझत राम जानि जन जी की.
रहति न प्रभु चित चूक किए की, करत सुरति सय बार हिए की.
जेहिं अघ बधेउ ब्याध जिमि बाली, फिरि सुकंठ सोइ कीन्हि कुचाली.
सोइ करतूति बिभीषन केरी, सपनेहुँ सो न राम हियँ हेरी.
ते भरतहि भेंटत सनमाने, राजसभाँ रघुबीर बखाने.

दोहा-dohā:

प्रभु तरु तर कपि डार पर ते किए आपु समान,
तुलसी कहूँ न राम से साहिब सीलनिधान.२९क.

राम निकाईं रावरी है सबही को नीक,
जौं यह साँची है सदा तौ नीको तुलसीक.२९ख.

एहि बिधि निज गुन दोष कहि सबहि बहुरि सिरु नाइ,
बरनउँ रघुबर बिसद जसु सुनि कलि कलुष नसाइ.२९ग.

चौपाई-caupāī:

जागबलिक जो कथा सुहाई, भरद्वाज मुनिबरहि सुनाई.
कहिहउँ सोइ संबाद बखानी, सुनहुँ सकल सज्जन सुखु मानी.
संभु कीन्ह यह चरित सुहावा, बहुरि कृपा करि उमहि सुनावा.
सोइ सिव कागभुसुंडिहि दीन्हा, राम भगत अधिकारी चीन्हा.
तेहि सन जागबलिक पुनि पावा, तिन्ह पुनि भरद्वाज प्रति गावा.
ते श्रोता बकता समसीला, सवँदरसी जानहिं हरिलीला.
जानहिं तीनि काल निज ग्याना, करतल गत आमलक समाना.
औरउ जे हरिभगत सुजाना, कहहिं सुनहिं समुझहिं बिधि नाना.

दोहा-dohā:

मैं पुनि निज गुर सन सुनी कथा सो सूकरखेत,
समुझी नहिं तसि बालपन तब अति रहेउँ अचेत.३०क.

श्रोता बकता ग्याननिधि कथा राम कै गूढ़,
किमि समुझौं मैं जीव जड़ कलि मल ग्रसित बिमूढ़.३०ख.

चौपाई-caupāī:

तदपि कही गुर बारहिं बारा, समुझि परी कछु मति अनुसारा.
भाषाबद्ध करबि मैं सोई, मोरें मन प्रबोध जेहिं होई.
जस कछु बुधि बिबेक बल मेरें, तस कहिहउँ हियँ हरि के प्रेरें.
निज संदेह मोह भ्रम हरनी, करउँ कथा भव सरिता तरनी.
बुध बिश्राम सकल जन रंजनि, रामकथा कलि कलुष बिभंजनि.
रामकथा कलि पंनग भरनी, पुनि बिबेक पावक कहुँ अरनी.
रामकथा कलि कामद गाई, सुजन सजीवनि मूरि सुहाई.
सोइ बसुधातल सुधा तरंगिनि, भय भंजनि भ्रम भेक भुअंगिनि.
असुर सेन सम नरक निकंदिनि, साधु बिबुध कुल हित गिरिनंदिनि.
संत समाज पयोधि रमा सी, बिस्व भार भर अचल छमा सी.
जम गन मुहँ मसि जग जमुना सी, जीवन मुकुति हेतु जनु कासी.
रामहि प्रिय पावनि तुलसी सी, तुलसिदास हित हियँ हुलसी सी.
सिवप्रिय मेकल सैल सुता सी, सकल सिद्धि सुख संपति रासी.
सदगुन सुरगन अंब अदिति सी, रघुबर भगति प्रेम परमिति सी.

दोहा-dohā:

रामकथा मंदाकिनी चित्रकूट चित चारु,
तुलसी सुभग सनेह बन सिय रघुबीर बिहारु.३१.

चौपाई-caupāī:

रामचरित चिंतामनि चारू, संत सुमति तिय सुभग सिंगारू.
जग मंगल गुनग्राम राम के, दानि मुकुति धन धरम धाम के.
सदगुर ग्यान बिराग जोग के, बिबुध बैद भव भीम रोग के.
जननि जनक सिय राम प्रेम के, बीज सकल ब्रत धरम नेम के.
समन पाप संताप सोक के, प्रिय पालक परलोक लोक के.
सचिव सुभट भूपति बिचार के, कुंभज लोभ उदधि अपार के.
काम कोह कलिमल करिगन के, केहरि सावक जन मन बन के.
अतिथि पूज्य प्रियतम पुरारि के, कामद घन दारिद दवारि के.
मंत्र महामनि बिषय ब्याल के, मेटत कठिन कुअंक भाल के.

हरन मोह तम दिनकर कर से, सेवक सालि पाल जलधर से.
अभिमत दानि देवतरु बर से, सेवत सुलभ सुखद हरि हर से.
सुकबि सरद नभ मन उडगन से, रामभगत जन जीवन धन से.
सकल सुकृत फल भूरि भोग से, जग हित निरुपधि साधु लोग से.
सेवक मन मानस मराल से, पावक गंग तंरग माल से.

दोहा-dohā:

कुपथ कुतरक कुचालि कलि कपट दंभ पाषंड,
दहन राम गुन ग्राम जिमि ईंधन अनल प्रचंड.३२क.

रामचरित राकेस कर सरिस सुखद सब काहु,
सज्जन कुमुद चकोर चित हित बिसेषि बड़ लाहु.३२ख.

चौपाई-caupāī:

कीन्हि प्रस्न जेहि भाँति भवानी, जेहि बिधि संकर कहा बखानी.
सो सब हेतु कहब मैं गाई, कथाप्रबंध बिचित्र बनाई.
जेहिं यह कथा सुनी नहिं होई, जनि आचरजु करै सुनि सोई.
कथा अलौकिक सुनहिं जे ग्यानी, नहिं आचरजु करहिं अस जानी.
रामकथा कै मिति जग नाहीं, असि प्रतीति तिन्ह के मन माहीं.
नाना भाँति राम अवतारा, रामायन सत कोटि अपारा.
कलपभेद हरिचरित सुहाए, भाँति अनेक मुनीसन्ह गाए.
करिअ न संसय अस उर आनी, सुनिअ कथा सारद रति मानी.

दोहा-dohā:

राम अनंत अनंत गुन अमित कथा बिस्तार,
सुनि आचरजु न मानिहहिं जिन्ह कें बिमल बिचार.३३.

चौपाई-caupāī:

एहि बिधि सब संसय करि दूरी, सिर धरि गुर पद पंकज धूरी.
पुनि सबही बिनवउँ कर जोरी, करत कथा जेहिं लाग न खोरी.
सादर सिवहि नाइ अब माथा, बरनउँ बिसद राम गुन गाथा.
संबत सोरह सै एकतीसा, करउँ कथा हरि पद धरि सीसा.
नौमी भौम बार मधु मासा, अवधपुरीं यह चरित प्रकासा.
जेहि दिन राम जनम श्रुति गावहिं, तीरथ सकल तहाँ चलि आवहिं.
असुर नाग खग नर मुनि देवा, आइ करहिं रघुनायक सेवा.
जन्म महोत्सव रचहिं सुजाना, करहिं राम कल कीरति गाना.

दोहा-dohā:

मज्जहिं सज्जन बृंद बहु पावन सरजू नीर,
जपहिं राम धरि ध्यान उर सुंदर स्याम सरीर.३४.

चौपाई-caupāī:

दरस परस मज्जन अरु पाना, हरइ पाप कह बेद पुराना.
नदी पुनीत अमित महिमा अति, कहि न सकइ सारदा बिमलमति.
राम धामदा पुरी सुहावनि, लोक समस्त बिदित अति पावनि.
चारि खानि जग जीव अपारा, अवध तजें तनु नहिं संसारा.
सब बिधि पुरी मनोहर जानी, सकल सिद्धिप्रद मंगल खानी.
बिमल कथा कर कीन्ह अरंभा, सुनत नसाहिं काम मद दंभा.
रामचरितमानस एहि नामा, सुनत श्रवन पाइअ बिश्रामा.
मन करि बिषय अनल बन जरई, होइ सुखी जौं एहिं सर परई.
रामचरितमानस मुनि भावन, बिरचेउ संभु सुहावन पावन.
त्रिबिध दोष दुख दारिद दावन, कलि कुचालि कुलि कलुष नसावन.
रचि महेस निज मानस राखा, पाइ सुसमउ सिवा सन भाषा.
तातें रामचरितमानस बर, धरेउ नाम हियँ हेरि हरषि हर.
कहउँ कथा सोइ सुखद सुहाई, सादर सुनहु सुजन मन लाई.

दोहा-dohā:

जस मानस जेहि बिधि भयउ जग प्रचार जेहि हेतु,
अब सोइ कहउँ प्रसंग सब सुमिरि उमा बृषकेतु.३५.

चौपाई-caupāī:

संभु प्रसाद सुमति हियँ हुलसी, रामचरितमानस कबि तुलसी.
करइ मनोहर मति अनुहारी, सुजन सुचित सुनि लेहु सुधारी.
सुमति भूमि थल हृदय अगाधू, बेद पुरान उदधि घन साधू.
बरषहिं राम सुजस बर बारी, मधुर मनोहर मंगलकारी.
लीला सगुन जो कहहिं बखानी, सोइ स्वच्छता करइ मल हानी.
प्रेम भगति जो बरनि न जाई, सोइ मधुरता सुसीतलताई.
सो जल सुकृत सालि हित होई, राम भगत जन जीवन सोई.
मेधा महि गत सो जल पावन, सकिलि श्रवन मग चलेउ सुहावन.
भरेउ सुमानस सुथल थिराना, सुखद सीत रुचि चारु चिराना.

दोहा-dohā:

सुठि सुंदर संबाद बर बिरचे बुद्धि बिचारि,
तेइ एहि पावन सुभग सर घाट मनोहर चारि.३६.

चौपाई-caupāī:

सप्त प्रबंध सुभग सोपाना, ग्यान नयन निरखत मन माना.
रघुपति महिमा अगुन अबाधा, बरनब सोइ बर बारि अगाधा.
राम सीय जस सलिल सुधासम, उपमा बीचि बिलास मनोरम.
पुरइनि सघन चारु चौपाई, जुगुति मंजु मनि सीप सुहाई.
छंद सोरठा सुंदर दोहा, सोइ बहुरंग कमल कुल सोहा.
अरथ अनूप सुभाव सुभासा, सोइ पराग मकरंद सुबासा.
सुकृत पुंज मंजुल अलि माला, ग्यान बिराग बिचार मराला.
धुनि अवरेब कबित गुन जाती, मीन मनोहर ते बहुभाँती.
अरथ धरम कामादिक चारी, कहब ग्यान बिग्यान बिचारी.
नव रस जप तप जोग बिरागा, ते सब जलचर चारु तड़ागा.
सुकृती साधु नाम गुन गाना, ते बिचित्र जल बिहग समाना.
संतसभा चहुँ दिसि अवँराई, श्रद्धा रितु बसंत सम गाई.
भगति निरुपन बिबिध बिधाना, छमा दया दम लता बिताना.
सम जम नियम फूल फल ग्याना, हरि पद रति रस बेद बखाना.
औरउ कथा अनेक प्रसंगा, तेइ सुक पिक बहुबरन बिहंगा.

दोहा-dohā:

पुलक बाटिका बाग बन सुख सुबिहंग बिहारु,
माली सुमन सनेह जल सींचत लोचन चारु.३७.

चौपाई-caupāī:

जे गावहिं यह चरित सँभारे, तेइ एहि ताल चतुर रखवारे.
सदा सुनहिं सादर नर नारी, तेइ सुरबर मानस अधिकारी.
अति खल जे बिषई बग कागा, एहि सर निकट न जाहिं अभागा.
संबुक भेक सेवार समाना, इहाँ न बिषय कथा रस नाना.
तेहि कारन आवत हियँ हारे, कामी काक बलाक बिचारे.

आवत एहिं सर अति कठिनाई, राम कृपा बिनु आइ न जाई.
कठिन कुसंग कुपंथ कराला, तिन्ह के बचन बाघ हरि ब्याला.
गृह कारज नाना जंजाला, ते अति दुर्गम सैल बिसाला.
बन बहु बिषम मोह मद माना, नदीं कुतर्क भयंकर नाना.

दोहा-dohā:

जे श्रद्धा संबल रहित नहिं संतन्ह कर साथ,
तिन्ह कहुँ मानस अगम अति जिन्हहि न प्रिय रघुनाथ.३८.

चौपाई-caupāī:

जौं करि कष्ट जाइ पुनि कोई, जातहिं नीद जुड़ाई होई.
जड़ता जाड़ बिषम उर लागा, गएहुँ न मज्जन पाव अभागा.
करि न जाइ सर मज्जन पाना, फिरि आवइ समेत अभिमाना.
जौं बहोरि कोउ पूछन आवा, सर निंदा करि ताहि बुझावा.
सकल बिघ्न ब्यापहिं नहिं तेही, राम सुकृपाँ बिलोकहिं जेही.
सोइ सादर सर मज्जनु करई, महा घोर त्रयताप न जरई.
ते नर यह सर तजहिं न काऊ, जिन्ह कें राम चरन भल भाऊ.
जो नहाइ चह एहिं सर भाई, सो सतसंग करउ मन लाई.
अस मानस मानस चख चाही, भइ कबि बुद्धि बिमल अवगाही.
भयउ हृदयँ आनंद उछाहू, उमगेउ प्रेम प्रमोद प्रबाहू.
चली सुभग कबिता सरिता सो, राम बिमल जस जल भरिता सो.
सरजू नाम सुमंगल मूला, लोक बेद मत मंजुल कूला.
नदी पुनीत सुमानस नंदिनि, कलिमल तृन तरु मूल निकंदिनि.

दोहा-dohā:

श्रोता त्रिबिध समाज पुर ग्राम नगर दुहुँ कूल,
संतसभा अनुपम अवध सकल सुमंगल मूल.३९.

चौपाई-caupāī:

रामभगति सुरसरितहि जाई, मिली सुकीरति सरजु सुहाई.
सानुज राम समर जसु पावन, मिलेउ महानदु सोन सुहावन.
जुग बिच भगति देवधुनि धारा, सोहति सहित सुबिरति बिचारा.
त्रिबिध ताप त्रासक तिमुहानी, राम सरुप सिंधु समुहानी.
मानस मूल मिली सुरसरिही, सुनत सुजन मन पावन करिही.
बिच बिच कथा बिचित्र बिभागा, जनु सरि तीर तीर बन बागा.
उमा महेस बिबाह बराती, ते जलचर अगनित बहुभाँती.
रघुबर जनम अनंद बधाई, भवँर तरंग मनोहरताई.

दोहा-dohā:

बालचरित चहु बंधु के बनज बिपुल बहुरंग,
नृप रानी परिजन सुकृत मधुकर बारिबिहंग.४०.

चौपाई-caupāī:

सीय स्वयंबर कथा सुहाई, सरित सुहावनि सो छबि छाई.
नदी नाव पटु प्रस्न अनेका, केवट कुसल उतर सबिबेका.
सुनि अनुकथन परस्पर होई, पथिक समाज सोह सरि सोई.
घोर धार भृगुनाथ रिसानी, घाट सुबद्ध राम बर बानी.
सानुज राम बिबाह उछाहू, सो सुभ उमग सुखद सब काहू.
कहत सुनत हरषहिं पुलकाहीं, ते सुकृती मन मुदित नहाहीं.
राम तिलक हित मंगल साजा, परब जोग जनु जुरे समाजा.
काई कुमति केकई केरी, परी जासु फल बिपति घनेरी.

दोहा-dohā:

समन अमित उतपात सब भरतचरित जपजाग,
कलि अघ खल अवगुन कथन ते जलमल बग काग.४१.

चौपाई-caupāī:

कीरति सरित छहूँ रितु रूरी, समय सुहावनि पावनि भूरी.
हिम हिमसैलसुता सिव ब्याहू, सिसिर सुखद प्रभु जनम उछाहू.
बरनब राम बिबाह समाजू, सो मुद मंगलमय रितुराजू.
ग्रीषम दुसह राम बनगवनू, पंथकथा खर आतप पवनू.
बरषा घोर निसाचर रारी, सुरकुल सालि सुमंगलकारी.
राम राज सुख बिनय बड़ाई, बिसद सुखद सोइ सरद सुहाई.
सती सिरोमनि सिय गुनगाथा, सोइ गुन अमल अनूपम पाथा.
भरत सुभाउ सुसीतलताई, सदा एकरस बरनि न जाई.

दोहा-dohā:

अवलोकनि बोलनि मिलनि प्रीति परसपर हास,
भायप भलि चहु बंधु की जल माधुरी सुबास.४२.

चौपाई-caupāī:

आरति बिनय दीनता मोरी, लघुता ललित सुबारि न थोरी.
अदभुत सलिल सुनत गुनकारी, आस पिआस मनोमल हारी.
राम सुप्रेमहि पोषत पानी, हरत सकल कलि कलुष गलानी.
भव श्रम सोषक तोषक तोषा, समन दुरित दुख दारिद दोषा.
काम कोह मद मोह नसावन, बिमल बिबेक बिराग बढ़ावन.
सादर मज्जन पान किए तें, मिटहिं पाप परिताप हिए तें.
जिन्ह एहिं बारि न मानस धोए, ते कायर कलिकाल बिगोए.
तृषित निरखि रबि कर भव बारी, फिरिहहिं मृग जिमि जीव दुखारी.

दोहा-dohā:

मति अनुहारि सुबारि गुन गनि मन अन्हवाइ,
सुमिरि भवानी संकरहि कह कबि कथा सुहाइ.४३क.

अब रघुपति पद पंकरुह हियँ धरि पाइ प्रसाद,
कहउँ जुगल मुनिबर्ज कर मिलन सुभग संबाद.४३ख.

चौपाई-caupāī:

भरद्वाज मुनि बसहिं प्रयागा, तिन्हहि राम पद अति अनुरागा.
तापस सम दम दया निधाना, परमारथ पथ परम सुजाना.
माघ मकरगत रबि जब होई, तीरथपतिहिं आव सब कोई.
देव दनुज किंनर नर श्रेनीं, सादर मज्जहिं सकल त्रिबेनीं.
पूजहिं माधव पद जलजाता, परसि अखय बटु हरषहिं गाता.
भरद्वाज आश्रम अति पावन, परम रम्य मुनिबर मन भावन.
तहाँ होइ मुनि रिषय समाजा, जाहिं जे मज्जन तीरथराजा.
मज्जहिं प्रात समेत उछाहा, कहहिं परसपर हरि गुन गाहा.

दोहा-dohā:

ब्रह्म निरूपन धरम बिधि बरनहिं तत्त्व बिभाग,
कहहिं भगति भगवंत कै संजुत ग्यान बिराग.४४.

चौपाई-caupāī:

एहि प्रकार भरि माघ नहाहीं, पुनि सब निज निज आश्रम जाहीं.
प्रति संबत अति होइ अनंदा, मकर मज्जि गवनहिं मुनिबृंदा.
एक बार भरि मकर नहाए, सब मुनीस आश्रमन्ह सिधाए.

जागबलिक मुनि परम बिबेकी, भरद्वाज राखे पद टेकी.
सादर चरन सरोज पखारे, अति पुनीत आसन बैठारे.
करि पूजा मुनि सुजसु बखानी, बोले अति पुनीत मृदु बानी.
नाथ एक संसउ बड़ मोरें, करगत बेदतत्व सबु तोरें.
कहत सो मोहि लागत भय लाजा, जौं न कहउँ बड़ होइ अकाजा.

दोहा-dohā:

संत कहहि असि नीति प्रभु श्रुति पुरान मुनि गाव,
होइ न बिमल बिबेक उर गुर सन किएँ दुराव.४५.

चौपाई-caupāī:

अस बिचारि प्रगटउँ निज मोहू, हरहु नाथ करि जन पर छोहू.
राम नाम कर अमित प्रभावा, संत पुरान उपनिषद गावा.
संतत जपत संभु अबिनासी, सिव भगवान ग्यान गुन रासी.
आकर चारि जीव जग अहहीं, कासीं मरत परम पद लहहीं.
सोपि राम महिमा मुनिराया, सिव उपदेसु करत करि दाया.
रामु कवन प्रभु पूछउँ तोही, कहिअ बुझाइ कृपानिधि मोही.
एक राम अवधेस कुमारा, तिन्ह कर चरित बिदित संसारा.
नारि बिरहँ दुखु लहेउ अपारा, भयहु रोषु रन रावनु मारा.

दोहा-dohā:

प्रभु सोइ राम कि अपर कोउ जाहि जपत त्रिपुरारि,
सत्यधाम सर्बग्य तुम्ह कहहु बिबेकु बिचारि.४६.

चौपाई-caupāī:

जैसें मिटै मोर भ्रम भारी, कहहु सो कथा नाथ बिस्तारी.
जागबलिक बोले मुसुकाई, तुम्हहि बिदित रघुपति प्रभुताई.
रामभगत तुम्ह मन क्रम बानी, चतुराई तुम्हारि मैं जानी.
चाहहु सुनै राम गुन गूढ़ा, कीन्हिहु प्रस्न मनहुँ अति मूढ़ा.
तात सुनहु सादर मनु लाई, कहउँ राम कै कथा सुहाई.
महामोहु महिषेसु बिसाला, रामकथा कालिका कराला.
रामकथा ससि किरन समाना, संत चकोर करहिं जेहि पाना.
ऐसेइ संसय कीन्ह भवानी, महादेव तब कहा बखानी.

दोहा-dohā:

कहउँ सो मति अनुहारि अब उमा संभु संबाद,
भयउ समय जेहि हेतु जेहि सुनु मुनि मिटिहि बिषाद.४७.

चौपाई-caupāī:

एक बार त्रेता जुग माहीं, संभु गए कुंभज रिषि पाहीं.
संग सती जगजननि भवानी, पूजे रिषि अखिलेस्वर जानी.
रामकथा मुनीबर्ज बखानी, सुनी महेस परम सुखु मानी.
रिषि पूछी हरिभगति सुहाई, कही संभु अधिकारी पाई.
कहत सुनत रघुपति गुन गाथा, कछु दिन तहाँ रहे गिरिनाथा.
मुनि सन बिदा मागि त्रिपुरारी, चले भवन सँग दच्छकुमारी.
तेहि अवसर भंजन महिभारा, हरि रघुबंस लीन्ह अवतारा.
पिता बचन तजि राजु उदासी, दंडक बन बिचरत अबिनासी.

दोहा-dohā:

हृदयँ बिचारत जात हर केहि बिधि दरसनु होइ,
गुप्त रुप अवतरेउ प्रभु गएँ जान सबु कोइ.४८क.

सोरठा-soraṭhā:

संकर उर अति छोभु सती न जानहिं मरमु सोइ,
तुलसी दरसन लोभु मन डरु लोचन लालची.४८ख.

चौपाई-caupāī:

रावन मरन मनुज कर जाचा, प्रभु बिधि बचनु कीन्ह चह साचा.
जौं नहिं जाउँ रहइ पछितावा, करत बिचारु न बनत बनावा.
एहि बिधि भए सोचबस ईसा, तेहि समय जाइ दससीसा.
लीन्ह नीच मारीचहि संगा, भयउ तुरत सोइ कपट कुरंगा.
करि छलु मूढ़ हरी बैदेही, प्रभु प्रभाउ तस बिदित न तेही.
मृग बधि बन्धु सहित हरि आए, आश्रमु देखि नयन जल छाए.
बिरह बिकल नर इव रघुराई, खोजत बिपिन फिरत दोउ भाई.
कबहूँ जोग बियोग न जाकें, देखा प्रगट बिरह दुखु ताकें.

दोहा-dohā:

अति बिचित्र रघुपति चरित जानहिं परम सुजान,
जे मतिमंद बिमोह बस हृदयँ धरहिं कछु आन.४९.

चौपाई-caupāī:

संभु समय तेहि रामहि देखा, उपजा हियँ अति हरषु बिसेषा.
भरि लोचन छबिसिंधु निहारी, कुसमय जानि न कीन्हि चिन्हारी.
जय सच्चिदानंद जग पावन, अस कहि चलेउ मनोज नसावन.
चले जात सिव सती समेता, पुनि पुनि पुलकत कृपानिकेता.
सतीं सो दसा संभु कै देखी, उर उपजा संदेहु बिसेषी.
संकरु जगतबंद्य जगदीसा, सुर नर मुनि सब नावत सीसा.
तिन्ह नृपसुतहि कीन्ह परनामा, कहि सच्चिदानंद परधामा.
भए मगन छबि तासु बिलोकी, अजहुँ प्रीति उर रहति न रोकी.

दोहा-dohā:

ब्रह्म जो ब्यापक बिरज अज अकल अनीह अभेद,
सो कि देह धरि होइ नर जाहि न जानत बेद.५०.

चौपाई-caupāī:

बिष्नु जो सुर हित नरतनु धारी, सोउ सर्बग्य जथा त्रिपुरारी.
खोजइ सो कि अग्य इव नारी, ग्यानधाम श्रीपति असुरारी.
संभुगिरा पुनि मृषा न होई, सिव सर्बग्य जान सबु कोई.
अस संसय मन भयउ अपारा, होइ न हृदयँ प्रबोध प्रचारा.
जद्यपि प्रगट न कहेउ भवानी, हर अंतरजामी सब जानी.
सुनहि सती तव नारि सुभाऊ, संसय अस न धरिअ उर काऊ.
जासु कथा कुंभज रिषि गाई, भगति जासु मैं मुनिहि सुनाई.
सोइ मम इष्टदेव रघुबीरा, सेवत जाहि सदा मुनि धीरा.

छंद-chamda:

मुनि धीर जोगी सिद्ध संतत बिमल मन जेहि ध्यावहीं,
कहि नेति निगम पुरान आगम जासु कीरति गावहीं.
सोइ रामु ब्यापक ब्रह्म भुवन निकाय पति माया धनी,
अवतरेउ अपने भगत हित निजतंत्र नित रघुकुलमनी.

सोरठा-soraṭhā:

लाग न उर उपदेसु जदपि कहेउ सिवँ बार बहु,
बोले बिहसि महेसु हरिमाया बलु जानि जियँ.५१.

चौपाई-caupāī:

जौं तुम्हरें मन अति संदेहू, तौ किन जाइ परीछा लेहू.

तब लगि बैठ अहउँ बटछाहीं, जब लगि तुम्ह ऐहहु मोहि पाहीं.
जैसें जाइ मोह भ्रम भारी, करेहु सो जतनु बिबेक बिचारी.
चलीं सती सिव आयसु पाई, करहिं बिचारु करौं का भाई.
इहाँ संभु अस मन अनुमाना, दच्छसुता कहुँ नहिं कल्याना.
मोरेहु कहें न संसय जाहीं, बिधि बिपरीत भलाई नाहीं.
होइहि सोइ जो राम रचि राखा, को करि तर्क बढ़ावै साखा.
अस कहि लगे जपन हरिनामा, गईं सती जहँ प्रभु सुखधामा.

दोहा-dohā:

पुनि पुनि हृदयँ बिचारु करि धरि सीता कर रुप,
आगें होइ चलि पंथ तेहिं जेहिं आवत नरभूप.५२.

चौपाई-caupāī:

लछिमन दीख उमाकृत बेषा, चकित भए भ्रम हृदयँ बिसेषा.
कहि न सकत कछु अति गंभीरा, प्रभु प्रभाउ जानत मतिधीरा.
सती कपटु जानेउ सुरस्वामी, सबदरसी सब अंतरजामी.
सुमिरत जाहि मिटइ अग्याना, सोइ सरबग्य रामु भगवाना.
सती कीन्ह चह तहँहुँ दुराऊ, देखहु नारि सुभाव प्रभाऊ.
निज माया बलु हृदयँ बखानी, बोले बिहसि रामु मृदु बानी.
जोरि पानि प्रभु कीन्ह प्रनामू, पिता समेत लीन्ह निज नामू.
कहेउ बहोरि कहाँ बृषकेतू, बिपिन अकेलि फिरहु केहि हेतू.

दोहा-dohā:

राम बचन मृदु गूढ़ सुनि उपजा अति संकोचु,
सती सभीत महेस पहिं चलीं हृदयँ बड़ सोचु.५३.

चौपाई-caupāī:

मैं संकर कर कहा न माना, निज अग्यानु राम पर आना.
जाइ उतरु अब देहउँ काहा, उर उपजा अति दारुन दाहा.
जाना राम सतीं दुखु पावा, निज प्रभाउ कछु प्रगटि जनावा.
सतीं दीख कौतुकु मग जाता, आगें रामु सहित श्री भ्राता.
फिरि चितवा पाछें प्रभु देखा, सहित बंधु सिय सुंदर बेषा.
जहँ चितवहिं तहँ प्रभु आसीना, सेवहिं सिद्ध मुनीस प्रबीना.
देखे सिव बिधि बिष्नु अनेका, अमित प्रभाउ एक तें एका.
बंदत चरन करत प्रभु सेवा, बिबिध बेष देखे सब देवा.

दोहा-dohā:

सती बिधात्री इंदिरा देखीं अमित अनूप,
जेहिं जेहिं बेष अजादि सुर तेहि तेहि तन अनुरूप.५४.

चौपाई-caupāī:

देखे जहँ तहँ रघुपति जेते, सक्तिन्ह सहित सकल सुर तेते.
जीव चराचर जो संसारा, देखे सकल अनेक प्रकारा.
पूजहिं प्रभुहि देव बहु बेषा, राम रूप दूसर नहिं देखा.
अवलोके रघुपति बहुतेरे, सीता सहित न बेष घनेरे.
सोइ रघुबर सोइ लछिमनु सीता, देखि सती अति भईं सभीता.
हृदय कंप तन सुधि कछु नाहीं, नयन मूदि बैठीं मग माहीं.
बहुरि बिलोकेउ नयन उघारी, कछु न दीख तहँ दच्छकुमारी.
पुनि पुनि नाइ राम पद सीसा, चलीं तहाँ जहँ रहे गिरीसा.

दोहा-dohā:

गईं समीप महेस तब हँसि पूछी कुसलात,
लीन्हि परीछा कवन बिधि कहहु सत्य सब बात.५५.

मासपारायण दूसरा विश्राम

चौपाई-caupāī:

सतीं समुझि रघुबीर प्रभाऊ, भय बस सिव सन कीन्ह दुराऊ.
कछु न परीछा लीन्हि गोसाईं, कीन्ह प्रनामु तुम्हारिहि नाईं.
जो तुम्ह कहा सो मृषा न होई, मोरें मन प्रतीति अति सोई.
तब संकर देखेउ धरि ध्याना, सतीं जो कीन्ह चरित सबु जाना.
बहुरि राममायहि सिरु नावा, प्रेरि सतिहि जेहिं झूँठ कहावा.
हरि इच्छा भावी बलवाना, हृदयँ बिचारत संभु सुजाना.
सतीं कीन्ह सीता कर बेषा, सिव उर भयउ बिषाद बिसेषा.
जौं अब करउँ सती सन प्रीती, मिटइ भगति पथु होइ अनीती.

दोहा-dohā:

परम पुनीत न जाइ तजि किएँ प्रेम बड़ पापु,
प्रगटि न कहत महेसु कछु हृदयँ अधिक संतापु.५६.

चौपाई-caupāī:

तब संकर प्रभु पद सिरु नावा, सुमिरत रामु हृदयँ अस आवा.
एहिं तन सतिहि भेट मोहि नाहीं, सिव संकल्पु कीन्ह मन माहीं.
अस बिचारि संकरु मतिधीरा, चले भवन सुमिरत रघुबीरा.
चलत गगन भै गिरा सुहाई, जय महेस भलि भगति दृढ़ाई.
अस पन तुम्ह बिनु करइ को आना, रामभगत समरथ भगवाना.
सुनि नभगिरा सती उर सोचा, पूछा सिवहि समेत सकोचा.
कीन्ह कवन पन कहहु कृपाला, सत्यधाम प्रभु दीनदयाला.
जदपि सतीं पूछा बहु भाँती, तदपि न कहेउ त्रिपुर आराती.

दोहा-dohā:

सतीं हृदयँ अनुमान किय सबु जानेउ सर्बग्य,
कीन्ह कपटु मैं संभु सन नारि सहज जड़ अग्य.५७क.

सोरठा-sorathā:

जलु पय सरिस बिकाइ देखहु प्रीति कि रीति भलि,
बिलग होइ रसु जाइ कपट खटाई परत पुनि.५७ख.

चौपाई-caupāī:

हृदयँ सोचु समुझत निज करनी, चिंता अमित जाइ नहिं बरनी.
कृपासिंधु सिव परम अगाधा, प्रगट न कहेउ मोर अपराधा.
संकर रुख अवलोकि भवानी, प्रभु मोहि तजेउ हृदयँ अकुलानी.
निज अघ समुझि न कछु कहि जाई, तपइ अवाँ इव उर अधिकाई.
सतिहि ससोच जानि बृषकेतू, कहीं कथा सुंदर सुख हेतू.
बरनत पंथ बिबिध इतिहासा, बिस्वनाथ पहुँचे कैलासा.
तहँ पुनि संभु समुझि पन आपन, बैठे बट तर करि कमलासन.
संकर सहज सरुपु सम्हारा, लागि समाधि अखंड अपारा.

दोहा-dohā:

सती बसहिं कैलास तब अधिक सोचु मन माहिं,
मरमु न कोऊ जान कछु जुग सम दिवस सिराहिं.५८.

चौपाई-caupāī:

नित नव सोचु सती उर भारा, कब जैहउँ दुख सागर पारा.
मैं जो कीन्ह रघुपति अपमाना, पुनि पतिबचनु मृषा करि जाना.

सो फलु मोहि बिधाताँ दीन्हा, जो कछु उचित रहा सोइ कीन्हा.
अब बिधि अस बूझिअ नहिं तोही, संकर बिमुख जिआवसि मोही.
कहि न जाइ कछु हृदय गलानी, मन महुँ रामहि सुमिर सयानी.
जौं प्रभु दीनदयालु कहावा, आरति हरन बेद जसु गावा.
तौ मैं बिनय करउँ कर जोरी, छूटउ बेगि देह यह मोरी.
जौं मोरें सिव चरन सनेहू, मन क्रम बचन सत्य ब्रतु एहू.

दोहा-dohā:

तौ सबदरसी सुनिअ प्रभु करउ सो बेगि उपाइ,
होइ मरनु जेहिं बिनहिं श्रम दुसह बिपत्ति बिहाइ.५९.

चौपाई-caupāī:

एहि बिधि दुखित प्रजेसकुमारी, अकथनीय दारुन दुखु भारी.
बीतें संबत सहस सतासी, तजी समाधि संभु अबिनासी.
राम नाम सिव सुमिरन लागे, जानेउ सतीं जगतपति जागे.
जाइ संभु पद बंदनु कीन्हा, सनमुख संकर आसनु दीन्हा.
लगे कहन हरिकथा रसाला, दच्छ प्रजेस भए तेहि काला.
देखा बिधि बिचारि सब लायक, दच्छहि कीन्ह प्रजापति नायक.
बड़ अधिकार दच्छ जब पावा, अति अभिमानु हृदयँ तब आवा.
नहिं कोउ अस जनमा जग माहीं, प्रभुता पाइ जाहि मद नाहीं.

दोहा-dohā:

दच्छ लिए मुनि बोलि सब करन लगे बड़ जाग,
नेवते सादर सकल सुर जे पावत मख भाग.६०.

चौपाई-caupāī:

किंनर नाग सिद्ध गंधर्बा, बधुन्ह समेत चले सुर सर्बा.
बिष्नु बिरंचि महेसु बिहाई, चले सकल सुर जान बनाई.
सतीं बिलोके ब्योम बिमाना, जात चले सुंदर बिधि नाना.
सुर सुंदरी करहिं कल गाना, सुनत श्रवन छूटहिं मुनि ध्याना.
पूछेउ तब सिवँ कहेउ बखानी, पिता जग्य सुनि कछु हरषानी.
जौं महेसु मोहि आयसु देहीं, कुछ दिन जाइ रहौं मिस एहीं.
पति परित्याग हृदयँ दुखु भारी, कहइ न निज अपराध बिचारी.
बोली सती मनोहर बानी, भय संकोच प्रेम रस सानी.

दोहा-dohā:

पिता भवन उत्सव परम जौं प्रभु आयसु होइ,
तौ मैं जाउँ कृपायतन सादर देखन सोइ.६१.

चौपाई-caupāī:

कहेहु नीक मोरेहुँ मन भावा, यह अनुचित नहिं नेवत पठावा.
दच्छ सकल निज सुता बोलाईं, हमरें बयर तुम्हउ बिसराईं.
ब्रह्मसभाँ हम सन दुखु माना, तेहि तें अजहुँ करहिं अपमाना.
जौं बिनु बोलें जाहु भवानी, रहइ न सीलु सनेहु न कानी.
जदपि मित्र प्रभु पितु गुर गेहा, जाइअ बिनु बोलेहुँ न सँदेहा.
तदपि बिरोध मान जहँ कोई, तहाँ गएँ कल्यानु न होई.
भाँति अनेक संभु समुझावा, भावी बस न ग्यानु उर आवा.
कह प्रभु जाहु जो बिनहिं बोलाएँ, नहिं भलि बात हमारे भाएँ.

दोहा-dohā:

कहि देखा हर जतन बहु रहइ न दच्छकुमारि,
दिए मुख्य गन संग तब बिदा कीन्ह त्रिपुरारि.६२.

चौपाई-caupāī:

पिता भवन जब गईं भवानी, दच्छ त्रास काहुँ न सनमानी.
सादर भलेहि मिली एक माता, भगिनीं मिलीं बहुत मुसुकाता.
दच्छ न कछु पूछी कुसलाता, सतिहि बिलोकि जरे सब गाता.
सतीं जाइ देखेउ तब जागा, कतहुँ न दीख संभु कर भागा.
तब चित चढ़ेउ जो संकर कहेऊ, प्रभु अपमानु समुझि उर दहेऊ.
पाछिल दुखु न हृदयँ अस ब्यापा, जस यह भयउ महा परितापा.
जद्यपि जग दारुन दुख नाना, सब तें कठिन जाति अवमाना.
समुझि सो सतिहि भयउ अति क्रोधा, बहु बिधि जननीं कीन्ह प्रबोधा.

दोहा-dohā:

सिव अपमानु न जाइ सहि हृदयँ न होइ प्रबोध,
सकल सभहि हठि हटकि तब बोलीं बचन सक्रोध.६३.

चौपाई-caupāī:

सुनहु सभासद सकल मुनिंदा, कही सुनी जिन्ह संकर निंदा.
सो फलु तुरत लहब सब काहूँ, भली भाँति पछिताब पिताहूँ.
संत संभु श्रीपति अपबादा, सुनिअ जहाँ तहँ असि मरजादा.
काटिअ तासु जीभ जो बसाई, श्रवन मूदि न त चलिअ पराई.
जगदातमा महेसु पुरारी, जगत जनक सब के हितकारी.
पिता मंदमति निंदत तेही, दच्छ सुक्र संभव यह देही.
तजिहउँ तुरत देह तेहि हेतू, उर धरि चंद्रमौलि बृषकेतू.
अस कहि जोग अगिनि तनु जारा, भयउ सकल मख हाहाकारा.

दोहा-dohā:

सती मरनु सुनि संभु गन लगे करन मख खीस,
जग्य बिधंस बिलोकि भृगु रच्छा कीन्हि मुनीस.६४.

चौपाई-caupāī:

समाचार सब संकर पाए, बीरभद्रु करि कोप पठाए.
जग्य बिधंस जाइ तिन्ह कीन्हा, सकल सुरन्ह बिधिवत फलु दीन्हा.
भै जगबिदित दच्छ गति सोई, जसि कछु संभु बिमुख कै होई.
यह इतिहास सकल जग जानी, ताते मैं संछेप बखानी.
सतीं मरत हरि सन बरु मागा, जनम जनम सिव पद अनुरागा.
तेहि कारन हिमगिरि गृह जाई, जनमीं पारबती तनु पाई.
जब तें उमा सैल गृह जाईं, सकल सिद्धि संपति तहँ छाईं.
जहँ तहँ मुनिन्ह सुआश्रम कीन्हे, उचित बास हिम भूधर दीन्हे.

दोहा-dohā:

सदा सुमन फल सहित सब द्रुम नव नाना जाति,
प्रगटीं सुंदर सैल पर मनि आकर बहु भाँति.६५.

चौपाई-caupāī:

सरिता सब पुनीत जलु बहहीं, खग मृग मधुप सुखी सब रहहीं.
सहज बयरु सब जीवन्ह त्यागा, गिरि पर सकल करहिं अनुरागा.
सोह सैल गिरिजा गृह आएँ, जिमि जनु रामभगति के पाएँ.
नित नूतन मंगल गृह तासू, ब्रह्मादिक गावहिं जसु जासू.
नारद समाचार सब पाए, कौतुकहीं गिरि गेह सिधाए.
सैलराज बड़ आदर कीन्हा, पद पखारि बर आसनु दीन्हा.
नारि सहित मुनि पद सिरु नावा, चरन सलिल सबु भवनु सिंचावा.
निज सौभाग्य बहुत गिरि बरना, सुता बोलि मेली मुनि चरना.

दोहा-dohā:

त्रिकालग्य सर्बग्य तुम्ह गति सर्बत्र तुम्हारि,
कहहु सुता के दोष गुन मुनिबर हृदयँ बिचारि.६६.

चौपाई-caupāī:

कह मुनि बिहसि गूढ़ मृदु बानी, सुता तुम्हारि सकल गुन खानी.
सुंदर सहज सुसील सयानी, नाम उमा अंबिका भवानी.
सब लच्छन संपन्न कुमारी, होइहि संतत पियहि पिआरी.
सदा अचल एहि कर अहिवाता, एहि तें जसु पैहहिं पितु माता.
होइहि पूज्य सकल जग माहीं, एहि सेवत कछु दुर्लभ नाहीं.
एहि कर नामु सुमिरि संसारा, त्रिय चढ़िहहिं पतिब्रत असिधारा.
सैल सुलच्छन सुता तुम्हारी, सुनहु जे अब अवगुन दुइ चारी.
अगुन अमान मातु पितु हीना, उदासीन सब संसय छीना.

दोहा-dohā:

जोगी जटिल अकाम मन नगन अमंगल बेष,
अस स्वामी एहि कहँ मिलिहि परी हस्त असि रेख.६७.

चौपाई-caupāī:

सुनि मुनि गिरा सत्य जियँ जानी, दुख दंपतिहि उमा हरषानी.
नारदहूँ यह भेदु न जाना, दसा एक समुझब बिलगाना.
सकल सखीं गिरिजा गिरि मैना, पुलक सरीर भरे जल नैना.
होइ न मृषा देवरिषि भाषा, उमा सो बचनु हृदयँ धरि राखा.
उपजेउ सिव पद कमल सनेहू, मिलन कठिन मन भा संदेहू.
जानि कुअवसरु प्रीति दुराई, सखी उछँग बैठी पुनि जाई.
झूठि न होइ देवरिषि बानी, सोचहिं दंपति सखीं सयानी.
उर धरि धीर कहइ गिरिराऊ, कहहु नाथ का करिअ उपाऊ.

दोहा-dohā:

कह मुनीस हिमवंत सुनु जो बिधि लिखा लिलार,
देव दनुज नर नाग मुनि कोउ न मेटनिहार.६८.

चौपाई-caupāī:

तदपि एक मैं कहउँ उपाई, होइ करै जौं दैउ सहाई.
जस बरु मैं बरनेउँ तुम्ह पाहीं, मिलिहि उमहि तस संसय नाहीं.
जे जे बर के दोष बखाने, ते सब सिव पहिं मैं अनुमाने.
जौं बिबाहु संकर सन होई, दोषउ गुन सम कह सबु कोई.
जौं अहि सेज सयन हरि करहीं, बुध कछु तिन्ह कर दोषु न धरहीं.
भानु कृसानु सर्ब रस खाहीं, तिन्ह कहँ मंद कहत कोउ नाहीं.
सुभ अरु असुभ सलिल सब बहई, सुरसरि कोउ अपुनीत न कहई.
समरथ कहुँ नहिं दोषु गोसाईं, रबि पावक सुरसरि की नाईं.

दोहा-dohā:

जौं अस हिसिषा करहिं नर जड़ बिबेक अभिमान,
परहिं कलप भरि नरक महुँ जीव कि ईस समान.६९.

चौपाई-caupāī:

सुरसरि जल कृत बारुनि जाना, कबहुँ न संत करहिं तेहि पाना.
सुरसरि मिलें सो पावन जैसें, ईस अनीसहि अंतरु तैसें.
संभु सहज समरथ भगवाना, एहि बिबाहँ सब बिधि कल्याना.
दुराराध्य पै अहहिं महेसू, आसुतोष पुनि किएँ कलेसू.
जौं तपु करै कुमारि तुम्हारी, भाविउ मेटि सकहिं त्रिपुरारी.
जद्यपि बर अनेक जग माहीं, एहि कहँ सिव तजि दूसर नाहीं.
बर दायक प्रनतारति भंजन, कृपासिंधु सेवक मन रंजन.
इच्छित फल बिनु सिव अवराधें, लहिअ न कोटि जोग जप साधें.

दोहा-dohā:

अस कहि नारद सुमिरि हरि गिरिजहि दीन्हि असीस,
होइहि यह कल्यान अब संसय तजहु गिरीस.७०.

चौपाई-caupāī:

कहि अस ब्रह्मभवन मुनि गयऊ, आगिल चरित सुनहु जस भयऊ.
पतिहि एकांत पाइ कह मैना, नाथ न मैं समुझे मुनि बैना.
जौं घरु बरु कुलु होइ अनूपा, करिअ बिबाहु सुता अनुरुपा.
न त कन्या बरु रहउ कुआरी, कंत उमा मम प्रानपिआरी.
जौं न मिलिहि बरु गिरिजहि जोगू, गिरि जड़ सहज कहिहि सबु लोगू.
सोइ बिचारि पति करेहु बिबाहू, जेहिं न बहोरि होइ उर दाहू.
अस कहि परी चरन धरि सीसा, बोले सहित सनेह गिरीसा.
बरु पावक प्रगटै ससि माहीं, नारद बचनु अन्यथा नाहीं.

दोहा-dohā:

प्रिया सोचु परिहरहु सबु सुमिरहु श्रीभगवान,
पारबतिहि निरमयउ जेहिं सोइ करिहि कल्यान.७१.

चौपाई-caupāī:

अब जौं तुम्हहि सुता पर नेहू, तौ अस जाइ सिखावनु देहू.
करै सो तपु जेहिं मिलहिं महेसू, आन उपायँ न मिटिहि कलेसू.
नारद बचन सगर्भ सहेतू, सुंदर सब गुन निधि बृषकेतू.
अस बिचारि तुम्ह तजहु असंका, सबहि भाँति संकरु अकलंका.
सुनि पति बचन हरषि मन माहीं, गई तुरत उठि गिरिजा पाहीं.
उमहि बिलोकि नयन भरे बारी, सहित सनेह गोद बैठारी.
बारहिं बार लेति उर लाई, गदगद कंठ न कछु कहि जाई.
जगत मातु सर्बग्य भवानी, मातु सुखद बोलीं मृदु बानी.

दोहा-dohā:

सुनहि मातु मैं दीख अस सपन सुनावउँ तोहि,
सुंदर गौर सुबिप्रबर अस उपदेसेउ मोहि.७२.

चौपाई-caupāī:

करहि जाइ तपु सैलकुमारी, नारद कहा सो सत्य बिचारी.
मातु पितहि पुनि यह मत भावा, तपु सुखप्रद दुख दोष नसावा.
तपबल रचइ प्रपंचु बिधाता, तपबल बिष्नु सकल जग त्राता.
तपबल संभु करहिं संघारा, तपबल सेषु धरइ महिभारा.
तप अधार सब सृष्टि भवानी, करहि जाइ तपु अस जियँ जानी.
सुनत बचन बिसमित महतारी, सपन सुनायउ गिरिहि हँकारी.
मातु पितहि बहुबिधि समुझाई, चलीं उमा तप हित हरषाई.
प्रिय परिवार पिता अरु माता, भए बिकल मुख आव न बाता.

दोहा-dohā:

बेदसिरा मुनि आइ तब सबहि कहा समुझाइ,
पारबती महिमा सुनत रहे प्रबोधहि पाइ.७३.

चौपाई-caupāī:

उर धरि उमा प्रानपति चरना, जाइ बिपिन लागीं तपु करना.
अति सुकुमार न तनु तप जोगू, पति पद सुमिरि तजेउ सबु भोगू.
नित नव चरन उपज अनुरागा, बिसरी देह तपहिं मनु लागा.
संबत सहस मूल फल खाए, सागु खाइ सत बरष गवाँए.

कछु दिन भोजनु बारि बतासा, किए कठिन कछु दिन उपबासा.
बेल पाती महि परइ सुखाई, तीनि सहस संबत सोइ खाई.
पुनि परिहरे सुखानेउ परना, उमहि नाम तब भयउ अपरना.
देखि उमहि तप खीन सरीरा, ब्रह्मगिरा भै गगन गभीरा.

दोहा-dohā:

भयउ मनोरथ सुफल तव सुनु गिरिराजकुमारि,
परिहरु दुसह कलेस सब अब मिलिहहिं त्रिपुरारि.७४.

चौपाई-caupāī:

अस तपु काहुँ न कीन्ह भवानी, भउ अनेक धीर मुनि ग्यानी.
अब उर धरहु ब्रह्म बर बानी, सत्य सदा संतत सुचि जानी.
आवै पिता बोलावन जबहीं, हठ परिहरि घर जाएहु तबहीं.
मिलहिं तुम्हहि जब सप्त रिषीसा, जानेहु तब प्रमान बागीसा.
सुनत गिरा बिधि गगन बखानी, पुलक गात गिरिजा हरषानी.
उमा चरित सुंदर मैं गावा, सुनहु संभु कर चरित सुहावा.
जब तें सतीं जाइ तनु त्यागा, तब तें सिव मन भयउ बिरागा.
जपहिं सदा रघुनायक नामा, जहँ तहँ सुनहिं राम गुन ग्रामा.

दोहा-dohā:

चिदानंद सुखधाम सिव बिगत मोह मद काम,
बिचरहिं महि धरि हृदयँ हरि सकल लोक अभिराम.७५.

चौपाई-caupāī:

कतहुँ मुनिन्ह उपदेसहिं ग्याना, कतहुँ राम गुन करहिं बखाना.
जदपि अकाम तदपि भगवाना, भगत बिरह दुख दुखित सुजाना.
एहि बिधि गयउ कालु बहु बीती, नित नै होइ राम पद प्रीती.
नेमु प्रेमु संकर कर देखा, अबिचल हृदयँ भगति कै रेखा.
प्रगटे रामु कृतग्य कृपाला, रूप सील निधि तेज बिसाला.
बहु प्रकार संकरहि सराहा, तुम्ह बिनु अस ब्रतु को निरबाहा.
बहुबिधि राम सिवहि समुझावा, पारबती कर जन्मु सुनावा.
अति पुनीत गिरिजा कै करनी, बिस्तर सहित कृपानिधि बरनी.

दोहा-dohā:

अब बिनती मम सुनहु सिव जौं मो पर निज नेहु,
जाइ बिबाहहु सैलजहि यह मोहि मागें देहु.७६.

चौपाई-caupāī:

कह सिव जदपि उचित अस नाहीं, नाथ बचन पुनि मेटि न जाहीं.
सिर धरि आयसु करिअ तुम्हारा, परम धरमु यह नाथ हमारा.
मातु पिता गुर प्रभु कै बानी, बिनहिं बिचार करिअ सुभ जानी.
तुम्ह सब भाँति परम हितकारी, अग्या सिर पर नाथ तुम्हारी.
प्रभु तोषेउ सुनि संकर बचना, भक्ति बिबेक धर्म जुत रचना.
कह प्रभु हर तुम्हार पन रहेऊ, अब उर राखेहु जो हम कहेऊ.
अंतरधान भए अस भाषी, संकर सोइ मूरति उर राखी.
तबहिं सप्तरिषि सिव पहिं आए, बोले प्रभु अति बचन सुहाए.

दोहा-dohā:

पारबती पहिं जाइ तुम्ह प्रेम परिच्छा लेहु,
गिरिहि प्रेरि पठएहु भवन दूरि करेहु संदेहु.७७.

चौपाई-caupāī:

रिषिन्ह गौरि देखी तहँ कैसी, मूरतिमंत तपस्या जैसी.
बोले मुनि सुनु सैलकुमारी, करहु कवन कारन तपु भारी.
केहि अवराधहु का तुम्ह चहहू, हम सन सत्य मरमु किन कहहू.
कहत बचत मनु अति सकुचाई, हँसिहहु सुनि हमारि जड़ताई.
मनु हठ परा न सुनइ सिखावा, चहत बारि पर भीति उठावा.
नारद कहा सत्य सोइ जाना, बिनु पंखन्ह हम चहहिं उड़ाना.
देखहु मुनि अबिबेकु हमारा, चाहिअ सदा सिवहि भरतारा.

दोहा-dohā:

सुनत बचन बिहसे रिषय गिरिसंभव तव देह,
नारद कर उपदेसु सुनि कहहु बसेउ किसु गेह.७८.

चौपाई-caupāī:

दच्छसुतन्ह उपदेसेन्हि जाई, तिन्ह फिरि भवनु न देखा आई.
चित्रकेतु कर घरु उन घाला, कनककसिपु कर पुनि अस हाला.
नारद सिख जे सुनहिं नर नारी, अवसि होहिं तजि भवनु भिखारी.
मन कपटी तन सज्जन चीन्हा, आपु सरिस सबही चह कीन्हा.
तेहि कें बचन मानि बिस्वासा, तुम्ह चाहहु पति सहज उदासा.
निर्गुन निलज कुबेष कपाली, अकुल अगेह दिगंबर ब्याली.
कहहु कवन सुखु अस बरु पाएँ, भल भूलिहु ठग के बौराएँ.
पंच कहें सिवँ सती बिबाही, पुनि अवडेरि मराएन्हि ताही.

दोहा-dohā:

अब सुख सोवत सोचु नहिं भीख मागि भव खाहिं,
सहज एकाकिन्ह के भवन कबहुँ कि नारि खटाहिं.७९.

चौपाई-caupāī:

अजहूँ मानहु कहा हमारा, हम तुम्ह कहुँ बरु नीक बिचारा.
अति सुंदर सुचि सुखद सुसीला, गावहिं बेद जासु जस लीला.
दूषन रहित सकल गुन रासी, श्रीपति पुर बैकुंठ निवासी.
अस बरु तुम्हहि मिलाउब आनी, सुनत बिहसि कह बचन भवानी.
सत्य कहेहु गिरिभव तनु एहा, हठ न छूट छूटै बरु देहा.
कनकउ पुनि पषान तें होई, जारेहुँ सहजु न परिहर सोई.
नारद बचन न मैं परिहरऊँ, बसउ भवनु उजरउ नहिं डरऊँ.
गुर कें बचन प्रतीति न जेही, सपनेहुँ सुगम न सुख सिधि तेही.

दोहा-dohā:

महादेव अवगुन भवन बिष्नु सकल गुन धाम,
जेहि कर मनु रम जाहि सन तेहि तेही सन काम.८०.

चौपाई-caupāī:

जौं तुम्ह मिलतेहु प्रथम मुनीसा, सुनतिउँ सिख तुम्हारि धरि सीसा.
अब मैं जन्मु संभु हित हारा, को गुन दूषन करै बिचारा.
जौं तुम्हरे हठ हृदयँ बिसेषी, रहि न जाइ बिनु किएँ बरेषी.
तौ कौतुकिअन्ह आलसु नाहीं, बर कन्या अनेक जग माहीं.
जन्म कोटि लगि रगर हमारी, बरउँ संभु न त रहउँ कुआरी.
तजउँ न नारद कर उपदेसू, आपु कहहिं सत बार महेसू.
मैं पा परउँ कहइ जगदंबा, तुम्ह गृह गवनहु भयउ बिलंबा.
देखि प्रेमु बोले मुनि ग्यानी, जय जय जगदंबिके भवानी.

दोहा-dohā:

तुम्ह माया भगवान सिव सकल जगत पितु मातु,
नाइ चरन सिर मुनि चले पुनि पुनि हरषत गातु.८१.

चौपाई-caupāī:

जाइ मुनिन्ह हिमवंतु पठाए, करि बिनती गिरजहिं गृह ल्याए,

बहुरि सप्तरिषि सिव पहिं जाई, कथा उमा कै सकल सुनाई.
भए मगन सिव सुनत सनेहा, हरषि सप्तरिषि गवने गेहा.
मनु थिर करि तब संभु सुजाना, लगे करन रघुनायक ध्याना.
तारकु असुर भयउ तेहि काला, भुज प्रताप बल तेज बिसाला.
तेहिं सब लोक लोकपति जीते, भए देव सुख संपति रीते.
अजर अमर सो जीति न जाई, हारे सुर करि बिबिध लराई.
तब बिरंचि सन जाइ पुकारे, देखे बिधि सब देव दुखारे.

दोहा-dohā:

सब सन कहा बुझाइ बिधि दनुज निधन तब होइ,
संभु सुक्र संभूत सुत एहि जीतइ रन सोइ.८२.

चौपाई-caupāī:

मोर कहा सुनि करहु उपाई, होइहि ईस्वर करिहि सहाई.
सतीं जो तजी दच्छ मख देहा, जनमी जाइ हिमाचल गेहा.
तेहिं तपु कीन्ह संभु पति लागी, सिव समाधि बैठे सबु त्यागी.
जदपि अहइ असमंजस भारी, तदपि बात एक सुनहु हमारी.
पठवहु कामु जाइ सिव पाहीं, करै छोभु संकर मन माहीं.
तब हम जाइ सिवहि सिर नाई, करवाउब बिबाहु बरिआई.
एहि बिधि भलेहिं देवहित होई, मत अति नीक कहइ सबु कोई.
अस्तुति सुरन्ह कीन्हि अति हेतू, प्रगटेउ बिषमबान झषकेतू.

दोहा-dohā:

सुरन्ह कही निज बिपति सब सुनि मन कीन्ह बिचार,
संभु बिरोध न कुसल मोहि बिहसि कहेउ अस मार.८३.

चौपाई-caupāī:

तदपि करब मैं काजु तुम्हारा, श्रुति कह परम धरम उपकारा.
पर हित लागि तजइ जो देही, संतत संत प्रसंसहिं तेही.
अस कहि चलेउ सबहि सिरु नाई, सुमन धनुष कर सहित सहाई.
चलत मार अस हृदयँ बिचारा, सिव बिरोध ध्रुव मरनु हमारा.
तब आपन प्रभाउ बिस्तारा, निज बस कीन्ह सकल संसारा.
कोपेउ जबहि बारिचरकेतू, छन महुँ मिटे सकल श्रुति सेतू.
ब्रह्मचर्ज ब्रत संजम नाना, धीरज धरम ग्यान बिग्याना.
सदाचार जप जोग बिरागा, सभय बिबेक कटकु सबु भागा.

छंद-chaṁda:

भागेउ बिबेकु सहाय सहित सो सुभट संजुग महि मुरे,
सदग्रंथ पर्बत कंदरन्हि महुँ जाइ तेहि अवसर दुरे.
होनिहार का करतार को रखवार जग खरभरु परा,
दुइ माथ केहि रतिनाथ जेहि कहुँ कोपि कर धनु सरु धरा.

दोहा-dohā:

जे सजीव जग अचर चर नारि पुरुष अस नाम,
ते निज निज मरजाद तजि भए सकल बस काम.८४.

चौपाई-caupāī:

सब के हृदयँ मदन अभिलाषा, लता निहारि नवहिं तरु साखा.
नदीं उमगि अंबुधि कहुँ धाईं, संगम करहिं तलाव तलाईं.
जहँ असि दसा जड़न्ह कै बरनी, को कहि सकइ सचेतन करनी.
पसु पच्छी नभ जल थलचारी, भए कामबस समय बिसारी.
मदन अंध ब्याकुल सब लोका, निसि दिनु नहिं अवलोकहिं कोका.
देव दनुज नर किंनर ब्याला, प्रेत पिसाच भूत बेताला.
इन्ह कै दसा न कहेउँ बखानी, सदा काम के चेरे जानी.
सिद्ध बिरक्त महामुनि जोगी, तेपि कामबस भए बियोगी.

छंद-chaṁda:

भए कामबस जोगीस तापस पावँरन्हि की को कहै,
देखहिं चराचर नारिमय जे ब्रह्ममय देखत रहे.
अबला बिलोकहिं पुरुषमय जगु पुरुष सब अबलामयं,
दुइ दंड भरि ब्रह्मांड भीतर कामकृत कौतुक अयं.

सोरठा-soraṭhā:

धरी न काहूँ धीर सब के मन मनसिज हरे,
जे राखे रघुबीर ते उबरे तेहि काल महुँ.८५.

चौपाई-caupāī:

उभय घरी अस कौतुक भयऊ, जौ लगि कामु संभु पहिं गयऊ.
सिवहि बिलोकि ससंकेउ मारू, भयउ जथाथिति सबु संसारू.
भए तुरत सब जीव सुखारे, जिमि मद उतरि गएँ मतवारे.
रुद्रहि देखि मदन भय माना, दुराधरष दुर्गम भगवाना.
फिरत लाज कछु करि नहिं जाई, मरनु ठानि मन रचेसि उपाई.
प्रगटेसि तुरत रुचिर रितुराजा, कुसुमित नव तरु राजि बिराजा.
बन उपबन बापिका तड़ागा, परम सुभग सब दिसा बिभागा.
जहँ तहँ जनु उमगत अनुरागा, देखि मुएहुँ मन मनसिज जागा.

छंद-chaṁda:

जागइ मनोभव मुएहुँ मन बन सुभगता न परै कही,
सीतल सुगंध सुमंद मारुत मदन अनल सखा सही.
बिकसे सरन्हि बहु कंज गुंजत पुंज मंजुल मधुकरा,
कलहंस पिक सुक सरस रव करि गान नाचहिं अपछरा.

दोहा-dohā:

सकल कला करि कोटि बिधि हारेउ सेन समेत,
चली न अचल समाधि सिव कोपेउ हृदयनिकेत.८६.

चौपाई-caupāī:

देखि रसाल बिटप बर साखा, तेहि पर चढ़ेउ मदनु मन माखा.
सुमन चाप निज सर संधाने, अति रिस ताकि श्रवन लगि ताने.
छाड़े बिषम बिसिख उर लागे, छुटि समाधि संभु तब जागे.
भयउ ईस मन छोभु बिसेषी, नयन उघारि सकल दिसि देखी.
सौरभ पल्लव मदनु बिलोका, भयउ कोपु कंपेउ त्रैलोका.
तब सिवँ तीसर नयन उघारा, चितवत कामु भयउ जरि छारा.
हाहाकार भयउ जग भारी, डरपे सुर भए असुर सुखारी.
समुझि कामसुखु सोचहिं भोगी, भए अकंटक साधक जोगी.

छंद-chaṁda:

जोगि अकंटक भए पति गति सुनत रति मुरुछित भई,
रोदति बदति बहु भाँति करुना करति संकर पहिं गई.
अति प्रेम करि बिनती बिबिध बिधि जोरि कर सन्मुख रही,
प्रभु आसुतोष कृपाल सिव अबला निरखि बोले सही.

दोहा-dohā:

अब तें रति तव नाथ कर होइहि नामु अनंगु,
बिनु बपु ब्यापिहि सबहि पुनि सुनु निज मिलन प्रसंगु.८७.

चौपाई-caupāī:

जब जदुबंस कृष्न अवतारा, होइहि हरन महा महिभारा.

कृष्न तनय होइहि पति तोरा, बचनु अन्यथा होइ न मोरा.
रति गवनी सुनि संकर बानी, कथा अपर अब कहउँ बखानी.
देवन्ह समाचार सब पाए, ब्रह्मादिक बैकुंठ सिधाए.
सब सुर बिष्नु बिरंचि समेता, गए जहाँ सिव कृपानिकेता.
पृथक पृथक तिन्ह कीन्हि प्रसंसा, भए प्रसन्न चंद्र अवतंसा.
बोले कृपासिंधु बृषकेतू, कहहु अमर आए केहि हेतू.
कह बिधि तुम्ह प्रभु अंतरजामी, तदपि भगति बस बिनवउँ स्वामी.

दोहा-dohā:

सकल सुरन्ह के हृदयँ अस संकर परम उछाहु,
निज नयनन्हि देखा चहहिं नाथ तुम्हार बिबाहु.८८.

चौपाई-caupāī:

यह उत्सव देखिअ भरि लोचन, सोइ कछु करहु मदन मद मोचन.
कामु जारि रति कहुँ बरु दीन्हा, कृपासिंधु यह अति भल कीन्हा.
सासति करि पुनि करहिं पसाऊ, नाथ प्रभुन्ह कर सहज सुभाऊ.
पारबतीं तपु कीन्ह अपारा, करहु तासु अब अंगीकारा.
सुनि बिधि बिनय समुझि प्रभु बानी, ऐसेइ होउ कहा सुखु मानी.
तब देवन्ह दुंदुभीं बजाईं, बरषि सुमन जय जय सुर साईं.
अवसरु जानि सप्तरिषि आए, तुरतहिं बिधि गिरिभवन पठाए.
प्रथम गए जहँ रहीं भवानी, बोले मधुर बचन छल सानी.

दोहा-dohā:

कहा हमार न सुनेहु तब नारद कें उपदेस,
अब भा झूठ तुम्हार पन जारेउ कामु महेस.८९.

मासपारायण तीसरा विश्राम

चौपाई-caupāī:

सुनि बोलीं मुसुकाइ भवानी, उचित कहेहु मुनिबर बिग्यानी.
तुम्हरें जान कामु अब जारा, अब लगि संभु रहे सबिकारा.
हमरें जान सदा सिव जोगी, अज अनवद्य अकाम अभोगी.
जौं मैं सिव सेये अस जानी, प्रीति समेत कर्म मन बानी.
तौ हमार पन सुनहु मुनीसा, करिहहिं सत्य कृपानिधि ईसा.
तुम्ह जो कहा हर जारेउ मारा, सोइ अति बड़ अबिबेकु तुम्हारा.
तात अनल कर सहज सुभाऊ, हिम तेहि निकट जाइ नहिं काऊ.
गएँ समीप सो अवसि नसाई, असि मन्मथ महेस की नाई.

दोहा-dohā:

हियँ हरषे मुनि बचन सुनि देखि प्रीति बिस्वास,
चले भवानिहि नाइ सिर गए हिमाचल पास.९०.

चौपाई-caupāī:

सबु प्रसंगु गिरिपतिहि सुनावा, मदन दहन सुनि अति दुखु पावा.
बहुरि कहेउ रति कर बरदाना, सुनि हिमवंत बहुत सुखु माना.
हृदयँ बिचारि संभु प्रभुताई, सादर मुनिबर लिए बोलाई.
सुदिनु सुनखतु सुघरी सोचाई, बेगि बेदबिधि लगन धराई.
पत्री सप्तरिषिन्ह सोइ दीन्ही, गहि पद बिनय हिमाचल कीन्ही.
जाइ बिधिहि तिन्ह दीन्हि सो पाती, बाचत प्रीति न हृदयँ समाती.
लगन बाचि अज सबहि सुनाई, हरषे मुनि सब सुर समुदाई.
सुमन बृष्टि नभ बाजन बाजे, मंगल कलस दसहुँ दिसि साजे.

दोहा-dohā:

लगे सँवारन सकल सुर बाहन बिबिध बिमान,
होहिं सगुन मंगल सुभद करहिं अपछरा गान.९१.

चौपाई-caupāī:

सिवहि संभु गन करहिं सिंगारा, जटा मुकुट अहि मौरु सँवारा.
कुंडल कंकन पहिरे ब्याला, तन बिभूति पट केहरि छाला.
ससि ललाट सुंदर सिर गंगा, नयन तीनि उपबीत भुजंगा.
गरल कंठ उर नर सिर माला, असिव बेष सिवधाम कृपाला.
कर त्रिसूल अरु डमरु बिराजा, चले बसहँ चढ़ि बाजहिं बाजा.
देखि सिवहि सुरत्रिय मुसुकाहीं, बर लायक दुलहिनि जग नाहीं.
बिष्नु बिरंचि आदि सुरब्राता, चढ़ि चढ़ि बाहन चले बराता.
सुर समाज सब भाँति अनूपा, नहिं बरात दूलह अनुरूपा.

दोहा-dohā:

बिष्नु कहा अस बिहसि तब बोलि सकल दिसिराज,
बिलग बिलग होइ चलहु सब निज निज सहित समाज.९२.

चौपाई-caupāī:

बर अनुहारि बरात न भाई, हँसी करैहहु पर पुर जाई.
बिष्नु बचन सुनि सुर मुसुकाने, निज निज सेन सहित बिलगाने.
मनहीं मन महेसु मुसुकाहीं, हरि के बिंग्य बचन नहिं जाहीं.
अति प्रिय बचन सुनत प्रिय केरे, भृंगिहि प्रेरि सकल गन टेरे.
सिव अनुसासन सुनि सब आए, प्रभु पद जलज सीस तिन्ह नाए.
नाना बाहन नाना बेषा, बिहसे सिव समाज निज देखा.
कोउ मुखहीन बिपुल मुख काहू, बिनु पद कर कोउ बहु पद बाहू.
बिपुल नयन कोउ नयन बिहीना, रिष्टपुष्ट कोउ अति तनखीना.

छंद-chamda:

तन खीन कोउ अति पीन पावन कोउ अपावन गति धरें,
भूषन कराल कपाल कर सब सद्य सोनित तन भरें.
खर स्वान सुअर सृकाल मुख गन बेष अगनित को गनै,
बहु जिनस प्रेत पिसाच जोगि जमात बरनत नहिं बनै.

सोरठा-soraṭhā:

नाचहिं गावहिं गीत परम तरंगी भूत सब,
देखत अति बिपरीत बोलहिं बचन बिचित्र बिधि.९३.

चौपाई-caupāī:

जस दूलहु तसि बनी बराता, कौतुक बिबिध होहिं मग जाता.
इहाँ हिमाचल रचेउ बिताना, अति बिचित्र नहिं जाइ बखाना.
सैल सकल जहँ लगि जग माहीं, लघु बिसाल नहिं बरनि सिराहीं.
बन सागर सब नदीं तलावा, हिमगिरि सब कहुँ नेवत पठावा.
कामरूप सुंदर तन धारी, सहित समाज सहित बर नारी.
गए सकल तुहिनाचल गेहा, गावहिं मंगल सहित सनेहा.
प्रथमहिं गिरि बहु गृह सँवराए, जथाजोगु तहँ तहँ सब छाए.
पुर सोभा अवलोकि सुहाई, लागइ लघु बिरंचि निपुनाई.

छंद-chamda:

लघु लाग बिधि की निपुनता अवलोकि पुर सोभा सही,
बन बाग कूप तड़ाग सरिता सुभग सब सक को कही.
मंगल बिपुल तोरन पताका केतु गृह गृह सोहहीं,
बनिता पुरुष सुंदर चतुर छबि देखि मुनि मन मोहहीं.

दोहा-dohā:

जगदंबा जहँ अवतरी सो पुरु बरनि कि जाइ,
रिद्धि सिद्धि संपत्ति सुख नित नूतन अधिकाइ.९४.

चौपाई-caupāī:

नगर निकट बरात सुनि आई, पुर खरभरु सोभा अधिकाई.
करि बनाव सजि बाहन नाना, चले लेन सादर अगवाना.
हियँ हरषे सुर सेन निहारी, हरिहि देखि अति भए सुखारी.
सिव समाज जब देखन लागे, बिडरि चले बाहन सब भागे.
धरि धीरजु तहँ रहे सयाने, बालक सब लै जीव पराने.
गएँ भवन पूछहिं पितु माता, कहहिं बचन भय कंपित गाता.
कहिअ काह कहि जाइ न बाता, जम कर धार किधौं बरिआता.
बरु बौराह बसहँ असवारा, ब्याल कपाल बिभूषन छारा.

छंद-chaṁda:

तन छार ब्याल कपाल भूषन नगन जटिल भयंकरा,
सँग भूत प्रेत पिसाच जोगिनि बिकट मुख रजनीचरा.
जो जिअत रहिहि बरात देखत पुन्य बड़ तेहि कर सही,
देखिहि सो उमा बिबाहु घर घर बात असि लरिकन्ह कही.

दोहा-dohā:

समुझि महेस समाज सब जननि जनक मुसुकाहिं,
बाल बुझाए बिबिध बिधि निडर होहु डरु नाहिं.९५.

चौपाई-caupāī:

लै अगवान बरातहि आए, दिए सबहि जनवास सुहाए.
मैनाँ सुभ आरती सँवारी, संग सुमंगल गावहिं नारी.
कंचन थार सोह बर पानी, परिछन चली हरहि हरषानी.
बिकट बेष रुद्रहि जब देखा, अबलन्ह उर भय भयउ बिसेषा.
भागि भवन पैठीं अति त्रासा, गए महेसु जहाँ जनवासा.
मैना हृदयँ भयउ दुखु भारी, लीन्ही बोलि गिरीसकुमारी.
अधिक सनेहँ गोद बैठारी, स्याम सरोज नयन भरे बारी.
जेहिं बिधि तुम्हहि रूपु अस दीन्हा, तेहिं जड़ बरु बाउर कस कीन्हा.

छंद-chaṁda:

कस कीन्ह बरु बौराह बिधि जेहिं तुम्हहि सुंदरता दई,
जो फलु चहिअ सुरतरुहिं सो बरबस बबूरहिं लागई.
तुम्ह सहित गिरि तें गिरौं पावक जरौं जलनिधि महुँ परौं,
घरु जाउ अपजसु होउ जग जीवत बिबाहु न हौं करौं.

दोहा-dohā:

भईं बिकल अबला सकल दुखित देखि गिरिनारि,
करि बिलापु रोदति बदति सुता सनेहु सँभारि.९६.

चौपाई-caupāī:

नारद कर मैं काह बिगारा, भवनु मोर जिन्ह बसत उजारा.
अस उपदेसु उमहि जिन्ह दीन्हा, बौरे बरहि लागि तपु कीन्हा.
साचेहुँ उन्ह कें मोह न माया, उदासीन धनु धामु न जाया.
पर घर घालक लाज न भीरा, बाझँ कि जान प्रसव कै पीरा.
जननिहि बिकल बिलोकि भवानी, बोली जुत बिबेक मृदु बानी.
अस बिचारि सोचहि मति माता, सो न टरइ जो रचइ बिधाता.
करम लिखा जौं बाउर नाहू, तौ कत दोसु लगाइअ काहू.
तुम्ह सन मिटहिं कि बिधि के अंका, मातु ब्यर्थ जनि लेहु कलंका.

छंद-chaṁda:

जनि लेहु मातु कलंकु करुना परिहरहु अवसर नहीं,
दुखु सुखु जो लिखा लिलार हमरें जाब जहँ पाउब तहीं.
सुनि उमा बचन बिनीत कोमल सकल अबला सोचहीं,
बहु भाँति बिधिहि लगाइ दूषन नयन बारि बिमोचहीं.

दोहा-dohā:

तेहि अवसर नारद सहित अरु रिषि सप्त समेत,
समाचार सुनि तुहिनगिरि गवने तुरत निकेत.९७.

चौपाई-caupāī:

तब नारद सबही समुझावा, पूरुब कथाप्रसंगु सुनावा.
मयना सत्य सुनहु मम बानी, जगदंबा तव सुता भवानी.
अजा अनादि सक्ति अबिनासिनि, सदा संभु अरधंग निवासिनि.
जग संभव पालन लय कारिनि, निज इच्छा लीला बपु धारिनि.
जनमीं प्रथम दच्छ गृह जाई, नामु सती सुंदर तनु पाई.
तहँहुँ सती संकरहि बिबाहीं, कथा प्रसिद्ध सकल जग माहीं.
एक बार आवत सिव संगा, देखेउ रघुकुल कमल पतंगा.
भयउ मोहु सिव कहा न कीन्हा, भ्रम बस बेषु सीय कर लीन्हा.

छंद-chaṁda:

सिय बेषु सतीं जो कीन्ह तेहिं अपराध संकर परिहरीं,
हर बिरहँ जाइ बहोरि पितु कें जग्य जोगानल जरीं.
अब जनमि तुम्हरे भवन निज पति लागि दारुन तपु किया,
अस जानि संसय तजहु गिरिजा सर्बदा संकर प्रिया.

दोहा-dohā:

सुनि नारद के बचन तब सब कर मिटा बिषाद,
छन महुँ ब्यापेउ सकल पुर घर घर यह संबाद.९८.

चौपाई-caupāī:

तब मयना हिमवंतु अनंदे, पुनि पुनि पारबती पद बंदे.
नारि पुरुष सिसु जुबा सयाने, नगर लोग सब अति हरषाने.
लगे होन पुर मंगलगाना, सजे सबहिं हाटक घट नाना.
भाँति अनेक भई जेवनारा, सूपसास्त्र जस कछु ब्यवहारा.
सो जेवनार कि जाइ बखानी, बसहिं भवन जेहिं मातु भवानी.
सादर बोले सकल बराती, बिष्नु बिरंचि देव सब जाती.
बिबिधि पाँति बैठी जेवनारा, लागे परुसन निपुन सुआरा.
नारिबृंद सुर जेवँत जानी, लगीं देन गारीं मृदु बानी.

छंद-chaṁda:

गारीं मधुर स्वर देहिं सुंदरि बिंग्य बचन सुनावहीं,
भोजनु करहिं सुर अति बिलंबु बिनोदु सुनि सचु पावहीं.
जेवँत जो बढ़्यो अनंदु सो मुख कोटिहूँ न परै कह्यो,
अचवाँइ दीन्हे पान गवने बास जहँ जाको रह्यो.

दोहा-dohā:

बहुरि मुनिन्ह हिमवंत कहुँ लगन सुनाई आइ,
समय बिलोकि बिबाह कर पठए देव बोलाइ.९९.

चौपाई-caupāī:

बोलि सकल सुर सादर लीन्हे, सबहि जथोचित आसन दीन्हे.
बेदी बेद बिधान सँवारी, सुभग सुमंगल गावहिं नारी.
सिंघासनु अति दिब्य सुहावा, जाइ न बरनि बिरंचि बनावा.

बैठे सिव बिप्रन्ह सिरु नाई, हृदयँ सुमिरि निज प्रभु रघुराई.
बहुरि मुनीसन्ह उमा बोलाईं, करि सिंगारु सखीं लै आईं.
देखत रूपु सकल सुर मोहे, बरनै छबि अस जग कबि को है.
जगदंबिका जानि भव भामा, सुरन्ह मनहिं मन कीन्ह प्रनामा.
सुंदरता मरजाद भवानी, जाइ न कोटिहुँ बदन बखानी.

छंद-chamda:

कोटिहुँ बदन नहिं बनै बरनत जग जननि सोभा महा,
सकुचहिं कहत श्रुति सेष सारद मंदमति तुलसी कहा.
छबिखानि मातु भवानि गवनीं मध्य मंडप सिव जहाँ,
अवलोकि सकहिं न सकुच पति पद कमल मनु मधुकरु तहाँ.

दोहा-dohā:

मुनि अनुसासन गनपतिहि पूजेउ संभु भवानि,
कोउ सुनि संसय करै जनि सुर अनादि जियँ जानि.१००.

चौपाई-caupāī:

जसि बिबाह कै बिधि श्रुति गाई, महामुनिन्ह सो सब करवाई.
गहि गिरीस कुस कन्या पानी, भवहि समरपीं जानि भवानी.
पानिग्रहन जब कीन्ह महेसा, हियँ हरषे तब सकल सुरेसा.
बेदमंत्र मुनिबर उच्चरहीं, जय जय जय संकर सुर करहीं.
बाजहिं बाजन बिबिध बिधाना, सुमनबृष्टि नभ भै बिधि नाना.
हर गिरिजा कर भयउ बिबाहू, सकल भुवन भरि रहा उछाहू.
दासीं दास तुरग रथ नागा, धेनु बसन मनि बस्तु बिभागा.
अन्न कनकभाजन भरि जाना, दाइज दीन्ह न जाइ बखाना.

छंद-chamda:

दाइज दियो बहु भाँति पुनि कर जोरि हिमभूधर कह्यो,
का देउँ पूरनकाम संकर चरन पंकज गहि रह्यो.
सिवँ कृपासागर ससुर कर संतोषु सब भाँतिहिं कियो,
पुनि गहे पद पाथोज मयनाँ प्रेम परिपूरन हियो.

दोहा-dohā:

नाथ उमा मन प्रान सम गृहकिंकरी करेहु,
छमेहु सकल अपराध अब होइ प्रसन्न बरु देहु.१०१.

चौपाई-caupāī:

बहु बिधि संभु सासु समुझाई, गवनी भवन चरन सिरु नाई.
जननीं उमा बोलि तब लीन्ही, लै उछंग सुंदर सिख दीन्ही.
करेहु सदा संकर पद पूजा, नारिधरमु पति देउ न दूजा.
बचन कहत भरे लोचन बारी, बहुरि लाइ उर लीन्हि कुमारी.
कत बिधि सृजीं नारि जग माहीं, पराधीन सपनेहुँ सुखु नाहीं.
भै अति प्रेम बिकल महतारी, धीरजु कीन्ह कुसमय बिचारी.
पुनि पुनि मिलति परति गहि चरना, परम प्रेम कछु जाइ न बरना.
सब नारिन्ह मिलि भेटि भवानी, जाइ जननि उर पुनि लपटानी.

छंद-chamda:

जननिहि बहुरि मिलि चली उचित असीस सब काहूँ दईं,
फिरि फिरि बिलोकति मातु तन तब सखीं लै सिव पहिं गईं.
जाचक सकल संतोषि संकरु उमा सहित भवन चले,
सब अमर हरषे सुमन बरषि निसान नभ बाजे भले.

दोहा-dohā:

चले संग हिमवंतु तब पहुँचावन अति हेतु,
बिबिध भाँति परितोषु करि बिदा कीन्ह बृषकेतु.१०२.

चौपाई-caupāī:

तुरत भवन आए गिरिराई, सकल सैल सर लिए बोलाई.
आदर दान बिनय बहुमाना, सब कर बिदा कीन्ह हिमवाना.
जबहिं संभु कैलासहिं आए, सुर सब निज निज लोक सिधाए.
जगत मातु पितु संभु भवानी, तेहिं सिंगारु न कहउँ बखानी.
करहिं बिबिध बिधि भोग बिलासा, गनन्ह समेत बसहिं कैलासा.
हर गिरिजा बिहार नित नयऊ, एहि बिधि बिपुल काल चलि गयऊ.
तब जनमेउ षटबदन कुमारा, तारकु असुरु समर जेहिं मारा.
आगम निगम प्रसिद्ध पुराना, षन्मुख जन्मु सकल जग जाना.

छंद-chamda:

जगु जान षन्मुख जन्मु कर्मु प्रतापु पुरुषारथु महा,
तेहि हेतु मैं बृषकेतु सुत कर चरित संछेपहिं कहा.
यह उमा संगु बिबाहु जे नर नारि कहहिं जे गावहीं,
कल्यान काज बिबाह मंगल सर्बदा सुखु पावहीं.

दोहा-dohā:

चरित सिंधु गिरिजा रमन बेद न पावहिं पारु,
बरनै तुलसीदासु किमि अति मतिमंद गवाँरु.१०३.

चौपाई-caupāī:

संभु चरित सुनि सरस सुहावा, भरद्वाज मुनि अति सुखु पावा.
बहु लालसा कथा पर बाढ़ी, नयनन्हि नीरु रोमावलि ठाढ़ी.
प्रेम बिबस मुख आव न बानी, दसा देखि हरषे मुनि ग्यानी.
अहो धन्य तव जन्मु मुनीसा, तुम्हहि प्रान सम प्रिय गौरीसा.
सिव पद कमल जिन्हहि रति नाहीं, रामहि ते सपनेहुँ न सोहाहीं.
बिनु छल बिस्वनाथ पद नेहू, राम भगत कर लच्छन एहू.
सिव सम को रघुपति ब्रतधारी, बिनु अघ तजी सती असि नारी.
पनु करि रघुपति भगति देखाई, को सिव सम रामहि प्रिय भाई.

दोहा-dohā:

प्रथमहिं मैं कहि सिव चरित बूझा मरमु तुम्हार,
सुचि सेवक तुम्ह राम के रहित समस्त बिकार.१०४.

चौपाई-caupāī:

मैं जाना तुम्हार गुन सीला, कहउँ सुनहु अब रघुपति लीला.
सुनु मुनि आजु समागम तोरें, कहि न जाइ जस सुखु मन मोरें.
राम चरित अति अमित मुनिसा, कहि न सकहिं सत कोटि अहीसा.
तदपि जथाश्रुत कहउँ बखानी, सुमिरि गिरापति प्रभु धनुपानी.
सारद दारुनारि सम स्वामी, रामु सूत्रधर अंतरजामी.
जेहि पर कृपा करहिं जनु जानी, कबि उर अजिर नचावहिं बानी.
प्रनवउँ सोइ कृपाल रघुनाथा, बरनउँ बिसद तासु गुन गाथा.
परम रम्य गिरिबरु कैलासू, सदा जहाँ सिव उमा निवासू.

दोहा-dohā:

सिद्ध तपोधन जोगिजन सुर किंनर मुनिबृंद,
बसहिं तहाँ सुकृती सकल सेवहिं सिव सुखकंद.१०५.

चौपाई-caupāī:

हरि हर बिमुख धर्म रति नाहीं, ते नर तहँ सपनेहुँ नहिं जाहीं.

तेहि गिरि पर बट बिटप बिसाला, नित नूतन सुंदर सब काला.
त्रिबिध समीर सुसीतलि छाया, सिव बिश्राम बिटप श्रुति गाया.
एक बार तेहि तर प्रभु गयऊ, तरु बिलोकि उर अति सुखु भयऊ.
निज कर डासि नागरिपु छाला, बैठे सहजहिं संभु कृपाला.
कुंद इंदु दर गौर सरीरा, भुज प्रलंब परिधन मुनिचीरा.
तरुन अरुन अंबुज सम चरना, नख दुति भगत हृदय तम हरना.
भुजग भूति भूषन त्रिपुरारी, आननु सरद चंद छबि हारी.

दोहा-dohā:

जटा मुकुट सुरसरित सिर लोचन नलिन बिसाल,
नीलकंठ लावन्यनिधि सोह बालबिधु भाल.१०६.

चौपाई-caupāī:

बैठे सोह कामरिपु कैसें, धरें सरीरु सांतरसु जैसें.
पारबती भल अवसरु जानी, गईं संभु पहिं मातु भवानी.
जानि प्रिया आदरु अति कीन्हा, बाम भाग आसनु हर दीन्हा.
बैठीं सिव समीप हरषाई, पूरुब जन्म कथा चित आई.
पति हियँ हेतु अधिक अनुमानी, बिहसि उमा बोलीं प्रिय बानी.
कथा जो सकल लोक हितकारी, सोइ पूछन चह सैलकुमारी.
बिस्वनाथ मम नाथ पुरारी, त्रिभुवन महिमा बिदित तुम्हारी.
चर अरु अचर नाग नर देवा, सकल करहिं पद पंकज सेवा.

दोहा-dohā:

प्रभु समरथ सर्बग्य सिव सकल कला गुन धाम,
जोग ग्यान बैराग्य निधि प्रनत कलपतरु नाम.१०७.

चौपाई-caupāī:

जौं मो पर प्रसन्न सुखरासी, जानिअ सत्य मोहि निज दासी.
तौ प्रभु हरहु मोर अग्याना, कहि रघुनाथ कथा बिधि नाना.
जासु भवनु सुरतरु तर होई, सहि कि दरिद्र जनित दुखु सोई.
ससिभूषन अस हृदयँ बिचारी, हरहु नाथ मम मति भ्रम भारी.
प्रभु जे मुनि परमारथबादी, कहहिं राम कहुँ ब्रह्म अनादी.
सेस सारदा बेद पुराना, सकल करहिं रघुपति गुन गाना.
तुम्ह पुनि राम राम दिन राती, सादर जपहु अनँग आराती.
रामु सो अवध नृपति सुत सोई, की अज अगुन अलखगति कोई.

दोहा-dohā:

जौं नृप तनय त ब्रह्म किमि नारि बिरहँ मति भोरि,
देखि चरित महिमा सुनत भ्रमति बुद्धि अति मोरि.१०८.

चौपाई-caupāī:

जौं अनीह ब्यापक बिभु कोऊ, कहहु बुझाइ नाथ मोहि सोऊ.
अग्य जानि रिस उर जनि धरहू, जेहि बिधि मोह मिटै सोइ करहू.
मैं बन दीखि राम प्रभुताई, अति भय बिकल न तुम्हहि सुनाई.
तदपि मलिन मन बोधु न आवा, सो फलु भली भाँति हम पावा.
अजहूँ कछु संसउ मन मोरें, करहु कृपा बिनवउँ कर जोरें.
प्रभु तब मोहि बहु भाँति प्रबोधा, नाथ सो समुझि करहु जनि क्रोधा.
तब कर अस बिमोह अब नाहीं, रामकथा पर रुचि मन माहीं.
कहहु पुनीत राम गुन गाथा, भुजगराज भूषन सुरनाथा.

दोहा-dohā:

बंदउँ पद धरि धरनि सिरु बिनय करउँ कर जोरि,
बरनहु रघुबर बिसद जसु श्रुति सिद्धांत निचोरि.१०९.

चौपाई-caupāī:

जदपि जोषिता नहिं अधिकारी, दासी मन क्रम बचन तुम्हारी.
गूढ़उ तत्व न साधु दुरावहिं, आरत अधिकारी जहँ पावहिं.
अति आरति पूछउँ सुरराया, रघुपति कथा कहहु करि दाया.
प्रथम सो कारन कहहु बिचारी, निर्गुन ब्रह्म सगुन बपु धारी.
पुनि प्रभु कहहु राम अवतारा, बालचरित पुनि कहहु उदारा.
कहहु जथा जानकी बिबाहीं, राज तजा सो दूषन काहीं.
बन बसि कीन्हे चरित अपारा, कहहु नाथ जिमि रावन मारा.
राज बैठि कीन्हीं बहु लीला, सकल कहहु संकर सुखलीला.

दोहा-dohā:

बहुरि कहहु करुनायतन कीन्ह जो अचरज राम,
प्रजा सहित रघुबंसमनि किमि गवने निज धाम.११०.

चौपाई-caupāī:

पुनि प्रभु कहहु सो तत्व बखानी, जेहिं बिग्यान मगन मुनि ग्यानी.
भगति ग्यान बिग्यान बिरागा, पुनि सब बरनहु सहित बिभागा.
औरउ राम रहस्य अनेका, कहहु नाथ अति बिमल बिबेका.
जो प्रभु मैं पूछा नहिं होई, सोउ दयाल राखहु जनि गोई.
तुम्ह त्रिभुवन गुर बेद बखाना, आन जीव पाँवर का जाना.
प्रस्न उमा कै सहज सुहाई, छल बिहीन सुनि सिव मन भाई.
हर हियँ रामचरित सब आए, प्रेम पुलक लोचन जल छाए.
श्रीरघुनाथ रूप उर आवा, परमानंद अमित सुख पावा.

दोहा-dohā:

मगन ध्यानरस दंड जुग पुनि मन बाहेर कीन्ह,
रघुपति चरित महेस तब हरषित बरनै लीन्ह.१११.

चौपाई-caupāī:

झूठेउ सत्य जाहि बिनु जानें, जिमि भुजंग बिनु रजु पहिचानें.
जेहि जानें जग जाइ हेराई, जागें जथा सपन भ्रम जाई.
बंदउँ बालरूप सोइ रामू, सब सिधि सुलभ जपत जिसु नामू.
मंगल भवन अमंगल हारी, द्रवउ सो दसरथ अजिर बिहारी.
करि प्रनाम रामहि त्रिपुरारी, हरषि सुधा सम गिरा उचारी.
धन्य धन्य गिरिराजकुमारी, तुम्ह समान नहिं कोउ उपकारी.
पूँछेहु रघुपति कथा प्रसंगा, सकल लोक जग पावनि गंगा.
तुम्ह रघुबीर चरन अनुरागी, कीन्हिहु प्रस्न जगत हित लागी.

दोहा-dohā:

राम कृपा तें पारबति सपनेहुँ तव मन माहिं,
सोक मोह संदेह भ्रम मम बिचार कछु नाहिं.११२.

चौपाई-caupāī:

तदपि असंका कीन्हिहु सोई, कहत सुनत सब कर हित होई.
जिन्ह हरि कथा सुनी नहिं काना, श्रवन रंध्र अहिभवन समाना.
नयनन्हि संत दरस नहिं देखा, लोचन मोरपंख कर लेखा.
ते सिर कटु तुंबरि समतूला, जे न नमत हरि गुर पद मूला.
जिन्ह हरिभगति हृदयँ नहिं आनी, जीवत सव समान तेइ प्रानी.
जो नहिं करइ राम गुन गाना, जीह सो दादुर जीह समाना.

कुलिस कठोर निठुर सोइ छाती, सुनि हरिचरित न जो हरषाती.
गिरिजा सुनहु राम कै लीला, सुर हित दनुज बिमोहनसीला.

दोहा-dohā:

रामकथा सुरधेनु सम सेवत सब सुख दानि,
सतसमाज सुरलोक सब को न सुनै अस जानि.११३.

चौपाई-caupāī:

रामकथा सुंदर कर तारी, संसय बिहग उड़ावनिहारी.
रामकथा कलि बिटप कुठारी, सादर सुनु गिरिराजकुमारी.
राम नाम गुन चरित सुहाए, जनम करम अगनित श्रुति गाए.
जथा अनंत राम भगवाना, तथा कथा कीरति गुन नाना.
तदपि जथा श्रुत जसि मति मोरी, कहिहउँ देखि प्रीति अति तोरी.
उमा प्रस्न तव सहज सुहाई, सुखद संतसंमत मोहि भाई.
एक बात नहिं मोहि सोहानी, जदपि मोह बस कहेहु भवानी.
तुम्ह जो कहा राम कोउ आना, जेहि श्रुति गाव धरहिं मुनि ध्याना.

दोहा-dohā:

कहहिं सुनहिं अस अधम नर ग्रसे जे मोह पिसाच,
पाषंडी हरि पद बिमुख जानहिं झूठ न साच.११४.

चौपाई-caupāī:

अग्य अकोबिद अंध अभागी, काई बिषय मुकुर मन लागी.
लंपट कपटी कुटिल बिसेषी, सपनेहुँ संतसभा नहिं देखी.
कहहिं ते बेद असंमत बानी, जिन्ह कें सूझ लाभु नहिं हानी.
मुकुर मलिन अरु नयन बिहीना, राम रूप देखहिं किमि दीना.
जिन्ह कें अगुन न सगुन बिबेका, जल्पहिं कल्पित बचन अनेका.
हरिमाया बस जगत भ्रमाहीं, तिन्हहि कहत कछु अघटित नाहीं.
बातुल भूत बिबस मतवारे, ते नहिं बोलहिं बचन बिचारे.
जिन्ह कृत महामोह मद पाना, तिन्ह कर कहा करिअ नहिं काना.

सोरठा-soraṭhā:

अस निज हृदयँ बिचारि तजु संसय भजु राम पद,
सुनु गिरिराज कुमारि भ्रम तम रबि कर बचन मम.११५.

चौपाई-caupāī:

सगुनहि अगुनहि नहिं कछु भेदा, गावहिं मुनि पुरान बुध बेदा.
अगुन अरुप अलख अज जोई, भगत प्रेम बस सगुन सो होई.
जो गुन रहित सगुन सोइ कैसें, जलु हिम उपल बिलग नहिं जैसें.
जासु नाम भ्रम तिमिर पतंगा, तेहि किमि कहिअ बिमोह प्रसंगा.
राम सच्चिदानंद दिनेसा, नहिं तहँ मोह निसा लवलेसा.
सहज प्रकासरुप भगवाना, नहिं तहँ पुनि बिग्यान बिहाना.
हरष बिषाद ग्यान अग्याना, जीव धर्म अहमिति अभिमाना.
राम ब्रह्म ब्यापक जग जाना, परमानंद परेस पुराना.

दोहा-dohā:

पुरुष प्रसिद्ध प्रकास निधि प्रगट परावर नाथ,
रघुकुलमनि मम स्वामि सोइ कहि सिवँ नायउ माथ.११६.

चौपाई-caupāī:

निज भ्रम नहिं समुझहिं अग्यानी, प्रभु पर मोह धरहिं जड़ प्रानी.
जथा गगन घन पटल निहारी, झाँपेउ भानु कहहिं कुबिचारी.
चितव जो लोचन अंगुलि लाएँ, प्रगट जुगल ससि तेहि के भाएँ.
उमा राम बिषइक अस मोहा, नभ तम धूम धूरि जिमि सोहा.
बिषय करन सुर जीव समेता, सकल एक तें एक सचेता.
सब कर परम प्रकासक जोई, राम अनादि अवधपति सोई.
जगत प्रकास्य प्रकासक रामू, मायाधीस ग्यान गुन धामू.
जासु सत्यता तें जड माया, भास सत्य इव मोह सहाया.

दोहा-dohā:

रजत सीप महुँ भास जिमि जथा भानु कर बारि,
जदपि मृषा तिहुँ काल सोइ भ्रम न सकइ कोउ टारि.११७.

चौपाई-caupāī:

एहि बिधि जग हरि आश्रित रहई, जदपि असत्य देत दुख अहई.
जौं सपनें सिर काटै कोई, बिनु जागें न दूरि दुख होई.
जासु कृपाँ अस भ्रम मिटि जाई, गिरिजा सोइ कृपाल रघुराई.
आदि अंत कोउ जासु न पावा, मति अनुमानि निगम अस गावा.
बिनु पद चलइ सुनइ बिनु काना, कर बिनु करम करइ बिधि नाना.
आनन रहित सकल रस भोगी, बिनु बानी बकता बड़ जोगी.
तन बिनु परस नयन बिनु देखा, ग्रहइ घ्रान बिनु बास असेषा.
असि सब भाँति अलौकिक करनी, महिमा जासु जाइ नहिं बरनी.

दोहा-dohā:

जेहि इमि गावहिं बेद बुध जाहि धरहिं मुनि ध्यान,
सोइ दसरथ सुत भगत हित कोसलपति भगवान.११८.

चौपाई-caupāī:

कासीं मरत जंतु अवलोकी, जासु नाम बल करउँ बिसोकी.
सोइ प्रभु मोर चराचर स्वामी, रघुबर सब उर अंतरजामी.
बिबसहुँ जासु नाम नर कहहीं, जनम अनेक रचित अघ दहहीं.
सादर सुमिरन जे नर करहीं, भव बारिधि गोपद इव तरहीं.
राम सो परमातमा भवानी, तहँ भ्रम अति अबिहित तव बानी.
अस संसय आनत उर माहीं, ग्यान बिराग सकल गुन जाहीं.
सुनि सिव के भ्रम भंजन बचना, मिटि गै सब कुतरक कै रचना.
भइ रघुपति पद प्रीति प्रतीती, दारुन असंभावना बीती.

दोहा-dohā:

पुनि पुनि प्रभु पद कमल गहि जोरि पंकरुह पानि,
बोलीं गिरिजा बचन बर मनहुँ प्रेम रस सानि.११९.

चौपाई-caupāī:

ससि कर सम सुनि गिरा तुम्हारी, मिटा मोह सरदातप भारी.
तुम्ह कृपाल सबु संसउ हरेऊ, राम स्वरुप जानि मोहि परेऊ.
नाथ कृपाँ अब गयउ बिषादा, सुखी भयउँ प्रभु चरन प्रसादा.
अब मोहि आपनि किंकरि जानी, जदपि सहज जड़ नारि अयानी.
प्रथम जो मैं पूछा सोइ कहहू, जौं मो पर प्रसन्न प्रभु अहहू.
राम ब्रह्म चिनमय अबिनासी, सर्ब रहित सब उर पुर बासी.
नाथ धरेउ नरतनु केहि हेतू, मोहि समुझाइ कहहु बृषकेतू.
उमा बचन सुनि परम बिनीता, रामकथा पर प्रीति पुनीता.

दोहा-dohā:

हियँ हरषे कामारि तब संकर सहज सुजान,
बहु बिधि उमहि प्रसंसि पुनि बोले कृपानिधान.१२०क.

मासपारायण चौथा विश्राम
नवाह्नपारायण पहला विश्राम

सोरठा-soraṭhā:

सुनु सुभ कथा भवानि रामचरितमानस बिमल,
कहा भुसुंडि बखानि सुना बिहग नायक गरुड.१२०ख.

सो संबाद उदार जेहि बिधि भा आगें कहब,
सुनहु राम अवतार चरित परम सुंदर अनघ.१२०ग.

हरि गुन नाम अपार कथा रूप अगनित अमित,
मैं निज मति अनुसार कहउँ उमा सादर सुनहु.१२०घ.

चौपाई-caupāī:

सुनु गिरिजा हरिचरित सुहाए, बिपुल बिसद निगमागम गाए.
हरि अवतार हेतु जेहि होई, इदमित्थं कहि जाइ न सोई.
राम अतर्क्य बुद्धि मन बानी, मत हमार अस सुनहि सयानी.
तदपि संत मुनि बेद पुराना, जस कछु कहहिं स्वमति अनुमाना.
तस मैं सुमुखि सुनावउँ तोही, समुझि परइ जस कारन मोही.
जब जब होइ धरम कै हानी, बाढहिं असुर अधम अभिमानी.
करहिं अनीति जाइ नहिं बरनी, सीदहिं बिप्र धेनु सुर धरनी.
तब तब प्रभु धरि बिबिध सरीरा, हरहिं कृपानिधि सज्जन पीरा.

दोहा-dohā:

असुर मारि थापहिं सुरन्ह राखहिं निज श्रुति सेतु,
जग बिस्तारहिं बिसद जस राम जन्म कर हेतु.१२१.

चौपाई-caupāī:

सोइ जस गाइ भगत भव तरहीं, कृपासिंधु जन हित तनु धरहीं.
राम जनम के हेतु अनेका, परम बिचित्र एक तें एका.
जनम एक दुइ कहउँ बखानी, सावधान सुनु सुमति भवानी.
द्वारपाल हरि के प्रिय दोऊ, जय अरु बिजय जान सब कोऊ.
बिप्र श्राप तें दूनउ भाई, तामस असुर देह तिन्ह पाई.
कनककसिपु अरु हाटक लोचन, जगत बिदित सुरपति मद मोचन.
बिजई समर बीर बिख्याता, धरि बराह बपु एक निपाता.
होइ नरहरि दूसर पुनि मारा, जन प्रहलाद सुजस बिस्तारा.

दोहा-dohā:

भए निसाचर जाइ तेइ महाबीर बलवान,
कुंभकरन रावण सुभट सुर बिजई जग जान.१२२.

चौपाई-caupāī:

मुकुत न भए हते भगवाना, तीनि जनम द्विज बचन प्रवाना.
एक बार तिन्ह के हित लागी, धरेउ सरीर भगत अनुरागी.
कस्यप अदिति तहाँ पितु माता, दसरथ कौसल्या बिख्याता.
एक कलप एहि बिधि अवतारा, चरित्र पवित्र किए संसारा.
एक कलप सुर देखि दुखारे, समर जलंधर सन सब हारे.
संभु कीन्ह संग्राम अपारा, दनुज महाबल मरइ न मारा.
परम सती असुराधिप नारी, तेहिं बल ताहि न जितहिं पुरारी.

दोहा-dohā:

छल करि टारेउ तासु ब्रत प्रभु सुर कारज कीन्ह,
जब तेहिं जानेउ मरम तब श्राप कोप करि दीन्ह.१२३.

चौपाई-caupāī:

तासु श्राप हरि दीन्ह प्रमाना, कौतुकनिधि कृपाल भगवाना.
तहाँ जलंधर रावन भयऊ, रन हति राम परम पद दयऊ.
एक जनम कर कारन एहा, जेहि लागि राम धरी नरदेहा.
प्रति अवतार कथा प्रभु केरी, सुनु मुनि बरनी कबिन्ह घनेरी.
नारद श्राप दीन्ह एक बारा, कलप एक तेहि लगि अवतारा.
गिरिजा चकित भईं सुनि बानी, नारद बिष्नुभगत पुनि ग्यानी.
कारन कवन श्राप मुनि दीन्हा, का अपराध रमापति कीन्हा.
यह प्रसंग मोहि कहहु पुरारी, मुनि मन मोह आचरज भारी.

दोहा-dohā:

बोले बिहसि महेस तब ग्यानी मूढ़ न कोइ,
जेहि जस रघुपति करहिं जब सो तस तेहि छन होइ.१२४क.

सोरठा-soraṭhā:

कहउँ राम गुन गाथ भरद्वाज सादर सुनहु,
भव भंजन रघुनाथ भजु तुलसी तजि मान मद.१२४ख.

चौपाई-caupāī:

हिमगिरि गुहा एक अति पावनि, बह समीप सुरसरी सुहावनि.
आश्रम परम पुनीत सुहावा, देखि देवरिषि मन अति भावा.
निरखि सैल सरि बिपिन बिभागा, भयउ रमापति पद अनुरागा.
सुमिरत हरिहि श्राप गति बाधी, सहज बिमल मन लागि समाधी.
मुनि गति देखि सुरेस डेराना, कामहि बोलि कीन्ह सनमाना.
सहित सहाय जाहु मम हेतू, चकेउ हरषि हियँ जलचरकेतू.
सुनासीर मन महुँ असि त्रासा, चहत देवरिषि मम पुर बासा.
जे कामी लोलुप जग माहीं, कुटिल काक इव सबहि डेराहीं.

दोहा-dohā:

सूख हाड़ लै भाग सठ स्वान निरखि मृगराज,
छीनि लेइ जनि जान जड़ तिमि सुरपतिहि न लाज.१२५.

चौपाई-caupāī:

तेहि आश्रमहिं मदन जब गयऊ, निज मायाँ बसंत निरमयऊ.
कुसुमित बिबिध बिटप बहुरंगा, कूजहिं कोकिल गुंजहिं भृंगा.
चली सुहावनि त्रिबिध बयारी, काम कृसानु बढ़ावनिहारी.
रंभादिक सुरनारि नबीना, सकल असमसर कला प्रबीना.
करहिं गान बहु तान तरंगा, बहुबिधि क्रीड़हिं पानि पतंगा.
देखि सहाय मदन हरषाना, कीन्हेसि पुनि प्रपंच बिधि नाना.
काम कला कछु मुनिहि न ब्यापी, निज भयँ डरेउ मनोभव पापी.
सीम कि चाँपि सकइ कोउ तासू, बड़ रखवार रमापति जासू.

दोहा-dohā:

सहित सहाय सभीत अति मानि हारि मन मैन,
गहेसि जाइ मुनि चरन तब कहि सुठि आरत बैन.१२६.

चौपाई-caupāī:

भयउ न नारद मन कछु रोषा, कहि प्रिय बचन काम परितोषा.
नाइ चरन सिरु आयसु पाई, गयउ मदन तब सहित सहाई.
मुनि सुसीलता आपनि करनी, सुरपति सभाँ जाइ सब बरनी.
सुनि सब कें मन अचरजु आवा, मुनिहि प्रसंसि हरिहि सिरु नावा.
तब नारद गवने सिव पाहीं, जिता काम अहमिति मन माहीं.
मार चरित संकरहि सुनाए, अतिप्रिय जानि महेस सिखाए.
बार बार बिनवउँ मुनि तोही, जिमि यह कथा सुनायहु मोही.

तिमि जनि हरिहि सुनावहु कबहूँ, चलेहुँ प्रसंग दुराएहु तबहूँ.

दोहा-dohā:

संभु दीन्ह उपदेस हित नहिं नारदहि सोहान,
भरद्वाज कौतुक सुनहु हरि इच्छा बलवान.१२७.

चौपाई-caupāī:

राम कीन्ह चाहहिं सोइ होई, करै अन्यथा अस नहिं कोई.
संभु बचन मुनि मन नहिं भाए, तब बिरंचि के लोक सिधाए.
एक बार करतल बर बीना, गावत हरि गुन गान प्रबीना.
छीरसिंधु गवने मुनिनाथा, जहँ बस श्रीनिवास श्रुतिमाथा.
हरषि मिले उठि रमानिकेता, बैठे आसन रिषिहि समेता.
बोले बिहसि चराचर राया, बहुते दिनन कीन्हि मुनि दाया.
काम चरित नारद सब भाषे, जद्यपि प्रथम बरजि सिवँ राखे.
अति प्रचंड रघुपति कै माया, जेहि न मोह अस को जग जाया.

दोहा-dohā:

रूख बदन करि बचन मृदु बोले श्रीभगवान,
तुम्हरे सुमिरन तें मिटहिं मोह मार मद मान.१२८.

चौपाई-caupāī:

सुनु मुनि मोह होइ मन ताकें, ग्यान बिराग हृदय नहिं जाकें.
ब्रह्मचरज ब्रत रत मतिधीरा, तुम्हहि कि करइ मनोभव पीरा.
नारद कहेउ सहित अभिमाना, कृपा तुम्हारि सकल भगवाना.
करुनानिधि मन दीख बिचारी, उर अंकुरेउ गरब तरु भारी.
बेगि सो मैं डारिहउँ उखारी, पन हमार सेवक हितकारी.
मुनि कर हित मम कौतुक होई, अवसि उपाय करबि मैं सोई.
तब नारद हरि पद सिर नाई, चले हृदयँ अहमिति अधिकाई.
श्रीपति निज माया तब प्रेरी, सुनहु कठिन करनी तेहि केरी.

दोहा-dohā:

बिरचेउ मग महुँ नगर तेहिं सत जोजन बिस्तार,
श्रीनिवासपुर तें अधिक रचना बिबिध प्रकार.१२९.

चौपाई-caupāī:

बसहिं नगर सुंदर नर नारी, जनु बहु मनसिज रति तनुधारी.
तेहिं पुर बसइ सीलनिधि राजा, अगनित हय गय सेन समाजा.
सत सुरेस सम बिभव बिलासा, रूप तेज बल नीति निवासा.
बिस्वमोहनी तासु कुमारी, श्री बिमोह जिसु रूपु निहारी.
सोइ हरिमाया सब गुन खानी, सोभा तासु कि जाइ बखानी.
करइ स्वयंबर सो नृपबाला, आए तहँ अगनित महिपाला.
मुनि कौतुकी नगर तेहिं गयऊ, पुरबासिन्ह सब पूछत भयऊ.
सुनि सब चरित भूपगृहँ आए, करि पूजा नृप मुनि बैठाए.

दोहा-dohā:

आनि देखाई नारदहि भूपति राजकुमारि,
कहहु नाथ गुन दोष सब एहि के हृदयँ बिचारि.१३०.

चौपाई-caupāī:

देखि रूप मुनि बिरति बिसारी, बडी बार लगि रहे निहारी.
लच्छन तासु बिलोकि भुलाने, हृदयँ हरष नहिं प्रगट बखाने.
जो एहि बरइ अमर सोइ होई, समरभूमि तेहि जीत न कोई.
सेवहिं सकल चराचर ताही, बरइ सीलनिधि कन्या जाही.
लच्छन सब बिचारि उर राखे, कछुक बनाइ भूप सन भाषे.
सुता सुलच्छन कहि नृप पाहीं, नारद चले सोच मन माहीं.
करौं जाइ सोइ जतन बिचारी, जेहि प्रकार मोहि बरै कुमारी.
जप तप कछु न होइ तेहि काला, हे बिधि मिलइ कवन बिधि बाला.

दोहा-dohā:

एहि अवसर चाहिअ परम सोभा रूप बिसाल,
जो बिलोकि रीझै कुअँरि तब मेलै जयमाल.१३१.

चौपाई-caupāī:

हरि सन मागौं सुंदरताई, होइहि जात गहरु अति भाई.
मोरें हित हरि सम नहिं कोऊ, एहि अवसर सहाय सोइ होऊ.
बहुबिधि बिनय कीन्हि तेहि काला, प्रगटेउ प्रभु कौतुकी कृपाला.
प्रभु बिलोकि मुनि नयन जुड़ाने, होइहि काजु हिएँ हरषाने.
अति आरति कहि कथा सुनाई, करहु कृपा करि होहु सहाई.
आपन रूप देहु प्रभु मोही, आन भाँति नहिं पावौं ओही.
जेहि बिधि नाथ होइ हित मोरा, करहु सो बेगि दास मैं तोरा.
निज माया बल देखि बिसाला, हियँ हँसि बोले दीनदयाला.

दोहा-dohā:

जेहि बिधि होइहि परम हित नारद सुनहु तुम्हार,
सोइ हम करब न आन कछु बचन न मृषा हमार.१३२.

चौपाई-caupāī:

कुपथ माग रुज ब्याकुल रोगी, बैद न देइ सुनहु मुनि जोगी.
एहि बिधि हित तुम्हार मैं ठयऊ, कहि अस अंतरहित प्रभु भयऊ.
माया बिबस भए मुनि मूढ़ा, समुझी नहिं हरि गिरा निगूढ़ा.
गवने तुरत तहाँ रिषिराई, जहाँ स्वयंबर भूमि बनाई.
निज निज आसन बैठे राजा, बहु बनाव करि सहित समाजा.
मुनि मन हरष रूप अति मोरें, मोहि तजि आनहि बरिहि न भोरें.
मुनि हित कारन कृपानिधाना, दीन्ह कुरूप न जाइ बखाना.
सो चरित्र लखि काहुँ न पावा, नारद जानि सबहिं सिर नावा.

दोहा-dohā:

रहे तहाँ दुइ रुद्र गन ते जानहिं सब भेउ,
बिप्रबेष देखत फिरहिं परम कौतुकी तेउ.१३३.

चौपाई-caupāī:

जेहिं समाज बैठे मुनि जाई, हृदयँ रूप अहमिति अधिकाई.
तहँ बैठ महेस गन दोऊ, बिप्रबेष गति लखइ न कोऊ.
करहिं कूटि नारदहि सुनाई, नीकि दीन्हि हरि सुंदरताई.
रीझिहि राजकुअँरि छबि देखी, इन्हहि बरिहि हरि जानि बिसेषी.
मुनिहि मोह मन हाथ पराएँ, हँसहिं संभु गन अति सचु पाएँ.
जदपि सुनहिं मुनि अटपटि बानी, समुझि न परइ बुद्धि भ्रम सानी.
काहुँ न लखा सो चरित बिसेषा, सो सरूप नृपकन्याँ देखा.
मर्कट बदन भयंकर देही, देखत हृदयँ क्रोध भा तेही.

दोहा-dohā:

सखीं संग लै कुअँरि तब चलि जनु राजमराल,
देखत फिरइ महीप सब कर सरोज जयमाल.१३४.

चौपाई-caupāī:

जेहि दिसि बैठे नारद फूली, सो दिसि तेहिं न बिलोकी भूली.
पुनि पुनि मुनि उकसहिं अकुलाहीं, देखि दसा हर गन मुसुकाहीं.
धरि नृपतनु तहँ गयउ कृपाला, कुअँरि हरषि मेलेउ जयमाला.

दुलहिनि लै गे लच्छिनिवासा, नृपसमाज सब भयउ निरासा.
मुनि अति बिकल मोहँ मति नाठी, मनि गिरि गई छूटि जनु गाँठी.
तब हर गन बोले मुसुकाई, निज मुख मुकुर बिलोकहु जाई.
अस कहि दोउ भागे भयँ भारी, बदन दीख मुनि बारि निहारी.
बेषु बिलोकि क्रोध अति बाढ़ा, तिन्हहि सराप दीन्ह अति गाढ़ा.

दोहा-dohā:

होहु निसाचर जाइ तुम्ह कपटी पापी दोउ,
हँसेहु हमहि सो लेहु फल बहुरि हँसेहु मुनि कोउ.१३५.

चौपाई-caupāi:

पुनि जल दीख रूप निज पावा, तदपि हृदयँ संतोष न आवा.
फरकत अधर कोप मन माहीं, सपदी चले कमलापति पाहीं.
देहउँ श्राप कि मरिहउँ जाई, जगत मोरि उपहास कराई.
बीचहिं पंथ मिले दनुजारी, संग रमा सोइ राजकुमारी.
बोले मधुर बचन सुरसाईं, मुनि कहँ चले बिकल की नाईं.
सुनत बचन उपजा अति क्रोधा, माया बस न रहा मन बोधा.
पर संपदा सकहु नहिं देखी, तुम्हरें इरिषा कपट बिसेषी.
मथत सिंधु रुद्रहि बौरायहु, सुरन्ह प्रेरि बिष पान करायहु.

दोहा-dohā:

असुर सुरा बिष संकरहि आपु रमा मनि चारु,
स्वारथ साधक कुटिल तुम्ह सदा कपट ब्यवहारु.१३६.

चौपाई-caupāi:

परम स्वतंत्र न सिर पर कोई, भावइ मनहि करहु तुम्ह सोई.
भलेहि मंद मंदेहि भल करहू, बिसमय हरष न हियँ कछु धरहू.
डहकि डहकि परिचेहु सब काहू, अति असंक मन सदा उछाहू.
करम सुभासुभ तुम्हहि न बाधा, अब लगि तुम्हहि न काहूँ साधा.
भले भवन अब बायन दीन्हा, पावहुगे फल आपन कीन्हा.
बंचेहु मोहि जवनि धरि देहा, सोइ तनु धरहु श्राप मम एहा.
कपि आकृति तुम्ह कीन्हि हमारी, करिहहिं कीस सहाय तुम्हारी.
मम अपकार कीन्ह तुम्ह भारी, नारि बिरहँ तुम्ह होब दुखारी.

दोहा-dohā:

श्राप सीस धरि हरषि हियँ प्रभु बहु बिनती कीन्हि,
निज माया कै प्रबलता करषि कृपानिधि लीन्हि.१३७.

चौपाई-caupāi:

जब हरि माया दूरि निवारी, नहिं तहँ रमा न राजकुमारी.
तब मुनि अति सभीत हरि चरना, गहे पाहि प्रनतारति हरना.
मृषा होउ मम श्राप कृपाला, मम इच्छा कह दीनदयाला.
मैं दुर्बचन कहे बहुतेरे, कह मुनि पाप मिटिहिं किमि मेरे.
जपहु जाइ संकर सत नामा, होइहि हृदयँ तुरत बिश्रामा.
कोउ नहिं सिव समान प्रिय मोरें, असि परतीति तजहु जनि भोरें.
जेहि पर कृपा न करहिं पुरारी, सो न पाव मुनि भगति हमारी.
अस उर धरि महि बिचरहु जाई, अब न तुम्हहि माया निअराई.

दोहा-dohā:

बहुबिधि मुनिहि प्रबोधि प्रभु तब भए अंतरधान,
सत्यलोक नारद चले करत राम गुन गान.१३८.

चौपाई-caupāi:

हर गन मुनिहि जात पथ देखी, बिगतमोह मन हरष बिसेषी.
अति सभीत नारद पहिं आए, गहि पद आरत बचन सुनाए.
हर गन हम न बिप्र मुनिराया, बड़ अपराध कीन्ह फल पाया.
श्राप अनुग्रह करहु कृपाला, बोले नारद दीनदयाला.
निसिचर जाइ होहु तुम्ह दोऊ, बैभव बिपुल तेज बल होऊ.
भुजबल बिस्व जितब तुम्ह जहिआ, धरिहहिं बिष्नु मनुज तनु तहिआ.
समर मरन हरि हाथ तुम्हारा, होइहहु मुकुत न पुनि संसारा.
चले जुगल मुनि पद सिर नाई, भए निसाचर कालहि पाई.

दोहा-dohā:

एक कलप एहि हेतु प्रभु लीन्ह मनुज अवतार,
सुर रंजन सज्जन सुखद हरि भंजन भुबि भार.१३९.

चौपाई-caupāi:

एहि बिधि जनम करम हरि केरे, सुंदर सुखद बिचित्र घनेरे.
कलप कलप प्रति प्रभु अवतरहीं, चारु चरित नानाबिधि करहीं.
तब तब कथा मुनीसन्ह गाई, परम पुनीत प्रबंध बनाई.
बिबिध प्रसंग अनूप बखाने, करहिं न सुनि आचरजु सयाने.
हरि अनंत हरिकथा अनंता, कहहिं सुनहिं बहुबिधि सब संता.
रामचंद्र के चरित सुहाए, कलप कोटि लगि जाहिं न गाए.
यह प्रसंग मैं कहा भवानी, हरिमायाँ मोहहिं मुनि ग्यानी.
प्रभु कौतुकी प्रनत हितकारी, सेवत सुलभ सकल दुख हारी.

सोरठा-soraṭhā:

सुर नर मुनि कोउ नाहिं जेहि न मोह माया प्रबल,
अस बिचारि मन माहिं भजिअ महामाया पतिहि.१४०.

चौपाई-caupāi:

अपर हेतु सुनु सैलकुमारी, कहउँ बिचित्र कथा बिस्तारी.
जेहि कारन अज अगुन अरूपा, ब्रह्म भयउ कोसलपुर भूपा.
जो प्रभु बिपिन फिरत तुम्ह देखा, बंधु समेत धरें मुनिबेषा.
जासु चरित अवलोकि भवानी, सती सरीर रहिहु बौरानी.
अजहुँ न छाया मिटति तुम्हारी, तासु चरित सुनु भ्रम रुज हारी.
लीला कीन्हि जो तेहिं अवतारा, सो सब कहिहउँ मति अनुसारा.
भरद्वाज सुनि संकर बानी, सकुचि सप्रेम उमा मुसुकानी.
लगे बहुरि बरनै बृषकेतू, सो अवतार भयउ जेहि हेतू.

दोहा-dohā:

सो मैं तुम्ह सन कहउँ सबु सुनु मुनीस मन लाइ,
राम कथा कलि मल हरनि मंगल करनि सुहाइ.१४१.

चौपाई-caupāi:

स्वायंभू मनु अरु सतरूपा, जिन्ह तें भै नरसृष्टि अनूपा.
दंपति धरम आचरन नीका, अजहुँ गाव श्रुति जिन्ह कै लीका.
नृप उत्तानपाद सुत तासू, ध्रुव हरि भगत भयउ सुत जासू.
लघु सुत नाम प्रियब्रत ताही, बेद पुरान प्रसंसहि जाही.
देवहूति पुनि तासु कुमारी, जो मुनि कर्दम कै प्रिय नारी.
आदिदेव प्रभु दीनदयाला, जठर धरेउ जेहिं कपिल कृपाला.
सांख्य सास्त्र जिन्ह प्रगट बखाना, तत्व बिचार निपुन भगवाना.
तेहिं मनु राज कीन्ह बहु काला, प्रभु आयसु सब बिधि प्रतिपाला.

सोरठा-sorațhā:

होइ न बिषय बिराग भवन बसत भा चौथपन,
हृदयँ बहुत दुख लाग जनम गयउ हरिभगति बिनु.१४२.

चौपाई-caupāī:

बरबस राज सुतहि तब दीन्हा, नारि समेत गवन बन कीन्हा.
तीरथ बर नैमिष बिख्याता, अति पुनीत साधक सिधि दाता.
बसहिं तहाँ मुनि सिद्ध समाजा, तहँ हियँ हरषि चलेउ मनु राजा.
पंथ जात सोहहिं मतिधीरा, ग्यान भगति जनु धरें सरीरा.
पहुँचे जाइ धेनुमति तीरा, हरषि नहाने निरमल नीरा.
आए मिलन सिद्ध मुनि ग्यानी, धरम धुरंधर नृपरिषि जानी.
जहँ जहँ तीरथ रहे सुहाए, मुनिन्ह सकल सादर करवाए.
कृस सरीर मुनिपट परिधाना, सत समाज नित सुनहिं पुराना.

दोहा-dohā:

द्वादस अच्छर मंत्र पुनि जपहिं सहित अनुराग,
बासुदेव पद पंकरुह दंपति मन अति लाग.१४३.

चौपाई-caupāī:

करहिं अहार साक फल कंदा, सुमिरहिं ब्रह्म सच्चिदानंदा.
पुनि हरि हेतु करन तप लागे, बारि अधार मूल फल त्यागे.
उर अभिलाष निरंतर होई, देखिअ नयन परम प्रभु सोई.
अगुन अखंड अनंत अनादी, जेहि चिंतहिं परमारथबादी.
नेति नेति जेहि बेद निरूपा, निजानंद निरुपाधि अनूपा.
संभु बिरंचि बिष्नु भगवाना, उपजहिं जासु अंस तें नाना.
ऐसेउ प्रभु सेवक बस अहई, भगत हेतु लीलातनु गहई.
जौं यह बचन सत्य श्रुति भाषा, तौ हमार पूजिहि अभिलाषा.

दोहा-dohā:

एहि बिधि बीते बरष षट सहस बारि आहार,
संबत सप्त सहस्र पुनि रहे समीर अधार.१४४.

चौपाई-caupāī:

बरष सहस दस त्यागेउ सोऊ, ठाढ़े रहे एक पद दोऊ.
बिधि हरि हर तप देखि अपारा, मनु समीप आए बहु बारा.
मागहु बर बहु भाँति लोभाए, परम धीर नहिं चलहिं चलाए.
अस्थिमात्र होइ रहे सरीरा, तदपि मनाग मनहिं नहिं पीरा.
प्रभु सर्बग्य दास निज जानी, गति अनन्य तापस नृप रानी.
मागु मागु बरु भै नभ बानी, परम गभीर कृपामृत सानी.
मृतक जिआवनि गिरा सुहाई, श्रवन रंध्र होइ उर जब आई.
हृष्टपुष्ट तन भए सुहाए, मानहुँ अबहिं भवन ते आए.

दोहा-dohā:

श्रवन सुधा सम बचन सुनि पुलक प्रफुल्लित गात,
बोले मनु करि दंडवत प्रेम न हृदयँ समात.१४५.

चौपाई-caupāī:

सुनु सेवक सुरतरु सुरधेनू, बिधि हरि हर बंदित पद रेनू.
सेवत सुलभ सकल सुख दायक, प्रनतपाल सचराचर नायक.
जौं अनाथ हित हम पर नेहू, तौ प्रसन्न होइ यह बर देहू.
जो सरूप बस सिव मन माहीं, जेहि कारन मुनि जतन कराहीं.
जो भुसुंडि मन मानस हंसा, सगुन अगुन जेहि निगम प्रसंसा.
देखहिं हम सो रूप भरि लोचन, कृपा करहु प्रनतारति मोचन.
दंपति बचन परम प्रिय लागे, मुदुल बिनीत प्रेम रस पागे.
भगत बछल प्रभु कृपानिधाना, बिस्वबास प्रगटे भगवाना.

दोहा-dohā:

नील सरोरुह नील मनि नील नीरधर स्याम,
लाजहिं तन सोभा निरखि कोटि कोटि सत काम.१४६.

चौपाई-caupāī:

सरद मयंक बदन छबि सींवा, चारु कपोल चिबुक दर ग्रीवा.
अधर अरुन रद सुंदर नासा, बिधु कर निकर बिनिंदक हासा.
नव अंबुज अंबक छबि नीकी, चितवनि ललित भावँती जी की.
भृकुटि मनोज चाप छबि हारी, तिलक ललाट पटल दुतिकारी.
कुंडल मकर मुकुट सिर भ्राजा, कुटिल केस जनु मधुप समाजा.
उर श्रीबत्स रुचिर बनमाला, पदिक हार भूषन मनिजाला.
केहरि कंधर चारु जनेऊ, बाहु बिभूषन सुंदर तेऊ.
करि कर सरिस सुभग भुजदंडा, कटि निषंग कर सर कोदंडा.

दोहा-dohā:

तड़ित बिनिंदक पीत पट उदर रेख बर तीनि,
नाभि मनोहर लेति जनु जमुन भवँर छबि छीनि.१४७.

चौपाई-caupāī:

पद राजीव बरनि नहिं जाहीं, मुनि मन मधुप बसहिं जेन्ह माहीं.
बाम भाग सोभति अनुकूला, आदिसक्ति छबिनिधि जगमूला.
जासु अंस उपजहिं गुनखानी, अगनित लच्छि उमा ब्रह्मानी.
भृकुटि बिलास जासु जग होई, राम बाम दिसि सीता सोई.
छबिसमुद्र हरि रूप बिलोकी, एकटक रहे नयन पट रोकी.
चितवहिं सादर रूप अनूपा, तृप्ति न मानहिं मनु सतरूपा.
हरष बिबस तन दसा भुलानी, परे दंड इव गहि पद पानी.
सिर परसे प्रभु निज कर कंजा, तुरत उठाए करुनापुंजा.

दोहा-dohā:

बोले कृपानिधान पुनि अति प्रसन्न मोहि जानि,
मागहु बर जोइ भाव मन महादानि अनुमानि.१४८.

चौपाई-caupāī:

सुनि प्रभु बचन जोरि जुग पानी, धरि धीरजु बोली मृदु बानी.
नाथ देखि पद कमल तुम्हारे, अब पूरे सब काम हमारे.
एक लालसा बड़ि उर माहीं, सुगम अगम कहि जाति सो नाहीं.
तुम्हहि देत अति सुगम गोसाईं, अगम लाग मोहि निज कृपनाईं.
जथा दरिद्र बिबुधतरु पाई, बहु संपति मागत सकुचाई.
तासु प्रभाउ जान नहिं सोई, तथा हृदयँ मम संसय होई.
सो तुम्ह जानहु अंतरजामी, पुरवहु मोर मनोरथ स्वामी.
सकुच बिहाइ मागु नृप मोही, मोरें नहिं अदेय कछु तोही.

दोहा-dohā:

दानि सिरोमनि कृपानिधि नाथ कहउँ सतिभाउ,
चाहउँ तुम्हहि समान सुत प्रभु सन कवन दुराउ.१४९.

चौपाई-caupāī:

देखि प्रीति सुनि बचन अमोले, एवमस्तु करुनानिधि बोले.
आपु सरिस खोजौं कहँ जाई, नृप तव तनय होब मैं आई.
सतरूपहि बिलोकि कर जोरें, देबि मागु बरु जो रुचि तोरें.
जो बरु नाथ चतुर नृप मागा, सोइ कृपाल मोहि अति प्रिय लागा.

प्रभु परंतु सुठि होति ढिठाई, जदपि भगत हित तुम्हहि सोहाई.
तुम्ह ब्रह्मादि जनक जग स्वामी, ब्रह्म सकल उर अंतरजामी.
अस समुझत मन संसय होई, कहा जो प्रभु प्रवान पुनि सोई.
जे निज भगत नाथ तव अहहीं, जो सुख पावहिं जो गति लहहीं.

दोहा-dohā:

सोइ सुख सोइ गति सोइ भगति सोइ निज चरन सनेहु,
सोइ बिबेक सोइ रहनि प्रभु हमहि कृपा करि देहु.१५०.

चौपाई-caupāī:

सुनि मृदु गूढ़ रुचिर बर रचना, कृपासिंधु बोले मृदु बचना.
जो कछु रुचि तुम्हरे मन माहीं, मैं सो दीन्ह सब संसय नाहीं.
मातु बिबेक अलौकिक तोरें, कबहुँ न मिटिहि अनुग्रह मोरें.
बंदि चरन मनु कहेउ बहोरी, अवर एक बिनती प्रभु मोरी.
सुत बिषइक तव पद रति होऊ, मोहि बड़ मूढ़ कहै किन कोऊ.
मनि बिनु फनि जिमि जल बिनु मीना, मम जीवन तिमि तुम्हहि अधीना.
अस बरु मागि चरन गहि रहेऊ, एवमस्तु करुनानिधि कहेऊ.
अब तुम्ह मम अनुसासन मानी, बसहु जाइ सुरपति रजधानी.

सोरठा-soraṭhā:

तहँ करि भोग बिसाल तात गएँ कछु काल पुनि,
होइहहु अवध भुआल तब मैं होब तुम्हार सुत.१५१.

चौपाई-caupāī:

इच्छामय नरबेष सँवारें, होइहउँ प्रगट निकेत तुम्हारे.
अंसन्ह सहित देह धरि ताता, करिहउँ चरित भगत सुखदाता.
जे सुनि सादर नर बड़भागी, भव तरिहहिं ममता मद त्यागी.
आदिसक्ति जेहिं जग उपजाया, सोउ अवतरिहि मोरि यह माया.
पुरउब मैं अभिलाष तुम्हारा, सत्य सत्य पन सत्य हमारा.
पुनि पुनि अस कहि कृपानिधाना, अंतरधान भए भगवाना.
दंपति उर धरि भगत कृपाला, तेहिं आश्रम निवसे कछु काला.
समय पाइ तनु तजि अनयासा, जाइ कीन्ह अमरावति बासा.

दोहा-dohā:

यह इतिहास पुनीत अति उमहि कही बृषकेतु,
भरद्वाज सुनु अपर पुनि राम जनम कर हेतु.१५२.

मासपारायण पाँचवाँ विश्राम

चौपाई-caupāī:

सुनु मुनि कथा पुनीत पुरानी, जो गिरिजा प्रति संभु बखानी.
बिस्व बिदित एक कैकय देसू, सत्यकेतु तहँ बसइ नरेसू.
धरम धुरंधर नीति निधाना, तेज प्रताप सील बलवाना.
तेहि कें भए जुगल सुत बीरा, सब गुन धाम महा रनधीरा.
राज धनी जो जेठ सुत आही, नाम प्रतापभानु अस ताही.
अपर सुतहि अरिमर्दन नामा, भुजबल अतुल अचल संग्रामा.
भाइहि भाइहि परम समीती, सकल दोष छल बरजित प्रीती.
जेठे सुतहि राज नृप दीन्हा, हरि हित आपु गवन बन कीन्हा.

दोहा-dohā:

जब प्रतापरबि भयउ नृप फिरी दोहाई देस,
प्रजा पाल अति बेदबिधि कतहुँ नहीं अघ लेस.१५३.

चौपाई-caupāī:

नृप हितकारक सचिव सयाना, नाम धरमरुचि सुक्र समाना.
सचिव सयान बंधु बलबीरा, आपु प्रतापपुंज रनधीरा.
सेन संग चतुरंग अपारा, अमित सुभट सब समर जुझारा.
सेन बिलोकि राउ हरषाना, अरु बाजे गहगहे निसाना.
बिजय हेतु कटकई बनाई, सुदिन साधि नृप चलेउ बजाई.
जहँ तहँ परीं अनेक लराईं, जीते सकल भूप बरिआईं.
सप्त दीप भुजबल बस कीन्हे, लै लै दंड छाड़ि नृप दीन्हे.
सकल अवनि मंडल तेहि काला, एक प्रतापभानु महिपाला.

दोहा-dohā:

स्वबस बिस्व करि बाहुबल निज पुर कीन्ह प्रबेसु,
अरथ धरम कामादि सुख सेवइ समयँ नरेसु.१५४.

चौपाई-caupāī:

भूप प्रतापभानु बल पाई, कामधेनु भै भूमि सुहाई.
सब दुख बरजित प्रजा सुखारी, धरमसील सुंदर नर नारी.
सचिव धरमरुचि हरि पद प्रीती, नृप हित हेतु सिखव नित नीती.
गुर सुर संत पितर महिदेवा, करइ सदा नृप सब कै सेवा.
भूप धरम जे बेद बखाने, सकल करइ सादर सुख माने.
दिन प्रति देह बिबिध बिधि दाना, सुनइ सास्त्र बर बेद पुराना.
नाना बापीं कूप तड़ागा, सुमन बाटिका सुंदर बागा.
बिप्रभवन सुरभवन सुहाए, सब तीरथन्ह बिचित्र बनाए.

दोहा-dohā:

जहँ लगि कहे पुरान श्रुति एक एक सब जाग,
बार सहस्र सहस्र नृप किए सहित अनुराग.१५५.

चौपाई-caupāī:

हृदयँ न कछु फल अनुसंधाना, भूप बिबेकी परम सुजाना.
करइ जे धरम करम मन बानी, बासुदेव अर्पित नृप ग्यानी.
चढ़ि बर बाजि बार एक राजा, मृगया कर सब साजि समाजा.
बिंध्याचल गभीर बन गयऊ, मृग पुनीत बहु मारत भयऊ.
फिरत बिपिन नृप दीख बराहू, जनु बन दुरेउ ससिहि ग्रसि राहू.
बड़ बिधु नहिं समात मुख माहीं, मनहुँ क्रोध बस उगिलत नाहीं.
कोल कराल दसन छबि गाई, तनु बिसाल पीवर अधिकाई.
घुरुघुरात हय आरौ पाएँ, चकित बिलोकत कान उठाएँ.

दोहा-dohā:

नील महीधर सिखर सम देखि बिसाल बराहु,
चपरि चलेउ हय सुटुकि नृप हाँकि न होइ निबाहु.१५६.

चौपाई-caupāī:

आवत देखि अधिक रव बाजी, चलेउ बराह मरुत गति भाजी.
तुरत कीन्ह नृप सर संधाना, महि मिलि गयउ बिलोकत बाना.
तकि तकि तीर महीस चलावा, करि छल सुअर सरीर बचावा.
प्रगटत दुरत जाइ मृग भागा, रिस बस भूप चलेउ सँग लागा.
गयउ दूरि घन गहन बराहू, जहँ नाहिन गज बाजि निबाहू.
अति अकेल बन बिपुल कलेसू, तदपि न मृग मग तजइ नरेसू.
कोल बिलोकि भूप बड़ धीरा, भागि पैठ गिरिगुहाँ गभीरा.
अगम देखि नृप अति पछिताई, फिरेउ महाबन परेउ भुलाई.

दोहा-dohā:

खेद खिन्न छुद्धित तृषित राजा बाजि समेत,
खोजत ब्याकुल सरित सर जल बिनु भयउ अचेत.१५७.

चौपाई-caupāī:

फिरत बिपिन आश्रम एक देखा, तहँ बस नृपति कपट मुनिबेषा.
जासु देस नृप लीन्ह छड़ाई, समर सेन तजि गयउ पराई.
समय प्रतापभानु कर जानी, आपन अति असमय अनुमानी.
गयउ न गृह मन बहुत गलानी, मिला न राजहि नृप अभिमानी.
रिस उर मारि रंक जिमि राजा, बिपिन बसइ तापस कें साजा.
तासु समीप गवन नृप कीन्हा, यह प्रतापरबि तेहिं तब चीन्हा.
राउ तृषित नहिं सो पहिचाना, देखि सुबेष महामुनि जाना.
उतरि तुरग तें कीन्ह प्रनामा, परम चतुर न कहेउ निज नामा.

दोहा-dohā:

भूपति तृषित बिलोकि तेहिं सरबरु दीन्ह देखाइ,
मज्जन पान समेत हय कीन्ह नृपति हरषाइ.१५८.

चौपाई-caupāī:

गै श्रम सकल सुखी नृप भयऊ, निज आश्रम तापस लै गयऊ.
आसन दीन्ह अस्त रबि जानी, पुनि तापस बोलेउ मृदु बानी.
को तुम्ह कस बन फिरहु अकेलें, सुंदर जुबा जीव परहेलें.
चक्रबर्ति के लच्छन तोरें, देखत दया लागि अति मोरें.
नाम प्रतापभानु अवनीसा, तासु सचिव मैं सुनहु मुनीसा.
फिरत अहेरें परेउँ भुलाई, बड़ें भाग देखउँ पद आई.
हम कहँ दुर्लभ दरस तुम्हारा, जानत हौं कछु भल होनिहारा.
कह मुनि तात भयउ अँधियारा, जोजन सत्तरि नगरु तुम्हारा.

दोहा-dohā:

निसा घोर गंभीर बन पंथ न सुनहु सुजान,
बसहु आजु अस जानि तुम्ह जाएहु होत बिहान.१५९क.
तुलसी जसि भवतब्यता तैसी मिलइ सहाइ,
आपुनु आवइ ताहि पहिं ताहि तहाँ लै जाइ.१५९ख.

चौपाई-caupāī:

भलेहिं नाथ आयसु धरि सीसा, बाँधि तुरग तरु बैठ महीसा.
नृप बहु भाँति प्रसंसेउ ताही, चरन बंदि निज भाग्य सराही.
पुनि बोलेउ मृदु गिरा सुहाई, जानि पिता प्रभु करउँ ढिठाई.
मोहि मुनिस सुत सेवक जानी, नाथ नाम निज कहहु बखानी.
तेहि न जान नृप नृपहि सो जाना, भूप सुहृद सो कपट सयाना.
बैरी पुनि छत्री पुनि राजा, छल बल कीन्ह चहइ निज काजा.
समुझि राजसुख दुखित अराती, अवाँ अनल इव सुलगइ छाती.
सरल बचन नृप के सुनि काना, बयर सँभारि हृदयँ हरषाना.

दोहा-dohā:

कपट बोरि बानी मृदुल बोलेउ जुगुति समेत,
नाम हमार भिखारि अब निर्धन रहित निकेत.१६०.

चौपाई-caupāī:

कह नृप जे बिग्यान निधाना, तुम्ह सारिखे गलित अभिमाना.
सदा रहहिं अपनपौ दुराएँ, सब बिधि कुसल कुबेष बनाएँ.
तेहि तें कहहिं संत श्रुति टेरें, परम अकिंचन प्रिय हरि केरें.
तुम्ह सम अधन भिखारि अगेहा, होत बिरंचि सिवहि संदेहा.
जोसि सोसि तव चरन नमामी, मो पर कृपा करिअ अब स्वामी.
सहज प्रीति भूपति कै देखी, आपु बिषय बिस्वास बिसेषी.
सब प्रकार राजहि अपनाई, बोलेउ अधिक सनेह जनाई.
सुनु सतिभाउ कहउँ महिपाला, इहाँ बसत बीते बहु काला.

दोहा-dohā:

अब लगि मोहि न मिलेउ कोउ मैं न जनावउँ काहु,
लोकमान्यता अनल सम कर तप कानन दाहु.१६१क.

सोरठा-soraṭhā:

तुलसी देखि सुबेषु भूलहिं मूढ़ न चतुर नर,
सुंदर केकिहि पेखु बचन सुधा सम असन अहि.१६१ख.

चौपाई-caupāī:

तातें गुपुत रहउँ जग माहीं, हरि तजि किमपि प्रयोजन नाहीं.
प्रभु जानत सब बिनहिं जनाएँ, कहहु कवनि सिधि लोक रिझाएँ.
तुम्ह सुचि सुमति परम प्रिय मोरें, प्रीति प्रतीति मोहि पर तोरें.
अब जौं तात दुरावउँ तोही, दारुन दोष घटइ अति मोही.
जिमि जिमि तापसु कथइ उदासा, तिमि तिमि नृपहि उपज बिस्वासा.
देखा स्वबस कर्म मन बानी, तब बोला तापस बगध्यानी.
नाम हमार एकतनु भाई, सुनि नृप बोलेउ पुनि सिरु नाई.
कहहु नाम कर अरथ बखानी, मोहि सेवक अति आपन जानी.

दोहा-dohā:

आदिसृष्टि उपजी जबहिं तब उतपति भै मोरि,
नाम एकतनु हेतु तेहि देह न धरी बहोरि.१६२.

चौपाई-caupāī:

जनि आचरजु करहु मन माहीं, सुत तप तें दुर्लभ कछु नाहीं.
तपबल तें जग सृजइ बिधाता, तपबल बिष्नु भए परित्राता.
तपबल संभु करहिं संघारा, तप तें अगम न कछु संसारा.
भयउ नृपहि सुनि अति अनुरागा, कथा पुरातन कहै सो लागा.
करम धरम इतिहास अनेका, करइ निरूपन बिरति बिबेका.
उदभव पालन प्रलय कहानी, कहेसि अमित आचरज बखानी.
सुनि महीप तापस बस भयऊ, आपन नाम कहन तब लयऊ.
कह तापस नृप जानउँ तोही, कीन्हेहु कपट लाग भल मोही.

सोरठा-soraṭhā:

सुनु महीस असि नीति जहँ तहँ नाम न कहहिं नृप,
मोहि तोहि पर अति प्रीति सोइ चतुरता बिचारि तव.१६३.

चौपाई-caupāī:

नाम तुम्हार प्रताप दिनेसा, सत्यकेतु तव पिता नरेसा.
गुर प्रसाद सब जानिअ राजा, कहिअ न आपन जानि अकाजा.
देखि तात तव सहज सुधाई, प्रीति प्रतीति नीति निपुनाई.
उपजि परी ममता मन मोरें, कहउँ कथा निज पूछे तोरें.
अब प्रसन्न मैं संसय नाहीं, मागु जो भूप भाव मन माहीं.
सुनि सुबचन भूपति हरषाना, गहि पद बिनय कीन्हि बिधि नाना.
कृपासिंधु मुनि दरसन तोरें, चारि पदारथ करतल मोरें.
प्रभुहि तथापि प्रसन्न बिलोकी, मागि अगम बर होउँ असोकी.

दोहा-dohā:

जरा मरन दुख रहित तनु समर जितै जनि कोउ,
एकछत्र रिपुहीन महि राज कलप सत होउ.१६४.

चौपाई-caupāī:

कह तापस नृप ऐसेइ होऊ, कारन एक कठिन सुनु सोऊ.
कालउ तुअ पद नाइहि सीसा, एक बिप्रकुल छाड़ि महीसा.
तपबल बिप्र सदा बरिआरा, तिन्ह के कोप न कोउ रखवारा.
जौं बिप्रन्ह बस करहु नरेसा, तौ तुअ बस बिधि बिष्नु महेसा.
चल न ब्रह्मकुल सन बरिआई, सत्य कहउँ दोउ भुजा उठाई.
बिप्र श्राप बिनु सुनु महिपाला, तोर नास नहिं कवनेहुँ काला.
हरषेउ राउ बचन सुनि तासू, नाथ न होइ मोर अब नासू.
तव प्रसाद प्रभु कृपानिधाना, मो कहुँ सर्ब काल कल्याना.

दोहा-dohā:

एवमस्तु कहि कपटमुनि बोला कुटिल बहोरि,
मिलब हमार भुलाब निज कहहु त हमहि न खोरि.१६५.

चौपाई-caupāī:

तातें मैं तोहि बरजउँ राजा, कहें कथा तव परम अकाजा.
छठें श्रवन यह परत कहानी, नास तुम्हार सत्य मम बानी.
यह प्रगटें अथवा द्विजश्रापा, नास तोर सुनु भानुप्रतापा.
आन उपायँ निधन तव नाहीं, जौं हरि हर कोपहिं मन माहीं.
सत्य नाथ पद गहि नृप भाषा, द्विज गुर कोप कहहु को राखा.
राखइ गुर जौं कोप बिधाता, गुर बिरोध नहिं कोउ जग त्राता.
जौं न चलब हम कहे तुम्हारें, होउ नास नहिं सोच हमारें.
एकहिं डर डरपत मन मोरा, प्रभु महिदेव श्राप अति घोरा.

दोहा-dohā:

होहिं बिप्र बस कवन बिधि कहहु कृपा करि सोउ,
तुम्ह तजि दीनदयाल निज हितू न देखउँ कोउ.१६६.

चौपाई-caupāī:

सुनु नृप बिबिध जतन जग माहीं, कष्टसाध्य पुनि होहिं कि नाहीं.
अहइ एक अति सुगम उपाई, तहाँ परंतु एक कठिनाई.
मम आधीन जुगुति नृप सोई, मोर जाब तव नगर न होई.
आजु लगें अरु जब तें भयऊँ, काहू के गृह ग्राम न गयऊँ.
जौं न जाउँ तव होइ अकाजू, बना आइ असमंजस आजू.
सुनि महीस बोलेउ मृदु बानी, नाथ निगम असि नीति बखानी.
बड़े सनेह लघुन्ह पर करहीं, गिरि निज सिरनि सदा तृन धरहीं.
जलधि अगाध मौलि बह फेनू, संतत धरनि धरत सिर रेनू.

दोहा-dohā:

अस कहि गहे नरेस पद स्वामी होहु कृपाल,
मोहि लागि दुख सहिअ प्रभु सज्जन दीनदयाल.१६७.

चौपाई-caupāī:

जानि नृपहि आपन आधीना, बोला तापस कपट प्रबीना.
सत्य कहउँ भूपति सुनु तोही, जग नाहिन दुर्लभ कछु मोही.
अवसि काज मैं करिहउँ तोरा, मन तन बचन भगत तैं मोरा.
जोग जुगुति तप मंत्र प्रभाऊ, फलइ तबहिं जब करिअ दुराऊ.
जौं नरेस मैं करौं रसोई, तुम्ह परुसहु मोहि जान न कोई.
अन्न सो जोइ जोइ भोजन करई, सोइ सोइ तव आयसु अनुसरई.
पुनि तिन्ह के गृह जेवँइ जोऊ, तव बस होइ भूप सुनु सोऊ.
जाइ उपाय रचहु नृप एहू, संबत भरि संकलप करेहू.

दोहा-dohā:

नित नूतन द्विज सहस सत बरेहु सहित परिवार,
मैं तुम्हरे संकलप लगि दिनहिं करबि जेवनार.१६८.

चौपाई-caupāī:

एहि बिधि भूप कष्ट अति थोरें, होइहहिं सकल बिप्र बस तोरें.
करिहहिं बिप्र होम मख सेवा, तेहिं प्रसंग सहजेहिं बस देवा.
और एक तोहि कहऊँ लखाऊ, मैं एहिं बेष न आउब काऊ.
तुम्हरे उपरोहित कहुँ राया, हरि आनब मैं करि निज माया.
तपबल तेहि करि आपु समाना, रखिहउँ इहाँ बरष परवाना.
मैं धरि तासु बेषु सुनु राजा, सब बिधि तोर सँवारब काजा.
गै निसि बहुत सयन अब कीजे, मोहि तोहि भूप भेंट दिन तीजे.
मैं तपबल तोहि तुरग समेता, पहुँचैहउँ सोवतहि निकेता.

दोहा-dohā:

मैं आउब सोइ बेषु धरि पहिचानेहु तब मोहि,
जब एकांत बोलाइ सब कथा सुनावौं तोहि.१६९.

चौपाई-caupāī:

सयन कीन्ह नृप आयसु मानी, आसन जाइ बैठ छलग्यानी.
श्रमित भूप निद्रा अति आई, सो किमि सोव सोच अधिकाई.
कालकेतु निसिचर तहँ आवा, जेहिं सूकर होइ नृपहि भुलावा.
परम मित्र तापस नृप केरा, जानइ सो अति कपट घनेरा.
तेहि के सत सुत अरु दस भाई, खल अति अजय देव दुखदाई.
प्रथमहिं भूप समर सब मारे, बिप्र संत सुर देखि दुखारे.
तेहिं खल पाछिल बयरु सँभारा, तापस नृप मिलि मंत्र बिचारा.
जेहिं रिपु छय सोइ रचेन्हि उपाऊ, भावी बस न जान कछु राऊ.

दोहा-dohā:

रिपु तेजसी अकेल अपि लघु करि गनिअ न ताहु,
अजहुँ देत दुख रबि ससिहि सिर अवसेषित राहु.१७०.

चौपाई-caupāī:

तापस नृप निज सखहि निहारी, हरषि मिलेउ उठि भयउ सुखारी.
मित्रहि कहि सब कथा सुनाई, जातुधान बोला सुख पाई.
अब साधेउँ रिपु सुनहु नरेसा, जौं तुम्ह कीन्ह मोर उपदेसा.
परिहरि सोच रहहु तुम्ह सोई, बिनु औषध बिआधि बिधि खोई.
कुल समेत रिपु मूल बहाई, चौथें दिवस मिलब मैं आई.
तापस नृपहि बहुत परितोषी, चला महाकपटी अतिरोषी.
भानुप्रतापहि बाजि समेता, पहुँचाएसि छन माझ निकेता.
नृपहि नारि पहिं सयन कराई, हयगृहँ बाँधेसि बाजि बनाई.

दोहा-dohā:

राजा के उपरोहितहि हरि लै गयउ बहोरि,
लै राखेसि गिरि खोह महुँ मायाँ करि मति भोरि.१७१.

चौपाई-caupāī:

आपु बिरचि उपरोहित रूपा, परेउ जाइ तेहि सेज अनूपा.
जागेउ नृप अनभएँ बिहाना, देखि भवन अति अचरजु माना.
मुनि महिमा मन महुँ अनुमानी, उठेउ गवँहिं जेहिं जान न रानी.
कानन गयउ बाजि चढ़ि तेहीं, पुर नर नारि न जानेउ केहीं.
गएँ जाम जुग भूपति आवा, घर घर उत्सव बाज बधावा.
उपरोहितहि देख जब राजा, चकित बिलोक सुमिरि सोइ काजा.

जुग सम नृपहि गए दिन तीनी, कपटी मुनि पद रह मति लीनी.
समय जानि उपरोहित आवा, नृपहि मते सब कहि समुझावा.

दोहा-dohā:

नृप हरषेउ पहिचानि गुरु भ्रम बस रहा न चेत,
बरे तुरत सत सहस बर बिप्र कुटुंब समेत.१७२.

चौपाई-caupāī:

उपरोहित जेवनार बनाई, छरस चारि बिधि जसि श्रुति गाई.
मायामय तेहिं कीन्हि रसोई, बिंजन बहु गनि सकइ न कोई.
बिबिध मृगन्ह कर आमिष राँधा, तेहि महुँ बिप्र माँसु खल साँधा.
भोजन कहुँ सब बिप्र बोलाए, पद पखारि सादर बैठाए.
परुसन जबहिं लाग महिपाला, भै अकासबानी तेहि काला.
बिप्रबृंद उठि उठि गृह जाहू, है बड़ि हानि अन्न जनि खाहू.
भयउ रसोईं भूसुर माँसू, सब द्विज उठे मानि बिस्वासू.
भूप बिकल मति मोहँ भुलानी, भावी बस न आव मुख बानी.

दोहा-dohā:

बोले बिप्र सकोप तब नहिं कछु कीन्ह बिचार,
जाइ निसाचर होहु नृप मूढ़ सहित परिवार.१७३.

चौपाई-caupāī:

छत्रबंधु तैं बिप्र बोलाई, घालै लिए सहित समुदाई.
ईस्वर राखा धरम हमारा, जैहसि तैं समेत परिवारा.
संबत मध्य नास तव होऊ, जलदाता न रहिहि कुल कोऊ.
नृप सुनि श्राप बिकल अति त्रासा, भै बहोरि बर गिरा अकासा.
बिप्रहु श्राप बिचारि न दीन्हा, नहिं अपराध भूप कछु कीन्हा.
चकित बिप्र सब सुनि नभबानी, भूप गयउ जहँ भोजन खानी.
तहँ न असन नहिं बिप्र सुआरा, फिरेउ राउ मन सोच अपारा.
सब प्रसंग महिसुरन्ह सुनाई, त्रसित परेउ अवनीं अकुलाई.

दोहा-dohā:

भूपति भावी मिटइ नहिं जदपि न दूषन तोर,
किएँ अन्यथा होइ नहिं बिप्रश्राप अति घोर.१७४.

चौपाई-caupāī:

अस कहि सब महिदेव सिधाए, समाचार पुरलोगन्ह पाए.
सोचहिं दूषन दैवहि देहीं, बिचरत हंस काग किय जेहीं.
उपरोहितहि भवन पहुँचाई, असुर तापसहि खबरि जनाई.
तेहिं खल जहँ तहँ पत्र पठाए, सजि सजि सेन भूप सब धाए.
घेरेन्हि नगर निसान बजाई, बिबिध भाँति नित होइ लराई.
जूझे सकल सुभट करि करनी, बंधु समेत परेउ नृप धरनी.
सत्यकेतु कुल कोउ नहिं बाँचा, बिप्रश्राप किमि होइ असाँचा.
रिपु जिति सब नृप नगर बसाई, निज पुर गवने जय जसु पाई.

दोहा-dohā:

भरद्वाज सुनु जाहि जब होइ बिधाता बाम,
धूरि मेरुसम जनक जम ताहि ब्यालसम दाम.१७५.

चौपाई-caupāī:

काल पाइ मुनि सुनु सोइ राजा, भयउ निसाचर सहित समाजा.
दस सिर ताहि बीस भुजदंडा, रावन नाम बीर बरिबंडा.
भूप अनुज अरिमर्दन नामा, भयउ सो कुंभकरन बलधामा.
सचिव जो रहा धरमरुचि जासू, भयउ बिमात्र बंधु लघु तासू.
नाम बिभीषन जेहि जग जाना, बिष्नुभगत बिग्यान निधाना.
रहे जे सुत सेवक नृप केरे, भए निसाचर घोर घनेरे.
कामरूप खल जिनस अनेका, कुटिल भयंकर बिगत बिबेका.
कृपा रहित हिंसक सब पापी, बरनि न जाहिं बिस्व परितापी.

दोहा-dohā:

उपजे जदपि पुलस्त्यकुल पावन अमल अनूप,
तदपि महीसुर श्राप बस भए सकल अघरूप.१७६.

चौपाई-caupāī:

कीन्ह बिबिध तप तीनिहुँ भाई, परम उग्र नहिं बरनि सो जाई.
गयउ निकट तप देखि बिधाता, मागहु बर प्रसन्न मैं ताता.
करि बिनती पद गहि दससीसा, बोलेउ बचन सुनहु जगदीसा.
हम काहू के मरहिं न मारें, बानर मनुज जाति दुइ बारें.
एवमस्तु तुम्ह बड़ तप कीन्हा, मैं ब्रह्माँ मिलि तेहि बर दीन्हा.
पुनि प्रभु कुंभकरन पहिं गयऊ, तेहि बिलोकि मन बिसमय भयऊ.
जौं एहिं खल नित करब अहारू, होइहि सब उजारि संसारू.
सारद प्रेरि तासु मति फेरी, मागेसि नीद मास षट केरी.

दोहा-dohā:

गए बिभीषन पास पुनि कहेउ पुत्र बर मागु,
तेहिं मागेउ भगवंत पद कमल अमल अनुरागु.१७७.

चौपाई-caupāī:

तिन्हहि देइ बर ब्रह्म सिधाए, हरषित ते अपने गृह आए.
मय तनुजा मंदोदरि नामा, परम सुंदरी नारि ललामा.
सोइ मयँ दीन्हि रावनहि आनी, होइहि जातुधानपति जानी.
हरषित भयउ नारि भलि पाई, पुनि दोउ बंधु बिआहेसि जाई.
गिरि त्रिकूट एक सिंधु मझारी, बिधि निर्मित दुर्गम अति भारी.
सोइ मय दानवँ बहुरि सँवारा, कनक रचित मनिभवन अपारा.
भोगावति जसि अहिकुल बासा, अमरावति जसि सक्रनिवासा.
तिन्ह तें अधिक रम्य अति बंका, जग बिख्यात नाम तेहि लंका.

दोहा-dohā:

खाईं सिंधु गभीर अति चारिहुँ दिसि फिरि आव,
कनक कोट मनि खचित दृढ़ बरनि न जाइ बनाव.१७८क.

हरि प्रेरित जेहिं कलप जोइ जातुधानपति होइ,
सूर प्रतापी अतुलबल दल समेत बस सोइ.१७८ख.

चौपाई-caupāī:

रहे तहाँ निसिचर भट भारे, ते सब सुरन्ह समर संघारे.
अब तहँ रहहिं सक्र के प्रेरे, रच्छक कोटि जच्छपति केरे.
दसमुख कतहुँ खबरि असि पाई, सेन साजि गढ़ घेरेसि जाई.
देखि बिकट भट बड़ि कटकाई, जच्छ जीव लै गए पराई.
फिरि सब नगर दसानन देखा, गयउ सोच सुख भयउ बिसेषा.
सुंदर सहज अगम अनुमानी, कीन्हि तहाँ रावन रजधानी.
जेहि जस जोग बाँटि गृह दीन्हे, सुखी सकल रजनीचर कीन्हे.
एक बार कुबेर पर धावा, पुष्पक जान जीति लै आवा.

दोहा-dohā:

कौतुकहीं कैलास पुनि लीन्हेसि जाइ उठाइ,
मनहुँ तौलि निज बाहुबल चला बहुत सुख पाइ.१७९.

चौपाई-caupāī:

सुख संपति सुत सेन सहाई, जय प्रताप बल बुद्धि बड़ाई.
नित नूतन सब बाढ़त जाई, जिमि प्रतिलाभ लोभ अधिकाई.
अतिबल कुंभकरन अस भ्राता, जेहि कहुँ नहिं प्रतिभट जग जाता.
करइ पान सोवइ षट मासा, जागत होइ तिहूँ पुर त्रासा.
जौं दिन प्रति अहार कर सोई, बिस्व बेगि सब चौपट होई.
समर धीर नहिं जाइ बखाना, तेहि सम अमित बीर बलवाना.
बारिदनाद जेठ सुत तासू, भट महुँ प्रथम लीक जग जासू.
जेहि न होइ रन सनमुख कोई, सुरपुर नितहिं परावन होई.

दोहा-dohā:

कुमुख अकंपन कुलिसरद धूमकेतु अतिकाय,
एक एक जग जीति सक ऐसे सुभट निकाय.१८०.

चौपाई-caupāī:

कामरूप जानहिं सब माया, सपनेहुँ जिन्ह कें धरम न दाया.
दसमुख बैठ सभाँ एक बारा, देखि अमित आपन परिवारा.
सुत समूह जन परिजन नाती, गनै को पार निसाचर जाती.
सेन बिलोकि सहज अभिमानी, बोला बचन क्रोध मद सानी.
सुनहु सकल रजनीचर जूथा, हमरे बैरी बिबुध बरूथा.
ते सनमुख नहिं करहिं लराई, देखि सबल रिपु जाहिं पराई.
तेन्ह कर मरन एक बिधि होई, कहउँ बुझाइ सुनहु अब सोई.
द्विजभोजन मख होम सराधा, सब कै जाइ करहु तुम्ह बाधा.

दोहा-dohā:

छुधा छीन बलहीन सुर सहजेहिं मिलिहहिं आइ,
तब मारिहउँ कि छाड़िहउँ भली भाँति अपनाइ.१८१.

चौपाई-caupāī:

मेघनाद कहुँ पुनि हँकरावा, दीन्ही सिख बलु बयरु बढ़ावा.
जे सुर समर धीर बलवाना, जिन्ह कें लरिबे कर अभिमाना.
तिन्हहि जीति रन आनेसु बाँधी, उठि सुत पितु अनुसासन काँधी.
एहि बिधि सबही अग्या दीन्ही, आपुनु चलेउ गदा कर लीन्ही.
चलत दसानन डोलति अवनी, गर्जत गर्भ स्रवहिं सुर रवनी.
रावन आवत सुनेउ सकोहा, देवन्ह तके मेरु गिरि खोहा.
दिगपालन्ह के लोक सुहाए, सूने सकल दसानन पाए.
पुनि पुनि सिंघनाद करि भारी, देइ देवतन्ह गारि पचारी.
रन मद मत्त फिरइ जग धावा, प्रतिभट खोजत कतहुँ न पावा.
रबि ससि पवन बरुन धनधारी, अगिनि काल जम सब अधिकारी.
किंनर सिद्ध मनुज सुर नागा, हठि सबही के पंथहिं लागा.
ब्रह्मसृष्टि जहँ लगि तनुधारी, दसमुख बसबर्ती नर नारी.
आयसु करहिं सकल भयभीता, नवहिं आइ नित चरन बिनीता.

दोहा-dohā:

भुजबल बिस्व बस्य करि राखेसि कोउ न सुतंत्र,
मंडलीक मनि रावन राज करइ निज मंत्र.१८२क.

देव जच्छ गंधर्व नर किंनर नाग कुमारि,
जीति बरीं निज बाहुबल बहु सुंदर बर नारि.१८२ख.

चौपाई-caupāī:

इंद्रजीत सन जो कछु कहेऊ, सो सब जनु पहिलेहिं करि रहेऊ.
प्रथमहिं जिन्ह कहुँ आयसु दीन्हा, तिन्ह कर चरित सुनहु जो कीन्हा.
देखत भीमरूप सब पापी, निसिचर निकर देव परितापी.
करहिं उपद्रव असुर निकाया, नाना रूप धरहिं करि माया.
जेहि बिधि होइ धर्म निर्मूला, सो सब करहिं बेद प्रतिकूला.
जेहिं जेहिं देस धेनु द्विज पावहिं, नगर गाउँ पुर आगि लगावहिं.
सुभ आचरन कतहुँ नहिं होई, देव बिप्र गुरू मान न कोई.
नहिं हरिभगति जग्य तप ग्याना, सपनेहुँ सुनिअ न बेद पुराना.

छंद-chaṁda:

जप जोग बिरागा तप मख भागा श्रवन सुनइ दससीसा,
आपुनु उठि धावइ रहै न पावइ धरि सब घालइ खीसा.
अस भ्रष्ट अचारा भा संसारा धर्म सुनिअ नहिं काना,
तेहि बहुबिधि त्रासइ देस निकासइ जो कह बेद पुराना.

सोरठा-soraṭhā:

बरनि न जाइ अनीति घोर निसाचर जो करहिं,
हिंसा पर अति प्रीति तिन्ह के पापहि कवनि मिति.१८३.

मासपारायण छठा विश्राम

चौपाई-caupāī:

बाढ़े खल बहु चोर जुआरा, जे लंपट परधन परदारा.
मानहिं मातु पिता नहिं देवा, साधुन्ह सन करवावहिं सेवा.
जिन्ह के यह आचरन भवानी, ते जानेहु निसिचर सब प्रानी.
अतिसय देखि धर्म कै ग्लानी, परम सभीत धरा अकुलानी.
गिरि सरि सिंधु भार नहिं मोही, जस मोहि गरुअ एक पर द्रोही.
सकल धर्म देखइ बिपरीता, कहि न सकइ रावन भय भीता.
धेनु रूप धरि हृदयँ बिचारी, गई तहाँ जहँ सुर मुनि झारी.
निज संताप सुनाएसि रोई, काहू तें कछु काज न होई.

छंद-chaṁda:

सुर मुनि गंधर्बा मिलि करि सर्बा गे बिरंचि के लोका,
सँग गोतनुधारी भूमि बिचारी परम बिकल भय सोका.
ब्रह्माँ सब जाना मन अनुमाना मोर कछू न बसाई,
जा करि तैं दासी सो अबिनासी हमरेउ तोर सहाई.

सोरठा-soraṭhā:

धरनि धरहि मन धीर कह बिरंचि हरिपद सुमिरु,
जानत जन की पीर प्रभु भंजिहि दारुन बिपति.१८४.

चौपाई-caupāī:

बैठे सुर सब करहिं बिचारा, कहँ पाइअ प्रभु करिअ पुकारा.
पुर बैकुंठ जान कह कोई, कोउ कह पयनिधि बस प्रभु सोई.
जाके हृदयँ भगति जसि प्रीति, प्रभु तहँ प्रगट सदा तेहिं रीती.
तेहिं समाज गिरिजा मैं रहेऊँ, अवसर पाइ बचन एक कहेऊँ.
हरि ब्यापक सर्बत्र समाना, प्रेम तें प्रगट होहिं मैं जाना.
देस काल दिसि बिदिसिहु माहीं, कहहु सो कहाँ जहाँ प्रभु नाहीं.
अग जगमय सब रहित बिरागी, प्रेम तें प्रभु प्रगटइ जिमि आगी.
मोर बचन सब के मन माना, साधु साधु करि ब्रह्म बखाना.

दोहा-dohā:

सुनि बिरंचि मन हरष तन पुलकि नयन बह नीर,
अस्तुति करत जोरि कर सावधान मतिधीर.१८५.

छंद-chamda:

जय जय सुरनायक जन सुखदायक प्रनतपाल भगवंता,
गो द्विज हितकारी जय असुरारी सिंधुसुता प्रिय कंता.
पालन सुर धरनी अद्भुत करनी मरम न जानइ कोई,
जो सहज कृपाला दीनदयाला करउ अनुग्रह सोई.

जय जय अबिनासी सब घट बासी ब्यापक परमानंदा,
अबिगत गोतीतं चरित पुनीतं मायारहित मुकुंदा.
जेहि लागि बिरागी अति अनुरागी बिगतमोह मुनिबृंदा,
निसि बासर ध्यावहिं गुन गन गावहिं जयति सच्चिदानंदा.

जेहिं सृष्टि उपाई त्रिबिध बनाई संग सहाय न दूजा,
सो करउ अघारी चिंत हमारी जानिअ भगति न पूजा.
जो भव भय भंजन मुनि मन रंजन गंजन बिपति बरूथा,
मन बच क्रम बानी छाड़ि सयानी सरन सकल सुर जूथा.

सारद श्रुति सेषा रिषय असेषा जा कहुँ कोउ नहिं जाना,
जेहि दीन पिआरे बेद पुकारे द्रवउ सो श्रीभगवाना.
भव बारिधि मंदर सब बिधि सुंदर गुनमंदिर सुखपुंजा,
मुनि सिद्ध सकल सुर परम भयातुर नमत नाथ पद कंजा.

दोहा-doha:

जानि सभय सुरभूमि सुनि बचन समेत सनेह,
गगनगिरा गंभीर भइ हरनि सोक संदेह.१८६.

चौपाई-caupāi:

जनि डरपहु मुनि सिद्ध सुरेसा, तुम्हहि लागि धरिहउँ नर बेसा.
अंसन्ह सहित मनुज अवतारा, लेहउँ दिनकर बंस उदारा.
कस्यप अदिति महातप कीन्हा, तिन्ह कहुँ मैं पूरब बर दीन्हा.
ते दसरथ कौसल्या रूपा, कोसलपुरीं प्रगट नरभूपा.
तिन्ह कें गृह अवतरिहउँ जाई, रघुकुल तिलक सो चारिउ भाई.
नारद बचन सत्य सब करिहउँ, परम सक्ति समेत अवतरिहउँ.
हरिहउँ सकल भूमि गरुआई, निर्भय होहु देव समुदाई.
गगन ब्रह्मबानी सुनी काना, तुरत फिरे सुर हृदय जुड़ाना.
तब ब्रह्माँ धरनिहि समुझावा, अभय भई भरोस जियँ आवा.

दोहा-doha:

निज लोकहि बिरंचि गे देवन्ह इहइ सिखाइ,
बानर तनु धरि धरि महि हरि पद सेवहु जाइ.१८७.

चौपाई-caupāi:

गए देव सब निज निज धामा, भूमि सहित मन कहुँ बिश्रामा.
जो कछु आयसु ब्रह्माँ दीन्हा, हरषे देव बिलंब न कीन्हा.
बनचर देह धरी छिति माहीं, अतुलित बल प्रताप तिन्ह पाहीं.
गिरि तरु नख आयुध सब बीरा, हरि मारग चितवहिं मतिधीरा.
गिरि कानन जहँ तहँ भरि पूरी, रहे निज निज अनीक रचि रूरी.
यह सब रुचिर चरित मैं भाषा, अब सो सुनहु जो बीचहिं राखा.
अवधपुरीं रघुकुलमनि राऊ, बेद बिदित तेहि दसरथ नाऊँ.
धरम धुरंधर गुननिधि ग्यानी, हृदयँ भगति मति सारँगपानी.

दोहा-doha:

कौसल्यादि नारि प्रिय सब आचरन पुनीत,
पति अनुकूल प्रेम दृढ़ हरि पद कमल बिनीत.१८८.

चौपाई-caupāi:

एक बार भूपति मन माहीं, भै गलानि मोरें सुत नाहीं.
गुर गृह गयउ तुरत महिपाला, चरन लागि करि बिनय बिसाला.
निज दुख सुख सब गुरहि सुनायउ, कहि बसिष्ठ बहुबिधि समुझायउ.
धरहु धीर होइहहिं सुत चारी, त्रिभुवन बिदित भगत भय हारी.
सृंगी रिषिहि बसिष्ठ बोलावा, पुत्रकाम सुभ जग्य करावा.
भगति सहित मुनि आहुति दीन्हें, प्रगटे अगिनि चरू कर लीन्हें.
जो बसिष्ठ कछु हृदयँ बिचारा, सकल काजु भा सिद्ध तुम्हारा.
यह हबि बाँटि देहु नृप जाई, जथा जोग जेहि भाग बनाई.

दोहा-doha:

तब अदृस्य भए पावक सकल सभहि समुझाइ,
परमानंद मगन नृप हरष न हृदयँ समाइ.१८९.

चौपाई-caupāi:

तबहिं रायँ प्रिय नारि बोलाईं, कौसल्यादि तहाँ चलि आईं.
अर्ध भाग कौसल्यहि दीन्हा, उभय भाग आधे कर कीन्हा.
कैकेई कहँ नृप सो दयऊ, रह्यो सो उभय भाग पुनि भयऊ.
कौसल्या कैकेई हाथ धरि, दीन्ह सुमित्रहि मन प्रसन्न करि.
एहि बिधि गर्भसहित सब नारी, भईं हृदयँ हरषित सुख भारी.
जा दिन तें हरि गर्भहिं आए, सकल लोक सुख संपति छाए.
मंदिर महँ सब राजहिं रानीं, सोभा सील तेज की खानीं.
सुख जुत कछुक काल चलि गयऊ, जेहिं प्रभु प्रगट सो अवसर भयऊ.

दोहा-doha:

जोग लगन ग्रह बार तिथि सकल भए अनुकूल,
चर अरु अचर हर्षजुत राम जनम सुखमूल.१९०.

चौपाई-caupāi:

नौमी तिथि मधु मास पुनीता, सुकल पच्छ अभिजित हरिप्रीता.
मध्यदिवस अति सीत न घामा, पावन काल लोक बिश्रामा.
सीतल मंद सुरभि बह बाऊ, हरषित सुर संतन मन चाऊ.
बन कुसुमित गिरिगन मनिआरा, स्रवहिं सकल सरिताऽमृतधारा.
सो अवसर बिरंचि जब जाना, चले सकल सुर साजि बिमाना.
गगन बिमल संकुल सुर जूथा, गावहिं गुन गंधर्ब बरूथा.
बरषहिं सुमन सुअंजुलि साजी, गहगहि गगन दुंदुभी बाजी.
अस्तुति करहिं नाग मुनि देवा, बहुबिधि लावहिं निज निज सेवा.

दोहा-doha:

सुर समूह बिनती करि पहुँचे निज निज धाम,
जगनिवास प्रभु प्रगटे अखिल लोक बिश्राम.१९१.

छंद-chamda:

भए प्रगट कृपाला दीनदयाला कौसल्या हितकारी,
हरषित महतारी मुनि मन हारी अद्भुत रूप बिचारी.
लोचन अभिरामा तनु घनस्यामा निज आयुध भुज चारी,
भूषन बनमाला नयन बिसाला सोभासिंधु खरारी.

कह दुइ कर जोरी अस्तुति तोरी केहि बिधि करौं अनंता,
माया गुन ग्यानातीत अमाना बेद पुरान भनंता.
करुना सुख सागर सब गुन आगर जेहि गावहिं श्रुति संता,
सो मम हित लागी जन अनुरागी भयउ प्रगट श्रीकंता.

ब्रह्मांड निकाया निर्मित माया रोम रोम प्रति बेद कहै,
मम उर सो बासी यह उपहासी सुनत धीर मति थिर न रहै.
उपजा जब ग्याना प्रभु मुसुकाना चरित बहुत बिधि कीन्ह चहै,
कहि कथा सुहाई मातु बुझाई जेहि प्रकार सुत प्रेम लहै.

माता पुनि बोली सो मति डोली तजहु तात यह रूपा,
कीजै सिसुलीला अति प्रियसीला यह सुख परम अनूपा.
सुनि बचन सुजाना रोदन ठाना होइ बालक सुरभूपा,
यह चरित जे गावहिं हरिपद पावहिं ते न परहिं भवकूपा.

दोहा-dohā:

बिप्र धेनु सुर संत हित लीन्ह मनुज अवतार,
निज इच्छा निर्मित तनु माया गुन गो पार.१९२.

चौपाई-caupāī:

सुनि सिसु रुदन परम प्रिय बानी, संभ्रम चलि आईं सब रानी.
हरषित जहँ तहँ धाईं दासी, आनँद मगन सकल पुरबासी.
दसरथ पुत्रजन्म सुनि काना, मानहुँ ब्रह्मानंद समाना.
परम प्रेम मन पुलक सरीरा, चाहत उठत करत मति धीरा.
जाकर नाम सुनत सुभ होई, मोरें गृह आवा प्रभु सोई.
परमानंद पूरि मन राजा, कहा बोलाइ बजावहु बाजा.
गुर बसिष्ठ कहँ गयउ हँकारा, आए द्विजन सहित नृपद्वारा.
अनुपम बालक देखेन्हि जाई, रूप रासि गुन कहि न सिराई.

दोहा-dohā:

नंदीमुख सराध करि जातकरम सब कीन्ह,
हाटक धेनु बसन मनि नृप बिप्रन्ह कहँ दीन्ह.१९३.

चौपाई-caupāī:

ध्वज पताक तोरन पुर छावा, कहि न जाइ जेहि भाँति बनावा.
सुमनबृष्टि अकास तें होई, ब्रह्मानंद मगन सब लोई.
बृंद बृंद मिलि चलीं लोगाईं, सहज सिंगार किएँ उठि धाईं.
कनक कलस मंगल भरि थारा, गावत पैठहिं भूप दुआरा.
करि आरति नेवछावरि करहीं, बार बार सिसु चरनन्हि परहीं.
मागध सूत बंदिगन गायक, पावन गुन गावहिं रघुनायक.
सर्बस दान दीन्ह सब काहू, जेहिं पावा राखा नहिं ताहू.
मृगमद चंदन कुंकुम कीचा, मची सकल बीथिन्ह बिच बीचा.

दोहा-dohā:

गृह गृह बाज बधाव सुभ प्रगटे सुषमा कंद,
हरषवंत सब जहँ तहँ नगर नारि नर बृंद.१९४.

चौपाई-caupāī:

कैकयसुता सुमित्रा दोऊ, सुंदर सुत जनमत भैं ओऊ.
वह सुख संपति समय समाजा, कहि न सकइ सारद अहिराजा.
अवधपुरी सोहइ एहि भाँती, प्रभुहि मिलन आई जनु राती.
देखि भानु जनु मन सकुचानी, तदपि बनी संध्या अनुमानी.
अगर धूप बहु जनु अँधिआरी, उड़इ अबीर मनहुँ अरुनारी.
मंदिर मनि समूह जनु तारा, नृप गृह कलस सो इंदु उदारा.
भवन बेदधुनि अति मृदु बानी, जनु खग मुखर समयँ जनु सानी.
कौतुक देखि पतंग भुलाना, एक मास तेइँ जात न जाना.

दोहा-dohā:

मास दिवस कर दिवस भा मरम न जानइ कोइ,
रथ समेत रबि थाकेउ निसा कवन बिधि होइ.१९५.

चौपाई-caupāī:

यह रहस्य काहूँ नहिं जाना, दिनमनि चले करत गुनगाना.
देखि महोत्सव सुर मुनि नागा, चले भवन बरनत निज भागा.
औरउ एक कहउँ निज चोरी, सुनु गिरिजा अति दृढ़ मति तोरी.
काकभुसुंडि संग हम दोऊ, मनुजरूप जानइ नहिं कोऊ.
परमानंद प्रेमसुख फूले, बीथिन्ह फिरहिं मगन मन भूले.
यह सुभ चरित जान पै सोई, कृपा राम कै जापर होई.
तेहि अवसर जो जेहि बिधि आवा, दीन्ह भूप जो जेहि मन भावा.
गज रथ तुरग हेम गो हीरा, दीन्हे नृप नानाबिधि चीरा.

दोहा-dohā:

मन संतोषे सबन्हि के जहँ तहँ देहिं असीस,
सकल तनय चिर जीवहुँ तुलसिदास के ईस.१९६.

चौपाई-caupāī:

कछुक दिवस बीते एहि भाँती, जात न जानिअ दिन अरु राती.
नामकरन कर अवसरु जानी, भूप बोलि पठए मुनि ग्यानी.
करि पूजा भूपति अस भाषा, धरिअ नाम जो मुनि गुनि राखा.
इन्ह के नाम अनेक अनूपा, मैं नृप कहब स्वमति अनुरूपा.
जो आनंद सिंधु सुखरासी, सीकर तें त्रैलोक सुपासी.
सो सुख धाम राम अस नामा, अखिल लोक दायक बिश्रामा.
बिस्व भरन पोषन कर जोई, ताकर नाम भरत अस होई.
जाके सुमिरन तें रिपु नासा, नाम सत्रुहन बेद प्रकासा.

दोहा-dohā:

लच्छन धाम राम प्रिय सकल जगत आधार,
गुरु बसिष्ट तेहि राखा लछिमन नाम उदार.१९७.

चौपाई-caupāī:

धरे नाम गुर हृदयँ बिचारी, बेद तत्व नृप तव सुत चारी.
मुनि धन जन सरबस सिव प्राना, बाल केलि रस तेहिं सुख माना.
बारेहि ते निज हित पति जानी, लछिमन राम चरन रति मानी.
भरत सत्रुहन दूनउ भाई, प्रभु सेवक जसि प्रीति बड़ाई.
स्याम गौर सुंदर दोउ जोरी, निरखहिं छबि जननीं तृन तोरी.
चारिउ सील रूप गुन धामा, तदपि अधिक सुखसागर रामा.
हृदयँ अनुग्रह इंदु प्रकासा, सूचत किरन मनोहर हासा.
कबहुँ उछंग कबहुँ बर पलना, मातु दुलारइ कहि प्रिय ललना.

दोहा-dohā:

ब्यापक ब्रह्म निरंजन निर्गुन बिगत बिनोद,
सो अज प्रेम भगति बस कौसल्या कें गोद.१९८.

चौपाई-caupāī:

काम कोटि छबि स्याम सरीरा, नील कंज बारिद गंभीरा.

अरुन चरन पकंज नख जोती, कमल दलन्हि बैठे जनु मोती.
रेख कुलिस ध्वज अंकुस सोहे, नूपुर धुनि सुनि मुनि मन मोहे.
कटि किंकिनी उदर त्रय रेखा, नाभि गभीर जान जेहिं देखा.
भुज बिसाल भूषन जुत भूरी, हियँ हरि नख अति सोभा रूरी.
उर मनिहार पदिक की सोभा, बिप्र चरन देखत मन लोभा.
कंबु कंठ अति चिबुक सुहाई, आनन अमित मदन छबि छाई.
दुइ दुइ दसन अधर अरुनारे, नासा तिलक को बरनै पारे.
सुंदर श्रवन सुचारु कपोला, अति प्रिय मधुर तोतरे बोला.
चिक्कन कच कुंचित गभुआरे, बहु प्रकार रचि मातु सँवारे.
पीत झगुलिआ तनु पहिराई, जानु पानि बिचरनि मोहि भाई.
रूप सकहिं नहिं कहि श्रुति सेषा, सो जानइ सपनेहुँ जेहिं देखा.

दोहा-dohā:

सुख संदोह मोहपर ग्यान गिरा गोतीत,
दंपति परम प्रेम बस कर सिसुचरित पुनीत.१९९.

चौपाई-caupāī:

एहि बिधि राम जगत पितु माता, कोसलपुर बासिन्ह सुखदाता.
जिन्ह रघुनाथ चरन रति मानी, तिन्ह की यह गति प्रगट भवानी.
रघुपति बिमुख जतन कर कोरी, कवन सकइ भव बंधन छोरी.
जीव चराचर बस कै राखे, सो माया प्रभु सों भय भाखे.
भृकुटि बिलास नचावइ ताही, अस प्रभु छाड़ि भजिअ कहु काही.
मन क्रम बचन छाड़ि चतुराई, भजत कृपा करिहहिं रघुराई.
एहि बिधि सिसुबिनोद प्रभु कीन्हा, सकल नगरबासिन्ह सुख दीन्हा.
लै उछंग कबहुँक हलरावै, कबहुँ पालनें घालि झुलावै.

दोहा-dohā:

प्रेम मगन कौसल्या निसि दिन जात न जान,
सुत सनेह बस माता बालचरित कर गान.२००.

चौपाई-caupāī:

एक बार जननीं अन्हवाए, करि सिंगार पलनाँ पौढ़ाए.
निज कुल इष्टदेव भगवाना, पूजा हेतु कीन्ह अस्नाना.
करि पूजा नैबेद्य चढ़ावा, आपु गई जहँ पाक बनावा.
बहुरि मातु तहवाँ चलि आई, भोजन करत देख सुत जाई.
गै जननी सिसु पहिं भयभीता, देखा बाल तहाँ पुनि सूता.
बहुरि आइ देखा सुत सोई, हृदयँ कंप मन धीर न होई.
इहाँ उहाँ दुइ बालक देखा, मतिभ्रम मोर कि आन बिसेषा.
देखि राम जननी अकुलानी, प्रभु हँसि दीन्ह मधुर मुसुकानी.

दोहा-dohā:

देखरावा मातहि निज अद्भुत रुप अखंड,
रोम रोम प्रति लागे कोटि कोटि ब्रह्मंड.२०१.

चौपाई-caupāī:

अगनित रबि ससि सिव चतुरानन, बहु गिरि सरित सिंधु महि कानन.
काल कर्म गुन ग्यान सुभाऊ, सोउ देखा जो सुना न काऊ.
देखी माया सब बिधि गाढ़ी, अति सभीत जोरें कर ठाढ़ी.
देखा जीव नचावइ जाही, देखी भगति जो छोरइ ताही.
तन पुलकित मुख बचन न आवा, नयन मूदि चरननि सिरु नावा.
बिसमयवंत देखि महतारी, भए बहुरि सिसुरूप खरारी.
अस्तुति करि न जाइ भय माना, जगत पिता मैं सुत करि जाना.
हरि जननि बहुबिधि समुझाई, यह जनि कतहुँ कहसि सुनु माई.

दोहा-dohā:

बार बार कौसल्या बिनय करइ कर जोरि,
अब जनि कबहूँ ब्यापै प्रभु मोहि माया तोरि.२०२.

चौपाई-caupāī:

बालचरित हरि बहुबिधि कीन्हा, अति अनंद दासन्ह कहँ दीन्हा.
कछुक काल बीतें सब भाई, बड़े भए परिजन सुखदाई.
चूड़ाकरन कीन्ह गुरु जाई, बिप्रन्ह पुनि दछिना बहु पाई.
परम मनोहर चरित अपारा, करत फिरत चारिउ सुकुमारा.
मन क्रम बचन अगोचर जोई, दसरथ अजिर बिचर प्रभु सोई.
भोजन करत बोल जब राजा, नहिं आवत तजि बाल समाजा.
कौसल्या जब बोलन जाई, ठुमुकु ठुमुकु प्रभु चलहिं पराई.
निगम नेति सिव अंत न पावा, ताहि धरै जननी हठि धावा.
धूसर धूरि भरें तनु आए, भूपति बिहसि गोद बैठाए.

दोहा-dohā:

भोजन करत चपल चित इत उत अवसरु पाइ,
भाजि चले किलकत मुख दधि ओदन लपटाइ.२०३.

चौपाई-caupāī:

बालचरित अति सरल सुहाए, सारद सेष संभु श्रुति गाए.
जिन्ह कर मन इन्ह सन नहिं राता, ते जन बंचित किए बिधाता.
भए कुमार जबहिं सब भ्राता, दीन्ह जनेऊ गुरु पितु माता.
गुरगृहँ गए पढ़न रघुराई, अलप काल बिद्या सब आई.
जाकी सहज स्वास श्रुति चारी, सो हरि पढ़ यह कौतुक भारी.
बिद्या बिनय निपुन गुन सीला, खेलहिं खेल सकल नृपलीला.
करतल बान धनुष अति सोहा, देखत रूप चराचर मोहा.
जिन्ह बीथिन्ह बिहरहिं सब भाई, थकित होहिं सब लोग लुगाई.

दोहा-dohā:

कोसलपुर बासी नर नारि बृद्ध अरु बाल,
प्रानहु ते प्रिय लागत सब कहुँ राम कृपाल.२०४.

चौपाई-caupāī:

बंधु सखा संग लेहिं बोलाई, बन मृगया नित खेलहिं जाई.
पावन मृग मारहिं जियँ जानी, दिन प्रति नृपहि देखावहिं आनी.
जे मृग राम बान के मारे, ते तनु तजि सुरलोक सिधारे.
अनुज सखा सँग भोजन करहीं, मातु पिता अग्या अनुसरहीं.
जेहि बिधि सुखी होहिं पुर लोगा, करहिं कृपानिधि सोइ संजोगा.
बेद पुरान सुनहिं मन लाई, आपु कहहिं अनुजन्ह समुझाई.
प्रातकाल उठि कै रघुनाथा, मातु पिता गुरु नावहिं माथा.
आयसु मागि करहिं पुर काजा, देखि चरित हरषइ मन राजा.

दोहा-dohā:

ब्यापक अकल अनीह अज निर्गुन नाम न रूप,
भगत हेतु नाना बिधि करत चरित्र अनूप.२०५.

चौपाई-caupāī:

यह सब चरित कहा मैं गाई, आगिलि कथा सुनहु मन लाई.
बिस्वामित्र महामुनि ग्यानी, बसहिं बिपिन सुभ आश्रम जानी.
जहँ जप जग्य जोग मुनि करहीं, अति मारीच सुबाहुहि डरहीं.

देखत जग्य निसाचर धावहिं, करहिं उपद्रव मुनि दुख पावहिं.
गाधितनय मन चिंता ब्यापी, हरि बिनु मरहि न निसिचर पापी.
तब मुनिबर मन कीन्ह बिचारा, प्रभु अवतरेउ हरन महि भारा.
एहूँ मिस देखौं पद जाई, करि बिनती आनौं दोउ भाई.
ग्यान बिराग सकल गुन अयना, सो प्रभु मैं देखब भरि नयना.

दोहा-dohā:

बहुबिधि करत मनोरथ जात लागि नहिं बार,
करि मज्जन सरऊ जल गए भूप दरबार.२०६.

चौपाई-caupāī:

मुनि आगमन सुना जब राजा, मिलन गयऊ लै बिप्र समाजा.
करि दंडवत मुनिहि सनमानी, निज आसन बैठारेन्हि आनी.
चरन पखारि कीन्हि अति पूजा, मो सम आजु धन्य नहिं दूजा.
बिबिध भाँति भोजन करवावा, मुनिबर हृदयँ हरष अति पावा.
पुनि चरननि मेले सुत चारी, राम देखि मुनि देह बिसारी.
भए मगन देखत मुख सोभा, जनु चकोर पूरन ससि लोभा.
तब मन हरषि बचन कह राऊ, मुनि अस कृपा न कीन्हिहु काऊ.
केहि कारन आगमन तुम्हारा, कहहु सो करत न लावउँ बारा.
असुर समूह सतावहिं मोही, मैं जाचन आयउँ नृप तोही.
अनुज समेत देहु रघुनाथा, निसिचर बध मैं होब सनाथा.

दोहा-dohā:

देहु भूप मन हरषित तजहु मोह अग्यान,
धर्म सुजस प्रभु तुम्ह कौं इन्ह कहँ अति कल्यान.२०७.

चौपाई-caupāī:

सुनि राजा अति अप्रिय बानी, हृदय कंप मुख दुति कुमुलानी.
चौथेंपन पायउँ सुत चारी, बिप्र बचन नहिं कहेहु बिचारी.
मागहु भूमि धेनु धन कोसा, सर्बस देउँ आजु सहरोसा.
देह प्रान तें प्रिय कछु नाहीं, सोउ मुनि देउँ निमिष एक माहीं.
सब सुत प्रिय मोहि प्रान कि नाईं, राम देत नहिं बनइ गोसाईं.
कहँ निसिचर अति घोर कठोरा, कहँ सुंदर सुत परम किसोरा.
सुनि नृप गिरा प्रेम रस सानी, हृदयँ हरष माना मुनि ग्यानी.
तब बसिष्ठ बहुबिधि समुझावा, नृप संदेह नास कहँ पावा.
अति आदर दोउ तनय बोलाए, हृदयँ लाइ बहु भाँति सिखाए.
मेरे प्रान नाथ सुत दोऊ, तुम्ह मुनि पिता आन नहिं कोऊ.

दोहा-dohā:

सौंपे भूप रिषिहि सुत बहुबिधि देइ असीस,
जननी भवन गए प्रभु चले नाइ पद सीस.२०८क.

सोरठा-soraṭhā:

पुरुषसिंह दोउ बीर हरषि चले मुनि भय हरन,
कृपासिंधु मतिधीर अखिल बिस्व कारन करन.२०८ख.

चौपाई-caupāī:

अरुन नयन उर बाहु बिसाला, नील जलज तनु स्याम तमाला.
कटि पट पीत कसें बर भाथा, रुचिर चाप सायक दुहुँ हाथा.
स्याम गौर सुंदर दोउ भाई, बिस्बामित्र महानिधि पाई.
प्रभु ब्रह्मन्यदेव मैं जाना, मोहि निति पिता तजेउ भगवाना.
चले जात मुनि दीन्हि दिखाई, सुनि ताड़का क्रोध करि धाई.
एकहिं बान प्रान हरि लीन्हा, दीन जानि तेहि निज पद दीन्हा.
तब रिषि निज नाथहि जियँ चीन्ही, बिद्यानिधि कहुँ बिद्या दीन्ही.
जाते लाग न छुधा पिपासा, अतुलित बल तनु तेज प्रकासा.

दोहा-dohā:

आयुध सर्ब समर्पि कै प्रभु निज आश्रम आनि,
कंद मूल फल भोजन दीन्ह भगति हित जानि.२०९.

चौपाई-caupāī:

प्रात कहा मुनि सन रघुराई, निर्भय जग्य करहु तुम्ह जाई.
होम करन लागे मुनि झारी, आपु रहे मख कीं रखवारी.
सुनि मारीच निसाचर क्रोही, लै सहाय धावा मुनिद्रोही.
बिनु फर बान राम तेहि मारा, सत जोजन गा सागर पारा.
पावक सर सुबाहु पुनि मारा, अनुज निसाचर कटकु सँघारा.
मारि असुर द्विज निर्भयकारी, अस्तुति करहिं देव मुनि झारी.
तहँ पुनि कछुक दिवस रघुराया, रहे कीन्हि बिप्रन्ह पर दाया.
भगति हेतु बहु कथा पुराना, कहे बिप्र जद्यपि प्रभु जाना.
तब मुनि सादर कहा बुझाई, चरित एक प्रभु देखिअ जाई.
धनुषजग्य सुनि रघुकुल नाथा, हरषि चले मुनिबर के साथा.
आश्रम एक दीख मग माहीं, खग मृग जीव जंतु तहँ नाहीं.
पूछा मुनिहि सिला प्रभु देखी, सकल कथा मुनि कहा बिसेषी.

दोहा-dohā:

गौतम नारि श्राप बस उपल देह धरि धीर,
चरन कमल रज चाहति कृपा करहु रघुबीर.२१०.

छंद-chaṁda:

परसत पद पावन सोक नसावन प्रगट भई तपपुंज सही,
देखत रघुनायक जन सुखदायक सनमुख होइ कर जोरि रही.
अति प्रेम अधीरा पुलक सरीरा मुख नहिं आवइ बचन कही,
अतिसय बड़भागी चरनन्हि लागी जुगल नयन जलधार बही.

धीरजु मन कीन्हा प्रभु कहुँ चीन्हा रघुपति कृपाँ भगति पाई,
अति निर्मल बानीं अस्तुति ठानी ग्यानगम्य जय रघुराई.
मैं नारि अपावन प्रभु जग पावन रावन रिपु जन सुखदाई,
राजीव बिलोचन भव भय मोचन पाहि पाहि सरनहिं आई.

मुनि श्राप जो दीन्हा अति भल कीन्हा परम अनुग्रह मैं माना,
देखेउँ भरि लोचन हरि भवमोचन इहइ लाभ संकर जाना.
बिनती प्रभु मोरी मैं मति भोरी नाथ न मागउँ बर आना,
पद कमल परागा रस अनुरागा मम मन मधुप करै पाना.

जेहिं पद सुरसरिता परम पुनीता प्रगट भई सिव सीस धरी,
सोइ पद पंकज जेहि पूजत अज मम सिर धरेउ कृपाल हरी.
एहि भाँति सिधारी गौतम नारी बार बार हरि चरन परी,
जो अति मन भावा सो बरु पावा गै पतिलोक अनंद भरी.

दोहा-dohā:

अस प्रभु दीनबंधु हरि कारन रहित दयाल,
तुलसिदास सठ तेहि भजु छाड़ि कपट जंजाल.२११.

मासपारायण सातवाँ विश्राम

चौपाई-caupāī:

चले राम लछिमन मुनि संगा, गए जहाँ जग पावनि गंगा.
गाधिसूनु सब कथा सुनाई, जेहि प्रकार सुरसरि महि आई.
तब प्रभु रिषिन्ह समेत नहाए, बिबिध दान महिदेवन्हि पाए.
हरषि चले मुनि बृंद सहाया, बेगि बिदेह नगर निअराया.
पुर रम्यता राम जब देखी, हरषे अनुज समेत बिसेषी.
बापीं कूप सरित सर नाना, सलिल सुधासम मनि सोपाना.
गुंजत मंजु मत्त रस भृंगा, कूजत कल बहुबरन बिहंगा.
बरन बरन बिकसे बन जाता, त्रिबिध समीर सदा सुखदाता.

दोहा-dohā:

सुमन बाटिका बाग बन बिपुल बिहंग निवास,
फूलत फलत सुपल्लवत सोहत पुर चहुँ पास.२१२.

चौपाई-caupāī:

बनइ न बरनत नगर निकाई, जहाँ जाइ मन तहँइँ लोभाई.
चारु बजारु बिचित्र अँबारी, मनिमय बिधि जनु स्वकर सँवारी.
धनिक बनिक बर धनद समाना, बैठे सकल बस्तु लै नाना.
चौहट सुंदर गलीं सुहाई, संतत रहहिं सुगंध सिंचाई.
मंगलमय मंदिर सब केरें, चित्रित जनु रतिनाथ चितेरें.
पुर नर नारि सुभग सुचि संता, धरमसील ग्यानी गुनवंता.
अति अनूप जहँ जनक निवासू, बिथकहिं बिबुध बिलोकि बिलासू.
होत चकित चित कोट बिलोकी, सकल भुवन सोभा जनु रोकी.

दोहा-dohā:

धवल धाम मनि पुरट पट सुघटित नाना भाँति,
सिय निवास सुंदर सदन सोभा किमि कहि जाति.२१३.

चौपाई-caupāī:

सुभग द्वार सब कुलिस कपाटा, भूप भीर नट मागध भाटा.
बनी बिसाल बाजि गज साला, हय गय रथ संकुल सब काला.
सूर सचिव सेनप बहुतेरे, नृपगृह सरिस सदन सब केरे.
पुर बाहेर सर सरित समीपा, उतरे जहँ तहँ बिपुल महीपा.
देखि अनूप एक अँवराई, सब सुपास सब भाँति सुहाई.
कौसिक कहेउ मोर मनु माना, इहाँ रहिअ रघुबीर सुजाना.
भलेहिं नाथ कहि कृपानिकेता, उतरे तहँ मुनिबृंद समेता.
बिस्वामित्र महामुनि आए, समाचार मिथिलापति पाए.

दोहा-dohā:

संग सचिव सुचि भूरि भट भूसुर बर गुर ग्याति,
चले मिलन मुनिनायकहि मुदित राउ एहि भाँति.२१४.

चौपाई-caupāī:

कीन्ह प्रनामु चरन धरि माथा, दीन्हि असीस मुदित मुनिनाथा.
बिप्रबृंद सब सादर बंदे, जानि भाग्य बड़ राउ अनंदे.
कुसल प्रस्न कहि बारहिं बारा, बिस्वामित्र नृपहि बैठारा.
तेहि अवसर आए दोउ भाई, गए रहे देखन फुलवाई.
स्याम गौर मृदु बयस किसोरा, लोचन सुखद बिस्व चित चोरा.
उठे सकल जब रघुपति आए, बिस्वामित्र निकट बैठाए.
भए सब सुखी देखि दोउ भ्राता, बारि बिलोचन पुलकित गाता.
मूरति मधुर मनोहर देखी, भयउ बिदेहु बिदेहु बिसेषी.

दोहा-dohā:

प्रेम मगन मनु जानि नृपु करि बिबेकु धरि धीर,
बोलेउ मुनि पद नाइ सिरु गदगद गिरा गभीर.२१५.

चौपाई-caupāī:

कहहु नाथ सुंदर दोउ बालक, मुनिकुल तिलक कि नृपकुल पालक.
ब्रह्म जो निगम नेति कहि गावा, उभय बेष धरि की सोइ आवा.
सहज बिरागरुप मनु मोरा, थकित होत जिमि चंद चकोरा.
ताते प्रभु पूछउँ सतिभाऊ, कहहु नाथ जनि करहु दुराऊ.
इन्हहि बिलोकत अति अनुरागा, बरबस ब्रह्मसुखहि मन त्यागा.
कह मुनि बिहसि कहेहु नृप नीका, बचन तुम्हार न होइ अलीका.
ये प्रिय सबहि जहाँ लगि प्रानी, मन मुसुकाहिं रामु सुनि बानी.
रघुकुल मनि दसरथ के जाए, मम हित लागि नरेस पठाए.

दोहा-dohā:

रामु लखनु दोउ बंधुबर रूप सील बल धाम,
मख राखेउ सबु साखि जगु जिते असुर संग्राम.२१६.

चौपाई-caupāī:

मुनि तव चरन देखि कह राऊ, कहि न सकउँ निज पुन्य प्रभाऊ.
सुंदर स्याम गौर दोउ भ्राता, आनँदहू के आनँद दाता.
इन्ह कै प्रीति परसपर पावनि, कहि न जाइ मन भाव सुहावनि.
सुनहु नाथ कह मुदित बिदेहू, ब्रह्म जीव इव सहज सनेहू.
पुनि पुनि प्रभुहि चितव नरनाहू, पुलक गात उर अधिक उछाहू.
मुनिहि प्रसंसि नाइ पद सीसू, चलेउ लवाइ नगर अवनीसू.
सुंदर सदनु सुखद सब काला, तहाँ बासु लै दीन्ह भुआला.
करि पूजा सब बिधि सेवकाई, गयउ राउ गृह बिदा कराई.

दोहा-dohā:

रिषय संग रघुबंस मनि करि भोजनु बिश्रामु,
बैठे प्रभु भ्राता सहित दिवसु रहा भरि जामु.२१७.

चौपाई-caupāī:

लखन हृदयँ लालसा बिसेषी, जाइ जनकपुर आइअ देखी.
प्रभु भय बहुरि मुनिहि सकुचाहीं, प्रगट न कहहिं मनहिं मुसुकाहीं.
राम अनुज मन की गति जानी, भगत बछलता हियँ हुलसानी.
परम बिनीत सकुचि मुसुकाई, बोले गुर अनुसासन पाई.
नाथ लखनु पुरु देखन चहहीं, प्रभु सकोच डर प्रगट न कहहीं.
जौं राउर आयसु मैं पावौं, नगर देखाइ तुरत लै आवौं.
सुनि मुनीसु कह बचन सप्रीती, कस न राम तुम्ह राखहु नीती.
धरम सेतु पालक तुम्ह ताता, प्रेम बिबस सेवक सुखदाता.

दोहा-dohā:

जाइ देखी आवहु नगरु सुख निधान दोउ भाइ,
करहु सुफल सब के नयन सुंदर बदन देखाइ.२१८.

चौपाई-caupāī:

मुनि पद कमल बंदि दोउ भ्राता, चले लोक लोचन सुख दाता.
बालक बृंद देखि अति सोभा, लगे संग लोचन मनु लोभा.
पीत बसन परिकर कटि भाथा, चारु चाप सर सोहत हाथा.
तन अनुहरत सुचंदन खोरी, स्यामल गौर मनोहर जोरी.
केहरि कंधर बाहु बिसाला, उर अति रुचिर नागमनि माला.

सुभग सोन सरसीरुह लोचन, बदन मयंक तापत्रय मोचन.
काननि्ह कनक फूल छबि देहीं, चितवत चितहि चोरि जनु लेहीं.
चितवनि चारु भृकुटि बर बाँकी, तिलक रेख सोभा जनु चाँकी.

दोहा-dohā:

रुचिर चौतनीं सुभग सिर मेचक कुंचित केस,
नख सिख सुंदर बंधु दोउ सोभा सकल सुदेस.२१९.

चौपाई-caupāī:

देखन नगरु भूपसुत आए, समाचार पुरबासिन्ह पाए.
धाए धाम काम सब त्यागी, मनहुँ रंक निधि लूटन लागी.
निरखि सहज सुंदर दोउ भाई, होहिं सुखी लोचन फल पाई.
जुबतीं भवन झरोखन्हि लागीं, निरखहिं राम रूप अनुरागीं.
कहहिं परसपर बचन सप्रीती, सखि इन्ह कोटि काम छबि जीती.
सुर नर असुर नाग मुनि माहीं, सोभा असि कहुँ सुनिअति नाहीं.
बिष्नु चारि भुज बिधि मुख चारी, बिकट बेष मुख पंच पुरारी.
अपर देउ अस कोउ न आही, यह छबि सखि पटतरिअ जाही.

दोहा-dohā:

बय किसोर सुषमा सदन स्याम गौर सुख घाम,
अंग अंग पर वारिअहिं कोटि कोटि सत काम.२२०.

चौपाई-caupāī:

कहहु सखी अस को तनुधारी, जो न मोह यह रूप निहारी.
कोउ सप्रेम बोली मृदु बानी, जो मैं सुना सो सुनहु सयानी.
ए दोऊ दसरथ के ढोटा, बाल मरालन्हि के कल जोटा.
मुनि कौसिक मख के रखवारे, जिन्ह रन अजिर निसाचर मारे.
स्याम गात कल कंज बिलोचन, जो मारीच सुभुज मदु मोचन.
कौसल्या सुत सो सुख खानी, नामु रामु धनु सायक पानी.
गौर किसोर बेषु बर काछें, कर सर चाप राम के पाछें.
लछिमनु नामु राम लघु भ्राता, सुनु सखि तासु सुमित्रा माता.

दोहा-dohā:

बिप्रकाजु करि बंधु दोउ मग मुनिबधू उधारि,
आए देखन चापमख सुनि हरषीं सब नारि.२२१.

चौपाई-caupāī:

देखि राम छबि कोउ एक कहई, जोगु जानकिहि यह बरु अहई.
जौं सखि इन्हहि देख नरनाहू, पन परिहरि हठि करइ बिबाहू.
कोउ कह ए भूपति पहिचाने, मुनि समेत सादर सनमाने.
सखि परंतु पनु राउ न तजई, बिधि बस हठि अबिबेकहि भजई.
कोउ कह जौं भल अहइ बिधाता, सब कहँ सुनिअ उचित फलदाता.
तौ जानकिहि मिलिहि बरु एहू, नाहिन आलि इहाँ संदेहू.
जौं बिधि बस अस बनै सँजोगू, तौ कृतकृत्य होइ सब लोगू.
सखि हमरें आरति अति तातें, कबहुँक ए आवहिं एहि नातें.

दोहा-dohā:

नाहिं त हम कहुँ सुनहु सखि इन्ह कर दरसनु दूरि,
यह संघटु तब होइ जब पुन्य पुराकृत भूरि.२२२.

चौपाई-caupāī:

बोली अपर कहेहु सखि नीका, एहिं बिआह अति हित सबही का.
कोउ कह संकर चाप कठोरा, ए स्यामल मृदुगात किसोरा.
सबु असमंजस अहइ सयानी, यह सुनि अपर कहइ मृदु बानी.
सखि इन्ह कहँ कोउ कोउ अस कहहीं, बड़ प्रभाउ देखत लघु अहहीं.
परसि जासु पद पंकज धूरी, तरी अहल्या कृत अघ भूरी.
सो कि रहिहि बिनु सिवधनु तोरें, यह प्रतीति परिहरिअ न भोरें.
जेहिं बिरंचि रचि सीय सँवारी, तेहिं स्यामल बरु रचेउ बिचारी.
तासु बचन सुनि सब हरषानीं, ऐसेइ होउ कहहिं मृदु बानीं.

दोहा-dohā:

हियँ हरषहिं बरषहिं सुमन सुमुखि सुलोचनि बृंद,
जाहिं जहाँ जहँ बंधु दोउ तहँ तहँ परमानंद.२२३.

चौपाई-caupāī:

पुर पूरब दिसि गे दोउ भाई, जहँ धनुमख हित भूमि बनाई.
अति बिस्तार चारु गच ढारी, बिमल बेदिका रुचिर सँवारी.
चहुँ दिसि कंचन मंच बिसाला, रचे जहाँ बैठहिं महिपाला.
तेहि पाछें समीप चहुँ पासा, अपर मंच मंडली बिलासा.
कछुक ऊँचि सब भाँति सुहाई, बैठहिं नगर लोग जहँ जाई.
तिन्ह के निकट बिसाल सुहाए, धवल धाम बहुबरन बनाए.
जहँ बैठें देखहिं सब नारी, जथा जोगु निज कुल अनुहारी.
पुर बालक कहि कहि मृदु बचना, सादर प्रभुहि देखावहिं रचना.

दोहा-dohā:

सब सिसु एहि मिस प्रेमबस परसि मनोहर गात,
तन पुलकहिं अति हरषु हियँ देखि देखि दोउ भ्रात.२२४.

चौपाई-caupāī:

सिसु सब राम प्रेमबस जाने, प्रीति समेत निकेत बखाने.
निज निज रुचि सब लेहिं बोलाई, सहित सनेह जाहिं दोउ भाई.
राम देखावहिं अनुजहि रचना, कहि मृदु मधुर मनोहर बचना.
लव निमेष महुँ भुवन निकाया, रचइ जासु अनुसासन माया.
भगति हेतु सोइ दीनदयाला, चितवत चकित धनुष मखसाला.
कौतुक देखि चले गुरु पाहीं, जानि बिलंबु त्रास मन माहीं.
जासु त्रास डर कहुँ डर होई, भजन प्रभाउ देखावत सोई.
कहि बातें मृदु मधुर सुहाईं, किए बिदा बालक बरिआईं.

दोहा-dohā:

सभय सप्रेम बिनीत अति सकुच सहित दोउ भाइ,
गुर पद पंकज नाइ सिर बैठे आयसु पाइ.२२५.

चौपाई-caupāī:

निसि प्रबेस मुनि आयसु दीन्हा, सबहीं संध्याबंदनु कीन्हा.
कहत कथा इतिहास पुरानी, रुचिर रजनि जुग जाम सिरानी.
मुनिबर सयन कीन्हि तब जाई, लगे चरन चापन दोउ भाई.
जिन्ह के चरन सरोरुह लागी, करत बिबिध जप जोग बिरागी.
तेइ दोउ बंधु प्रेम जनु जीते, गुर पद कमल पलोटत प्रीते.
बार बार मुनि अग्या दीन्ही, रघुबर जाइ सयन तब कीन्ही.
चापत चरन लखनु उर लाएँ, सभय सप्रेम परम सचु पाएँ.
पुनि पुनि प्रभु कह सोवहु ताता, पौढ़े धरि उर पद जलजाता.

दोहा-dohā:

उठे लखनु निसि बिगत सुनि अरुनसिखा धुनि कान,
गुर तें पहिलेहिं जगतपति जागे रामु सुजान.२२६.

चौपाई-caupāī:

सकल सौच करि जाइ नहाए, नित्य निबाहि मुनिहि सिर नाए.

समय जानि गुर आयसु पाई, लेन प्रसून चले दोउ भाई.
भूप बागु बर देखेउ जाई, जहँ बसंत रितु रही लोभाई.
लागे बिटप मनोहर नाना, बरन बरन बर बेलि बिताना.
नव पल्लव फल सुमन सुहाए, निज संपति सुर रूख लजाए.
चातक कोकिल कीर चकोरा, कूजत बिहग नटत कल मोरा.
मध्य बाग सरु सोह सुहावा, मनि सोपान बिचित्र बनावा.
बिमल सलिलु सरसिज बहुरंगा, जलखग कूजत गुंजत भृंगा.

दोहा-dohā:

बागु तड़ागु बिलोकि प्रभु हरषे बंधु समेत,
परम रम्य आरामु यहु जो रामहि सुख देत.२२७.

चौपाई-caupāi:

चहुँ दिसि चितइ पूँछि मालीगन, लगे लेन दल फूल मुदित मन.
तेहि अवसर सीता तहँ आई, गिरिजा पूजन जननि पठाई.
संग सखीं सब सुभग सयानीं, गावहिं गीत मनोहर बानीं.
सर समीप गिरिजा गृह सोहा, बरनि न जाइ देखि मनु मोहा.
मज्जनु करि सर सखिन्ह समेता, गई मुदित मन गौरि निकेता.
पूजा कीन्हि अधिक अनुरागा, निज अनुरूप सुभग बरु मागा.
एक सखी सिय संगु बिहाई, गई रही देखन फुलवाई.
तेहिं दोउ बंधु बिलोके जाई, प्रेम बिबस सीता पहिं आई.

दोहा-dohā:

तासु दसा देखि सखिन्ह पुलक गात जलु नैन,
कहु कारनु निज हरष कर पूछहिं सब मृदु बैन.२२८.

चौपाई-caupāi:

देखन बागु कुअँर दुइ आए, बय किसोर सब भाँति सुहाए.
स्याम गौर किमि कहौं बखानी, गिरा अनयन नयन बिनु बानी.
सुनि हरषीं सब सखीं सयानी, सिय हियँ अति उतकंठा जानी.
एक कहइ नृपसुत तेइ आली, सुने जे मुनि सँग आए काली.
जिन्ह निज रूप मोहनी डारी, कीन्हे स्वबस नगर नर नारी.
बरनत छबि जहँ तहँ सब लोगू, अवसि देखिअहिं देखन जोगू.
तासु बचन अति सियहि सोहाने, दरस लागि लोचन अकुलाने.
चली अग्र करि प्रिय सखि सोई, प्रीति पुरातन लखइ न कोई.

दोहा-dohā:

सुमिरि सीय नारद बचन उपजी प्रीति पुनीत,
चकित बिलोकति सकल दिसि जनु सिसु मृगी सभीत.२२९.

चौपाई-caupāi:

कंकन किंकिनि नूपुर धुनि सुनि, कहत लखन सन रामु हृदयँ गुनि.
मानहुँ मदन दुंदुभी दीन्ही, मनसा बिस्व बिजय कहँ कीन्ही.
अस कहि फिरि चितए तेहि ओरा, सिय मुख ससि भए नयन चकोरा.
भए बिलोचन चारु अचंचल, मनहुँ सकुचि निमि तजे दिगंचल.
देखि सीय सोभा सुखु पावा, हृदयँ सराहत बचनु न आवा.
जनु बिरंचि सब निज निपुनाई, बिरचि बिस्व कहँ प्रगटि देखाई.
सुंदरता कहुँ सुंदर करई, छबिगृहँ दीपसिखा जनु बरई.
सब उपमा कबि रहे जुठारी, केहिं पटतरौं बिदेहकुमारी.

दोहा-dohā:

सिय सोभा हियँ बरनि प्रभु आपनि दसा बिचारि,
बोले सुचि मन अनुज सन बचन समय अनुहारि.२३०.

चौपाई-caupāi:

तात जनकतनया यह सोई, धनुषजग्य जेहि कारन होई.
पूजन गौरि सखीं लै आईं, करत प्रकासु फिरइ फुलवाईं.
जासु बिलोकि अलौकिक सोभा, सहज पुनीत मोर मनु छोभा.
सो सबु कारन जान बिधाता, फरकहिं सुभद अंग सुनु भ्राता.
रघुबंसिन्ह कर सहज सुभाऊ, मनु कुपंथ पगु धरइ न काऊ.
मोहि अतिसय प्रतीति मन केरी, जेहिं सपनेहुँ परनारि न हेरी.
जिन्ह कै लहहिं न रिपु रन पीठी, नहिं पावहिं परतिय मनु डीठी.
मंगन लहहिं न जिन्ह कै नाहीं, ते नरबर थोरे जग माहीं.

दोहा-dohā:

करत बतकही अनुज सन मन सिय रूप लोभान,
मुख सरोज मकरंद छबि करइ मधुप इव पान.२३१.

चौपाई-caupāi:

चितवति चकित चहूँ दिसि सीता, कहँ गए नृपकिसोर मनु चिंता.
जहँ बिलोक मृग सावक नैनी, जनु तहँ बरिस कमल सित श्रेनी.
लता ओट तब सखिन्ह लखाए, स्यामल गौर किसोर सुहाए.
देखि रूप लोचन ललचाने, हरषे जनु निज निधि पहिचाने.
थके नयन रघुपति छबि देखें, पलकन्हिहूँ परिहरीं निमेषें.
अधिक सनेहँ देह भै भोरी, सरद ससिहि जनु चितव चकोरी.
लोचन मग रामहि उर आनी, दीन्हे पलक कपाट सयानी.
जब सिय सखिन्ह प्रेमबस जानी, कहि न सकहिं कछु मन सकुचानी.

दोहा-dohā:

लताभवन तें प्रगट भे तेहि अवसर दोउ भाइ,
निकसे जनु जुग बिमल बिधु जलद पटल बिलगाइ.२३२.

चौपाई-caupāi:

सोभा सीवँ सुभग दोउ बीरा, नील पीत जलजाभ सरीरा.
मोरपंख सिर सोहत नीके, गुच्छ बीच बिच कुसुम कली के.
भाल तिलक श्रमबिंदु सुहाए, श्रवन सुभग भूषन छबि छाए.
बिकट भृकुटि कच घूघरवारे, नव सरोज लोचन रतनारे.
चारु चिबुक नासिका कपोला, हास बिलास लेत मनु मोला.
मुखछबि कहि न जाइ मोहि पाहीं, जो बिलोकि बहु काम लजाहीं.
उर मनि माल कंबु कल गीवा, काम कलभ कर भुज बलसींवा.
सुमन समेत बाम कर दोना, सावँर कुअँर सखी सुठि लोना.

दोहा-dohā:

केहरि कटि पट पीत धर सुषमा सील निधान,
देखि भानुकुलभूषनहि बिसरा सखिन्ह अपान.२३३.

चौपाई-caupāi:

धरि धीरजु एक आलि सयानी, सीता सन बोली गहि पानी.
बहुरि गौरि कर ध्यान करेहू, भूपकिसोर देखि किन लेहू.
सकुचि सीयँ तब नयन उघारे, सनमुख दोउ रघुसिंघ निहारे.
नख सिख देखि राम कै सोभा, सुमिरि पिता पनु मनु अति छोभा.
परबस सखिन्ह लखी जब सीता, भयउ गहरु सब कहहिं सभीता.
पुनि आउब एहि बेरिआँ काली, अस कहि मन बिहसी एक आली.

गूढ़ गिरा सुनि सिय सकुचानी, भयउ बिलंबु मातु भय मानी.
धरि बड़ि धीर रामु उर आने, फिरी अपनपउ पितुबस जाने.

दोहा-dohā:

देखन मिस मृग बिहग तरु फिरइ बहोरि बहोरि,
निरखि निरखि रघुबीर छबि बाढ़इ प्रीति न थोरि.२३४.

चौपाई-caupāī:

जानि कठिन सिवचाप बिसूरति, चली राखि उर स्यामल मूरति.
प्रभु जब जात जानकी जानी, सुख सनेह सोभा गुन खानी.
परम प्रेममय मृदु मसि कीन्ही, चारु चित्त भीतीं लिखि लीन्ही.
गई भवानी भवन बहोरी, बंदि चरन बोली कर जोरी.
जय जय गिरिबरराज किसोरी, जय महेस मुख चंद चकोरी.
जय गजबदन षडानन माता, जगत जननि दामिनि दुति गाता.
नहिं तव आदि मध्य अवसाना, अमित प्रभाउ बेदु नहिं जाना.
भव भव बिभव पराभव कारिनि, बिस्व बिमोहनि स्वबस बिहारिनि.

दोहा-dohā:

पतिदेवता सुतीय महुँ मातु प्रथम तव रेख,
महिमा अमित न सकहिं कहि सहस सारदा सेष.२३५.

चौपाई-caupāī:

सेवत तोहि सुलभ फल चारी, बरदायनी पुरारि पिआरी.
देबि पूजि पद कमल तुम्हारे, सुर नर मुनि सब होहिं सुखारे.
मोर मनोरथु जानहु नीकें, बसहु सदा उर पुर सबही कें.
कीन्हेउँ प्रगट न कारन तेहीं, अस कहि चरन गहे बैदेहीं.
बिनय प्रेम बस भई भवानी, खसी माल मूरति मुसुकानी.
सादर सियँ प्रसादु सिर धरेऊ, बोली गौरि हरषु हियँ भरेऊ.
सुनु सिय सत्य असीस हमारी, पूजिहि मन कामना तुम्हारी.
नारद बचन सदा सुचि साचा, सो बरु मिलिहि जाहिं मनु राचा.

छंद-chamda:

मनु जाहिं राचेउ मिलिहि सो बरु सहज सुंदर साँवरो,
करुना निधान सुजान सीलु सनेहु जानत रावरो.
एहि भाँति गौरि असीस सुनि सिय सहित हियँ हरषीं अली,
तुलसी भवानिहि पूजि पुनि पुनि मुदित मन मंदिर चली.

सोरठा-soraṭhā:

जानि गौरि अनुकूल सिय हिय हरषु न जाइ कहि,
मंजुल मंगल मूल बाम अंग फरकन लगे.२३६.

चौपाई-caupāī:

हृदयँ सराहत सीय लोनाई, गुर समीप गवने दोउ भाई.
राम कहा सबु कौसिक पाहीं, सरल सुभाउ छुअत छल नाहीं.
सुमन पाइ मुनि पूजा कीन्ही, पुनि असीस दुहु भाइन्ह दीन्ही.
सुफल मनोरथ होहुँ तुम्हारे, रामु लखनु सुनि भए सुखारे.
करि भोजनु मुनिबर बिग्यानी, लगे कहन कछु कथा पुरानी.
बिगत दिवसु गुरु आयसु पाई, संध्या करन चले दोउ भाई.
प्राची दिसि ससि उयउ सुहावा, सिय मुख सरिस देखि सुखु पावा.
बहुरि बिचारु कीन्ह मन माहीं, सीय बदन सम हिमकर नाहीं.

दोहा-dohā:

जनमु सिंधु पुनि बंधु बिषु दिन मलीन सकलंक,
सिय मुख समता पाव किमि चंदु बापुरो रंक.२३७.

चौपाई-caupāī:

घटइ बढ़इ बिरहिनि दुखदाई, ग्रसइ राहु निज संधिहिं पाई.
कोक सोकप्रद पंकज द्रोही, अवगुन बहुत चंद्रमा तोही.
बैदेही मुख पटतर दीन्हे, होइ दोष बड़ अनुचित कीन्हे.
सिय मुख छबि बिधु ब्याज बखानी, गुरु पहिं चले निसा बड़ि जानी.
करि मुनि चरन सरोज प्रनामा, आयसु पाइ कीन्ह बिश्रामा.
बिगत निसा रघुनायक जागे, बंधु बिलोकि कहन अस लागे.
उयउ अरुन अवलोकहु ताता, पंकज कोक लोक सुखदाता.
बोले लखनु जोरि जुग पानी, प्रभु प्रभाउ सूचक मृदु बानी.

दोहा-dohā:

अरुनोदयँ सकुचे कुमुद उडगन जोति मलीन,
जिमि तुम्हार आगमन सुनि भए नृपति बलहीन.२३८.

चौपाई-caupāī:

नृप सब नखत करहिं उजिआरी, टारि न सकहिं चाप तम भारी.
कमल कोक मधुकर खग नाना, हरषे सकल निसा अवसाना.
ऐसेहिं प्रभु सब भगत तुम्हारे, होइहहिं टूटें धनुष सुखारे.
उयउ भानु बिनु श्रम तम नासा, दुरे नखत जग तेजु प्रकासा.
रबि निज उदय ब्याज रघुराया, प्रभु प्रतापु सब नृपन्ह दिखाया.
तव भुज बल महिमा उदघाटी, प्रगटी धनु बिघटन परिपाटी.
बंधु बचन सुनि प्रभु मुसुकाने, होइ सुचि सहज पुनीत नहाने.
नित्यक्रिया करि गुरु पहिं आए, चरन सरोज सुभग सिर नाए.
सतानंदु तब जनक बोलाए, कौसिक मुनि पहिं तुरत पठाए.
जनक बिनय तिन्ह आइ सुनाई, हरषे बोलि लिए दोउ भाई.

दोहा-dohā:

सतानंद पद बंदि प्रभु बैठे गुर पहिं जाइ,
चलहु तात मुनि कहेउ तब पठवा जनक बोलाइ.२३९.

मासपारायण आठवाँ विश्राम
नवाह्नपारायण दूसरा विश्राम

चौपाई-caupāī:

सीय स्वयंबरु देखिअ जाई, ईसु काहि धौं देइ बड़ाई.
लखन कहा जस भाजनु सोई, नाथ कृपा तव जापर होई.
हरषे मुनि सब सुनि बर बानी, दीन्हि असीस सबहिं सुखु मानी.
पुनि मुनिबृंद समेत कृपाला, देखन चले धनुषमख साला.
रंगभूमि आए दोउ भाई, असि सुधि सब पुरबासिन्ह पाई.
चले सकल गृह काज बिसारी, बाल जुबान जरठ नर नारी.
देखी जनक भीर भै भारी, सुचि सेवक सब लिए हँकारी.
तुरत सकल लोगन्ह पहिं जाहू, आसन उचित देहू सब काहू.

दोहा-dohā:

कहि मृदु बचन बिनीत तिन्ह बैठारे नर नारि,
उत्तम मध्यम नीच लघु निज निज थल अनुहारि.२४०.

चौपाई-caupāī:

राजकुअँर तेहि अवसर आए, मनहुँ मनोहरता तन छाए.
गुन सागर नागर बर बीरा, सुंदर स्यामल गौर सरीरा.
राज समाज बिराजत रूरे, उडगन महुँ जनु जुग बिधु पूरे.
जिन्ह कें रही भावना जैसी, प्रभु मूरति तिन्ह देखी तैसी.

देखहिं रूप महा रनधीरा, मनहुँ बीर रसु धरें सरीरा.
डरे कुटिल नृप प्रभुहि निहारी, मनहुँ भयानक मूरति भारी.
रहे असुर छल छोनिप बेषा, तिन्ह प्रभु प्रगट कालसम देखा.
पुरबासिन्ह देखे दोउ भाई, नरभूषन लोचन सुखदाई.

दोहा-dohā:

नारि बिलोकहिं हरषि हियँ निज निज रुचि अनुरूप,
जनु सोहत सिंगार धरि मूरति परम अनूप.२४१.

चौपाई-caupāī:

बिदुषन्ह प्रभु बिराटमय दीसा, बहु मुख कर पग लोचन सीसा.
जनक जाति अवलोकहिं कैसें, सजन सगे प्रिय लागहिं जैसें.
सहित बिदेह बिलोकहिं रानी, सिसु सम प्रीति न जाति बखानी.
जोगिन्ह परम तत्वमय भासा, सांत सुद्ध सम सहज प्रकासा.
हरिभगतन्ह देखे दोउ भ्राता, इष्टदेव इव सब सुख दाता.
रामहि चितव भायँ जेहि सीया, सो सनेहु सुखु नहिं कथनीया.
उर अनुभवति न कहि सक सोऊ, कवन प्रकार कहै कबि कोऊ.
एहि बिधि रहा जाहि जस भाऊ, तेहिं तस देखेउ कोसलराऊ.

दोहा-dohā:

राजत राज समाज महुँ कोसलराज किसोर,
सुंदर स्यामल गौर तन बिस्व बिलोचन चोर.२४२.

चौपाई-caupāī:

सहज मनोहर मूरति दोऊ, कोटि काम उपमा लघु सोऊ.
सरद चंद निंदक मुख नीके, नीरज नयन भावते जी के.
चितवनि चारु मार मनु हरनी, भावति हृदय जाति नहीं बरनी.
कल कपोल श्रुति कुंडल लोला, चिबुक अधर सुंदर मृदु बोला.
कुमुदबंधु कर निंदक हाँसा, भृकुटी बिकट मनोहर नासा.
भाल बिसाल तिलक झलकाहीं, कच बिलोकि अलि अवलि लजाहीं.
पीत चौतनीं सिरन्हि सुहाईं, कुसुम कलीं बिच बीच बनाईं.
रेखें रुचिर कंबु कल गीवाँ, जनु त्रिभुवन सुषमा की सीवाँ.

दोहा-dohā:

कुंजर मनि कंठा कलित उरन्हि तुलसिका माल,
बृषभ कंध केहरि ठवनि बल निधि बाहु बिसाल.२४३.

चौपाई-caupāī:

कटि तूनीर पीत पट बाँधें, कर सर धनुष बाम बर काँधें.
पीत जग्य उपबीत सुहाए, नख सिख मंजु महाछबि छाए.
देखि लोग सब भए सुखारे, एकटक लोचन चलत न तारे.
हरषे जनकु देखि दोउ भाई, मुनि पद कमल गहे तब जाई.
करि बिनती निज कथा सुनाई, रंग अवनि सब मुनिहि देखाई.
जहँ जहँ जाहिं कुअँर बर दोऊ, तहँ तहँ चकित चितव सबु कोऊ.
निज निज रुख रामहि सबु देखा, कोउ न जान कछु मरमु बिसेषा.
भलि रचना मुनि नृप सन कहेऊ, राजाँ मुदित महासुख लहेऊ.

दोहा-dohā:

सब मंचन्ह तें मंचु एक सुंदर बिसद बिसाल,
मुनि समेत दोउ बंधु तहँ बैठारे महिपाल.२४४.

चौपाई-caupāī:

प्रभुहि देखि सब नृप हियँ हारे, जनु राकेस उदय भएँ तारे.
असि प्रतीति सब के मन माहीं, राम चाप तोरब सक नाहीं.
बिनु भंजेहुँ भव धनुषु बिसाला, मेलिहि सीय राम उर माला.
अस बिचारि गवनहु घर भाई, जसु प्रतापु बलु तेजु गवाँई.
बिहसे अपर भूप सुनि बानी, जे अबिबेक अंध अभिमानी.
तोरेहुँ धनुषु ब्याहु अवगाहा, बिनु तोरें को कुअँरि बिआहा.
एक बार कालउ किन होऊ, सिय हित समर जितब हम सोऊ.
यह सुनि अवर महिप मुसुकाने, धरमसील हरिभगत सयाने.

सोरठा-soraṭhā:

सीय बिआहबि राम गरब दूरि करि नृपन्ह के,
जीति को सक संग्राम दसरथ के रन बाँकुरे.२४५.

चौपाई-caupāī:

ब्यर्थ मरहु जनि गाल बजाई, मन मोदकन्हि कि भूख बुताई.
सिख हमारि सुनि परम पुनीता, जगदंबा जानहु जियँ सीता.
जगत पिता रघुपतिहि बिचारी, भरि लोचन छबि लेहु निहारी.
सुंदर सुखद सकल गुन रासी, ए दोउ बंधु संभु उर बासी.
सुधा समुद्र समीप बिहाई, मृगजलु निरखि मरहु कत धाई.
करहु जाइ जा कहुँ जोइ भावा, हम तौ आजु जनम फलु पावा.
अस कहि भले भूप अनुरागे, रूप अनूप बिलोकन लागे.
देखहिं सुर नभ चढ़े बिमाना, बरषहिं सुमन करहिं कल गाना.

दोहा-dohā:

जानि सुअवसरु सीय तब पठई जनक बोलाइ,
चतुर सखीं सुंदर सकल सादर चलीं लवाइ.२४६.

चौपाई-caupāī:

सिय सोभा नहिं जाइ बखानी, जगदंबिका रूप गुन खानी.
उपमा सकल मोहि लघु लागीं, प्राकृत नारि अंग अनुरागीं.
सिय बरनिअ तेइ उपमा देई, कुकबि कहाइ अजसु को लेई.
जौं पटतरिअ तीय सम सीया, जग असि जुबति कहाँ कमनीया.
गिरा मुखर तन अरध भवानी, रति अति दुखित अतनु पति जानी.
बिष बारुनी बंधु प्रिय जेही, कहिअ रमासम किमि बैदेही.
जौं छबि सुधा पयोनिधि होई, परम रूपमय कच्छपु सोई.
सोभा रजु मंदरु सिंगारू, मथै पानि पंकज निज मारू.

दोहा-dohā:

एहि बिधि उपजै लच्छि जब सुंदरता सुख मूल,
तदपि सकोच समेत कबि कहहिं सीय समतूल.२४७.

चौपाई-caupāī:

चलीं संग लै सखीं सयानी, गावत गीत मनोहर बानी.
सोह नवल तनु सुंदर सारी, जगत जननि अतुलित छबि भारी.
भूषन सकल सुदेस सुहाए, अंग अंग रचि सखिन्ह बनाए.
रंगभूमि जब सिय पगु धारी, देखि रूप मोहे नर नारी.
हरषि सुरन्ह दुंदुभीं बजाईं, बरषि प्रसून अपछरा गाईं.
पानि सरोज सोह जयमाला, अवचट चितए सकल भुआला.
सीय चकित चित रामहि चाहा, भए मोहबस सब नरनाहा.
मुनि समीप देखे दोउ भाई, लगे ललकि लोचन निधि पाई.

दोहा-dohā:

गुरजन लाज समाजु बड़ देखि सीय सकुचानि,
लागि बिलोकन सखिन्ह तन रघुबीरहि उर आनि.२४८.

चौपाई-caupāī:

राम रूपु अरु सिय छबि देखें, नर नारिन्ह परिहरीं निमेषें.
सोचहिं सकल कहत सकुचाहीं, बिधि सन बिनय करहिं मन माहीं.
हरु बिधि बेगि जनक जड़ताई, मति हमारि असि देहि सुहाई.
बिनु बिचार पनु तजि नरनाहू, सीय राम कर करै बिबाहू.
जगु भल कहिहि भाव सब काहू, हठ कीन्हें अंतहुँ उर दाहू.
एहिं लालसाँ मगन सब लोगू, बरु साँवरो जानकी जोगू.
तब बंदीजन जनक बोलाए, बिरिदावली कहत चलि आए.
कह नृपु जाइ कहहु पन मोरा, चले भाट हियँ हरषु न थोरा.

दोहा-dohā:

बोले बंदी बचन बर सुनहु सकल महिपाल,
पन बिदेह कर कहहिं हम भुजा उठाइ बिसाल.२४९.

चौपाई-caupāī:

नृप भुजबलु बिधु सिवधनु राहू, गरुअ कठोर बिदित सब काहू.
रावनु बानु महाभट भारे, देखि सरासन गवँहिं सिधारे.
सोइ पुरारि कोदंडु कठोरा, राज समाज आजु जोइ तोरा.
त्रिभुवन जय समेत बैदेही, बिनहिं बिचार बरइ हठि तेही.
सुनि पन सकल भूप अभिलाषे, भटमानी अतिसय मन माखे.
परिकर बाँधि उठे अकुलाई, चले इष्टदेवन्ह सिर नाई.
तमकि ताकि तकि सिवधनु धरहीं, उठइ न कोटि भाँति बलु करहीं.
जिन्ह के कछु बिचारु मन माहीं, चाप समीप महीप न जाहीं.

दोहा-dohā:

तमकि धरहिं धनु मूढ़ नृप उठइ न चलहिं लजाइ,
मनहुँ पाइ भट बाहुबलु अधिकु अधिकु गरुआइ.२५०.

चौपाई-caupāī:

भूप सहस दस एकहि बारा, लगे उठावन टरइ न टारा.
डगइ न संभु सरासनु कैसें, कामी बचन सती मनु जैसें.
सब नृप भए जोगु उपहासी, जैसें बिनु बिराग संन्यासी.
कीरति बिजय बीरता भारी, चले चाप कर बरबस हारी.
श्रीहत भए हारि हियँ राजा, बैठे निज निज जाइ समाजा.
नृपन्ह बिलोकि जनकु अकुलाने, बोले बचन रोष जनु साने.
दीप दीप के भूपति नाना, आए सुनि हम जो पनु ठाना.
देव दनुज धरि मनुज सरीरा, बिपुल बीर आए रनधीरा.

दोहा-dohā:

कुअँरि मनोहर बिजय बड़ि कीरति अति कमनीय,
पावनिहार बिरंचि जनु रचेउ न धनु दमनीय.२५१.

चौपाई-caupāī:

कहहु काहि यहु लाभु न भावा, काहुँ न संकर चाप चढ़ावा.
रहउ चढ़ाउब तोरब भाई, तिलु भरि भूमि न सके छड़ाई.
अब जनि कोउ माखै भट मानी, बीर बिहीन मही मैं जानी.
तजहु आस निज निज गृह जाहू, लिखा न बिधि बैदेहि बिबाहू.
सुकृतु जाइ जौं पनु परिहरऊँ, कुअँरि कुआरि रहउ का करऊँ.
जौं जनतेउँ बिनु भट भुबि भाई, तौ पनु करि होतेउँ न हँसाई.
जनक बचन सुनि सब नर नारी, देखि जानकिहि भए दुखारी.
माखे लखनु कुटिल भइँ भौंहें, रदपट फरकत नयन रिसौंहें.

दोहा-dohā:

कहि न सकत रघुबीर डर लगे बचन जनु बान,
नाइ राम पद कमल सिरु बोले गिरा प्रमान.२५२.

चौपाई-caupāī:

रघुबंसिन्ह महुँ जहँ कोउ होई, तेहिं समाज अस कहइ न कोई.
कही जनक जसि अनुचित बानी, बिद्यमान रघुकुल मनि जानी.
सुनहु भानुकुल पंकज भानू, कहउँ सुभाउ न कछु अभिमानू.
जौं तुम्हारि अनुसासन पावौं, कंदुक इव ब्रह्मांड उठावौं.
काचे घट जिमि डारौं फोरी, सकउँ मेरु मूलक जिमि तोरी.
तव प्रताप महिमा भगवाना, को बापुरो पिनाक पुराना.
नाथ जानि अस आयसु होऊ, कौतुकु करौं बिलोकिअ सोऊ.
कमल नाल जिमि चाप चढ़ावौं, जोजन सत प्रमान लै धावौं.

दोहा-dohā:

तोरौं छत्रक दंड जिमि तव प्रताप बल नाथ,
जौं न करौं प्रभु पद सपथ कर न धरौं धनु भाथ.२५३.

चौपाई-caupāī:

लखन सकोप बचन जे बोले, डगमगानि महि दिग्गज डोले.
सकल लोग सब भूप डेराने, सिय हियँ हरषु जनकु सकुचाने.
गुर रघुपति सब मुनि मन माहीं, मुदित भए पुनि पुनि पुलकाहीं.
सयनहिं रघुपति लखनु नेवारे, प्रेम समेत निकट बैठारे.
बिस्वामित्र समय सुभ जानी, बोले अति सनेहमय बानी.
उठहु राम भंजहु भवचापा, मेटहु तात जनक परितापा.
सुनि गुरु बचन चरन सिरु नावा, हरषु बिषादु न कछु उर आवा.
ठाढ़े भए उठि सहज सुभाएँ, ठवनि जुबा मृगराजु लजाएँ.

दोहा-dohā:

उदित उदयगिरि मंच पर रघुबर बालपतंग,
बिकसे संत सरोज सब हरषे लोचन भृंग.२५४.

चौपाई-caupāī:

नृपन्ह केरि आसा निसि नासी, बचन नखत अवली न प्रकासी.
मानी महिप कुमुद सकुचाने, कपटी भूप उलूक लुकाने.
भए बिसोक कोक मुनि देवा, बरिसहिं सुमन जनावहिं सेवा.
गुर पद बंदि सहित अनुरागा, राम मुनिन्ह सन आयसु मागा.
सहजहिं चले सकल जग स्वामी, मत्त मंजु बर कुंजर गामी.
चलत राम सब पुर नर नारी, पुलक पूरि तन भए सुखारी.
बंदि पितर सुर सुकृत सँभारे, जौं कछु पुन्य प्रभाउ हमारे.
तौ सिवधनु मृनाल की नाईं, तोरहुँ राम गनेस गोसाईं.

दोहा-dohā:

रामहि प्रेम समेत लखि सखिन्ह समीप बोलाइ,
सीता मातु सनेह बस बचन कहइ बिलखाइ.२५५.

चौपाई-caupāī:

सखि सब कौतुकु देखनिहारे, जेउ कहावत हितू हमारे.
कोउ न बुझाइ कहइ गुर पाहीं, ए बालक असि हठ भलि नाहीं.
रावन बान छुआ नहिं चापा, हारे सकल भूप करि दापा.
सो धनु राजकुअँर कर देहीं, बाल मराल कि मंदर लेहीं.
भूप सयानप सकल सिरानी, सखि बिधि गति कछु जाति न जानी.
बोली चतुर सखी मृदु बानी, तेजवंत लघु गनिअ न रानी.

कहँ कुंभज कहँ सिंधु अपारा, सोषेउ सुजसु सकल संसारा.
रबि मंडल देखत लघु लागा, उदयँ तासु तिभुवन तम भागा.

दोहा-dohā:

मंत्र परम लघु जासु बस बिधि हरि हर सुर सर्ब,
महामत्त गजराज कहुँ बस कर अंकुस खर्ब.२५६.

चौपाई-caupāī:

काम कुसुम धनु सायक लीन्हे, सकल भुवन अपनें बस कीन्हे.
देबि तजिअ संसउ अस जानी, भंजब धनुषु राम सुनु रानी.
सखी बचन सुनि भै परतीती, मिटा बिषादु बढ़ी अति प्रीती.
तब रामहि बिलोकि बैदेही, सभय हृदयँ बिनवति जेहि तेही.
मनहीं मन मनाव अकुलानी, होहु प्रसन्न महेस भवानी.
करहु सफल आपनि सेवकाई, करि हितु हरहु चाप गरुआई.
गननायक बरदायक देवा, आजु लगें कीन्हिउँ तुअ सेवा.
बार बार बिनती सुनि मोरी, करहु चाप गुरुता अति थोरी.

दोहा-dohā:

देखि देखि रघुबीर तन सुर मनाव धरि धीर,
भरे बिलोचन प्रेम जल पुलकावली सरीर.२५७.

चौपाई-caupāī:

नीकें निरखि नयन भरि सोभा, पितु पनु सुमिरि बहुरि मनु छोभा.
अहह तात दारुनि हठ ठानी, समुझत नहिं कछु लाभु न हानी.
सचिव सभय सिख देइ न कोई, बुध समाज बड़ अनुचित होई.
कहँ धनु कुलिसहु चाहि कठोरा, कहँ स्यामल मृदुगात किसोरा.
बिधि केहि भाँति धरौं उर धीरा, सिरस सुमन कन बेधिअ हीरा.
सकल सभा कै मति भै भोरी, अब मोहि संभुचाप गति तोरी.
निज जड़ता लोगन्ह पर डारी, होहि हरुअ रघुपतिहि निहारी.
अति परिताप सीय मन माहीं, लव निमेष जुग सय सम जाहीं.

दोहा-dohā:

प्रभुहि चितइ पुनि चितव महि राजत लोचन लोल,
खेलत मनसिज मीन जुग जनु बिधु मंडल डोल.२५८.

चौपाई-caupāī:

गिरा अलिनि मुख पंकज रोकी, प्रगट न लाज निसा अवलोकी.
लोचन जलु रह लोचन कोना, जैसें परम कृपन कर सोना.
सकुची ब्याकुलता बड़ि जानी, धरि धीरजु प्रतीति उर आनी.
तन मन बचन मोर पनु साचा, रघुपति पद सरोज चितु राचा.
तौ भगवानु सकल उर बासी, करिहि मोहि रघुबर कै दासी.
जेहि कें जेहि पर सत्य सनेहू, सो तेहि मिलइ न कछु संदेहू.
प्रभु तन चितइ प्रेम तन ठाना, कृपानिधान राम सबु जाना.
सियहि बिलोकि तकेउ धनु कैसें, चितव गरुरु लघु ब्यालहि जैसें.

दोहा-dohā:

लखन लखेउ रघुबंसमनि ताकेउ हर कोदंडु,
पुलकि गात बोले बचन चरन चापि ब्रह्मांडु.२५९.

चौपाई-caupāī:

दिसिकुंजरहु कमठ अहि कोला, धरहु धरनि धरि धीर न डोला.
रामु चहहिं संकर धनु तोरा, होहु सजग सुनि आयसु मोरा.
चाप समीप रामु जब आए, नर नारिन्ह सुर सुकृत मनाए.
सब कर संसउ अरु अग्यानू, मंद महीपन्ह कर अभिमानू.
भृगुपति केरि गरब गरुआई, सुर मुनिबरन्ह केरि कदराई.
सिय कर सोचु जनक पछितावा, रानिन्ह कर दारुन दुख दावा.
संभुचाप बड बोहितु पाई, चढे जाइ सब संगु बनाई.
राम बाहुबल सिंधु अपारू, चहत पारु नहिं कोउ कड़हारू.

दोहा-dohā:

राम बिलोके लोग सब चित्र लिखे से देखि,
चितई सीय कृपायतन जानी बिकल बिसेषि.२६०.

चौपाई-caupāī:

देखी बिपुल बिकल बैदेही, निमिष बिहात कलप सम तेही.
तृषित बारि बिनु जो तनु त्यागा, मुएँ करइ का सुधा तड़ागा.
का बरषा सब कृषी सुखानें, समय चुकें पुनि का पछितानें.
अस जियँ जानि जानकी देखी, प्रभु पुलके लखि प्रीति बिसेषी.
गुरहि प्रनामु मनहिं मन कीन्हा, अति लाघवँ उठाइ धनु लीन्हा.
दमकेउ दामिनि जिमि जब लयऊ, पुनि नभ धनु मंडल सम भयऊ.
लेत चढ़ावत खैंचत गाढ़ें, काहुँ न लखा देख सबु ठाढ़ें.
तेहि छन राम मध्य धनु तोरा, भरे भुवन धुनि घोर कठोरा.

छंद-chamda:

भरे भुवन घोर कठोर रव रबि बाजि तजि मारगु चले,
चिक्करहिं दिग्गज डोल महि अहि कोल कूरुम कलमले.
सुर असुर मुनि कर कान दीन्हें सकल बिकल बिचारहीं,
कोदंड खंडेउ राम तुलसी जयति बचन उचारहीं.

सोरठा-soraṭhā:

संकर चापु जहाजु सागरु रघुबर बाहुबलु,
बूड सो सकल समाजु चढ़ा जो प्रथमहिं मोह बस.२६१.

चौपाई-caupāī:

प्रभु दोउ चापखंड महि डारे, देखि लोग सब भए सुखारे.
कौसिकरुप पयोनिधि पावन, प्रेम बारि अवगाहु सुहावन.
रामरूप राकेसु निहारी, बढ़त बीचि पुलकावलि भारी.
बाजे नभ गहगहे निसाना, देवबधू नाचहिं करि गाना.
ब्रह्मादिक सुर सिद्ध मुनीसा, प्रभुहि प्रसंसहिं देहिं असीसा.
बरिसहिं सुमन रंग बहु माला, गावहिं किंनर गीत रसाला.
रही भुवन भरि जय जय बानी, धनुषभंग धुनि जात न जानी.
मुदित कहहिं जहँ तहँ नर नारी, भंजेउ राम संभुधनु भारी.

दोहा-dohā:

बंदी मागध सूतगन बिरुद बदहिं मतिधीर,
करहिं निछावरि लोग सब हय गय धन मनि चीर.२६२.

चौपाई-caupāī:

झाँझि मृदंग संख सहनाई, भेरि ढोल दुंदुभी सुहाई.
बाजहिं बहु बाजने सुहाए, जहँ तहँ जुबतिन्ह मंगल गाए.
सखिन्ह सहित हरषी अति रानी, सूखत धान परा जनु पानी.
जनक लहेउ सुखु सोचु बिहाई, पैरत थकें थाह जनु पाई.
श्रीहत भए भूप धनु टूटे, जैसें दिवस दीप छबि छूटे.
सीय सुखहि बरनिअ केहि भाँती, जनु चातकी पाइ जलु स्वाती.
रामहि लखनु बिलोकत कैसें, ससिहि चकोर किसोरकु जैसें.
सतानंद तब आयसु दीन्हा, सीताँ गमनु राम पहिं कीन्हा.

दोहा-dohā:

संग सखीं सुंदर चतुर गावहिं मंगलचार,
गवनी बाल मराल गति सुषमा अंग अपार.२६३.

चौपाई-caupāī:

सखिन्ह मध्य सिय सोहति कैसें, छबिगन मध्य महाछबि जैसें.
कर सरोज जयमाल सुहाई, बिस्व बिजय सोभा जेहिं छाई.
तन सकोचु मन परम उछाहू, गूढ़ प्रेमु लखि परइ न काहू.
जाइ समीप राम छबि देखी, रहि जनु कुअँरि चित्र अवरेखी.
चतुर सखीं लखि कहा बुझाई, पहिरावहु जयमाल सुहाई.
सुनत जुगल कर माल उठाई, प्रेम बिबस पहिराइ न जाई.
सोहत जनु जुग जलज सनाला, ससिहि सभीत देत जयमाला.
गावहिं छबि अवलोकि सहेली, सियँ जयमाल राम उर मेली.

सोरठा-soraṭhā:

रघुबर उर जयमाल देखि देव बरिसहिं सुमन,
सकुचे सकल भुआल जनु बिलोकि रबि कुमुदगन.२६४.

चौपाई-caupāī:

पुर अरु ब्योम बाजने बाजे, खल भए मलिन साधु सब राजे.
सुर किंनर नर नाग मुनीसा, जय जय जय कहि देहिं असीसा.
नाचहिं गावहिं बिबुध बधूटीं, बार बार कुसुमांजलि छूटीं.
जहँ तहँ बिप्र बेदधुनि करहीं, बंदी बिरिदावलि उच्चरहीं.
महि पाताल नाक जसु ब्यापा, राम बरी सिय भंजेउ चापा.
करहिं आरती पुर नर नारी, देहिं निछावरि बित्त बिसारी.
सोहति सीय राम कै जोरी, छबि सिंगारु मनहुँ एक ठोरी.
सखीं कहहिं प्रभुपद गहु सीता, करति न चरन परस अति भीता.

दोहा-dohā:

गौतम तिय गति सुरति करि नहिं परसति पग पानि,
मन बिहसे रघुबंसमनि प्रीति अलौकिक जानि.२६५.

चौपाई-caupāī:

तब सिय देखि भूप अभिलाषे, कूर कपूत मूढ़ मन माखे.
उठि उठि पहिरि सनाह अभागे, जहँ तहँ गाल बजावन लागे.
लेहु छड़ाइ सीय कह कोऊ, धरि बाँधहु नृप बालक दोऊ.
तोरें धनुषु चाड़ नहिं सरई, जीवत हमहि कुअँरि को बरई.
जौं बिदेहु कछु करै सहाई, जीतहु समर सहित दोउ भाई.
साधु भूप बोले सुनि बानी, राजसमाजहि लाज लजानी.
बलु प्रतापु बीरता बड़ाई, नाक पिनाकहि संग सिधाई.
सोइ सूरता कि अब कहुँ पाई, असि बुधि तौ बिधि मुहँ मसि लाई.

दोहा-dohā:

देखहु रामहि नयन भरि तजि इरिषा मदु कोहु,
लखन रोषु पावकु प्रबल जानि सलभ जनि होहु.२६६.

चौपाई-caupāī:

बैनतेय बलि जिमि चह कागू, जिमि ससु चहै नाग अरि भागू.
जिमि चह कुसल अकारन कोही, सब संपदा चहै सिवद्रोही.
लोभी लोलुप कल कीरति चहई, अकलंकता कि कामी लहई.
हरि पद बिमुख परम गति चाहा, तस तुम्हार लालचु नरनाहा.
कोलाहलु सुनि सीय सकानी, सखीं लवाइ गईं जहँ रानी.
रामु सुभायँ चले गुरु पाहीं, सिय सनेहु बरनत मन माहीं.
रानिन्ह सहित सोचबस सीया, अब धौं बिधिहि काह करनीया.
भूप बचन सुनि इत उत तकहीं, लखनु राम डर बोलि न सकहीं.

दोहा-dohā:

अरुन नयन भृकुटी कुटिल चितवत नृपन्ह सकोप,
मनहुँ मत्त गजगन निरखि सिंघकिसोरहि चोप.२६७.

चौपाई-caupāī:

खरभरु देखि बिकल पुर नारीं, सब मिलि देहिं महीपन्ह गारीं.
तेहिं अवसर सुनि सिवधनु भंगा, आयउ भृगुकुल कमल पतंगा.
देखि महीप सकल सकुचाने, बाज झपट जनु लवा लुकाने.
गौरि सरीर भूति भल भ्राजा, भाल बिसाल त्रिपुंड बिराजा.
सीस जटा ससिबदनु सुहावा, रिसबस कछुक अरुन होइ आवा.
भृकुटी कुटिल नयन रिस राते, सहजहुँ चितवत मनहुँ रिसाते.
बृषभ कंध उर बाहु बिसाला, चारु जनेउ माल मृगछाला.
कटि मुनिबसन तून दुइ बाँधें, धनु सर कर कुठारु कल काँधें.

दोहा-dohā:

सांत बेषु करनी कठिन बरनि न जाइ सरुप,
धरि मुनितनु जनु बीर रसु आयउ जहँ सब भूप.२६८.

चौपाई-caupāī:

देखत भृगुपति बेषु कराला, उठे सकल भय बिकल भुआला.
पितु समेत कहि कहि निज नामा, लगे करन सब दंड प्रनामा.
जेहि सुभायँ चितवहिं हितु जानी, सो जानइ जनु आइ खुटानी.
जनक बहोरि आइ सिरु नावा, सीय बोलाइ प्रनामु करावा.
आसिष दीन्हि सखीं हरषानीं, निज समाज लै गईं सयानीं.
बिस्वामित्रु मिले पुनि आई, पद सरोज मेले दोउ भाई.
रामु लखनु दसरथ के ढोटा, दीन्हि असीस देखि भल जोटा.
रामहि चितइ रहे थकि लोचन, रूप अपार मार मद मोचन.

दोहा-dohā:

बहुरि बिलोकि बिदेह सन कहहु काह अति भीर,
पूछत जानि अजान जिमि ब्यापेउ कोपु सरीर.२६९.

चौपाई-caupāī:

समाचार कहि जनक सुनाए, जेहि कारन महीप सब आए.
सुनत बचन फिरि अनत निहारे, देखे चापखंड महि डारे.
अति रिस बोले बचन कठोरा, कहु जड़ जनक धनुष कै तोरा.
बेगि देखाउ मूढ़ न त आजू, उलटउँ महि जहँ लहि तव राजू.
अति डरु उतरु देत नृपु नाहीं, कुटिल भूप हरषे मन माहीं.
सुर मुनि नाग नगर नर नारी, सोचहिं सकल त्रास उर भारी.
मन पछिताति सीय महतारी, बिधि अब सँवरी बात बिगारी.
भृगुपति कर सुभाउ सुनि सीता, अरध निमेष कलप सम बीता.

दोहा-dohā:

सभय बिलोके लोग सब जानि जानकी भीरु,
हृदयँ न हरषु बिषादु कछु बोले श्रीरघुबीरु.२७०.

मासपारायण नवाँ विश्राम

चौपाई-caupāī:

नाथ संभुधनु भंजनिहारा, होइहि केउ एक दास तुम्हारा.
आयसु काह कहिअ किन मोही, सुनि रिसाइ बोले मुनि कोही.
सेवकु सो जो करै सेवकाई, अरि करनी करि करिअ लराई.

सुनहु राम जेहिं सिवधनु तोरा, सहसबाहु सम सो रिपु मोरा.
सो बिलगाउ बिहाइ समाजा, न त मारे जैहहिं सब राजा.
सुनि मुनि बचन लखन मुसुकाने, बोले परसुधरहि अपमाने.
बहु धनुहीं तोरीं लरिकाईं, कबहुँ न असि रिस कीन्हि गोसाईं.
एहि धनु पर ममता केहि हेतू, सुनि रिसाइ कह भृगुकुलकेतू.

दोहा-dohā:

रे नृप बालक काल बस बोलत तोहि न सँभार,
धनुही सम तिपुरारि धनु बिदित सकल संसार.२७१.

चौपाई-caupāī:

लखन कहा हँसि हमरें जाना, सुनहु देव सब धनुष समाना.
का छति लाभु जून धनु तोरें, देखा राम नयन के भोरें.
छुअत टूट रघुपतिहु न दोसू, मुनि बिनु काज करिअ कत रोसू.
बोले चितइ परसु की ओरा, रे सठ सुनेहि सुभाउ न मोरा.
बालकु बोलि बधउँ नहिं तोही, केवल मुनि जड़ जानहि मोही.
बाल ब्रह्मचारी अति कोही, बिस्व बिदित छत्रियकुल द्रोही.
भुजबल भूमि भूप बिनु कीन्ही, बिपुल बार महिदेवन्ह दीन्ही.
सहसबाहु भुज छेदनिहारा, परसु बिलोकु महीपकुमारा.

दोहा-dohā:

मातु पितहि जनि सोचबस करसि महीसकिसोर,
गर्भन्ह के अर्भक दलन परसु मोर अति घोर.२७२.

चौपाई-caupāī:

बिहसि लखनु बोले मृदु बानी, अहो मुनीसु महा भटमानी.
पुनि पुनि मोहि देखाव कुठारू, चहत उड़ावन फूँकि पहारू.
इहाँ कुम्हड़बतिया कोउ नाहीं, जे तरजनी देखि मरि जाहीं.
देखि कुठारु सरासन बाना, मैं कछु कहा सहित अभिमाना.
भृगुसुत समुझि जनेउ बिलोकी, जो कछु कहहु सहउँ रिस रोकी.
सुर महिसुर हरिजन अरु गाई, हमरें कुल इन्ह पर न सुराई.
बधें पापु अपकीरति हारें, मारतहूँ पा परिअ तुम्हारें.
कोटि कुलिस सम बचनु तुम्हारा, ब्यर्थ धरहु धनु बान कुठारा.

दोहा-dohā:

जो बिलोकि अनुचित कहेउँ छमहु महामुनि धीर,
सुनि सरोष भृगुबंसमनि बोले गिरा गभीर.२७३.

चौपाई-caupāī:

कौसिक सुनहु मंद यहु बालकु, कुटिल कालबस निज कुल घालकु.
भानु बंस राकेस कलंकू, निपट निरंकुस अबुध असंकू.
काल कवलु होइहि छन माहीं, कहउँ पुकारि खोरि मोहि नाहीं.
तुम्ह हटकहु जौं चहहु उबारा, कहि प्रतापु बलु रोषु हमारा.
लखन कहेउ मुनि सुजसु तुम्हारा, तुम्हहि अछत को बरनै पारा.
अपने मुँह तुम्ह आपनि करनी, बार अनेक भाँति बहु बरनी.
नहिं संतोषु त पुनि कछु कहहू, जनि रिस रोकि दुसह दुख सहहू.
बीरब्रती तुम्ह धीर अछोभा, गारी देत न पावहु सोभा.

दोहा-dohā:

सूर समर करनी करहिं कहि न जनावहिं आपु,
बिद्यमान रन पाइ रिपु कायर कथहिं प्रतापु.२७४.

चौपाई-caupāī:

तुम्ह तौ कालु हाँक जनु लावा, बार बार मोहि लागि बोलावा.
सुनत लखन के बचन कठोरा, परसु सुधारि धरेउ कर घोरा.
अब जनि देइ दोसु मोहि लोगू, कटुबादी बालकु बधजोगू.
बाल बिलोकि बहुत मैं बाँचा, अब यहु मरनिहार भा साँचा.
कौसिक कहा छमिअ अपराधू, बाल दोष गुन गनहिं न साधू.
खर कुठार मैं अकरुन कोही, आगें अपराधी गुरुद्रोही.
उतर देत छोड़उँ बिनु मारें, केवल कौसिक सील तुम्हारें.
न त एहि काटि कुठार कठोरें, गुरहि उरिन होतेउँ श्रम थोरें.

दोहा-dohā:

गाधिसूनु कह हृदयँ हँसि मुनिहि हरिअरइ सूझ,
अयमय खाँड न ऊखमय अजहुँ न बूझ अबूझ.२७५.

चौपाई-caupāī:

कहेउ लखन मुनि सीलु तुम्हारा, को नहिं जान बिदित संसारा.
माता पितहि उरिन भए नीकें, गुर रिनु रहा सोचु बड़ जीकें.
सो जनु हमरेहि माथे काढ़ा, दिन चलि गए ब्याज बड़ बाढ़ा.
अब आनिअ ब्यवहरिआ बोली, तुरत देउँ मैं थैली खोली.
सुनि कटु बचन कुठार सुधारा, हाय हाय सब सभा पुकारा.
भृगुबर परसु देखावहु मोही, बिप्र बिचारि बचउँ नृपद्रोही.
मिले न कबहुँ सुभट रन गाढ़े, द्विज देवता घरहि के बाढ़े.
अनुचित कहि सब लोग पुकारे, रघुपति सयनहिं लखनु नेवारे.

दोहा-dohā:

लखन उतर आहुति सरिस भृगुबर कोपु कृसानु,
बढ़त देखि जल सम बचन बोले रघुकुलभानु.२७६.

चौपाई-caupāī:

नाथ करहु बालक पर छोहू, सूध दूधमुख करिअ न कोहू.
जौं पै प्रभु प्रभाउ कछु जाना, तौ कि बराबरि करत अयाना.
जौं लरिका कछु अचगरि करहीं, गुर पितु मातु मोद मन भरहीं.
करिअ कृपा सिसु सेवक जानी, तुम्ह सम सील धीर मुनि ग्यानी.
राम बचन सुनि कछुक जुड़ाने, कहि कछु लखनु बहुरि मुसुकाने.
हँसत देखि नख सिख रिस ब्यापी, राम तोर भ्राता बड़ पापी.
गौर सरीर स्याम मन माहीं, कालकूटमुख पयमुख नाहीं.
सहज टेढ़ अनुहरइ न तोही, नीचु मीचु सम देख न मोही.

दोहा-dohā:

लखन कहेउ हँसि सुनहु मुनि क्रोधु पाप कर मूल,
जेहि बस जन अनुचित करहिं चरहिं बिस्व प्रतिकूल.२७७.

चौपाई-caupāī:

मैं तुम्हार अनुचर मुनिराया, परिहरि कोपु करिअ अब दाया.
टूट चाप नहिं जुरिहि रिसाने, बैठिअ होइहिं पाय पिराने.
जौं अति प्रिय तौ करिअ उपाई, जोरिअ कोउ बड़ गुनी बोलाई.
बोलत लखनहिं जनकु डेराहीं, मष्ट करहु अनुचित भल नाहीं.
थर थर काँपहिं पुर नर नारी, छोट कुमार खोट बड़ भारी.
भृगुपति सुनि सुनि निरभय बानी, रिस तन जरइ होइ बल हानी.
बोले रामहि देइ निहोरा, बचउँ बिचारि बंधु लघु तोरा.
मनु मलीन तनु सुंदर कैसें, बिष रस भरा कनक घटु जैसें.

दोहा-dohā:

सुनि लछिमन बिहसे बहुरि नयन तरेरे राम,
गुर समीप गवने सकुचि परिहरि बानी बाम.२७८.

चौपाई-caupāī:

अति बिनीत मृदु सीतल बानी, बोले रामु जोरि जुग पानी.
सुनहु नाथ तुम्ह सहज सुजाना, बालक बचनु करिअ नहिं काना.
बररै बालकु एकु सुभाऊ, इन्हहि न संत बिदूषहिं काऊ.
तेहिं नाहीं कछु काज बिगारा, अपराधी मैं नाथ तुम्हारा.
कृपा कोपु बधु बँधब गोसाईं, मो पर करिअ दास की नाईं.
कहिअ बेगि जेहि बिधि रिस जाई, मुनिनायक सोइ करौं उपाई.
कह मुनि राम जाइ रिस कैसें, अजहुँ अनुज तव चितव अनैसें.
एहि कें कंठ कुठारु न दीन्हा, तौ मैं काह कोपु करि कीन्हा.

दोहा-dohā:

गर्भ स्रवहिं अवनिप रवनि सुनि कुठार गति घोर,
परसु अछत देखउँ जिअत बैरी भूपकिसोर.२७९.

चौपाई-caupāī:

बहइ न हाथु दहइ रिस छाती, भा कुठारु कुंठित नृपघाती.
भयउ बाम बिधि फिरेउ सुभाऊ, मोरे हृदयँ कृपा कसि काऊ.
आजु दया दुखु दुसह सहावा, सुनि सौमित्रि बिहसि सिरु नावा.
बाउ कृपा मूरति अनुकूला, बोलत बचन झरत जनु फूला.
जौं पै कृपाँ जरिहिं मुनि गाता, क्रोध भएँ तनु राख बिधाता.
देखु जनक हठि बालकु एहू, कीन्ह चहत जड़ जमपुर गेहू.
बेगि करहु किन आँखिन्ह ओटा, देखत छोट खोट नृप ढोटा.
बिहसे लखनु कहा मन माहीं, मूदें आँखि कतहुँ कोउ नाहीं.

दोहा-dohā:

परसुरामु तब राम प्रति बोले उर अति क्रोधु,
संभु सरासनु तोरि सठ करसि हमार प्रबोधु.२८०.

चौपाई-caupāī:

बंधु कहइ कटु संमत तोरें, तू छल बिनय करसि कर जोरें.
करु परितोषु मोर संग्रामा, नाहिं त छाड़ कहाउब रामा.
छलु तजि करहि समरु सिवद्रोही, बंधु सहित न त मारउँ तोही.
भृगुपति बकहिं कुठार उठाएँ, मन मुसुकाहिं रामु सिर नाएँ.
गुनह लखन कर हम पर रोषू, कतहुँ सुधाइहु ते बड़ दोषू.
टेढ़ जानि सब बंदइ काहू, बक्र चंद्रमहि ग्रसइ न राहू.
राम कहेउ रिस तजिअ मुनीसा, कर कुठारु आगें यह सीसा.
जेहिं रिस जाइ करिअ सोइ स्वामी, मोहि जानिअ आपन अनुगामी.

दोहा-dohā:

प्रभुहि सेवकहि समरु कस तजहु बिप्रबर रोसु,
बेषु बिलोकें कहेसि कछु बालकहू नहिं दोसु.२८१.

चौपाई-caupāī:

देखि कुठार बान धनु धारी, भै लरिकहि रिस बीरु बिचारी.
नामु जान पै तुम्हहि न चीन्हा, बंस सुभायँ उतरु तेहिं दीन्हा.
जौं तुम्ह औतेहु मुनि की नाईं, पद रज सिर सिसु धरत गोसाईं.
छमहु चूक अनजानत केरी, चहिअ बिप्र उर कृपा घनेरी.
हमहि तुम्हहि सरिबरि कसि नाथा, कहहु न कहाँ चरन कहँ माथा.
राम मात्र लघु नाम हमारा, परसु सहित बड़ नाम तोहारा.
देव एकु गुनु धनुष हमारें, नव गुन परम पुनीत तुम्हारें.
सब प्रकार हम तुम्ह सन हारे, छमहु बिप्र अपराध हमारे.

दोहा-dohā:

बार बार मुनि बिप्रबर कहा राम सन राम,
बोले भृगुपति सरुष हसि तहूँ बंधु सम बाम.२८२.

चौपाई-caupāī:

निपटहिं द्विज करि जानहि मोही, मैं जस बिप्र सुनावउँ तोही.
चाप स्रुवा सर आहुति जानू, कोपु मोर अति घोर कृसानू.
समिधि सेन चतुरंग सुहाई, महा महीप भए पसु आई.
मैं एहिं परसु काटि बलि दीन्हे, समर जग्य जप कोटिन्ह कीन्हे.
मोर प्रभाउ बिदित नहिं तोरें, बोलसि निदरि बिप्र के भोरें.
भंजेउ चापु दापु बड़ बाढ़ा, अहमिति मनहुँ जीति जगु ठाढ़ा.
राम कहा मुनि कहहु बिचारी, रिस अति बड़ि लघु चूक हमारी.
छुअतहिं टूट पिनाक पुराना, मैं केहि हेतु करौं अभिमाना.

दोहा-dohā:

जौं हम निदरहिं बिप्र बदि सत्य सुनहु भृगुनाथ,
तौ अस को जग सुभटु जेहि भय बस नावहिं माथ.२८३.

चौपाई-caupāī:

देव दनुज भूपति भट नाना, समबल अधिक होउ बलवाना.
जौं रन हमहि पचारै कोऊ, लरहिं सुखेन कालु किन होऊ.
छत्रिय तनु धरि समर सकाना, कुल कलंकु तेहिं पावँर आना.
कहउँ सुभाउ न कुलहि प्रसंसी, कालहु डरहिं न रन रघुबंसी.
बिप्रबंस कै असि प्रभुताई, अभय होइ जो तुम्हहि डेराई.
सुनि मृदु गूढ़ बचन रघुपति के, उघरे पटल परसुधर मति के.
राम रमापति कर धनु लेहू, खैंचहु मिटै मोर संदेहू.
देत चापु आपुहिं चलि गयऊ, परसुराम मन बिसमय भयऊ.

दोहा-dohā:

जाना राम प्रभाउ तब पुलक प्रफुल्लित गात,
जोरि पानि बोले बचन हृदयँ न प्रेमु अमात.२८४.

चौपाई-caupāī:

जय रघुबंस बनज बन भानू, गहन दनुज कुल दहन कृसानू.
जय सुर बिप्र धेनु हितकारी, जय मद मोह कोह भ्रम हारी.
बिनय सील करुना गुन सागर, जयति बचन रचना अति नागर.
सेवक सुखद सुभग सब अंगा, जय सरीर छबि कोटि अनंगा.
करौं काह मुख एक प्रसंसा, जय महेस मन मानस हंसा.
अनुचित बहुत कहेउँ अग्याता, छमहु छमामंदिर दोउ भ्राता.
कहि जय जय जय रघुकुलकेतू, भृगुपति गए बनहि तप हेतू.
अपभयँ कुटिल महीप डेराने, जहँ तहँ कायर गवँहिं पराने.

दोहा-dohā:

देवन्ह दीन्हीं दुंदुभीं प्रभु पर बरषहिं फूल,
हरषे पुर नर नारि सब मिटी मोहमय सूल.२८५.

चौपाई-caupāī:

अति गहगहे बाजने बाजे, सबहिं मनोहर मंगल साजे.
जूथ जूथ मिलि सुमुखि सुनयनीं, करहिं गान कल कोकिलबयनीं.
सुखु बिदेह कर बरनि न जाई, जन्मदरिद्र मनहुँ निधि पाई.
बिगत त्रास भइ सीय सुखारी, जनु बिधु उदयँ चकोरकुमारी.

जनक कीन्ह कौसिकहि प्रनामा, प्रभु प्रसाद धनु भंजेउ रामा.
मोहि कृतकृत्य कीन्ह दुहुँ भाईं, अब जो उचित सो कहिअ गोसाईं.
कह मुनि सुनु नरनाथ प्रबीना, रहा बिबाहु चाप आधीना.
टूटतहीं धनु भयउ बिबाहू, सुर नर नाग बिदित सब काहू.

दोहा-dohā:

तदपि जाइ तुम्ह करहु अब जथा बंस ब्यवहारु,
बूझि बिप्र कुलबृद्ध गुर बेद बिदित आचारु.२८६.

चौपाई-caupāi:

दूत अवधपुर पठवहु जाई, आनहिं नृप दसरथहि बोलाई.
मुदित राउ कहि भलेहिं कृपाला, पठए दूत बोलि तेहि काला.
बहुरि महाजन सकल बोलाए, आइ सबन्हि सादर सिर नाए.
हाट बाट मंदिर सुरबासा, नगरु सँवारहु चारिहुँ पासा.
हरषि चले निज निज गृह आए, पुनि परिचारक बोलि पठाए.
रचहु बिचित्र बितान बनाई, सिर धरि बचन चले सचु पाई.
पठए बोलि गुनी तिन्ह नाना, जे बितान बिधि कुसल सुजाना.
बिधिहि बंदि तिन्ह कीन्ह अरंभा, बिरचे कनक कदलि के खंभा.

दोहा-dohā:

हरित मनिन्ह के पत्र फल पदुमराग के फूल,
रचना देखि बिचित्र अति मनु बिरंचि कर भूल.२८७.

चौपाई-caupāi:

बेनु हरित मनिमय सब कीन्हे, सरल सपरब परहिं नहिं चीन्हे.
कनक कलित अहिबेलि बनाई, लखि नहिं परइ सपरन सुहाई.
तेहि के रचि पचि बंध बनाए, बिच बिच मुकुता दाम सुहाए.
मानिक मरकत कुलिस पिरोजा, चीरि कोरि पचि रचे सरोजा.
किए भृंग बहुरंग बिहंगा, गुंजहिं कूजहिं पवन प्रसंगा.
सुर प्रतिमा खंभन गढ़ि काढ़ीं, मंगल द्रब्य लिएँ सब ठाढ़ीं.
चौकें भाँति अनेक पुराईं, सिंधुर मनिमय सहज सुहाईं.

दोहा-dohā:

सौरभ पल्लव सुभग सुठि किए नीलमनि कोरि,
हेम बौर मरकत घवरि लसत पाटमय डोरि.२८८.

चौपाई-caupāi:

रचे रुचिर बर बंदनिवारे, मनहुँ मनोभवँ फंद सँवारे.
मंगल कलस अनेक बनाए, ध्वज पताक पट चमर सुहाए.
दीप मनोहर मनिमय नाना, जाइ न बरनि बिचित्र बिताना.
जेहिं मंडप दुलहिनि बैदेही, सो बरनै असि मति कबि केही.
दूलहु रामु रूप गुन सागर, सो बितानु तिहुँ लोक उजागर.
जनक भवन कै सोभा जैसी, गृह गृह प्रति पुर देखिअ तैसी.
जेहिं तेरहुति तेहि समय निहारी, तेहि लघु लगहिं भुवन दस चारी.
जो संपदा नीच गृह सोहा, सो बिलोकि सुरनायक मोहा.

दोहा-dohā:

बसइ नगर जेहिं लच्छि करि कपट नारि बर बेषु,
तेहि पुर कै सोभा कहत सकुचहिं सारद सेषु.२८९.

चौपाई-caupāi:

पहुँचे दूत राम पुर पावन, हरषे नगर बिलोकि सुहावन.
भूप द्वार तिन्ह खबरि जनाई, दसरथ नृप सुनि लिए बोलाई.
करि प्रनामु तिन्ह पाती दीन्ही, मुदित महीप आपु उठि लीन्ही.
बारि बिलोचन बाँचत पाती, पुलक गात आई भरि छाती.
रामु लखनु उर कर बर चीठी, रहि गए कहत न खाटी मीठी.
पुनि धरि धीर पत्रिका बाँची, हरषी सभा बात सुनि साँची.
खेलत रहे तहाँ सुधि पाई, आए भरतु सहित हित भाई.
पूछत अति सनेहँ सकुचाई, तात कहाँ तें पाती आई.

दोहा-dohā:

कुसल प्रानप्रिय बंधु दोउ अहहिं कहहु केहिं देस,
सुनि सनेह साने बचन बाची बहुरि नरेस.२९०.

चौपाई-caupāi:

सुनि पाती पुलके दोउ भ्राता, अधिक सनेहु समात न गाता.
प्रीति पुनीत भरत कै देखी, सकल सभाँ सुखु लहेउ बिसेषी.
तब नृप दूत निकट बैठारे, मधुर मनोहर बचन उचारे.
भैया कहहु कुसल दोउ बारे, तुम्ह नीकें निज नयन निहारे.
स्यामल गौर धरें धनु भाथा, बय किसोर कौसिक मुनि साथा.
पहिचानहु तुम्ह कहहु सुभाऊ, प्रेम बिबस पुनि पुनि कह राऊ.
जा दिन तें मुनि गए लवाई, तब तें आजु साँचि सुधि पाई.
कहहु बिदेह कवन बिधि जाने, सुनि प्रिय बचन दूत मुसुकाने.

दोहा-dohā:

सुनहु महीपति मुकुट मनि तुम्ह सम धन्य न कोउ,
रामु लखनु जिन्ह के तनय बिस्व बिभूषन दोउ.२९१.

चौपाई-caupāi:

पूछन जोगु न तनय तुम्हारे, पुरुषसिंघ तिहु पुर उजिआरे.
जिन्ह के जस प्रताप कें आगे, ससि मलीन रबि सीतल लागे.
तिन्ह कहँ कहिअ नाथ किमि चीन्हे, देखिअ रबि कि दीप कर लीन्हे.
सीय स्वयंबर भूप अनेका, समिटे सुभट एक तें एका.
संभु सरासनु काहुँ न टारा, हारे सकल बीर बरिआरा.
तीनि लोक महँ जे भटमानी, सभ कै सकति संभु धनु भानी.
सकइ उठाइ सरासुर मेरू, सोउ हियँ हारि गयउ करि फेरू.
जेहिं कौतुक सिवसैलु उठावा, सोउ तेहि सभाँ पराभउ पावा.

दोहा-dohā:

तहाँ राम रघुबंस मनि सुनिअ महा महिपाल,
भंजेउ चाप प्रयास बिनु जिमि गज पंकज नाल.२९२.

चौपाई-caupāi:

सुनि सरोष भृगुनायकु आए, बहुत भाँति तिन्ह आँखि देखाए.
देखि राम बलु निज धनु दीन्हा, करि बहु बिनय गवनु बन कीन्हा.
राजन रामु अतुलबल जैसें, तेज निधान लखनु पुनि तैसें.
कंपहिं भूप बिलोकत जाकें, जिमि गज हरि किसोर के ताकें.
देव देखि तव बालक दोऊ, अब न आँखि तर आवत कोऊ.
दूत बचन रचना प्रिय लागी, प्रेम प्रताप बीर रस पागी.
सभा समेत राउ अनुरागे, दूतन्ह देन निछावरि लागे.
कहि अनीति ते मूदहिं काना, धरमु बिचारि सबहिं सुखु माना.

दोहा-dohā:

तब उठि भूप बसिष्ट कहुँ दीन्हि पत्रिका जाइ,
कथा सुनाई गुरहि सब सादर दूत बोलाइ.२९३.

चौपाई-caupāi:

सुनि बोले गुर अति सुखु पाई, पुन्य पुरुष कहुँ महि सुख छाई.

जिमि सरिता सागर महुँ जाहीं, जद्यपि ताहि कामना नाहीं.
तिमि सुख संपति बिनहिं बोलाएँ, धरमसील पहिं जाहिं सुभाएँ.
तुम्ह गुर बिप्र धेनु सुर सेबी, तसि पुनीत कौसल्या देबी.
सुकृती तुम्ह समान जग माहीं, भयउ न है कोउ होनेउ नाहीं.
तुम्ह ते अधिक पुन्य बड़ कार्के, राजन राम सरिस सुत जाकें.
बीर बिनीत धरम ब्रत धारी, गुन सागर बर बालक चारी.
तुम्ह कहुँ सर्ब काल कल्याना, सजहु बरात बजाइ निसाना.

दोहा-dohā:

चलहु बेगि सुनि गुर बचन भलेहिं नाथ सिरु नाइ,
भूपति गवने भवन तब दूतन्ह बासु देवाइ.२९४.

चौपाई-caupāī:

राजा सबु रनिवास बोलाई, जनक पत्रिका बाचि सुनाई.
सुनि संदेसु सकल हरषानीं, अपर कथा सब भूप बखानीं.
प्रेम प्रफुल्लित राजहिं रानी, मनहुँ सिखिनि सुनि बारिद बानी.
मुदित असीस देहिं गुर नारीं, अति आनंद मगन महतारीं.
लेहिं परस्पर अति प्रिय पाती, हृदयँ लगाइ जुड़ावहिं छाती.
राम लखन कै कीरति करनी, बारहिं बार भूपबर बरनी.
मुनि प्रसादु कहि द्वार सिधाए, रानिन्ह तब महिदेव बोलाए.
दिए दान आनंद समेता, चले बिप्रबर आसिष देता.

सोरठा-soraṭhā:

जाचक लिए हँकारि दीन्हि निछावरि कोटि बिधि,
चिरु जीवहुँ सुत चारि चक्रबर्ति दसरत्थ के.२९५.

चौपाई-caupāī:

कहत चले पहिरें पट नाना, हरषि हने गहगहे निसाना.
समाचार सब लोगन्ह पाए, लागे घर घर होन बधाए.
भुवन चारि दस भरा उछाहू, जनकसुता रघुबीर बिआहू.
सुनि सुभ कथा लोग अनुरागे, मग गृह गलीं सँवारन लागे.
जद्यपि अवध सदैव सुहावनि, राम पुरी मंगलमय पावनि.
तदपि प्रीति कै प्रीति सुहाई, मंगल रचना रची बनाई.
ध्वज पताक पट चामर चारु, छावा परम बिचित्र बजारू.
कनक कलस तोरन मनि जाला, हरद दूब दधि अच्छत माला.

दोहा-dohā:

मंगलमय निज निज भवन लोगन्ह रचे बनाइ,
बीथीं सींचीं चतुरसम चौकें चारु पुराइ.२९६.

चौपाई-caupāī:

जहँ तहँ जूथ जूथ मिलि भामिनि, सजि नव सप्त सकल दुति दामिनि.
बिधुबदनीं मृग सावक लोचनि, निज सरुप रति मानु बिमोचनि.
गावहिं मंगल मंजुल बानीं, सुनि कल रव कलकंठि लजानीं.
भूप भवन किमि जाइ बखाना, बिस्व बिमोहन रचेउ बिताना.
मंगल द्रब्य मनोहर नाना, राजत बाजत बिपुल निसाना.
कतहुँ बिरिद बंदी उच्चरहीं, कतहुँ बेद धुनि भूसुर करहीं.
गावहिं सुंदरि मंगल गीता, लै लै नामु रामु अरु सीता.
बहुत उछाहु भवनु अति थोरा, मानहुँ उमगि चला चहु ओरा.

दोहा-dohā:

सोभा दसरथ भवन कइ को कबि बरनै पार,
जहाँ सकल सुर सीस मनि राम लीन्ह अवतार.२९७.

चौपाई-caupāī:

भूप भरत पुनि लिए बोलाई, हय गय स्यंदन साजहु जाई.
चलहु बेगि रघुबीर बराता, सुनत पुलक पूरे दोउ भ्राता.
भरत सकल साहनी बोलाए, आयसु दीन्ह मुदित उठि धाए.
रचि रुचि जीन तुरग तिन्ह साजे, बरन बरन बर बाजि बिराजे.
सुभग सकल सुठि चंचल करनी, अय इव जरत धरत पग धरनी.
नाना जाति न जाहिं बखाने, निदरि पवनु जनु चहत उड़ाने.
तिन्ह सब छयल भए असवारा, भरत सरिस बय राजकुमारा.
सब सुंदर सब भूषनधारी, कर सर चाप तून कटि भारी.

दोहा-dohā:

छरे छबीले छयल सब सूर सुजान नबीन,
जुग पदचर असवार प्रति जे असिकला प्रबीन.२९८.

चौपाई-caupāī:

बाँधें बिरद बीर रन गाढ़े, निकसि भए पुर बाहेर ठाढ़े.
फेरहिं चतुर तुरग गति नाना, हरषहिं सुनि सुनि पनव निसाना.
रथ सारथिन्ह बिचित्र बनाए, ध्वज पताक मनि भूषन लाए.
चवँर चारु किंकिनि धुनि करहीं, भानु जान सोभा अपहरहीं.
सावँकरन अगनित हय होते, ते तिन्ह रथन्ह सारथिन्ह जोते.
सुंदर सकल अलंकृत सोहे, जिन्हहि बिलोकत मुनि मन मोहे.
जे जल चलहिं थलहि की नाईं, टाप न बूड़ बेग अधिकाईं.
अस्त्र सस्त्र सबु साजु बनाई, रथी सारथिन्ह लिए बोलाई.

दोहा-dohā:

चढ़ि चढ़ि रथ बाहेर नगर लागी जुरन बरात,
होत सगुन सुंदर सबहि जो जेहि कारज जात.२९९.

चौपाई-caupāī:

कलित करिबरन्हि परीं अँबारीं, कहि न जाहिं जेहि भाँति सँवारीं.
चले मत्त गज घंट बिराजी, मनहुँ सुभग सावन घन राजी.
बाहन अपर अनेक बिधाना, सिबिका सुभग सुखासन जाना.
तिन्ह चढ़ि चले बिप्रबर बृंदा, जनु तनु धरें सकल श्रुति छंदा.
मागध सूत बंदि गुनगायक, चले जान चढ़ि जो जेहि लायक.
बेसर ऊँट बृषभ बहु जाती, चले बस्तु भरि अगनित भाँती.
कोटिन्ह काँवरि चले कहारा, बिबिध बस्तु को बरनै पारा.
चले सकल सेवक समुदाई, निज निज साजु समाजु बनाई.

दोहा-dohā:

सब कें उर निर्भर हरषु पूरित पुलक सरीर,
कबहिं देखिबे नयन भरि रामु लखनु दोउ बीर.३००.

चौपाई-caupāī:

गरजहिं गज घंटा धुनि घोरा, रथ रव बाजि हिंस चहु ओरा.
निदरि घनहि घुर्म्मरहिं निसाना, निज पराइ कछु सुनिअ न काना.
महा भीर भूपति के द्वारें, रज होइ जाइ पषान पबारें.
चढ़ी अटारिन्ह देखहिं नारीं, लिएँ आरती मंगल थारीं.
गावहिं गीत मनोहर नाना, अति आनंदु न जाइ बखाना.
तब सुमंत्र दुइ स्यंदन साजी, जोते रबि हय निंदक बाजी.

दोउ रथ रुचिर भूप पहिं आने, नहिं सारद पहिं जाहिं बखाने.
राज समाजु एक रथ साजा, दूसर तेज पुंज अति भ्राजा.

दोहा-dohā:

तेहिं रथ रुचिर बसिष्ठ कहुँ हरषि चढ़ाइ नरेसु,
आपु चढ़ेउ स्यंदन सुमिरि हर गुर गौरि गनेसु.३०१.

चौपाई-caupāī:

सहित बसिष्ठ सोह नृप कैसें, सुर गुर संग पुरंदर जैसें.
करि कुल रीति बेद बिधि राऊ, देखि सबहि सब भाँति बनाऊ.
सुमिरि रामु गुर आयसु पाई, चले महीपति संख बजाई.
हरषे बिबुध बिलोकि बराता, बरषहिं सुमन सुमंगल दाता.
भयउ कोलाहल हय गय गाजे, ब्योम बरात बाजने बाजे.
सुर नर नारि सुमंगल गाईं, सरस राग बाजहिं सहनाईं.
घंट घंटि धुनि बरनि न जाहीं, सरव करहिं पाइक फहराहीं.
करहिं बिदूषक कौतुक नाना, हास कुसल कल गान सुजाना.

दोहा-dohā:

तुरग नचावहिं कुअँर बर अकनि मृदंग निसान,
नागर नट चितवहिं चकित डगहिं न ताल बँधान.३०२.

चौपाई-caupāī:

बनइ न बरनत बनी बराता, होहिं सगुन सुंदर सुभदाता.
चारा चाषु बाम दिसि लेई, मनहुँ सकल मंगल कहि देई.
दाहिन काग सुखेत सुहावा, नकुल दरसु सब काहूँ पावा.
सानुकूल बह त्रिबिध बयारी, सघट सबाल आव बर नारी.
लोवा फिरि फिरि दरसु देखावा, सुरभी सनमुख सिसुहि पिआवा.
मृगमाला फिरि दाहिनि आई, मंगल गन जनु दीन्हि देखाई.
छेमकरी कह छेम बिसेषी, स्यामा बाम सुतरु पर देखी.
सनमुख आयउ दधि अरु मीना, कर पुस्तक दुइ बिप्र प्रबीना.

दोहा-dohā:

मंगलमय कल्यानमय अभिमत फल दातार,
जनु सब साचे होन हित भए सगुन एक बार.३०३.

चौपाई-caupāī:

मंगल सगुन सुगम सब ताकें, सगुन ब्रह्म सुंदर सुत जाकें.
राम सरिस बरु दुलहिनि सीता, समधी दसरथु जनकु पुनीता.
सुनि अस ब्याहु सगुन सब नाचे, अब कीन्हे बिरंचि हम साँचे.
एहि बिधि कीन्ह बरात पयाना, हय गय गाजहिं हने निसाना.
आवत जानि भानुकुल केतू, सरितन्हि जनक बँधाए सेतू.
बीच बीच बर बास बनाए, सुरपुर सरिस संपदा छाए.
असन सयन बर बसन सुहाए, पावहिं सब निज निज मन भाए.
नित नूतन सुख लखि अनुकूले, सकल बरातिन्ह मंदिर भूले.

दोहा-dohā:

आवत जानि बरात बर सुनि गहगहे निसान,
सजि गज रथ पदचर तुरग लेन चले अगवान.३०४.

मासपारायण दसवाँ विश्राम

चौपाई-caupāī:

कनक कलस भरि कोपर थारा, भाजन ललित अनेक प्रकारा.
भरे सुधासम सब पकवाने, नाना भाँति न जाहिं बखाने.
फल अनेक बर बस्तु सुहाईं, हरषि भेंट हित भूप पठाईं.
भूषन बसन महामनि नाना, खग मृग हय गय बहु बिधि जाना.
मंगल सगुन सुगंध सुहाए, बहुत भाँति महिपाल पठाए.
दधि चिउरा उपहार अपारा, भरि भरि काँवरि चले कहारा.
अगवानन्ह जब दीखि बराता, उर आनंदु पुलक भर गाता.
देखि बनाव सहित अगवाना, मुदित बरातिन्ह हने निसाना.

दोहा-dohā:

हरषि परसपर मिलन हित कछुक चले बगमेल,
जनु आनंद समुद्र दुइ मिलत बिहाइ सुबेल.३०५.

चौपाई-caupāī:

बरषि सुमन सुर सुंदरि गावहिं, मुदित देव दुंदुभीं बजावहिं.
बस्तु सकल राखीं नृप आगें, बिनय कीन्हि तिन्ह अति अनुरागें.
प्रेम समेत रायँ सबु लीन्हा, भै बकसीस जाचकन्हि दीन्हा.
करि पूजा मान्यता बड़ाई, जनवासे कहुँ चले लवाई.
बसन बिचित्र पाँवड़े परहीं, देखि धनहु धन मदु परिहरहीं.
अति सुंदर दीन्हेउ जनवासा, जहँ सब कहुँ सब भाँति सुपासा.
जानी सियँ बरात पुर आई, कछु निज महिमा प्रगटि जनाई.
हृदयँ सुमिरि सब सिद्धि बोलाईं, भूप पहुनई करन पठाईं.

दोहा-dohā:

सिधि सब सिय आयसु अकनि गईं जहाँ जनवास,
लिएँ संपदा सकल सुख सुरपुर भोग बिलास.३०६.

चौपाई-caupāī:

निज निज बास बिलोकि बराती, सुर सुख सकल सुलभ सब भाँती.
बिभव भेद कछु कोउ न जाना, सकल जनक कर करहिं बखाना.
सिय महिमा रघुनायक जानी, हरषे हृदयँ हेतु पहिचानी.
पितु आगमनु सुनत दोउ भाई, हृदयँ न अति आनंदु अमाई.
सकुचन्ह कहि न सकत गुरु पाहीं, पितु दरसन लालचु मन माहीं.
बिस्वामित्र बिनय बड़ि देखी, उपजा उर संतोषु बिसेषी.
हरषि बंधु दोउ हृदयँ लगाए, पुलक अंग अंबक जल छाए.
चले जहाँ दसरथु जनवासे, मनहुँ सरोबर तकेउ पिआसे.

दोहा-dohā:

भूप बिलोके जबहिं मुनि आवत सुतन्ह समेत,
उठे हरषि सुखसिंधु महुँ चले थाह सी लेत.३०७.

चौपाई-caupāī:

मुनिहि दंडवत कीन्ह महीसा, बार बार पद रज धरि सीसा.
कौसिक राउ लिये उर लाई, कहि असीस पूछी कुसलाई.
पुनि दंडवत करत दोउ भाई, देखि नृपति उर सुखु न समाई.
सुत हियँ लाइ दुसह दुख मेटे, मृतक सरीर प्रान जनु भेंटे.
पुनि बसिष्ठ पद सिर तिन्ह नाए, प्रेम मुदित मुनिबर उर लाए.
बिप्र बृंद बंदे दुहुँ भाईं, मनभावती असीसें पाईं.
भरत सहानुज कीन्ह प्रनामा, लिए उठाइ लाइ उर रामा.
हरषे लखन देखि दोउ भ्राता, मिले प्रेम परिपूरित गाता.

दोहा-dohā:

पुरजन परिजन जातिजन जाचक मंत्री मीत,
मिले जथाबिधि सबहि प्रभु परम कृपाल बिनीत.३०८.

चौपाई-caupāī:

रामहि देखि बरात जुड़ानी, प्रीति कि रीति न जाति बखानी.

नृप समीप सोहहिं सुत चारी, जनु धन धरमादिक तनुधारी.
सुतन्ह समेत दसरथहि देखी, मुदित नगर नर नारि बिसेषी.
सुमन बरिसि सुर हनहिं निसाना, नाकनटीं नाचहिं करि गाना.
सतानंद अरु बिप्र सचिव गन, मागध सूत बिदुष बंदीजन.
सहित बरात राउ सनमाना, आयसु मागि फिरे अगवाना.
प्रथम बरात लगन तें आई, तातें पुर प्रमोदु अधिकाई.
ब्रह्मानंदु लोग सब लहहीं, बढ़हुँ दिवस निसि बिधि सन कहहीं.

दोहा-dohā:

रामु सीय सोभा अवधि सुकृत अवधि दोउ राज,
जहँ जहँ पुरजन कहहिं अस मिलि नर नारि समाज.३०९.

चौपाई-caupāī:

जनक सुकृत मूरति बैदेही, दसरथ सुकृत रामु धरें देही.
इन्ह सम काहुँ न सिव अवराधे, काहुँ न इन्ह समान फल लाधे.
इन्ह सम कोउ न भयउ जग माहीं, है नहिं कतहूँ होनेउ नाहीं.
हम सब सकल सुकृत कै रासी, भए जग जनमि जनकपुर बासी.
जिन्ह जानकी राम छबि देखी, को सुकृती हम सरिस बिसेषी.
पुनि देखब रघुबीर बिआहू, लेब भली बिधि लोचन लाहू.
कहहिं परसपर कोकिलबयनीं, एहि बिआहँ बड़ लाभु सुनयनीं.
बड़ें भाग बिधि बात बनाई, नयन अतिथि होइहहिं दोउ भाई.

दोहा-dohā:

बारहिं बार सनेह बस जनक बोलाउब सीय,
लेन आइहहिं बंधु दोउ कोटि काम कमनीय.३१०.

चौपाई-caupāī:

बिबिध भाँति होइहि पहुनाई, प्रिय न काहि अस सासुर माई.
तब तब राम लखनहि निहारी, होइहहिं सब पुर लोग सुखारी.
सखि जस राम लखन कर जोटा, तैसेइ भूप संग दुइ ढोटा.
स्याम गौर सब अंग सुहाए, ते सब कहहिं देखि जे आए.
कहा एक मैं आजु निहारे, जनु बिरंचि निज हाथ सँवारे.
भरतु रामही की अनुहारी, सहसा लखि न सकहिं नर नारी.
लखनु सत्रुसूदनु एकरूपा, नख सिख ते सब अंग अनूपा.
मन भावहिं मुख बरनि न जाहीं, उपमा कहुँ त्रिभुवन कोउ नाहीं.

छंद-chanda:

उपमा न कोउ कह दास तुलसी कतहुँ कबि कोबिद कहैं,
बल बिनय बिद्या सील सोभा सिंधु इन्ह से एइ अहैं.
पुर नारि सकल पसारि अंचल बिधिहि बचन सुनावहीं,
ब्याहिअहुँ चारिउ भाइ एहिं पुर हम सुमंगल गावहीं.

सोरठा-soraṭhā:

कहहिं परस्पर नारि बारि बिलोचन पुलक तन,
सखि सबु करब पुरारि पुन्य पयोनिधि भूप दोउ.३११.

चौपाई-caupāī:

एहि बिधि सकल मनोरथ करहीं, आनँद उमगि उमगि उर भरहीं.
जे नृप सीय स्वयंबर आए, देखि बंधु सब तिन्ह सुख पाए.
कहत राम जसु बिसद बिसाला, निज निज भवन गए महिपाला.
गए बीति कुछ दिन एहि भाँती, प्रमुदित पुरजन सकल बराती.
मंगल मूल लगन दिनु आवा, हिम रितु अगहनु मासु सुहावा.
ग्रह तिथि नखतु जोगु बर बारू, लगन सोधि बिधि कीन्ह बिचारू.
पठै दीन्हि नारद सन सोई, गनी जनक के गनकन्ह जोई.
सुनी सकल लोगन्ह यह बाता, कहहिं जोतिषी आहिं बिधाता.

दोहा-dohā:

धेनुधूरि बेला बिमल सकल सुमंगल मूल,
बिप्रन्ह कहेउ बिदेह सन जानि सगुन अनुकूल.३१२.

चौपाई-caupāī:

उपरोहितहि कहेउ नरनाहा, अब बिलंब कर कारनु काहा.
सतानंद तब सचिव बोलाए, मंगल सकल साजि सब ल्याए.
संख निसान पनव बहु बाजे, मंगल कलस सगुन सुभ साजे.
सुभग सुआसिनि गावहिं गीता, करहिं बेद धुनि बिप्र पुनीता.
लेन चले सादर एहि भाँती, गए जहाँ जनवास बराती.
कोसलपति कर देखि समाजू, अति लघु लाग तिन्हहि सुरराजू.
भयउ समउ अब धारिअ पाऊ, यह सुनि परा निसानहिं घाऊ.
गुरहि पूछि करि कुल बिधि राजा, चले संग मुनि साधु समाजा.

दोहा-dohā:

भाग्य बिभव अवधेस कर देखि देव ब्रह्मादि,
लगे सराहन सहस मुख जानि जनम निज बादि.३१३.

चौपाई-caupāī:

सुरन्ह सुमंगल अवसरु जाना, बरषहिं सुमन बजाइ निसाना.
सिव ब्रह्मादिक बिबुध बरूथा, चढ़े बिमानन्हि नाना जूथा.
प्रेम पुलक तन हृदयँ उछाहू, चले बिलोकन राम बिआहू.
देखि जनकपुरु सुर अनुरागे, निज निज लोक सबहिं लघु लागे.
चितवहिं चकित बिचित्र बिताना, रचना सकल अलौकिक नाना.
नगर नारि नर रूप निधाना, सुघर सुधरम सुसील सुजाना.
तिन्हहि देखि सब सुर सुरनारीं, भए नखत जनु बिधु उजिआरीं.
बिधिहि भयउ आचरजु बिसेषी, निज करनी कछु कतहुँ न देखी.

दोहा-dohā:

सिवँ समुझाए देव सब जनि आचरज भुलाहु,
हृदयँ बिचारहु धीर धरि सिय रघुबीर बिआहु.३१४.

चौपाई-caupāī:

जिन्ह कर नामु लेत जग माहीं, सकल अमंगल मूल नसाहीं.
करतल होहिं पदारथ चारी, तेइ सिय रामु कहेउ कामारी.
एहि बिधि संभु सुरन्ह समुझावा, पुनि आगें बर बसह चलावा.
देवन्ह देखे दसरथु जाता, महामोद मन पुलकित गाता.
साधु समाज संग महिदेवा, जनु तनु धरें करहिं सुख सेवा.
सोहत साथ सुभग सुत चारी, जनु अपबरग सकल तनुधारी.
मरकत कनक बरन बर जोरी, देखि सुरन्ह भै प्रीति न थोरी.
पुनि रामहि बिलोकि हियँ हरषे, नृपहि सराहि सुमन तिन्ह बरषे.

दोहा-dohā:

राम रूपु नख सिख सुभग बारहिं बार निहारि,
पुलक गात लोचन सजल उमा समेत पुरारि.३१५.

चौपाई-caupāī:

केकि कंठ दुति स्यामल अंगा, तड़ित बिनिंदक बसन सुरंगा.
ब्याह बिभूषन बिबिध बनाए, मंगल सब सब भाँति सुहाए.
सरद बिमल बिधु बदनु सुहावन, नयन नवल राजीव लजावन.
सकल अलौकिक सुंदरताई, कहि न जाइ मनहीं मन भाई.

बंधु मनोहर सोहहिं संगा, जात नचावत चपल तुरंगा.
राजकुअँर बर बाजि देखावहिं, बंस प्रसंसक बिरिद सुनावहिं.
जेहि तुरंग पर रामु बिराजे, गति बिलोकि खगनायकु लाजे.
कहि न जाइ सब भाँति सुहावा, बाजि बेषु जनु काम बनावा.

छँद-chamda:

जनु बाजि बेषु बनाइ मनसिजु राम हित अति सोहई,
आपनें बय बल रूप गुन गति सकल भुवन बिमोहई.
जगमगत जीनु जराव जोति सुमोति मनि मानिक लगे,
किंकिनि ललाम लगामु ललित बिलोकि सुर नर मुनि ठगे.

दोहा-doha:

प्रभु मनसहिं लयलीन मनु चलत बाजि छबि पाव,
भूषित उड़गन तड़ित घनु जनु बर बरहि नचाव.३१६.

चौपाई-caupāi:

जेहिं बर बाजि रामु असवारा, तेहि सारदउ न बरनै पारा.
संकरु राम रूप अनुरागे, नयन पंचदस अति प्रिय लागे.
हरि हित सहित रामु जब जोहे, रमा समेत रमापति मोहे.
निरखि राम छबि बिधि हरषाने, आठइ नयन जानि पछिताने.
सुर सेनप उर बहुत उछाहू, बिधि ते डेवढ़ लोचन लाहू.
रामहि चितव सुरेस सुजाना, गौतम श्रापु परम हित माना.
देव सकल सुरपतिहि सिहाहीं, आजु पुरंदर सम कोउ नाहीं.
मुदित देवगन रामहि देखी, नृपसमाज दुहुँ हरषु बिसेषी.

छँद-chamda:

अति हरषु राजसमाज दुहु दिसि दुंदुभीं बाजहिं घनी,
बरषहिं सुमन सुर हरषि कहि जय जयति जय रघुकुलमनी.
एहि भाँति जानि बरात आवत बाजने बहु बाजहीं,
रानी सुआसिनि बोलि परिछनि हेतु मंगल साजहीं.

दोहा-doha:

सजि आरती अनेक बिधि मंगल सकल सँवारि,
चलीं मुदित परिछनि करन गजगामिनि बर नारि.३१७.

चौपाई-caupāi:

बिधुबदनीं सब सब मृगलोचनि, सब निज तन छबि रति मदु मोचनि.
पहिरें बरन बरन बर चीरा, सकल बिभूषन सजें सरीरा.
सकल सुमंगल अंग बनाएँ, करहिं गान कलकंठि लजाएँ.
कंकन किंकिनि नूपुर बाजहिं, चालि बिलोकि काम गज लाजहिं.
बाजहिं बाजने बिबिध प्रकारा, नभ अरु नगर सुमंगलचारा.
सची सारदा रमा भवानी, जे सुरतिय सुचि सहज सयानी.
कपट नारि बर बेष बनाई, मिलीं सकल रनिवासहिं जाई.
करहिं गान कल मंगल बानीं, हरष बिबस सब काहुँ न जानीं.

छँद-chamda:

को जान केहि आनंद बस सब ब्रह्मु बर परिछन चली,
कल गान मधुर निसान बरषहिं सुमन सुर सोभा भली.
आनंदकंदु बिलोकि दूलहु सकल हियँ हरषित भई,
अंभोज अंबक अंबु उमगि सुअंग पुलकावलि छई.

दोहा-doha:

जो सुखु भा सिय मातु मन देखि राम बर बेषु,
सो न सकहिं कहि कलप सत सहस सारदा सेषु.३१८.

चौपाई-caupāi:

नयन नीरु हटि मंगल जानी, परिछनि करहिं मुदित मन रानी.
बेद बिहित अरु कुल आचारू, कीन्ह भली बिधि सब ब्यवहारू.
पंच सबद धुनि मंगल गाना, पट पाँवड़े परहिं बिधि नाना.
करि आरती अरघु तिन्ह दीन्हा, राम गमनु मंडप तब कीन्हा.
दसरथु सहित समाज बिराजे, बिभव बिलोकि लोकपति लाजे.
समयँ समयँ सुर बरषहिं फूला, सांति पढ़हिं महिसुर अनुकूला.
नभ अरु नगर कोलाहल होई, आपनि पर कछु सुनइ न कोई.
एहि बिधि रामु मंडपहिं आए, अरघु देइ आसन बैठाए.

छँद-chamda:

बैठारि आसन आरती करि निरखि बरु सुखु पावहीं,
मनि बसन भूषन भूरि वारहिं नारि मंगल गावहीं.
ब्रह्मादि सुरबर बिप्र बेष बनाइ कौतुक देखहीं,
अवलोकि रघुकुल कमल रबि छबि सुफल जीवन लेखहीं.

दोहा-doha:

नाऊ बारी भाट नट राम निछावरि पाइ,
मुदित असीसहिं नाइ सिर हरषु न हृदयँ समाइ.३१९.

चौपाई-caupāi:

मिले जनकु दसरथु अति प्रीतीं, करि बैदिक लौकिक सब रीतीं.
मिलत महा दोउ राज बिराजे, उपमा खोजि खोजि कबि लाजे.
लही न कतहुँ हारि हियँ मानी, इन्ह सम एइ उपमा उर आनी.
सामध देखि देव अनुरागे, सुमन बरषि जसु गावन लागे.
जगु बिरंचि उपजावा जब तें, देखे सुने ब्याह बहु तब तें.
सकल भाँति सम साजु समाजू, सम समधी देखे हम आजू.
देव गिरा सुनि सुंदर साँची, प्रीति अलौकिक दुहु दिसि माची.
देत पाँवड़े अरघु सुहाए, सादर जनकु मंडपहिं ल्याए.

छँद-chamda:

मंडपु बिलोकि बिचित्र रचनाँ रुचिरताँ मुनि मन हरे,
निज पानि जनक सुजान सब कहुँ आनि सिंघासन धरे.
कुल इष्ट सरिस बसिष्ट पूजे बिनय करि आसिष लही,
कौसिकहि पूजत परम प्रीति कि रीति तौ न परै कही.

दोहा-doha:

बामदेव आदिक रिषय पूजे मुदित महीस,
दिए दिब्य आसन सबहि सब सन लही असीस.३२०.

चौपाई-caupāi:

बहुरि कीन्हि कोसलपति पूजा, जानि ईस सम भाउ न दूजा.
कीन्हि जोरि कर बिनय बड़ाई, कहि निज भाग्य बिभव बहुताई.
पूजे भूपति सकल बराती, समधी सम सादर सब भाँती.
आसन उचित दिए सब काहू, कहौं काह मुख एक उछाहू.
सकल बरात जनक सनमानी, दान मान बिनती बर बानी.
बिधि हरि हरु दिसिपति दिनराऊ, जे जानहिं रघुबीर प्रभाऊ.
कपट बिप्र बर बेष बनाएँ, कौतुक देखहिं अति सचु पाएँ.
पूजे जनक देव सम जानें, दिए सुआसन बिनु पहिचानें.

छँद-chamda:

पहिचान को केहि जान सबहि अपान सुधि भोरी भई,
आनंद कंदु बिलोकि दूलहु उभय दिसि आनँद मई.

सुर लखे राम सुजान पूजे मानसिक आसन दए,
अवलोकि सीलु सुभाउ प्रभु को बिबुध मन प्रमुदित भए.

दोहा-dohā:

रामचंद्र मुख चंद्र छबि लोचन चारु चकोर,
करत पान सादर सकल प्रेमु प्रमोदु न थोर.३२१.

चौपाई-caupāī:

समउ बिलोकि बसिष्ठ बोलाए, सादर सतानंदु सुनि आए.
बेगि कुअँरि अब आनहु जाई, चले मुदित मुनि आयसु पाई.
रानी सुनि उपरोहित बानी, प्रमुदित सखिन्ह समेत सयानी.
बिप्र बधू कुलबृद्ध बोलाईं, करि कुल रीति सुमंगल गाईं.
नारि बेष जे सुर बर बामा, सकल सुभायँ सुंदरी स्यामा.
तिन्हहि देखि सुखु पावहिं नारीं, बिनु पहिचानि प्रानहु ते प्यारीं.
बार बार सनमानहिं रानी, उमा रमा सारद सम जानी.
सीय सँवारि समाजु बनाई, मुदित मंडपहिं चलीं लवाई.

छंद-chaṁda:

चलि ल्याइ सीतहि सखीं सादर सजि सुमंगल भामिनीं,
नवसप्त साजें सुंदरी सब मत्त कुंजर गामिनीं.
कल गान सुनि मुनि ध्यान त्यागहिं काम कोकिल लाजहीं,
मंजीर नूपुर कलित कंकन ताल गती बर बाजहीं.

दोहा-dohā:

सोहति बनिता बृंद महुँ सहज सुहावनि सीय,
छबि ललना गन मध्य जनु सुषमा तिय कमनीय.३२२.

चौपाई-caupāī:

सिय सुंदरता बरनि न जाई, लघु मति बहुत मनोहरताई.
आवत दीखि बरातिन्ह सीता, रूप रासि सब भाँति पुनीता.
सबहि मनहिं मन किए प्रनामा, देखि राम भए पूरनकामा.
हरषे दसरथ सुतन्ह समेता, कहि न जाइ उर आनँदु जेता.
सुर प्रनामु करि बरिसहिं फूला, मुनि असीस धुनि मंगल मूला.
गान निसान कोलाहलु भारी, प्रेम प्रमोद मगन नर नारी.
एहि बिधि सीय मंडपहिं आई, प्रमुदित सांति पढ़हिं मुनिराई.
तेहि अवसर कर बिधि ब्यवहारू, दुहुँ कुलगुर सब कीन्ह अचारू.

छंद-chaṁda:

आचारु करि गुर गौरि गनपति मुदित बिप्र पुजावहीं,
सुर प्रगटि पूजा लेहिं देहिं असीस अति सुखु पावहीं.
मधुपर्क मंगल द्रब्य जो जेहि समय मुनि मन महुँ चहैं,
भरे कनक कोपर कलस सो तब लिएहिं परिचारक रहैं.१.

कुल रीति प्रीति समेत रबि कहि देत सबु सादर कियो,
एहि भाँति देव पुजाइ सीतहि सुभग सिंघासनु दियो.
सिय राम अवलोकनि परसपर प्रेम काहु न लखि परै,
मन बुद्धि बर बानी अगोचर प्रगट कबि कैसें करै.२.

दोहा-dohā:

होम समय तनु धरि अनलु अति सुख आहुति लेहिं,
बिप्र बेष धरि बेद सब कहि बिबाह बिधि देहिं.३२३.

चौपाई-caupāī:

जनक पाटमहिषी जग जानी, सीय मातु किमि जाइ बखानी.
सुजसु सुकृत सुख सुंदरताई, सब समेटि बिधि रची बनाई.
समउ जानि मुनिबरन्ह बोलाईं, सुनत सुआसिनि सादर ल्याईं.
जनक बाम दिसि सोह सुनयना, हिमगिरि संग बनि जनु मयना.
कनक कलस मनि कोपर रूरे, सुचि सुगंध मंगल जल पूरे.
निज कर मुदित रायँ अरु रानी, धरे राम के आगें आनी.
पढ़हिं बेद मुनि मंगल बानी, गगन सुमन झरि अवसरु जानी.
बरु बिलोकि दंपति अनुरागे, पाय पुनीत पखारन लागे.

छंद-chaṁda:

लागे पखारन पाय पंकज प्रेम तन पुलकावली,
नभ नगर गान निसान जय धुनि उमगि जनु चहुँ दिसि चली.
जे पद सरोज मनोज अरि उर सर सदैव बिराजहीं,
जे सकृत सुमिरत बिमलता मन सकल कलि मल भाजहीं.१.

जे परसि मुनिबनिता लही गति रही जो पातकमई,
मकरंदु जिन्ह को संभु सिर सुचिता अवधि सुर बरनई.
करि मधुप मन मुनि जोगिजन जे सेइ अभिमत गति लहैं,
ते पद पखारत भाग्यभाजनु जनकु जय जय सब कहैं.२.

बर कुअँरि करतल जोरि साखोचारु दोउ कुलगुर करैं,
भयो पानिगहनु बिलोकि बिधि सुर मनुज मुनि आँनद भरैं.
सुखमूल दूलहु देखि दंपति पुलक तन हुलस्यो हियो,
करि लोक बेद बिधानु कन्यादानु नृपभूषन कियो.३.

हिमवंत जिमि गिरिजा महेसहि हरिहि श्री सागर दई,
तिमि जनक रामहि सिय समरपी बिस्व कल कीरति नई.
क्यों करै बिनय बिदेहु कियो बिदेहु मूरति सावँरीं,
करि होमु बिधिवत गाँठि जोरी होन लागीं भावँरीं.४.

दोहा-dohā:

जय धुनि बंदी बेद धुनि मंगल गान निसान,
सुनि हरषहिं बरषहिं बिबुध सुरतरु सुमन सुजान.३२४.

चौपाई-caupāī:

कुअँरु कुअँरि कल भावँरि देहीं, नयन लाभु सब सादर लेहीं.
जाइ न बरनि मनोहर जोरी, जो उपमा कछु कहौं सो थोरी.
राम सीय सुंदर प्रतिछाहीं, जगमगात मनि खंभन माहीं.
मनहुँ मदन रति धरि बहु रूपा, देखत राम बिआहु अनूपा.
दरस लालसा सकुच न थोरी, प्रगटत दुरत बहोरि बहोरी.
भए मगन सब देखनिहारे, जनक समान अपान बिसारे.
प्रमुदित मुनिन्ह भाँवरीं फेरीं, नेगसहित सब रीति निबेरीं.
राम सीय सिर सेंदुर देहीं, सोभा कहि न जाति बिधि केहीं.
अरुन पराग जलजु भरि नीकें, ससिहि भूष अहि लोभ अमी कें.
बहुरि बसिष्ठ दीन्हि अनुसासन, बरु दुलहिनि बैठे एक आसन.

छंद-chaṁda:

बैठे बरासन रामु जानकि मुदित मन दसरथु भए,
तनु पुलक पुनि पुनि देखि अपनें सुकृत सुरतरु फल नए.
भरि भुवन रहा उछाहु राम बिबाहु भा सबहीं कहा,

केहि भाँति बरनि सिरात रसना एक यहु मंगलु महा.१.

तब जनक पाइ बसिष्ठ आयसु ब्याह साज सँवारि कै,
माँडवी श्रुतिकीरति उरमिला कुअँरि लईं हँकारि कै.
कुसकेतु कन्या प्रथम जो गुन सील सुख सोभामई,
सब रीति प्रीति समेत करि सो ब्याहि नृप भरतहि दई.२.

जानकी लघु भगिनी सकल सुंदरि सिरोमनि जानि कै,
सो तनय दीन्ही ब्याहि लखनहि सकल बिधि सनमानि कै.
जेहि नामु श्रुतकीरति सुलोचनि सुमुखि सब गुन आगरी,
सो दई रिपुसूदनहि भूपति रूप सील उजागरी.३.

अनुरुप बर दुलहिनि परस्पर लखि सकुच हियँ हरषहीं,
सब मुदित सुंदरता सराहहिं सुमन सुर गन बरषहीं.
सुंदरी सुंदर बरन्ह सह सब एक मंडप राजहीं,
जनु जीव उर चारिउ अवस्था बिभुन सहित बिराजहीं.४.

दोहा-dohā:

मुदित अवधपति सकल सुत बधुन्ह समेत निहारि,
जनु पाए महिपाल मनि क्रियन्ह सहित फल चारि.३२५.

चौपाई-caupāī:

जसि रघुबीर ब्याह बिधि बरनी, सकल कुअँर ब्याहे तेहिं करनी.
कहि न जाइ कछु दाइज भूरी, रहा कनक मनि मंडपु पूरी.
कंबल बसन बिचित्र पटोरे, भाँति भाँति बहु मोल न थोरे.
गज रथ तुरग दास अरु दासी, धेनु अलंकृत कामदुहा सी.
बस्तु अनेक करिअ किमि लेखा, कहि न जाइ जानहिं जिन्ह देखा.
लोकपाल अवलोकि सिहाने, लीन्ह अवधपति सबु सुखु माने.
दीन्ह जाचकन्हि जो जेहि भावा, उबरा सो जनवासेहिं आवा.
तब कर जोरि जनकु मृदु बानी, बोले सब बरात सनमानी.

छंद-chanda:

सनमानि सकल बरात आदर दान बिनय बड़ाइ कै,
प्रमुदित महा मुनि बृंद बंदे पूजि प्रेम लड़ाइ कै.
सिरु नाइ देव मनाइ सब सन कहत कर संपुट किएँ,
सुर साधु चाहत भाउ सिंधु कि तोष जल अंजलि दिएँ.१.

कर जोरि जनकु बहोरि बंधु समेत कोसलराय सों,
बोले मनोहर बयन सानि सनेह सील सुभाय सों.
संबंध राजन रावरें हम बड़े अब सब बिधि भए,
एहि राज साज समेत सेवक जानिबे बिनु गथ लए.२.

ए दारिका परिचारिका करि पालिबीं करुना नई,
अपराधु छमिबो बोलि पठए बहुत हौं ढीट्यो कई.
पुनि भानुकुलभूषन सकल सनमान निधि समधी किए,
कहि जाति नहिं बिनती परस्पर प्रेम परिपूरन हिए.३.

बृंदारका गन सुमन बरिसहिं राउ जनवासेहि चले,
दुंदुभी जय धुनि बेद धुनि नभ नगर कौतूहल भले.
तब सखीं मंगल गान करत मुनीस आयसु पाइ कै,
दूलह दुलहिनिन्ह सहित सुंदरि चलीं कोहबर ल्याइ कै.४.

दोहा-dohā:

पुनि पुनि रामहि चितव सिय सकुचति मनु सकुचै न,
हरत मनोहर मीन छबि प्रेम पिआसे नैन.३२६.

मासपारायण ग्यारहवाँ विश्राम

चौपाई-caupāī:

स्याम सरीरु सुभायँ सुहावन, सोभा कोटि मनोज लजावन.
जावक जुत पद कमल सुहाए, मुनि मन मधुप रहत जिन्ह छाए.
पीत पुनीत मनोहर धोती, हरति बाल रबि दामिनि जोती.
कल किंकिनि कटि सूत्र मनोहर, बाहु बिसाल बिभूषन सुंदर.
पीत जनेउ महाछबि देई, कर मुद्रिका चोरि चितु लेई.
सोहत ब्याह साज सब साजे, उर आयत उरभूषन राजे.
पिअर उपरना काखासोती, दुहुँ आँचरन्हि लगे मनि मोती.
नयन कमल कल कुंडल काना, बदनु सकल सौंदर्ज निधाना.
सुंदर भृकुटि मनोहर नासा, भाल तिलकु रुचिरता निवासा.
सोहत मौरु मनोहर माथे, मंगलमय मुकुता मनि गाथे.

छंद-chanda:

गाथे महामनि मौर मंजुल अंग सब चित चोरहीं,
पुर नारि सुर सुंदरीं बरहि बिलोकि सब तिन तोरहीं.
मनि बसन भूषन वारि आरति करहिं मंगल गावहिं,
सुर सुमन बरिसहिं सूत मागध बंदि सुजसु सुनावहीं.१.

कोहबरहिं आने कुअँरु कुअँरि सुआसिनिन्ह सुख पाइ कै,
अति प्रीति लौकिक रीति लागीं करन मंगल गाइ कै.
लहकौरि गौरि सिखाव रामहि सीय सन सारद कहैं,
रनिवासु हास बिलास रस बस जन्म को फलु सब लहैं.२.

निज पानि मनि महुँ देखिअति मूरति सुरूपनिधान की,
चालति न भुजबल्ली बिलोकनि बिरह भय बस जानकी.
कौतुक बिनोद प्रमोदु प्रेमु न जाइ कहि जानहिं अलीं,
बर कुअँरि सुंदर सकल सखीं लवाइ जनवासेहि चलीं.३.

तेहि समय सुनिअ असीस जहँ तहँ नगर नभ आनँदु महा,
चिरु जिअहुँ जोरीं चारु चारयो मुदित मन सबहीं कहा.
जोगींद्र सिद्ध मुनीस देव बिलोकि प्रभु दुंदुभि हनी,
चले हरषि बरषि प्रसून निज निज लोक जय जय जय भनी.४.

दोहा-dohā:

सहित बधूटिन्ह कुअँर सब तब आए पितु पास,
सोभा मंगल मोद भरि उमगेउ जनु जनवास.३२७.

चौपाई-caupāī:

पुनि जेवनार भई बहु भाँती, पठए जनक बोलाइ बराती.

परत पाँवड़े बसन अनूपा, सुतन्ह समेत गवन कियो भूपा.
सादर सब के पाय पखारे, जथाजोगु पीढ़न्ह बैठारे.
धोए जनक अवधपति चरना, सीलु सनेहु जाइ नहिं बरना.
बहुरि राम पद पंकज धोए, जे हर हृदय कमल महुँ गोए.
तीनिउ भाई राम सम जानी, धोए चरन जनक निज पानी.
आसन उचित सबहि नृप दीन्हे, बोलि सूपकारी सब लीन्हे.
सादर लगे परन पनवारे, कनक कील मनि पान सँवारे.

दोहा-dohā:

सूपोदन सुरभी सरपि सुंदर स्वादु पुनीत,
छन महुँ सब कें परुसि गे चतुर सुआर बिनीत.३२८.

चौपाई-caupāī:

पंच कवल करि जेवन लागे, गारि गान सुनि अति अनुरागे.
भाँति अनेक परे पकवाने, सुधा सरिस नहिं जाहिं बखाने.
परुसन लगे सुआर सुजाना, बिंजन बिबिध नाम को जाना.
चारि भाँति भोजन बिधि गाई, एक एक बिधि बरनि न जाई.
छरस रुचिर बिंजन बहु जाती, एक एक रस अगनित भाँती.
जेवँत देहिं मधुर धुनि गारी, लै लै नाम पुरुष अरु नारी.
समय सुहावनि गारि बिराजा, हँसत राउ सुनि सहित समाजा.
एहि बिधि सबहीं भोजनु कीन्हा, आदर सहित आचमनु दीन्हा.

दोहा-dohā:

देइ पान पूजे जनक दसरथु सहित समाज,
जनवासेहि गवने मुदित सकल भूप सिरताज.३२९.

चौपाई-caupāī:

नित नूतन मंगल पुर माहीं, निमिष सरिस दिन जामिनि जाहीं.
बड़े भोर भूपतिमनि जागे, जाचक गुन गन गावन लागे.
देखि कुअँर बर बधुन्ह समेता, किमि कहि जात मोदु मन जेता.
प्रातक्रिया करि गे गुरु पाहीं, महाप्रमोदु प्रेमु मन माहीं.
करि प्रनामु पूजा कर जोरी, बोले गिरा अमिअँ जनु बोरी.
तुम्हरी कृपाँ सुनहु मुनिराजा, भयउँ आजु मैं पूरनकाजा.
अब सब बिप्र बोलाइ गोसाईं, देहु धेनु सब भाँति बनाई.
सुनि गुर करि महिपाल बड़ाई, पुनि पठए मुनि बृंद बोलाई.

दोहा-dohā:

बामदेउ अरु देवरिषि बालमीकि जाबालि,
आए मुनिबर निकर तब कौसिकादि तपसालि.३३०.

चौपाई-caupāī:

दंड प्रनाम सबहि नृप कीन्हे, पूजि सप्रेम बरासन दीन्हे.
चारि लच्छ बर धेनु मगाईं, कामसुरभि सम सील सुहाईं.
सब बिधि सकल अलंकृत कीन्हीं, मुदित महिप महिदेवन्ह दीन्हीं.
करत बिनय बहु बिधि नरनाहू, लहेउँ आजु जग जीवन लाहू.
पाइ असीस महीसु अनंदा, लिए बोलि पुनि जाचक बृंदा.
कनक बसन मनि हय गय स्यंदन, दिए बूझि रुचि रबिकुलनंदन.
चले पढ़त गावत गुन गाथा, जय जय जय दिनकर कुल नाथा.
एहि बिधि राम बिआह उछाहू, सकइ न बरनि सहस मुख जाहू.

दोहा-dohā:

बार बार कौसिक चरन सीसु नाइ कह राउ,
यह सबु सुखु मुनिराज तव कृपा कटाच्छ पसाउ.३३१.

चौपाई-caupāī:

जनक सनेहु सीलु करतूती, नृपु सब भाँति सराह बिभूती.
दिन उठि बिदा अवधपति मागा, राखहिं जनकु सहित अनुरागा.
नित नूतन आदरु अधिकाई, दिन प्रति सहस भाँति पहुनाई.
नित नव नगर अनंद उछाहू, दसरथ गवनु सोहाइ न काहू.
बहुत दिवस बीते एहि भाँती, जनु सनेह रजु बँधे बराती.
कौसिक सतानंद तब जाई, कहा बिदेह नृपहि समुझाई.
अब दसरथ कहँ आयसु देहू, जद्यपि छाड़ि न सकहु सनेहू.
भलेहिं नाथ कहि सचिव बोलाए, कहि जय जीव सीस तिन्ह नाए.

दोहा-dohā:

अवधनाथु चाहत चलन भीतर करहु जनाउ,
भए प्रेमबस सचिव सुनि बिप्र सभासद राउ.३३२.

चौपाई-caupāī:

पुरबासी सुनि चलिहि बराता, बूझत बिकल परस्पर बाता.
सत्य गवनु सुनि सब बिलखाने, मनहुँ साँझ सरसिज सकुचाने.
जहँ जहँ आवत बसे बराती, तहँ तहँ सिद्ध चला बहु भाँती.
बिबिध भाँति मेवा पकवाना, भोजन साजु न जाइ बखाना.
भरि भरि बसहँ अपार कहारा, पठई जनक अनेक सुसारा.
तुरग लाख रथ सहस पचीसा, सकल सँवारे नख अरु सीसा.
मत्त सहस दस सिंधुर साजे, जिन्हहि देखि दिसिकुंजर लाजे.
कनक बसन मनि भरि भरि जाना, महिषीं धेनु बस्तु बिधि नाना.

दोहा-dohā:

दाइज अमित न सकिअ कहि दीन्ह बिदेहँ बहोरि,
जो अवलोकत लोकपति लोक संपदा थोरि.३३३.

चौपाई-caupāī:

सबु समाजु एहि भाँति बनाई, जनक अवधपुर दीन्ह पठाई.
चलिहि बरात सुनत सब रानीं, बिकल मीनगन जनु लघु पानीं.
पुनि पुनि सीय गोद करि लेहीं, देइ असीस सिखावनु देहीं.
होएहु संतत पियहि पिआरी, चिरु अहिबात असीस हमारी.
सासु ससुर गुर सेवा करेहू, पति रुख लखि आयसु अनुसरेहू.
अति सनेह बस सखीं सयानी, नारि धरम सिखवहिं मृदु बानी.
सादर सकल कुअँरि समुझाई, रानिन्ह बार बार उर लाई.
बहुरि बहुरि भेटहिं महतारीं, कहहिं बिरंचि रचीं कत नारीं.

दोहा-dohā:

तेहि अवसर भाइन्ह सहित रामु भानु कुल केतु,
चले जनक मंदिर मुदित बिदा करावन हेतु.३३४.

चौपाई-caupāī:

चारिउ भाइ सुभायँ सुहाए, नगर नारि नर देखन धाए.
कोउ कह चलन चहत हहिं आजू, कीन्ह बिदेह बिदा कर साजू.
लेहु नयन भरि रूप निहारी, प्रिय पाहुने भूप सुत चारी.
को जानै केहिं सुकृत सयानी, नयन अतिथि कीन्हे बिधि आनी.
मरनसीलु जिमि पाव पिऊषा, सुरतरु लहै जनम कर भूखा.
पाव नारकी हरिपदु जैसें, इन्ह कर दरसनु हम कहँ तैसें.

निरखि राम सोभा उर धरहू, निज मन फनि मूरति मनि करहू.
एहि बिधि सबहि नयन फलु देता, गए कुअँर सब राज निकेता.

दोहा-dohā:

रूप सिंधु सब बंधु लखि हरषि उठा रनिवासु,
करहिं निछावरि आरती महा मुदित मन सासु.३३५.

चौपाई-caupāī:

देखि राम छबि अति अनुरागीं, प्रेमबिबस पुनि पुनि पद लागीं.
रही न लाज प्रीति उर छाई, सहज सनेहु बरनि किमि जाई.
भाइन्ह सहित उबटि अन्हवाए, छरस असन अति हेतु जेवाँए.
बोले रामु सुअवसरु जानी, सील सनेह सकुचमय बानी.
राउ अवधपुर चहत सिधाए, बिदा होन हम इहाँ पठाए.
मातु मुदित मन आयसु देहू, बालक जानि करब नित नेहू.
सुनत बचन बिलखेउ रनिवासू, बोलि न सकहिं प्रेमबस सासू.
हृदयँ लगाइ कुअँरि सब लीन्ही, पतिन्ह सौंपि बिनती अति कीन्ही.

छंद-chaṁda:

करि बिनय सिय रामहि समरपी जोरि कर पुनि पुनि कहै,
बलि जाँउ तात सुजान तुम्ह कहुँ बिदित गति सब की अहै.
परिवार पुरजन मोहि राजहि प्रानप्रिय सिय जानिबी,
तुलसीस सीलु सनेहु लखि निज किंकरी करि मानिबी.

सोरठा-soraṭhā:

तुम्ह परिपूरन काम जान सिरोमनि भावप्रिय,
जन गुन गाहक राम दोष दलन करुनायतन.३३६.

चौपाई-caupāī:

अस कहि रही चरन गहि रानी, प्रेम पंक जनु गिरा समानी.
सुनि सनेहसानी बर बानी, बहुबिधि राम सासु सनमानी.
राम बिदा मागत कर जोरी, कीन्ह प्रनामु बहोरि बहोरी.
पाइ असीस बहुरि सिरु नाई, भाइन्ह सहित चले रघुराई.
मंजु मधुर मूरति उर आनी, भईं सनेह सिथिल सब रानी.
पुनि धीरजु धरि कुअँरि हँकारी, बार बार भेटहिं महतारीं.
पहुँचावहिं फिरि मिलहिं बहोरी, बढ़ी परस्पर प्रीति न थोरी.
पुनि पुनि मिलत सखिन्ह बिलगाई, बाल बच्छ जिमि धेनु लवाई.

दोहा-dohā:

प्रेमबिबस नर नारि सब सखिन्ह सहित रनिवासु,
मानहुँ कीन्ह बिदेहपुर करुनाँ बिरहँ निवासु.३३७.

चौपाई-caupāī:

सुक सारिका जानकी ज्याए, कनक पिंजरन्हि राखि पढ़ाए.
ब्याकुल कहहिं कहाँ बैदेही, सुनि धीरजु परिहरइ न केही.
भए बिकल खग मृग एहि भाँति, मनुज दसा कैसें कहि जाती.
बंधु समेत जनकु तब आए, प्रेम उमगि लोचन जल छाए.
सीय बिलोकि धीरता भागी, रहे कहावत परम बिरागी.
लीन्हि रायँ उर लाइ जानकी, मिटी महामरजाद ग्यान की.
समुझावत सब सचिव सयाने, कीन्ह बिचारु न अवसर जाने.
बारहिं बार सुता उर लाईं, सजि सुंदर पालकीं मगाईं.

दोहा-dohā:

प्रेमबिबस परिवारु सबु जानि सुलगन नरेस,
कुअँरि चढ़ाईं पालकिन्ह सुमिरे सिद्धि गनेस.३३८.

चौपाई-caupāī:

बहुबिधि भूप सुता समुझाईं, नारिधरमु कुलरीति सिखाईं.
दासीं दास दिए बहुतेरे, सुचि सेवक जे प्रिय सिय केरे.
सीय चलत ब्याकुल पुरबासी, होहिं सगुन सुभ मंगल रासी.
भूसुर सचिव समेत समाजा, संग चले पहुँचावन राजा.
समय बिलोकि बाजने बाजे, रथ गज बाजि बरातिन्ह साजे.
दसरथ बिप्र बोलि सब लीन्हे, दान मान परिपूरन कीन्हे.
चरन सरोज धूरि धरि सीसा, मुदित महीपति पाइ असीसा.
सुमिरि गजाननु कीन्ह पयाना, मंगलमूल सगुन भए नाना.

दोहा-dohā:

सुर प्रसून बरषहिं हरषि करहिं अपछरा गान,
चले अवधपति अवधपुर मुदित बजाइ निसान.३३९.

चौपाई-caupāī:

नृप करि बिनय महाजन फेरे, सादर सकल मागने टेरे.
भूषन बसन बाजि गज दीन्हे, प्रेम पोषि ठाढ़े सब कीन्हे.
बार बार बिरिदावलि भाषी, फिरे सकल रामहि उर राखी.
बहुरि बहुरि कोसलपति कहहीं, जनकु प्रेमबस फिरै न चहहीं.
पुनि कह भूपति बचन सुहाए, फिरिअ महीस दूरि बड़ि आए.
राउ बहोरि उतरि भए ठाढ़े, प्रेम प्रबाह बिलोचन बाढ़े.
तब बिदेह बोले कर जोरी, बचन सनेह सुधाँ जनु बोरी.
करौं कवन बिधि बिनय बनाई, महाराज मोहि दीन्हि बड़ाई.

दोहा-dohā:

कोसलपति समधी सजन सनमाने सब भाँति,
मिलनि परसपर बिनय अति प्रीति न हृदयँ समाति.३४०.

चौपाई-caupāī:

मुनि मंडलिहि जनक सिरु नावा, आसिरबादु सबहि सन पावा.
सादर पुनि भेंटे जामाता, रूप सील गुन निधि सब भ्राता.
जोरि पंकरुह पानि सुहाए, बोले बचन प्रेम जनु जाए.
राम करौं केहि भाँति प्रसंसा, मुनि महेस मन मानस हंसा.
करहिं जोग जोगी जेहि लागी, कोहु मोहु ममता मदु त्यागी.
ब्यापकु ब्रह्मु अलखु अबिनासी, चिदानंदु निरगुन गुनरासी.
मन समेत जेहि जान न बानी, तरकि न सकहिं सकल अनुमानी.
महिमा निगमु नेति कहि कहई, जो तिहुँ काल एकरस रहई.

दोहा-dohā:

नयन बिषय मो कहुँ भयउ सो समस्त सुख मूल,
सबइ लाभु जग जीव कहँ भएँ ईसु अनुकूल.३४१.

चौपाई-caupāī:

सबहि भाँति मोहि दीन्हि बड़ाई, निज जन जानि लीन्ह अपनाई.
होहिं सहस दस सारद सेषा, करहिं कलप कोटिक भरि लेखा.
मोर भाग्य राउर गुन गाथा, कहि न सिराहिं सुनहु रघुनाथा.
मैं कछु कहउँ एक बल मोरें, तुम्ह रीझहु सनेह सुठि थोरें.
बार बार मागउँ कर जोरें, मनु परिहरै चरन जनि भोरें.
सुनि बर बचन प्रेम जनु पोषे, पूरनकाम रामु परितोषे.
करि बर बिनय ससुर सनमाने, पितु कौसिक बसिष्ठ सम जाने.
बिनती बहुरि भरत सन कीन्ही, मिलि सप्रेमु पुनि आसिष दीन्ही.

दोहा-dohā:

मिले लखन रिपुसूदनहि दीन्हि असीस महीस,
भए परसपर प्रेमबस फिरि फिरि नावहिं सीस.३४२.

चौपाई-caupāī:

बार बार करि बिनय बड़ाई, रघुपति चले संग सब भाई.
जनक गहे कौसिक पद जाई, चरन रेनु सिर नयनन्ह लाई.
सुनु मुनीस बर दरसन तोरें, अगमु न कछु प्रतीति मन मोरें.
जो सुखु सुजसु लोकपति चहहीं, करत मनोरथ सकुचत अहहीं.
सो सुखु सुजसु सुलभ मोहि स्वामी, सब सिधि तव दरसन अनुगामी.
कीन्हि बिनय पुनि पुनि सिरु नाई, फिरे महीसु आसिषा पाई.
चली बरात निसान बजाई, मुदित छोट बड़ सब समुदाई.
रामहि निरखि ग्राम नर नारी, पाइ नयन फलु होहिं सुखारी.

दोहा-dohā:

बीच बीच बर बास करि मग लोगन्ह सुख देत,
अवध समीप पुनीत दिन पहुँची आइ जनेत.३४३.

चौपाई-caupāī:

हने निसान पनव बर बाजे, भेरि संख धुनि हय गय गाजे.
झाँझि बिरव डिंडिमीं सुहाई, सरस राग बाजहिं सहनाई.
पुर जन आवत अकनि बराता, मुदित सकल पुलकावलि गाता.
निज निज सुंदर सदन सँवारे, हाट बाट चौहट पुर द्वारे.
गलीं सकल अरगजाँ सिंचाईं, जहँ तहँ चौकें चारु पुराईं.
बना बजारु न जाइ बखाना, तोरन केतु पताक बिताना.
सफल पूगफल कदलि रसाला, रोपे बकुल कदंब तमाला.
लगे सुभग तरु परसत धरनी, मनिमय आलबाल कल करनी.

दोहा-dohā:

बिबिध भाँति मंगल कलस गृह गृह रचे सँवारि,
सुर ब्रह्मादि सिहाहिं सब रघुबर पुरी निहारि.३४४.

चौपाई-caupāī:

भूप भवनु तेहि अवसर सोहा, रचना देखि मदन मनु मोहा.
मंगल सगुन मनोहरताई, रिधि सिधि सुख संपदा सुहाई.
जनु उछाह सब सहज सुहाए, तनु धरि धरि दसरथ गृहँ छाए.
देखन हेतु राम बैदेही, कहहु लालसा होहि न केही.
जूथ जूथ मिलि चलीं सुआसिनि, निज छबि निदरहिं मदन बिलासिनि.
सकल सुमंगल सजें आरती, गावहिं जनु बहु बेष भारती.
भूपति भवन कोलाहलु होई, जाइ न बरनि समउ सुखु सोई.
कौसल्यादि राम महतारीं, प्रेमबिबस तन दसा बिसारीं.

दोहा-dohā:

दिए दान बिप्रन्ह बिपुल पूजि गनेस पुरारि,
प्रमुदित परम दरिद्र जनु पाइ पदारथ चारि.३४५.

चौपाई-caupāī:

मोद प्रमोद बिबस सब माता, चलहिं न चरन सिथिल भए गाता.
राम दरस हित अति अनुरागीं, परिछनि साजु सजन सब लागीं.
बिबिध बिधान बाजने बाजे, मंगल मुदित सुमित्राँ साजे.
हरद दूब दधि पल्लव फूला, पान पूगफल मंगल मूला.
अच्छत अंकुर लोचन लाजा, मंजुल मंजरि तुलसि बिराजा.
छुहे पुरट घट सहज सुहाए, मदन सकुन जनु नीड़ बनाए.
सगुन सुगंध न जाहिं बखानी, मंगल सकल सजहिं सब रानी.
रचीं आरतीं बहुत बिधाना, मुदित करहिं कल मंगल गाना.

दोहा-dohā:

कनक थार भरि मंगलन्हि कमल करन्हि लिएँ मात,
चलीं मुदित परिछनि करन पुलक पल्लवित गात.३४६.

चौपाई-caupāī:

धूप धूम नभु मेचक भयऊ, सावन घन घमंडु जनु ठयऊ.
सुरतरु सुमन माल सुर बरषहिं, मनहुँ बलाक अवलि मनु करषहिं.
मंजुल मनिमय बंदनिवारे, मनहुँ पाकरिपु चाप सँवारे.
प्रगटहिं दुरहिं अटन्ह पर भामिनि, चारु चपल जनु दमकहिं दामिनि.
दुंदुभि धुनि घन गरजनि घोरा, जाचक चातक दादुर मोरा.
सुर सुगंध सुचि बरषहिं बारी, सुखी सकल ससि पुर नर नारी.
समउ जानी गुर आयसु दीन्हा, पुर प्रबेसु रघुकुलमनि कीन्हा.
सुमिरि संभु गिरिजा गनराजा, मुदित महीपति सहित समाजा.

दोहा-dohā:

होहिं सगुन बरषहिं सुमन सुर दुंदुभीं बजाइ,
बिबुध बधू नाचहिं मुदित मंजुल मंगल गाइ.३४७.

चौपाई-caupāī:

मागध सूत बंदि नट नागर, गावहिं जसु तिहु लोक उजागर.
जय धुनि बिमल बेद बर बानी, दस दिसि सुनिअ सुमंगल सानी.
बिपुल बाजने बाजन लागे, नभ सुर नगर लोग अनुरागे.
बने बराती बरनि न जाहीं, महा मुदित मन सुख न समाहीं.
पुरबासिन्ह तब राय जोहारे, देखत रामहि भए सुखारे.
करहिं निछावरि मनिगन चीरा, बारि बिलोचन पुलक सरीरा.
आरति करहिं मुदित पुर नारी, हरषहिं निरखि कुअँर बर चारी.
सिबिका सुभग ओहार उघारी, देखि दुलहिनिन्ह होहिं सुखारी.

दोहा-dohā:

एहि बिधि सबही देत सुखु आए राजदुआर,
मुदित मातु परिछनि करहिं बधुन्ह समेत कुमार.३४८.

चौपाई-caupāī:

करहिं आरती बारहिं बारा, प्रेमु प्रमोदु कहै को पारा.
भूषन मनि पट नाना जाती, करहिं निछावरि अगनित भाँती.
बधुन्ह समेत देखि सुत चारी, परमानंद मगन महतारी.
पुनि पुनि सीय राम छबि देखी, मुदित सफल जग जीवन लेखी.
सखीं सीय मुख पुनि पुनि चाही, गान करहिं निज सुकृत सराही.
बरषहिं सुमन छनहिं छन देवा, नाचहिं गावहिं लावहिं सेवा.
देखि मनोहर चारिउ जोरीं, सारद उपमा सकल ढँढोरीं.
देत न बनहिं निपट लघु लागीं, एकटक रहीं रूप अनुरागीं.

दोहा-dohā:

निगम नीति कुल रीति करि अरघ पाँवड़े देत,
बधुन्ह सहित सुत परिछि सब चलीं लवाइ निकेत.३४९.

चौपाई-caupāī:

चारि सिंघासन सहज सुहाए, जनु मनोज निज हाथ बनाए.
तिन्ह पर कुअँरि कुअँर बैठारे, सादर पाय पुनीत पखारे.
धूप दीप नैबेद बेद बिधि, पूजे बर दुलहिनि मंगलनिधि.
बारहिं बार आरती करहीं, ब्यजन चारु चामर सिर ढरहीं.

बस्तु अनेक निछावरि होहीं, भरीं प्रमोद मातु सब सोहीं.
पावा परम तत्व जनु जोगीं, अमृतु लहेउ जनु संतत रोगीं.
जनम रंक जनु पारस पावा, अंधहि लोचन लाभु सुहावा.
मूक बदन जनु सारद छाई, मानहुँ समर सूर जय पाई.

दोहा-dohā:

एहि सुख ते सत कोटि गुन पावहिं मातु अनंदु,
भाइन्ह सहित बिआहि घर आए रघुकुलचंदु.३५०क.

लोक रीति जननीं करहिं बर दुलहिनि सकुचाहिं,
मोदु बिनोदु बिलोकि बड़ रामु मनहिं मुसुकाहिं.३५०ख.

चौपाई-caupāī:

देव पितर पूजे बिधि नीकी, पूजीं सकल बासना जी की.
सबहि बंदि मागहिं बरदाना, भाइन्ह सहित राम कल्याना.
अंतरहित सुर आसिष देहीं, मुदित मातु अंचल भरि लेहीं.
भूपति बोलि बराती लीन्हे, जान बसन मनि भूषन दीन्हे.
आयसु पाइ राखि उर रामहि, मुदित गए सब निज निज धामहि.
पुर नर नारि सकल पहिराए, घर घर बाजन लगे बधाए.
जाचक जन जाचहिं जोइ जोई, प्रमुदित राउ देहिं सोइ सोई.
सेवक सकल बजनिआ नाना, पूरन किए दान सनमाना.

दोहा-dohā:

देहिं असीस जोहारि सब गावहिं गुन गन गाथ,
तब गुर भूसुर सहित गृहँ गवनु कीन्ह नरनाथ.३५१.

चौपाई-caupāī:

जो बसिष्ट अनुसासन दीन्ही, लोक बेद बिधि सादर कीन्ही.
भूसुर भीर देखि सब रानी, सादर उठीं भाग्य बड़ जानी.
पाय पखारि सकल अन्हवाए, पूजि भली बिधि भूप जेवाँए.
आदर दान प्रेम परिपोषे, देत असीस चले मन तोषे.
बहु बिधि कीन्हि गाधिसुत पूजा, नाथ मोहि सम धन्य न दूजा.
कीन्हि प्रसंसा भूपति भूरी, रानिन्ह सहित लीन्हि पग धूरी.
भीतर भवन दीन्ह बर बासू, मन जोगवत रह नृपु रनिवासू.
पूजे गुर पद कमल बहोरी, कीन्हि बिनय उर प्रीति न थोरी.

दोहा-dohā:

बधुन्ह समेत कुमार सब रानिन्ह सहित महीसु,
पुनि पुनि बंदत गुर चरन देत असीस मुनीसु.३५२.

चौपाई-caupāī:

बिनय कीन्हि उर अति अनुरागें, सुत संपदा राखि सब आगें.
नेगु मागि मुनिनायक लीन्हा, आसिरबादु बहुत बिधि दीन्हा.
उर धरि रामहि सीय समेता, हरषि कीन्ह गुर गवनु निकेता.
बिप्रबधू सब भूप बोलाईं, चैल चारु भूषन पहिराईं.
बहुरि बोलाइ सुआसिनि लीन्हीं, रुचि बिचारि पहिरावनि दीन्हीं.
नेगी नेग जोग सब लेहीं, रुचि अनुरुप भूपमनि देहीं.
प्रिय पाहुने पूज्य जे जाने, भूपति भली भाँति सनमाने.
देव देखि रघुबीर बिबाहू, बरषि प्रसून प्रसंसि उछाहू.

दोहा-dohā:

चले निसान बजाइ सुर निज निज पुर सुख पाइ,
कहत परसपर राम जसु प्रेम न हृदयँ समाइ.३५३.

चौपाई-caupāī:

सब बिधि सबहि समदि नरनाहू, रहा हृदयँ भरि पूरि उछाहू.
जहँ रनिवासु तहाँ पगु धारे, सहित बहूटिन्ह कुअँर निहारे.
लिए गोद करि मोद समेता, को कहि सकइ भयउ सुखु जेता.
बधू सप्रेम गोद बैठारीं, बार बार हियँ हरषि दुलारीं.
देखि समाजु मुदित रनिवासू, सब कें उर अनंद कियो बासू.
कहेउ भूप जिमि भयउ बिबाहू, सुनि सुनि हरषु होत सब काहू.
जनक राज गुन सीलु बड़ाई, प्रीति रीति संपदा सुहाई.
बहुबिधि भूप भाट जिमि बरनी, रानीं सब प्रमुदित सुनि करनी.

दोहा-dohā:

सुतन्ह समेत नहाइ नृप बोलि बिप्र गुर ग्याति,
भोजन कीन्ह अनेक बिधि घरी पंच गइ राति.३५४.

चौपाई-caupāī:

मंगलगान करहिं बर भामिनि, भै सुखमूल मनोहर जामिनि.
अँचइ पान सब काहूँ पाए, स्रग सुगंध भूषित छबि छाए.
रामहि देखि रजायसु पाई, निज निज भवन चले सिर नाई.
प्रेमु प्रमोदु बिनोदु बढ़ाई, समउ समाजु मनोहरताई.
कहि न सकहिं सत सारद सेसू, बेद बिरंचि महेस गनेसू.
सो मैं कहौं कवन बिधि बरनी, भूमिनागु सिर धरइ कि धरनी.
नृप सब भाँति सबहि सनमानी, कहि मृदु बचन बोलाईं रानी.
बधू लरिकनीं पर घर आईं, राखेहु नयन पलक की नाईं.

दोहा-dohā:

लरिका श्रमित उनीद बस सयन करावहु जाइ,
अस कहि गे बिश्रामगृहँ राम चरन चितु लाइ.३५५.

चौपाई-caupāī:

भूप बचन सुनि सहज सुहाए, जरित कनक मनि पलँग डसाए.
सुभग सुरभि पय फेन समाना, कोमल कलित सुपेतीं नाना.
उपबरहन बर बरनि न जाहीं, स्रग सुगंध मनिमंदिर माहीं.
रतनदीप सुठि चारु चँदोवा, कहत न बनइ जान जेहिं जोवा.
सेज रुचिर रचि रामु उठाए, प्रेम समेत पलँग पौढ़ाए.
अग्या पुनि पुनि भाइन्ह दीन्ही, निज निज सेज सयन तिन्ह कीन्ही.
देखि स्याम मृदु मंजुल गाता, कहहिं सप्रेम बचन सब माता.
मारग जात भयावनि भारी, केहि बिधि तात ताड़का मारी.

दोहा-dohā:

घोर निसाचर बिकट भट समर गनहिं नहिं काहु,
मारे सहित सहाय किमि खल मारीच सुबाहु.३५६.

चौपाई-caupāī:

मुनि प्रसाद बलि तात तुम्हारी, ईस अनेक करवरें टारी.
मख रखवारी करि दुहुँ भाईं, गुरु प्रसाद सब बिद्या पाईं.
मुनितिय तरी लगत पग धूरी, कीरति रही भुवन भरि पूरी.
कमठ पीठि पबि कूट कठोरा, नृप समाज महुँ सिव धनु तोरा.
बिस्व बिजय जसु जानकि पाई, आए भवन ब्याहि सब भाई.
सकल अमानुष करम तुम्हारे, केवल कौसिक कृपाँ सुधारे.
आजु सुफल जग जनमु हमारा, देखि तात बिधुबदन तुम्हारा.
जे दिन गए तुम्हहि बिनु देखें, ते बिरंचि जनि पारहिं लेखें.

दोहा-dohā:

राम प्रतोषीं मातु सब कहि बिनीत बर बैन,
सुमिरि संभु गुर बिप्र पद किए नीदबस नैन.३५७.

चौपाई-caupāī:

नीदउँ बदन सोह सुठि लोना, मनहुँ साँझ सरसीरुह सोना.
घर घर करहिं जागरन नारीं, देहिं परसपर मंगल गारीं.
पुरी बिराजति राजति रजनी, रानीं कहहिं बिलोकहु सजनी.
सुंदर बधुन्ह सासु लै सोईं, फनिकन्ह जनु सिरमनि उर गोईं.
प्रात पुनीत काल प्रभु जागे, अरुनचूड़ बर बोलन लागे.
बंदि मागधन्हि गुनगन गाए, पुरजन द्वार जोहारन आए.
बंदि बिप्र सुर गुर पितु माता, पाइ असीस मुदित सब भ्राता.
जननिन्ह सादर बदन निहारे, भूपति संग द्वार पगु धारे.

दोहा-dohā:

कीन्हि सौच सब सहज सुचि सरित पुनीत नहाइ,
प्रातक्रिया करि तात पहिं आए चारिउ भाइ.३५८.

नवाह्नपारायण तीसरा विश्राम

चौपाई-caupāī:

भूप बिलोकि लिए उर लाई, बैठे हरषि रजायसु पाई.
देखि रामु सब सभा जुड़ानी, लोचन लाभ अवधि अनुमानी.
पुनि बसिष्टु मुनि कौसिकु आए, सुभग आसनन्हि मुनि बैठाए.
सुतन्ह समेत पूजि पद लागे, निरखि रामु दोउ गुर अनुरागे.
कहहिं बसिष्टु धरम इतिहासा, सुनहिं महीसु सहित रनिवासा.
मुनि मन अगम गाधिसुत करनी, मुदित बसिष्ट बिपुल बिधि बरनी.
बोले बामदेउ सब साँची, कीरति कलित लोक तिहुँ माची.
सुनि आनंदु भयउ सब काहू, राम लखन उर अधिक उछाहू.

दोहा-dohā:

मंगल मोद उछाह नित जाहिं दिवस एहि भाँति,
उमगी अवध अनंद भरि अधिक अधिक अधिकाति.३५९.

चौपाई-caupāī:

सुदिन सोधि कल कंकन छोरे, मंगल मोद बिनोद न थोरे.
नित नव सुखु सुर देखि सिहाहीं, अवध जन्म जाचहिं बिधि पाहीं.
बिस्वामित्रु चलन नित चहहीं, राम सप्रेम बिनय बस रहहीं.
दिन दिन सयगुन भूपति भाऊ, देखि सराह महामुनिराऊ.
मागत बिदा राउ अनुरागे, सुतन्ह समेत ठाढ़ भे आगे.
नाथ सकल संपदा तुम्हारी, मैं सेवकु समेत सुत नारी.
करब सदा लरिकन्ह पर छोहू, दरसनु देत रहब मुनि मोहू.
अस कहि राउ सहित सुत रानी, परेउ चरन मुख आव न बानी.
दीन्हि असीस बिप्र बहु भाँती, चले न प्रीति रीति कहि जाती.
रामु सप्रेम संग सब भाई, आयसु पाइ फिरे पहुँचाई.

दोहा-dohā:

राम रूपु भूपति भगति ब्याहु उछाहु अनंदु,
जात सराहत मनहिं मन मुदित गाधिकुलचंदु.३६०.

चौपाई-caupāī:

बामदेव रघुकुल गुर ग्यानी, बहुरि गाधिसुत कथा बखानी.
सुनि मुनि सुजसु मनहिं मन राऊ, बरनत आपन पुन्य प्रभाऊ.
बहुरे लोग रजायसु भयऊ, सुतन्ह समेत नृपति गृहँ गयऊ.
जहँ तहँ राम ब्याहु सबु गावा, सुजसु पुनीत लोक तिहुँ छावा.
आए ब्याहि रामु घर जब तें, बसइ अनंद अवध सब तब तें.
प्रभु बिबाहँ जस भयउ उछाहू, सकहिं न बरनि गिरा अहिनाहू.
कबिकुल जीवनु पावन जानी, राम सीय जसु मंगल खानी.
तेहि ते मैं कछु कहा बखानी, करन पुनीत हेतु निज बानी.

छंद-chaṁda:

निज गिरा पावनि करन कारन राम जसु तुलसीं कह्यो,
रघुबीर चरित अपार बारिधि पारु कबि कौनें लह्यो.
उपबीत ब्याह उछाह मंगल सुनि जे सादर गावहीं,
बैदेहि राम प्रसाद ते जन सर्बदा सुखु पावहीं.

सोरठा-soraṭhā:

सिय रघुबीर बिबाहु जे सप्रेम गावहिं सुनहिं,
तिन्ह कहुँ सदा उछाहु मंगलायतन राम जसु.३६१.

मासपारायण बारहवाँ विश्राम

इति श्रीमद्रामचरितमानसे सकलकलिकलुषविध्वंसने

प्रथमः सोपानः समाप्तः

श्रीजानकीवल्लभो विजयते

śrījānakīvallabho vijayate

श्रीरामचरितमानस

śrīrāmacaritamānasa

द्वितीय सोपान - अयोध्याकाण्ड

dvitīya sopāna - ayodhyākāṇḍa

श्लोक-śloka:

यस्याङ्के च विभाति भूधरसुता देवापगा मस्तके
भाले बालविधुर्गले च गरलं यस्योरसि व्यालराट्,
सोऽयं भूतिविभूषणः सुरवरः सर्वाधिपः सर्वदा
शर्वः सर्वगतः शिवः शशिनिभः श्रीशङ्करः पातु माम्.१.

प्रसन्नतां या न गताभिषेकतस्तथा न मम्ले वनवासदुःखतः,
मुखाम्बुजश्री रघुनन्दनस्य मे सदास्तु सा मञ्जुलमङ्गलप्रदा.२.

नीलाम्बुजश्यामलकोमलाङ्गं सीतासमारोपितवामभागम्,
पाणौ महासायकचारुचापं नमामि रामं रघुवंशनाथम्.३.

दोहा-dohā:

श्रीगुरु चरन सरोज रज निज मनु मुकुरु सुधारि,
बरनउँ रघुबर बिमल जसु जो दायकु फल चारि.

चौपाई-caupāī:

जब तें रामु ब्याहि घर आए, नित नव मंगल मोद बधाए,
भुवन चारिदस भूधर भारी, सुकृत मेघ बरषहिं सुख बारी.
रिधि सिधि संपति नदीं सुहाई, उमगि अवध अंबुधि कहुँ आई.
मनिगन पुर नर नारि सुजाती, सुचि अमोल सुंदर सब भाँती.
कहि न जाइ कछु नगर बिभूती, जनु एतनिअ बिरंचि करतूती.
सब बिधि सब पुर लोग सुखारी, रामचंद मुख चंदु निहारी.
मुदित मातु सब सखीं सहेली, फलित बिलोकि मनोरथ बेली.
राम रूपु गुन सीलु सुभाऊ, प्रमुदित होइ देखि सुनि राऊ.

दोहा-dohā:

सब कें उर अभिलाषु अस कहहिं मनाइ महेसु,
आप अछत जुबराज पद रामहि देउ नरेसु.१.

चौपाई-caupāī:

एक समय सब सहित समाजा, राजसभाँ रघुराजु बिराजा.
सकल सुकृत मूरति नरनाहू, राम सुजसु सुनि अतिहि उछाहू.
नृप सब रहहिं कृपा अभिलाषें, लोकप करहिं प्रीति रुख राखें.
तिभुवन तीनि काल जग माहीं, भूरि भाग दसरथ सम नाहीं.
मंगलमूल रामु सुत जासू, जो कछु कहिअ थोर सबु तासू,
रायँ सुभायँ मुकुरु कर लीन्हा, बदनु बिलोकि मुकुटु सम कीन्हा.
श्रवन समीप भए सित केसा, मनहुँ जरठपनु अस उपदेसा.
नृप जुबराजु राम कहुँ देहू, जीवन जनम लाहु किन लेहू.

दोहा-dohā:

यह बिचारु उर आनि नृप सुदिनु सुअवसरु पाइ,
प्रेम पुलकि तन मुदित मन गुरहि सुनायउ जाइ.२.

चौपाई-caupāī:

कहइ भुआलु सुनिअ मुनिनायक, भए राम सब बिधि सब लायक.
सेवक सचिव सकल पुरबासी, जे हमारे अरि मित्र उदासी.
सबहि रामु प्रिय जेहि बिधि मोही, प्रभु असीस जनु तनु धरि सोही.
बिप्र सहित परिवार गोसाईं, करहिं छोहु सब रौरिहि नाईं.
जे गुर चरन रेनु सिर धरहीं, ते जनु सकल बिभव बस करहीं.
मोहि सम यहु अनुभयउ न दूजें, सबु पायउँ रज पावनि पूजें.
अब अभिलाषु एकु मन मोरें, पूजिहि नाथ अनुग्रह तोरें.
मुनि प्रसन्न लखि सहज सनेहू, कहेउ नरेस रजायसु देहू.

दोहा-dohā:

राजन राउर नामु जसु सब अभिमत दातार,
फल अनुगामी महिप मनि मन अभिलाषु तुम्हार.३.

चौपाई-caupāī:

सब बिधि गुरु प्रसन्न जियँ जानी, बोलेउ राउ रहँसि मृदु बानी.
नाथ रामु करिअहिं जुबराजू, कहिअ कृपा करि करिअ समाजू,
मोहि अछत यहु होइ उछाहू, लहहिं लोग सब लोचन लाहू.
प्रभु प्रसाद सिव सबइ निबाहीं, यह लालसा एक मन माहीं.
पुनि न सोच तनु रहउ कि जाऊ, जेहिं न होइ पाछें पछिताऊ.
सुनि मुनि दसरथ बचन सुहाए, मंगल मोद मूल मन भाए,
सुनु नृप जासु बिमुख पछिताहीं, जासु भजन बिनु जरनि न जाहीं.
भयउ तुम्हार तनय सोइ स्वामी, रामु पुनीत प्रेम अनुगामी.

दोहा-dohā:

बेगि बिलंबु न करिअ नृप साजिअ सबुइ समाजु,
सुदिन सुमंगलु तबहिं जब रामु होहिं जुबराजु.४.

चौपाई-caupāī:

मुदित महीपति मंदिर आए, सेवक सचिव सुमंत्रु बोलाए,
कहि जयजीव सीस तिन्ह नाए, भूप सुमंगल बचन सुनाए,
जौं पाँचहि मत लागै नीका, करहु हरषि हियँ रामहि टीका.
मंत्री मुदित सुनत प्रिय बानी, अभिमत बिरवँ परेउ जनु पानी.
बिनती सचिव करहिं कर जोरी, जिअहु जगतपति बरिस करोरी.
जग मंगल भल काजु बिचारा, बेगिअ नाथ न लाइअ बारा.

नृपहि मोदु सुनि सचिव सुभाषा, बढ़त बौंड़ जनु लही सुसाखा.

दोहा-dohā:

कहेउ भूप मुनिराज कर जोइ जोइ आयसु होइ,
राम राज अभिषेक हित बेगि करहु सोइ सोइ.५.

चौपाई-caupāī:

हरषि मुनीस कहेउ मृदु बानी, आनहु सकल सुतीरथ पानी.
औषध मूल फूल फल पाना, कहे नाम गनि मंगल नाना.
चामर चरम बसन बहु भाँती, रोम पाट पट अगनित जाती.
मनिगन मंगल बस्तु अनेका, जो जग जोगु भूप अभिषेका.
बेद बिदित कहि सकल बिधाना, कहेउ रचहु पुर बिबिध बिताना.
सफल रसाल पूगफल केरा, रोपहु बीथिन्ह पुर चहुँ फेरा.
रचहु मंजु मनि चौकें चारू, कहहु बनावन बेगि बजारू.
पूजहु गनपति गुर कुलदेवा, सब बिधि करहु भूमिसुर सेवा.

दोहा-dohā:

ध्वज पताक तोरन कलस सजहु तुरग रथ नाग,
सिर धरि मुनिबर बचन सबु निज निज काजहिं लाग.६.

चौपाई-caupāī:

जो मुनीस जेहि आयसु दीन्हा, सो तेहिं काजु प्रथम जनु कीन्हा.
बिप्र साधु सुर पूजत राजा, करत राम हित मंगल काजा.
सुनत राम अभिषेक सुहावा, बाज गहागह अवध बधावा.
राम सीय तन सगुन जनाए, फरकहिं मंगल अंग सुहाए.
पुलकि सप्रेम परसपर कहहीं, भरत आगमनु सूचक अहहीं.
भए बहुत दिन अति अवसेरी, सगुन प्रतीति भेंट प्रिय केरी.
भरत सरिस प्रिय को जग माहीं, इहइ सगुन फलु दूसर नाहीं.
रामहि बंधु सोच दिन राती, अंडन्हि कमठ हृदउ जेहि भाँती.

दोहा-dohā:

एहि अवसर मंगलु परम सुनि रहँसेउ रनिवासु,
सोभत लखि बिधु बढ़त जनु बारिधि बीचि बिलासु.७.

चौपाई-caupāī:

प्रथम जाइ जिन्ह बचन सुनाए, भूषन बसन भूरि तिन्ह पाए.
प्रेम पुलकि तन मन अनुरागीं, मंगल कलस सजन सब लागीं.
चौकें चारु सुमित्राँ पुरी, मनिमय बिबिध भाँति अति रुरी.
आनँद मगन राम महतारी, दिए दान बहु बिप्र हँकारी.
पूजीं ग्रामदेबि सुर नागा, कहेउ बहोरि देन बलिभागा.
जेहि बिधि होइ राम कल्यानू, देहु दया करि सो बरदानू.
गावहिं मंगल कोकिलबयनीं, बिधुबदनीं मृगसावकनयनीं.

दोहा-dohā:

राम राज अभिषेकु सुनि हियँ हरषे नर नारि,
लगे सुमंगल सजन सब बिधि अनुकूल बिचारि.८.

चौपाई-caupāī:

तब नरनाहँ बसिष्ठु बोलाए, रामधाम सिख देन पठाए.
गुर आगमनु सुनत रघुनाथा, द्वार आइ पद नायउ माथा.
सादर अरघ देइ घर आने, सोरह भाँति पूजि सनमाने.
गहे चरन सिय सहित बहोरी, बोले रामु कमल कर जोरी.
सेवक सदन स्वामि आगमनू, मंगल मूल अमंगल दमनू.
तदपि उचित जनु बोलि सप्रीती, पठइअ काज नाथ असि नीती.
प्रभुता तजि प्रभु कीन्ह सनेहू, भयउ पुनीत आजु यहु गेहू.
आयसु होइ सो करौं गोसाईं, सेवकु लहइ स्वामि सेवकाईं.

दोहा-dohā:

सुनि सनेह साने बचन मुनि रघुबरहि प्रसंस,
राम कस न तुम्ह कहहु अस हंस बंस अवतंस.९.

चौपाई-caupāī:

बरनि राम गुन सीलु सुभाऊ, बोले प्रेम पुलकि मुनिराऊ.
भूप सजेउ अभिषेक समाजू, चाहत देन तुम्हहि जुबराजू.
राम करहु सब संजम आजू, जौं बिधि कुसल निबाहै काजू.
गुरु सिख देइ राय पहिं गयउ, राम हृदयँ अस बिसमउ भयऊ.
जनमे एक संग सब भाई, भोजन सयन केलि लरिकाई.
करनबेध उपबीत बिआहा, संग संग सब भए उछाहा.
बिमल बंस यहु अनुचित एकू, बंधु बिहाइ बड़ेहि अभिषेकू.
प्रभु सप्रेम पछितानि सुहाई, हरउ भगत मन कै कुटिलाई.

दोहा-dohā:

तेहि अवसर आए लखन मगन प्रेम आनंद,
सनमाने प्रिय बचन कहि रघुकुल कैरव चंद.१०.

चौपाई-caupāī:

बाजहिं बाजने बिबिध बिधाना, पुर प्रमोदु नहिं जाइ बखाना.
भरत आगमनु सकल मनावहिं, आवहुँ बेगि नयन फलु पावहिं.
हाट बाट घर गलीं अथाईं, कहहिं परसपर लोग लोगाईं.
कालि लगन भलि केतिक बारा, पूजिहि बिधि अभिलाषु हमारा.
कनक सिंघासन सीय समेता, बैठहिं रामु होइ चित चेता.
सकल कहहिं कब होइहि काली, बिघन मनावहिं देव कुचाली.
तिन्हहि सोहाइ न अवध बधावा, चोरहि चंदिनि राति न भावा.
सारद बोलि बिनय सुर करहीं, बारहिं बार पाय लै परहीं.

दोहा-dohā:

बिपति हमारि बिलोकि बड़ि मातु करिअ सोइ आजु,
रामु जाहिं बन राजु तजि होइ सकल सुरकाजु.११.

चौपाई-caupāī:

सुनि सुर बिनय ठाढ़ि पछिताती, भइउँ सरोज बिपिन हिमराती.
देखि देव पुनि कहहिं निहोरी, मातु तोहि नहिं थोरिउ खोरी.
बिसमय हरष रहित रघुराऊ, तुम्ह जानहु सब राम प्रभाऊ.
जीव करम बस सुख दुख भागी, जाइअ अवध देव हित लागी.
बार बार गहि चरन सँकोची, चली बिचारि बिबुध मति पोची.
ऊँच निवासु नीचि करतूती, देखि न सकहिं पराइ बिभूती.
आगिल काजु बिचारि बहोरी, करिहहिं चाह कुसल कबि मोरी.
हरषि हृदयँ दसरथ पुर आई, जनु ग्रह दसा दुसह दुखदाई.

दोहा-dohā:

नामु मंथरा मंदमति चेरी कैकइ केरि,
अजस पेटारी ताहि करि गई गिरा मति फेरि.१२.

चौपाई-caupāī:

दीख मंथरा नगरु बनावा, मंजुल मंगल बाज बधावा.
पूछेसि लोगन्ह काह उछाहू, राम तिलकु सुनि भा उर दाहू.
करइ बिचारु कुबुद्धि कुजाती, होइ अकाजु कवनि बिधि राती.
देखि लागि मधु कुटिल किराती, जिमि गवँ तकइ लेउँ केहि भाँती.

भरत मातु पहिं गइ बिलखानी, का अनमनि हसि कह हँसि रानी.
ऊतरु देइ न लेइ उसासू, नारि चरित करि ढारइ आँसू.
हँसि कह रानि गालु बड़ तोरें, दीन्ह लखन सिख अस मन मोरें.
तबहुँ न बोल चेरि बड़ि पापिनि, छाड़इ स्वास कारि जनु साँपिनि.

दोहा-dohā:

सभय रानि कह कहसि किन कुसल रामु महिपालु,
लखनु भरतु रिपुदमनु सुनि भा कुबरी उर सालु.१३.

चौपाई-caupāī:

कत सिख देइ हमहि कोउ माई, गालु करब केहि कर बलु पाई.
रामहि छाड़ि कुसल केहि आजू, जेहि जनेसु देइ जुबराजू.
भयउ कौसिलहि बिधि अति दाहिन, देखत गरब रहत उर नाहिन.
देखहु कस न जाइ सब सोभा, जो अवलोकि मोर मनु छोभा.
पूतु बिदेस न सोचु तुम्हारें, जानति हहु बस नाहु हमारें.
नीद बहुत प्रिय सेज तुराई, लखहु न भूप कपट चतुराई.
सुनि प्रिय बचन मलिन मनु जानी, झुकी रानि अब रहु अरगानी.
पुनि अस कबहुँ कहसि घरफोरी, तब धरि जीभ कढ़ावउँ तोरी.

दोहा-dohā:

काने खोरे कूबरे कुटिल कुचाली जानि,
तिय बिसेषि पुनि चेरि कहि भरतमातु मुसुकानि.१४.

चौपाई-caupāī:

प्रियबादिनि सिख दीन्हिउँ तोही, सपनेहुँ तो पर कोपु न मोही.
सुदिनु सुमंगल दायकु सोई, तोर कहा फुर जेहि दिन होई.
जेठ स्वामि सेवक लघु भाई, यह दिनकर कुल रीति सुहाई.
राम तिलकु जौं साँचेहुँ काली, देउँ मागु मन भावत आली.
कौसल्या सम सब महतारी, रामहि सहज सुभायँ पिआरी.
मो पर करहिं सनेहु बिसेषी, मैं करि प्रीति परीछा देखी.
जौं बिधि जनमु देइ करि छोहू, होहुँ राम सिय पूत पुतोहू.
प्रान तें अधिक रामु प्रिय मोरें, तिन्ह कें तिलक छोभु कस तोरें.

दोहा-dohā:

भरत सपथ तोहि सत्य कहु परिहरि कपट दुराउ,
हरष समय बिसमउ करसि कारन मोहि सुनाउ.१५.

चौपाई-caupāī:

एकहिं बार आस सब पूजी, अब कछु कहब जीभ करि दूजी.
फोरै जोगु कपारु अभागा, भलेउ कहत दुख रउरेहि लागा.
कहहिं झूठि फुरि बात बनाई, ते प्रिय तुम्हहि करुइ मैं माई.
हमहुँ कहबि अब ठकुरसोहाती, नाहिं त मौन रहब दिनु राती.
करि कुरूप बिधि परबस कीन्हा, बवा सो लुनिअ लहिअ जो दीन्हा.
कोउ नृप होउ हमहि का हानी, चेरि छाड़ि अब होब कि रानी.
जारै जोगु सुभाउ हमारा, अनभल देखि न जाइ तुम्हारा.
तातें कछुक बात अनुसारी, छमिअ देबि बड़ि चूक हमारी.

दोहा-dohā:

गूढ़ कपट प्रिय बचन सुनि तीय अधरबुधि रानि,
सुरमाया बस बैरिनिहि सुहृद जानि पतिआनि.१६.

चौपाई-caupāī:

सादर पुनि पुनि पूँछति ओही, सबरी गान मृगी जनु मोही.
तसि मति फिरी अहइ जसि भाबी, रहसी चेरि घात जनु फाबी.
तुम्ह पूँछहु मैं कहत डेराऊँ, धरेहु मोर घरफोरी नाऊँ.
सजि प्रतीति बहुबिधि गढ़ि छोली, अवध साढ़साती तब बोली.
प्रिय सिय रामु कहा तुम्ह रानी, रामहि तुम्ह प्रिय सो फुरि बानी.
रहा प्रथम अब ते दिन बीते, समउ फिरें रिपु होहिं पिरीते.
भानु कमल कुल पोषनिहारा, बिनु जल जारि करइ सोइ छारा.
जरि तुम्हारि चह सवति उखारी, रूँधहु करि उपाउ बर बारी.

दोहा-dohā:

तुम्हहि न सोचु सोहाग बल निज बस जानहु राउ,
मन मलीन मुह मीठ नृपु राउर सरल सुभाउ.१७.

चौपाई-caupāī:

चतुर गँभीर राम महतारी, बीचु पाइ निज बात सँवारी.
पठए भरतु भूप ननिअउरें, राम मातु मत जानव रउरें.
सेवहिं सकल सवति मोहि नीकें, गरबित भरत मातु बल पी कें.
सालु तुम्हार कौसिलहि माई, कपट चतुर नहिं होइ जनाई.
राजहि तुम्ह पर प्रेमु बिसेषी, सवति सुभाउ सकइ नहिं देखी.
रचि प्रपंचु भूपहि अपनाई, राम तिलक हित लगन धराई.
यह कुल उचित राम कहुँ टीका, सबहि सोहाइ मोहि सुठि नीका.
आगिलि बात समुझि डरु मोही, देउ दैउ फिरि सो फलु ओही.

दोहा-dohā:

रचि पचि कोटिक कुटिलपन कीन्हेसि कपट प्रबोधु,
कहिसि कथा सत सवति कै जेहि बिधि बाढ़ बिरोधु.१८.

चौपाई-caupāī:

भावी बस प्रतीति उर आई, पूँछ रानि पुनि सपथ देवाई.
का पूँछहु तुम्ह अबहुँ न जाना, निज हित अनहित पसु पहिचाना.
भयउ पाखु दिन सजत समाजू, तुम्ह पाई सुधि मोहि सन आजू.
खाइअ पहिरिअ राज तुम्हारें, सत्य कहें नहिं दोषु हमारें.
जौं असत्य कछु कहब बनाई, तौ बिधि देइहि हमहि सजाई.
रामहि तिलक कालि जौं भयऊ, तुम्ह कहुँ बिपति बीजु बिधि बयऊ.
रेख खँचाइ कहउँ बलु भाषी, भामिनि भइहु दूध कइ माखी.
जौं सुत सहित करहु सेवकाई, तौ घर रहहु न आन उपाई.

दोहा-dohā:

कद्रूँ बिनतहि दीन्ह दुखु तुम्हहि कौसिलाँ देब,
भरतु बंदिगृह सेइहहिं लखनु राम के नेब.१९.

चौपाई-caupāī:

कैकयसुता सुनत कटु बानी, कहि न सकइ कछु सहमि सुखानी.
तन पसेउ कदली जिमि काँपी, कुबरीं दसन जीभ तब चाँपी.
कहि कहि कोटिक कपट कहानी, धीरजु धरहु प्रबोधिसि रानी.
फिरा करमु प्रिय लागि कुचाली, बकिहि सराहइ मानि मराली.
सुनु मंथरा बात फुरि तोरी, दहिनि आँखि नित फरकइ मोरी.
दिन प्रति देखउँ राति कुसपने, कहउँ न तोहि मोह बस अपने.
काह करौं सखि सूध सुभाऊ, दाहिन बाम न जानउँ काऊ.

दोहा-dohā:

अपनें चलत न आजु लगि अनभल काहुक कीन्ह,
केहिं अघ एकहि बार मोहि दैअँ दुसह दुखु दीन्ह.२०.

चौपाई-caupāī:

नैहर जनमु भरब बरु जाई, जिअत न करबि सवति सेवकाई.

अरि बस दैउ जिआवत जाही, मरनु नीक तेहि जीवन चाही.
दीन बचन कह बहुबिधि रानी, सुनि कुबरीं तियमाया ठानी.
अस कस कहहु मानि मन ऊना, सुखु सोहागु तुम्ह कहुँ दिन दूना.
जेहिं राउर अति अनभल ताका, सोइ पाइहि यहु फलु परिपाका.
जब तें कुमत सुना मैं स्वामिनि, भूख न बासर नींद न जामिनि.
पूँछिउँ गुनिन्ह रेख तिन्ह खाँची, भरत भुआल होहिं यह साँची.
भामिनि करहु त कहौं उपाऊ, है तुम्हरीं सेवा बस राऊ.

दोहा-dohā:

परउँ कूप तुअ बचन पर सकउँ पूत पति त्यागि,
कहसि मोर दुखु देखि बड़ कस न करब हित लागि.२१.

चौपाई-caupāī:

कुबरीं करि कबुली कैकेई, कपट छुरी उर पाहन टेई.
लखइ न रानि निकट दुखु कैसें, चरइ हरित तिन बलिपसु जैसें.
सुनत बात मृदु अंत कठोरी, देति मनहुँ मधु माहुर घोरी.
कहइ चेरि सुधि अहइ कि नाही, स्वामिनि कहिहु कथा मोहि पाहीं.
दुइ बरदान भूप सन थाती, मागहु आजु जुड़ावहु छाती.
सुतहि राजु रामहि बनबासू, देहु लेहु सब सवति हुलासू.
भूपति राम सपथ जब करई, तब मागेहु जेहिं बचनु न टरई.
होइ अकाजु आजु निसि बीतें, बचनु मोर प्रिय मानेहु जी तें.

दोहा-dohā:

बड़ कुघातु करि पातकिनि कहेसि कोपगृहँ जाहु,
काजु सँवारेहु सजग सबु सहसा जनि पतिआहु.२२.

चौपाई-caupāī:

कुबरिहि रानि प्रानप्रिय जानी, बार बार बड़ि बुद्धि बखानी.
तोहि सम हित न मोर संसारा, बहे जात कइ भइसि अधारा.
जौं बिधि पुरब मनोरथु काली, करौं तोहि चख पूतरि आली.
बहुबिधि चेरिहि आदरु देई, कोपभवन गवनि कैकेई.
बिपति बीजु बरषा रितु चेरी, भुइँ भइ कुमति कैकई केरी.
पाइ कपट जलु अंकुर जामा, बर दोउ दल दुख फल परिनामा.
कोप समाजु साजि सबु सोई, राजु करत निज कुमति बिगोई.
राउर नगर कोलाहलु होई, यह कुचालि कछु जान न कोई.

दोहा-dohā:

प्रमुदित पुर नर नारि सब सजहिं सुमंगलचार,
एक प्रबिसहिं एक निर्गमहिं भीर भूप दरबार.२३.

चौपाई-caupāī:

बाल सखा सुन हियँ हरषाहीं, मिलि दस पाँच राम पहिं जाहीं.
प्रभु आदरहिं प्रेमु पहिचानी, पूँछहिं कुसल खेम मृदु बानी.
फिरहिं भवन प्रिय आयसु पाई, करत परसपर राम बड़ाई.
को रघुबीर सरिस संसारा, सीलु सनेह निबाहनिहारा.
जेहिं जेहिं जोनि करम बस भ्रमहीं, तहँ तहँ ईसु देउ यह हमहीं.
सेवक हम स्वामी सियनाहू, होउ नात यह ओर निबाहू.
अस अभिलाषु नगर सब काहू, कैकयसुता हृदयँ अति दाहू.
को न कुसंगति पाइ नसाई, रहइ न नीच मतें चतुराई.

दोहा-dohā:

साँझ समय सानंद नृपु गयउ कैकई गेहँ,
गवनु निठुरता निकट किय जनु धरि देह सनेहँ.२४.

चौपाई-caupāī:

कोपभवन सुनि सकुचेउ राऊ, भय बस अगहुड़ परइ न पाऊ.
सुरपति बसइ बाहँबल जाकें, नरपति सकल रहहिं रुख ताकें.
सो सुनि तिय रिस गयउ सुखाई, देखहु काम प्रताप बड़ाई.
सूल कुलिस असि अँगवनिहारे, ते रतिनाथ सुमन सर मारे.
सभय नरेसु प्रिया पहिं गयऊ, देखि दसा दुखु दारुन भयऊ.
भूमि सयन पटु मोट पुराना, दिए डारि तन भूषन नाना.
कुमतिहि कसि कुबेषता फाबी, अन अहिवातु सूच जनु भाबी.
जाइ निकट नृपु कह मृदु बानी, प्रानप्रिया केहि हेतु रिसानी.

छंद-chaṁda:

केहि हेतु रानि रिसानि परसत पानि पतिहि नेवारई,
मानहुँ सरोष भुअंग भामिनि बिषम भाँति निहारई.
दोउ बासना रसना दसन बर मरम ठाहरु देखई,
तुलसी नृपति भवतब्यता बस काम कौतुक लेखई.

सोरठा-soraṭhā:

बार बार कह राउ सुमुखि सुलोचनि पिकबचनि,
कारन मोहि सुनाउ गजगामिनि निज कोप कर.२५.

चौपाई-caupāī:

अनहित तोर प्रिया केइँ कीन्हा, केहि दुइ सिर केहि जमु चह लीन्हा.
कहु केहि रंकहि करौं नरेसू, कहु केहि नृपहि निकासौं देसू.
सकउँ तोर अरि अमरउ मारी, काह कीट बपुरे नर नारी.
जानसि मोर सुभाउ बरोरू, मनु तव आनन चंद चकोरू.
प्रिया प्रान सुत सरबसु मोरें, परिजन प्रजा सकल बस तोरें.
जौं कछु कहौं कपटु करि तोही, भामिनि राम सपथ सत मोही.
बिहसि मागु मनभावति बाता, भूषन सजहि मनोहर गाता.
घरी कुघरी समुझि जियँ देखू, बेगि प्रिया परिहरहि कुबेषू.

दोहा-dohā:

यह सुनि मन गुनि सपथ बड़ि बिहसि उठी मतिमंद,
भूषन सजति बिलोकि मृगु मनहुँ किरातिनि फंद.२६.

चौपाई-caupāī:

पुनि कह राउ सुहृद जियँ जानी, प्रेम पुलकि मृदु मंजुल बानी.
भामिनि भयउ तोर मनभावा, घर घर नगर अनंद बधावा.
रामहि देउँ कालि जुबराजू, सजहि सुलोचनि मंगल साजू.
दलकि उठेउ सुनि हृदउ कठोरू, जनु छुइ गयउ पाक बरतोरू.
ऐसिउ पीर बिहसि तेहिं गोई, चोर नारि जिमि प्रगटि न रोई.
लखहिं न भूप कपट चतुराई, कोटि कुटिल मनि गुरू पढ़ाई.
जद्यपि नीति निपुन नरनाहू, नारिचरित जलनिधि अवगाहू.
कपट सनेहु बढ़ाइ बहोरी, बोली बिहसि नयन मुहु मोरी.

दोहा-dohā:

मागु मागु पै कहहु पिय कबहुँ न देहु न लेहु,
देन कहेहु बरदान दुइ तेउ पावत संदेहु.२७.

चौपाई-caupāī:

जानेउँ मरमु राउ हँसि कहई, तुम्हहि कोहाब परम प्रिय अहई.
थाती राखि न मागिहु काऊ, बिसरि गयउ मोहि भोर सुभाऊ.
झूठेहुँ हमहि दोषु जनि देहू, दुइ कै चारि मागि मकु लेहू.
रघुकुल रीति सदा चलि आई, प्रान जाहुँ बरु बचनु न जाई.
नहिं असत्य सम पातक पुंजा, गिरि सम होहिं कि कोटिक गुंजा.

सत्यमूल सब सुकृत सुहाए, बेद पुरान बिदित मनु गाए.
तेहि पर राम सपथ करि आई, सुकृत सनेह अवधि रघुराई.
बात दृढ़ाइ कुमति हँसि बोली, कुमत कुबिहग कुलह जनु खोली.

दोहा-dohā:

भूप मनोरथ सुभग बनु सुख सुबिहंग समाजु,
भिल्लिनि जिमि छाड़न चहति बचनु भयंकरु बाजु.२८.

मासपारायण तेरहवाँ विश्राम

चौपाई-caupāī:

सुनहु प्रानप्रिय भावत जी का, देहु एक बर भरतहि टीका.
मागउँ दूसर बर कर जोरी, पुरवहु नाथ मनोरथ मोरी.
तापस बेष बिसेषि उदासी, चौदह बरिस रामु बनबासी.
सुनि मृदु बचन भूप हियँ सोकू, ससि कर छुअत बिकल जिमि कोकू.
गयउ सहमि नहिं कछु कहि आवा, जनु सचान बन झपटेउ लावा.
बिबरन भयउ निपट नरपालू, दामिनि हनेउ मनहुँ तरु तालू.
माथें हाथ मूदि दोउ लोचन, तनु धरि सोचु लाग जनु सोचन.
मोर मनोरथु सुरतरु फूला, फरत करिनि जिमि हतेउ समूला.
अवध उजारि कीन्हि कैकेईं, दीन्हिसि अचल बिपति कै नेईं.

दोहा-dohā:

कवनें अवसर का भयउ गयउँ नारि बिस्वास,
जोग सिद्धि फल समय जिमि जतिहि अबिद्या नास.२९.

चौपाई-caupāī:

एहि बिधि राउ मनहिं मन झाँखा, देखि कुभाँति कुमति मन माखा.
भरतु कि राउर पूत न होंही, आनेहु मोल बेसाहि कि मोही.
जो सुनि सरु अस लाग तुम्हारें, काहे न बोलहु बचनु सँभारें.
देहु उतरु अनु करहु कि नाहीं, सत्यसंध तुम्ह रघुकुल माहीं.
देन कहेहु अब जनि बरु देहू, तजहु सत्य जग अपजसु लेहू.
सत्य सराहि कहेहु बरु देना, जानेहु लेइहि मागि चबेना.
सिबि दधीचि बलि जो कछु भाषा, तनु धनु तजेउ बचन पनु राखा.
अति कटु बचन कहति कैकेई, मानहुँ लोन जरे पर देई.

दोहा-dohā:

धरम धुरंधर धीर धरि नयन उघारे रायँ,
सिरु धुनि लीन्हि उसास असि मारेसि मोहि कुठायँ.३०.

चौपाई-caupāī:

आगें दीखि जरत रिस भारी, मनहुँ रोष तरवारि उघारी.
मूठि कुबुद्धि धार निठुराई, धरी कूबरीं सान बनाई.
लखी महीप कराल कठोरा, सत्य कि जीवनु लेइहि मोरा.
बोले राउ कठिन करि छाती, बानी सबिनय तासु सोहाती.
प्रिया बचन कस कहसि कुभाँती, भीर प्रतीति प्रीति करि हाँती.
मोरें भरतु रामु दुइ आँखी, सत्य कहउँ करि संकरू साखी.
अवसि दूतु मैं पठइब प्राता, ऐहहिं बेगि सुनत दोउ भ्राता.
सुदिन सोधि सबु साजु सजाई, देउँ भरत कहुँ राजु बजाई.

दोहा-dohā:

लोभु न रामहि राजु कर बहुत भरत पर प्रीति,
मैं बड़ छोट बिचारि जियँ करत रहेउँ नृपनीति.३१.

चौपाई-caupāī:

राम सपथ सत कहउँ सुभाऊ, राममातु कछु कहेउ न काऊ.
मैं सबु कीन्ह तोहि बिनु पूँछें, तेहि तें परेउ मनोरथु छूछें.
रिस परिहरू अब मंगल साजू, कछु दिन गएँ भरत जुबराजू.
एकहि बात मोहि दुखु लागा, बर दूसर असमंजस मागा.
अजहूँ हृदय जरत तेहि आँचा, रिस परिहास कि साँचेहुँ साँचा.
कहु तजि रोषु राम अपराधू, सबु कोउ कहइ रामु सुठि साधू.
तुहूँ सराहसि करसि सनेहू, अब सुनि मोहि भयउ संदेहू.
जासु सुभाउ अरिहि अनुकूला, सो किमि करिहि मातु प्रतिकूला.

दोहा-dohā:

प्रिया हास रिस परिहरहि मागु बिचारि बिबेकु,
जेहिं देखौं अब नयन भरि भरत राज अभिषेकु.३२.

चौपाई-caupāī:

जिऐ मीन बरू बारि बिहीना, मनि बिनु फनिकु जिऐ दुख दीना.
कहउँ सुभाउ न छलु मन माहीं, जीवनु मोर राम बिनु नाहीं.
समुझि देखु जियँ प्रिया प्रबीना, जीवनु राम दरस आधीना.
सुनि मृदु बचन कुमति अति जरई, मनहुँ अनल आहुति घृत परई.
कहइ करहु किन कोटि उपाया, इहाँ न लागिहि राउरि माया.
देहु कि लेहु अजसु करि नाहीं, मोहि न बहुत प्रपंच सोहाहीं.
रामु साधु तुम्ह साधु सयाने, राममातु भलि सब पहिचाने.
जस कौसिलाँ मोर भल ताका, तस फलु उन्हहि देउँ करि साका.

दोहा-dohā:

होत प्रातु मुनिबेष धरि जौं न रामु बन जाहिं,
मोर मरनु राउर अजस नृप समुझिअ मन माहिं.३३.

चौपाई-caupāī:

अस कहि कुटिल भई उठि ठाढ़ी, मानहुँ रोष तरंगिनि बाढ़ी.
पाप पहार प्रगट भइ सोई, भरी क्रोध जल जाइ न जोई.
दोउ बर कूल कठिन हठ धारा, भवँर कूबरी बचन प्रचारा.
ढाहत भूपरूप तरु मूला, चली बिपति बारिधि अनुकूला.
लखी नरेस बात फुरि साँची, तिय मिस मीचु सीस पर नाची.
गहि पद बिनय कीन्ह बैठारी, जनि दिनकर कुल होसि कुठारी.
मागु माथ अबहीं देउँ तोही, राम बिरहँ जनि मारसि मोही.
राखु राम कहुँ जेहि तेहि भाँती, नाहिं त जरिहि जनम भरि छाती.

दोहा-dohā:

देखी ब्याधि असाध नृपु परेउ धरनि धुनि माथ,
कहत परम आरत बचन राम राम रघुनाथ.३४.

चौपाई-caupāī:

ब्याकुल राउ सिथिल सब गाता, करिनि कलपतरु मनहुँ निपाता.
कंठु सूख मुख आव न बानी, जनु पाठीनु दीन बिनु पानी.
पुनि कह कटु कठोर कैकेई, मनहुँ घाय महुँ माहुर देई.
जौं अंतहुँ अस करतबु रहेऊ, मागु मागु तुम्ह केहिं बल कहेऊ.
दुइ कि होइ एक समय भुआला, हँसब ठठाइ फुलाउब गाला.
दानि कहाउब अरु कृपनाई, होइ कि खेम कुसल रौताई.
छाड़हु बचनु कि धीरजु धरहू, जनि अबला जिमि करुना करहू.
तनु तिय तनय धामु धनु धरनी, सत्यसंध कहुँ तृन सम बरनी.

दोहा-dohā:

मरम बचन सुनि राउ कह कहु कछु दोषु न तोर,
लागेउ तोहि पिसाच जिमि कालु कहावत मोर.३५.

चौपाई-caupāī:

चहत न भरत भूपतहि भोरें, बिधि बस कुमति बसी जिय तोरें.
सो सबु मोर पाप परिनामू, भयउ कुठाहर जेहिं बिधि बामू.
सुबस बसिहि फिरि अवध सुहाई, सब गुन धाम राम प्रभुताई.
करिहहिं भाइ सकल सेवकाई, होइहि तिहुँ पुर राम बड़ाई.
तोर कलंकु मोर पछिताऊ, मुएहुँ न मिटिहि न जाइहि काऊ.
अब तोहि नीक लाग करु सोई, लोचन ओट बैठु मुहु गोई.
जब लगि जिऔं कहउँ कर जोरी, तब लगि जनि कछु कहसि बहोरी.
फिरि पछितैहसि अंत अभागी, मारसि गाइ नहारु लागी.

दोहा-dohā:

परेउ राउ कहि कोटि बिधि काहे करसि निदानु,
कपट सयानि न कहति कछु जागति मनहुँ मसानु.३६.

चौपाई-caupāī:

राम राम रट बिकल भुआलू, जनु बिनु पंख बिहंग बेहालू.
हृदयँ मनाव भोरु जनि होई, रामहि जाइ कहै जनि कोई.
उदउ करहु जनि रबि रघुकुल गुर, अवध बिलोकि सूल होइहि उर.
भूप प्रीति कैकइ कठिनाई, उभय अवधि बिधि रची बनाई.
बिलपत नृपहि भयउ भिनुसारा, बीना बेनु संख धुनि द्वारा.
पढ़हिं भाट गुन गावहिं गायक, सुनत नृपहि जनु लागहिं सायक.
मंगल सकल सोहाहिं न कैसें, सहगामिनिहि बिभूषन जैसें.
तेहिं निसि नीद परी नहिं काहू, राम दरस लालसा उछाहू.

दोहा-dohā:

द्वार भीर सेवक सचिव कहहिं उदित रबि देखि,
जागेउ अजहुँ न अवधपति कारनु कवनु बिसेषि.३७.

चौपाई-caupāī:

पछिले पहर भूपु नित जागा, आजु हमहि बड़ अचरजु लागा.
जाहु सुमंत्र जगावहु जाई, कीजिअ काजु रजायसु पाई.
गए सुमंत्रु तब राउर माहीं, देखि भयावन जात डेराहीं.
धाइ खाइ जनु जाइ न हेरा, मानहुँ बिपति बिषाद बसेरा.
पूछें कोउ न ऊतरु देई, गए जेहिं भवन भूप कैकेई.
कहि जयजीव बैठ सिरु नाई, देखि भूप गति गयउ सुखाई.
सोच बिकल बिबरन महि परेऊ, मानहुँ कमल मूलु परिहरेऊ.
सचिउ सभीत सकइ नहिं पूछी, बोली असुभ भरी सुभ छूछी.

दोहा-dohā:

परी न राजहि नीद निसि हेतु जान जगदीसु,
रामु रामु रटि भोरु किय कहइ न मरमु महीसु.३८.

चौपाई-caupāī:

आनहु रामहि बेगि बोलाई, समाचार तब पूँछेहु आई.
चलेउ सुमंत्रु राय रूख जानी, लखी कुचालि कीन्हि कछु रानी.
सोच बिकल मग परइ न पाऊ, रामहि बोलि कहिहि का राऊ.
उर धरि धीरजु गयउ दुआरें, पूँछहिं सकल देखि मनु मारें.
समाधानु करि सो सबही का, गयउ जहाँ दिनकर कुल टीका.
राम सुमंत्रहि आवत देखा, आदरु कीन्ह पिता सम लेखा.
निरखि बदनु कहि भूप रजाई, रघुकुलदीपहि चलेउ लेवाई.
रामु कुभाँति सचिव सँग जाहीं, देखि लोग जहँ तहँ बिलखाहीं.

दोहा-dohā:

जाइ दीख रघुबंसमनि नरपति निपट कुसाजु,
सहमि परेउ लखि सिंघिनिहि मनहुँ बृद्ध गजराजु.३९.

चौपाई-caupāī:

सूखहिं अधर जरइ सबु अंगू, मनहुँ दीन मनिहीन भुअंगू.
सरुष समीप दीखि कैकेई, मानहुँ मीचु घरीं गनि लेई.
करुनामय मृदु राम सुभाऊ, प्रथम दीख दुखु सुना न काऊ.
तदपि धीर धरि समउ बिचारी, पूँछी मधुर बचन महतारी.
मोहि कहु मातु तात दुख कारन, करिअ जतन जेहिं होइ निवारन.
सुनहु राम सबु कारन एहू, राजहि तुम्ह पर बहुत सनेहू.
देन कहेन्हि मोहि दुइ बरदाना, मागेउँ जो कछु मोहि सोहाना.
सो सुनि भयउ भूप उर सोचू, छाड़ि न सकहिं तुम्हार सँकोचू.

दोहा-dohā:

सुत सनेहु इत बचनु उत संकट परेउ नरेसु,
सकहु न आयसु धरहु सिर मेटहु कठिन कलेसु.४०.

चौपाई-caupāī:

निधरक बैठि कहइ कटु बानी, सुनत कठिनता अति अकुलानी.
जीभ कमान बचन सर नाना, मनहुँ महिप मृदु लच्छ समाना.
जनु कठोरपनु धरें सरीरू, सिखइ धनुषबिद्या बर बीरू.
सबु प्रसंगु रघुपतिहि सुनाई, बैठि मनहुँ तनु धरि निठुराई.
मन मुसुकाइ भानुकुल भानू, रामु सहज आनंद निधानू.
बोले बचन बिगत सब दूषन, मृदु मंजुल जनु बाग बिभूषन.
सुनु जननी सोइ सुतु बड़भागी, जो पितु मातु बचन अनुरागी.
तनय मातु पितु तोषनिहारा, दुर्लभ जननि सकल संसारा.

दोहा-dohā:

मुनिगन मिलनु बिसेषि बन सबहि भाँति हित मोर,
तेहि महँ पितु आयसु बहुरि संमत जननी तोर.४१.

चौपाई-caupāī:

भरतु प्रानप्रिय पावहिं राजू, बिधि सब बिधि मोहि सनमुख आजू.
जौं न जाउँ बन ऐसेहु काजा, प्रथम गनिअ मोहि मूढ़ समाजा.
सेवहिं अरँडु कलपतरु त्यागी, परिहरि अमृत लेहिं बिषु मागी.
तेउ न पाइ अस समउ चुकाहीं, देखु बिचारि मातु मन माहीं.
अंब एक दुखु मोहि बिसेषी, निपट बिकल नरनायकु देखी.
थोरिहिं बात पितहि दुख भारी, होति प्रतीति न मोहि महतारी.
राउ धीर गुन उदधि अगाधू, भा मोहि तें कछु बड़ अपराधू.
जातें मोहि न कहत कछु राऊ, मोरि सपथ तोहि कहु सतिभाऊ.

दोहा-dohā:

सहज सरल रघुबर बचन कुमति कुटिल करि जान,
चलइ जोंक जल बक्रगति जद्यपि सलिलु समान.४२.

चौपाई-caupāī:

रहसी रानि राम रुख पाई, बोली कपट सनेहु जनाई.
सपथ तुम्हार भरत कै आना, हेतु न दूसर मैं कछु जाना.
तुम्ह अपराध जोगु नहिं ताता, जननी जनक बंधु सुखदाता.
राम सत्य सबु जो कछु कहहू, तुम्ह पितु मातु बचन रत अहहू.
पितहि बुझाइ कहहु बलि सोई, चौथेंपन जेहिं अजसु न होई.
तुम्ह सम सुअन सुकृत जेहिं दीन्हे, उचित न तासु निरादरु कीन्हे.
लागहिं कुमुख बचन सुभ कैसे, मगहँ गयादिक तीरथ जैसे.

रामहि मातु बचन सब भाए, जिमि सुरसरि गत सलिल सुहाए.

दोहा-dohā:

गइ मुरुछा रामहि सुमिरि नृप फिरि करवट लीन्ह,
सचिव राम आगमन कहि बिनय समय सम कीन्ह.४३.

चौपाई-caupāi:

अवनिप अकनि रामु पगु धारे, धरि धीरजु तब नयन उघारे.
सचिवँ सँभारि राउ बैठारे, चरन परत नृप रामु निहारे.
लिए सनेह बिकल उर लाई, गै मनि मनहुँ फनिक फिरि पाई.
रामहि चितइ रहेउ नरनाहू, चला बिलोचन बारि प्रबाहू.
सोक बिबस कछु कहै न पारा, हृदयँ लगावत बारहिं बारा.
बिधिहि मनाव राउ मन माहीं, जेहिं रघुनाथ न कानन जाहीं.
सुमिरि महेसहि कहइ निहोरी, बिनती सुनहु सदासिव मोरी.
आसुतोष तुम्ह अवढर दानी, आरति हरहु दीन जनु जानी.

दोहा-dohā:

तुम्ह प्रेरक सब के हृदयँ सो मति रामहि देहु,
बचनु मोर तजि रहहिं घर परिहरि सीलु सनेहु.४४.

चौपाई-caupāi:

अजसु होउ जग सुजसु नसाऊ, नरक परौं बरु सुरपुरु जाऊ.
सब दुख दुसह सहावहु मोही, लोचन ओट रामु जनि होंही.
अस मन गुनइ राउ नहिं बोला, पीपर पात सरिस मनु डोला.
रघुपति पितहि प्रेमबस जानी, पुनि कछु कहिहि मातु अनुमानी.
देस काल अवसर अनुसारी, बोले बचन बिनीत बिचारी.
तात कहउँ कछु करउँ ढिठाई, अनुचितु छमब जानि लरिकाई.
अति लघु बात लागि दुखु पावा, काहुँ न मोहि कहि प्रथम जनावा.
देखि गोसाइँहि पूँछिउँ माता, सुनि प्रसंगु भए सीतल गाता.

दोहा-dohā:

मंगल समय सनेह बस सोच परिहरिअ तात,
आयसु देइअ हरषि हियँ कहि पुलके प्रभु गात.४५.

चौपाई-caupāi:

धन्य जनमु जगतीतल तासू, पितहि प्रमोदु चरित सुनि जासू.
चारि पदारथ करतल ताकें, प्रिय पितु मातु प्रान सम जाकें.
आयसु पालि जनम फलु पाई, ऐहउँ बेगिहिं होउ रजाई.
बिदा मातु सन आवउँ मागी, चलिहउँ बनहि बहुरि पग लागी.
अस कहि राम गवनु तब कीन्हा, भूप सोक बस उतरु न दीन्हा.
नगर ब्यापि गइ बात सुतीछी, छुअत चढ़ी जनु सब तन बीछी.
सुनि भए बिकल सकल नर नारी, बेलि बिटप जिमि देखि दवारी.
जो जहँ सुनइ धुनइ सिरु सोई, बड़ बिषादु नहिं धीरजु होई.

दोहा-dohā:

मुख सुखाहिं लोचन स्रवहिं सोकु न हृदयँ समाइ,
मनहुँ करुन रस कटकई उतरी अवध बजाइ.४६.

चौपाई-caupāi:

मिलेहि माझ बिधि बात बेगारी, जहँ तहँ देहिं कैकइहि गारी.
एहि पापिनिहि बूझि का परेऊ, छाइ भवन पर पावकु धरेऊ.
निज कर नयन काढ़ि चह दीखा, डारि सुधा बिषु चाहत चीखा.
कुटिल कठोर कुबुद्धि अभागी, भइ रघुबंस बेनु बन आगी.
पालव बैठि पेड़ु एहिं काटा, सुख महुँ सोक ठाटु धरि ठाटा.
सदा रामु एहि प्रान समाना, कारन कवन कुटिलपनु ठाना.
सत्य कहहिं कबि नारि सुभाऊ, सब बिधि अगहु अगाध दुराऊ.
निज प्रतिबिंबु बरुकु गहि जाई, जानि न जाइ नारि गति भाई.

दोहा-dohā:

काह न पावकु जारि सक का न समुद्र समाइ,
का न करै अबला प्रबल केहि जग कालु न खाइ.४७.

चौपाई-caupāi:

का सुनाइ बिधि काह सुनावा, का देखाइ चह काह देखावा.
एक कहहिं भल भूप न कीन्हा, बरु बिचारि नहिं कुमतिहि दीन्हा.
जो हठि भयउ सकल दुख भाजनु, अबला बिबस ग्यानु गुनु गा जनु.
एक धरम परमिति पहिचाने, नृपहि दोसु नहिं देहिं सयाने.
सिबि दधीचि हरिचंद कहानी, एक एक सन कहहिं बखानी.
एक भरत कर संमत कहहीं, एक उदास भायँ सुनि रहहीं.
कान मूदि कर रद गहि जीहा, एक कहहिं यह बात अलीहा.
सुकृत जाहिं अस कहत तुम्हारे, रामु भरत कहुँ प्रानपिआरे.

दोहा-dohā:

चंदु चवै बरु अनल कन सुधा होइ बिषतूल,
सपनेहुँ कबहुँ न करहिं किछु भरतु राम प्रतिकूल.४८.

चौपाई-caupāi:

एक बिधातहि दूषनु देहीं, सुधा देखाइ दीन्ह बिषु जेहीं.
खरभरु नगर सोचु सब काहू, दुसह दाहु उर मिटा उछाहू.
बिप्रबधू कुलमान्य जठेरी, जे प्रिय परम कैकई केरी.
लगीं देन सिख सीलु सराही, बचन बानसम लागहिं ताही.
भरतु न मोहि प्रिय राम समाना, सदा कहहु यहु सबु जगु जाना.
करहु राम पर सहज सनेहू, केहिं अपराध आजु बनु देहू.
कबहुँ न कियहु सवति आरेसू, प्रीति प्रतीति जान सबु देसू.
कौसल्याँ अब काह बिगारा, तुम्ह जेहि लागि बज्र पुर पारा.

दोहा-dohā:

सीय कि पिय सँगु परिहरिहि लखनु कि रहिहहिं धाम,
राजु कि भूँजब भरत पुर नृपु कि जिइहि बिनु राम.४९.

चौपाई-caupāi:

अस बिचारि उर छाड़हु कोहू, सोक कलंक कोठि जनि होहू.
भरतहि अवसि देहु जुबराजू, कानन काह राम कर काजू.
नाहिन रामु राज के भूखे, धरम धुरीन बिषय रस रूखे.
गुर गृह बसहुँ रामु तजि गेहू, नृप सन अस बरु दूसर लेहू.
जौं नहिं लगिहहु कहें हमारे, नहिं लागिहि कछु हाथ तुम्हारे.
जौं परिहास कीन्हि कछु होई, तौ कहि प्रगट जनावहु सोई.
राम सरिस सुत कानन जोगू, काह कहिहि सुनि तुम्ह कहुँ लोगू.
उठहु बेगि सोइ करहु उपाई, जेहि बिधि सोकु कलंकु नसाई.

छंद-chamda:

जेहि भाँति सोकु कलंकु जाइ उपाय करि कुल पालही,
हठि फेरु रामहि जात बन जनि बात दूसरि चालही.
जिमि भानु बिनु दिनु प्रान बिनु तनु चंद बिनु जिमि जामिनी,
तिमि अवध तुलसीदास प्रभु बिनु समुझि धौं जियँ भामिनी.

सोरठा-soraṭhā:

सखिन्ह सिखावनु दीन्ह सुनत मधुर परिनाम हित,
तेइँ कछु कान न कीन्ह कुटिल प्रबोधी कूबरी.५०.

चौपाई-caupāī:

उतरु न देइ दुसह रिस रूखी, मृगिन्ह चितव जनु बाघिनि भूखी.
ब्याधि असाधि जानि तिन्ह त्यागी, चलीं कहत मतिमंद अभागी.
राजु करत यह दैअँ बिगोई, कीन्हेसि अस जस करइ न कोई.
एहि बिधि बिलपहिं पुर नर नारीं, देहिं कुचालिहि कोटिक गारीं.
जरहिं बिषम जर लेहिं उसासा, कवनि राम बिनु जीवन आसा.
बिपुल बियोग प्रजा अकुलानी, जनु जलचर गन सूखत पानी.
अति बिषाद बस लोग लोगाईं, गए मातु पहिं रामु गोसाईं.
मुख प्रसन्न चित चौगुन चाऊ, मिटा सोचु जनि राखै राऊ.

दोहा-dohā:

नव गयंदु रघुबीर मनु राजु अलान समान,
छूट जानि बन गवनु सुनि उर अनंदु अधिकान.५१.

चौपाई-caupāī:

रघुकुलतिलक जोरि दोउ हाथा, मुदित मातु पद नायउ माथा.
दीन्हि असीस लाइ उर लीन्हे, भूषन बसन निछावरि कीन्हे.
बार बार मुख चुंबति माता, नयन नेह जलु पुलकित गाता.
गोद राखि पुनि हृदयँ लगाए, स्रवत प्रेमरस पयद सुहाए.
प्रेमु प्रमोदु न कछु कहि जाई, रंक धनद पदबी जनु पाई.
सादर सुंदर बदनु निहारी, बोली मधुर बचन महतारी.
कहहु तात जननी बलिहारी, कबहिं लगन मुद मंगलकारी.
सुकृत सील सुख सीवँ सुहाई, जनम लाभ कइ अवधि अघाई.

दोहा-dohā:

जेहि चाहत नर नारि सब अति आरत एहि भाँति,
जिमि चातक चातकि तृषित बृष्टि सरद रितु स्वाति.५२.

चौपाई-caupāī:

तात जाउँ बलि बेगि नहाहू, जो मन भाव मधुर कछु खाहू.
पितु समीप तब जाएहु भैआ, भइ बड़ि बार जाइ बलि मैआ.
मातु बचन सुनि अति अनुकूला, जनु सनेह सुरतरु के फूला.
सुख मकरंद भरे श्रियमूला, निरखि राम मनु भवरुँ न भूला.
धरम धुरीन धरम गति जानी, कहेउ मातु सन अति मृदु बानी.
पिताँ दीन्ह मोहि कानन राजू, जहँ सब भाँति मोर बड़ काजू.
आयसु देहि मुदित मन माता, जेहिं मुद मंगल कानन जाता.
जनि सनेह बस डरपसि भोरें, आनँदु अंब अनुग्रह तोरें.

दोहा-dohā:

बरष चारिदस बिपिन बसि करि पितु बचन प्रमान,
आइ पाय पुनि देखिहउँ मनु जनि करसि मलान.५३.

चौपाई-caupāī:

बचन बिनीत मधुर रघुबर के, सर सम लगे मातु उर करके.
सहमि सूखि सुनि सीतलि बानी, जिमि जवास परें पावस पानी.
कहि न जाइ कछु हृदय बिषादू, मनहुँ मृगी सुनि केहरि नादू.
नयन सजल तन थर थर काँपी, माजहि खाइ मीन जनु मापी.
धरि धीरजु सुत बदनु निहारी, गदगद बचन कहति महतारी.
तात पितहि तुम्ह प्रानपिआरे, देखि मुदित नित चरित तुम्हारे.
राजु देन कहुँ सुभ दिन साधा, कहेउ जान बन केहिं अपराधा.
तात सुनावहु मोहि निदानू, को दिनकर कुल भयउ कृसानू.

दोहा-dohā:

निरखि राम रुख सचिवसुत कारनु कहेउ बुझाइ,
सुनि प्रसंगु रहि मूक जिमि दसा बरनि नहिं जाइ.५४.

चौपाई-caupāī:

राखि न सकइ न कहि सक जाहू, दुहूँ भाँति उर दारुन दाहू.
लिखत सुधाकर गा लिखि राहू, बिधि गति बाम सदा सब काहू.
धरम सनेह उभयँ मति घेरी, भइ गति साँप छुछुंदरि केरी.
राखउँ सुतहि करउँ अनुरोधू, धरमु जाइ अरु बंधु बिरोधू.
कहउँ जान बन तौ बड़ि हानी, संकट सोच बिबस भइ रानी.
बहुरि समुझि तिय धरमु सयानी, रामु भरतु दोउ सुत सम जानी.
सरल सुभाउ राम महतारी, बोली बचन धीर धरि भारी.
तात जाउँ बलि कीन्हेहु नीका, पितु आयसु सब धरमक टीका.

दोहा-dohā:

राजु देन कहि दीन्ह बनु मोहि न सो दुख लेसु,
तुम्ह बिनु भरतहि भूपतिहि प्रजहि प्रचंड कलेसु.५५.

चौपाई-caupāī:

जौं केवल पितु आयसु ताता, तौ जनि जाहु जानि बड़ि माता.
जौं पितु मातु कहेउ बन जाना, तौ कानन सत अवध समाना.
पितु बनदेव मातु बनदेवी, खग मृग चरन सरोरुह सेवी.
अंतहुँ उचित नृपहिं बनबासू, बय बिलोकि हियँ होइ हराँसू.
बड़भागी बनु अवध अभागी, जो रघुबंसतिलक तुम्ह त्यागी.
जौं सुत कहौं संग मोहि लेहू, तुम्हरे हृदयँ होइ संदेहू.
पूत परम प्रिय तुम्ह सबही के, प्रान प्रान के जीवन जी के.
ते तुम्ह कहहु मातु बन जाऊँ, मैं सुनि बचन बैठि पछिताऊँ.

दोहा-dohā:

यह बिचारि नहिं करउँ हठ झूठ सनेहु बढ़ाइ,
मानि मातु कर नात बलि सुरति बिसरि जनि जाइ.५६.

चौपाई-caupāī:

देव पितर सब तुम्हहि गोसाईं, राखहुँ पलक नयन की नाईं.
अवधि अंबु प्रिय परिजन मीना, तुम्ह करुनाकर धरम धुरीना.
अस बिचारि सोइ करहु उपाई, सबहि जिअत जेहिं भेंटहु आई.
जाहु सुखेन बनहि बलि जाऊँ, करि अनाथ जन परिजन गाऊँ.
सब कर आजु सुकृत फल बीता, भयउ कराल कालु बिपरीता.
बहुबिधि बिलपि चरन लपटानी, परम अभागिनि आपुहि जानी.
दारुन दुसह दाहु उर ब्यापा, बरनि न जाहिं बिलाप कलापा.
राम उठाइ मातु उर लाई, कहि मृदु बचन बहुरि समुझाई.

दोहा-dohā:

समाचार तेहि समय सुनि सीय उठी अकुलाइ,
जाइ सासु पद कमल जुग बंदि बैठि सिरु नाइ.५७.

चौपाई-caupāī:

दीन्हि असीस सासु मृदु बानी, अति सुकुमारि देखि अकुलानी.
बैठि नमितमुख सोचति सीता, रूप रासि पति प्रेम पुनीता.
चलन चहत बन जीवननाथू, केहि सुकृती सन होइहि साथू.
की तनु प्रान कि केवल प्राना, बिधि करतबु कछु जाइ न जाना.
चारु चरन नख लेखति धरनी, नूपुर मुखर मधुर कबि बरनी.

मनहुँ प्रेम बस बिनती करहीं, हमहि सीय पद जनि परिहरहीं.
मंजु बिलोचन मोचति बारी, बोली देखि राम महतारी.
तात सुनहु सिय अति सुकुमारी, सासु ससुर परिजनहि पिआरी.

दोहा-dohā:

पिता जनक भूपाल मनि ससुर भानुकुल भानु,
पति रबिकुल कैरव बिपिन बिधु गुन रूप निधानु.५८.

चौपाई-caupāi:

मैं पुनि पुत्रबधू प्रिय पाई, रूप रासि गुन सील सुहाई.
नयन पुतरि करि प्रीति बढ़ाई, राखेउँ प्रान जानकिहिं लाई.
कलपबेलि जिमि बहुबिधि लाली, सींचि सनेह सलिल प्रतिपाली.
फूलत फलत भयउ बिधि बामा, जानि न जाइ काह परिनामा.
पलँग पीठ तजि गोद हिंडोरा, सियँ न दीन्ह पगु अवनि कठोरा.
जिअनमूरि जिमि जोगवत रहऊँ, दीप बाति नहिं टारन कहऊँ.
सोइ सिय चलन चहति बन साथा, आयसु काह होइ रघुनाथा.
चंद किरन रस रसिक चकोरी, रबि रुख नयन सकइ किमि जोरी.

दोहा-dohā:

करि केहरि निसिचर चरहिं दुष्ट जंतु बन भूरि,
बिष बाटिकाँ कि सोह सुत सुभग सजीवनि मूरि.५९.

चौपाई-caupāi:

बन हित कोल किरात किसोरी, रचीं बिरंचि बिषय सुख भोरी.
पाहनकृमि जिमि कठिन सुभाऊ, तिन्हहि कलेसु न कानन काऊ.
कै तापस तिय कानन जोगू, जिन्ह तप हेतु तजा सब भोगू.
सिय बन बसिहि तात केहि भाँती, चित्रलिखित कपि देखि डेराती.
सुरसर सुभग बनज बन चारी, डाबर जोगु कि हंसकुमारी.
अस बिचारि जस आयसु होई, मैं सिख देउँ जानकिहि सोई.
जौं सिय भवन रहै कह अंबा, मोहि कहँ होइ बहुत अवलंबा.
सुनि रघुबीर मातु प्रिय बानी, सील सनेह सुधाँ जनु सानी.

दोहा-dohā:

कहि प्रिय बचन बिबेकमय कीन्हि मातु परितोष,
लगे प्रबोधन जानकिहि प्रगटि बिपिन गुन दोष.६०.

मासपारायण चौदहवाँ विश्राम

चौपाई-caupāi:

मातु समीप कहत सकुचाहीं, बोले समउ समुझि मन माहीं.
राजकुमारि सिखावनु सुनहू, आन भाँति जियँ जनि कछु गुनहू.
आपन मोर नीक जौं चहहू, बचनु हमार मानि गृह रहहू.
आयसु मोर सासु सेवकाई, सब बिधि भामिनि भवन भलाई.
एहि ते अधिक धरमु नहिं दूजा, सादर सासु ससुर पद पूजा.
जब जब मातु करिहि सुधि मोरी, होइहि प्रेम बिकल मति भोरी.
तब तब तुम्ह कहि कथा पुरानी, सुंदरि समुझाएहु मृदु बानी.
कहउँ सुभायँ सपथ सत मोही, सुमुखि मातु हित राखउँ तोही.

दोहा-dohā:

गुर श्रुति संमत धरम फलु पाइअ बिनहिं कलेस,
हठ बस सब संकट सहे गालव नहुष नरेस.६१.

चौपाई-caupāi:

मैं पुनि करि प्रवान पितु बानी, बेगि फिरब सुनु सुमुखि सयानी.
दिवस जात नहिं लागिहि बारा, सुंदरि सिखवनु सुनहु हमारा.
जौं हठ करहु प्रेम बस बामा, तौ तुम्ह दुखु पाउब परिनामा.
काननु कठिन भयंकरु भारी, घोर घामु हिम बारि बयारी.
कुस कंटक मग काँकर नाना, चलब पयादेहिं बिनु पदत्राना.
चरन कमल मृदु मंजु तुम्हारे, मारग अगम भूमिधर भारे.
कंदर खोह नदीं नद नारे, अगम अगाध न जाहिं निहारे.
भालु बाघ बृक केहरि नागा, करहिं नाद सुनि धीरजु भागा.

दोहा-dohā:

भूमि सयन बलकल बसन असनु कंद फल मूल,
ते कि सदा सब दिन मिलहिं सबुइ समय अनुकूल.६२.

चौपाई-caupāi:

नर अहार रजनीचर चरहीं, कपट बेष बिधि कोटिक करहीं.
लागइ अति पहार कर पानी, बिपिन बिपति नहिं जाइ बखानी.
ब्याल कराल बिहग बन घोरा, निसिचर निकर नारि नर चोरा.
डरपहिं धीर गहन सुधि आएँ, मृगलोचनि तुम्ह भीरु सुभाएँ.
हंसगवनि तुम्ह नहिं बन जोगू, सुनि अपजसु मोहि देइहि लोगू.
मानस सलिल सुधाँ प्रतिपाली, जिअइ कि लवन पयोधि मराली.
नव रसाल बन बिहरनसीला, सोह कि कोकिल बिपिन करीला.
रहहु भवन अस हृदयँ बिचारी, चंदबदनि दुखु कानन भारी.

दोहा-dohā:

सहज सुहृद गुर स्वामि सिख जो न करइ सिर मानि,
सो पछिताइ अघाइ उर अवसि होइ हित हानि.६३.

चौपाई-caupāi:

सुनि मृदु बचन मनोहर पिय के, लोचन ललित भरे जल सिय के.
सीतल सिख दाहक भइ कैसें, चकइहि सरद चंद निसि जैसें.
उतरु न आव बिकल बैदेही, तजन चहत सुचि स्वामि सनेही.
बरबस रोकि बिलोचन बारी, धरि धीरजु उर अवनिकुमारी.
लागि सासु पग कह कर जोरी, छमबि देबि बड़ि अबिनय मोरी.
दीन्हि प्रानपति मोहि सिख सोई, जेहि बिधि मोर परम हित होई.
मैं पुनि समुझि दीखि मन माहीं, पिय बियोग सम दुखु जग नाहीं.

दोहा-dohā:

प्राननाथ करुनायतन सुंदर सुखद सुजान,
तुम्ह बिनु रघुकुल कुमुद बिधु सुरपुर नरक समान.६४.

चौपाई-caupāi:

मातु पिता भगिनी प्रिय भाई, प्रिय परिवारु सुहृद समुदाई.
सासु ससुर गुर सजन सहाई, सुत सुंदर सुसील सुखदाई.
जहँ लगि नाथ नेह अरु नाते, पिय बिनु तियहि तरनिहु ते ताते.
तनु धनु धामु धरनि पुर राजू, पति बिहीन सबु सोक समाजू.
भोग रोगसम भूषन भारू, जम जातना सरिस संसारू.
प्राननाथ तुम्ह बिनु जग माहीं, मो कहुँ सुखद कतहुँ कछु नाहीं.
जिय बिनु देह नदी बिनु बारी, तैसिअ नाथ पुरुष बिनु नारी.
नाथ सकल सुख साथ तुम्हारें, सरद बिमल बिधु बदनु निहारें.

दोहा-dohā:

खग मृग परिजन नगरु बनु बलकल बिमल दुकूल,
नाथ साथ सुरसदन सम परनसाल सुख मूल.६५.

चौपाई-caupāi:

बनदेबीं बनदेव उदारा, करिहहिं सासु ससुर सम सारा.

कुस किसलय साथरी सुहाई, प्रभु सँग मंजु मनोज तुराई.
कंद मूल फल अमिअ अहारू, अवध सौध सत सरिस पहारू.
छिनु छिनु प्रभु पद कमल बिलोकी, रहिहउँ मुदित दिवस जिमि कोकी.
बन दुख नाथ कहे बहुतेरे, भय बिषाद परिताप घनेरे.
प्रभु बियोग लवलेस समाना, सब मिलि होहिं न कृपानिधाना.
अस जियँ जानि सुजान सिरोमनि, लेइअ संग मोहि छाड़िअ जनि.
बिनती बहुत करौं का स्वामी, करुनामय उर अंतरजामी.

दोहा-dohā:

राखिअ अवध जो अवधि लगि रहत न जनिअहिं प्रान,
दीनबंधु सुंदर सुखद सील सनेह निधान.६६.

चौपाई-caupāī:

मोहि मग चलत न होइहि हारी, छिनु छिनु चरन सरोज निहारी.
सबहि भाँति पिय सेवा करिहौं, मारग जनित सकल श्रम हरिहौं.
पाय पखारि बैठि तरु छाहीं, करिहउँ बाउ मुदित मन माहीं.
श्रम कन सहित स्याम तनु देखें, कहँ दुख समउ प्रानपति पेखें.
सम महि तृन तरुपल्लव डासी, पाय पलोटिहि सब निसि दासी.
बार बार मृदु मूरति जोही, लागिहि तात बयारि न मोही.
को प्रभु सँग मोहि चितवनिहारा, सिंघबधुहि जिमि ससक सिआरा.
मैं सुकुमारि नाथ बन जोगू, तुम्हहि उचित तप मो कहुँ भोगू.

दोहा-dohā:

ऐसेउ बचन कठोर सुनि जौं न हृदउ बिलगान,
तौ प्रभु बिषम बियोग दुख सहिहहिं पावँर प्रान.६७.

चौपाई-caupāī:

अस कहि सीय बिकल भइ भारी, बचन बियोगु न सकी सँभारी.
देखि दसा रघुपति जियँ जाना, हठि राखें नहिं राखिहि प्राना.
कहेउ कृपाल भानुकुलनाथा, परिहरि सोचु चलहु बन साथा.
नहिं बिषाद कर अवसरु आजू, बेगि करहु बन गवन समाजू.
कहि प्रिय बचन प्रिया समुझाई, लगे मातु पद आसिष पाई.
बेगि प्रजा दुख मेटब आई, जननी निठुर बिसरि जनि जाई.
फिरिहि दसा बिधि बहुरि कि मोरी, देखिहउँ नयन मनोहर जोरी.
सुदिन सुघरी तात कब होइहि, जननी जिअत बदन बिधु जोइहि.

दोहा-dohā:

बहुरि बच्छ कहि लालु कहि रघुपति रघुबर तात,
कबहिं बोलाइ लगाइ हियँ हरषि निरखिहउँ गात.६८.

चौपाई-caupāī:

लखि सनेह कातरि महतारी, बचनु न आव बिकल भइ भारी.
राम प्रबोधु कीन्ह बिधि नाना, समउ सनेहु न जाइ बखाना.
तब जानकी सासु पग लागी, सुनिअ माय मैं परम अभागी.
सेवा समय दैअँ बनु दीन्हा, मोर मनोरथु सफल न कीन्हा.
तजब छोभु जनि छाड़िअ छोहू, करमु कठिन कछु दोसु न मोहू.
सुनि सिय बचन सासु अकुलानी, दसा कवनि बिधि कहौं बखानी.
बारहिं बार लाइ उर लीन्ही, धरि धीरजु सिख आसिष दीन्ही.
अचल होउ अहिवातु तुम्हारा, जब लगि गंग जमुन जल धारा.

दोहा-dohā:

सीतहि सासु असीस सिख दीन्हि अनेक प्रकार,
चली नाइ पद पदुम सिरु अति हित बारहिं बार.६९.

चौपाई-caupāī:

समाचार जब लछिमन पाए, ब्याकुल बिलख बदन उठि धाए.
कंप पुलक तन नयन सनीरा, गहे चरन अति प्रेम अधीरा.
कहि न सकत कछु चितवत ठाढ़े, मीनु दीन जनु जल तें काढ़े.
सोचु हृदयँ बिधि का होनिहारा, सबु सुखु सुकृतु सिरान हमारा.
मो कहुँ काह कहब रघुनाथा, रखिहहिं भवन कि लेहहिं साथा.
राम बिलोकि बंधु कर जोरें, देह गेह सब सन तृनु तोरें.
बोले बचनु राम नय नागर, सील सनेह सरल सुख सागर.
तात प्रेम बस जनि कदराहू, समुझि हृदयँ परिनाम उछाहू.

दोहा-dohā:

मातु पिता गुरु स्वामि सिख सिर धरि करहिं सुभायँ,
लहेउ लाभु तिन्ह जनम कर नतरु जनमु जग जायँ.७०.

चौपाई-caupāī:

अस जियँ जानि सुनहु सिख भाई, करहु मातु पितु पद सेवकाई.
भवन भरतु रिपुसूदनु नाहीं, राउ बृद्ध मम दुखु मन माहीं.
मैं बन जाउँ तुम्हहि लेइ साथा, होइ सबहि बिधि अवध अनाथा.
गुरु पितु मातु प्रजा परिवारू, सब कहुँ परइ दुसह दुख भारू.
रहहु करहु सब कर परितोषू, नतरु तात होइहि बड़ दोषू.
जासु राज प्रिय प्रजा दुखारी, सो नृपु अवसि नरक अधिकारी.
रहहु तात असि नीति बिचारी, सुनत लखनु भए ब्याकुल भारी.
सिअरें बचन सूखि गए कैसें, परसत तुहिन तामरसु जैसें.

दोहा-dohā:

उतरु न आवत प्रेम बस गहे चरन अकुलाइ,
नाथ दासु मैं स्वामि तुम्ह तजहु त काह बसाइ.७१.

चौपाई-caupāī:

दीन्हि मोहि सिख नीकि गोसाईं, लागि अगम अपनी कदराईं.
नरबर धीर धरम धुर धारी, निगम नीति कहुँ ते अधिकारी.
मैं सिसु प्रभु सनेहँ प्रतिपाला, मंदरु मेरु कि लेहिं मराला.
गुर पितु मातु न जानउँ काहू, कहउँ सुभाउ नाथ पतिआहू.
जहँ लगि जगत सनेह सगाई, प्रीति प्रतीति निगम निजु गाई.
मोरें सबइ एक तुम्ह स्वामी, दीनबंधु उर अंतरजामी.
धरम नीति उपदेसिअ ताही, कीरति भूति सुगति प्रिय जाही.
मन क्रम बचन चरन रत होई, कृपासिंधु परिहरिअ कि सोई.

दोहा-dohā:

करुनासिंधु सुबंधु के सुनि मृदु बचन बिनीत,
समुझाए उर लाइ प्रभु जानि सनेहँ सभीत.७२.

चौपाई-caupāī:

मागहु बिदा मातु सन जाई, आवहु बेगि चलहु बन भाई.
मुदित भए सुनि रघुबर बानी, भयउ लाभ बड़ गइ बड़ि हानी.
हरषित हृदयँ मातु पहिं आए, मनहुँ अंध फिरि लोचन पाए.
जाइ जननि पग नायउ माथा, मनु रघुनंदन जानकि साथा.
पूँछे मातु मलिन मन देखी, लखन कही सब कथा बिसेषी.
गई सहमि सुनि बचन कठोरा, मृगी देखि दव जनु चहु ओरा.
लखन लखेउ भा अनरथ आजू, एहिं सनेह बस करब अकाजू.
मागत बिदा सभय सकुचाहीं, जाइ संग बिधि कहिहि कि नाहीं.

दोहा-dohā:

समुझि सुमित्राँ राम सिय रूपु सुसीलु सुभाउ,
नृप सनेहु लखि धुनेउ सिरु पापिनि दीन्ह कुदाउ.७३.

चौपाई-caupāī:

धीरजु धरेउ कुअवसर जानी, सहज सुहृद बोली मृदु बानी.
तात तुम्हारि मातु बैदेही, पिता रामु सब भाँति सनेही.
अवध तहाँ जहँ राम निवासू, तहँइँ दिवसु जहँ भानु प्रकासू.
जौं पै सीय रामु बन जाहीं, अवध तुम्हार काजु कछु नाहीं.
गुर पितु मातु बंधु सुर साईं, सेइअहिं सकल प्रान की नाईं.
रामु प्रानप्रिय जीवन जी के, स्वारथ रहित सखा सबही के.
पूजनीय प्रिय परम जहाँ तें, सब मानिअहिं राम के नातें.
अस जियँ जानि संग बन जाहू, लेहु तात जग जीवन लाहू.

दोहा-dohā:

भूरि भाग भाजनु भयहु मोहि समेत बलि जाउँ,
जौं तुम्हरें मन छाड़ि छलु कीन्ह राम पद ठाउँ.७४.

चौपाई-caupāī:

पुत्रवती जुबती जग सोई, रघुपति भगतु जासु सुतु होई.
नतरु बाँझ भलि बादि बिआनी, राम बिमुख सुत तें हित जानी.
तुम्हरेहिं भाग रामु बन जाहीं, दूसर हेतु तात कछु नाहीं.
सकल सुकृत कर बड़ फलु एहू, राम सीय पद सहज सनेहू.
राग रोषु इरिषा मदु मोहू, जनि सपनेहुँ इन्ह के बस होहू.
सकल प्रकार बिकार बिहाई, मन क्रम बचन करेहु सेवकाई.
तुम्ह कहुँ बन सब भाँति सुपासू, सँग पितु मातु रामु सिय जासू.
जेहिं न रामु बन लहहिं कलेसू, सुत सोइ करेहु इहइ उपदेसू.

छंद-chamda:

उपदेसु यहु जेहिं तात तुम्हरे राम सिय सुख पावहीं,
पितु मातु प्रिय परिवार पुर सुख सुरति बन बिसरावहीं.
तुलसी प्रभुहि सिख देइ आयसु दीन्ह पुनि आसिष दई,
रति होउ अबिरल अमल सिय रघुबीर पद नित नित नई.

सोरठा-soraṭhā:

मातु चरन सिरु नाइ चले तुरत संकित हृदयँ,
बागुर बिषम तोराइ मनहुँ भाग मृगु भाग बस.७५.

चौपाई-caupāī:

गए लखनु जहँ जानकिनाथू, भे मन मुदित पाइ प्रिय साथू.
बंदि राम सिय चरन सुहाए, चले संग नृपमंदिर आए.
कहहिं परसपर पुर नर नारी, भलि बनाइ बिधि बात बिगारी.
तन कृस मन दुखु बदन मलीने, बिकल मनहुँ माखी मधु छीने.
कर मीजहिं सिरु धुनि पछिताहीं, जनु बिन पंख बिहग अकुलाहीं.
भइ बड़ि भीर भूप दरबारा, बरनि न जाइ बिषादु अपारा.
सचिवँ उठाइ राउ बैठारे, कहि प्रिय बचन रामु पगु धारे.
सिय समेत दोउ तनय निहारी, ब्याकुल भयउ भूमिपति भारी.

दोहा-dohā:

सीय सहित सुत सुभग दोउ देखि देखि अकुलाइ,
बारहिं बार सनेह बस राउ लेइ उर लाइ.७६.

चौपाई-caupāī:

सकइ न बोलि बिकल नरनाहू, सोक जनित उर दारुन दाहू.
नाइ सीसु पद अति अनुरागा, उठि रघुबीर बिदा तब मागा.
पितु असीस आयसु मोहि दीजै, हरष समय बिसमउ कत कीजै.
तात किएँ प्रिय प्रेम प्रमादू, जसु जग जाइ होइ अपबादू.
सुनि सनेह बस उठि नरनाहाँ, बैठारे रघुपति गहि बाहाँ.
सुनहु तात तुम्ह कहुँ मुनि कहहीं, रामु चराचर नायक अहहीं.
सुभ अरु असुभ करम अनुहारी, ईसु देइ फलु हृदयँ बिचारी.
करइ जो करम पाव फल सोई, निगम नीति असि कह सबु कोई.

दोहा-dohā:

औरु करै अपराधु कोउ और पाव फल भोगु,
अति बिचित्र भगवंत गति को जग जानै जोगु.७७.

चौपाई-caupāī:

रायँ राम राखन हित लागी, बहुत उपाय किए छलु त्यागी.
लखी राम रुख रहत न जाने, धरम धुरंधर धीर सयाने.
तब नृप सीय लाइ उर लीन्ही, अति हित बहुत भाँति सिख दीन्ही.
कहि बन के दुख दुसह सुनाए, सासु ससुर पितु सुख समुझाए.
सिय मनु राम चरन अनुरागा, घरु न सुगमु बनु बिषमु न लागा.
औरउ सबहिं सीय समुझाई, कहि कहि बिपिन बिपति अधिकाई.
सचिव नारि गुर नारि सयानी, सहित सनेह कहहिं मृदु बानी.
तुम्ह कहुँ तौ न दीन्ह बनबासू, करहु जो कहहिं ससुर गुर सासू.

दोहा-dohā:

सिख सीतलि हित मधुर मृदु सुनि सीतहि न सोहानि,
सरद चंद चंदिनि लगत जनु चकई अकुलानि.७८.

चौपाई-caupāī:

सीय सकुच बस उतरु न देई, सो सुनि तमकि उठी कैकेई.
मुनि पट भूषन भाजन आनी, आगें धरि बोली मृदु बानी.
नृपहि प्रानप्रिय तुम्ह रघुबीरा, सील सनेह न छाड़िहि भीरा.
सुकृतु सुजसु परलोकु नसाऊ, तुम्हहि जान बन कहिहि न काऊ.
अस बिचारि सोइ करहु जो भावा, राम जननि सिख सुनि सुखु पावा.
भूपहि बचन बानसम लागे, करहिं न प्रान पयान अभागे.
लोग बिकल मुरुछित नरनाहू, काह करिअ कछु सूझ न काहू.
रामु तुरत मुनि बेषु बनाई, चले जनक जननिहि सिरु नाई.

दोहा-dohā:

सजि बन साजु समाजु सबु बनिता बंधु समेत,
बंदि बिप्र गुर चरन प्रभु चले करि सबहि अचेत.७९.

चौपाई-caupāī:

निकसि बसिष्ठ द्वार भए ठाढ़े, देखे लोग बिरह दव दाढ़े.
कहि प्रिय बचन सकल समुझाए, बिप्र बृंद रघुबीर बोलाए.
गुर सन कहि बरषासन दीन्हे, आदर दान बिनय बस कीन्हे.
जाचक दान मान संतोषे, मीत पुनीत प्रेम परितोषे.
दासीं दास बोलाइ बहोरी, गुरहि सौंपि बोले कर जोरी.
सब कै सार सँभार गोसाईं, करबि जनक जननी की नाईं.
बारहिं बार जोरि जुग पानी, कहत रामु सब सन मृदु बानी.
सोइ सब भाँति मोर हितकारी, जेहि तें रहै भुआल सुखारी.

दोहा-dohā:

मातु सकल मोरे बिरहँ जेहिं न होहिं दुख दीन,
सोइ उपाउ तुम्ह करेहु सब पुर जन परम प्रबीन.८०.

चौपाई-caupāī:

एहि बिधि राम सबहि समुझावा, गुर पद पदुम हरषि सिरु नावा.
गनपती गौरि गिरीसु मनाई, चले असीस पाइ रघुराई.
राम चलत अति भयउ बिषादू, सुनि न जाइ पुर आरत नादू.
कुसगुन लंक अवध अति सोकू, हरष बिषाद बिबस सुरलोकू.
गइ मुरुछा तब भूपति जागे, बोलि सुमंत्रु कहन अस लागे.
रामु चले बन प्रान न जाहीं, केहि सुख लागि रहत तन माहीं.
एहि तें कवन ब्यथा बलवाना, जो दुखु पाइ तजहिं तनु प्राना.
पुनि धरि धीर कहइ नरनाहू, लै रथु संग सखा तुम्ह जाहू.

दोहा-dohā:

सुठि सुकुमार कुमार दोउ जनकसुता सुकुमारि,
रथ चढ़ाइ देखराइ बनु फिरेहु गएँ दिन चारि.८१.

चौपाई-caupāī:

जौं नहिं फिरहिं धीर दोउ भाई, सत्यसंध दृढ़ब्रत रघुराई.
तौ तुम्ह बिनय करेहु कर जोरी, फेरिअ प्रभु मिथिलेसकिसोरी.
जब सिय कानन देखि डेराई, कहेहु मोरि सिख अवसरु पाई.
सासु ससुर अस कहेउ सँदेसू, पुत्रि फिरिअ बन बहुत कलेसू.
पितुगृह कबहुँ कबहुँ ससुरारी, रहेहु जहाँ रुचि होइ तुम्हारी.
एहि बिधि करेहु उपाय कदंबा, फिरइ त होइ प्रान अवलंबा.
नाहिं त मोर मरनु परिनामा, कछु न बसाइ भएँ बिधि बामा.
अस कहि मुरुछि परा महि राऊ, रामु लखनु सिय आनि देखाऊ.

दोहा-dohā:

पाइ रजायसु नाइ सिरु रथु अति बेग बनाइ,
गयउ जहाँ बाहेर नगर सीय सहित दोउ भाइ.८२.

चौपाई-caupāī:

तब सुमंत्र नृप बचन सुनाए, करि बिनती रथ रामु चढ़ाए.
चढ़ि रथ सीय सहित दोउ भाई, चले हृदयँ अवधहि सिरु नाई.
चलत रामु लखि अवध अनाथा, बिकल लोग सब लागे साथा.
कृपासिंधु बहुबिधि समुझावहिं, फिरहिं प्रेम बस पुनि फिरि आवहिं.
लागति अवध भयावनि भारी, मानहुँ कालराति अँधिआरी.
घोर जंतु सम पुर नर नारी, डरपहिं एकहि एक निहारी.
घर मसान परिजन जनु भूता, सुत हित मीत मनहुँ जमदूता.
बागन्ह बिटप बेलि कुम्हिलाहीं, सरित सरोवर देखि न जाहीं.

दोहा-dohā:

हय गय कोटिन्ह केलिमृग पुरपसु चातक मोर,
पिक रथांग सुक सारिका सारस हंस चकोर.८३.

चौपाई-caupāī:

राम बियोग बिकल सब ठाढ़े, जहँ तहँ मनहुँ चित्र लिखि काढ़े.
नगरु सफल बनु गहबर भारी, खग मृग बिपुल सकल नर नारी.
बिधि कैकई किरातिनि कीन्ही, जेहिं दव दुसह दसहुँ दिसि दीन्ही.
सहि न सके रघुबर बिरहागी, चले लोग सब ब्याकुल भागी.
सबहिं बिचारु कीन्ह मन माहीं, राम लखन सिय बिनु सुखु नाहीं.
जहाँ रामु तहँ सबुइ समाजू, बिनु रघुबीर अवध नहिं काजू.
चले साथ अस मंत्रु दृढ़ाई, सुर दुर्लभ सुख सदन बिहाई.
राम चरन पंकज प्रिय जिन्हही, बिषय भोग बस करहिं कि तिन्हही.

दोहा-dohā:

बालक बृद्ध बिहाइ गृहँ लगे लोग सब साथ,
तमसा तीर निवासु किय प्रथम दिवस रघुनाथ.८४.

चौपाई-caupāī:

रघुपति प्रजा प्रेमबस देखी, सदय हृदयँ दुखु भयउ बिसेषी.
करुनामय रघुनाथ गोसाँई, बेगि पाइअहिं पीर पराई.
कहि सप्रेम मृदु बचन सुहाए, बहुबिधि राम लोग समुझाए.
किए धरम उपदेस घनेरे, लोग प्रेम बस फिरहिं न फेरे.
सीलु सनेहु छाड़ि नहिं जाई, असमंजस बस भे रघुराई.
लोग सोग श्रम बस गए सोई, कछुक देवमायाँ मति मोई.
जबहिं जाम जुग जामिनि बीती, राम सचिव सन कहेउ सप्रीती.
खोज मारि रथु हाँकहु ताता, आन उपायँ बनिहि नहिं बाता.

दोहा-dohā:

राम लखन सिय जान चढ़ि संभु चरन सिरु नाइ,
सचिवँ चलायउ तुरत रथु इत उत खोज दुराइ.८५.

चौपाई-caupāī:

जागे सकल लोग भएँ भोरू, गे रघुनाथ भयउ अति सोरू.
रथ कर खोज कतहुँ नहिं पावहिं, राम राम कहि चहुँ दिसि धावहिं.
मनहुँ बारिनिधि बूड़ जहाजू, भयउ बिकल बड़ बनिक समाजू.
एकहि एक देहिं उपदेसू, तजे राम हम जानि कलेसू.
निंदहिं आपु सराहहिं मीना, धिग जीवनु रघुबीर बिहीना.
जौं पै प्रिय बियोगु बिधि कीन्हा, तौ कस मरनु न मागें दीन्हा.
एहि बिधि करत प्रलाप कलापा, आए अवध भरे परितापा.
बिषम बियोगु न जाइ बखाना, अवधि आस सब राखहिं प्राना.

दोहा-dohā:

राम दरस हित नेम ब्रत लगे करन नर नारि,
मनहुँ कोक कोकी कमल दीन बिहीन तमारि.८६.

चौपाई-caupāī:

सीता सचिव सहित दोउ भाई, सृंगबेरपुर पहुँचे जाई.
उतरे राम देवसरि देखी, कीन्ह दंडवत हरषु बिसेषी.
लखन सचिवँ सियँ किए प्रनामा, सबहि सहित सुखु पायउ रामा.
गंग सकल मुद मंगल मूला, सब सुख करनि हरनि सब सूला.
कहि कहि कोटिक कथा प्रसंगा, रामु बिलोकहिं गंग तरंगा.
सचिवहि अनुजहि प्रियहि सुनाई, बिबुध नदी महिमा अधिकाई.
मज्जनु कीन्ह पंथ श्रम गयऊ, सुचि जलु पिअत मुदित मन भयऊ.
सुमिरत जाहि मिटइ श्रम भारू, तेहि श्रम यह लौकिक ब्यवहारू.

दोहा-dohā:

सुद्ध सच्चिदानंदमय कंद भानुकुल केतु,
चरित करत नर अनुहरत संसृति सागर सेतु.८७.

चौपाई-caupāī:

यह सुधि गुहँ निषाद जब पाई, मुदित लिए प्रिय बंधु बोलाई.
लिए फल मूल भेंट भरि भारा, मिलन चलेउ हियँ हरषु अपारा.
करि दंडवत भेंट धरि आगें, प्रभुहि बिलोकत अति अनुरागें.
सहज सनेह बिबस रघुराई, पूँछी कुसल निकट बैठाई.
नाथ कुसल पद पंकज देखें, भयउँ भागभाजन जन लेखें.
देव धरनि धनु धामु तुम्हारा, मैं जनु नीचु सहित परिवारा.
कृपा करिअ पुर धारिअ पाऊ, थापिय जनु सबु लोगु सिहाऊ.

कहेहु सत्य सबु सखा सुजाना, मोहि दीन्ह पितु आयसु आना.

दोहा-dohā:

बरष चारिदस बासु बन मुनि ब्रत बेषु अहारु,
ग्राम बासु नहिं उचित सुनि गुहहि भयउ दुखु भारु.८८.

चौपाई-caupāī:

राम लखन सिय रूप निहारी, कहहिं सप्रेम ग्राम नर नारी.
ते पितु मातु कहहु सखि कैसे, जिन्ह पठए बन बालक ऐसे.
एक कहहिं भल भूपति कीन्हा, लोयन लाहु हमहि बिधि दीन्हा.
तब निषादपति उर अनुमाना, तरु सिंसुपा मनोहर जाना.
लै रघुनाथहि ठाउँ देखावा, कहेउ राम सब भाँति सुहावा.
पुरजन करि जोहारु घर आए, रघुबर संध्या करन सिधाए.
गुहँ सँवारि साँथरी डसाई, कुस किसलयमय मृदुल सुहाई.
सुचि फल मूल मधुर मृदु जानी, दोना भरि भरि राखेसि पानी.

दोहा-dohā:

सिय सुमंत्र भ्राता सहित कंद मूल फल खाइ,
सयन कीन्ह रघुबंसमनि पाय पलोटत भाइ.८९.

चौपाई-caupāī:

उठे लखनु प्रभु सोवत जानी, कहि सचिवहि सोवन मृदु बानी.
कछुक दूरि सजि बान सरासन, जागन लगे बैठि बीरासन.
गुँह बोलाइ पाहरू प्रतीती, ठावँ ठावँ राखे अति प्रीती.
आपु लखन पहिं बैठेउ जाई, कटि भाथी सर चाप चढ़ाई.
सोवत प्रभुहि निहारि निषादू, भयउ प्रेम बस हृदयँ बिषादू.
तनु पुलकित जलु लोचन बहई, बचन सप्रेम लखन सन कहई.
भूपति भवन सुभायँ सुहावा, सुरपति सदनु न पटतर पावा.
मनिमय रचित चारु चौबारे, जनु रतिपति निज हाथ सँवारे.

दोहा-dohā:

सुचि सुबिचित्र सुभोगमय सुमन सुगंध सुबास,
पलँग मंजु मनिदीप जहँ सब बिधि सकल सुपास.९०.

चौपाई-caupāī:

बिबिध बसन उपधान तुराईं, छीर फेन मृदु बिसद सुहाईं.
तहँ सिय रामु सयन निसि करहीं, निज छबि रति मनोज मदु हरहीं.
ते सिय रामु साथरीं सोए, श्रमित बसन बिनु जाहिं न जोए.
मातु पिता परिजन पुरबासी, सखा सुसील दास अरु दासी.
जोगवहिं जिन्हहि प्रान की नाई, महि सोवत तेइ राम गोसाईं.
पिता जनक जग बिदित प्रभाऊ, ससुर सुरेस सखा रघुराऊ.
रामचंदु पति सो बैदेही, सोवत महि बिधि बाम न केही.
सिय रघुबीर कि कानन जोगू, करम प्रधान सत्य कह लोगू.

दोहा-dohā:

कैकयनंदिनि मंदमति कठिन कुटिलपनु कीन्ह,
जेहिं रघुनंदन जानकिहि सुख अवसर दुखु दीन्ह.९१.

चौपाई-caupāī:

भइ दिनकर कुल बिटप कुठारी, कुमति कीन्ह सब बिस्व दुखारी.
भयउ बिषादु निषादहि भारी, राम सीय महि सयन निहारी.
बोले लखन मधुर मृदु बानी, ग्यान बिराग भगति रस सानी.
काहु न कोउ सुख दुख कर दाता, निज कृत करम भोग सबु भ्राता.
जोग बियोग भोग भल मंदा, हित अनहित मध्यम भ्रम फंदा.
जनमु मरनु जहँ लगि जग जालू, संपती बिपति करमु अरु कालू.
धरनि धामु धनु पुर परिवारू, सरगु नरकु जहँ लगि ब्यवहारू.
देखिअ सुनिअ गुनिअ मन माहीं, मोह मूल परमारथु नाहीं.

दोहा-dohā:

सपनें होइ भिखारि नृपु रंकु नाकपति होइ,
जागें लाभु न हानि कछु तिमि प्रपंच जियँ जोइ.९२.

चौपाई-caupāī:

अस बिचारि नहिं कीजिअ रोसू, काहुहि बादि न देइअ दोसू.
मोह निसाँ सबु सोवनिहारा, देखिअ सपन अनेक प्रकारा.
एहिं जग जामिनि जागहिं जोगी, परमारथी प्रपंच बियोगी.
जानिअ तबहिं जीव जग जागा, जब जब बिषय बिलास बिरागा.
होइ बिबेकु मोह भ्रम भागा, तब रघुनाथ चरन अनुरागा.
सखा परम परमारथु एहू, मन क्रम बचन राम पद नेहू.
राम ब्रह्म परमारथ रूपा, अबिगत अलख अनादि अनूपा.
सकल बिकार रहित गतभेदा, कहि नित नेति निरूपहिं बेदा.

दोहा-dohā:

भगत भूमि भूसुर सुरभि सुर हित लागि कृपाल,
करत चरित धरि मनुज तनु सुनत मिटहिं जग जाल.९३.

मासपारायण पंद्रहवा विश्राम

चौपाई-caupāī:

सखा समुझि अस परिहरि मोहू, सिय रघुबीर चरन रत होहू.
कहत राम गुन भा भिनुसारा, जागे जग मंगल सुखदारा.
सकल सौच करि राम नहावा, सुचि सुजान बट छीर मगावा.
अनुज सहित सिर जटा बनाए, देखि सुमंत्र नयन जल छाए.
हृदयँ दाहु अति बदन मलीना, कह कर जोरि बचन अति दीना.
नाथ कहेउ अस कोसलनाथा, लै रथु जाहु राम कें साथा.
बनु देखाइ सुरसरि अन्हवाई, आनेहु फेरि बेगि दोउ भाई.
लखनु रामु सिय आनेहु फेरी, संसय सकल सँकोच निबेरी.

दोहा-dohā:

नृप अस कहेउ गोसाइँ जस कहइ करौं बलि सोइ,
करि बिनती पायन्ह परेउ दीन्ह बाल जिमि रोइ.९४.

चौपाई-caupāī:

तात कृपा करि कीजिअ सोई, जातें अवध अनाथ न होई.
मंत्रिहि राम उठाइ प्रबोधा, तात धरम मतु तुम्ह सबु सोधा.
सिबि दधीच हरिचंद नरेसा, सहे धरम हित कोटि कलेसा.
रंतिदेव बलि भूप सुजाना, धरमु धरेउ सहि संकट नाना.
धरमु न दूसर सत्य समाना, आगम निगम पुरान बखाना.
मैं सोइ धरमु सुलभ करि पावा, तजें तिहूँ पुर अपजसु छावा.
संभावित कहुँ अपजस लाहू, मरन कोटि सम दारुन दाहू.
तुम्ह सन तात बहुत का कहऊँ, दिएँ उतरु फिरि पातकु लहऊँ.

दोहा-dohā:

पितु पद गहि कहि कोटि नति बिनय करब कर जोरि,
चिंता कवनिहु बात कै तात करिअ जनि मोरि.९५.

चौपाई-caupāī:

तुम्ह पुनि पितु सम अति हित मोरें, बिनती करउँ तात कर जोरें.
सब बिधि सोइ करतब्य तुम्हारें, दुख न पाव पितु सोच हमारें.

सुनि रघुनाथ सचिव संबादू, भयउ सपरिजन बिकल निषादू.
पुनि कछु लखन कही कटु बानी, प्रभु बरजे बड़ अनुचित जानी.
सकुचि राम निज सपथ देवाई, लखन सँदेसु कहिअ जनि जाई.
कह सुमंत्रु पुनि भूप सँदेसू, सहि न सकिहि सिय बिपिन कलेसू.
जेहि बिधि अवध आव फिरि सीया, सोइ रघुबरहि तुम्हहि करनीया.
नतरु निपट अवलंब बिहीना, मैं न जिअब जिमि जल बिनु मीना.

दोहा-dohā:

मइकें ससुरें सकल सुख जबहिं जहाँ मनु मान,
तँह तब रहिहि सुखेन सिय जब लगि बिपति बिहान.९६.

चौपाई-caupāī:

बिनती भूप कीन्ह जेहि भाँती, आरति प्रीति न सो कहि जाती.
पितु सँदेसु सुनि कृपानिधाना, सियहि दीन्ह सिख कोटि बिधाना.
सासु ससुर गुर प्रिय परिवारू, फिरहु त सब कर मिटै खभारू.
सुनि पति बचन कहति बैदेही, सुनहु प्रानपति परम सनेही.
प्रभु करुनामय परम बिबेकी, तनु तजि रहति छाँह किमि छेंकी.
प्रभा जाइ कहँ भानु बिहाई, कहँ चंद्रिका चंदु तजि जाई.
पतिहि प्रेममय बिनय सुनाई, कहति सचिव सन गिरा सुहाई.
तुम्ह पितु ससुर सरिस हितकारी, उतरु देउँ फिरि अनुचित भारी.

दोहा-dohā:

आरति बस सनमुख भइउँ बिलगु न मानब तात,
आरजसुत पद कमल बिनु बादि जहाँ लगि नात.९७.

चौपाई-caupāī:

पितु बैभव बिलास मैं डीठा, नृप मनि मुकुट मिलित पद पीठा.
सुखनिधान अस पितु गृह मोरें, पिय बिहीन मन भाव न भोरें.
ससुर चक्कवइ कोसलराऊ, भुवन चारिदस प्रगट प्रभाऊ.
आगें होइ जेहि सुरपति लेई, अरध सिंघासन आसनु देई.
ससुर एतादृस अवध निवासू, प्रिय परिवारु मातु सम सासू.
बिनु रघुपति पद पदुम परागा, मोहि केउ सपनेहुँ सुखद न लागा.
अगम पंथ बनभूमि पहारा, करि केहरि सर सरित अपारा.
कोल किरात कुरंग बिहंगा, मोहि सब सुखद प्रानपति संगा.

दोहा-dohā:

सासु ससुर सन मोरि हुँति बिनय करबि परि पायँ,
मोर सोचु जनि करिअ कछु मैं बन सुखी सुभायँ.९८.

चौपाई-caupāī:

प्राननाथ प्रिय देवर साथा, बीर धुरीन धरें धनु भाथा.
नहिं मग श्रमु भ्रमु दुख मन मोरें, मोहि लगि सोचु करिअ जनि भोरें.
सुनि सुमंत्रु सिय सीतलि बानी, भयउ बिकल जनु फनि मनि हानी.
नयन सूझ नहिं सुनइ न काना, कहि न सकइ कछु अति अकुलाना.
राम प्रबोधु कीन्ह बहु भाँती, तदपि होति नहिं सीतलि छाती.
जतन अनेक साथ हित कीन्हे, उचित उतर रघुनंदन दीन्हे.
मेटि जाइ नहिं राम रजाई, कठिन करम गति कछु न बसाई.
राम लखन सिय पद सिरु नाई, फिरेउ बनिक जिमि मूर गवाँई.

दोहा-dohā:

रथु हाँकेउ हय राम तन हेरि हेरि हिहिनाहिं,
देखि निषाद बिषादबस धुनहिं सीस पछिताहिं.९९.

चौपाई-caupāī:

जासु बियोग बिकल पसु ऐसें, प्रजा मातु पितु जिइहहिं कैसें.
बरबस राम सुमंत्रु पठाए, सुरसरि तीर आपु तब आए.
मागी नाव न केवटु आना, कहइ तुम्हार मरमु मैं जाना.
चरन कमल रज कहुँ सबु कहई, मानुष करनि मूरि कछु अहई.
छुअत सिला भइ नारि सुहाई, पाहन तें न काठ कठिनाई.
तरनिउ मुनि घरिनी होइ जाई, बाट परइ मोरि नाव उड़ाई.
एहिं प्रतिपालउँ सबु परिवारू, नहिं जानउँ कछु अउर कबारू.
जौं प्रभु पार अवसि गा चहहू, मोहि पद पदुम पखारन कहहू.

छंद-chaṁda:

पद कमल धोइ चढ़ाइ नाव न नाथ उतराई चहौं,
मोहि राम राउरि आन दसरथ सपथ सब साची कहौं.
बरु तीर मारहुँ लखनु पै जब लगि न पाय पखारिहौं,
तब लगि न तुलसीदास नाथ कृपाल पारु उतारिहौं.

सोरठा-soraṭhā:

सुनि केवट के बैन प्रेम लपेटे अटपटे,
बिहसे करुनाऐन चितइ जानकी लखन तन.१००.

चौपाई-caupāī:

कृपासिंधु बोले मुसुकाई, सोइ करु जेहिं तव नाव न जाई.
बेगि आनु जल पाय पखारू, होत बिलंबु उतारहि पारू.
जासु नाम सुमिरत एक बारा, उतरहिं नर भवसिंधु अपारा.
सोइ कृपालु केवटहि निहोरा, जेहिं जगु किय तिहु पगहु ते थोरा.
पद नख निरखि देवसरि हरषी, सुनि प्रभु बचन मोहँ मति करषी.
केवट राम रजायसु पावा, पानि कठवता भरि लेइ आवा.
अति आनंद उमगि अनुरागा, चरन सरोज पखारन लागा.
बरषि सुमन सुर सकल सिहाहीं, एहि सम पुन्यपुंज कोउ नाहीं.

दोहा-dohā:

पद पखारि जलु पान करि आपु सहित परिवार,
पितर पारु करि प्रभुहि पुनि मुदित गयउ लेइ पार.१०१.

चौपाई-caupāī:

उतरि ठाढ़ भए सुरसरि रेता, सीय रामु गुह लखन समेता.
केवट उतरि दंडवत कीन्हा, प्रभुहि सकुच एहि नहिं कछु दीन्हा.
पिय हिय की सिय जाननिहारी, मनि मुदरी मन मुदित उतारी.
कहेउ कृपाल लेहि उतराई, केवट चरन गहे अकुलाई.
नाथ आजु मैं काह न पावा, मिटे दोष दुख दारिद दावा.
बहुत काल मैं कीन्हि मजूरी, आजु दीन्ह बिधि बनि भलि भूरी.
अब कछु नाथ न चाहिअ मोरें, दीनदयाल अनुग्रह तोरें.
फिरती बार मोहि जो देबा, सो प्रसादु मैं सिर धरि लेबा.

दोहा-dohā:

बहुत कीन्ह प्रभु लखन सियँ नहिं कछु केवटु लेइ,
बिदा कीन्ह करुनायतन भगति बिमल बरु देइ.१०२.

चौपाई-caupāī:

तब मज्जनु करि रघुकुलनाथा, पूजि पारथिव नायउ माथा.
सियँ सुरसरिहि कहेउ कर जोरी, मातु मनोरथ पुरउबि मोरी.
पति देवर संग कुसल बहोरी, आइ करौं जेहिं पूजा तोरी.
सुनि सिय बिनय प्रेम रस सानी, भइ तब बिमल बारि बर बानी.
सुनु रघुबीर प्रिया बैदेही, तव प्रभाउ जग बिदित न केही.

लोकप होहिं बिलोकत तोरें, तोहि सेवहिं सब सिधि कर जोरें.
तुम्ह जो हमहि बड़ि बिनय सुनाई, कृपा कीन्हि मोहि दीन्हि बड़ाई.
तदपि देबि मैं देबि असीसा, सफल होन हित निज बागीसा.

दोहा-dohā:

प्राननाथ देवर सहित कुसल कोसला आइ,
पूजिहि सब मनकामना सुजसु रहिहि जग छाइ.१०३.

चौपाई-caupāī:

गंग बचन सुनि मंगल मूला, मुदित सीय सुरसरि अनुकूला.
तब प्रभु गुहहि कहेउ घर जाहू, सुनत सूख मुखु भा उर दाहू.
दीन बचन गुह कह कर जोरी, बिनय सुनहु रघुकुलमनि मोरी.
नाथ साथ रहि पंथु देखाई, करि दिन चारि चरन सेवकाई.
जेहिं बन जाइ रहब रघुराई, परनकुटी मैं करबि सुहाई.
तब मोहि कहँ जसि देब रजाई, सोइ करिहउँ रघुबीर दोहाई.
सहज सनेह राम लखि तासू, संग लीन्ह गुह हृदयँ हुलासू.
पुनि गुहँ ग्याति बोलि सब लीन्हे, करि परितोषु बिदा तब कीन्हे.

दोहा-dohā:

तब गनपति सिव सुमिरि प्रभु नाइ सुरसरिहि माथ,
सखा अनुज सिय सहित बन गवनु कीन्ह रघुनाथ.१०४.

चौपाई-caupāī:

तेहि दिन भयउ बिटप तर बासू, लखन सखाँ सब कीन्ह सुपासू.
प्रात प्रातकृत करि रघुराई, तीरथराजु दीख प्रभु जाई.
सचिव सत्य श्रद्धा प्रिय नारी, माधव सरिस मीतु हितकारी.
चारि पदारथ भरा भँडारु, पुन्य प्रदेस देस अति चारु.
छेत्रु अगम गढ़ु गाढ़ सुहावा, सपनेहुँ नहिं प्रतिपच्छिन्ह पावा.
सेन सकल तीरथ बर बीरा, कलुष अनीक दलन रनधीरा.
संगमु सिंहासनु सुठि सोहा, छत्रु अखयबटु मुनि मनु मोहा.
चवँर जमुन अरु गंग तरंगा, देखि होहिं दुख दारिद भंगा.

दोहा-dohā:

सेवहिं सुकृति साधु सुचि पावहिं सब मनकाम,
बंदी बेद पुरान गन कहहिं बिमल गुन ग्राम.१०५.

चौपाई-caupāī:

को कहि सकइ प्रयाग प्रभाऊ, कलुष पुंज कुंजर मृगराऊ.
अस तीरथपति देखि सुहावा, सुख सागर रघुबर सुखु पावा.
कहि सिय लखनहि सखहि सुनाई, श्रीमुख तीरथराज बड़ाई.
करि प्रनामु देखत बन बागा, कहत महातम अति अनुरागा.
एहि बिधि आइ बिलोकी बेनी, सुमिरत सकल सुमंगल देनी.
मुदित नहाइ कीन्हि सिव सेवा, पूजि जथाबिधि तीरथ देवा.
तब प्रभु भरद्वाज पहिं आए, करत दंडवत मुनि उर लाए.
मुनि मन मोद न कछु कहि जाई, ब्रह्मानंद रासि जनु पाई.

दोहा-dohā:

दीन्हि असीस मुनीस उर अति अनंदु अस जानि,
लोचन गोचर सुकृत फल मनहुँ किए बिधि आनि.१०६.

चौपाई-caupāī:

कुसल प्रस्न करि आसन दीन्हे, पूजि प्रेम परिपूरन कीन्हे.
कंद मूल फल अंकुर नीके, दिए आनि मुनि मनहुँ अमी के.
सीय लखन जन सहित सुहाए, अति रुचि राम मूल फल खाए.
भए बिगतश्रम रामु सुखारे, भरद्वाज मृदु बचन उचारे.
आजु सुफल तपु तीरथ त्यागू, आजु सुफल जप जोग बिरागू.
सफल सकल सुभ साधन साजू, राम तुम्हहि अवलोकत आजू.
लाभ अवधि सुख अवधि न दूजी, तुम्हरें दरस आस सब पूजी.
अब करि कृपा देहु बर एहू, निज पद सरसिज सहज सनेहू.

दोहा-dohā:

करम बचन मन छाड़ि छलु जब लगि जनु न तुम्हार,
तब लगि सुखु सपनेहुँ नहीं किएँ कोटि उपचार.१०७.

चौपाई-caupāī:

सुनि मुनि बचन रामु सकुचाने, भाव भगति आनंद अघाने.
तब रघुबर मुनि सुजसु सुहावा, कोटि भाँति कहि सबहि सुनावा.
सो बड सो सब गुन गन गेहू, जेहि मुनीस तुम्ह आदर देहू.
मुनि रघुबीर परसपर नवहीं, बचन अगोचर सुखु अनुभवहीं.
यह सुधि पाइ प्रयाग निवासी, बटु तापस मुनि सिद्ध उदासी.
भरद्वाज आश्रम सब आए, देखन दसरथ सुअन सुहाए.
राम प्रनाम कीन्ह सब काहू, मुदित भए लहि लोयन लाहू.
देहिं असीस परम सुखु पाई, फिरे सराहत सुंदरताई.

दोहा-dohā:

राम कीन्ह बिश्राम निसि प्रात प्रयाग नहाइ,
चले सहित सिय लखन जन मुदित मुनिहि सिरु नाइ.१०८.

चौपाई-caupāī:

राम सप्रेम कहेउ मुनि पाहीं, नाथ कहिअ हम केहि मग जाहीं.
मुनि मन बिहसि राम सन कहहीं, सुगम सकल मग तुम्ह कहुँ अहहीं.
साथ लागि मुनि सिष्य बोलाए, सुनि मन मुदित पचासक आए.
सबन्हि राम पर प्रेम अपारा, सकल कहहिं मगु दीख हमारा.
मुनि बटु चारि संग तब दीन्हे, जिन्ह बहु जनम सुकृत सब कीन्हे.
करि प्रनामु रिषि आयसु पाई, प्रमुदित हृदयँ चले रघुराई.
ग्राम निकट जब निकसहि जाई, देखहि दरसु नारि नर धाई.
होहिं सनाथ जनम फलु पाई, फिरहिं दुखित मनु संग पठाई.

दोहा-dohā:

बिदा किए बटु बिनय करि फिरे पाइ मन काम,
उतरि नहाए जमुन जल जो सरीर सम स्याम.१०९.

चौपाई-caupāī:

सुनत तीरबासी नर नारी, धाए निज निज काज बिसारी.
लखन राम सिय सुंदरताई, देखि करहिं निज भाग्य बड़ाई.
अति लालसा बसहिं मन माहीं, नाउँ गाउँ बूझत सकुचाहीं.
जे तिन्ह महुँ बयबिरिध सयाने, तिन्ह करि जुगुति रामु पहिचाने.
सकल कथा तिन्ह सबहि सुनाई, बनहि चले पितु आयसु पाई.
सुनि सबिषाद सकल पछिताहीं, रानी रायँ कीन्ह भल नाहीं.
तेहि अवसर एक तापसु आवा, तेजपुंज लघुबयस सुहावा.
कबि अलखित गति बेषु बिरागी, मन क्रम बचन राम अनुरागी.

दोहा-dohā:

सजल नयन तन पुलकि निज इष्टदेउ पहिचानि,
परेउ दंड जिमि धरनितल दसा न जाइ बखानि.११०.

चौपाई-caupāī:

राम सप्रेम पुलकि उर लावा, परम रंक जनु पारसु पावा.

मनहुँ प्रेमु परमारथु दोऊ, मिलत धरें तन कह सबु कोऊ.
बहुरि लखन पायन्ह सोइ लागा, लीन्ह उठाइ उमगि अनुरागा.
पुनि सिय चरन धूरि धरि सीसा, जननि जानि सिसु दीन्हि असीसा.
कीन्ह निषाद दंडवत तेही, मिलेउ मुदित लखि राम सनेही.
पिअत नयन पुट रूपु पियूषा, मुदित सुअसनु पाइ जिमि भूखा.
ते पितु मातु कहहु सखि कैसे, जिन्ह पठए बन बालक ऐसे.
राम लखन सिय रूपु निहारी, होहिं सनेह बिकल नर नारी.

दोहा-dohā:

तब रघुबीर अनेक बिधि सखहि सिखावनु दीन्ह,
राम रजायसु सीस धरि भवन गवनु तेइँ कीन्ह.१११.

चौपाई-caupāī:

पुनि सियँ राम लखन कर जोरी, जमुनहि कीन्ह प्रनामु बहोरी.
चले ससीय मुदित दोउ भाई, रबितनुजा कइ करत बड़ाई.
पथिक अनेक मिलहिं मग जाता, कहहिं सप्रेम देखि दोउ भ्राता.
राज लखन सब अंग तुम्हारें, देखि सोचु अति हृदय हमारें.
मारग चलहु पयादेहि पाएँ, ज्योतिषु झूठ हमारें भाएँ.
अगमु पंथ गिरि कानन भारी, तेहि महँ साथ नारि सुकुमारी.
करि केहरि बन जाइ न जोई, हम सँग चलहि जो आयसु होई.
जाब जहाँ लगि तहँ पहुँचाई, फिरब बहोरि तुम्हहि सिरु नाई.

दोहा-dohā:

एहि बिधि पूँछहिं प्रेम बस पुलक गात जलु नैन,
कृपासिंधु फेरहिं तिन्हहि कहि बिनीत मृदु बैन.११२.

चौपाई-caupāī:

जे पुर गाँव बसहिं मग माहीं, तिन्हहि नाग सुर नगर सिहाहीं.
केहि सुकृतीं केहि घरीं बसाए, धन्य पुन्यमय परम सुहाए.
जहँ जहँ राम चरन चलि जाहीं, तिन्ह समान अमरावति नाहीं.
पुन्यपुंज मग निकट निवासी, तिन्हहि सराहहिं सुरपुरबासी.
जे भरि नयन बिलोकहिं रामहि, सीता लखन सहित घनस्यामहि.
जे सर सरित राम अवगाहहिं, तिन्हहि देव सर सरित सराहहिं.
जेहि तरु तर प्रभु बैठहिं जाई, करहिं कलपतरु तासु बड़ाई.
परसि राम पद पदुम परागा, मानति भूमि भूरि निज भागा.

दोहा-dohā:

छाँह करहिं घन बिबुधगन बरषहिं सुमन सिहाहिं,
देखत गिरि बन बिहग मृग रामु चले मग जाहिं.११३.

चौपाई-caupāī:

सीता लखन सहित रघुराई, गाँव निकट जब निकसहिं जाई.
सुनि सब बाल बृद्ध नर नारी, चलहिं तुरत गृहकाजु बिसारी.
राम लखन सिय रूप निहारी, पाइ नयनफलु होहिं सुखारी.
सजल बिलोचन पुलक सरीरा, सब भए मगन देखि दोउ बीरा.
बरनि न जाइ दसा तिन्ह केरी, लहि जनु रंकन्ह सुरमनि ढेरी.
एकन्ह एक बोलि सिख देहीं, लोचन लाहु लेहु छन एहीं.
रामहि देखि एक अनुरागे, चितवत चले जाहिं सँग लागे.
एक नयन मग छबि उर आनी, होहिं सिथिल तन मन बर बानी.

दोहा-dohā:

एक देखि बट छाँह भलि डासि मृदुल तृन पात,
कहहिं गवाँइअ छिनुकु श्रमु गवनब अबहिं कि प्रात.११४.

चौपाई-caupāī:

एक कलस भरि आनहिं पानी, अँचइअ नाथ कहहिं मृदु बानी.
सुनि प्रिय बचन प्रीति अति देखी, राम कृपाल सुसील बिसेषी.
जानी श्रमित सीय मन माहीं, घरिक बिलंबु कीन्ह बट छाहीं.
मुदित नारि नर देखहिं सोभा, रूप अनूप नयन मनु लोभा.
एकटक सब सोहहिं चहुँ ओरा, रामचंद्र मुख चंद चकोरा.
तरुन तमाल बरन तनु सोहा, देखत कोटि मदन मनु मोहा.
दामिनि बरन लखन सुठि नीके, नख सिख सुभग भावते जी के.
मुनिपट कटिन्ह कसें तूनीरा, सोहहिं कर कमलनि धनु तीरा.

दोहा-dohā:

जटा मुकुट सीसनि सुभग उर भुज नयन बिसाल,
सरद परब बिधु बदन बर लसत स्वेद कन जाल.११५.

चौपाई-caupāī:

बरनि न जाइ मनोहर जोरी, सोभा बहुत थोरि मति मोरी.
राम लखन सिय सुंदरताई, सब चितवहिं चित मन मति लाई.
थके नारि नर प्रेम पिआसे, मनहुँ मृगी मृग देखि दिआ से.
सीय समीप ग्रामतिय जाहीं, पूँछत अति सनेहँ सकुचाहीं.
बार बार सब लागहिं पाएँ, कहहिं बचन मृदु सरल सुभाएँ.
राजकुमारि बिनय हम करहीं, तिय सुभायँ कछु पूँछत डरहीं.
स्वामिनि अबिनय छमबि हमारी, बिलगु न मानब जानि गवाँरी.
राजकुअँर दोउ सहज सलोने, इन्ह तें लही दुति मरकत सोने.

दोहा-dohā:

स्यामल गौर किसोर बर सुंदर सुषमा ऐन,
सरद सर्बरीनाथ मुखु सरद सरोरुह नैन.११६.

मासपारायण सोलहवाँ विश्राम

नवाह्नपारायण चौथा विश्राम

चौपाई-caupāī:

कोटि मनोज लजावनिहारे, सुमुखि कहहु को आहिं तुम्हारे.
सुनि सनेहमय मंजुल बानी, सकुची सिय मन महुँ मुसुकानी.
तिन्हहि बिलोकि बिलोकति धरनी, दुहुँ सकोच सकुचित बरबरनी.
सकुचि सप्रेम बाल मृग नयनी, बोली मधुर बचन पिकबयनी.
सहज सुभाय सुभग तन गोरे, नामु लखनु लघु देवर मोरे.
बहुरि बदनु बिधु अंचल ढाँकी, पिय तन चितइ भौंह करि बाँकी.
खंजन मंजु तिरीछे नयननि, निज पति कहेउ तिन्हहि सियँ सयननि.
भईं मुदित सब ग्रामबधूटीं, रंकन्ह राय रासि जनु लूटीं.

दोहा-dohā:

अति सप्रेम सिय पायँ परि बहुबिधि देहिं असीस,
सदा सोहागिनि होहु तुम्ह जब लगि महि अहि सीस.११७.

चौपाई-caupāī:

पारबती सम पतिप्रिय होहू, देबि न हम पर छाड़ब छोहू.
पुनि पुनि बिनय करिअ कर जोरी, जौं एहि मारग फिरिअ बहोरी.
दरसनु देब जानि निज दासी, लखीं सीयँ सब प्रेम पिआसी.
मधुर बचन कहि कहि परितोषीं, जनु कुमुदिनीं कौमुदीं पोषीं.
तबहिं लखन रघुबर रुख जानी, पूँछेउ मगु लोगन्हि मृदु बानी.
सुनत नारि नर भए दुखारी, पुलकित गात बिलोचन बारी.
मिटा मोदु मन भए मलीने, बिधि निधि दीन्ह लेत जनु छीने.

समुझि करम गति धीरजु कीन्हा, सोधि सुगम मगु तिन्ह कहि दीन्हा.

दोहा-dohā:

लखन जानकी सहित तब गवनु कीन्ह रघुनाथ,
फेरे सब प्रिय बचन कहि लिए लाइ मन साथ.११८.

चौपाई-caupāī:

फिरत नारि नर अति पछिताहीं, दैअहि दोषु देहिं मन माहीं.
सहित बिषाद परसपर कहहीं, बिधि करतब उलटे सब अहहीं.
निपट निरंकुस निठुर निसंकू, जेहिं ससि कीन्ह सरुज सकलंकू.
रूख कलपतरु सागरु खारा, तेहिं पठए बन राजकुमारा.
जौं पै इन्हहि दीन्ह बनबासू, कीन्ह बादि बिधि भोग बिलासू.
ए बिचरहिं मग बिनु पदत्राना, रचे बादि बिधि बाहन नाना.
ए महि परहिं डासि कुस पाता, सुभग सेज कत सृजत बिधाता.
तरुबर बास इन्हहि बिधि दीन्हा, धवल धाम रचि रचि श्रमु कीन्हा.

दोहा-dohā:

जौं ए मुनि पट धर जटिल सुंदर सुठि सुकुमार,
बिबिध भाँति भूषन बसन बादि किए करतार.११९.

चौपाई-caupāī:

जौं ए कंद मूल फल खाहीं, बादि सुधादि असन जग माहीं.
एक कहहिं ए सहज सुहाए, आपु प्रगट भए बिधि न बनाए.
जहँ लगि बेद कही बिधि करनी, श्रवन नयन मन गोचर बरनी.
देखहु खोजि भुअन दस चारी, कहँ अस पुरुष कहाँ असि नारी.
इन्हहि देखि बिधि मनु अनुरागा, पटतर जोग बनावै लागा.
कीन्ह बहुत श्रम ऐक न आए, तेहिं इरिषा बन आनि दुराए.
एक कहहिं हम बहुत न जानहिं, आपुहि परम धन्य करि मानहिं.
ते पुनि पुन्यपुंज हम लेखे, जे देखहिं देखिहहिं जिन्ह देखे.

दोहा-dohā:

एहि बिधि कहि कहि बचन प्रिय लेहिं नयन भरि नीर,
किमि चलिहहिं मारग अगम सुठि सुकुमार सरीर.१२०.

चौपाई-caupāī:

नारि सनेह बिकल बस होहीं, चकईं साँझ समय जनु सोहीं.
मृदु पद कमल कठिन मगु जानी, गहबरि हृदयँ कहहिं बर बानी.
परसत मृदुल चरन अरुनारे, सकुचति महि जिमि हृदय हमारे.
जौं जगदीस इन्हहि बनु दीन्हा, कस न सुमनमय मारगु कीन्हा.
जौं मागा पाइअ बिधि पाहीं, ए रखिअहिं सखि आँखिन्ह माहीं.
जे नर नारि न अवसर आए, तिन्ह सिय रामु न देखन पाए.
सुनि सुरुपु बूझहिं अकुलाई, अब लगि गए कहाँ लगि भाई.
समरथ धाइ बिलोकहिं जाई, प्रमुदित फिरहिं जनमफलु पाई.

दोहा-dohā:

अबला बालक बृद्ध जन कर मीजहिं पछिताहिं,
होहिं प्रेमबस लोग इमि रामु जहाँ जहँ जाहिं.१२१.

चौपाई-caupāī:

गावँ गावँ अस होइ अनंदू, देखि भानुकुल कैरव चंदू.
जे कछु समाचार सुनि पावहिं, ते नृप रानिहि दोसु लगावहिं.
कहहिं एक अति भल नरनाहू, दीन्ह हमहि जोइ लोचन लाहू.
कहहिं परसपर लोग लोगाईं, बातें सरल सनेह सुहाईं.
ते पितु मातु धन्य जिन्ह जाए, धन्य सो नगरु जहाँ तें आए.
धन्य सो देसु सैलु बन गाऊँ, जहँ जहँ जाहिं धन्य सोइ ठाऊँ.
सुखु पायउ बिरंचि रचि तेही, ए जेहि के सब भाँति सनेही.
राम लखन पथि कथा सुहाई, रही सकल मग कानन छाई.

दोहा-dohā:

एहि बिधि रघुकुल कमल रबि मग लोगन्ह सुख देत,
जाहिं चले देखत बिपिन सिय सौमित्रि समेत.१२२.

चौपाई-caupāī:

आगें रामु लखनु बने पाछें, तापस बेष बिराजत काछें.
उभय बीच सिय सोहति कैसें, ब्रह्म जीव बिच माया जैसें.
बहुरि कहउँ छबि जसि मन बसई, जनु मधु मदन मध्य रति लसई.
उपमा बहुरि कहउँ जियँ जोही, जनु बुध बिधु बिच रोहिनि सोही.
प्रभु पद रेख बीच बिच सीता, धरति चरन मग चलति सभीता.
सीय राम पद अंक बराएँ, लखन चलहिं मगु दाहिन लाएँ.
राम लखन सिय प्रीति सुहाई, बचन अगोचर किमि कहि जाई.
खग मृग मगन देखि छबि होहीं, लिए चोरि चित राम बटोहीं.

दोहा-dohā:

जिन्ह जिन्ह देखे पथिक प्रिय सिय समेत दोउ भाइ,
भव मगु अगमु अनंदु तेइ बिनु श्रम रहे सिराइ.१२३.

चौपाई-caupāī:

अजहुँ जासु उर सपनेहुँ काऊ, बसहुँ लखनु सिय रामु बटाऊ.
राम धाम पथ पाइहि सोई, जो पथ पाव कबहुँ मुनि कोई.
तब रघुबीर श्रमित सिय जानी, देखि निकट बटु सीतल पानी.
तहँ बसि कंद मूल फल खाई, प्रात नहाइ चले रघुराई.
देखत बन सर सैल सुहाए, बालमीकि आश्रम प्रभु आए.
राम दीख मुनि बासु सुहावन, सुंदर गिरि काननु जलु पावन.
सरनि सरोज बिटप बन फूले, गुंजत मंजु मधुप रस भूले.
खग मृग बिपुल कोलाहल करहीं, बिरहित बैर मुदित मन चरहीं.

दोहा-dohā:

सुचि सुंदर आश्रमु निरखि हरषे राजिवनेन,
सुनि रघुबर आगमनु मुनि आगें आयउ लेन.१२४.

चौपाई-caupāī:

मुनि कहुँ राम दंडवत कीन्हा, आसिरबादु बिप्रबर दीन्हा.
देखि राम छबि नयन जुड़ाने, करि सनमानु आश्रमहिं आने.
मुनिबर अतिथि प्रानप्रिय पाए, कंद मूल फल मधुर मगाए.
सिय सौमित्रि राम फल खाए, तब मुनि आश्रम दिए सुहाए.
बालमीकि मन आनँदु भारी, मंगल मूरति नयन निहारी.
तब कर कमल जोरि रघुराई, बोले बचन श्रवन सुखदाई.
तुम्ह त्रिकाल दरसी मुनिनाथा, बिस्व बदर जिमि तुम्हरें हाथा.
अस कहि प्रभु सब कथा बखानी, जेहि जेहि भाँति दीन्ह बनु रानी.

दोहा-dohā:

तात बचन पुनि मातु हित भाइ भरत अस राउ,
मो कहुँ दरस तुम्हार प्रभु सबु मम पुन्य प्रभाउ.१२५.

चौपाई-caupāī:

देखि पाय मुनिराय तुम्हारे, भए सुकृत सब सुफल हमारे.
अब जहँ राउर आयसु होई, मुनि उदबेगु न पावै कोई.
मुनि तापस जिन्ह तें दुखु लहहीं, ते नरेस बिनु पावक दहहीं.

मंगल मूल बिप्र परितोषू, दहइ कोटि कुल भूसुर रोषू.
अस जियँ जानि कहिअ सोइ ठाऊँ, सिय सौमित्रि सहित जहँ जाऊँ.
तहँ रचि रुचिर परन तृन साला, बासु करौं कछु काल कृपाला.
सहज सरल सुनि रघुबर बानी, साधु साधु बोले मुनि ग्यानी.
कस न कहहु अस रघुकुलकेतू, तुम्ह पालक संतत श्रुति सेतू.

छंद-chamda:

श्रुति सेतु पालक राम तुम्ह जगदीस माया जानकी,
जो सृजति जगु पालति हरति रूख पाइ कृपानिधान की.
जो सहससीसु अहीसु महिधरु लखनु सचराचर धनी,
सुर काज धरि नरराज तनु चले दलन खल निसिचर अनी.

सोरठा-soraṭhā:

राम सरुप तुम्हार बचन अगोचर बुद्धिपर,
अबिगत अकथ अपार नेति नेति नित निगम कह.१२६.

चौपाई-caupāī:

जगु पेखन तुम्ह देखनिहारे, बिधि हरि संभु नचावनिहारे.
तेउ न जानहिं मरमु तुम्हारा, औरु तुम्हहि को जाननिहारा.
सोइ जानइ जेहि देहु जनाई, जानत तुम्हहि तुम्हइ होइ जाई.
तुम्हरिहि कृपाँ तुम्हहि रघुनंदन, जानहिं भगत भगत उर चंदन.
चिदानंदमय देह तुम्हारी, बिगत बिकार जान अधिकारी.
नर तनु धरेहु संत सुर काजा, कहहु करहु जस प्राकृत राजा.
राम देखि सुनि चरित तुम्हारे, जड़ मोहहिं बुध होहिं सुखारे.
तुम्ह जो कहहु करहु सबु साँचा, जस काछिअ तस चाहिअ नाचा.

दोहा-dohā:

पूँछेहु मोहि कि रहौं कहँ मैं पूँछत सकुचाउँ,
जहँ न होहु तहँ देहु कहि तुम्हहि देखावौं ठाउँ.१२७.

चौपाई-caupāī:

सुनि मुनि बचन प्रेम रस साने, सकुचि राम मन महुँ मुसुकाने.
बालमीकि हँसि कहहिं बहोरी, बानी मधुर अमिअ रस बोरी.
सुनहु राम अब कहउँ निकेता, जहाँ बसहु सिय लखन समेता.
जिन्ह के श्रवन समुद्र समाना, कथा तुम्हारि सुभग सरि नाना.
भरहिं निरंतर होहिं न पूरे, तिन्ह के हिय तुम्ह कहुँ गृह रूरे.
लोचन चातक जिन्ह करि राखे, रहहिं दरस जलधर अभिलाषे.
निदरहिं सरित सिंधु सर भारी, रूप बिंदु जल होहिं सुखारी.
तिन्ह कें हृदय सदन सुखदायक, बसहु बंधु सिय सह रघुनायक.

दोहा-dohā:

जसु तुम्हार मानस बिमल हंसिनि जीहा जासु,
मुकुताहल गुन गन चुनइ राम बसहु हियँ तासु.१२८.

चौपाई-caupāī:

प्रभु प्रसाद सुचि सुभग सुबासा, सादर जासु लहइ नित नासा.
तुम्हहि निबेदित भोजन करहीं, प्रभु प्रसाद पट भूषन धरहीं.
सीस नवहिं सुर गुरु द्विज देखी, प्रीति सहित करि बिनय बिसेषी.
कर नित करहिं राम पद पूजा, राम भरोस हृदयँ नहिं दूजा.
चरन राम तीरथ चलि जाहीं, राम बसहु तिन्ह के मन माहीं.
मंत्रराजु नित जपहिं तुम्हारा, पूजहिं तुम्हहि सहित परिवारा.
तरपन होम करहिं बिधि नाना, बिप्र जेवाँइ देहिं बहु दाना.
तुम्ह तें अधिक गुरहि जियँ जानी, सकल भायँ सेवहिं सनमानी.

दोहा-dohā:

सबु करि मागहिं एक फलु राम चरन रति होउ,
तिन्ह कें मन मंदिर बसहु सिय रघुनंदन दोउ.१२९.

चौपाई-caupāī:

काम कोह मद मान न मोहा, लोभ न छोभ न राग न द्रोहा.
जिन्ह कें कपट दंभ नहिं माया, तिन्ह कें हृदय बसहु रघुराया.
सब के प्रिय सब के हितकारी, दुख सुख सरिस प्रसंसा गारी.
कहहिं सत्य प्रिय बचन बिचारी, जागत सोवत सरन तुम्हारी.
तुम्हहि छाड़ि गति दूसरि नाहीं, राम बसहु तिन्ह के मन माहीं.
जननी सम जानहिं परनारी, धनु पराव बिष तें बिष भारी.
जे हरषहिं पर संपति देखी, दुखित होहिं पर बिपति बिसेषी.
जिन्हहि राम तुम्ह प्रानपिआरे, तिन्ह के मन सुभ सदन तुम्हारे.

दोहा-dohā:

स्वामि सखा पितु मातु गुर जिन्ह के सब तुम्ह तात,
मन मंदिर तिन्ह कें बसहु सीय सहित दोउ भ्रात.१३०.

चौपाई-caupāī:

अवगुन तजि सब के गुन गहहीं, बिप्र धेनु हित संकट सहहीं.
नीति निपुन जिन्ह कइ जग लीका, घर तुम्हार तिन्ह कर मनु नीका.
गुन तुम्हार समुझइ निज दोसा, जेहि सब भाँति तुम्हार भरोसा.
राम भगत प्रिय लागहिं जेही, तेहि उर बसहु सहित बैदेही.
जाति पाँति धनु धरमु बड़ाई, प्रिय परिवार सदन सुखदाई.
सब तजि तुम्हहि रहइ उर लाई, तेहि के हृदयँ रहहु रघुराई.
सरगु नरकु अपबरगु समाना, जहँ तहँ देख धरें धनु बाना.
करम बचन मन राउर चेरा, राम करहु तेहि कें उर डेरा.

दोहा-dohā:

जाहि न चाहिअ कबहुँ कछु तुम्ह सन सहज सनेहु,
बसहु निरंतर तासु मन सो राउर निज गेहु.१३१.

चौपाई-caupāī:

एहि बिधि मुनिबर भवन देखाए, बचन सप्रेम राम मन भाए.
कह मुनि सुनहु भानुकुलनायक, आश्रम कहउँ समय सुखदायक.
चित्रकूट गिरि करहु निवासू, तहँ तुम्हार सब भाँति सुपासू.
सैलु सुहावन कानन चारू, करि केहरि मृग बिहग बिहारू.
नदी पुनीत पुरान बखानी, अत्रिप्रिया निज तपबल आनी.
सुरसरि धार नाउँ मंदाकिनि, जो सब पातक पोतक डाकिनि.
अत्रि आदि मुनिबर बहु बसहीं, करहिं जोग जप तप तन कसहीं.
चलहु सफल श्रम सब कर करहू, राम देहु गौरव गिरिबरहू.

दोहा-dohā:

चित्रकूट महिमा अमित कही महामुनि गाइ,
आए नहाए सरित बर सिय समेत दोउ भाइ.१३२.

चौपाई-caupāī:

रघुबर कहेउ लखन भल घाटू, करहु कतहुँ अब ठाहर ठाटू.
लखन दीख पय उतर करारा, चहुँ दिसि फिरेउ धनुष जिमि नारा.
नदी पनच सर सम दम दाना, सकल कलुष कलि साउज नाना.
चित्रकूट जनु अचल अहेरी, चुकइ न घात मार मुठभेरी.
अस कहि लखन ठाउँ देखरावा, थलु बिलोकि रघुबर सुखु पावा.
रमेउ राम मनु देवन्ह जाना, चले सहित सुर थपति प्रधाना.
कोल किरात बेष सब आए, रचे परन तृन सदन सुहाए.

बरनि न जाहिं मंजु दुइ साला, एक ललित लघु एक बिसाला.

दोहा-dohā:

लखन जानकी सहित प्रभु राजत रुचिर निकेत,
सोह मदनु मुनि बेष जनु रति रितुराज समेत.१३३.

मासपारायण सत्रहँवा विश्राम

चौपाई-caupāī:

अमर नाग किंनर दिसिपाला, चित्रकूट आए तेहि काला.
राम प्रनामु कीन्ह सब काहू, मुदित देव लहि लोचन लाहू.
बरषि सुमन कह देव समाजू, नाथ सनाथ भए हम आजू.
करि बिनती दुख दुसह सुनाए, हरषित निज निज सदन सिधाए.
चित्रकूट रघुनंदनु छाए, समाचार सुनि सुनि मुनि आए.
आवत देखि मुदित मुनिबृंदा, कीन्ह दंडवत रघुकुल चंदा.
मुनि रघुबरहि लाइ उर लेहीं, सुफल होन हित आसिष देहीं.
सिय सौमित्रि राम छबि देखहिं, साधन सकल सफल करि लेखहिं.

दोहा-dohā:

जथाजोग सनमानि प्रभु बिदा किए मुनिबृंद,
करहिं जोग जप जाग तप निज आश्रमन्हि सुछंद.१३४.

चौपाई-caupāī:

यह सुधि कोल किरातन्ह पाई, हरषे जनु नव निधि घर आई.
कंद मूल फल भरि भरि दोना, चले रंक जनु लूटन सोना.
तिन्ह महँ जिन्ह देखे दोउ भ्राता, अपर तिन्हहि पूँछहिं मगु जाता.
कहत सुनत रघुबीर निकाई, आइ सबन्हि देखे रघुराई.
करहिं जोहारु भेंट धरि आगे, प्रभुहि बिलोकहिं अति अनुरागे.
चित्र लिखे जनु जहँ तहँ ठाढ़े, पुलक सरीर नयन जल बाढ़े.
राम सनेह मगन सब जाने, कहि प्रिय बचन सकल सनमाने.
प्रभुहि जोहारि बहोरि बहोरी, बचन बिनीत कहहिं कर जोरी.

दोहा-dohā:

अब हम नाथ सनाथ सब भए देखि प्रभु पाय,
भाग हमारें आगमनु राउर कोसलराय.१३५.

चौपाई-caupāī:

धन्य भूमि बन पंथ पहारा, जहँ जहँ नाथ पाउ तुम्ह धारा.
धन्य बिहग मृग काननचारी, सफल जनम भए तुम्हहि निहारी.
हम सब धन्य सहित परिवारा, दीख दरसु भरि नयन तुम्हारा.
कीन्ह बासु भल ठाउँ बिचारी, इहाँ सकल रितु रहब सुखारी.
हम सब भाँति करब सेवकाई, करि केहरि अहि बाघ बराई.
बन बेहड़ गिरि कंदर खोहा, सब हमार प्रभु पग पग जोहा.
तहँ तहँ तुम्हहि अहेर खेलाउब, सर निरझर जलठाउँ देखाउब.
हम सेवक परिवार समेता, नाथ न सकुचब आयसु देता.

दोहा-dohā:

बेद बचन मुनि मन अगम ते प्रभु करुना ऐन,
बचन किरातन्ह के सुनत जिमि पितु बालक बैन.१३६.

चौपाई-caupāī:

रामहि केवल प्रेमु पिआरा, जानि लेउ जो जाननिहारा.
राम सकल बनचर तब तोषे, कहि मृदु बचन प्रेम परिपोषे.
बिदा किए सिर नाइ सिधाए, प्रभु गुन कहत सुनत घर आए.
एहि बिधि सिय समेत दोउ भाई, बसहिं बिपिन सुर मुनि सुखदाई.
जब तें आइ रहे रघुनायकु, तब तें भयउ बनु मंगलदायकु.
फूलहिं फलहिं बिटप बिधि नाना, मंजु बलित बर बेलि बिताना.
सुरतरु सरिस सुभायँ सुहाए, मनहुँ बिबुध बन परिहरि आए.
गुंज मंजुतर मधुकर श्रेनी, त्रिबिध बयारि बहइ सुख देनी.

दोहा-dohā:

नीलकंठ कलकंठ सुक चातक चक्क चकोर,
भाँति भाँति बोलहिं बिहग श्रवन सुखद चित चोर.१३७.

चौपाई-caupāī:

करि केहरि कपि कोल कुरंगा, बिगतबैर बिचरहिं सब संगा.
फिरत अहेर राम छबि देखी, होहिं मुदित मृगबृंद बिसेषी.
बिबुध बिपिन जहँ लगि जग माहीं, देखि राम बनु सकल सिहाहीं.
सुरसरि सरसइ दिनकर कन्या, मेकलसुता गोदावरि धन्या.
सब सर सिंधु नदीं नद नाना, मंदाकिनि कर करहिं बखाना.
उदय अस्त गिरि अरु कैलासू, मंदर मेरु सकल सुरबासू.
सैल हिमाचल आदिक जेते, चित्रकूट जसु गावहिं तेते.
बिंधि मुदित मन सुखु न समाई, श्रम बिनु बिपुल बड़ाई पाई.

दोहा-dohā:

चित्रकूट के बिहग मृग बेलि बिटप तृन जाति,
पुन्य पुंज सब धन्य अस कहहिं देव दिन राति.१३८.

चौपाई-caupāī:

नयनवंत रघुबरहि बिलोकी, पाइ जनम फल होहिं बिसोकी.
परसि चरन रज अचर सुखारी, भए परम पद के अधिकारी.
सो बनु सैलु सुभायँ सुहावन, मंगलमय अति पावन पावन.
महिमा कहिअ कवनि बिधि तासू, सुखसागर जहँ कीन्ह निवासू.
पय पयोधि तजि अवध बिहाई, जहँ सिय लखनु रामु रहे आई.
कहि न सकहिं सुषमा जसि कानन, जौं सत सहस होहिं सहसानन.
सो मैं बरनि कहौं बिधि केहीं, डाबर कमठ कि मंदर लेहीं.
सेवहिं लखनु करम मन बानी, जाइ न सीलु सनेहु बखानी.

दोहा-dohā:

छिनु छिनु लखि सिय राम पद जानि आपु पर नेहु,
करत न सपनेहुँ लखनु चितु बंधु मातु पितु गेहु.१३९.

चौपाई-caupāī:

राम संग सिय रहति सुखारी, पुर परिजन गृह सुरति बिसारी.
छिनु छिनु पिय बिधु बदनु निहारी, प्रमुदित मनहुँ चकोरकुमारी.
नाह नेहु नित बढ़त बिलोकी, हरषित रहति दिवस जिमि कोकी.
सिय मनु राम चरन अनुरागा, अवध सहस सम बनु प्रिय लागा.
परनकुटी प्रिय प्रियतम संगा, प्रिय परिवारु कुरंग बिहंगा.
सासु ससुर सम मुनितिय मुनिबर, असनु अमिअ सम कंद मूल फर.
नाथ साथ साँथरी सुहाई, मयन सयन सय सम सुखदाई.
लोकप होहिं बिलोकत जासू, तेहि कि मोहि सक बिषय बिलासू.

दोहा-dohā:

सुमिरत रामहि तजहिं जन तृन सम बिषय बिलासु,
रामप्रिया जग जननि सिय कछु न आचरजु तासु.१४०.

चौपाई-caupāī:

सीय लखन जेहि बिधि सुखु लहहीं, सोइ रघुनाथ करहिं सोइ कहहीं.
कहहिं पुरातन कथा कहानी, सुनहिं लखनु सिय अति सुखु मानी.

जब जब रामु अवध सुधि करहीं, तब तब बारि बिलोचन भरहीं.
सुमिरि मातु पितु परिजन भाई, भरत सनेहु सीलु सेवकाई.
कृपासिंधु प्रभु होहिं दुखारी, धीरजु धरहिं कुसमउ बिचारी.
लखि सिय लखनु बिकल होइ जाहीं, जिमि पुरुषहि अनुसर परिछाहीं.
प्रिया बंधु गति लखि रघुनंदनु, धीर कृपाल भगत उर चंदनु.
लगे कहन कछु कथा पुनीता, सुनि सुखु लहहिं लखनु अरु सीता.

दोहा-dohā:

रामु लखन सीता सहित सोहत परन निकेत,
जिमि बासव बस अमरपुर सची जयंत समेत.१४१.

चौपाई-caupāī:

जोगवहिं प्रभु सिय लखनहिं कैसें, पलक बिलोचन गोलक जैसें.
सेवहिं लखनु सीय रघुबीरहि, जिमि अबिबेकी पुरुष सरीरहि.
एहि बिधि प्रभु बन बसहिं सुखारी, खग मृग सुर तापस हितकारी.
कहेउँ राम बन गवनु सुहावा, सुनहु सुमंत्र अवध जिमि आवा.
फिरेउ निषादु प्रभुहि पहुँचाई, सचिव सहित रथ देखेसि आई.
मंत्री बिकल बिलोकि निषादू, कहि न जाइ जस भयउ बिषादू.
राम राम सिय लखन पुकारी, परेउ धरनितल ब्याकुल भारी.
देखि दखिन दिसि हय हिहिनाहीं, जनु बिनु पंख बिहग अकुलाहीं.

दोहा-dohā:

नहिं तृन चरहिं पिअहिं जलु मोचहिं लोचन बारि,
ब्याकुल भए निषाद सब रघुबर बाजि निहारि.१४२.

चौपाई-caupāī:

धरि धीरजु तब कहइ निषादू, अब सुमंत्र परिहरहु बिषादू.
तुम्ह पंडित परमारथ ग्याता, धरहु धीर लखि बिमुख बिधाता.
बिबिध कथा कहि कहि मृदु बानी, रथ बैठारेउ बरबस आनी.
सोक सिथिल रथ सकइ न हाँकी, रघुबर बिरह पीर उर बाँकी.
चरफराहिं मग चलहिं न घोरे, बन मृग मनहुँ आनि रथ जोरे.
अढ़ुकि परहिं फिरि हेरहिं पीछें, राम बियोगि बिकल दुख तीछें.
जो कह रामु लखनु बैदेही, हिंकरि हिंकरि हित हेरहिं तेही.
बाजि बिरह गति कहि किमि जाती, बिनु मनि फनिक बिकल जेहि भाँती.

दोहा-dohā:

भयउ निषादु बिषादबस देखत सचिव तुरंग,
बोलि सुसेवक चारि तब दिए सारथी संग.१४३.

चौपाई-caupāī:

गुह सारथिहि फिरेउ पहुँचाई, बिरहु बिषादु बरनि नहिं जाई.
चले अवध लेइ रथहि निषादा, होहिं छनहिं छन मगन बिषादा.
सोच सुमंत्र बिकल दुख दीना, धिग जीवन रघुबीर बिहीना.
रहिहि न अंतहुँ अधम सरीरू, जसु न लहेउ बिछुरत रघुबीरू.
भए अजस अघ भाजन प्राना, कवन हेतु नहिं करत पयाना.
अहह मंद मनु अवसर चूका, अजहुँ न हृदय होत दुइ टूका.
मीजि हाथ सिरु धुनि पछिताई, मनहुँ कृपन धन रासि गवाँई.
बिरिद बाँधि बर बीरु कहाई, चलेउ समर जनु सुभट पराई.

दोहा-dohā:

बिप्र बिबेकी बेदबिद संमत साधु सुजाति,
जिमि धोखें मदपान कर सचिव सोच तेहि भाँति.१४४.

चौपाई-caupāī:

जिमि कुलीन तिय साधु सयानी, पतिदेवता करम मन बानी.
रहै करम बस परिहरि नाहू, सचिव हृदयँ तिमि दारुन दाहू.
लोचन सजल डीठि भइ थोरी, सुनइ न श्रवन बिकल मति भोरी.
सूखहिं अधर लागि मुँह लाटी, जिउ न जाइ उर अवधि कपाटी.
बिबरन भयउ न जाइ निहारी, मारेसि मनहुँ पिता महतारी.
हानि गलानि बिपुल मन ब्यापी, जमपुर पंथ सोच जिमि पापी.
बचनु न आव हृदयँ पछिताई, अवध काह मैं देखब जाई.
राम रहित रथ देखिहि जोई, सकुचिहि मोहि बिलोकत सोई.

दोहा-dohā:

धाइ पूँछिहहिं मोहि जब बिकल नगर नर नारि,
उतरु देब मैं सबहि तब हृदयँ बज्रु बैठारि.१४५.

चौपाई-caupāī:

पुछिहहिं दीन दुखित सब माता, कहब काह मैं तिन्हहि बिधाता.
पूछिहि जबहिं लखन महतारी, कहिहउँ कवन सँदेस सुखारी.
राम जननि जब आइहि धाई, सुमिरि बच्छु जिमि धेनु लवाई.
पूँछत उतरु देब मैं तेही, गे बनु राम लखनु बैदेही.
जोइ पूँछिहि तेहि ऊतरु देबा, जाइ अवध अब यहु सुखु लेबा.
पूँछिहि जबहिं राउ दुख दीना, जिवनु जासु रघुनाथ अधीना.
देहउँ उतरु कौनु मुहु लाई, आयउँ कुसल कुअँर पहुँचाई.
सुनत लखन सिय राम सँदेसू, तृन जिमि तनु परिहरिहि नरेसू.

दोहा-dohā:

हृदउ न बिदरेउ पंक जिमि बिछुरत प्रीतमु नीरु,
जानत हौं मोहि दीन्ह बिधि यहु जातना सरीरु.१४६.

चौपाई-caupāī:

एहि बिधि करत पंथ पछितावा, तमसा तीर तुरत रथु आवा.
बिदा किए करि बिनय निषादा, फिरे पायँ परि बिकल बिषादा.
पैठत नगर सचिव सकुचाई, जनु मारेसि गुर बाँभन गाई.
बैठि बिटप तर दिवसु गवाँवा, साँझ समय तब अवसरु पावा.
अवध प्रबेसु कीन्ह अँधिआरें, पैठ भवन रथु राखि दुआरें.
जिन्ह जिन्ह समाचार सुनि पाए, भूप द्वार रथु देखन आए.
रथु पहिचानि बिकल लखि घोरे, गरहिं गात जिमि आतप ओरे.
नगर नारि नर ब्याकुल कैसें, निघटत नीर मीनगन जैसें.

दोहा-dohā:

सचिव आगमनु सुनत सबु बिकल भयउ रनिवासु,
भवन भयंकरु लाग तेहि मानहुँ प्रेत निवासु.१४७.

चौपाई-caupāī:

अति आरति सब पूँछहिं रानी, उतरु न आव बिकल भइ बानी.
सुनइ न श्रवन नयन नहिं सूझा, कहहु कहाँ नृपु तेहि तेहि बूझा.
दासिन्ह दीख सचिव बिकलाई, कौसल्या गृहँ गईं लवाई.
जाइ सुमंत्र दीख कस राजा, अमिअ रहित जनु चंदु बिराजा.
आसन सयन बिभूषन हीना, परेउ भूमितल निपट मलीना.
लेइ उसासु सोच एहि भाँती, सुरपुर तें जनु खँसेउ जजाती.
लेत सोच भरि छिनु छिनु छाती, जनु जरि पंख परेउ संपाती.
राम राम कह राम सनेही, पुनि कह राम लखन बैदेही.

दोहा-dohā:

देखि सचिवँ जय जीव कहि कीन्हेउ दंड प्रनामु,
सुनत उठेउ ब्याकुल नृपति कहु सुमंत्र कहँ रामु.१४८.

चौपाई-caupāī:

भूप सुमंत्रु लीन्ह उर लाई, बूड़त कछु अधार जनु पाई.
सहित सनेह निकट बैठारी, पूँछत राउ नयन भरि बारी.
राम कुसल कहु सखा सनेही, कहँ रघुनाथु लखनु बैदेही.
आने फेरि कि बनहि सिधाए, सुनत सचिव लोचन जल छाए.
सोक बिकल पुनि पूँछ नरेसू, कहु सिय राम लखन संदेसू.
राम रूप गुन सील सुभाऊ, सुमिरि सुमिरि उर सोचत राऊ.
राउ सुनाइ दीन्ह बनबासू, सुनि मन भयउ न हरषु हराँसू.
सो सुत बिछुरत गए न प्राना, को पापी बड़ मोहि समाना.

दोहा-dohā:

सखा रामु सिय लखनु जहँ तहाँ मोहि पहुँचाउ,
नाहिं त चाहत चलन अब प्रान कहउँ सतिभाउ.१४९.

चौपाई-caupāī:

पुनि पुनि पूँछत मंत्रिहि राऊ, प्रियतम सुअन सँदेस सुनाऊ.
करहि सखा सोइ बेगि उपाऊ, रामु लखनु सिय नयन देखाऊ.
सचिव धीर धरि कह मृदु बानी, महाराज तुम्ह पंडित ग्यानी.
बीर सुधीर धुरंधर देवा, साधु समाजु सदा तुम्ह सेवा.
जनम मरन सब दुख सुख भोगा, हानि लाभु प्रिय मिलन बियोगा.
काल करम बस होहिं गोसाईं, बरबस राति दिवस की नाईं.
सुख हरषहिं जड़ दुख बिलखाहीं, दोउ सम धीर धरहिं मन माहीं.
धीरज धरहु बिबेकु बिचारी, छाड़िअ सोच सकल हितकारी.

दोहा-dohā:

प्रथम बासु तमसा भयउ दूसर सुरसरि तीर,
न्हाइ रहे जलपानु करि सिय समेत दोउ बीर.१५०.

चौपाई-caupāī:

केवट कीन्हि बहुत सेवकाई, सो जामिनि सिंगरौर गवाँई.
होत प्रात बट छीरु मगावा, जटा मुकुट निज सीस बनावा.
राम सखाँ तब नाव मगाई, प्रिया चढ़ाइ चढ़े रघुराई.
लखन बान धनु धरे बनाई, आपु चढ़े प्रभु आयसु पाई.
बिकल बिलोकि मोहि रघुबीरा, बोले मधुर बचन धरि धीरा.
तात प्रनामु तात सन कहेहू, बार बार पद पंकज गहेहू.
करबि पायँ परि बिनय बहोरी, तात करिअ जनि चिंता मोरी.
बन मग मंगल कुसल हमारें, कृपा अनुग्रह पुन्य तुम्हारें.

छंद-chamda:

तुम्हरें अनुग्रह तात कानन जात सब सुखु पाइहौं,
प्रतिपालि आयसु कुसल देखन पाय पुनि फिरि आइहौं.
जननीं सकल परितोषि परि परि पायँ करि बिनती घनी,
तुलसी करेहु सोइ जतनु जेहिं कुसली रहहिं कोसलधनी.

सोरठा-sorathā:

गुर सन कहब सँदेसु बार बार पद पदुम गहि,
करब सोइ उपदेसु जेहिं न सोच मोहि अवधपति.१५१.

चौपाई-caupāī:

पुरजन परिजन सकल निहोरी, तात सुनाएहु बिनती मोरी.
सोइ सब भाँति मोर हितकारी, जातें रह नरनाहु सुखारी.
कहब सँदेसु भरत के आएँ, नीति न तजिअ राजपदु पाएँ.
पालेहु प्रजहि करम मन बानी, सेएहु मातु सकल सम जानी.
ओर निबाहेहु भायप भाई, करि पितु मातु सुजन सेवकाई.
तात भाँति तेहि राखब राऊ, सोच मोर जेहिं करै न काऊ.
लखन कहे कछु बचन कठोरा, बरजि राम पुनि मोहि निहोरा.
बार बार निज सपथ देवाई, कहबि न तात लखन लरिकाई.

दोहा-dohā:

कहि प्रनामु कछु कहन लिय सिय भइ सिथिल सनेह,
थकित बचन लोचन सजल पुलक पल्लवित देह.१५२.

चौपाई-caupāī:

तेहि अवसर रघुबर रूख पाई, केवट पारहि नाव चलाई.
रघुकुलतिलक चले एहि भाँती, देखउँ ठाढ़ कुलिस धरि छाती.
मैं आपन किमि कहौं कलेसू, जिअत फिरेउँ लेइ राम सँदेसू.
अस कहि सचिव बचन रहि गयऊ, हानि गलानि सोच बस भयऊ.
सूत बचन सुनतहिं नरनाहू, परेउ धरनि उर दारुन दाहू.
तलफत बिषम मोह मन मापा, माजा मनहुँ मीन कहुँ ब्यापा.
करि बिलाप सब रोवहिं रानी, महा बिपति किमि जाइ बखानी.
सुनि बिलाप दुखहू दुखु लागा, धीरजहू कर धीरजु भागा.

दोहा-dohā:

भयउ कोलाहलु अवध अति सुनि नृप राउर सोरु,
बिपुल बिहग बन परेउ निसि मानहुँ कुलिस कठोरु.१५३.

चौपाई-caupāī:

प्रान कंठगत भयउ भुआलू, मनि बिहीन जनु ब्याकुल ब्यालू.
इंद्रीं सकल बिकल भइँ भारी, जनु सर सरसिज बनु बिनु बारी.
कौसल्याँ नृपु दीख मलाना, रबिकुल रबि अँथयउ जियँ जाना.
उर धरि धीर राम महतारी, बोली बचन समय अनुसारी.
नाथ समुझि मन करिअ बिचारू, राम बियोग पयोधि अपारू.
करनधार तुम्ह अवध जहाजू, चढ़ेउ सकल प्रिय पथिक समाजू.
धीरजु धरिअ त पाइअ पारू, नाहिं त बूड़िहि सबु परिवारू.
जौं जियँ धरिअ बिनय पिय मोरी, रामु लखनु सिय मिलहिं बहोरी.

दोहा-dohā:

प्रिया बचन मृदु सुनत नृपु चितयउ आँखि उघारि,
तलफत मीन मलीन जनु सींचत सीतल बारि.१५४.

चौपाई-caupāī:

धरि धीरजु उठि बैठ भुआलू, कहु सुमंत्र कहँ राम कृपालू.
कहाँ लखनु कहँ रामु सनेही, कहँ प्रिय पुत्रबधू बैदेही.
बिलपत राउ बिकल बहु भाँती, भइ जुग सरिस सिराति न राती.
तापस अंध साप सुधि आई, कौसल्यहि सब कथा सुनाई.
भयउ बिकल बरनत इतिहासा, राम रहित धिग जीवन आसा.
सो तनु राखि करब मैं काहा, जेहिं न प्रेम पनु मोर निबाहा.
हा रघुनंदन प्रान पिरीते, तुम्ह बिनु जिअत बहुत दिन बीते.
हा जानकी लखन हा रघुबर, हा पितु हित चित चातक जलधर.

दोहा-dohā:

राम राम कहि राम कहि राम राम कहि राम,
तनु परिहरि रघुबर बिरहँ राउ गयउ सुरधाम.१५५.

चौपाई-caupāī:

जिअन मरन फलु दसरथ पावा, अंड अनेक अमल जसु छावा.
जिअत राम बिधु बदनु निहारा, राम बिरह करि मरनु सँवारा.
सोक बिकल सब रोवहिं रानी, रूपु सीलु बलु तेजु बखानी.
करहिं बिलाप अनेक प्रकारा, परहिं भूमितल बारहिं बारा.
बिलपहिं बिकल दास अरु दासी, घर घर रुदनु करहिं पुरबासी.
अँथयउ आजु भानुकुल भानू, धरम अवधि गुन रूप निधानू.
गारीं सकल कैकइहि देहीं, नयन बिहीन कीन्ह जग जेहीं.
एहि बिधि बिलपत रैनि बिहानी, आए सकल महामुनि ग्यानी.

दोहा-dohā:

तब बसिष्ठ मुनि समय सम कहि अनेक इतिहास,
सोक नेवारेउ सबहि कर निज बिग्यान प्रकास.१५६.

चौपाई-caupāī:

तेल नावँ भरि नृप तनु राखा, दूत बोलाइ बहुरि अस भाषा.
धावहु बेगि भरत पहिं जाहू, नृप सुधि कतहुँ कहहु जनि काहू.
एतनेइ कहेहु भरत सन जाई, गुर बोलाई पठयउ दोउ भाई.
सुनि मुनि आयसु धावन धाए, चले बेग बर बाजि लजाए.
अनरथु अवध अरंभेउ जब तें, कुसगुन होहिं भरत कहुँ तब तें.
देखहिं राति भयानक सपना, जागि करहिं कटु कोटि कलपना.
बिप्र जेवाँइ देहिं दिन दाना, सिव अभिषेक करहिं बिधि नाना.
मागहिं हृदयँ महेस मनाई, कुसल मातु पितु परिजन भाई.

दोहा-dohā:

एहि बिधि सोचत भरत मन धावन पहुँचे आइ,
गुर अनुसासन श्रवन सुनि चले गनेसु मनाइ.१५७.

चौपाई-caupāī:

चले समीर बेग हय हाँके, नाघत सरित सैल बन बाँके.
हृदयँ सोचु बड़ कछु न सोहाई, अस जानहिं जियँ जाउँ उड़ाई.
एक निमेष बरस सम जाई, एहि बिधि भरत नगर निअराई.
असगुन होहिं नगर पैठारा, रटहिं कुभाँति कुखेत करारा.
खर सिआर बोलहिं प्रतिकूला, सुनि सुनि होइ भरत मन सूला.
श्रीहत सर सरिता बन बागा, नगरु बिसेषि भयावनु लागा.
खग मृग हय गय जाहिं न जोए, राम बियोग कुरोग बिगोए.
नगर नारि नर निपट दुखारी, मनहुँ सबन्हि सब संपति हारी.

दोहा-dohā:

पुरजन मिलहिं न कहहिं कछु गवँहिं जोहारहिं जाहिं,
भरत कुसल पूँछि न सकहिं भय बिषाद मन माहिं.१५८.

चौपाई-caupāī:

हाट बाट नहिं जाइ निहारी, जनु पुर दहँ दिसि लागि दवारी.
आवत सुत सुनि कैकयनंदिनि, हरषी रबिकुल जलरुह चंदिनि.
सजि आरती मुदित उठि धाई, द्वारेहिं भेंटि भवन लेइ आई.
भरत दुखित परिवारु निहारा, मानहुँ तुहिन बनज बनु मारा.
कैकेई हरषित एहि भाँति, मनहुँ मुदित दव लाइ किराती.
सुतहि ससोच देखि मनु मारें, पूँछति नैहर कुसल हमारें.
सकल कुसल कहि भरत सुनाई, पूँछी निज कुल कुसल भलाई.
कहु कहँ तात कहाँ सब माता, कहँ सिय राम लखन प्रिय भ्राता.

दोहा-dohā:

सुनि सुत बचन सनेहमय कपट नीर भरि नैन,
भरत श्रवन मन सूल सम पापिनि बोली बैन.१५९.

चौपाई-caupāī:

तात बात मैं सकल सँवारी, भै मंथरा सहाय बिचारी.
कछुक काज बिधि बीच बिगारेउ, भूपति सुरपति पुर पगु धारेउ.
सुनत भरतु भए बिबस बिषादा, जनु सहमेउ करि केहरि नादा.
तात तात हा तात पुकारी, परे भूमितल ब्याकुल भारी.
चलत न देखन पायउँ तोही, तात न रामहि सौंपेहु मोही.
बहुरि धीर धरि उठे सँभारी, कहु पितु मरन हेतु महतारी.
सुनि सुत बचन कहति कैकेई, मरमु पाँछि जनु माहुर देई.
आदिहु तें सब आपनि करनी, कुटिल कठोर मुदित मन बरनी.

दोहा-dohā:

भरतहि बिसरेउ पितु मरन सुनत राम बन गौनु,
हेतु अपनपउ जानि जियँ थकित रहे धरि मौनु.१६०.

चौपाई-caupāī:

बिकल बिलोकि सुतहि समुझावति, मनहुँ जरे पर लोनु लगावति.
तात राउ नहिं सोचै जोगू, बिढ़इ सुकृत जसु कीन्हेउ भोगू.
जीवत सकल जनम फल पाए, अंत अमरपति सदन सिधाए.
अस अनुमानि सोच परिहरहू, सहित समाज राज पुर करहू.
सुनि सुठि सहमेउ राजकुमारू, पाकें छत जनु लाग अँगारू.
धीरज धरि भरि लेहिं उसासा, पापिनि सबहि भाँति कुल नासा.
जौं पै कुरुचि रही अति तोही, जनमत काहे न मारे मोही.
पेड़ काटि तैं पालउ सींचा, मीन जिअन निति बारि उलीचा.

दोहा-dohā:

हंसबंसु दसरथु जनकु राम लखन से भाइ,
जननी तूँ जननी भई बिधि सन कछु न बसाइ.१६१.

चौपाई-caupāī:

जब तैं कुमति कुमत जियँ ठयऊ, खंड खंड होइ हृदउ न गयऊ.
बर मागत मन भइ नहिं पीरा, गरि न जीह मुहँ परेउ न कीरा.
भूपँ प्रतीति तोरि किमि कीन्ही, मरन काल बिधि मति हरि लीन्ही.
बिधिहुँ न नारि हृदय गति जानी, सकल कपट अघ अवगुन खानी.
सरल सुसील धरम रत राऊ, सो किमि जानै तीय सुभाऊ.
अस को जीव जंतु जग माहीं, जेहि रघुनाथ प्रानप्रिय नाहीं.
भे अति अहित रामु तेउ तोही, को तू अहसि सत्य कहु मोही.
जो हसि सो हसि मुहँ मसि लाई, आँखि ओट उठि बैठहि जाई.

दोहा-dohā:

राम बिरोधी हृदय तें प्रगट कीन्ह बिधि मोहि,
मो समान को पातकी बादि कहउँ कछु तोहि.१६२.

चौपाई-caupāī:

सुनि सत्रुघुन मातु कुटिलाई, जरहिं गात रिस कछु न बसाई.
तेहि अवसर कुबरी तहँ आई, बसन बिभूषन बिबिध बनाई.
लखि रिस भरेउ लखन लघु भाई, बरत अनल घृत आहुति पाई.
हुमगि लात तकि कूबर मारा, परि मुह भर महि करत पुकारा.
कूबर टूटेउ फूट कपारू, दलित दसन मुख रुधिर प्रचारू.
आह दइअ मैं काह नसावा, करत नीक फलु अनइस पावा.
सुनि रिपुहन लखि नख सिख खोटी, लगे घसीटन धरि धरि झोंटी.

भरत दयानिधि दीन्हि छड़ाई, कौसल्या पहिं गे दोउ भाई.

दोहा-dohā:

मलिन बसन बिबरन बिकल कृस सरीर दुख भार,
कनक कलप बर बेलि बन मानहुँ हनी तुसार.१६३.

चौपाई-caupāī:

भरतहि देखि मातु उठि धाई, मुरुछित अवनि परी झइँ आई.
देखत भरतु बिकल भए भारी, परे चरन तन दसा बिसारी.
मातु तात कहँ देहि देखाई, कहँ सिय रामु लखनु दोउ भाई.
कैकइ कत जनमी जग माझा, जौं जनमि त भइ काहे न बाँझा.
कुल कलंकु जेहिं जनमेउ मोही, अपजस भाजन प्रियजन द्रोही.
को तिभुवन मोहि सरिस अभागी, गति असि तोरि मातु जेहि लागी.
पितु सुरपुर बन रघुबर केतू, मैं केवल सब अनरथ हेतू.
धिग मोहि भयउँ बेनु बन आगी, दुसह दाह दुख दूषन भागी.

दोहा-dohā:

मातु भरत के बचन मृदु सुनि सुनि उठी सँभारि,
लिए उठाइ लगाइ उर लोचन मोचति बारि.१६४.

चौपाई-caupāī:

सरल सुभाय मायँ हियँ लाए, अति हित मनहुँ राम फिरि आए.
भेंटेउ बहुरि लखन लघु भाई, सोकु सनेहु न हृदयँ समाई.
देखि सुभाउ कहत सबु कोई, राम मातु अस काहे न होई.
माताँ भरतु गोद बैठारे, आँसु पोंछि मृदु बचन उचारे.
अजहुँ बच्छ बलि धीरज धरहू, कुसमउ समुझि सोक परिहरहू.
जनि मानहु हियँ हानि गलानी, काल करम गति अघटित जानी.
काहुहि दोसु देहु जनि ताता, भा मोहि सब बिधि बाम बिधाता.
जो एतेहुँ दुख मोहि जिआवा, अजहुँ को जानइ का तेहि भावा.

दोहा-dohā:

पितु आयस भूषन बसन तात तजे रघुबीर,
बिसमउ हरषु न हृदयँ कछु पहिरे बलकल चीर.१६५.

चौपाई-caupāī:

मुख प्रसन्न मन रंग न रोषू, सब कर सब बिधि करि परितोषू.
चले बिपिन सुनि सिय सँग लागी, रहइ न राम चरन अनुरागी.
सुनतहिं लखनु चले उठि साथा, रहहिं न जतन किए रघुनाथा.
तब रघुपति सबही सिरु नाई, चले संग सिय अरु लघु भाई.
रामु लखनु सिय बनहि सिधाए, गइउँ न संग न प्रान पठाए.
यहु सबु भा इन्ह आँखिन्ह आगें, तउ न तजा तनु जीव अभागें.
मोहि न लाज निज नेहु निहारी, राम सरिस सुत मैं महतारी.
जिऐ मरै भल भूपति जाना, मोर हृदय सत कुलिस समाना.

दोहा-dohā:

कौसल्या के बचन सुनि भरत सहित रनिवासु,
ब्याकुल बिलपत राजगृह मानहुँ सोक नेवासु.१६६.

चौपाई-caupāī:

बिलपहिं बिकल भरत दोउ भाई, कौसल्याँ लिए हृदयँ लगाई.
भाँति अनेक भरतु समुझाए, कहि बिबेकमय बचन सुनाए.
भरतहुँ मातु सकल समुझाईं, कहि पुरान श्रुति कथा सुहाईं.
छल बिहीन सुचि सरल सुबानी, बोले भरत जोरि जुग पानी.
जे अघ मातु पिता सुत मारें, गाइ गोठ महिसुर पुर जारें.
जे अघ तिय बालक बध कीन्हें, मीत महीपति माहुर दीन्हें.
जे पातक उपपातक अहहीं, करम बचन मन भव कबि कहहीं.
ते पातक मोहि होहुँ बिधाता, जौं यहु होइ मोर मत माता.

दोहा-dohā:

जे परिहरि हरि हर चरन भजहिं भूतगन घोर,
तेहि कइ गति मोहि देउ बिधि जौं जननी मत मोर.१६७.

चौपाई-caupāī:

बेचहिं बेदु धरमु दुहि लेहीं, पिसुन पराय पाप कहि देहीं.
कपटी कुटिल कलहप्रिय क्रोधी, बेद बिदूषक बिस्व बिरोधी.
लोभी लंपट लोलुपचारा, जे ताकहिं परधनु परदारा.
पावौं मैं तिन्ह कै गति घोरा, जौं जननी यहु संमत मोरा.
जे नहिं साधुसंग अनुरागे, परमारथ पथ बिमुख अभागे.
जे न भजहिं हरि नरतनु पाई, जिन्हहि न हरि हर सुजसु सोहाई.
तजि श्रुतिपंथु बाम पथ चलहीं, बंचक बिरचि बेष जगु छलहीं.
तिन्ह कै गति मोहि संकर देऊ, जननी जौं यहु जानौं भेऊ.

दोहा-dohā:

मातु भरत के बचन सुनि साँचे सरल सुभायँ,
कहति राम प्रिय तात तुम्ह सदा बचन मन कायँ.१६८.

चौपाई-caupāī:

राम प्रानहु तें प्रान तुम्हारे, तुम्ह रघुपतिहि प्रानहु तें प्यारे.
बिधु बिष चवै स्रवै हिमु आगी, होइ बारिचर बारि बिरागी.
भएँ ग्यानु बरु मिटै न मोहू, तुम्ह रामहि प्रतिकूल न होहू.
मत तुम्हार यहु जो जग कहहीं, सो सपनेहुँ सुख सुगति न लहहीं.
अस कहि मातु भरतु हियँ लाए, थन पय स्रवहिं नयन जल छाए.
करत बिलाप बहुत यहि भाँती, बैठेहिं बीति गई सब राती.
बामदेउ बसिष्ठ तब आए, सचिव महाजन सकल बोलाए.
मुनि बहु भाँति भरत उपदेसे, कहि परमारथ बचन सुदेसे.

दोहा-dohā:

तात हृदयँ धीरजु धरहु करहु जो अवसर आजु,
उठे भरत गुर बचन सुनि करन कहेउ सबु साजु.१६९.

चौपाई-caupāī:

नृपतनु बेद बिदित अन्हवावा, परम बिचित्र बिमानु बनावा.
गहि पद भरत मातु सब राखी, रहीं रानि दरसन अभिलाषी.
चंदन अगर भार बहु आए, अमित अनेक सुगंध सुहाए.
सरजु तीर रचि चिता बनाई, जनु सुरपुर सोपान सुहाई.
एहि बिधि दाह क्रिया सब कीन्ही, बिधिवत न्हाइ तिलांजुलि दीन्ही.
सोधि सुमृति सब बेद पुराना, कीन्ह भरत दसगात बिधाना.
जहँ जस मुनिबर आयसु दीन्हा, तहँ तस सहस भाँति सबु कीन्हा.
भए बिसुद्ध दिए सब दाना, धेनु बाजि गज बाहन नाना.

दोहा-dohā:

सिंघासन भूषन बसन अन्न धरनि धन धाम,
दिए भरत लहि भूमिसुर भे परिपूरन काम.१७०.

चौपाई-caupāī:

पितु हित भरत कीन्हि जसि करनी, सो मुख लाख जाइ नहिं बरनी.
सुदिनु सोधि मुनिबर तब आए, सचिव महाजन सकल बोलाए.
बैठे राजसभाँ सब जाई, पठए बोलि भरत दोउ भाई.

भरतु बसिष्ठ निकट बैठारे, नीति धरममय बचन उचारे.
प्रथम कथा सब मुनिबर बरनी, कैकइ कुटिल कीन्हि जसि करनी.
भूप धरमब्रतु सत्य सराहा, जेहिं तनु परिहरि प्रेमु निबाहा.
कहत राम गुन सील सुभाऊ, सजल नयन पुलकेउ मुनिराऊ.
बहुरि लखन सिय प्रीति बखानी, सोक सनेह मगन मुनि ग्यानी.

दोहा-dohā:

सुनहु भरत भावी प्रबल बिलखि कहेउ मुनिनाथ,
हानि लाभु जीवनु मरनु जसु अपजसु बिधि हाथ.१७१.

चौपाई-caupāi:

अस बिचारि केहि देइअ दोसू, ब्यरथ काहि पर कीजिअ रोसू.
तात बिचारु करहु मन माहीं, सोच जोगु दसरथु नृपु नाहीं.
सोचिअ बिप्र जो बेद बिहीना, तजि निज धरमु बिषय लयलीना.
सोचिअ नृपति जो नीति न जाना, जेहि न प्रजा प्रिय प्रान समाना.
सोचिअ बयसु कृपन धनवानू, जो न अतिथि सिव भगति सुजानू.
सोचिअ सूद्रु बिप्र अवमानी, मुखर मानप्रिय ग्यान गुमानी.
सोचिअ पुनि पति बंचक नारी, कुटिल कलहप्रिय इच्छाचारी.
सोचिअ बटु निज ब्रतु परिहरई, जो नहिं गुर आयसु अनुसरई.

दोहा-dohā:

सोचिअ गृही जो मोह बस करइ करम पथ त्याग,
सोचिअ जती प्रपंच रत बिगत बिबेक बिराग.१७२.

चौपाई-caupāi:

बैखानस सोइ सोचै जोगू, तपु बिहाइ जेहि भावइ भोगू.
सोचिअ पिसुन अकारन क्रोधी, जननि जनक गुर बंधु बिरोधी.
सब बिधि सोचिअ पर अपकारी, निज तनु पोषक निरदय भारी.
सोचनीय सबहीं बिधि सोई, जो न छाड़ि छलु हरि जन होई.
सोचनीय नहिं कोसलराऊ, भुवन चारिदस प्रगट प्रभाऊ.
भयउ न अहइ न अब होनिहारा, भूप भरत जस पिता तुम्हारा.
बिधि हरि हरु सुरपति दिसिनाथा, बरनहिं सब दसरथ गुन गाथा.

दोहा-dohā:

कहहु तात केहि भाँति कोउ करिहि बड़ाई तासु,
राम लखन तुम्ह सत्रुहन सरिस सुअन सुचि जासु.१७३.

चौपाई-caupāi:

सब प्रकार भूपति बड़भागी, बादि बिषादु करिअ तेहि लागी.
यहु सुनि समुझि सोचु परिहरहू, सिर धरि राज रजायसु करहू.
रायँ राजपदु तुम्ह कहुँ दीन्हा, पिता बचनु फुर चाहिअ कीन्हा.
तजे रामु जेहिं बचनहि लागी, तनु परिहरेउ राम बिरहागी.
नृपहि बचन प्रिय नहिं प्रिय प्राना, करहु तात पितु बचन प्रवाना.
करहु सीस धरि भूप रजाई, हइ तुम्ह कहँ सब भाँति भलाई.
परसुराम पितु अग्या राखी, मारी मातु लोक सब साखी.
तनय जजातिहि जौबनु दयऊ, पितु अग्याँ अघ अजसु न भयऊ.

दोहा-dohā:

अनुचित उचित बिचारु तजि जे पालहिं पितु बैन,
ते भाजन सुख सुजस के बसहिं अमरपति ऐन.१७४.

चौपाई-caupāi:

अवसि नरेस बचन फुर करहू, पालहु प्रजा सोकु परिहरहू.
सुरपुर नृपु पाइहि परितोषू, तुम्ह कहुँ सुकृतु सुजसु नहिं दोषू.
बेद बिदित संमत सबही का, जेहि पितु देइ सो पावइ टीका.
करहु राजु परिहरहु गलानी, मानहु मोर बचन हित जानी.
सुनि सुखु लहब राम बैदेहीं, अनुचित कहब न पंडित केहीं.
कौसल्यादि सकल महतारीं, तेउ प्रजा सुख होहिं सुखारीं.
परम तुम्हार राम कर जानिहि, सो सब बिधि तुम्ह सन भल मानिहि.
सौंपेहु राजु राम के आएँ, सेवा करेहु सनेह सुहाएँ.

दोहा-dohā:

कीजिअ गुर आयसु अवसि कहहिं सचिव कर जोरि,
रघुपति आएँ उचित जस तस तब करब बहोरि.१७५.

चौपाई-caupāi:

कौसल्या धरि धीरजु कहई, पूत पथ्य गुर आयसु अहई.
सो आदरिअ करिअ हित मानी, तजिअ बिषादु काल गति जानी.
बन रघुपति सुरपुर नरनाहू, तुम्ह एहि भाँति तात कदराहू.
परिजन प्रजा सचिव सब अंबा, तुम्हही सुत सब कहँ अवलंबा.
लखि बिधि बाम कालु कठिनाई, धीरजु धरहु मातु बलि जाई.
सिर धरि गुर आयसु अनुसरहू, प्रजा पालि परिजन दुखु हरहू.
गुर के बचन सचिव अभिनंदनु, सुने भरत हिय हित जनु चंदनु.
सुनी बहोरि मातु मृदु बानी, सील सनेह सरल रस सानी.

छंद-chamda:

सानी सरल रस मातु बानी सुनि भरतु ब्याकुल भए,
लोचन सरोरुह स्रवत सींचत बिरह उर अंकुर नए.
सो दसा देखत समय तेहि बिसरी सबहि सुधि देह की,
तुलसी सराहत सकल सादर सीवँ सहज सनेह की.

सोरठा-soraṭhā:

भरतु कमल कर जोरि धीर धुरंधर धीर धरि,
बचन अमिअँ जनु बोरि देत उचित उत्तर सबहि.१७६.

मासपारायण अठारहवाँ विश्राम

चौपाई-caupāi:

मोहि उपदेसु दीन्ह गुर नीका, प्रजा सचिव संमत सबही का.
मातु उचित धरि आयसु दीन्हा, अवसि सीस धरि चाहउँ कीन्हा.
गुर पितु मातु स्वामि हित बानी, सुनि मन मुदित करिअ भलि जानी.
उचित कि अनुचित किएँ बिचारू, धरमु जाइ सिर पातक भारू.
तुम्ह तौ देहु सरल सिख सोई, जो आचरत मोर भल होई.
जद्यपि यह समुझत हउँ नीकें, तदपि होत परितोषु न जी कें.
अब तुम्ह बिनय मोरि सुनि लेहू, मोहि अनुहरत सिखावनु देहू.
ऊतरु देउँ छमब अपराधू, दुखित दोष गुन गनहिं न साधू.

दोहा-dohā:

पितु सुरपुर सिय रामु बन करन कहहु मोहि राजु,
एहि तें जानहु मोर हित कै आपन बड़ काजु.१७७.

चौपाई-caupāi:

हित हमार सियपति सेवकाईं, सो हरि लीन्ह मातु कुटिलाईं.
मैं अनुमानि दीख मन माहीं, आन उपायँ मोर हित नाहीं.
सोक समाजु राजु केहि लेखें, लखन राम सिय बिनु पद देखें.
बादि बसन बिनु भूषन भारू, बादि बिरति बिनु ब्रह्म बिचारू.
सरुज सरीर बादि बहु भोगा, बिनु हरिभगति जायँ जप जोगा.

जायँ जीव बिनु देह सुहाई, बादि मोर सबु बिनु रघुराई.
जाउँ राम पहिं आयसु देहू, एकहिं आँक मोर हित एहू.
मोहि नृप करि भल आपन चहहू, सोउ सनेह जड़ता बस कहहू.

दोहा-dohā:

कैकेई सुअ कुटिलमति राम बिमुख गतलाज,
तुम्ह चाहत सुखु मोहबस मोहि से अधम कें राज.१७८.

चौपाई-caupāī:

कहउँ साँचु सब सुनि पतिआहू, चाहिअ धरमसील नरनाहू.
मोहि राजु हठि देइहहु जबहीं, रसा रसातल जाइहि तबहीं.
मोहि समान को पाप निवासू, जेहि लगि सीय राम बनबासू.
रायँ राम कहुँ काननु दीन्हा, बिछुरत गमनु अमरपुर कीन्हा.
मैं सठु सब अनरथ कर हेतू, बैठ बात सब सुनउँ सचेतू.
बिनु रघुबीर बिलोकि अबासू, रहे प्रान सहि जग उपहासू.
राम पुनीत बिषय रस रूखे, लोलुप भूमि भोग के भूखे.
कहँ लगि कहौं हृदय कठिनाई, निदरि कुलिसु जेहिं लही बड़ाई.

दोहा-dohā:

कारन तें कारजु कठिन होइ दोसु नहिं मोर,
कुलिस अस्थि तें उपल तें लोह कराल कठोर.१७९.

चौपाई-caupāī:

कैकेई भव तनु अनुरागे, पावँर प्रान अघाइ अभागे.
जौं प्रिय बिरहँ प्रान प्रिय लागे, देखब सुनब बहुत अब आगे.
लखन राम सिय कहुँ बनु दीन्हा, पठइ अमरपुर पति हित कीन्हा.
लीन्ह बिधवपन अपजसु आपू, दीन्हेउ प्रजहि सोकु संतापू.
मोहि दीन्ह सुखु सुजसु सुराजू, कीन्ह कैकईं सब कर काजू.
एहि तें मोर काह अब नीका, तेहि पर देन कहहु तुम्ह टीका.
कैकइ जठर जनमि जग माहीं, यह मोहि कहँ कछु अनुचित नाहीं.
मोरि बात सब बिधिहिं बनाई, प्रजा पाँच कत करहु सहाई.

दोहा-dohā:

ग्रह ग्रहीत पुनि बात बस तेहि पुनि बीछी मार,
तेहि पिआइअ बारुनी कहहु काह उपचार.१८०.

चौपाई-caupāī:

कैकइ सुअन जोगु जग जोई, चतुर बिरंचि दीन्ह मोहि सोई.
दसरथ तनय राम लघु भाई, दीन्हि मोहि बिधि बादि बड़ाई.
तुम्ह सब कहहु कढ़ावन टीका, राय रजायसु सब कहँ नीका.
उतरु देउँ केहि बिधि केहि केही, कहहु सुखेन जथा रुचि जेही.
मोहि कुमातु समेत बिहाई, कहहु कहिहि के कीन्ह भलाई.
मो बिनु को सचराचर माहीं, जेहि सिय रामु प्रानप्रिय नाहीं.
परम हानि सब कहँ बड़ लाहू, अदिनु मोर नहि दूषन काहू.
संसय सील प्रेम बस अहहू, सबुइ उचित सब जो कछु कहहू.

दोहा-dohā:

राम मातु सुठि सरलचित मो पर प्रेमु बिसेषि,
कहइ सुभाय सनेह बस मोरि दीनता देखि.१८१.

चौपाई-caupāī:

गुर बिबेक सागर जगु जाना, जिन्हहि बिस्व कर बदर समाना.
मो कहँ तिलक साज सज सोऊ, भएँ बिधि बिमुख बिमुख सबु कोऊ.
परिहरि रामु सीय जग माहीं, कोउ न कहिहि मोर मत नाहीं.
सो मैं सुनब सहब सुखु मानी, अंतहुँ कीच तहाँ जहँ पानी.
डरु न मोहि जग कहिहि कि पोचू, परलोकहु कर नाहिन सोचू.
एकइ उर बस दुसह दवारी, मोहि लगि भे सिय रामु दुखारी.
जीवन लाहु लखन भल पावा, सबु तजि राम चरन मनु लावा.
मोर जनम रघुबर बन लागी, झूठ काह पछिताउँ अभागी.

दोहा-dohā:

आपनि दारुन दीनता कहउँ सबहि सिरु नाइ,
देखें बिनु रघुनाथ पद जिय कै जरनि न जाइ.१८२.

चौपाई-caupāī:

आन उपाउ मोहि नहिं सूझा, को जिय कै रघुबर बिनु बूझा.
एकहिं आँक इहइ मन माहीं, प्रातकाल चलिहउँ प्रभु पाहीं.
जद्यपि मैं अनभल अपराधी, भै मोहि कारन सकल उपाधी.
तदपि सरन सनमुख मोहि देखी, छमि सब करिहहिं कृपा बिसेषी.
सील सकुच सुठि सरल सुभाऊ, कृपा सनेह सदन रघुराऊ.
अरिहुक अनभल कीन्ह न रामा, मैं सिसु सेवक जद्यपि बामा.
तुम्ह पै पाँच मोर भल मानी, आयसु आसिष देहु सुबानी.
जेहिं सुनि बिनय मोहि जनु जानी, आवहिं बहुरि रामु रजधानी.

दोहा-dohā:

जद्यपि जनमु कुमातु तें मैं सठु सदा सदोस,
आपन जानि न त्यागिहहिं मोहि रघुबीर भरोस.१८३.

चौपाई-caupāī:

भरत बचन सब कहँ प्रिय लागे, राम सनेह सुधाँ जनु पागे.
लोग बियोग बिषम बिष दागे, मंत्र सबीज सुनत जनु जागे.
मातु सचिव गुर पुर नर नारी, सकल सनेहँ बिकल भए भारी.
भरतहि कहहिं सराहि सराही, राम प्रेम मूरति तनु आही.
तात भरत अस काहे न कहहू, प्रान समान राम प्रिय अहहू.
जो पावँरु अपनी जड़ताईं, तुम्हहि सुगाइ मातु कुटिलाईं.
सो सठु कोटिक पुरुष समेता, बसिहि कलप सत नरक निकेता.
अहि अघ अवगुन नहिं मनि गहई, हरइ गरल दुख दारिद दहई.

दोहा-dohā:

अवसि चलिअ बन रामु जहँ भरत मंत्रु भल कीन्ह,
सोक सिंधु बूडत सबहि तुम्ह अवलंबनु दीन्ह.१८४.

चौपाई-caupāī:

भा सब कें मन मोदु न थोरा, जनु घन धुनि सुनि चातक मोरा.
चलत प्रात लखि निरनउ नीके, भरतु प्रानप्रिय भे सबही के.
मुनिहि बंदि भरतहि सिरु नाई, चले सकल घर बिदा कराई.
धन्य भरत जीवनु जग माहीं, सीलु सनेहु सराहत जाहीं.
कहहिं परसपर भा बड़ काजू, सकल चलै कर साजहिं साजू.
जेहि राखहिं रहु घर रखवारी, सो जानइ जनु गरदनि मारी.
कोउ कह रहन कहिअ नहिं काहू, को न चहइ जग जीवन लाहू.

दोहा-dohā:

जरउ सो संपति सदन सुखु सुहृद मातु पितु भाइ,
सनमुख होत जो राम पद करै न सहस सहाइ.१८५.

चौपाई-caupāī:

घर घर साजहिं बाहन नाना, हरषु हृदयँ परभात पयाना.
भरत जाइ घर कीन्ह बिचारू, नगरु बाजि गज भवन भँडारू.

संपति सब रघुपति कै आही, जौं बिनु जतन चलौं तजि ताही.
तौ परिनाम न मोरि भलाई, पाप सिरोमनि साइँ दोहाई.
करइ स्वामि हित सेवकु सोई, दूषन कोटि देइ किन कोई.
अस बिचारि सुचि सेवक बोले, जे सपनेहुँ निज धरम न डोले.
कहि सबु मरमु धरमु भल भाषा, जो जेहि लायक सो तेहिं राखा.
करि सबु जतनु राखि रखवारे, राम मातु पहिं भरतु सिधारे.

दोहा-dohā:

आरत जननी जानि सब भरत सनेह सुजान,
कहेउ बनावन पालकीं सजन सुखासन जान.१८६.

चौपाई-caupāī:

चक्क चक्कि जिमि पुर नर नारी, चहत प्रात उर आरत भारी.
जागत सब निसि भयउ बिहाना, भरत बोलाए सचिव सुजाना.
कहेउ लेहु सबु तिलक समाजू, बनहिं देब मुनि रामहि राजू.
बेगि चलहु सुनि सचिव जोहारे, तुरत तुरग रथ नाग सँवारे.
अरुंधती अरु अगिनि समाऊ, रथ चढ़ि चले प्रथम मुनिराऊ.
बिप्र बृंद चढ़ि बाहन नाना, चले सकल तप तेज निधाना.
नगर लोग सब सजि सजि जाना, चित्रकूट कहँ कीन्ह पयाना.
सिबिका सुभग न जाहिं बखानी, चढ़ि चढ़ि चलत भईं सब रानी.

दोहा-dohā:

सौंपि नगर सुचि सेवकनि सादर सकल चलाइ,
सुमिरि राम सिय चरन तब चले भरत दोउ भाइ.१८७.

चौपाई-caupāī:

राम दरस बस सब नर नारी, जनु करि करिनि चले तकि बारी.
बन सिय रामु समुझि मन माहीं, सानुज भरत पयादेहिं जाहीं.
देखि सनेहु लोग अनुरागे, उतरि चले हय गय रथ त्यागे.
जाइ समीप राखि निज डोली, राम मातु मृदु बानी बोली.
तात चढ़हु रथ बलि महतारी, होइहि प्रिय परिवारु दुखारी.
तुम्हरें चलत चलिहि सबु लोगू, सकल सोक कृस नहिं मग जोगू.
सिर धरि बचन चरन सिरु नाई, रथ चढ़ि चलत भए दोउ भाई.
तमसा प्रथम दिवस करि बासू, दूसर गोमति तीर निवासू.

दोहा-dohā:

पय अहार फल असन एक निसि भोजन एक लोग,
करत राम हित नेम ब्रत परिहरि भूषन भोग.१८८.

चौपाई-caupāī:

सई तीर बसि चले बिहाने, सृंगबेरपुर सब निअराने.
समाचार सब सुने निषादा, हृदयँ बिचार करइ सबिषादा.
कारन कवन भरतु बन जाहीं, है कछु कपट भाउ मन माहीं.
जौं पै जियँ न होति कुटिलाई, तौ कत लीन्ह संग कटकाई.
जानहिं सानुज रामहि मारी, करउँ अकंटक राजु सुखारी.
भरत न राजनीति उर आनी, तब कलंकु अब जीवन हानी.
सकल सुरासुर जुरहिं जुझारा, रामहि समर न जीतनिहारा.
का आचरजु भरतु अस करहीं, नहिं बिष बेलि अमिअ फल फरहीं.

दोहा-dohā:

अस बिचारि गुहँ ग्याति सन कहेउ सजग सब होहु,
हथवाँसहु बोरहु तरनि कीजिअ घाटारोहु.१८९.

चौपाई-caupāī:

होहु सँजोइल रोकहु घाटा, ठाटहु सकल मरै के ठाटा.
सनमुख लोह भरत सन लेऊँ, जिअत न सुरसरि उतरन देऊँ.
समर मरनु पुनि सुरसरि तीरा, राम काजु छनभंगु सरीरा.
भरत भाइ नृपु मैं जन नीचू, बड़ें भाग असि पाइअ मीचू.
स्वामि काज करिहउँ रन रारी, जस धवलिहउँ भुवन दस चारी.
तजउँ प्रान रघुनाथ निहोरें, दुहूँ हाथ मुद मोदक मोरें.
साधु समाज न जाकर लेखा, राम भगत महुँ जासु न रेखा.
जायँ जिअत जग सो महि भारू, जननी जौबन बिटप कुठारू.

दोहा-dohā:

बिगत बिषाद निषादपति सबहि बढ़ाइ उछाहु,
सुमिरि राम मागेउ तुरत तरकस धनुष सनाहु.१९०.

चौपाई-caupāī:

बेगहु भाइहु सजहु सँजोऊ, सुनि रजाइ कदराइ न कोऊ.
भलेहिं नाथ सब कहहिं सहरषा, एकहिं एक बढ़ावइ करषा.
चले निषाद जोहारि जोहारी, सूर सकल रन रूचइ रारी.
सुमिरि राम पद पंकज पनहीं, भाथीं बाँधि चढ़ाइन्हि धनहीं.
अँगरी पहिरि कूँड़ि सिर धरहीं, फरसा बाँस सेल सम करहीं.
एक कुसल अति ओड़न खाँड़े, कूदहिं गगन मनहुँ छिति छाँड़े.
निज निज साजु समाजु बनाई, गुह राउतहि जोहारे जाई.
देखि सुभट सब लायक जाने, लै लै नाम सकल सनमाने.

दोहा-dohā:

भाइहु लावहु धोख जनि आजु काज बड़ मोहि,
सुनि सरोष बोले सुभट बीर अधीर न होहि.१९१.

चौपाई-caupāī:

राम प्रताप नाथ बल तोरे, करहिं कटकु बिनु भट बिनु घोरे.
जीवत पाउ न पाछें धरहीं, रुंड मुंडमय मेदिनि करहीं.
दीख निषादनाथ भल टोलू, कहेउ बजाउ जुझाऊ ढोलू.
एतना कहत छींक भइ बाँए, कहेउ सगुनिअन्ह खेत सुहाए.
बूढ़ु एकु कह सगुन बिचारी, भरतहि मिलिअ न होइहि रारी.
रामहि भरतु मनावन जाहीं, सगुन कहइ अस बिग्रहु नाहीं.
सुनि गुह कहइ नीक कह बूढ़ा, सहसा करि पछिताहिं बिमूढ़ा.
भरत सुभाउ सीलु बिनु बूझें, बड़ि हित हानि जानि बिनु जूझें.

दोहा-dohā:

गहहु घाट भट समिटि सब लेउँ मरम मिलि जाइ,
बूझि मित्र अरि मध्य गति तस तब करिहउँ आइ.१९२.

चौपाई-caupāī:

लखब सनेहु सुभायँ सुहाएँ, बैरु प्रीति नहिं दुरइँ दुराएँ.
अस कहि भेंट सँजोवन लागे, कंद मूल फल खग मृग मागे.
मीन पीन पाठीन पुराने, भरि भरि भार कहारन्ह आने.
मिलन साजु सजि मिलन सिधाए, मंगल मूल सगुन सुभ पाए.
देखि दूरि तें कहि निज नामू, कीन्ह मुनीसहि दंड प्रनामू.
जानि रामप्रिय दीन्हि असीसा, भरतहि कहेउ बुझाइ मुनीसा.
राम सखा सुनि संदनु त्यागा, चले उतरि उमगत अनुरागा.
गाउँ जाति गुहँ नाउँ सुनाई, कीन्ह जोहारु माथ महि लाई.

दोहा-dohā:

करत दंडवत देखि तेहि भरत लीन्ह उर लाइ,
मनहुँ लखन सन भेंट भइ प्रेम न हृदयँ समाइ.१९३.

चौपाई-caupāī:

भेंटत भरतु ताहि अति प्रीती, लोग सिहाहिं प्रेम कै रीती.
धन्य धन्य धुनि मंगल मूला, सुर सराहि तेहि बरिसहिं फूला.
लोक बेद सब भाँतिहिं नीचा, जासु छाँह छुइ लेइअ सींचा.
तेहि भरि अंक राम लघु भ्राता, मिलत पुलक परिपूरित गाता.
राम राम कहि जे जमुहाहीं, तिन्हहि न पाप पुंज समुहाहीं.
यह तौ राम लाइ उर लीन्हा, कुल समेत जगु पावन कीन्हा.
करमनास जलु सुरसरि परई, तेहि को कहहु सीस नहिं धरई.
उलटा नामु जपत जगु जाना, बालमीकि भए ब्रह्म समाना.

दोहा-dohā:

स्वपच सबर खस जमन जड़ पावँर कोल किरात,
रामु कहत पावन परम होत भुवन बिख्यात.१९४.

चौपाई-caupāī:

नहिं अचिरिजु जुग जुग चलि आई, केहि न दीन्हि रघुबीर बड़ाई.
राम नाम महिमा सुर कहहीं, सुनि सुनि अवध लोग सुखु लहहीं.
रामसखहि मिलि भरत सप्रेमा, पूँछी कुसल सुमंगल खेमा.
देखि भरत कर सीलु सनेहू, भा निषाद तेहि समय बिदेहू.
सकुच सनेहु मोदु मन बाढ़ा, भरतहि चितवत एकटक ठाढ़ा.
धरि धीरजु पद बंदि बहोरी, बिनय सप्रेम करत कर जोरी.
कुसल मूल पद पंकज पेखी, मैं तिहुँ काल कुसल निज लेखी.
अब प्रभु परम अनुग्रह तोरें, सहित कोटि कुल मंगल मोरें.

दोहा-dohā:

समुझि मोरि करतूति कुलु प्रभु महिमा जियँ जोइ,
जो न भजइ रघुबीर पद जग बिधि बंचित सोइ.१९५.

चौपाई-caupāī:

कपटी कायर कुमति कुजाती, लोक बेद बाहेर सब भाँती.
राम कीन्ह आपन जबही तें, भयउँ भुवन भूषन तबही तें.
देखि प्रीति सुनि बिनय सुहाई, मिलेउ बहोरि भरत लघु भाई.
कहि निषाद निज नाम सुबानीं, सादर सकल जोहारीं रानीं.
जानि लखन सम देहिं असीसा, जिअहु सुखी सय लाख बरीसा.
निरखि निषादु नगर नर नारी, भए सुखी जनु लखनु निहारी.
कहहिं लहेउ एहिं जीवन लाहू, भेंटेउ रामभद्र भरि बाहू.
सुनि निषादु निज भाग बड़ाई, प्रमुदित मन लइ चलेउ लेवाई.

दोहा-dohā:

सनकारे सेवक सकल चले स्वामि रुख पाइ,
घर तरु तर सर बाग बन बास बनाएन्हि जाइ.१९६.

चौपाई-caupāī:

सृंगबेरपुर भरत दीख जब, भे सनेहँ सब अंग सिथिल तब.
सोहत दिएँ निषादहि लागू, जनु तनु धरें बिनय अनुरागू.
एहि बिधि भरत सेनु सबु संगा, दीखि जाइ जग पावनि गंगा.
रामघाट कहँ कीन्ह प्रनामू, भा मनु मगनु मिले जनु रामू.
करहिं प्रनाम नगर नर नारी, मुदित ब्रह्ममय बारि निहारी.
करि मज्जनु मागहिं कर जोरी, रामचंद्र पद प्रीति न थोरी.
भरत कहेउ सुरसरि तव रेनू, सकल सुखद सेवक सुरधेनू.
जोरि पानि बर मागउँ एहू, सीय राम पद सहज सनेहू.

दोहा-dohā:

एहि बिधि मज्जनु भरतु करि गुर अनुसासन पाइ,
मातु नहानीं जानि सब डेरा चले लवाइ.१९७.

चौपाई-caupāī:

जहँ तहँ लोगन्ह डेरा कीन्हा, भरत सोधु सबही कर लीन्हा.
सुर सेवा करि आयसु पाई, राम मातु पहिं गे दोउ भाई.
चरन चाँपि कहि कहि मृदु बानी, जननीं सकल भरत सनमानी.
भाइहि सौंपि मातु सेवकाई, आपु निषादहि लीन्ह बोलाई.
चले सखा कर सों कर जोरें, सिथिल सरीरु सनेह न थोरें.
पूँछत सखहि सो ठाउँ देखाऊ, नेकु नयन मन जरनि जुड़ाऊ.
जहँ सिय रामु लखनु निसि सोए, कहत भरे जल लोचन कोए.
भरत बचन सुनि भयउ बिषादू, तुरत तहाँ लइ गयउ निषादू.

दोहा-dohā:

जहँ सिंसुपा पुनीत तर रघुबर किय बिश्रामु,
अति सनेहँ सादर भरत कीन्हेउ दंड प्रनामु.१९८.

चौपाई-caupāī:

कुस साँथरी निहारि सुहाई, कीन्ह प्रनामु प्रदच्छिन जाई.
चरन रेख रज आँखिन्ह लाई, बनइ न कहत प्रीति अधिकाई.
कनक बिंदु दुइ चारिक देखे, राखे सीस सीय सम लेखे.
सजल बिलोचन हृदयँ गलानी, कहत सखा सन बचन सुबानी.
श्रीहत सीय बिरहँ दुतिहीना, जथा अवध नर नारि बिलीना.
पिता जनक देउँ पटतर केही, करतल भोगु जोगु जग जेही.
ससुर भानुकुल भानु भुआलू, जेहि सिहात अमरावतिपालू.
प्राननाथु रघुनाथ गोसाईं, जो बड़ होत सो राम बड़ाईं.

दोहा-dohā:

पति देवता सुतीय मनि सीय साँथरी देखि,
बिहरत हृदउ न हहरि हर पबि तें कठिन बिसेषि.१९९.

चौपाई-caupāī:

लालन जोगु लखन लघु लोने, भे न भाइ अस अहहिं न होने.
पुरजन प्रिय पितु मातु दुलारे, सिय रघुबीरहि प्रानपिआरे.
मृदु मूरति सुकुमार सुभाऊ, तात बाउ तन लाग न काऊ.
ते बन सहहिं बिपति सब भाँती, निदरे कोटि कुलिस एहिं छाती.
राम जनमि जगु कीन्ह उजागर, रूप सील सुख सब गुन सागर.
पुरजन परिजन गुर पितु माता, राम सुभाउ सबहि सुखदाता.
बैरिउ राम बड़ाई करहीं, बोलनि मिलनि बिनय मन हरहीं.
सारद कोटि कोटि सत सेषा, करि न सकहिं प्रभु गुन गन लेखा.

दोहा-dohā:

सुखस्वरुप रघुबंसमनि मंगल मोद निधान,
ते सोवत कुस डासि महि बिधि गति अति बलवान.२००.

चौपाई-caupāī:

राम सुना दुखु कान न काऊ, जीवनतरु जिमि जोगवइ राऊ.
पलक नयन फनि मनि जेहि भाँती, जोगवहिं जननि सकल दिन राती.
ते अब फिरत बिपिन पदचारी, कंद मूल फल फूल अहारी.
धिग कैकई अमंगल मूला, भइसि प्रान प्रियतम प्रतिकूला.
मैं धिग धिग अघ उदधि अभागी, सबु उतपातु भयउ जेहि लागी.

कुल कलंकु करि सृजेउ बिधाताँ, साइँदोह मोहि कीन्ह कुमाताँ.
सुनि सप्रेम समुझाव निषादू, नाथ करिअ कत बादि बिषादू.
राम तुम्हहि प्रिय तुम्ह प्रिय रामहि, यह निरजोसु दोसु बिधि बामहि.

छंद-chaṁda:

बिधि बाम की करनी कठिन जेहिं मातु कीन्ही बावरी,
तेहि राति पुनि पुनि करहिं प्रभु सादर सरहना रावरी.
तुलसी न तुम्ह सो राम प्रीतमु कहतु हौं सौंहें किएँ,
परिनाम मंगल जानि अपने आनिए धीरजु हिएँ.

सोरठा-soraṭhā:

अंतरजामी रामु सकुच सप्रेम कृपायतन,
चलिअ करिअ बिश्रामु यह बिचारि दृढ़ आनि मन.२०१.

चौपाई-caupāī:

सखा बचन सुनि उर धरि धीरा, बास चले सुमिरत रघुबीरा.
यह सुधि पाइ नगर नर नारी, चले बिलोकन आरत भारी.
परदखिना करि करहिं प्रनामा, देहिं कैकइहि खोरि निकामा.
भरि भरि बारि बिलोचन लेहीं, बाम बिधातहि दूषन देहीं.
एक सराहहिं भरत सनेहू, कोउ कह नृपति निबाहेउ नेहू.
निंदहिं आपु सराहि निषादहि, को कहि सकइ बिमोह बिषादहि.
एहि बिधि राति लोगु सबु जागा, भा भिनुसार गुदारा लागा.
गुरहि सुनावँ चढ़ाइ सुहाईं, नईं नाव सब मातु चढ़ाईं.
दंड चारि महँ भा सबु पारा, उतरि भरत तब सबहि सँभारा.

दोहा-dohā:

प्रातक्रिया करि मातु पद बंदि गुरहि सिरु नाइ,
आगें किए निषाद गन दीन्हेउ कटकु चलाइ.२०२.

चौपाई-caupāī:

कियउ निषादनाथु अगुआईं, मातु पालकीं सकल चलाईं.
साथ बोलाइ भाइ लघु दीन्हा, बिप्रन्ह सहित गवनु गुर कीन्हा.
आपु सुरसरिहि कीन्ह प्रनामू, सुमिरे लखन सहित सिय रामू.
गवने भरत पयादेहिं पाए, कोतल संग जाहिं डोरिआए.
कहहिं सुसेवक बारहिं बारा, होइअ नाथ अस्व असवारा.
रामु पयादेहि पायँ सिधाए, हम कहँ रथ गज बाजि बनाए.
सिर भर जाउँ उचित अस मोरा, सब तें सेवक धरमु कठोरा.
देखि भरत गति सुनि मृदु बानी, सब सेवक गन गरहिं गलानी.

दोहा-dohā:

भरत तीसरे पहर कहँ कीन्ह प्रबेसु प्रयाग,
कहत राम सिय राम सिय उमगि उमगि अनुराग.२०३.

चौपाई-caupāī:

झलका झलकत पायन्ह कैसें, पंकज कोस ओस कन जैसें.
भरत पयादेहिं आए आजू, भयउ दुखित सुनि सकल समाजू.
खबरि लीन्ह सब लोग नहाए, कीन्ह प्रनामु त्रिबेनिहिं आए.
सबिधि सितासित नीर नहाने, दिए दान महिसुर सनमाने.
देखत स्यामल धवल हलोरे, पुलकि सरीर भरत कर जोरे.
सकल काम प्रद तीरथराऊ, बेद बिदित जग प्रगट प्रभाऊ.
मागउँ भीख त्यागि निज धरमू, आरत काह न करइ कुकरमू.
अस जियँ जानि सुजान सुदानी, सफल करहिं जग जाचक बानी.

दोहा-dohā:

अरथ न धरम न काम रुचि गति न चहउँ निरबान,
जनम जनम रति राम पद यह बरदानु न आन.२०४.

चौपाई-caupāī:

जानहुँ राम कुटिल करि मोही, लोग कहउ गुर साहिब द्रोही.
सीता राम चरन रति मोरें, अनुदिन बढ़उ अनुग्रह तोरें.
जलदु जनम भरि सुरति बिसारउ, जाचत जलु पबि पाहन डारउ.
चातकु रटनि घटें घटि जाई, बढ़ें प्रेमु सब भाँति भलाई.
कनकहिं बान चढ़इ जिमि दाहें, तिमि प्रियतम पद नेम निबाहें.
भरत बचन सुनि माझ त्रिबेनी, भइ मृदु बानि सुमंगल देनी.
तात भरत तुम्ह सब बिधि साधू, राम चरन अनुराग अगाधू.
बादि गलानि करहु मन माहीं, तुम्ह सम रामहि कोउ प्रिय नाहीं.

दोहा-dohā:

तनु पुलकेउ हियँ हरषु सुनि बेनि बचन अनुकूल,
भरत धन्य कहि धन्य सुर हरषित बरषहिं फूल.२०५.

चौपाई-caupāī:

प्रमुदित तीरथराज निवासी, बैखानस बटु गृही उदासी.
कहहिं परसपर मिलि दस पाँचा, भरत सनेहु सीलु सुचि साँचा.
सुनत राम गुन ग्राम सुहाए, भरद्वाज मुनिबर पहिं आए.
दंड प्रनामु करत मुनि देखे, मूरतिमंत भाग्य निज लेखे.
धाइ उठाइ लाइ उर लीन्हे, दीन्हि असीस कृतारथ कीन्हे.
आसनु दीन्ह नाइ सिरु बैठे, चहत सकुच गृहँ जनु भजि पैठे.
मुनि पूँछब कछु यह बड़ सोचू, बोले रिषि लखि सीलु सँकोचू.
सुनहु भरत हम सब सुधि पाई, बिधि करतब पर किछु न बसाई.

दोहा-dohā:

तुम्ह गलानि जियँ जनि करहु समुझि मातु करतूति,
तात कैकइहि दोसु नहिं गई गिरा मति धूति.२०६.

चौपाई-caupāī:

यहउ कहत भल कहिहि न कोऊ, लोकु बेदु बुध संमत दोऊ.
तात तुम्हार बिमल जसु गाई, पाइहि लोकउ बेदु बड़ाई.
लोक बेद संमत सबु कहई, जेहि पितु देइ राजु सो लहई.
राउ सत्यब्रत तुम्हहि बोलाई, देत राजु सुखु धरमु बड़ाई.
राम गवनु बन अनरथ मूला, जो सुनि सकल बिस्व भइ सूला.
सो भावी बस रानि अयानी, करि कुचालि अंतहुँ पछितानी.
तहँउँ तुम्हार अलप अपराधू, कहै सो अधम अयान असाधू.
करतेहु राजु त तुम्हहि न दोषू, रामहि होत सुनत संतोषू.

दोहा-dohā:

अब अति कीन्हेहु भरत भल तुम्हहि उचित मत एहु,
सकल सुमंगल मूल जग रघुबर चरन सनेहु.२०७.

चौपाई-caupāī:

सो तुम्हार धनु जीवनु प्राना, भूरिभाग को तुम्हहि समाना.
यह तुम्हार आचरजु न ताता, दसरथ सुअन राम प्रिय भ्राता.
सुनहु भरत रघुबर मन माहीं, पेम पात्रु तुम्ह सम कोउ नाहीं.
लखन राम सीतहि अति प्रीती, निसि सब तुम्हहि सराहत बीती.
जाना मरमु नहात प्रयागा, मगन होहिं तुम्हरें अनुरागा.
तुम्ह पर अस सनेहु रघुबर कें, सुख जीवन जग जस जड़ नर कें.
यह न अधिक रघुबीर बड़ाई, प्रनत कुटुंब पाल रघुराई.

तुम्ह तौ भरत मोर मत एहू, धरें देह जनु राम सनेहू.

दोहा-dohā:

तुम्ह कहँ भरत कलंक यह हम सब कहँ उपदेसु,
राम भगति रस सिद्धि हित भा यह समउ गनेसु.२०८.

चौपाई-caupāī:

नव बिधु बिमल तात जसु तोरा, रघुबर किंकर कुमुद चकोरा.
उदित सदा अँथइहि कबहूँ ना, घटिहि न जग नभ दिन दिन दूना.
कोक तिलोक प्रीति अति करिही, प्रभु प्रताप रबि छबिहि न हरिही.
निसि दिन सुखद सदा सब काहू, ग्रसिहि न कैकइ करतबु राहू.
पूरन राम सुपेम पियूषा, गुर अवमान दोष नहिं दूषा.
राम भगत अब अमिअँ अघाहूँ, कीन्हेहु सुलभ सुधा बसुधाहूँ.
भूप भगीरथ सुरसरि आनी, सुमिरत सकल सुंमगल खानी.
दसरथ गुन गन बरनि न जाहीं, अधिकु कहा जेहि सम जग नाहीं.

दोहा-dohā:

जासु सनेह सकोच बस राम प्रगट भए आइ,
जे हर हिय नयननि कबहुँ निरखे नहीं अघाइ.२०९.

चौपाई-caupāī:

कीरति बिधु तुम्ह कीन्ह अनूपा, जहँ बस राम पेम मृगरूपा.
तात गलानि करहु जियँ जाएँ, डरहु दरिद्रहि पारसु पाएँ.
सुनहु भरत हम झूठ न कहहीं, उदासीन तापस बन रहहीं.
सब साधन कर सुफल सुहावा, लखन राम सिय दरसनु पावा.
तेहि फल कर फलु दरस तुम्हारा, सहित पयाग सुभाग हमारा.
भरत धन्य तुम्ह जसु जगु जयऊ, कहि अस पेम मगन पुनि भयऊ.
सुनि मुनि बचन सभासद हरषे, साधु सराहि सुमन सुर बरषे.
धन्य धन्य धुनि गगन पयागा, सुनि सुनि भरतु मगन अनुरागा.

दोहा-dohā:

पुलक गात हियँ रामु सिय सजल सरोरुह नैन,
करि प्रनामु मुनि मंडलिहि बोले गदगद बैन.२१०.

चौपाई-caupāī:

मुनि समाजु अरु तीरथराजू, साँचिहुँ सपथ अघाइ अकाजू.
एहिं थल जौं किछु कहिअ बनाई, एहि सम अधिक न अघ अधमाई.
तुम्ह सर्बग्य कहउँ सतिभाऊ, उर अंतरजामी रघुराऊ.
मोहि न मातु करतब कर सोचू, नहिं दुखु जियँ जगु जानिहि पोचू.
नाहिन डरु बिगरिहि परलोकू, पितहु मरन कर मोहि न सोकू.
सुकृत सुजस भरि भुअन सुहाए, लछिमन राम सरिस सुत पाए.
राम बिरहँ तजि तनु छनभंगू, भूप सोच कर कवन प्रसंगू.
राम लखन सिय बिनु पग पनहीं, करि मुनि बेष फिरहिं बन बनहीं.

दोहा-dohā:

अजिन बसन फल असन महि सयन डासि कुस पात,
बसि तरु तर नित सहत हिम आतप बरषा बात.२११.

चौपाई-caupāī:

एहि दुख दाहँ दहइ दिन छाती, भूख न बासर नीद न राती.
एहि कुरोग कर औषधु नाहीं, सोधेउँ सकल बिस्व मन माहीं.
मातु कुमत बढ़ई अघ मूला, तेहिं हमार हित कीन्ह बँसूला.
कलि कुकाठ कर कीन्ह कुजंत्रू, गाड़ि अवधि पढ़ि कठिन कुमंत्रू.
मोहि लगि यहु कुठाटु तेहिं ठाटा, घालेसि सब जगु बारहबाटा.
मिटइ कुजोगु राम फिरि आएँ, बसइ अवध नहिं आन उपाएँ.
भरत बचन सुनि मुनि सुखु पाई, सबहिं कीन्हि बहु भाँति बड़ाई.
तात करहु जनि सोचु बिसेषी, सब दुखु मिटिहि राम पग देखी.

दोहा-dohā:

करि प्रबोधु मुनिबर कहेउ अतिथि पेमप्रिय होहु,
कंद मूल फल फूल हम देहिं लेहु करि छोहु.२१२.

चौपाई-caupāī:

सुनि मुनि बचन भरत हियँ सोचू, भयउ कुअवसर कठिन सँकोचू.
जानि गरुइ गुर गिरा बहोरी, चरन बंदि बोले कर जोरी.
सिर धरि आयसु करिअ तुम्हारा, परम धरम यहु नाथ हमारा.
भरत बचन मुनिबर मन भाए, सुचि सेवक सिष निकट बोलाए.
चाहिअ कीन्हि भरत पहुनाई, कंद मूल फल आनहु जाई.
भलेहीं नाथ कहि तिन्ह सिर नाए, प्रमुदित निज निज काज सिधाए.
मुनिहि सोच पाहुन बड़ नेवता, तसि पूजा चाहिअ जस देवता.
सुनि रिधि सिधि अनिमादिक आई, आयसु होइ सो करहिं गोसाईं.

दोहा-dohā:

राम बिरह ब्याकुल भरतु सानुज सहित समाज,
पहुनाई करि हरहु श्रम कहा मुदित मुनिराज.२१३.

चौपाई-caupāī:

रिधि सिधि सिर धरि मुनिबर बानी, बड़भागिनि आपुहि अनुमानी.
कहहिं परसपर सिधि समुदाई, अतुलित अतिथि राम लघु भाई.
मुनि पद बंदि करिअ सोइ आजू, होइ सुखी सब राज समाजू.
अस कहि रचेउ रुचिर गृह नाना, जेहि बिलोकि बिलखाहिं बिमाना.
भोग बिभूति भूरि भरि राखे, देखत जिन्हहि अमर अभिलाषे.
दासीं दास साजु सब लीन्हें, जोगवत रहहिं मनहि मनु दीन्हें.
सब समाजु सजि सिधि पल माहीं, जे सुख सुरपुर सपनेहुँ नाहीं.
प्रथमहिं बास दिए सब केही, सुंदर सुखद जथा रुचि जेही.

दोहा-dohā:

बहुरि सपरिजन भरत कहुँ रिषि अस आयसु दीन्ह,
बिधि बिसमय दायकु बिभव मुनिबर तपबल कीन्ह.२१४.

चौपाई-caupāī:

मुनि प्रभाउ जब भरत बिलोका, सब लघु लगे लोकपति लोका.
सुख समाजु नहिं जाइ बखानी, देखत बिरति बिसारहिं ग्यानी.
आसन सयन सुबसन बिताना, बन बाटिका बिहग मृग नाना.
सुरभि फूल फल अमिअ समाना, बिमल जलासय बिबिध बिधाना.
असन पान सुचि अमिअ अमी से, देखि लोग सकुचात जमी से.
सुर सुरभी सुरतरु सबही कें, लखि अभिलाषु सुरेस सची कें.
रितु बसंत बह त्रिबिध बयारी, सब कहँ सुलभ पदारथ चारी.
स्रक चंदन बनितादिक भोगा, देखि हरष बिसमय बस लोगा.

दोहा-dohā:

संपति चकई भरतु चक मुनि आयस खेलवार,
तेहि निसि आश्रम पिंजराँ राखे भा भिनुसार.२१५.

मासपारायण उन्नीसवाँ विश्राम

चौपाई-caupāī:

कीन्ह निमज्जनु तीरथराजा, नाइ मुनिहि सिरु सहित समाजा.
रिषि आयसु असीस सिर राखी, करि दंडवत बिनय बहु भाषी.

पथ गति कुसल साथ सब लीन्हें, चले चित्रकूटहिं चितु दीन्हें.
रामसखा कर दीन्हें लागू, चलत देह धरि जनु अनुरागू.
नहिं पद त्रान सीस नहिं छाया, पेमु नेमु ब्रतु धरमु अमाया.
लखन राम सिय पंथ कहानी, पूँछत सखहि कहत मृदु बानी.
राम बास थल बिटप बिलोकें, उर अनुराग रहत नहिं रोकें.
देखि दसा सुर बरिसहिं फूला, भइ मृदु महि मगु मंगल मूला.

दोहा-dohā:

किएँ जाहिं छाया जलद सुखद बहइ बर बात,
तस मगु भयउ न राम कहँ जस भा भरतहि जात.२१६.

चौपाई-caupāī:

जड़ चेतन मग जीव घनेरे, जे चितए प्रभु जिन्ह प्रभु हेरे.
ते सब भए परम पद जोगू, भरत दरस मेटा भव रोगू.
यह बड़ि बात भरत कइ नाहीं, सुमिरत जिन्हहि रामु मन माहीं.
बारक राम कहत जग जेऊ, होत तरन तारन नर तेऊ.
भरतु राम प्रिय पुनि लघु भ्राता, कस न होइ मगु मंगलदाता.
सिद्ध साधु मुनिबर अस कहहीं, भरतहि निरखि हरषु हियँ लहहीं.
देखि प्रभाउ सुरेसहि सोचू, जगु भल भलेहि पोच कहुँ पोचू.
गुर सन कहेउ करिअ प्रभु सोई, रामहि भरतहि भेट न होई.

दोहा-dohā:

रामु सँकोची प्रेम बस भरत सपेम पयोधि,
बनी बात बेगरन चहति करिअ जतनु छलु सोधि.२१७.

चौपाई-caupāī:

बचन सुनत सुरगुरु मुसुकाने, सहसनयन बिनु लोचन जाने.
मायापति सेवक सन माया, करइ त उलटि परइ सुरराया.
तब किछु कीन्ह राम रुख जानी, अब कुचालि करि होइहि हानी.
सुनु सुरेस रघुनाथ सुभाऊ, निज अपराध रिसाहिं न काऊ.
जो अपराधु भगत कर करई, राम रोष पावक सो जरई.
लोकहुँ बेद बिदित इतिहासा, यह महिमा जानहिं दुरबासा.
भरत सरिस को राम सनेही, जगु जप राम रामु जप जेही.

दोहा-dohā:

मनहुँ न आनिअ अमरपति रघुबर भगत अकाजु,
अजसु लोक परलोक दुख दिन दिन सोक समाजु.२१८.

चौपाई-caupāī:

सुनु सुरेस उपदेसु हमारा, रामहि सेवकु परम पिआरा.
मानत सुखु सेवक सेवकाईं, सेवक बैर बैरु अधिकाईं.
जद्यपि सम नहिं राग न रोषू, गहहिं न पाप पूनु गुन दोषू.
करम प्रधान बिस्व करि राखा, जो जस करइ सो तस फलु चाखा.
तदपि करहिं सम बिषम बिहारा, भगत अभगत हृदय अनुसारा.
अगुन अलेप अमान एकरस, रामु सगुन भए भगत पेम बस.
राम सदा सेवक रुचि राखी, बेद पुरान साधु सुर साखी.
अस जियँ जानि तजहु कुटिलाईं, करहु भरत पद प्रीति सुहाईं.

दोहा-dohā:

राम भगत परहित निरत पर दुख दुखी दयाल,
भगत सिरोमनि भरत तें जनि डरपहु सुरपाल.२१९.

चौपाई-caupāī:

सत्यसंध प्रभु सुर हितकारी, भरत राम आयस अनुसारी.
स्वारथ बिबस बिकल तुम्ह होहू, भरत दोसु नहिं राउर मोहू.
सुनि सुरबर सुरगुर बर बानी, भा प्रमोदु मन मिटी गलानी.
बरषि प्रसून हरषि सुरराऊ, लगे सराहन भरत सुभाऊ.
एहि बिधि भरत चले मग जाहीं, दसा देखि मुनि सिद्ध सिहाहीं.
जबहिं रामु कहि लेहिं उसासा, उमगत पेमु मनहँ चहु पासा.
द्रवहिं बचन सुनि कुलिस पषाना, पुरजन पेमु न जाइ बखाना.
बीच बास करि जमुनहिं आए, निरखि नीरु लोचन जल छाए.

दोहा-dohā:

रघुबर बरन बिलोकि बर बारि समेत समाज,
होत मगन बारिधि बिरह चढ़े बिबेक जहाज.२२०.

चौपाई-caupāī:

जमुन तीर तेहि दिन करि बासू, भयउ समय सम सबहि सुपासू.
रातिहिं घाट घाट की तरनी, आईं अगनित जाहिं न बरनी.
प्रात पार भए एकहि खेवाँ, तोषे रामसखा की सेवाँ.
चले नहाइ नदिहि सिर नाई, साथ निषादनाथ दोउ भाई.
आगें मुनिबर बाहन आछें, राजसमाज जाइ सबु पाछें.
तेहि पाछें दोउ बंधु पयादें, भूषन बसन बेष सुठि सादें.
सेवक सुहृद सचिवसुत साथा, सुमिरत लखनु सीय रघुनाथा.
जहँ जहँ राम बास बिश्रामा, तहँ तहँ करहिं सप्रेम प्रनामा.

दोहा-dohā:

मगबासी नर नारि सुनि धाम काम तजि धाइ,
देखि सरूप सनेह सब मुदित जनम फलु पाइ.२२१.

चौपाई-caupāī:

कहहिं सपेम एक एक पाहीं, रामु लखनु सखि होहिं कि नाहीं.
बय बपु बरन रूपु सोइ आली, सीलु सनेहु सरिस सम चाली.
बेषु न सो सखि सीय न संगा, आगें अनी चली चतुरंगा.
नहिं प्रसन्न मुख मानस खेदा, सखि संदेहु होइ एहिं भेदा.
तासु तरक तियगन मन मानी, कहहिं सकल तेहि सम न सयानी.
तेहि सराहि बानी फुरि पूजी, बोली मधुर बचन तिय दूजी.
कहि सपेम सब कथाप्रसंगू, जेहि बिधि राम राज रस भंगू.
भरतहि बहुरि सराहन लागी, सील सनेह सुभाय सुभागी.

दोहा-dohā:

चलत पयादें खात फल पिता दीन्ह तजि राजु,
जात मनावन रघुबरहि भरत सरिस को आजु.२२२.

चौपाई-caupāī:

भायप भगति भरत आचरनू, कहत सुनत दुख दूषन हरनू.
जो किछु कहब थोर सखि सोई, राम बंधु अस काहे न होई.
हम सब सानुज भरतहि देखें, भइन्ह धन्य जुबती जन लेखें.
सुनि गुन देखि दसा पछिताहीं, कैकइ जननि जोगु सुतु नाहीं.
कोउ कह दूषनु रानिहि नाहिन, बिधि सबु कीन्ह हमहि जो दाहिन.
कहँ हम लोक बेद बिधि हीनी, लघु तिय कुल करतूति मलीनी.
बसहिं कुदेस कुगाँव कुबामा, कहँ यह दरसु पुन्य परिनामा.
अस अनंदु अचिरिजु प्रति ग्रामा, जनु मरुभूमि कलपतरु जामा.

दोहा-dohā:

भरत दरसु देखत खुलेउ मग लोगन्ह कर भागु,
जनु सिंघलबासिन्ह भयउ बिधि बस सुलभ प्रयागु.२२३.

चौपाई-caupāi:

निज गुन सहित राम गुन गाथा, सुनत जाहिं सुमिरत रघुनाथा.
तीरथ मुनि आश्रम सुरधामा, निरखि निमज्जहिं करहिं प्रनामा.
मनहीं मन मागहिं बरु एहू, सीय राम पद पदुम सनेहू.
मिलहिं किरात कोल बनबासी, बैखानस बटु जती उदासी.
करि प्रनामु पूँछहिं जेहि तेही, केहि बन लखनु रामु बैदेही.
ते प्रभु समाचार सब कहहीं, भरतहि देखि जनम फलु लहहीं.
जे जन कहहिं कुसल हम देखे, ते प्रिय राम लखन सम लेखे.
एहि बिधि बूझत सबहि सुबानी, सुनत राम बनबास कहानी.

दोहा-dohā:

तेहि बासर बसि प्रातहीं चले सुमिरि रघुनाथ,
राम दरस की लालसा भरत सरिस सब साथ.२२४.

चौपाई-caupāi:

मंगल सगुन होहिं सब काहू, फरकहिं सुखद बिलोचन बाहू.
भरतहि सहित समाज उछाहू, मिलिहहिं रामु मिटिहि दुख दाहू.
करत मनोरथ जस जियँ जाके, जाहिं सनेह सुराँ सब छाके.
सिथिल अंग पग मग डगि डोलहिं, बिहबल बचन पेम बस बोलहिं.
रामसखाँ तेहि समय देखावा, सैल सिरोमनि सहज सुहावा.
जासु समीप सरित पय तीरा, सीय समेत बसहिं दोउ बीरा.
देखि करहिं सब दंड प्रनामा, कहि जय जानकि जीवन रामा.
प्रेम मगन अस राज समाजू, जनु फिरि अवध चले रघुराजू.

दोहा-dohā:

भरत प्रेमु तेहि समय जस तस कहि सकइ न सेषु,
कबिहि अगम जिमि ब्रह्मसुखु अह मम मलिन जनेषु.२२५.

चौपाई-caupāi:

सकल सनेह सिथिल रघुबर कें, गए कोस दुइ दिनकर ढरकें.
जलु थलु देखि बसे निसि बीतें, कीन्ह गवन रघुनाथ पिरीतें.
उहाँ रामु रजनी अवसेषा, जागे सीयँ सपन अस देखा.
सहित समाज भरत जनु आए, नाथ बियोग ताप तन ताए.
सकल मलिन मन दीन दुखारी, देखीं सासु आन अनुहारी.
सुनि सिय सपन भरे जल लोचन, भए सोचबस सोच बिमोचन.
लखन सपन यह नीक न होई, कठिन कुचाह सुनाइहि कोई.
अस कहि बंधु समेत नहाने, पूजि पुरारि साधु सनमाने.

छंद-chamda:

सनमानि सुर मुनि बंदि बैठे उतर दिसि देखत भए,
नभ धूरि खग मृग भूरि भागे बिकल प्रभु आश्रम गए.
तुलसी उठे अवलोकि कारनु काह चित सचकित रहे,
सब समाचार किरात कोलन्हि आइ तेहि अवसर कहे.

दोहा-dohā:

सुनत सुमंगल बैन मन प्रमोद तन पुलक भर,
सरद सरोरुह नैन तुलसी भरे सनेह जल.२२६.

चौपाई-caupāi:

बहुरि सोचबस भे सियरवनू, कारन कवन भरत आगवनू.
एक आइ अस कहा बहोरी, सेन संग चतुरंग न थोरी.
सो सुनि रामहि भा अति सोचू, इत पितु बच इत बंधु सकोचू.
भरत सुभाउ समुझि मन माहीं, प्रभु चित हित थिति पावत नाहीं.
समाधान तब भा यह जाने, भरतु कहे महुँ साधु सयाने.
लखन लखेउ प्रभु हृदयँ खभारू, कहत समय सम नीति बिचारू.
बिनु पूछें कछु कहउँ गोसाईं, सेवकु समयँ न ढीठ ढिठाईं.
तुम्ह सर्बग्य सिरोमनि स्वामी, आपनि समुझि कहउँ अनुगामी.

दोहा-dohā:

नाथ सुहृद सुठि सरल चित सील सनेह निधान,
सब पर प्रीति प्रतीति जियँ जानिअ आपु समान.२२७.

चौपाई-caupāi:

बिषई जीव पाइ प्रभुताई, मूढ़ मोह बस होहिं जनाई.
भरतु नीति रत साधु सुजाना, प्रभु पद प्रेमु सकल जगु जाना.
तेऊ आजु राम पदु पाई, चले धरम मरजाद मेटाई.
कुटिल कुबंध कुअवसरु ताकी, जानि राम बनबास एकाकी.
करि कुमंत्रु मन साजि समाजू, आए करै अकंटक राजू.
कोटि प्रकार कलपि कुटलाई, आए दल बटोरि दोउ भाई.
जौं जियँ होति न कपट कुचाली, केहि सोहाति रथ बाजि गजाली.
भरतहि दोसु देइ को जाएँ, जग बौराइ राज पदु पाएँ.

दोहा-dohā:

ससि गुर तिय गामी नघुषु चढ़ेउ भूमिसुर जान,
लोक बेद तें बिमुख भा अधम न बेन समान.२२८.

चौपाई-caupāi:

सहसबाहु सुरनाथु त्रिसंकू, केहि न राजमद दीन्ह कलंकू.
भरत कीन्ह यह उचित उपाऊ, रिपु रिन रंच न राखब काऊ.
एक कीन्हि नहिं भरत भलाई, निदरे रामु जानि असहाई.
समुझि परिहि सोउ आजु बिसेषी, समर सरोष राम मुखु पेखी.
एतना कहत नीति रस भूला, रन रस बिटपु पुलक मिस फूला.
प्रभु पद बंदि सीस रज राखी, बोले सत्य सहज बलु भाषी.
अनुचित नाथ न मानब मोरा, भरत हमहि उपचार न थोरा.
कहँ लगि सहिअ रहिअ मनु मारें, नाथ साथ धनु हाथ हमारें.

दोहा-dohā:

छत्रि जाति रघुकुल जनमु राम अनुग जगु जान,
लातहुँ मारें चढ़ति सिर नीच को धूरि समान.२२९.

चौपाई-caupāi:

उठि कर जोरि रजायसु मागा, मनहुँ बीर रस सोवत जागा.
बाँधि जटा सिर कसि कटि भाथा, साजि सरासनु सायकु हाथा.
आजु राम सेवक जसु लेऊँ, भरतहि समर सिखावन देऊँ.
राम निरादर कर फलु पाई, सोवहुँ समर सेज दोउ भाई.
आइ बना भल सकल समाजू, प्रगट करउँ रिस पाछिल आजू.
जिमि करि निकर दलइ मृगराजू, लेइ लपेटि लवा जिमि बाजू.
तैसेहिं भरतहि सेन समेता, सानुज निदरि निपातउँ खेता.
जौं सहाय कर संकरु आई, तौ मारउँ रन राम दोहाई.

दोहा-dohā:

अति सरोष माखे लखनु लखि सुनि सपथ प्रवान,
सभय लोक सब लोकपति चाहत भभरि भगान.२३०.

चौपाई-caupāi:

जगु भय मगन गगन भइ बानी, लखन बाहुबलु बिपुल बखानी.
तात प्रताप प्रभाउ तुम्हारा, को कहि सकइ को जाननिहारा.
अनुचित उचित काजु किछु होऊ, समुझि करिअ भल कह सबु कोऊ.

सहसा करि पाछें पछिताहीं, कहहिं बेद बुध ते बुध नाहीं.
सुनि सुर बचन लखन सकुचाने, राम सीयँ सादर सनमाने.
कही तात तुम्ह नीति सुहाई, सब तें कठिन राजमदु भाई.
जो अचवँत नृप मातहिं तेई, नाहिन साधुसभा जेहिं सेई.
सुनहु लखन भल भरत सरीसा, बिधि प्रपंच महँ सुना न दीसा.

दोहा-dohā:

भरतहि होइ न राजमदु बिधि हरि हर पद पाइ,
कबहुँ कि काँजी सीकरनि छीरसिंधु बिनसाइ.२३१.

चौपाई-caupāī:

तिमिरु तरुन तरनिहि मकु गिलई, गगनु मगन मकु मेघहिं मिलई.
गोपद जल बूड़हिं घटजोनी, सहज छमा बरु छाड़ै छोनी.
मसक फूँक मकु मेरु उड़ाई, होइ न नृपमदु भरतहि भाई.
लखन तुम्हार सपथ पितु आना, सुचि सुबंधु नहिं भरत समाना.
सगुनु खीरु अवगुन जलु ताता, मिलइ रचइ परपंचु बिधाता.
भरतु हंस रबिबंस तड़ागा, जनमि कीन्ह गुन दोष बिभागा.
गहि गुन पय तजि अवगुन बारी, निज जस जगत कीन्हि उजिआरी.
कहत भरत गुन सीलु सुभाऊ, पेम पयोधि मगन रघुराऊ.

दोहा-dohā:

सुनि रघुबर बानी बिबुध देखि भरत पर हेतु,
सकल सराहत राम सो प्रभु को कृपानिकेतु.२३२.

चौपाई-caupāī:

जौं न होत जग जनम भरत को, सकल धरम धुर धरनि धरत को.
कबि कुल अगम भरत गुन गाथा, को जानइ तुम्ह बिनु रघुनाथा.
लखन राम सियँ सुनि सुर बानी, अति सुखु लहेउ न जाइ बखानी.
इहाँ भरतु सब सहित सहाए, मंदाकिनीं पुनीत नहाए.
सरित समीप राखि सब लोगा, मागि मातु गुर सचिव नियोगा.
चले भरतु जहँ सिय रघुराई, साथ निषादनाथु लघु भाई.
समुझि मातु करतब सकुचाहीं, करत कुतरक कोटि मन माहीं.
रामु लखनु सिय सुनि मम नाऊँ, उठि जनि अनत जाहिं तजि ठाऊँ.

दोहा-dohā:

मातु मते महुँ मानि मोहि जो कछु करहिं सो थोर,
अघ अवगुन छमि आदरहिं समुझि आपनी ओर.२३३.

चौपाई-caupāī:

जौं परिहरहिं मलिन मनु जानी, जौं सनमानहिं सेवकु मानी.
मोरें सरन रामहि की पनही, राम सुस्वामि दोसु सब जनही.
जग जस भाजन चातक मीना, नेम पेम निज निपुन नबीना.
अस मन गुनत चले मग जाता, सकुच सनेहँ सिथिल सब गाता.
फेरति मनहुँ मातु कृत खोरी, चलत भगति बल धीरज धोरी.
जब समुझत रघुनाथ सुभाऊ, तब पथ परत उताइल पाऊ.
भरत दसा तेहि अवसर कैसी, जल प्रबाहँ जल अलि गति जैसी.
देखि भरत कर सोचु सनेहू, भा निषाद तेहि समयँ बिदेहू.

दोहा-dohā:

लगे होन मंगल सगुन सुनि गुनि कहत निषादु,
मिटिहि सोचु होइहि हरषु पुनि परिनाम बिषादु.२३४.

चौपाई-caupāī:

सेवक बचन सत्य सब जाने, आश्रम निकट जाइ निअराने.
भरत दीख बन सैल समाजू, मुदित छुधित जनु पाइ सुनाजू.
ईति भीति जनु प्रजा दुखारी, त्रिबिध ताप पीड़ित ग्रह मारी.
जाइ सुराज सुदेस सुखारी, होहिं भरत गति तेहि अनुहारी.
राम बास बन संपति भ्राजा, सुखी प्रजा जनु पाइ सुराजा.
सचिव बिरागु बिबेकु नरेसू, बिपिन सुहावन पावन देसू.
भट जम नियम सैल रजधानी, सांति सुमति सुचि सुंदर रानी.
सकल अंग संपन्न सुराऊ, राम चरन आश्रित चित चाऊ.

दोहा-dohā:

जीति मोह महिपालु दल सहित बिबेक भुआलु,
करत अकंटक राजु पुरँ सुख संपदा सुकालु.२३५.

चौपाई-caupāī:

बन प्रदेस मुनि बास घनेरे, जनु पुर नगर गाउँ गन खेरे.
बिपुल बिचित्र बिहग मृग नाना, प्रजा समाजु न जाइ बखाना.
खगहा करि हरि बाघ बराहा, देखि महिष बृष साजु सराहा.
बयरु बिहाइ चरहिं एक संगा, जहँ तहँ मनहुँ सेन चतुरंगा.
झरना झरहिं मत्त गज गाजहिं, मनहुँ निसान बिबिधि बिधि बाजहिं.
चक चकोर चातक सुक पिक गन, कूजत मंजु मराल मुदित मन.
अलिगन गावत नाचत मोरा, जनु सुराज मंगल चहु ओरा.
बेलि बिटप तृन सफल सफूला, सब समाजु मुद मंगल मूला.

दोहा-dohā:

राम सैल सोभा निरखि भरत हृदयँ अति पेमु,
तापस तप फलु पाइ जिमि सुखी सिरानें नेमु.२३६.

मासपारायण बीसवाँ विश्राम

नवाह्नपारायण पाँचवाँ विश्राम

चौपाई-caupāī:

तब केवट ऊँचें चढ़ि धाई, कहेउ भरत सन भुजा उठाई.
नाथ देखिअहिं बिटप बिसाला, पाकरि जंबु रसाल तमाला.
जिन्ह तरुबरन्ह मध्य बटु सोहा, मंजु बिसाल देखि मनु मोहा.
नील सघन पल्लव फल लाला, अबिरल छाहँ सुखद सब काला.
मानहुँ तिमिर अरुनमय रासी, बिरची बिधि सँकेलि सुषमा सी.
ए तरु सरित समीप गोसाँई, रघुबर परनकुटी जहँ छाई.
तुलसी तरुबर बिबिध सुहाए, कहुँ कहुँ सियँ कहुँ लखन लगाए.
बट छायाँ बेदिका बनाई, सियँ निज पानि सरोज सुहाई.

दोहा-dohā:

जहाँ बैठि मुनिगन सहित नित सिय रामु सुजान,
सुनहिं कथा इतिहास सब आगम निगम पुरान.२३७.

चौपाई-caupāī:

सखा बचन सुनि बिटप निहारी, उमगे भरत बिलोचन बारी.
करत प्रनाम चले दोउ भाई, कहत प्रीति सारद सकुचाई.
हरषहिं निरखि राम पद अंका, मानहुँ पारसु पायउ रंका.
रज सिर धरि हियँ नयनन्हि लावहिं, रघुबर मिलन सरिस सुख पावहिं.
देखि भरत गति अकथ अतीवा, प्रेम मगन मृग खग जड़ जीवा.
सखहि सनेह बिबस मग भूला, कहि सुपंथ सुर बरषहिं फूला.
निरखि सिद्ध साधक अनुरागे, सहज सनेहु सराहन लागे.
होत न भूतल भाउ भरत को, अचर सचर चर अचर करत को.

दोहा-dohā:

पेम अमिअ मंदरु बिरहु भरतु पयोधि गँभीर,
मथि प्रगटेउ सुर साधु हित कृपासिंधु रघुबीर.२३८.

चौपाई-caupāī:

सखा समेत मनोहर जोटा, लखेउ न लखन सघन बन ओटा.
भरत दीख प्रभु आश्रमु पावन, सकल सुमंगल सदनु सुहावन.
करत प्रबेस मिटे दुख दावा, जनु जोगीं परमारथु पावा.
देखे भरत लखन प्रभु आगे, पूँछे बचन कहत अनुरागे.
सीस जटा कटि मुनि पट बाँधें, तून कसें कर सरु धनु काँधें.
बेदी पर मुनि साधु समाजू, सीय सहित राजत रघुराजू.
बलकल बसन जटिल तनु स्यामा, जनु मुनि बेष कीन्ह रति कामा.
कर कमलनि धनु सायकु फेरत, जिय की जरनि हरत हँसि हेरत.

दोहा-dohā:

लसत मंजु मुनि मंडली मध्य सीय रघुचंदु,
ग्यान सभाँ जनु तनु धरें भगति सच्चिदानंदु.२३९.

चौपाई-caupāī:

सानुज सखा समेत मगन मन, बिसरे हरष सोक सुख दुख गन.
पाहि नाथ कहि पाहि गोसाईं, भूतल परे लकुट की नाईं.
बचन सपेम लखन पहिचाने, करत प्रनामु भरत जियँ जाने.
बंधु सनेह सरस एहि ओरा, उत साहिब सेवा बस जोरा.
मिलि न जाइ नहिं गुदरत बनई, सुकबि लखन मन की गति भनई.
रहे राखि सेवा पर भारू, चढ़ी चंग जनु खैंच खेलारू.
कहत सप्रेम नाइ महि माथा, भरत प्रनाम करत रघुनाथा.
उठे रामु सुनि पेम अधीरा, कहुँ पट कहुँ निषंग धनु तीरा.

दोहा-dohā:

बरबस लिए उठाइ उर लाए कृपानिधान,
भरत राम की मिलनि लखि बिसरे सबहि अपान.२४०.

चौपाई-caupāī:

मिलनि प्रीति किमि जाइ बखानी, कबिकुल अगम करम मन बानी.
परम पेम पूरन दोउ भाई, मन बुधि चित अहमिति बिसराई.
कहहु सुपेम प्रगट को करई, केहि छाया कबि मति अनुसरई.
कबिहि अरथ आखर बलु साँचा, अनुहरि ताल गतिहि नटु नाचा.
अगम सनेह भरत रघुबर को, जहँ न जाइ मनु बिधि हरि हर को.
सो मैं कुमति कहौं केहि भाँती, बाज सुराग कि गाँडर ताँती.
मिलनि बिलोकि भरत रघुबर की, सुरगन सभय धकधकी धरकी.
समुझाए सुरगुरु जड़ जागे, बरषि प्रसून प्रसंसन लागे.

दोहा-dohā:

मिलि सपेम रिपुसूदनहि केवटु भेंटेउ राम,
भूरि भायँ भेंटे भरत लछिमन करत प्रनाम.२४१.

चौपाई-caupāī:

भेंटेउ लखन ललकि लघु भाई, बहुरि निषादु लीन्ह उर लाई.
पुनि मुनिगन दुहुँ भाइन्ह बंदे, अभिमत आसिष पाइ अनंदे.
सानुज भरत उमगि अनुरागा, धरि सिर सिय पद पदुम परागा.
पुनि पुनि करत प्रनाम उठाए, सिर कर कमल परसि बैठाए.
सीयँ असीस दीन्हि मन माहीं, मगन सनेहँ देह सुधि नाहीं.
सब बिधि सानुकूल लखि सीता, भे निसोच उर अपडर बीता.
कोउ किछु कहइ न कोउ किछु पूँछा, प्रेम भरा मन निज गति छूँछा.
तेहि अवसर केवटु धीरजु धरि, जोरि पानि बिनवत प्रनामु करि.

दोहा-dohā:

नाथ साथ मुनिनाथ के मातु सकल पुर लोग,
सेवक सेनप सचिव सब आए बिकल बियोग.२४२.

चौपाई-caupāī:

सीलसिंधु सुनि गुर आगवनू, सिय समीप राखे रिपुदवनू.
चले सबेग रामु तेहि काला, धीर धरम धुर दीनदयाला.
गुरहि देखि सानुज अनुरागे, दंड प्रनाम करन प्रभु लागे.
मुनिबर धाइ लिए उर लाई, प्रेम उमगि भेंटे दोउ भाई.
प्रेम पुलकि केवट कहि नामू, कीन्ह दूरि तें दंड प्रनामू.
रामसखा रिषि बरबस भेंटा, जनु महि लुठत सनेह समेटा.
रघुपति भगति सुमंगल मूला, नभ सराहि सुर बरिसहिं फूला.
एहि सम निपट नीच कोउ नाहीं, बड़ बसिष्ठ सम को जग माहीं.

दोहा-dohā:

जेहि लखि लखनहु तें अधिक मिले मुदित मुनिराउ,
सो सीतापति भजन को प्रगट प्रताप प्रभाउ.२४३.

चौपाई-caupāī:

आरत लोग राम सबु जाना, करुनाकर सुजान भगवाना.
जो जेहि भायँ रहा अभिलाषी, तेहि तेहि कै तसि तसि रुख राखी.
सानुज मिलि पल महुँ सब काहू, कीन्ह दूरि दुखु दारुन दाहू.
यह बड़ि बात राम कै नाहीं, जिमि घट कोटि एक रबि छाहीं.
मिलि केवटहि उमगि अनुरागा, पुरजन सकल सराहहिं भागा.
देखीं राम दुखित महतारीं, जनु सुबेलि अवलीं हिम मारीं.
प्रथम राम भेंटी कैकेई, सरल सुभायँ भगति मति भेई.
पग परि कीन्ह प्रबोधु बहोरी, काल करम बिधि सिर धरि खोरी.

दोहा-dohā:

भेटीं रघुबर मातु सब करि प्रबोधु परितोषु,
अंब ईस आधीन जगु काहु न देइअ दोषु.२४४.

चौपाई-caupāī:

गुरतिय पद बंदे दुहु भाईं, सहित बिप्रतिय जे सँग आईं.
गंग गौरि सम सब सनमानीं, देहिं असीस मुदित मृदु बानीं.
गहि पद लगे सुमित्रा अंका, जनु भेंटी संपति अति रंका.
पुनि जननी चरननि दोउ भ्राता, परे पेम ब्याकुल सब गाता.
अति अनुराग अंब उर लाए, नयन सनेह सलिल अन्हवाए.
तेहि अवसर कर हरष बिषादू, किमि कबि कहै मूक जिमि स्वादू.
मिलि जननिहि सानुज रघुराऊ, गुर सन कहेउ कि धारिअ पाऊ.
पुरजन पाइ मुनीस नियोगू, जल थल तकि तकि उतरेउ लोगू.

दोहा-dohā:

महिसुर मंत्री मातु गुर गने लोग लिए साथ,
पावन आश्रम गवनु किय भरत लखन रघुनाथ.२४५.

चौपाई-caupāī:

सीय आइ मुनिबर पग लागी, उचित असीस लही मन मागी.
गुरपतिनिहि मुनितियन्ह समेता, मिली पेमु कहि जाइ न जेता.
बंदि बंदि पग सिय सबही के, आसिरबचन लहे प्रिय जी के.
सासु सकल जब सीयँ निहारीं, मूदे नयन सहमि सुकुमारीं.
परीं बधिक बस मनहुँ मरालीं, काह कीन्ह करतार कुचालीं.

तिन्ह सिय निरखि निपट दुखु पावा, सो सबु सहिअ जो दैउ सहावा.
जनकसुता तब उर धरि धीरा, नील नलिन लोयन भरि नीरा.
मिली सकल सासुन्ह सिय जाई, तेहि अवसर करुना महि छाई.

दोहा-dohā:

लागि लागि पग सबनि सिय भेंटति अति अनुराग,
हृदयँ असीसहिं पेम बस रहिअहु भरी सोहाग.२४६.

चौपाई-caupāī:

बिकल सनेहँ सीय सब रानीं, बैठन सबहि कहेउ गुर ग्यानीं.
कहि जग गति मायिक मुनिनाथा, कहे कछुक परमारथ गाथा.
नृप कर सुरपुर गवनु सुनावा, सुनि रघुनाथ दुसह दुखु पावा.
मरन हेतु निज नेहु बिचारी, भे अति बिकल धीर धुर धारी.
कुलिस कठोर सुनत कटु बानी, बिलपत लखन सीय सब रानी.
सोक बिकल अति सकल समाजू, मानहुँ राजु अकाजेउ आजू.
मुनिबर बहुरि राम समुझाए, सहित समाज सुसरित नहाए.
ब्रतु निरंबु तेहि दिन प्रभु कीन्हा, मुनिहु कहें जलु काहुँ न लीन्हा.

दोहा-dohā:

भोरु भएँ रघुनंदनहि जो मुनि आयसु दीन्ह,
श्रद्धा भगति समेत प्रभु सो सबु सादरु कीन्ह.२४७.

चौपाई-caupāī:

करि पितु क्रिया बेद जसि बरनी, भे पुनीत पातक तम तरनी.
जासु नाम पावक अघ तूला, सुमिरत सकल सुमंगल मूला.
सुद्ध सो भयउ साधु संमत अस, तीरथ आवाहन सुरसरि जस.
सुद्ध भएँ दुइ बासर बीते, बोले गुर सन राम पिरीते.
नाथ लोग सब निपट दुखारी, कंद मूल फल अंबु अहारी.
सानुज भरतु सचिव सब माता, देखि मोहि पल जिमि जुग जाता.
सब समेत पुर धारिअ पाऊ, आपु इहाँ अमरावति राऊ.
बहुत कहेउँ सब कियउँ ढिठाई, उचित होइ तस करिअ गोसाँई.

दोहा-dohā:

धर्म सेतु करुनायतन कस न कहहु अस राम,
लोग दुखित दिन दुइ दरस देखि लहहुँ बिश्राम.२४८.

चौपाई-caupāī:

राम बचन सुनि सभय समाजू, जनु जलनिधि महुँ बिकल जहाजू.
सुनि गुर गिरा सुमंगल मूला, भयउ मनहुँ मारुत अनुकूला.
पावन पयँ तिहुँ काल नहाहीं, जो बिलोकि अघ ओघ नसाहीं.
मंगलमूरति लोचन भरि भरि, निरखहिं हरषि दंडवत करि करि.
राम सैल बन देखन जाहीं, जहँ सुख सकल सकल दुख नाहीं.
झरना झरहिं सुधासम बारी, त्रिबिध तापहर त्रिबिध बयारी.
बिटप बेलि तृन अगनित जाती, फल प्रसून पल्लव बहु भाँती.
सुंदर सिला सुखद तरु छाहीं, जाइ बरनि बन छबि केहि पाहीं.

दोहा-dohā:

सरनि सरोरुह जल बिहग कूजत गुंजत भृंग,
बैर बिगत बिहरत बिपिन मृग बिहंग बहुरंग.२४९.

चौपाई-caupāī:

कोल किरात भिल्ल बनबासी, मधु सुचि सुंदर स्वादु सुधा सी.
भरि भरि परन पुटीं रचि रुरी, कंद मूल फल अंकुर जूरी.
सबहि देहिं करि बिनय प्रनामा, कहि कहि स्वाद भेद गुन नामा.
देहिं लोग बहु मोल न लेहीं, फेरत राम दोहाई देहीं.
कहहिं सनेह मगन मृदु बानी, मानत साधु पेम पहिचानी.
तुम्ह सुकृती हम नीच निषादा, पावा दरसनु राम प्रसादा.
हमहि अगम अति दरसु तुम्हारा, जस मरु धरनि देवधुनि धारा.
राम कृपाल निषाद नेवाजा, परिजन प्रजउ चहिअ जस राजा.

दोहा-dohā:

यह जियँ जानि सँकोचु तजि करिअ छोहु लखि नेहु,
हमहि कृतारथ करन लगि फल तृन अंकुर लेहु.२५०.

चौपाई-caupāī:

तुम्ह प्रिय पाहुने बन पगु धारे, सेवा जोगु न भाग हमारे.
देब काह हम तुम्हहि गोसाँई, ईंधनु पात किरात मिताई.
यह हमारि अति बड़ि सेवकाई, लेहिं न बासन बसन चोराई.
हम जड़ जीव जीव गन घाती, कुटिल कुचाली कुमति कुजाती.
पाप करत निसि बासर जाहीं, नहिं पट कटि नहिं पेट अघाहीं.
सपनेहुँ धरम बुद्धि कस काऊ, यह रघुनंदन दरस प्रभाऊ.
जब तें प्रभु पद पदुम निहारे, मिटे दुसह दुख दोष हमारे.
बचन सुनत पुरजन अनुरागे, तिन्ह के भाग सराहन लागे.

छंद-chaṁda:

लागे सराहन भाग सब अनुराग बचन सुनावहीं,
बोलनि मिलनि सिय राम चरन सनेहु लखि सुखु पावहीं.
नर नारि निदरहिं नेहु निज सुनि कोल भिल्लनि की गिरा,
तुलसी कृपा रघुबंसमनि की लोह लै लौका तिरा.

सोरठा-soraṭhā:

बिहरहिं बन चहु ओर प्रतिदिन प्रमुदित लोग सब,
जल ज्यों दादुर मोर भए पीन पावस प्रथम.२५१.

चौपाई-caupāī:

पुर जन नारि मगन अति प्रीती, बासर जाहिं पलक सम बीती.
सीय सासु प्रति बेष बनाई, सादर करइ सरिस सेवकाई.
लखा न मरमु राम बिनु काहूँ, माया सब सिय माया माहूँ.
सीयँ सासु सेवा बस कीन्हीं, तिन्ह लहि सुख सिख आसिष दीन्हीं.
लखि सिय सहित सरल दोउ भाई, कुटिल रानि पछितानि अघाई.
अवनि जमहि जाचति कैकेई, महि न बीचु बिधि मीचु न देई.
लोकहुँ बेद बिदित कबि कहहीं, राम बिमुख थलु नरक न लहहीं.
यहु संसउ सब के मन माहीं, राम गवनु बिधि अवध कि नाहीं.

दोहा-dohā:

निसि न नीद नहिं भूख दिन भरतु बिकल सुचि सोच,
नीच कीच बिच मगन जस मीनहि सलिल सँकोच.२५२.

चौपाई-caupāī:

कीन्हि मातु मिस काल कुचाली, ईति भीति जस पाकत साली.
केहि बिधि होइ राम अभिषेकू, मोहि अवकलत उपाउ न एकू.
अवसि फिरहिं गुर आयसु मानी, मुनि पुनि कहब राम रुचि जानी.
मातु कहेहुँ बहुरहिं रघुराऊ, राम जननि हठ करबि कि काऊ.
मोहि अनुचर कर केतिक बाता, तेहि महँ कुसमउ बाम बिधाता.
जौं हठ करउँ त निपट कुकरमू, हरगिरि तें गुरु सेवक धरमू.
एकउ जुगुति न मन ठहरानी, सोचत भरतहि रैनि बिहानी.
प्रात नहाइ प्रभुहि सिर नाई, बैठत पठए रिषयँ बोलाई.

दोहा-dohā:

गुर पद कमल प्रनामु करि बैठे आयसु पाइ,
बिप्र महाजन सचिव सब जुरे सभासद आइ.२५३.

चौपाई-caupāī:

बोले मुनिबरु समय समाना, सुनहु सभासद भरत सुजाना.
धरम धुरीन भानुकुल भानू, राजा रामु स्वबस भगवानू.
सत्यसंध पालक श्रुति सेतू, राम जनमु जग मंगल हेतू.
गुर पितु मातु बचन अनुसारी, खल दलु दलन देव हितकारी.
नीति प्रीति परमारथ स्वारथु, कोउ न राम सम जान जथारथु.
बिधि हरि हरु ससि रबि दिसिपाला, माया जीव करम कुलि काला.
अहिप महिप जहँ लगि प्रभुताई, जोग सिद्धि निगमागम गाई.
करि बिचार जियँ देखहु नीकें, राम रजाइ सीस सबही कें.

दोहा-dohā:

राखें राम रजाइ रुख हम सब कर हित होइ,
समुझि सयाने करहु अब सब मिलि संमत सोइ.२५४.

चौपाई-caupāī:

सब कहुँ सुखद राम अभिषेकू, मंगल मोद मूल मग एकू.
केहि बिधि अवध चलहिं रघुराऊ, कहहु समुझि सोइ करिअ उपाऊ.
सब सादर सुनि मुनिबर बानी, नय परमारथ स्वारथ सानी.
उतरु न आव लोग भए भोरे, तब सिरु नाइ भरत कर जोरे.
भानुबंस भए भूप घनेरे, अधिक एक तें एक बड़ेरे.
जनम हेतु सब कहँ पितु माता, करम सुभासुभ देइ बिधाता.
दलि दुख सजइ सकल कल्याना, अस असीस राउरि जगु जाना.
सो गोसाइँ बिधि गति जेहिं छेंकी, सकइ को टारि टेक जो टेकी.

दोहा-dohā:

बूझिअ मोहि उपाउ अब सो सब मोर अभागु,
सुनि सनेहमय बचन गुर उर उमगा अनुरागु.२५५.

चौपाई-caupāī:

तात बात फुरि राम कृपाहीं, राम बिमुख सिधि सपनेहुँ नाहीं.
सकुचउँ तात कहत एक बाता, अरध तजहिं बुध सरबस जाता.
तुम्ह कानन गवनहु दोउ भाई, फेरिअहिं लखन सीय रघुराई.
सुनि सुबचन हरषे दोउ भ्राता, भे प्रमोद परिपूरन गाता.
मन प्रसन्न तन तेजु बिराजा, जनु जिय राउ रामु भए राजा.
बहुत लाभ लोगन्ह लघु हानी, सम दुख सुख सब रोवहिं रानी.
कहहिं भरतु मुनि कहा सो कीन्हे, फलु जग जीवन्ह अभिमत दीन्हे.
कानन करउँ जनम भरि बासू, एहिं तें अधिक न मोर सुपासू.

दोहा-dohā:

अंतरजामी रामु सिय तुम्ह सरबग्य सुजान,
जौं फुर कहहु त नाथ निज कीजिअ बचनु प्रवान.२५६.

चौपाई-caupāī:

भरत बचन सुनि देखि सनेहू, सभा सहित मुनि भए बिदेहू.
भरत महा महिमा जलरासी, मुनि मति ठाढ़ि तीर अबला सी.
गा चह पार जतनु हियँ हेरा, पावति नाव न बोहितु बेरा.
और करिहि को भरत बड़ाई, सरसी सीपि कि सिंधु समाई.
भरतु मुनिहि मन भीतर भाए, सहित समाज राम पहिं आए.
प्रभु प्रनामु करि दीन्ह सुआसनु, बैठे सब सुनि मुनि अनुसासनु.
बोले मुनिबरु बचन बिचारी, देस काल अवसर अनुहारी.
सुनहु राम सरबग्य सुजाना, धरम नीति गुन ग्यान निधाना.

दोहा-dohā:

सब के उर अंतर बसहु जानहु भाउ कुभाउ,
पुरजन जननी भरत हित होइ सो कहिअ उपाउ.२५७.

चौपाई-caupāī:

आरत कहहिं बिचारि न काऊ, सूझ जूआरिहि आपन दाऊ.
सुनि मुनि बचन कहत रघुराऊ, नाथ तुम्हारेहि हाथ उपाऊ.
सब कर हित रुख राउरि राखें, आयसु किएँ मुदित फुर भाषें.
प्रथम जो आयसु मो कहुँ होई, माथें मानि करौं सिख सोई.
पुनि जेहि कहँ जस कहब गोसाईं, सो सब भाँति घटिहि सेवकाईं.
कह मुनि राम सत्य तुम्ह भाषा, भरत सनेहँ बिचारु न राखा.
तेहि तें कहउँ बहोरि बहोरी, भरत भगति बस भइ मति मोरी.
मोरें जान भरत रुचि राखि, जो कीजिअ सो सुभ सिव साखी.

दोहा-dohā:

भरत बिनय सादर सुनिअ करिअ बिचारु बहोरि,
करब साधुमत लोकमत नृपनय निगम निचोरि.२५८.

चौपाई-caupāī:

गुर अनुरागु भरत पर देखी, राम हृदयँ आनंदु बिसेषी.
भरतहि धरम धुरंधर जानी, निज सेवक तन मानस बानी.
बोले गुर आयस अनुकूला, बचन मंजु मृदु मंगलमूला.
नाथ सपथ पितु चरन दोहाई, भयउ न भुअन भरत सम भाई.
जे गुर पद अंबुज अनुरागी, ते लोकहुँ बेदहुँ बड़भागी.
राउर जा पर अस अनुरागू, को कहि सकइ भरत कर भागू.
लखि लघु बंधु बुद्धि सकुचाई, करत बदन पर भरत बड़ाई.
भरतु कहहिं सोइ किएँ भलाई, अस कहि राम रहे अरगाई.

दोहा-dohā:

तब मुनि बोले भरत सन सब सँकोचु तजि तात,
कृपासिंधु प्रिय बंधु सन कहहु हृदय कै बात.२५९.

चौपाई-caupāī:

सुनि मुनि बचन राम रुख पाई, गुरु साहिब अनुकूल अघाई.
लखि अपनें सिर सबु छरु भारू, कहि न सकहिं कछु करहिं बिचारू.
पुलकि सरीर सभाँ भए ठाढे, नीरज नयन नेह जल बाढ़े.
कहब मोर मुनिनाथ निबाहा, एहि तें अधिक कहौं मैं काहा.
मैं जानउँ निज नाथ सुभाऊ, अपराधिहु पर कोह न काऊ.
मो पर कृपा सनेहु बिसेषी, खेलत खुनिस न कबहूँ देखी.
सिसुपन तें परिहरेउँ न संगू, कबहुँ न कीन्ह मोर मन भंगू.
मैं प्रभु कृपा रीति जियँ जोही, हारेहुँ खेल जितावहिं मोही.

दोहा-dohā:

महूँ सनेह सकोच बस सनमुख कही न बैन,
दरसन तृपित न आजु लगि पेम पिआसे नैन.२६०.

चौपाई-caupāī:

बिधि न सकेउ सहि मोर दुलारा, नीच बीचु जननी मिस पारा.
यहउ कहत मोहि आजु न सोभा, अपनी समुझि साधु सुचि को भा.
मातु मंदि मैं साधु सुचाली, उर अस आनत कोटि कुचाली.
फरइ कि कोदव बालि सुसाली, मुकता प्रसव कि संबुक काली.
सपनेहुँ दोसक लेसु न काहू, मोर अभाग उदधि अवगाहू.

बिनु समुझें निज अघ परिपाकू, जारिउँ जायँ जननि कहि काकू.
हृदयँ हेरि हारेउँ सब ओरा, एकहि भाँति भलेहिं भल मोरा.
गुर गोसाइँ साहिब सिय रामू, लागत मोहि नीक परिनामू.

दोहा-dohā:

साधु सभाँ गुर प्रभु निकट कहउँ सुथल सतिभाउ,
प्रेम प्रपंचु कि झूठ फुर जानहिं मुनि रघुराउ.२६१.

चौपाई-caupāī:

भूपति मरन पेम पनु राखी, जननी कुमति जगतु सबु साखी.
देखि न जाहिं बिकल महतारीं, जरहिं दुसह जर पुर नर नारीं.
महीं सकल अनरथ कर मूला, सो सुनि समुझि सहिउँ सब सूला.
सुनि बन गवनु कीन्ह रघुनाथा, करि मुनि बेष लखन सिय साथा.
बिनु पानहिन्ह पयादेहि पाएँ, संकरु साखि रहेउँ एहि घाएँ.
बहुरि निहार निषाद सनेहू, कुलिस कठिन उर भयउ न बेहू.
अब सबु आँखिन्ह देखेउँ आई, जिअत जीव जड़ सबइ सहाई.
जिन्हहि निरखि मग साँपिनि बीछी, तजहिं बिषम बिषु तामस तीछी.

दोहा-dohā:

तेइ रघुनंदनु लखनु सिय अनहित लागे जाहि,
तासु तनय तजि दुसह दुख दैउ सहावइ काहि.२६२.

चौपाई-caupāī:

सुनि अति बिकल भरत बर बानी, आरति प्रीति बिनय नय सानी.
सोक मगन सब सभाँ खभारू, मनहुँ कमल बन परेउ तुसारू.
कहि अनेक बिधि कथा पुरानी, भरत प्रबोधु कीन्ह मुनि ग्यानी.
बोले उचित बचन रघुनंदू, दिनकर कुल कैरव बन चंदू.
तात जायँ जियँ करहु गलानी, ईस अधीन जीव गति जानी.
तीनि काल तिभुअन मत मोरें, पुन्यसिलोक तात तर तोरें.
उर आनत तुम्ह पर कुटिलाई, जाइ लोकु परलोकु नसाई.
दोसु देहिं जननिहि जड़ तेई, जिन्ह गुर साधु सभा नहिं सेई.

दोहा-dohā:

मिटिहहिं पाप प्रपंच सब अखिल अमंगल भार,
लोक सुजसु परलोक सुखु सुमिरत नामु तुम्हार.२६३.

चौपाई-caupāī:

कहउँ सुभाउ सत्य सिव साखी, भरत भूमि रह राउरि राखी.
तात कुतरक करहु जनि जाएँ, बैर पेम नहिं दुरइ दुराएँ.
मुनि गन निकट बिहग मृग जाहीं, बाधक बधिक बिलोकि पराहीं.
हित अनहित पसु पच्छिउ जाना, मानुष तनु गुन ग्यान निधाना.
तात तुम्हहि मैं जानउँ नीकें, करौं काह असमंजस जीकें.
राखेउ रायँ सत्य मोहि त्यागी, तनु परिहरेउ पेम पन लागी.
तासु बचन मेटत मन सोचू, तेहि तें अधिक तुम्हार सँकोचू.
ता पर गुर मोहि आयसु दीन्हा, अवसि जो कहहु चहउँ सोइ कीन्हा.

दोहा-dohā:

मनु प्रसन्न करि सकुच तजि कहहु करौं सोइ आजु,
सत्यसंध रघुबर बचन सुनि भा सुखी समाजु.२६४.

चौपाई-caupāī:

सुर गन सहित सभय सुरराजू, सोचहिं चाहत होन अकाजू.
बनत उपाउ करत कछु नाहीं, राम सरन सब गे मन माहीं.
बहुरि बिचारि परस्पर कहहीं, रघुपति भगत भगति बस अहहीं.
सुधि करि अंबरीष दुरबासा, भे सुर सुरपति निपट निरासा.
सहे सुरन्ह बहु काल बिषादा, नरहरि किए प्रगट प्रहलादा.
लगि लगि कान कहहिं धुनि माथा, अब सुर काज भरत के हाथा.
आन उपाउ न देखिअ देवा, मानत रामु सुसेवक सेवा.
हियँ सपेम सुमिरहु सब भरतहि, निज गुन सील राम बस करतहि.

दोहा-dohā:

सुनि सुर मत सुरगुर कहेउ भल तुम्हार बड़ भागु,
सकल सुमंगल मूल जग भरत चरन अनुरागु.२६५.

चौपाई-caupāī:

सीतापति सेवक सेवकाई, कामधेनु सय सरिस सुहाई.
भरत भगति तुम्हरें मन आई, तजहु सोचु बिधि बात बनाई.
देखु देवपति भरत प्रभाऊ, सहज सुभायँ बिबस रघुराऊ.
मन थिर करहु देव डरु नाहीं, भरतहि जानि राम परिछाहीं.
सुनि सुरगुर सुर संमत सोचू, अंतरजामी प्रभुहि सकोचू.
निज सिर भारु भरत जियँ जाना, करत कोटि बिधि उर अनुमाना.
करि बिचारु मन दीन्ही ठीका, राम रजायस आपन नीका.
निज पन तजि राखेउ पनु मोरा, छोहु सनेहु कीन्ह नहिं थोरा.

दोहा-dohā:

कीन्ह अनुग्रह अमित अति सब बिधि सीतानाथ,
करि प्रनामु बोले भरतु जोरि जलज जुग हाथ.२६६.

चौपाई-caupāī:

कहौं कहावौं का अब स्वामी, कृपा अंबुनिधि अंतरजामी.
गुर प्रसन्न साहिब अनुकूला, मिटी मलिन मन कलपित सूला.
अपडर डरेउँ न सोच समूलें, रबिहि न दोसु देव दिसि भूलें.
मोर अभागु मातु कुटिलाई, बिधि गति बिषम काल कठिनाई.
पाउ रोपि सब मिलि मोहि घाला, प्रनतपाल पन आपन पाला.
यह नइ रीति न राउरि होई, लोकहुँ बेद बिदित नहिं गोई.
जगु अनभल भल एकु गोसाईं, कहिअ होइ भल कासु भलाईं.
देउ देवतरु सरिस सुभाऊ, सनमुख बिमुख न काहुहि काऊ.

दोहा-dohā:

जाइ निकट पहिचानि तरु छाहँ समनि सब सोच,
मागत अभिमत पाव जग राउ रंकु भल पोच.२६७.

चौपाई-caupāī:

लखि सब बिधि गुर स्वामि सनेहू, मिटेउ छोभु नहिं मन संदेहू.
अब करुनाकर कीजिअ सोई, जन हित प्रभु चित छोभु न होई.
जो सेवकु साहिबहि सँकोची, निज हित चहइ तासु मति पोची.
सेवक हित साहिब सेवकाई, करै सकल सुख लोभ बिहाई.
स्वारथु नाथ फिरें सबही का, किएँ रजाइ कोटि बिधि नीका.
यह स्वारथ परमारथ सारु, सकल सुकृत फल सुगति सिंगारु.
देव एक बिनती सुनि मोरी, उचित होइ तस करब बहोरी.
तिलक समाजु साजि सबु आना, करिअ सुफल प्रभु जौं मनु माना.

दोहा-dohā:

सानुज पठइअ मोहि बन कीजिअ सबहि सनाथ,
नतरु फेरिअहिं बंधु दोउ नाथ चलौं मैं साथ.२६८.

चौपाई-caupāī:

नतरु जाहिं बन तीनिउ भाई, बहुरिअ सीय सहित रघुराई.

जेहि बिधि प्रभु प्रसन्न मन होई, करुना सागर कीजिअ सोई.
देवँ दीन्ह सबु मोहि अभारु, मोरें नीति न धरम बिचारु.
कहउँ बचन सब स्वारथ हेतू, रहत न आरत कें चित चेतू.
उतरु देइ सुनि स्वामि रजाई, सो सेवकु लखि लाज लजाई.
अस मैं अवगुन उदधि अगाधू, स्वामि सनेहँ सराहत साधू.
अब कृपाल मोहि सो मत भावा, सकुच स्वामि मन जाइँ न पावा.
प्रभु पद सपथ कहउँ सति भाऊ, जग मंगल हित एक उपाऊ.

दोहा-dohā:

प्रभु प्रसन्न मन सकुच तजि जो जेहि आयसु देब,
सो सिर धरि धरि करिहि सबु मिटिहि अनट अवरेब.२६९.

चौपाई-caupāī:

भरत बचन सुचि सुनि सुर हरषे, साधु सराहि सुमन सुर बरषे.
असमंजस बस अवध नेवासी, प्रमुदित मन तापस बनबासी.
चुपहिं रहे रघुनाथ सँकोची, प्रभु गति देखि सभा सब सोची.
जनक दूत तेहि अवसर आए, मुनि बसिष्ठँ सुनि बेगि बोलाए.
करि प्रनाम तिन्ह रामु निहारे, बेषु देखि भए निपट दुखारे.
दूतन्ह मुनिबर बूझी बाता, कहहु बिदेह भूप कुसलाता.
सुनि सकुचाइ नाइ महि माथा, बोले चर बर जोरें हाथा.
बूझब राउर सादर साईं, कुसल हेतु सो भयउ गोसाईं.

दोहा-dohā:

नाहिं त कोसल नाथ कें साथ कुसल गइ नाथ,
मिथिला अवध बिसेष तें जगु सब भयउ अनाथ.२७०.

चौपाई-caupāī:

कोसलपति गति सुनि जनकौरा, भे सब लोक सोक बस बौरा.
जेहिं देखे तेहि समय बिदेहू, नामु सत्य अस लाग न केहू.
रानि कुचालि सुनत नरपालहि, सूझ न कछु जस मनि बिनु ब्यालहि.
भरत राज रघुबर बनबासू, भा मिथिलेसहि हृदयँ हराँसू.
नृप बूझे बुध सचिव समाजू, कहहु बिचारि उचित का आजू.
समुझि अवध असमंजस दोऊ, चलिअ कि रहिअ न कह कछु कोऊ.
नृपहि धीर धरि हृदयँ बिचारी, पठए अवध चतुर चर चारी.
बूझि भरत सति भाउ कुभाऊ, आएहु बेगि न होइ लखाऊ.

दोहा-dohā:

गए अवध चर भरत गति बूझि देखि करतूति,
चले चित्रकूटहि भरतु चार चले तेरहूति.२७१.

चौपाई-caupāī:

दूतन्ह आइ भरत कइ करनी, जनक समाज जथामति बरनी.
सुनि गुर परिजन सचिव महीपति, भे सब सोच सनेहँ बिकल अति.
धरि धीरजु करि भरत बड़ाई, लिए सुभट साहनी बोलाई.
घर पुर देस राखि रखवारे, हय गय रथ बहु जान सँवारे.
दुघरी साधि चले ततकाला, किए बिश्रामु न मग महीपाला.
भोरहिं आजु नहाइ प्रयागा, चले जमुन उतरन सबु लागा.
खबरि लेन हम पठए नाथा, तिन्ह कहि अस महि नायउ माथा.
साथ किरात छ सातक दीन्हे, मुनिबर तुरत बिदा चर कीन्हे.

दोहा-dohā:

सुनत जनक आगवनु सबु हरषेउ अवध समाजु,
रघुनंदनहि सकोचु बड़ सोच बिबस सुरराजु.२७२.

चौपाई-caupāī:

गरइ गलानि कुटिल कैकेई, काहि कहै केहि दूषनु देई.
अस मन आनि मुदित नर नारी, भयउ बहोरि रहब दिन चारी.
एहि प्रकार गत बासर सोऊ, प्रात नहान लाग सबु कोऊ.
करि मज्जनु पूजहिं नर नारी, गनप गौरि तिपुरारि तमारी.
रमा रमन पद बंदि बहोरी, बिनवहिं अंजुलि अंचल जोरी.
राजा रामु जानकी रानी, आनँद अवधि अवध रजधानी.
सुबस बसउ फिरि सहित समाजा, भरतहि रामु करहुँ जुबराजा.
एहि सुख सुधाँ सींचि सब काहू, देव देहु जग जीवन लाहू.

दोहा-dohā:

गुर समाज भाइन्ह सहित राम राजु पुर होउ,
अछत राम राजा अवध मरिअ माग सबु कोउ.२७३.

चौपाई-caupāī:

सुनि सनेहमय पुरजन बानी, निंदहिं जोग बिरति मुनि ग्यानी.
एहि बिधि नित्यकरम करि पुरजन, रामहि करहिं प्रनाम पुलकि तन.
ऊँच नीच मध्यम नर नारी, लहहिं दरसु निज निज अनुहारी.
सावधान सबही सनमानहिं, सकल सराहत कृपानिधानहिं.
लरिकाइहि तें रघुबर बानी, पालत नीति प्रीति पहिचानी.
सील सकोच सिंधु रघुराऊ, सुमुख सुलोचन सरल सुभाऊ.
कहत राम गुन गन अनुरागे, सब निज भाग सराहन लागे.
हम सम पुन्य पुंज जग थोरे, जिन्हहि रामु जानत करि मोरे.

दोहा-dohā:

प्रेम मगन तेहि समय सब सुनि आवत मिथिलेसु,
सहित सभा संभ्रम उठेउ रबिकुल कमल दिनेसु.२७४.

चौपाई-caupāī:

भाइ सचिव गुर पुरजन साथा, आगें गवनु कीन्ह रघुनाथा.
गिरिबरु दीख जनकपति जबहीं, करि प्रनामु रथ त्यागेउ तबहीं.
राम दरस लालसा उछाहू, पथ श्रम लेसु कलेसु न काहू.
मन तहँ जहँ रघुबर बैदेही, बिनु मन तन दुख सुख सुधि केही.
आवत जनकु चले एहि भाँती, सहित समाज प्रेम मति माती.
आए निकट देखि अनुरागे, सादर मिलन परसपर लागे.
लगे जनक मुनिजन पद बंदन, रिषिन्ह प्रनामु कीन्ह रघुनंदन.
भाइन्ह सहित रामु मिलि राजहि, चले लवाइ समेत समाजहि.

दोहा-dohā:

आश्रम सागर सांत रस पूरन पावन पाथु,
सेन मनहुँ करुना सरित लिएँ जाहिं रघुनाथु.२७५.

चौपाई-caupāī:

बोरति ग्यान बिराग करारे, बचन ससोक मिलत नद नारे.
सोच उसास समीर तंरगा, धीरज तट तरुबर कर भंगा.
बिषम बिषाद तोरावति धारा, भय भ्रम भवँर अबर्त अपारा.
केवट बुध बिद्या बड़ि नावा, सकहिं न खेइ ऐक नहिं आवा.
बनचर कोल किरात बिचारे, थके बिलोकि पथिक हियँ हारे.
आश्रम उदधि मिली जब जाई, मनहुँ उठेउ अंबुधि अकुलाई.
सोक बिकल दोउ राज समाजा, रहा न ग्यानु न धीरजु लाजा.
भूप रूप गुन सील सराही, रोवहिं सोक सिंधु अवगाही.

छंद-chamda:

अवगाहि सोक समुद्र सोचहिं नारि नर ब्याकुल महा,

दै दोष सकल सरोष बोलहिं बाम बिधि कीन्हो कहा.
सुर सिद्ध तापस जोगिजन मुनि देखि दसा बिदेह की,
तुलसी न समरथु कोउ जो तरि सकै सरित सनेह की.

सोरठा-soraṭhā:

किए अमित उपदेस जहँ तहँ लोगन्ह मुनिबरन्ह,
धीरजु धरिअ नरेस कहेउ बसिष्ठ बिदेह सन.२७६.

चौपाई-caupāi:

जासु ग्यानु रबि भव निसि नासा, बचन किरन मुनि कमल बिकासा.
तेहि कि मोह ममता निअराई, यह सिय राम सनेह बड़ाई.
बिषई साधक सिद्ध सयाने, त्रिबिध जीव जग बेद बखाने.
राम सनेह सरस मन जासू, साधु सभाँ बड़ आदर तासू.
सोह न राम पेम बिनु ग्यानू, करनधार बिनु जिमि जलजानू.
मुनि बहुबिधि बिदेहु समुझाए, रामघाट सब लोग नहाए.
सकल सोक संकुल नर नारी, सो बासरु बीतेउ बिनु बारी.
पसु खग मृगन्ह न कीन्ह अहारू, प्रिय परिजन कर कौन बिचारू.

दोहा-dohā:

दोउ समाज निमिराजु रघुराजु नहाने प्रात,
बैठे सब बट बिटप तर मन मलीन कृस गात.२७७.

चौपाई-caupāi:

जे महिसुर दसरथ पुर बासी, जे मिथिलापति नगर निवासी.
हंस बंस गुर जनक पुरोधा, जिन्ह जग मगु परमारथु सोधा.
लगे कहन उपदेस अनेका, सहित धरम नय बिरति बिबेका.
कौसिक कहि कहि कथा पुरानीं, समुझाई सब सभा सुबानीं.
तब रघुनाथ कौसिकहि कहेऊ, नाथ कालि जल बिनु सबु रहेऊ.
मुनि कह उचित कहत रघुराई, गयउ बीति दिन पहर अढ़ाई.
रिषि रुख लखि कह तेरहुतिराजू, इहाँ उचित नहिं असन अनाजू.
कहा भूप भल सबहि सोहाना, पाइ रजायसु चले नहाना.

दोहा-dohā:

तेहि अवसर फल फूल दल मूल अनेक प्रकार,
लइ आए बनचर बिपुल भरि भरि काँवरि भार.२७८.

चौपाई-caupāi:

कामद भे गिरि राम प्रसादा, अवलोकत अपहरत बिषादा.
सर सरिता बन भूमि बिभागा, जनु उमगत आनँद अनुरागा.
बेलि बिटप सब सफल सफूला, बोलत खग मृग अलि अनुकूला.
तेहि अवसर बन अधिक उछाहू, त्रिबिध समीर सुखद सब काहू.
जाइ न बरनि मनोहरताई, जनु महि करति जनक पहुनाई.
तब सब लोग नहाइ नहाई, राम जनक मुनि आयसु पाई.
देखि देखि तरुबर अनुरागे, जहँ तहँ पुरजन उतरन लागे.
दल फल मूल कंद बिधि नाना, पावन सुंदर सुधा समाना.

दोहा-dohā:

सादर सब कहँ रामगुर पठए भरि भरि भार,
पूजि पितर सुर अतिथि गुर लगे करन फरहार.२७९.

चौपाई-caupāi:

एहि बिधि बासर बीते चारी, रामु निरखि नर नारि सुखारी.
दुहु समाज असि रुचि मन माहीं, बिनु सिय राम फिरब भल नाहीं.
सीता राम संग बनबासू, कोटि अमरपुर सरिस सुपासू.
परिहरि लखन रामु बैदेही, जेहि घरु भाव बाम बिधि तेही.
दाहिन दइउ होइ जब सबही, राम समीप बसिअ बन तबही.
मंदाकिनि मज्जनु तिहु काला, राम दरसु मुद मंगल माला.
अटनु राम गिरि बन तापस थल, असनु अमिअ सम कंद मूल फल.
सुख समेत संबत दुइ साता, पल सम होहिं न जनिअहिं जाता.

दोहा-dohā:

एहि सुख जोग न लोग सब कहहिं कहाँ अस भागु,
सहज सुभायँ समाज दुहु राम चरन अनुरागु.२८०.

चौपाई-caupāi:

एहि बिधि सकल मनोरथ करहीं, बचन सप्रेम सुनत मन हरहीं.
सीय मातु तेहि समय पठाईं, दासीं देखि सुअवसरु आईं.
सावकास सुनि सब सिय सासू, आयउ जनकराज रनिवासू.
कौसल्याँ सादर सनमानी, आसन दिए समय सम आनी.
सीलु सनेह सकल दुहु ओरा, द्रवहिं देखि सुनि कुलिस कठोरा.
पुलक सिथिल तन बारि बिलोचन, महि नख लिखन लगीं सब सोचन.
सब सिय राम प्रीति कि सि मूरती, जनु करुना बहु बेष बिसूरति.
सीय मातु कह बिधि बुधि बाँकी, जो पय फेनु फोर पबि टाँकी.

दोहा-dohā:

सुनिअ सुधा देखिअहिं गरल सब करतूति कराल,
जहँ तहँ काक उलूक बक मानस सकृत मराल.२८१.

चौपाई-caupāi:

सुनि ससोच कह देबि सुमित्रा, बिधि गति बड़ि बिपरीत बिचित्रा.
जो सृजि पालइ हरइ बहोरी, बाल केलि सम बिधि मति भोरी.
कौसल्या कह दोसु न काहू, करम बिबस दुख सुख छति लाहू.
कठिन करम गति जान बिधाता, जो सुभ असुभ सकल फल दाता.
ईस रजाइ सीस सबही कें, उतपति थिति लय बिषहु अमी कें.
देबि मोह बस सोचिअ बादी, बिधि प्रपंचु अस अचल अनादी.
भूपति जिअब मरब उर आनी, सोचिअ सखि लखि निज हित हानी.
सीय मातु कह सत्य सुबानी, सुकृती अवधि अवधपति रानी.

दोहा-dohā:

लखनु रामु सिय जाहुँ बन भल परिनाम न पोचु,
गहबरि हियँ कह कौसिला मोहि भरत कर सोचु.२८२.

चौपाई-caupāi:

ईस प्रसाद असीस तुम्हारी, सुत सुतबधू देवसरि बारी.
राम सपथ मैं कीन्हि न काऊ, सो करि कहउँ सखी सति भाऊ.
भरत सील गुन बिनय बड़ाई, भायप भगति भरोस भलाई.
कहत सारदहु कर मति हीचे, सागर सीप कि जाहिं उलीचे.
जानउँ सदा भरत कुलदीपा, बार बार मोहि कहेउ महीपा.
कसें कनकु मनि पारिखि पाएँ, पुरुष परिखिअहिं समयँ सुभाएँ.
अनुचित आजु कहब अस मोरा, सोक सनेहँ सयानप थोरा.
सुनि सुरसरि सम पावनि बानी, भईं सनेह बिकल सब रानी.

दोहा-dohā:

कौसल्या कह धीर धरि सुनहु देबि मिथिलेसि,
को बिबेकनिधि बल्लभहि तुम्हहि सकइ उपदेसि.२८३.

चौपाई-caupāi:

रानि राय सन अवसरु पाई, अपनी भाँति कहब समुझाई.

रखिअहिं लखनु भरतु गवनहिं बन, जौं यह मत मानै महीप मन.
तौ भल जतनु करब सुबिचारी, मोरें सोचु भरत कर भारी.
गूढ़ सनेह भरत मन माही, रहें नीक मोहि लागत नाहीं.
लखि सुभाउ सुनि सरल सुबानी, सब भइ मगन करुन रस रानी.
नभ प्रसून झरि धन्य धन्य धुनि, सिथिल सनेहँ सिद्ध जोगी मुनि.
सबु रनिवासु बिथकि लखि रहेऊ, तब धरि धीर सुमित्राँ कहेऊ.
देबि दंड जुग जामिनि बीती, राम मातु सुनी उठी सप्रीती.

दोहा-dohā:

बेगि पाउ धारिअ थलहि कह सनेहँ सतिभाय,
हमरें तौ अब ईस गति के मिथिलेस सहाय.२८४.

चौपाई-caupāī:

लखि सनेह सुनि बचन बिनीता, जनकप्रिया गह पाय पुनीता.
देबि उचित असि बिनय तुम्हारी, दसरथ घरिनि राम महतारी.
प्रभु अपने नीचहु आदरहीं, अगिनि धूम गिरि सिर तिनु धरहीं.
सेवकु राउ करम मन बानी, सदा सहाय महेसु भवानी.
रउरे अंग जोगु जग को है, दीप सहाय कि दिनकर सोहै.
रामु जाइ बनु करि सुर काजू, अचल अवधपुर करिहहिं राजू.
अमर नाग नर राम बाहुबल, सुख बसिहहिं अपनें अपनें थल.
यह सब जागबलिक कहि राखा, देबि न होइ मुधा मुनि भाषा.

दोहा-dohā:

अस कहि पग परि पेम अति सिय हित बिनय सुनाइ,
सिय समेत सियमातु तब चली सुआयसु पाइ.२८५.

चौपाई-caupāī:

प्रिय परिजनहि मिली बैदेही, जो जेहि जोगु भाँति तेहि तेही.
तापस बेष जानकी देखी, भा सबु बिकल बिषाद बिसेषी.
जनक राम गुर आयसु पाई, चले थलहि सिय देखी आई.
लीन्हि लाइ उर जनक जानकी, पाहुन पावन पेम प्रान की.
उर उमगेउ अंबुधि अनुरागू, भयउ भूप मनु मनहुँ पयागू.
सिय सनेह बटु बाढ़त जोहा, ता पर राम पेम सिसु सोहा.
चिरजीवी मुनि ग्यान बिकल जनु, बूड़त लहेउ बाल अवलंबनु.
मोह मगन मति नहिं बिदेह की, महिमा सिय रघुबर सनेह की.

दोहा-dohā:

सिय पितु मातु सनेह बस बिकल न सकी सँभारि,
धरनिसुताँ धीरजु धरेउ समउ सुधरमु बिचारि.२८६.

चौपाई-caupāī:

तापस बेष जनक सिय देखी, भयउ पेमु परितोषु बिसेषी.
पुत्रि पबित्र किए कुल दोऊ, सुजस धवल जगु कह सबु कोऊ.
जिति सुरसरि कीरति सरि तोरी, गवनु कीन्ह बिधि अंड करोरी.
गंग अवनि थल तीनि बड़ेरे, एहिं किए साधु समाज घनेरे.
पितु कह सत्य सनेहँ सुबानी, सीय सकुच महुँ मनहुँ समानी.
पुनि पितु मातु लीन्हि उर लाई, सिख आसिष हित दीन्हि सुहाई.
कहति न सीय सकुचि मन माहीं, इहाँ बसब रजनीं भल नाहीं.
लखि रुख रानि जनायउ राऊ, हृदयँ सराहत सीलु सुभाऊ.

दोहा-dohā:

बार बार मिलि भेंटि सिय बिदा कीन्हि सनमानि,
कही समय सिर भरत गति रानि सुबानि सयानि.२८७.

चौपाई-caupāī:

सुनि भूपाल भरत ब्यवहारू, सोन सुगंध सुधा ससि सारू.
मूदे सजल नयन पुलके तन, सुजसु सराहन लगे मुदित मन.
सावधान सुनु सुमुखि सुलोचनि, भरत कथा भव बंध बिमोचनि.
धरम राजनय ब्रह्मबिचारू, इहाँ जथामति मोर प्रचारू.
सो मति मोरि भरत महिमाही, कहै काह छलि छुअति न छाँही.
बिधि गनपति अहिपति सिव सारद, कबि कोबिद बुध बुद्धि बिसारद.
भरत चरित कीरति करतूती, धरम सील गुन बिमल बिभूती.
समुझत सुनत सुखद सब काहू, सुचि सुरसरि रुचि निदर सुधाहू.

दोहा-dohā:

निरवधि गुन निरुपम पुरुषु भरतु भरत सम जानि,
कहिअ सुमेरु कि सेर सम कबिकुल मति सकुचानि.२८८.

चौपाई-caupāī:

अगम सबहि बरनत बरबरनी, जिमि जलहीन मीन गमु धरनी.
भरत अमित महिमा सुनु रानी, जानहिं रामु न सकहिं बखानी.
बरनि सप्रेम भरत अनुभाऊ, तिय जिय की रुचि लखि कह राऊ.
बहुरहिं लखनु भरतु बन जाहीं, सब कर भल सब के मन माहीं.
देबि परंतु भरत रघुबर की, प्रीति प्रतीति जाइ नहिं तरकी.
भरतु अवधि सनेह ममता की, जद्यपि रामु सीम समता की.
परमारथ स्वारथ सुख सारे, भरत न सपनेहुँ मनहुँ निहारे.
साधन सिद्धि राम पग नेहू, मोहि लखि परत भरत मत एहू.

दोहा-dohā:

भोरेहुँ भरत न पेलिहहिं मनसहुँ राम रजाइ,
करिअ न सोचु सनेह बस कहेउ भूप बिलखाइ.२८९.

चौपाई-caupāī:

राम भरत गुन गनत सप्रीती, निसि दंपतिहि पलक सम बीती.
राज समाज प्रात जुग जागे, न्हाइ न्हाइ सुर पूजन लागे.
गे नहाइ गुर पहीं रघुराई, बंदि चरन बोले रुख पाई.
नाथ भरतु पुरजन महतारी, सोक बिकल बनबास दुखारी.
सहित समाज राउ मिथिलेसू, बहुत दिवस भए सहत कलेसू.
उचित होइ सोइ कीजिअ नाथा, हित सबही कर रौरें हाथा.
अस कहि अति सकुचे रघुराऊ, मुनि पुलके लखि सीलु सुभाऊ.
तुम्ह बिनु राम सकल सुख साजा, नरक सरिस दुहु राज समाजा.

दोहा-dohā:

प्रान प्रान के जीव के जिव सुख के सुख राम,
तुम्ह तजि तात सोहात गृह जिन्हहि तिन्हहि बिधि बाम.२९०.

चौपाई-caupāī:

सो सुखु करमु धरमु जरि जाऊ, जहँ न राम पद पंकज भाऊ.
जोगु कुजोगु ग्यानु अग्यानू, जहँ नहिं राम पेम परधानू.
तुम्ह बिनु दुखी सुखी तुम्ह तेहीं, तुम्ह जानहु जिय जो जेहि केहीं.
राउर आयसु सिर सबही कें, बिदित कृपालहि गति सब नीकें.
आपु आश्रमहि धारिअ पाऊ, भयउ सनेह सिथिल मुनिराऊ.
करि प्रनामु तब रामु सिधाए, रिषि धरि धीर जनक पहिं आए.
राम बचन गुरु नृपहि सुनाए, सील सनेह सुभायँ सुहाए.
महाराज अब कीजिअ सोई, सब कर धरम सहित हित होई.

दोहा-dohā:

ग्यान निधान सुजान सुचि धरम धीर नरपाल,
तुम्ह बिनु असमंजस समन को समरथ एहि काल.२९१.

चौपाई-caupāī:

सुनि मुनि बचन जनक अनुरागे, लखि गति ग्यानु बिरागु बिरागे.
सिथिल सनेहँ गुनत मन माहीं, आए इहाँ कीन्ह भल नाहीं.
रामहि रायँ कहेउ बन जाना, कीन्ह आपु प्रिय प्रेम प्रवाना.
हम अब बन तें बनहि पठाई, प्रमुदित फिरब बिबेक बड़ाई.
तापस मुनि महिसुर सुनि देखी, भए प्रेम बस बिकल बिसेषी.
समउ समुझि धरि धीरजु राजा, चले भरत पहिं सहित समाजा.
भरत आइ आगें भइ लीन्हे, अवसर सरिस सुआसन दीन्हे.
तात भरत कह तेरहुति राऊ, तुम्हहि बिदित रघुबीर सुभाऊ.

दोहा-dohā:

राम सत्यब्रत धरम रत सब कर सीलु सनेहु,
संकट सहत सकोच बस कहिअ जो आयसु देहु.२९२.

चौपाई-caupāī:

सुनि तन पुलकि नयन भरि बारी, बोले भरतु धीर धरि भारी.
प्रभु प्रिय पूज्य पिता सम आपू, कुलगुरु सम हित माय न बापू.
कौसिकादि मुनि सचिव समाजू, ग्यान अंबुनिधि आपुनु आजू.
सिसु सेवकु आयसु अनुगामी, जानि मोहि सिख देइअ स्वामी.
एहिं समाज थल बूझब राउर, मौन मलिन मैं बोलब बाउर.
छोटे बदन कहउँ बड़ि बाता, छमब तात लखि बाम बिधाता.
आगम निगम प्रसिद्ध पुराना, सेवाधरमु कठिन जगु जाना.
स्वामि धरम स्वारथहि बिरोधू, बैरु अंध प्रेमहि न प्रबोधू.

दोहा-dohā:

राखि राम रुख धरमु ब्रतु पराधीन मोहि जानि,
सब कें संमत सर्ब हित करिअ पेमु पहिचानि.२९३.

चौपाई-caupāī:

भरत बचन सुनि देखि सुभाऊ, सहित समाज सराहत राऊ.
सुगम अगम मृदु मंजु कठोरे, अरथु अमित अति आखर थोरे.
ज्यौं मुखु मुकुर मुकुरु निज पानी, गहि न जाइ अस अद्भुत बानी.
भूप भरतु मुनि सहित समाजू, गे जहँ बिबुध कुमुद द्विजराजू.
सुनि सुधि सोच बिकल सब लोगा, मनहुँ मीनगन नव जल जोगा.
देवँ प्रथम कुलगुर गति देखी, निरखि बिदेह सनेह बिसेषी.
राम भगतिमय भरतु निहारे, सुर स्वारथी हहरि हियँ हारे.
सब कोउ राम पेममय पेखा, भउ अलेख सोच बस लेखा.

दोहा-dohā:

रामु सनेह सकोच बस कह ससोच सुरराजु,
रचहु प्रपंचहि पंच मिलि नाहिं त भयउ अकाजु.२९४.

चौपाई-caupāī:

सुरन्ह सुमिरि सारदा सराही, देबि देव सरनागत पाही.
फेरि भरत मति करि निज माया, पालु बिबुध कुल करि छल छाया.
बिबुध बिनय सुनि देबि सयानी, बोली सुर स्वारथ जड़ जानी.
मो सन कहहु भरत मति फेरू, लोचन सहस न सूझ सुमेरू.
बिधि हरि हर माया बड़ि भारी, सोउ न भरत मति सकइ निहारी.
सो मति मोहि कहत करु भोरी, चंदिनि कर कि चंडकर चोरी.
भरत हृदयँ सिय राम निवासू, तहँ कि तिमिर जहँ तरनि प्रकासू.
अस कहि सारद गइ बिधि लोका, बिबुध बिकल निसि मानहुँ कोका.

दोहा-dohā:

सुर स्वारथी मलीन मन कीन्ह कुमंत्र कुठाटु,
रचि प्रपंच माया प्रबल भय भ्रम अरति उचाटु.२९५.

चौपाई-caupāī:

करि कुचालि सोचत सुरराजू, भरत हाथ सबु काजु अकाजू.
गए जनकु रघुनाथ समीपा, सनमाने सब रबिकुल दीपा.
समय समाज धरम अबिरोधा, बोले तब रघुबंस पुरोधा.
जनक भरत संबादु सुनाई, भरत कहाउति कही सुहाई.
तात राम जस आयसु देहू, सो सबु करै मोर मत एहू.
सुनि रघुनाथ जोरि जुग पानी, बोले सत्य सरल मृदु बानी.
बिद्यमान आपुनि मिथिलेसू, मोर कहब सब भाँति भदेसू.
राउर राय रजायसु होई, राउरि सपथ सही सिर सोई.

दोहा-dohā:

राम सपथ सुनि मुनि जनकु सकुचे सभा समेत,
सकल बिलोकत भरत मुखु बनइ न ऊतरु देत.२९६.

चौपाई-caupāī:

सभा सकुच बस भरत निहारी, रामबंधु धरि धीरजु भारी.
कुसमउ देखि सनेहु सँभारा, बढ़त बिंधि जिमि घटज निवारा.
सोक कनकलोचन मति छोनी, हरी बिमल गुन गन जगजोनी.
भरत बिबेक बराहँ बिसाला, अनायास उधरी तेहि काला.
करि प्रनामु सब कहँ कर जोरे, रामु राउ गुर साधु निहोरे.
छमब आजु अति अनुचित मोरा, कहउँ बदन मृदु बचन कठोरा.
हियँ सुमिरी सारदा सुहाई, मानस तें मुख पंकज आई.
बिमल बिबेक धरम नय साली, भरत भारती मंजु मराली.

दोहा-dohā:

निरखि बिबेक बिलोचनन्हि सिथिल सनेहँ समाजु,
करि प्रनामु बोले भरतु सुमिरि सीय रघुराजु.२९७.

चौपाई-caupāī:

प्रभु पितु मातु सुहृद गुर स्वामी, पूज्य परम हित अंतरजामी.
सरल सुसाहिबु सील निधानू, प्रनतपाल सर्बग्य सुजानू.
समरथ सरनागत हितकारी, गुनगाहकु अवगुन अघ हारी.
स्वामि गोसाँइहि सरिस गोसाईं, मोहि समान मैं साइँ दोहाईं.
प्रभु पितु बचन मोह बस पेली, आयउँ इहाँ समाजु सकेली.
जग भल पोच ऊँच अरु नीचू, अमिअ अमरपद माहुरु मीचू.
राम रजाइ मेट मन माहीं, देखा सुना कतहुँ कोउ नाहीं.
सो मैं सब बिधि कीन्हि ढिठाई, प्रभु मानी सनेह सेवकाई.

दोहा-dohā:

कृपाँ भलाई आपनी नाथ कीन्ह भल मोर,
दूषन भे भूषन सरिस सुजसु चारु चहु ओर.२९८.

चौपाई-caupāī:

राउरि रीति सुबानि बड़ाई, जगत बिदित निगमागम गाई.
कूर कुटिल खल कुमति कलंकी, नीच निसील निरीस निसंकी.
तेउ सुनि सरन सामुहें आए, सकृत प्रनामु किहें अपनाए.
देखि दोष कबहुँ न उर आने, सुनि गुन साधु समाज बखाने.
को साहिब सेवकहि नेवाजी, आपु समाज साज सब साजी.

निज करतूति न समुझिअ सपनें, सेवक सकुच सोचु उर अपनें.
सो गोसाइँ नहिं दूसर कोपी, भुजा उठाइ कहउँ पन रोपी.
पसु नाचत सुक पाठ प्रबीना, गुन गति नट पाठक आधीना.

दोहा-dohā:

यों सुधारि सनमानि जन किए साधु सिरमोर,
को कृपाल बिनु पालिहै बिरिदावलि बरजोर.२९९.

चौपाई-caupāī:

सोक सनेहँ कि बाल सुभाएँ, आयउँ लाइ रजायसु बाएँ.
तबहुँ कृपाल हेरि निज ओरा, सबहि भाँति भल मानेउ मोरा.
देखेउँ पाय सुमंगल मूला, जानेउँ स्वामि सहज अनुकूला.
बड़े समाज बिलोकेउँ भागू, बड़ीं चूक साहिब अनुरागू.
कृपा अनुग्रहु अंगु अघाई, कीन्हि कृपानिधि सब अधिकाई.
राखा मोर दुलार गोसाईं, अपनें सील सुभायँ भलाईं.
नाथ निपट मैं कीन्हि ढिठाई, स्वामि समाज सकोच बिहाई.
अबिनय बिनय जथारुचि बानी, छमिहि देउ अति आरति जानी.

दोहा-dohā:

सुहृद सुजान सुसाहिबहि बहुत कहब बड़ि खोरि,
आयसु देइअ देव अब सबइ सुधारी मोरि.३००.

चौपाई-caupāī:

प्रभु पद पदुम पराग दोहाई, सत्य सुकृत सुख सीवँ सुहाई.
सो करि कहउँ हिए अपने की, रुचि जागत सोवत सपने की.
सहज सनेहँ स्वामि सेवकाई, स्वारथ छल फल चारि बिहाई.
अग्या सम न सुसाहिब सेवा, सो प्रसादु जन पावै देवा.
अस कहि प्रेम बिबस भए भारी, पुलक सरीर बिलोचन बारी.
प्रभु पद कमल गहे अकुलाई, समउ सनेहु न सो कहि जाई.
कृपासिंधु सनमानि सुबानी, बैठाए समीप गहि पानी.
भरत बिनय सुनि देखि सुभाऊ, सिथिल सनेहँ सभा रघुराऊ.

छंद-chamda:

रघुराउ सिथिल सनेहँ साधु समाज मुनि मिथिला धनी,
मन महुँ सराहत भरत भायप भगति की महिमा घनी.
भरतहि प्रसंसत बिबुध बरषत सुमन मानस मलिन से,
तुलसी बिकल सब लोग सुनि सकुचे निसागम नलिन से.

सोरठा-soraṭhā:

देखि दुखारी दीन दुहु समाज नर नारि सब,
मघवा महा मलीन मुए मारि मंगल चहत.३०१.

चौपाई-caupāī:

कपट कुचालि सीवँ सुरराजू, पर अकाज प्रिय आपन काजू.
काक समान पाकरिपु रीती, छली मलीन कतहुँ न प्रतीती.
प्रथम कुमत करि कपटु सँकेला, सो उचाटु सब कें सिर मेला.
सुरमायाँ सब लोग बिमोहे, राम प्रेम अतिसय न बिछोहे.
भय उचाट बस मन थिर नाहीं, छन बन रुचि छन सदन सोहाहीं.
दुबिध मनोगति प्रजा दुखारी, सरित सिंधु संगम जनु बारी.
दुचित कतहुँ परितोषु न लहहीं, एक एक सन मरमु न कहहीं.
लखि हियँ हँसि कह कृपानिधानू, सरिस स्वान मघवान जुबानू.

दोहा-dohā:

भरतु जनकु मुनिजन सचिव साधु सचेत बिहाइ,
लागि देवमाया सबहि जथाजोगु जनु पाइ.३०२.

चौपाई-caupāī:

कृपासिंधु लखि लोग दुखारे, निज सनेहँ सुरपति छल भारे.
सभा राउ गुर महिसुर मंत्री, भरत भगति सब कै मति जंत्री.
रामहि चितवत चित्र लिखे से, सकुचत बोलत बचन सिखे से.
भरत प्रीति नति बिनय बड़ाई, सुनत सुखद बरनत कठिनाई.
जासु बिलोकि भगति लवलेसू, प्रेम मगन मुनिगन मिथिलेसू.
महिमा तासु कहै किमि तुलसी, भगति सुभायँ सुमति हियँ हुलसी.
आपु छोटि महिमा बड़ि जानी, कबिकुल कानि मानि सकुचानी.
कहि न सकति गुन रुचि अधिकाई, मति गति बाल बचन की नाईं.

दोहा-dohā:

भरत बिमल जसु बिमल बिधु सुमति चकोरकुमारि,
उदित बिमल जन हृदय नभ एकटक रही निहारि.३०३.

चौपाई-caupāī:

भरत सुभाउ न सुगम निगमहूँ, लघु मति चापलता कबि छमहूँ.
कहत सुनत सति भाउ भरत को, सीय राम पद होइ न रत को.
सुमिरत भरतहि प्रेमु राम को, जेहि न सुलभु तेहि सरिस बाम को.
देखि दयाल दसा सबही की, राम सुजान जानि जन जी की.
धरम धुरीन धीर नय नागर, सत्य सनेह सील सुख सागर.
देसु कालु लखि समउ समाजू, नीति प्रीति पालक रघुराजू.
बोले बचन बानि सरबसु से, हित परिनाम सुनत ससि रसु से.
तात भरत तुम्ह धरम धुरीना, लोक बेद बिद प्रेम प्रबीना.

दोहा-dohā:

करम बचन मानस बिमल तुम्ह समान तुम्ह तात,
गुर समाज लघु बंधु गुन कुसमयँ किमि कहि जात.३०४.

चौपाई-caupāī:

जानहु तात तरनि कुल रीती, सत्यसंध पितु कीरति प्रीती.
समउ समाजु लाज गुरजन की, उदासीन हित अनहित मन की.
तुम्हहि बिदित सबही कर करमू, आपन मोर परम हित धरमू.
मोहि सब भाँति भरोस तुम्हारा, तदपि कहउँ अवसर अनुसारा.
तात तात बिनु बात हमारी, केवल गुरकुल कृपाँ सँभारी.
नतरु प्रजा परिजन परिवारू, हमहि सहित सबु होत खुआरू.
जौं बिनु अवसर अथवँ दिनेसू, जग केहि कहहु न होइ कलेसू.
तस उतपातु तात बिधि कीन्हा, मुनि मिथिलेस राखि सबु लीन्हा.

दोहा-dohā:

राज काज सब लाज पति धरम धरनि धन धाम,
गुर प्रभाउ पालिहि सबहि भल होइहि परिनाम.३०५.

चौपाई-caupāī:

सहित समाज तुम्हार हमारा, घर बन गुर प्रसाद रखवारा.
मातु पिता गुर स्वामि निदेसू, सकल धरम धरनीधर सेसू.
सो तुम्ह करहु करावहु मोहू, तात तरनिकुल पालक होहू.
साधक एक सकल सिधि देनी, कीरति सुगति भूतिमय बेनी.
सो बिचारि सहि संकटु भारी, करहु प्रजा परिवारु सुखारी.
बाँटी बिपति सबहिं मोहि भाई, तुम्हहि अवधि भरि बड़ि कठिनाई.
जानि तुम्हहि मृदु कहउँ कठोरा, कुसमयँ तात न अनुचित मोरा.

होहिं कुठायँ सुबंधु सहाए, ओड़िअहिं हाथ असनिहु के घाए.

दोहा-dohā:

सेवक कर पद नयन से मुख सो साहिबु होइ,
तुलसी प्रीति कि रीति सुनि सुकबि सराहहिं सोइ.३०६.

चौपाई-caupāī:

सभा सकल सुनि रघुबर बानी, प्रेम पयोधि अमिअँ जनु सानी.
सिथिल समाज सनेह समाधी, देखि दसा चुप सारद साधी.
भरतहि भयउ परम संतोषू, सनमुख स्वामि बिमुख दुख दोषू.
मुख प्रसन्न मन मिटा बिषादू, भा जनु गूँगेहि गिरा प्रसादू.
कीन्ह सप्रेम प्रनामु बहोरी, बोले पानि पंकरुह जोरी.
नाथ भयउ सुखु साथ गए को, लहेउँ लाहु जग जनमु भए को.
अब कृपाल जस आयसु होई, करौं सीस धरि सादर सोई.
सो अवलंब देव मोहि देई, अवधि पारु पावौं जेहि सेई.

दोहा-dohā:

देव देव अभिषेक हित गुर अनुसासनु पाइ,
आनेउँ सब तीरथ सलिलु तेहि कहँ काह रजाइ.३०७.

चौपाई-caupāī:

एकु मनोरथु बड़ मन माहीं, सभयँ सकोच जात कहि नाहीं.
कहहु तात प्रभु आयसु पाई, बोले बानि सनेह सुहाई.
चित्रकूट सुचि थल तीरथ बन, खग मृग सर सरि निर्झर गिरिगन.
प्रभु पद अंकित अवनि बिसेषी, आयसु होइ त आवौं देखी.
अवसि अत्रि आयसु सिर धरहू, तात बिगतभय कानन चरहू.
मुनि प्रसाद बनु मंगल दाता, पावन परम सुहावन भ्राता.
रिषिनायकु जहँ आयसु देहीं, राखेहु तीरथ जलु थल तेहीं.
सुनि प्रभु बचन भरत सुखु पावा, मुनि पद कमल मुदित सिरु नावा.

दोहा-dohā:

भरत राम संबादु सुनि सकल सुमंगल मूल,
सुर स्वारथी सराहि कुल बरषत सुरतरु फूल.३०८.

चौपाई-caupāī:

धन्य भरत जय राम गोसाईं, कहत देव हरषत बरिआईं.
मुनि मिथिलेस सभाँ सब काहू, भरत बचन सुनि भयउ उछाहू.
भरत राम गुन ग्राम सनेहू, पुलकि प्रसंसत राउ बिदेहू.
सेवक स्वामि सुभाउ सुहावन, नेमु पेमु अति पावन पावन.
मति अनुसार सराहन लागे, सचिव सभासद सब अनुरागे.
सुनि सुनि राम भरत संबादू, दुहु समाज हियँ हरषु बिषादू.
राम मातु दुखु सुखु सम जानी, कहि गुन राम प्रबोधीं रानी.
एक कहहिं रघुबीर बड़ाई, एक सराहत भरत भलाई.

दोहा-dohā:

अत्रि कहेउ तब भरत सन सैल समीप सुकूप,
राखिअ तीरथ तोय तहँ पावन अमिअ अनूप.३०९.

चौपाई-caupāī:

भरत अत्रि अनुसासन पाई, जल भाजन सब दिए चलाई.
सानुज आपु अत्रि मुनि साधू, सहित गए जहँ कूप अगाधू.
पावन पाथ पुन्यथल राखा, प्रमुदित प्रेम अत्रि अस भाषा.
तात अनादि सिद्ध थल एहू, लोपेउ काल बिदित नहिं केहू.
तब सेवकन्ह सरस थलु देखा, कीन्ह सुजल हित कूप बिसेषा.
बिधि बस भयउ बिस्व उपकारू, सुगम अगम अति धरम बिचारू.
भरतकूप अब कहिहहिं लोगा, अति पावन तीरथ जल जोगा.
प्रेम सनेम निमज्जत प्रानी, होइहहिं बिमल करम मन बानी.

दोहा-dohā:

कहत कूप महिमा सकल गए जहाँ रघुराउ,
अत्रि सुनायउ रघुबरहि तीरथ पुन्य प्रभाउ.३१०.

चौपाई-caupāī:

कहत धरम इतिहास सप्रीती, भयउ भोरु निसि सो सुख बीती.
नित्य निबाहि भरत दोउ भाई, राम अत्रि गुर आयसु पाई.
सहित समाज साज सब सादें, चले राम बन अटन पयादें.
कोमल चरन चलत बिनु पनहीं, भइ मृदु भूमि सकुचि मन मनहीं.
कुस कंटक काँकरीं कुराईं, कटुक कठोर कुबस्तु दुराईं.
महि मंजुल मृदु मारग कीन्हे, बहत समीर त्रिबिध सुख लीन्हे.
सुमन बरषि सुर घन करि छाहीं, बिटप फूलि फलि तृन मृदुताहीं.
मृग बिलोकि खग बोलि सुबानी, सेवहिं सकल राम प्रिय जानी.

दोहा-dohā:

सुलभ सिद्धि सब प्राकृतहु राम कहत जमुहात,
राम प्रानप्रिय भरत कहुँ यह न होइ बड़ि बात.३११.

चौपाई-caupāī:

एहि बिधि भरतु फिरत बन माहीं, नेमु प्रेमु लखि मुनि सकुचाहीं.
पुन्य जलाश्रय भूमि बिभागा, खग मृग तरु तृन गिरि बन बागा.
चारु बिचित्र पबित्र बिसेषी, बूझत भरतु दिब्य सब देखी.
सुनि मन मुदित कहत रिषिराऊ, हेतु नाम गुन पुन्य प्रभाऊ.
कतहुँ निमज्जन कतहुँ प्रनामा, कतहुँ बिलोकत मन अभिरामा.
कतहुँ बैठि मुनि आयसु पाई, सुमिरत सीय सहित दोउ भाई.
देखि सुभाउ सनेहु सुसेवा, देहिं असीस मुदित बनदेवा.
फिरहिं गएँ दिनु पहर अढ़ाई, प्रभु पद कमल बिलोकहिं आई.

दोहा-dohā:

देखे थल तीरथ सकल भरत पाँच दिन माझ,
कहत सुनत हरि हर सुजसु गयउ दिवसु भइ साँझ.३१२.

चौपाई-caupāī:

भोर न्हाइ सबु जुरा समाजू, भरत भूमिसुर तेरहुति राजू.
भल दिन आजु जानि मन माहीं, रामु कृपाल कहत सकुचाहीं.
गुर नृप भरत सभा अवलोकी, सकुचि राम फिरि अवनि बिलोकी.
सील सराहि सभा सब सोची, कहुँ न राम सम स्वामि सँकोची.
भरत सुजान राम रुख देखी, उठि सप्रेम धरि धीर बिसेषी.
करि दंडवत कहत कर जोरी, राखीं नाथ सकल रुचि मोरी.
मोहि लगि सहेउ सबहिं संतापू, बहुत भाँति दुखु पावा आपू.
अब गोसाइँ मोहि देउ रजाई, सेवौं अवध अवधि भरि जाई.

दोहा-dohā:

जेहिं उपाय पुनि पाय जनु देखै दीनदयाल,
सो सिख देइअ अवधि लगि कोसलपाल कृपाल.३१३.

चौपाई-caupāī:

पुरजन परिजन प्रजा गोसाईं, सब सुचि सरस सनेहँ सगाईं.
राउर बदि भल भव दुख दाहू, प्रभु बिनु बादि परम पद लाहू.
स्वामि सुजानु जानि सब ही की, रुचि लालसा रहनि जन जी की.

प्रनतपालु पालिहि सब काहू, देउ दुहू दिसि ओर निबाहू.
अस मोहि सब बिधि भूरि भरोसो, किएँ बिचारु न सोचु खरो सो.
आरति मोर नाथ कर छोहू, दुहुँ मिलि कीन्ह ढीठु हठि मोहू.
यह बड़ दोषु दूरि करि स्वामी, तजि सकोच सिखइअ अनुगामी.
भरत बिनय सुनि सबहिं प्रसंसी, खीर नीर बिबरन गति हंसी.

दोहा-dohā:

दीनबंधु सुनि बंधु के बचन दीन छलहीन,
देस काल अवसर सरिस बोले रामु प्रबीन.३१४.

चौपाई-caupāī:

तात तुम्हारि मोरि परिजन की, चिंता गुरहि नृपहि घर बन की.
माथे पर गुर मुनि मिथिलेसू, हमहि तुम्हहि सपनेहुँ न कलेसू.
मोर तुम्हार परम पुरुषारथु, स्वारथु सुजसु धरमु परमारथु.
पितु आयसु पालिहिं दुहु भाईं, लोक बेद भल भूप भलाईं.
गुरु पितु मातु स्वामि सिख पालें, चलेहुँ कुमग पग परहिं न खालें.
अस बिचारि सब सोच बिहाई, पालहु अवध अवधि भरि जाई.
देसु कोसु परिजन परिवारू, गुर पद रजहिं लाग छरुभारू.
तुम्ह मुनि मातु सचिव सिख मानी, पालेहु पुहुमि प्रजा रजधानी.

दोहा-dohā:

मुखिआ मुखु सो चाहिऐ खान पान कहुँ एक,
पालइ पोषइ सकल अँग तुलसी सहित बिबेक.३१५.

चौपाई-caupāī:

राजधरम सरबसु एतनोई, जिमि मन माहँ मनोरथ गोई.
बंधु प्रबोधु कीन्ह बहु भाँती, बिनु अधार मन तोषु न साँती.
भरत सील गुर सचिव समाजू, सकुच सनेह बिबस रघुराजू.
प्रभु करि कृपा पाँवरीं दीन्हीं, सादर भरत सीस धरि लीन्हीं.
चरनपीठ करुनानिधान के, जनु जुग जामिक प्रजा प्रान के.
संपुट भरत सनेह रतन के, आखर जुग जनु जीव जतन के.
कुल कपाट कर कुसल करम के, बिमल नयन सेवा सुधरम के.
भरत मुदित अवलंब लहे तें, अस सुख जस सिय रामु रहे तें.

दोहा-dohā:

मागेउ बिदा प्रनामु करि राम लिए उर लाइ,
लोग उचाटे अमरपति कुटिल कुअवसरु पाइ.३१६.

चौपाई-caupāī:

सो कुचालि सब कहँ भइ नीकी, अवधि आस सम जीवनि जी की.
नतरु लखन सिय सम बियोगा, हहरि मरत सब लोग कुरोगा.
रामकृपाँ अवरेब सुधारी, बिबुध धारि भइ गुनद गोहारी.
भेंटत भुज भरि भाइ भरत सो, राम प्रेम रसु कहि न परत सो.
तन मन बचन उमग अनुरागा, धीर धुरंधर धीरजु त्यागा.
बारिज लोचन मोचत बारी, देखि दसा सुर सभा दुखारी.
मुनिगिन गुर धुर धीर जनक से, ग्यान अनल मन कसें कनक से.
जे बिरंचि निरलेप उपाए, पदुम पत्र जिमि जग जल जाए.

दोहा-dohā:

तेउ बिलोकि रघुबर भरत प्रीति अनूप अपार,
भए मगन मन तन बचन सहित बिराग बिचार.३१७.

चौपाई-caupāī:

जहाँ जनक गुर गति मति भोरी, प्राकृत प्रीति कहत बड़ि खोरी.
बरनत रघुबर भरत बियोगू, सुनि कठोर कबि जानिहि लोगू.
सो सकोच रसु अकथ सुबानी, समउ सनेहु सुमिरि सकुचानी.
भेंटि भरतु रघुबर समुझाए, पुनि रिपुदवनु हरषि हियँ लाए.
सेवक सचिव भरत रुख पाई, निज निज काज लगे सब जाई.
सुनि दारुन दुखु दुहूँ समाजा, लगे चलन के साजन साजा.
प्रभु पद पदुम बंदि दोउ भाई, चले सीस धरि राम रजाई.
मुनि तापस बनदेव निहोरी, सब सनमानि बहोरि बहोरी.

दोहा-dohā:

लखनहि भेंटि प्रनामु करि सिर धरि सिय पद धूरि,
चले सप्रेम असीस सुनि सकल सुमंगल मूरि.३१८.

चौपाई-caupāī:

सानुज राम नृपहि सिर नाई, कीन्हि बहुत बिधि बिनय बड़ाई.
देव दया बस बड़ दुखु पायउ, सहित समाज काननहिं आयउ.
पुर पगु धारिअ देइ असीसा, कीन्ह धीर धरि गवनु महीसा.
मुनि महिदेव साधु सनमाने, बिदा किए हरि हर सम जाने.
सासु समीप गए दोउ भाई, फिरे बंदि पग आसिष पाई.
कौसिक बामदेव जाबाली, पुरजन परिजन सचिव सुचाली.
जथा जोगु करि बिनय प्रनामा, बिदा किए सब सानुज रामा.
नारि पुरुष लघु मध्य बड़ेरे, सब सनमानि कृपानिधि फेरे.

दोहा-dohā:

भरत मातु पद बंदि प्रभु सुचि सनेहँ मिलि भेंटि,
बिदा कीन्ह सजि पालकी सकुच सोच सब मेटि.३१९.

चौपाई-caupāī:

परिजन मातु पितहि मिलि सीता, फिरी प्रानप्रिय प्रेम पुनीता.
करि प्रनामु भेंटीं सब सासू, प्रीति कहत कबि हियँ न हुलासू.
सुनि सिख अभिमत आसिष पाई, रही सीय दुहु प्रीति समाई.
रघुपति पटु पालकीं मगाईं, करि प्रबोधु सब मातु चढ़ाईं.
बार बार हिलि मिलि दुहु भाईं, सम सनेहँ जननी पहुँचाईं.
साजि बाजि गज बाहन नाना, भरत भूप दल कीन्ह पयाना.
हृदयँ रामु सिय लखन समेता, चले जाहिं सब लोग अचेता.
बसह बाजि गज पसु हियँ हारें, चले जाहिं परबस मन मारें.

दोहा-dohā:

गुर गुरतिय पद बंदि प्रभु सीता लखन समेत,
फिरे हरष बिसमय सहित आए परन निकेत.३२०.

चौपाई-caupāī:

बिदा कीन्ह सनमानि निषादू, चलेउ हृदयँ बड़ बिरह बिषादू.
कोल किरात भिल्ल बनचारी, फेरे फिरे जोहारि जोहारी.
प्रभु सिय लखन बैठि बट छाहीं, प्रिय परिजन बियोग बिलखाहीं.
भरत सनेह सुभाउ सुबानी, प्रिया अनुज सन कहत बखानी.
प्रीति प्रतीति बचन मन करनी, श्रीमुख राम प्रेम बस बरनी.
तेहि अवसर खग मृग जल मीना, चित्रकूट चर अचर मलीना.
बिबुध बिलोकि दसा रघुबर की, बरषि सुमन कहि गति घर घर की.
प्रभु प्रनामु करि दीन्ह भरोसो, चले मुदित मन डर न खरो सो.

दोहा-dohā:

सानुज सीय समेत प्रभु राजत परन कुटीर,
भगति ग्यानु बैराग्य जनु सोहत धरें सरीर.३२१.

चौपाई-caupāī:

मुनि महिसुर गुर भरत भुआलू, राम बिरहँ सबु साजु बिहालू.
प्रभु गुन ग्राम गनत मन माहीं, सब चुपचाप चले मग जाहीं.
जमुना उतरि पार सबु भयऊ, सो बासरु बिनु भोजन गयऊ.
उतरि देवसरि दूसर बासू, रामसखाँ सब कीन्ह सुपासू.
सई उतरि गोमतीं नहाए, चौथें दिवस अवधपुर आए.
जनकु रहे पुर बासर चारी, राज काज सब साज सँभारी.
सौंपि सचिव गुर भरतहि राजू, तेरहुति चले साजि सबु साजू.
नगर नारि नर गुर सिख मानी, बसे सुखेन राम रजधानी.

दोहा-dohā:

राम दरस लगि लोग सब करत नेम उपबास,
तजि तजि भूषन भोग सुख जिअत अवधि कीं आस.३२२.

चौपाई-caupāī:

सचिव सुसेवक भरत प्रबोधे, निज निज काज पाइ सिख ओधे.
पुनि सिख दीन्हि बोलि लघु भाई, सौंपी सकल मातु सेवकाई.
भूसुर बोलि भरत कर जोरे, करि प्रनाम बय बिनय निहोरे.
ऊँच नीच कारजु भल पोचू, आयसु देब न करब सँकोचू.
परिजन पुरजन प्रजा बोलाए, समाधानु करि सुबस बसाए.
सानुज गे गुर गेहँ बहोरी, करि दंडवत कहत कर जोरी.
आयसु होइ त रहौं सनेमा, बोले मुनि तन पुलकि सपेमा.
समुझव कहब करब तुम्ह जोई, धरम सारु जग होइहि सोई.

दोहा-dohā:

सुनि सिख पाइ असीस बड़ि गनक बोलि दिनु साधि,
सिंघासन प्रभु पादुका बैठारे निरुपाधि.३२३.

चौपाई-caupāī:

राम मातु गुर पद सिरु नाई, प्रभु पद पीठ रजायसु पाई.
नंदिगावँ करि परन कुटीरा, कीन्ह निवासु धरम धुर धीरा.
जटाजूट सिर मुनिपट धारी, महि खनि कुस साँथरी सँवारी.
असन बसन बासन ब्रत नेमा, करत कठिन रिषि धरम सप्रेमा.
भूषन बसन भोग सुख भूरी, मन तन बचन तजे तिन तूरी.
अवध राजु सुर राजु सिहाई, दसरथ धनु सुनि धनदु लजाई.
तेहिं पुर बसत भरत बिनु रागा, चंचरीक जिमि चंपक बागा.
रमा बिलासु राम अनुरागी, तजत बमन जिमि जन बड़भागी.

दोहा-dohā:

राम पेम भाजन भरतु बड़े न एहिं करतूति,
चातक हंस सराहिअत टेंक बिबेक बिभूति.३२४.

चौपाई-caupāī:

देह दिनहुँ दिन दूबरि होई, घटइ तेजु बलु मुख छबि सोई.
नित नव राम प्रेम पनु पीना, बढ़त धरम दलु मनु न मलीना.
जिमि जलु निघटत सरद प्रकासे, बिलसत बेतस बनज बिकासे.
सम दम संजम नियम उपासा, नखत भरत हिय बिमल अकासा.
ध्रुव बिस्वासु अवधि राका सी, स्वामि सुरति सुरबीथि बिकासी.
राम पेम बिधु अचल अदोषा, सहित समाज सोह नित चोखा.
भरत रहनि समुझनि करतूती, भगति बिरति गुन बिमल बिभूती.
बरनत सकल सुकबि सकुचाहीं, सेस गनेस गिरा गमु नाहीं.

दोहा-dohā:

नित पूजत प्रभु पाँवरी प्रीति न हृदयँ समाति,
मागि मागि आयसु करत राज काज बहु भाँति.३२५.

चौपाई-caupāī:

पुलक गात हियँ सिय रघुबीरू, जीह नामु जप लोचन नीरू.
लखन राम सिय कानन बसहीं, भरतु भवन बसि तप तनु कसहीं.
दोउ दिसि समुझि कहत सबु लोगू, सब बिधि भरत सराहन जोगू.
सुनि ब्रत नेम साधु सकुचाहीं, देखि दसा मुनिराज लजाहीं.
परम पुनीत भरत आचरनू, मधुर मंजु मुद मंगल करनू.
हरन कठिन कलि कलुष कलेसू, महामोह निसि दलन दिनेसू.
पाप पुंज कुंजर मृगराजू, समन सकल संताप समाजू.
जन रंजन भंजन भव भारू, राम सनेह सुधाकर सारू.

छंद-chanda:

सिय राम प्रेम पियूष पूरन होत जनमु न भरत को,
मुनि मन अगम जम नियम सम दम बिषम ब्रत आचरत को.
दुख दाह दारिद दंभ दूषन सुजस मिस अपहरत को,
कलिकाल तुलसी से सठन्हि हठि राम सनमुख करत को.

सोरठा-soraṭhā:

भरत चरित करि नेमु तुलसी जो सादर सुनहिं,
सीय राम पद पेमु अवसि होइ भव रस बिरति.३२६.

मासपारायण इक्कीसवाँ विश्राम

इति श्रीमद्रामचरितमानसे सकलकलिकलुषविध्वंसने
द्वितीयः सोपानः समाप्तः

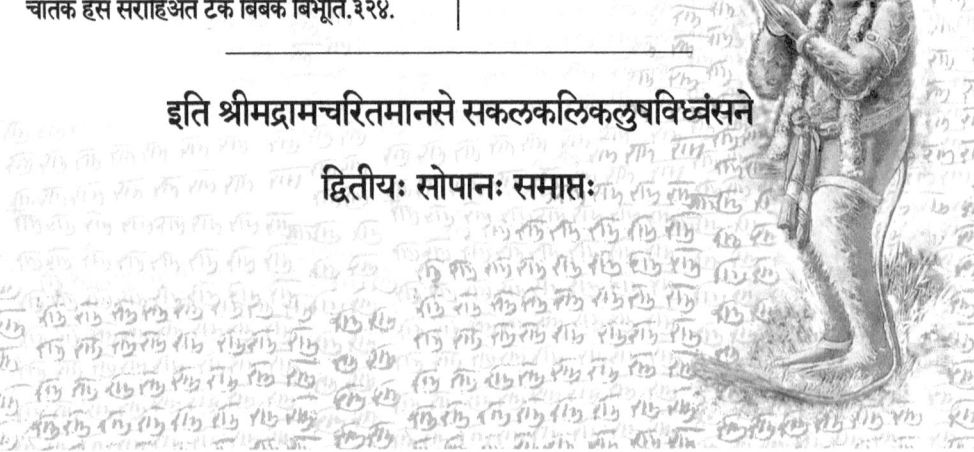

श्रीजानकीवल्लभो विजयते

śrījānakīvallabho vijayate

श्रीरामचरितमानस

śrīrāmacaritamānasa

तृतीय सोपान - अरण्यकाण्ड

tṛtīya sopāna - araṇyakāṇḍa

शलोक-śloka:

मूलं धर्मतरोर्विवेकजलधेः पूर्णेन्दुमानन्ददं
वैराग्याम्बुजभास्करं ह्यघघनध्वान्तापहं तापहम्,
मोहाम्भोधरपूगपाटनविधौ स्वःसम्भवं शङ्करं
वन्दे ब्रह्मकुलं कलङ्कशमनं श्रीरामभूपप्रियम्.१.
सान्द्रानन्दपयोदसौभगतनुं पीताम्बरं सुन्दरं
पाणौ बाणशरासनं कटिलसत्तूणीरभारं वरम्,
राजीवायतलोचनं धृतजटाजूटेन संशोभितं
सीतालक्ष्मणसंयुतं पथिगतं रामाभिरामं भजे.२.

सोरठा-soraṭhā:

उमा राम गुन गूढ़ पंडित मुनि पावहिं बिरति,
पावहिं मोह बिमूढ़ जे हरि बिमुख न धर्म रति.

चौपाई-caupāī:

पुर नर भरत प्रीति मैं गाई, मति अनुरूप अनूप सुहाई.
अब प्रभु चरित सुनहु अति पावन, करत जे बन सुर नर मुनि भावन.
एक बार चुनि कुसुम सुहाए, निज कर भूषन राम बनाए,
सीतहि पहिराए प्रभु सादर, बैठे फटिक सिला पर सुंदर.
सुरपति सुत धरि बायस बेषा, सठ चाहत रघुपति बल देखा.
जिमि पिपीलिका सागर थाहा, महा मंदमति पावन चाहा.
सीता चरन चोंच हति भागा, मूढ़ मंदमति कारन कागा.
चला रुधिर रघुनायक जाना, सींक धनुष सायक संधाना.

दोहा-dohā:

अति कृपाल रघुनायक सदा दीन पर नेह,
ता सन आइ कीन्ह छलु मूरख अवगुन गेह.१.

चौपाई-caupāī:

प्रेरित मंत्र ब्रह्मसर धावा, चला भाजि बायस भय पावा.
धरि निज रुप गयउ पितु पाहीं, राम बिमुख राखा तेहि नाहीं.
भा निरास उपजी मन त्रासा, जथा चक्र भय रिषि दुर्बासा.
ब्रह्मधाम सिवपुर सब लोका, फिरा श्रमित ब्याकुल भय सोका.
काहूँ बैठन कहा न ओही, राखि को सकइ राम कर द्रोही.
मातु मृत्यु पितु समन समाना, सुधा होइ बिष सुनु हरिजाना.
मित्र करइ सत रिपु कै करनी, ता कहँ बिबुधनदी बैतरनी.
सब जगु ताहि अनलहु ते ताता, जो रघुबीर बिमुख सुनु भ्राता.
नारद देखा बिकल जयंता, लागि दया कोमल चित संता.
पठवा तुरत राम पहिं ताही, कहेसि पुकारि प्रनत हित पाही.
आतुर सभय गहेसि पद जाई, त्राहि त्राहि दयाल रघुराई.
अतुलित बल अतुलित प्रभुताई, मैं मतिमंद जानि नहिं पाई.
निज कृत कर्म जनित फल पायउँ, अब प्रभु पाहि सरन तकि आयउँ.
सुनि कृपाल अति आरत बानी, एकनयन करि तजा भवानी.

सोरठा-soraṭhā:

कीन्ह मोह बस द्रोह जद्यपि तेहि कर बध उचित,
प्रभु छाड़ेउ करि छोह को कृपाल रघुबीर सम.२.

चौपाई-caupāī:

रघुपति चित्रकूट बसि नाना, चरित किए श्रुति सुधा समाना.
बहुरि राम अस मन अनुमाना, होइहि भीर सबहिं मोहि जाना.
सकल मुनिन्ह सन बिदा कराई, सीता सहित चले द्वौ भाई.
अत्रि के आश्रम जब प्रभु गयऊ, सुनत महामुनि हरषित भयऊ.
पुलकित गात अत्रि उठि धाए, देखि रामु आतुर चलि आए,
करत दंडवत मुनि उर लाए, प्रेम बारि द्वौ जन अन्हवाए,
देखि राम छबि नयन जुड़ाने, सादर निज आश्रम तब आने.
करि पूजा कहि बचन सुहाए, दिए मूल फल प्रभु मन भाए,

सोरठा-soraṭhā:

प्रभु आसन आसीन भरि लोचन सोभा निरखि,
मुनिबर परम प्रबीन जोरि पानि अस्तुति करत.३.

छंद-chaṁda:

नमामि भक्त वत्सलं, कृपालु शील कोमलं.
भजामि ते पदांबुजं, अकामिनां स्वधामदं.
निकाम श्याम सुंदरं, भवाम्बुनाथ मंदरं.
प्रफुल्ल कंज लोचनं, मदादि दोष मोचनं.
प्रलंब बाहु विक्रमं, प्रभोऽप्रमेय वैभवं.
निषंग चाप सायकं, धरं त्रिलोक नायकं.
दिनेश वंश मंडनं, महेश चाप खंडनं.
मुनींद्र संत रंजनं, सुरारि बृंद भंजनं.
मनोज वैरि वंदितं, अजादि देव सेवितं.
विशुद्ध बोध विग्रहं, समस्त दूषणापहं.
नमामि इंदिरा पतिं, सुखाकरं सतां गतिं.
भजे सशक्ति सानुजं, शची पति प्रियानुजं.

त्वदंघ्रि मूल ये नराः, भजंति हीन मत्सराः.
पतंति नो भवार्णवे, वितर्क वीचि संकुले.
विविक्त वासिनः सदा, भजंति मुक्तये मुदा.
निरस्य इंद्रियादिकं, प्रयांति ते गतिं स्वकं.
तमेकमद्भुतं प्रभुं, निरीहमीश्वरं विभुं.
जगद्गुरुं च शाश्वतं, तुरीयमेव केवलं.
भजामि भाव वल्लभं, कुयोगिनां सुदुर्लभं.
स्वभक्त कल्प पादपं, समं सुसेव्यमन्वहं.
अनूप रूप भूपतिं, नतोऽहमुर्विजा पतिं.
प्रसीद मे नमामि ते, पदाब्ज भक्ति देहि मे.
पठंति ये स्तवं इदं, नरादरेण ते पदं.
व्रजंति नात्र संशयं, त्वदीय भक्ति संयुताः.

दोहा-dohā:

बिनती करि मुनि नाइ सिरु कह कर जोरि बहोरि,
चरन सरोरुह नाथ जनि कबहुँ तजै मति मोरि.४.

चौपाई-caupāī:

अनुसुइया के पद गहि सीता, मिली बहोरि सुसील बिनीता.
रिषिपतिनी मन सुख अधिकाई, आसिष देइ निकट बैठाई.
दिब्य बसन भूषन पहिराए, जे नित नूतन अमल सुहाए.
कह रिषिबधू सरस मृदु बानी, नारिधर्म कछु ब्याज बखानी.
मातु पिता भ्राता हितकारी, मितप्रद सब सुनु राजकुमारी.
अमित दानि भर्ता बयदेही, अधम सो नारि जो सेव न तेही.
धीरज धर्म मित्र अरु नारी, आपद काल परिखिअहिं चारी.
बृद्ध रोगबस जड़ धनहीना, अंध बधिर क्रोधी अति दीना.
ऐसेहु पति कर किएँ अपमाना, नारि पाव जमपुर दुख नाना.
एकइ धर्म एक ब्रत नेमा, कायँ बचन मन पति पद प्रेमा.
जग पतिब्रता चारि बिधि अहहीं, बेद पुरान संत सब कहहीं.
उत्तम के अस बस मन माहीं, सपनेहुँ आन पुरुष जग नाहीं.
मध्यम परपति देखइ कैसें, भ्राता पिता पुत्र निज जैसें.
धर्म बिचारि समुझि कुल रहई, सो निकिष्ट त्रिय श्रुति अस कहई.
बिनु अवसर भय तें रह जोई, जानेहु अधम नारि जग सोई.
पति बंचक परपति रति करई, रौरव नरक कल्प सत परई.
छन सुख लागि जनम सत कोटी, दुख न समुझ तेहि सम को खोटी.
बिनु श्रम नारि परम गति लहई, पतिब्रत धर्म छाड़ि छल गहई.
पति प्रतिकूल जनम जहँ जाई, बिधवा होइ पाइ तरुनाई.

सोरठा-soraṭhā:

सहज अपावनि नारि पति सेवत सुभ गति लहइ,
जसु गावत श्रुति चारि अजहुँ तुलसिका हरिहि प्रिय.५क.
सुनु सीता तव नाम सुमिरि नारि पतिब्रत करहिं,
तोहि प्रानप्रिय राम कहिउँ कथा संसार हित.५ख.

चौपाई-caupāī:

सुनि जानकीं परम सुखु पावा, सादर तासु चरन सिरु नावा.
तब मुनि सन कह कृपानिधाना, आयसु होइ जाउँ बन आना.
संतत मो पर कृपा करेहू, सेवक जानि तजेहु जनि नेहू.
धर्म धुरंधर प्रभु कै बानी, सुनि सप्रेम बोले मुनि ग्यानी.
जासु कृपा अज सिव सनकादी, चहत सकल परमारथ बादी.
ते तुम्ह राम अकाम पिआरे, दीन बंधु मृदु बचन उचारे.
अब जानी मैं श्री चतुराई, भजी तुम्हहि सब देव बिहाई.
जेहि समान अतिसय नहिं कोई, ता कर सील कस न अस होई.
केहि बिधि कहौं जाहु अब स्वामी, कहहु नाथ तुम्ह अंतरजामी.
अस कहि प्रभु बिलोकि मुनि धीरा, लोचन जल बह पुलक सरीरा.

छंद-chaṁda:

तन पुलक निर्भर प्रेम पूरन नयन मुख पंकज दिए,
मन ग्यान गुन गोतीत प्रभु मैं दीख जप तप का किए.
जप जोग धर्म समूह तें नर भगति अनुपम पावई,
रघुबीर चरित पुनीत निसि दिन दास तुलसी गावई.

दोहा-dohā:

कलिमल समन दमन मन राम सुजस सुखमूल,
सादर सुनहिं जे तिन्ह पर राम रहहिं अनुकूल.६क.

सोरठा-soraṭhā:

कठिन काल मल कोस धर्म न ग्यान न जोग जप,
परिहरि सकल भरोस रामहि भजहिं ते चतुर नर.६ख.

चौपाई-caupāī:

मुनि पद कमल नाइ करि सीसा, चले बनहि सुर नर मुनि ईसा.
आगें राम अनुज पुनि पाछें, मुनि बर बेष बने अति काछें.
उभय बीच श्री सोहइ कैसी, ब्रह्म जीव बिच माया जैसी.
सरिता बन गिरि अवघट घाटा, पति पहिचानि देहिं बर बाटा.
जहँ जहँ जाहिं देव रघुराया, करहिं मेघ तहँ तहँ नभ छाया.
मिला असुर बिराध मग जाता, आवतहीं रघुबीर निपाता.
तुरतहिं रुचिर रूप तेहिं पावा, देखि दुखी निज धाम पठावा.
पुनि आए जहँ मुनि सरभंगा, सुंदर अनुज जानकी संगा.

दोहा-dohā:

देखि राम मुख पंकज मुनिबर लोचन भृंग,
सादर पान करत अति धन्य जन्म सरभंग.७.

चौपाई-caupāī:

कह मुनि सुनु रघुबीर कृपाला, संकर मानस राजमराला.
जात रहेउँ बिरंचि के धामा, सुनेउँ श्रवन बन ऐहहिं रामा.
चितवत पंथ रहेउँ दिन राती, अब प्रभु देखि जुड़ानी छाती.
नाथ सकल साधन मैं हीना, कीन्ही कृपा जानि जन दीना.
सो कछु देव न मोहि निहोरा, निज पन राखेउ जन मन चोरा.
तब लगि रहहु दीन हित लागी, जब लगि मिलौं तुम्हहि तनु त्यागी.
जोग जग्य जप तप ब्रत कीन्हा, प्रभु कहँ देइ भगति बर लीन्हा.
एहि बिधि सर रचि मुनि सरभंगा, बैठे हृदयँ छाड़ि सब संगा.

दोहा-dohā:

सीता अनुज समेत प्रभु नील जलद तनु स्याम,
मम हियँ बसहु निरंतर सगुनरुप श्रीराम.८.

चौपाई-caupāī:

अस कहि जोग अगिनि तनु जारा, राम कृपाँ बैकुंठ सिधारा.
ताते मुनि हरि लीन न भयऊ, प्रथमहिं भेद भगति बर लयऊ.
रिषि निकाय मुनि बर गति देखी, सुखी भए निज हृदयँ बिसेषी.

अस्तुति करहिं सकल मुनि बृंदा, जयति प्रनत हित करुना कंदा.
पुनि रघुनाथ चले बन आगे, मुनिबर बृंद बिपुल सँग लागे.
अस्थि समूह देखि रघुराया, पूछी मुनिन्ह लागि अति दाया.
जानतहूँ पूछिअ कस स्वामी, सबदरसी तुम्ह अंतरजामी.
निसिचर निकर सकल मुनि खाए, सुनि रघुबीर नयन जल छाए.

दोहा-dohā:

निसिचर हीन करउँ महि भुज उठाइ पन कीन्ह,
सकल मुनिन्ह के आश्रमन्हि जाइ जाइ सुख दीन्ह.९.

चौपाई-caupāī:

मुनि अगस्ति कर सिष्य सुजाना, नाम सुतीछन रति भगवाना.
मन क्रम बचन राम पद सेवक, सपनेहु आन भरोस न देवक.
प्रभु आगवनु श्रवन सुनि पावा, करत मनोरथ आतुर धावा.
हे बिधि दीनबंधु रघुराया, मो से सठ पर करिहहिं दाया.
सहित अनुज मोहि राम गोसाईं, मिलिहहिं निज सेवक की नाईं.
मोरे जियँ भरोस दृढ़ नाहीं, भगति बिरति न ग्यान मन माहीं.
नहिं सतसंग जोग जप जागा, नहिं दृढ़ चरन कमल अनुरागा.
एक बानि करुनानिधान की, सो प्रिय जाकें गति न आन की.
होइहैं सुफल आजु मम लोचन, देखि बदन पंकज भव मोचन.
निर्भर प्रेम मगन मुनि ग्यानी, कहि न जाइ सो दसा भवानी.
दिसि अरु बिदिसि पंथ नहिं सूझा, को मैं चलेउँ कहाँ नहिं बूझा.
कबहुँक फिरि पाछें पुनि जाई, कबहुँक नृत्य करइ गुन गाई.
अबिरल प्रेम भगति मुनि पाई, प्रभु देखैं तरु ओट लुकाई.
अतिसय प्रीति देखि रघुबीरा, प्रगटे हृदयँ हरन भव भीरा.
मुनि मग माझ अचल होइ बैसा, पुलक सरीर पनस फल जैसा.
तब रघुनाथ निकट चलि आए, देखि दसा निज जन मन भाए.
मुनिहि राम बहु भाँति जगावा, जाग न ध्यान जनित सुख पावा.
भूप रूप तब राम दुरावा, हृदयँ चतुर्भुज रूप देखावा.
मुनि अकुलाइ उठा तब कैसें, बिकल हीन मनि फनि बर जैसें.
आगें देखि राम तन स्यामा, सीता अनुज सहित सुख धामा.
परेउ लकुट इव चरनन्हि लागी, प्रेम मगन मुनिबर बड़भागी.
भुज बिसाल गहि लिए उठाई, परम प्रीति राखे उर लाई.
मुनिहि मिलत अस सोह कृपाला, कनक तरुहि जनु भेंट तमाला.
राम बदनु बिलोक मुनि ठाढ़ा, मानहुँ चित्र माझ लिखि काढ़ा.

दोहा-dohā:

तब मुनि हृदयँ धीर धरि गहि पद बारहिं बार,
निज आश्रम प्रभु आनि करि पूजा बिबिध प्रकार.१०.

चौपाई-caupāī:

कह मुनि प्रभु सुनु बिनती मोरी, अस्तुति करौं कवन बिधि तोरी.
महिमा अमित मोरि मति थोरी, रबि सन्मुख खद्योत अँजोरी.
श्याम तामरस दाम शरीरं, जटा मुकुट परिधन मुनिचीरं.
पाणि चाप शर कटि तूणीरं, नौमि निरंतर श्रीरघुवीरं.
मोह विपिन घन दहन कृशानुः, संत सरोरुह कानन भानुः.
निशिचर करि वरूथ मृगराजः, त्रातु सदा नो भव खग बाजः.
अरुण नयन राजीव सुवेशं, सीता नयन चकोर निशेशं.
हर हृदि मानस बाल मरालं, नौमि राम उर बाहु विशालं.
संशय सर्प ग्रसन उरगादः, शमन सुकर्कश तर्क विषादः.
भव भंजन रंजन सुर यूथः, त्रातु सदा नो कृपा वरूथः.
निर्गुण सगुण विषम सम रूपं, ज्ञान गिरा गोतीतमनूपं.
अमलमखिलमनवद्यमपारं, नौमि राम भंजन महि भारं.
भक्त कल्पपादप आरामः, तर्जन क्रोध लोभ मद कामः.
अति नागर भव सागर सेतुः, त्रातु सदा दिनकर कुल केतुः.
अतुलित भुज प्रताप बल धामः, कलि मल विपुल विभंजन नामः.
धर्म वर्म नर्मद गुण ग्रामः, संतत शं तनोतु मम रामः.
जदपि बिरज ब्यापक अबिनासी, सब के हृदयँ निरंतर बासी.
तदपि अनुज श्री सहित खरारी, बसतु मनसि मम काननचारी.
जे जानहिं ते जानहुँ स्वामी, सगुन अगुन उर अंतरजामी.
जो कोसल पति राजिव नयना, करउ सो राम हृदय मम अयना.
अस अभिमान जाइ जनि भोरे, मैं सेवक रघुपति पति मोरे.
सुनि मुनि बचन राम मन भाए, बहुरि हरषि मुनिबर उर लाए.
परम प्रसन्न जानु मुनि मोही, जो बर मागहु देउँ सो तोही.
मुनि कह मैं बर कबहुँ न जाचा, समुझि न परइ झूठ का साचा.
तुम्हहि नीक लागै रघुराई, सो मोहि देहु दास सुखदाई.
अबिरल भगति बिरति बिग्याना, होहु सकल गुन ग्यान निधाना.
प्रभु जो दीन्ह सो बरु मैं पावा, अब सो देहु मोहि जो भावा.

दोहा-dohā:

अनुज जानकी सहित प्रभु चाप बान धर राम,
मम हिय गगन इंदु इव बसहु सदा निहकाम.११.

चौपाई-caupāī:

एवमस्तु करि रमानिवासा, हरषि चले कुंभज रिषि पासा.
बहुत दिवस गुर दरसनु पाएँ, भए मोहि एहिं आश्रम आएँ.
अब प्रभु संग जाउँ गुर पाहीं, तुम्ह कहँ नाथ निहोरा नाहीं.
देखि कृपानिधि मुनि चतुराई, लिए संग बिहसे द्वौ भाई.
पंथ कहत निज भगति अनूपा, मुनि आश्रम पहुँचे सुरभूपा.
तुरत सुतीछन गुर पहिं गयऊ, करि दंडवत कहत अस भयऊ.
नाथ कोसलाधीस कुमारा, आए मिलन जगत आधारा.
राम अनुज समेत बैदेही, निसि दिनु देव जपत हहु जेही.
सुनत अगस्ति तुरत उठि धाए, हरि बिलोकि लोचन जल छाए.
मुनि पद कमल परे द्वौ भाई, रिषि अति प्रीति लिए उर लाई.
सादर कुसल पूछि मुनि ग्यानी, आसन बर बैठारे आनी.
पुनि करि बहु प्रकार प्रभु पूजा, मोहि सम भाग्यवंत नहिं दूजा.
जहँ लगि रहे अपर मुनि बृंदा, हरषे सब बिलोकि सुखकंदा.

दोहा-dohā:

मुनि समूह महँ बैठे सन्मुख सब की ओर,
सरद इंदु तन चितवत मानहुँ निकर चकोर.१२.

चौपाई-caupāī:

तब रघुबीर कहा मुनि पाहीं, तुम्ह सन प्रभु दुराव कछु नाहीं.
तुम्ह जानहु जेहि कारन आयउँ, ताते तात न कहि समुझायउँ.
अब सो मंत्र देहु प्रभु मोही, जेहि प्रकार मारौं मुनिद्रोही.
मुनि मुसुकाने सुनि प्रभु बानी, पूछेहु नाथ मोहि का जानी.
तुम्हरेइँ भजन प्रभाव अघारी, जानउँ महिमा कछुक तुम्हारी.

ऊमरि तरु बिसाल तव माया, फल ब्रह्मांड अनेक निकाया.
जीव चराचर जंतु समाना, भीतर बसहिं न जानहिं आना.
ते फल भच्छक कठिन कराला, तव भयँ डरत सदा सोउ काला.
ते तुम्ह सकल लोकपति साईं, पूँछेहु मोहि मनुज की नाईं.
यह बर मागउँ कृपानिकेता, बसहु हृदयँ श्री अनुज समेता.
अबिरल भगति बिरति सतसंगा, चरन सरोरुह प्रीति अभंगा.
जद्यपि ब्रह्म अखंड अनंता, अनुभव गम्य भजहिं जेहि संता.
अस तव रूप बखानउँ जानउँ, फिरि फिरि सगुन ब्रह्म रति मानउँ.
संतत दासन्ह देहु बड़ाई, तातें मोहि पूँछेहु रघुराई.
है प्रभु परम मनोहर ठाऊँ, पावन पंचबटी तेहि नाऊँ.
दंडक बन पुनीत प्रभु करहू, उग्र साप मुनिबर कर हरहू.
बास करहु तहँ रघुकुल राया, कीजे सकल मुनिन्ह पर दाया.
चले राम मुनि आयसु पाई, तुरतहिं पंचबटी निअराई.

दोहा-dohā:

गीधराज सैं भेंट भइ बहु बिधि प्रीति बढ़ाइ,
गोदावरी निकट प्रभु रहे परन गृह छाइ.१३.

चौपाई-caupāī:

जब ते राम कीन्ह तहँ बासा, सुखी भए मुनि बीती त्रासा.
गिरि बन नदीं ताल छबि छाए, दिन दिन प्रति अति होहिं सुहाए.
खग मृग बृंद अनंदित रहहीं, मधुप मधुर गुंजत छबि लहहीं.
सो बन बरनि न सक अहिराजा, जहाँ प्रगट रघुबीर बिराजा.
एक बार प्रभु सुख आसीना, लछिमन बचन कहे छलहीना.
सुर नर मुनि सचराचर साईं, मैं पूछउँ निज प्रभु की नाईं.
मोहि समुझाइ कहहु सोइ देवा, सब तजि करौं चरन रज सेवा.
कहहु ग्यान बिराग अरु माया, कहहु सो भगति करहु जेहिं दाया.

दोहा-dohā:

ईस्वर जीव भेद प्रभु सकल कहौ समुझाइ,
जातें होइ चरन रति सोक मोह भ्रम जाइ.१४.

चौपाई-caupāī:

थोरेहि महँ सब कहउँ बुझाई, सुनहु तात मति मन चित लाई.
मैं अरु मोर तोर तैं माया, जेहिं बस कीन्हे जीव निकाया.
गो गोचर जहँ लगि मन जाई, सो सब माया जानेहु भाई.
तेहि कर भेद सुनहु तुम्ह सोऊ, बिद्या अपर अबिद्या दोऊ.
एक दुष्ट अतिसय दुखरूपा, जा बस जीव परा भवकूपा.
एक रचइ जग गुन बस जाकें, प्रभु प्रेरित नहिं निज बल ताकें.
ग्यान मान जहँ एकउ नाहीं, देख ब्रह्म समान सब माहीं.
कहिअ तात सो परम बिरागी, तृन सम सिद्धि तीनि गुन त्यागी.

दोहा-dohā:

माया ईस न आपु कहुँ जान कहिअ सो जीव,
बंध मोच्छ प्रद सर्बपर माया प्रेरक सीव.१५.

चौपाई-caupāī:

धर्म तें बिरति जोग तें ग्याना, ग्यान मोच्छप्रद बेद बखाना.
जातें बेगि द्रवउँ मैं भाई, सो मम भगति भगत सुखदाई.
सो सुतंत्र अवलंब न आना, तेहि आधीन ग्यान बिग्याना.
भगति तात अनुपम सुखमूला, मिलइ जो संत होइँ अनुकूला.
भगति कि साधन कहउँ बखानी, सुगम पंथ मोहि पावहिं प्रानी.
प्रथमहिं बिप्र चरन अति प्रीती, निज निज कर्म निरत श्रुति रीती.
एहि कर फल पुनि बिषय बिरागा, तब मम धर्म उपज अनुरागा.
श्रवनादिक नव भक्ति दृढ़ाहीं, मम लीला रति अति मन माहीं.
संत चरन पंकज अति प्रेमा, मन क्रम बचन भजन दृढ़ नेमा.
गुरु पितु मातु बंधु पति देवा, सब मोहि कहँ जानै दृढ़ सेवा.
मम गुन गावत पुलक सरीरा, गदगद गिरा नयन बह नीरा.
काम आदि मद दंभ न जाकें, तात निरंतर बस मैं ताकें.

दोहा-dohā:

बचन कर्म मन मोरि गति भजनु करहिं निःकाम,
तिन्ह के हृदय कमल महुँ करउँ सदा बिश्राम.१६.

चौपाई-caupāī:

भगति जोग सुनि अति सुख पावा, लछिमन प्रभु चरनन्हि सिरु नावा.
एहि बिधि गए कछुक दिन बीती, कहत बिराग ग्यान गुन नीती.
सूपनखा रावन कै बहिनी, दुष्ट हृदय दारुन जस अहिनी.
पंचबटी सो गइ एक बारा, देखि बिकल भइ जुगल कुमारा.
भ्राता पिता पुत्र उरगारी, पुरुष मनोहर निरखत नारी.
होइ बिकल सक मनहि न रोकी, जिमि रबिमनि द्रव रबिहि बिलोकी.
रुचिर रुप धरि प्रभु पहिं जाई, बोली बचन बहुत मुसुकाई.
तुम्ह सम पुरुष न मो सम नारी, यह सँजोग बिधि रचा बिचारी.
मम अनुरूप पुरुष जग माहीं, देखेउँ खोजि लोक तिहु नाहीं.
तातें अब लगि रहिउँ कुमारी, मनु माना कछु तुम्हहि निहारी.
सीतहि चितइ कही प्रभु बाता, अहइ कुआर मोर लघु भ्राता.
गइ लछिमन रिपु भगिनी जानी, प्रभु बिलोकि बोले मृदु बानी.
सुंदरि सुनु मैं उन्ह कर दासा, पराधीन नहिं तोर सुपासा.
प्रभु समर्थ कोसलपुर राजा, जो कछु करहिं उनहि सब छाजा.
सेवक सुख चह मान भिखारी, ब्यसनी धन सुभ गति बिभिचारी.
लोभी जसु चह चार गुमानी, नभ दुहि दूध चहत ए प्रानी.
पुनि फिरि राम निकट सो आई, प्रभु लछिमन पहिं बहुरि पठाई.
लछिमन कहा तोहि सो बरई, जो तृन तोरि लाज परिहरई.
तब खिसिआनि राम पहिं गई, रूप भयंकर प्रगटत भई.
सीतहि सभय देखि रघुराई, कहा अनुज सन सयन बुझाई.

दोहा-dohā:

लछिमन अति लाघवँ सो नाक कान बिनु कीन्हि,
ताके कर रावन कहँ मनौ चुनौती दीन्हि.१७.

चौपाई-caupāī:

नाक कान बिनु भइ बिकरारा, जनु स्त्रव सैल गेरु कै धारा.
खर दूषन पहिं गइ बिलपाता, धिग धिग तव पौरुष बल भ्राता.
तेहिं पूछा सब कहेसि बुझाई, जातुधान सुनि सेन बनाई.
धाए निसिचर निकर बरूथा, जनु सपच्छ कज्जल गिरि जूथा.
नाना बाहन नानाकारा, नानायुध धर घोर अपारा.
सुपनखा आगें करि लीनी, असुभ रूप श्रुति नासा हीनी.
असगुन अमित होहिं भयकारी, गनहिं न मृत्यु बिबस सब झारी.
गर्जहिं तर्जहिं गगन उड़ाहीं, देखि कटकु भट अति हरषाहीं.
कोउ कह जिअत धरहु द्वौ भाई, धरि मारहु तिय लेहु छड़ाई.
धूरि पूरि नभ मंडल रहा, राम बोलाइ अनुज सन कहा.

लै जानकिहि जाहु गिरि कंदर, आवा निसिचर कटकु भयंकर.
रहेहु सजग सुनि प्रभु कै बानी, चले सहित श्री सर धनु पानी.
देखि राम रिपुदल चलि आवा, बिहसि कठिन कोदंड चढ़ावा.

छंद-chaṁda:

कोदंड कठिन चढ़ाइ सिर जट जूट बाँधत सोह क्यों,
मरकत सयल पर लरत दामिनि कोटि सों जुग भुजग ज्यों.
कटि कसि निषंग बिसाल भुज गहि चाप बिसिख सुधारि कै,
चितवत मनहुँ मृगराज प्रभु गजराज घटा निहारि कै.

सोरठा-soraṭhā:

आइ गए बगमेल धरहु धरहु धावत सुभट,
जथा बिलोकि अकेल बाल रबिहि घेरत दनुज.१८.

चौपाई-caupāī:

प्रभु बिलोकि सर सकहिं न डारी, थकित भई रजनीचर धारी.
सचिव बोलि बोले खर दूषन, यह कोउ नृपबालक नर भूषन.
नाग असुर सुर नर मुनि जेते, देखे जिते हते हम केते.
हम भरि जन्म सुनहु सब भाई, देखी नहिं असि सुंदरताई.
जद्यपि भगिनी कीन्हि कुरूपा, बध लायक नहिं पुरुष अनूपा.
देहु तुरत निज नारि दुराई, जीअत भवन जाहु द्वौ भाई.
मोर कहा तुम्ह ताहि सुनावहु, तासु बचन सुनि आतुर आवहु.
दूतन्ह कहा राम सन जाई, सुनत राम बोले मुसुकाई.
हम छत्री मृगया बन करहीं, तुम्ह से खल मृग खोजत फिरहीं.
रिपु बलवंत देखि नहिं डरहीं, एक बार कालहु सन लरहीं.
जद्यपि मनुज दनुज कुल घालक, मुनि पालक खल सालक बालक.
जौं न होइ बल घर फिरि जाहू, समर बिमुख मैं हतउँ न काहू.
रन चढ़ि करिअ कपट चतुराई, रिपु पर कृपा परम कदराई.
दूतन्ह जाइ तुरत सब कहेऊ, सुनि खर दूषन उर अति दहेऊ.

छंद-chaṁda:

उर दहेउ कहेउ कि धरहु धाए बिकट भट रजनीचरा,
सर चाप तोमर सक्ति सूल कृपान परिघ परसु धरा.
प्रभु कीन्हि धनुष टकोर प्रथम कठोर घोर भयावहा,
भए बधिर ब्याकुल जातुधान न ग्यान तेहि अवसर रहा.

दोहा-dohā:

सावधान होइ धाए जानि सबल आराति,
लागे बरषन राम पर अस्त्र सस्त्र बहुभाँति.१९क.
तिन्ह के आयुध तिल सम करि काटे रघुबीर,
तानि सरासन श्रवन लगि पुनि छाँड़े निज तीर.१९ख.

छंद-chaṁda:

तब चले बान कराल, फुंकरत जनु बहु ब्याल.
कोपेउ समर श्रीराम, चले बिसिख निसित निकाम.
अवलोकि खर तर तीर, मुरि चले निसिचर बीर.
भए क्रुद्ध तीनिउ भाइ, जो भागि रन ते जाइ.
तेहि बधब हम निज पानि, फिरे मरन मन महुँ ठानि.
आयुध अनेक प्रकार, सनमुख ते करहिं प्रहार.
रिपु परम कोपे जानि, प्रभु धनुष सर संधानि.
छाँड़े बिपुल नाराच, लगे कटन बिकट पिसाच.
उर सीस भुज कर चरन, जहँ तहँ लगे महि परन.
चिक्करत लागत बान, धर परत कुधर समान.
भट कटत तन सत खंड, पुनि उठत करि पाषंड.
नभ उड़त बहु भुज मुंड, बिनु मौलि धावत रुंड.
खग कंक काक सृगाल, कटकटहिं कठिन कराल.

छंद-chaṁda:

कटकटहिं ज़ंबुक भूत प्रेत पिसाच खर्पर संचहीं,
बेताल बीर कपाल ताल बजाइ जोगिनि नंचहीं.
रघुबीर बान प्रचंड खंडहिं भटन्ह के उर भुज सिरा,
जहँ तहँ परहिं उठि लरहिं धर धरु धरु करहिं भयकर गिरा.
अंतावरीं गहि उड़त गीध पिसाच कर गहि धावहीं,
संग्राम पुर बासी मनहुँ बहु बाल गुड़ी उड़ावहीं.
मारे पछारे उर बिदारे बिपुल भट कहँरत परे,
अवलोकि निज दल बिकल भट तिसिरादि खर दूषन फिरे.
सर सक्ति तोमर परसु सूल कृपान एकहि बारहीं,
करि कोप श्रीरघुबीर पर अगनित निसाचर डारहीं.
प्रभु निमिष महुँ रिपु सर निवारि पचारि डारे सायका,
दस दस बिसिख उर माझ मारे सकल निसिचर नायका.
महि परत उठि भट भिरत मरत न करत माया अति घनी,
सुर डरत चौदह सहस प्रेत बिलोकि एक अवध धनी.
सुर मुनि सभय प्रभु देखि मायानाथ अति कौतुक करयो,
देखहिं परसपर राम करि संग्राम रिपुदल लरि मरयो.

दोहा-dohā:

राम राम कहि तनु तजहिं पावहिं पद निर्बान,
करि उपाय रिपु मारे छन महुँ कृपानिधान.२०क.
हरषित बरषहिं सुमन सुर बाजहिं गगन निसान,
अस्तुति करि करि सब चले सोभित बिबिध बिमान.२०ख.

चौपाई-caupāī:

जब रघुनाथ समर रिपु जीते, सुर नर मुनि सब के भय बीते.
तब लछिमन सीतहि लै आए, प्रभु पद परत हरषि उर लाए.
सीता चितव स्याम मृदु गाता, परम प्रेम लोचन न अघाता.
पंचवटीं बसि श्रीरघुनायक, करत चरित सुर मुनि सुखदायक.
धुआँ देखि खरदूषन केरा, जाइ सुपनखाँ रावन प्रेरा.
बोली बचन क्रोध करि भारी, देस कोस कै सुरति बिसारी.
करसि पान सोवसि दिनु राती, सुधि नहिं तव सिर पर आराती.
राज नीति बिनु धन बिनु धर्मा, हरिहि समर्पे बिनु सतकर्मा.
बिद्या बिनु बिबेक उपजाएँ, श्रम फल पढ़े किएँ अरु पाएँ.
संग ते जती कुमंत्र ते राजा, मान ते ग्यान पान तें लाजा.
प्रीति प्रनय बिनु मद ते गुनी, नासहिं बेगि नीति अस सुनी.

सोरठा-soraṭhā:

रिपु रुज पावक पाप प्रभु अहि गनिअ न छोट करि,
अस कहि बिबिध बिलाप करि लागी रोदन करन.२१क.

दोहा-dohā:

सभा माझ परि ब्याकुल बहु प्रकार कह रोइ,
तोहि जिअत दसकंधर मोरि कि असि गति होइ.२१ख.

चौपाई-caupāī:

सुनत सभासद उठे अकुलाई, समुझाई गहि बाँह उठाई.
कह लंकेस कहसि निज बाता, केइँ तव नासा कान निपाता.
अवध नृपति दसरथ के जाए, पुरुष सिंघ बन खेलन आए.
समुझि परी मोहि उन्ह कै करनी, रहित निसाचर करिहहिं धरनी.
जिन्ह कर भुजबल पाइ दसानन, अभय भए बिचरत मुनि कानन.
देखत बालक काल समाना, परम धीर धन्वी गुन नाना.
अतुलित बल प्रताप द्वौ भ्राता, खल बध रत सुर मुनि सुखदाता.
सोभा धाम राम अस नामा, तिन्ह के संग नारि एक स्यामा.
रुप रासि बिधि नारि सँवारी, रति सत कोटि तासु बलिहारी.
तासु अनुज काटे श्रुति नासा, सुनि तव भगिनि करहिं परिहासा.
खर दूषन सुनि लगे पुकारा, छन महुँ सकल कटक उन्ह मारा.
खर दूषन तिसिरा कर घाता, सुनि दससीस जरे सब गाता.

दोहा-dohā:

सुपनखहि समुझाइ करि बल बोलेसि बहु भाँति,
गयउ भवन अति सोचबस नीद परइ नहिं राति.२२.

चौपाई-caupāī:

सुर नर असुर नाग खग माहीं, मोरे अनुचर कहँ कोउ नाहीं.
खर दूषन मोहि सम बलवंता, तिन्हहि को मारइ बिनु भगवंता.
सुर रंजन भंजन महि भारा, जौं भगवंत लीन्ह अवतारा.
तौ मैं जाइ बैरु हठि करऊँ, प्रभु सर प्रान तजें भव तरऊँ.
होइहि भजनु न तामस देहा, मन क्रम बचन मंत्र दृढ़ एहा.
जौं नररुप भूपसुत कोऊ, हरिहउँ नारि जीति रन दोऊ.
चला अकेल जान चढि तहवाँ, बस मारीच सिंधु तट जहवाँ.
इहाँ राम जसि जुगुति बनाई, सुनहु उमा सो कथा सुहाई.

दोहा-dohā:

लछिमन गए बनहिं जब लेन मूल फल कंद,
जनकसुता सन बोले बिहसि कृपा सुख बृंद.२३.

चौपाई-caupāī:

सुनहु प्रिया ब्रत रुचिर सुसीला, मैं कछु करबि ललित नरलीला.
तुम्ह पावक महुँ करहु निवासा, जौ लगि करौं निसाचर नासा.
जबहिं राम सब कहा बखानी, प्रभु पद धरि हियँ अनल समानी.
निज प्रतिबिंब राखि तहँ सीता, तैसइ सील रुप सुबिनीता.
लछिमनहूँ यह मरमु न जाना, जो कछु चरित रचा भगवाना.
दसमुख गयउ जहाँ मारीचा, नाइ माथ स्वारथ रत नीचा.
नवनि नीच कै अति दुखदाई, जिमि अंकुस धनु उरग बिलाई.
भयदायक खल कै प्रिय बानी, जिमि अकाल के कुसुम भवानी.

दोहा-dohā:

करि पूजा मारीच तब सादर पूछी बात,
कवन हेतु मन ब्यग्र अति अकसर आयहु तात.२४.

चौपाई-caupāī:

दसमुख सकल कथा तेहि आगें, कही सहित अभिमान अभागें.
होहु कपट मृग तुम्ह छलकारी, जेहि बिधि हरि आनौं नृपनारी.
तेहिं पुनि कहा सुनहु दससीसा, ते नररुप चराचर ईसा.
तासों तात बयरु नहिं कीजै, मारें मरिअ जिआएँ जीजै.
मुनि मख राखन गयउ कुमारा, बिनु फर सर रघुपति मोहि मारा.
सत जोजन आयउँ छन माहीं, तिन्ह सन बयरु किएँ भल नाहीं.
भइ मम कीट भृंग की नाई, जहँ तहँ मैं देखउँ दोउ भाई.
जौं नर तात तदपि अति सूरा, तिन्हहि बिरोधि न आइहि पूरा.

दोहा-dohā:

जेहिं ताड़का सुबाहु हति खंडेउ हर कोदंड,
खर दूषन तिसिरा बधेउ मनुज कि अस बरिबंड.२५.

चौपाई-caupāī:

जाहु भवन कुल कुसल बिचारी, सुनत जरा दीन्हिसि बहु गारी.
गुरु जिमि मूढ़ करसि मम बोधा, कहु जग मोहि समान को जोधा.
तब मारीच हृदयँ अनुमाना, नवहि बिरोधें नहिं कल्याना.
सस्त्री मर्मी प्रभु सठ धनी, बैद बंदि कबि भानस गुनी.
उभय भाँति देखा निज मरना, तब ताकिसि रघुनायक सरना.
उतरु देत मोहि बधब अभागें, कस न मरौं रघुपति सर लागें.
अस जियँ जानि दसानन संगा, चला राम पद प्रेम अभंगा.
मन अति हरष जनाव न तेही, आजु देखिहउँ परम सनेही.

छंद-chamda:

निज परम प्रीतम देखि लोचन सुफल करि सुख पाइहौं,
श्री सहित अनुज समेत कृपानिकेत पद मन लाइहौं.
निर्बान दायक क्रोध जा कर भगति अबसहि बसकरी,
निज पानि सर संधानि सो मोहि बधिहि सुखसागर हरी.

दोहा-dohā:

मम पाछें धर धावत धरें सरासन बान,
फिरि फिरि प्रभुहि बिलोकिहउँ धन्य न मो सम आन.२६.

चौपाई-caupāī:

तेहि बन निकट दसानन गयऊ, तब मारीच कपटमृग भयऊ.
अति बिचित्र कछु बरनि न जाई, कनक देह मनि रचित बनाई.
सीता परम रुचिर मृग देखा, अंग अंग सुमनोहर बेषा.
सुनहु देव रघुबीर कृपाला, एहि मृग कर अति सुंदर छाला.
सत्यसंध प्रभु बधि करि एही, आनहु चर्म कहति बैदेही.
तब रघुपति जानत सब कारन, उठे हरषि सुर काजु सँवारन.
मृग बिलोकि कटि परिकर बाँधा, करतल चाप रुचिर सर साँधा.
प्रभु लछिमनहि कहा समुझाई, फिरत बिपिन निसिचर बहु भाई.
सीता केरि करेहु रखवारी, बुधि बिबेक बल समय बिचारी.
प्रभुहि बिलोकि चला मृग भाजी, धाए रामु सरासन साजी.
निगम नेति सिव ध्यान न पावा, मायामृग पाछें सो धावा.
कबहुँ निकट पुनि दूरि पराई, कबहुँक प्रगटइ कबहुँ छपाई.
प्रगटत दुरत करत छल भूरी, एहि बिधि प्रभुहि गयउ लै दूरी.
तब तकि राम कठिन सर मारा, धरनि परेउ करि घोर पुकारा.
लछिमन कर प्रथमहिं लै नामा, पाछें सुमिरेसि मन महुँ रामा.
प्रान तजत प्रगटेसि निज देहा, सुमिरेसि रामु समेत सनेहा.
अंतर प्रेम तासु पहिचाना, मुनि दुर्लभ गति दीन्हि सुजाना.

दोहा-dohā:

बिपुल सुमन सुर बरषहिं गावहिं प्रभु गुन गाथ,
निज पद दीन्ह असुर कहुँ दीनबंधु रघुनाथ.२७.

चौपाई-caupāī:

खल बधि तुरत फिरे रघुबीरा, सोह चाप कर कटि तूनीरा.
आरत गिरा सुनी जब सीता, कह लछिमन सन परम सभीता.
जाहु बेगि संकट अति भ्राता, लछिमन बिहसि कहा सुनु माता.
भृकुटि बिलास सृष्टि लय होई, सपनेहुँ संकट परइ कि सोई.
मरम बचन जब सीता बोला, हरि प्रेरित लछिमन मन डोला.
बन दिसि देव सौंपि सब काहू, चले जहाँ रावन ससि राहू.
सून बीच दसकंधर देखा, आवा निकट जती कें बेषा.
जाकें डर सुर असुर डेराहीं, निसि न नीद दिन अन्न न खाहीं.
सो दससीस स्वान की नाईं, इत उत चितइ चला भड़िहाईं.
इमि कुपंथ पग देत खगेसा, रह न तेज तन बुधि बल लेसा.
नाना बिधि करि कथा सुहाई, राजनीति भय प्रीति देखाई.
कह सीता सुनु जती गोसाईं, बोलेहु बचन दुष्ट की नाईं.
तब रावन निज रूप देखावा, भई सभय जब नाम सुनावा.
कह सीता धरि धीरजु गाढ़ा, आइ गयउ प्रभु रहु खल ठाढ़ा.
जिमि हरिबधुहि छुद्र सस चाहा, भएसि कालबस निसिचर नाहा.
सुनत बचन दससीस रिसाना, मन महुँ चरन बंदि सुख माना.

दोहा-dohā:

क्रोधवंत तब रावन लीन्हिसि रथ बैठाइ,
चला गगनपथ आतुर भयँ रथ हाँकि न जाइ.२८.

चौपाई-caupāī:

हा जग एक बीर रघुराया, केहिं अपराध बिसारेहु दाया.
आरति हरन सरन सुखदायक, हा रघुकुल सरोज दिननायक.
हा लछिमन तुम्हार नहिं दोसा, सो फलु पायउँ कीन्हेउँ रोसा.
बिबिध बिलाप करति बैदेही, भूरि कृपा प्रभु दूरि सनेही.
बिपति मोरि को प्रभुहि सुनावा, पुरोडास चह रासभ खावा.
सीता कै बिलाप सुनि भारी, भए चराचर जीव दुखारी.
गीधराज सुनि आरत बानी, रघुकुलतिलक नारि पहिचानी.
अधम निसाचर लीन्हें जाई, जिमि मलेछ बस कपिला गाई.
सीते पुत्रि करसि जनि त्रासा, करिहउँ जातुधान कर नासा.
धावा क्रोधवंत खग कैसें, छूटइ पबि परबत कहुँ जैसें.
रे रे दुष्ट ठाढ़ किन होही, निर्भय चलेसि न जानेहि मोही.
आवत देखि कृतांत समाना, फिरि दसकंधर कर अनुमाना.
की मैनाक कि खगपति होई, मम बल जान सहित पति सोई.
जाना जरठ जटायू एहा, मम कर तीरथ छाँड़िहि देहा.
सुनत गीध क्रोधातुर धावा, कह सुनु रावन मोर सिखावा.
तजि जानकिहि कुसल गृह जाहू, नाहिं त अस होइहि बहुबाहू.
राम रोष पावक अति घोरा, होइहि सकल सलभ कुल तोरा.
उतरु न देत दसानन जोधा, तबहिं गीध धावा करि क्रोधा.
धरि कच बिरथ कीन्ह महि गिरा, सीतहि राखि गीध पुनि फिरा.
चोचन्ह मारि बिदारेसि देही, दंड एक भइ मुरुछा तेही.
तब सक्रोध निसिचर खिसिआना, काढ़ेसि परम कराल कृपाना.
काटेसि पंख परा खग धरनी, सुमिरि राम करि अदभुत करनी.
सीतहि जानि चढ़ाइ बहोरी, चला उताइल त्रास न थोरी.
करति बिलाप जाति नभ सीता, ब्याध बिबस जनु मृगी सभीता.
गिरि पर बैठे कपिन्ह निहारी, कहि हरि नाम दीन्ह पट डारी.
एहि बिधि सीतहि सो लै गयऊ, बन असोक महँ राखत भयऊ.

दोहा-dohā:

हारि परा खल बहु बिधि भय अरु प्रीति देखाइ,
तब असोक पादप तर राखिसि जतन कराइ.२९क.

नवाह्नपारायण छठा विश्राम

दोहा-dohā:

जेहि बिधि कपट कुरंग सँग धाइ चले श्रीराम,
सो छबि सीता राखि उर रटति रहति हरिनाम.२९ख.

चौपाई-caupāī:

रघुपति अनुजहि आवत देखी, बाहिज चिंता कीन्हि बिसेषी.
जनकसुता परिहरिहु अकेली, आयहु तात बचन मम पेली.
निसिचर निकर फिरहिं बन माहीं, मम मन सीता आश्रम नाहीं.
गहि पद कमल अनुज कर जोरी, कहेउ नाथ कछु मोहि न खोरी.
अनुज समेत गए प्रभु तहवाँ, गोदावरि तट आश्रम जहवाँ.
आश्रम देखि जानकी हीना, भए बिकल जस प्राकृत दीना.
हा गुन खानि जानकी सीता, रूप सील ब्रत नेम पुनीता.
लछिमन समुझाए बहु भाँती, पूछत चले लता तरु पाँती.
हे खग मृग हे मधुकर श्रेनी, तुम्ह देखी सीता मृगनैनी.
खंजन सुक कपोत मृग मीना, मधुप निकर कोकिला प्रबीना.
कुंद कली दाड़िम दामिनी, कमल सरद ससि अहिभामिनी.
बरुन पास मनोज धनु हंसा, गज केहरि निज सुनत प्रसंसा.
श्रीफल कनक कदलि हरषाहीं, नेकु न संक सकुच मन माहीं.
सुनु जानकी तोहि बिनु आजू, हरषे सकल पाइ जनु राजू.
किमि सहि जात अनख तोहि पाहीं, प्रिया बेगि प्रगटसि कस नाहीं.
एहि बिधि खोजत बिलपत स्वामी, मनहुँ महा बिरही अति कामी.
पूरनकाम राम सुख रासी, मनुज चरित कर अज अबिनासी.
आगें परा गीधपति देखा, सुमिरत राम चरन जिन्ह रेखा.

दोहा-dohā:

कर सरोज सिर परसेउ कृपासिंधु रघुबीर,
निरखि राम छबि धाम मुख बिगत भई सब पीर.३०.

चौपाई-caupāī:

तब कह गीध बचन धरि धीरा, सुनहु राम भंजन भव भीरा.
नाथ दसानन यह गति कीन्ही, तेहिं खल जनकसुता हरि लीन्ही.
लै दच्छिन दिसि गयउ गोसाईं, बिलपति अति कुररी की नाईं.
दरस लागी प्रभु राखेउँ प्राना, चलन चहत अब कृपानिधाना.
राम कहा तनु राखहु ताता, मुख मुसुकाइ कही तेहिं बाता.
जा कर नाम मरत मुख आवा, अधमउ मुकुत होई श्रुति गावा.
सो मम लोचन गोचर आगें, राखौं देह नाथ केहि खाँगें.
जल भरि नयन कहहिं रघुराई, तात कर्म निज तें गति पाई.
परहित बस जिन्ह के मन माहीं, तिन्ह कहुँ जग दुर्लभ कछु नाहीं.
तनु तजि तात जाहु मम धामा, देउँ काह तुम्ह पूरनकामा.

दोहा-dohā:

सीता हरन तात जनि कहहु पिता सन जाइ,
जौं मैं राम त कुल सहित कहिहि दसानन आइ.३१.

चौपाई-caupāī:

गीध देह तजि धरि हरि रुपा, भूषन बहु पट पीत अनूपा.
स्याम गात बिसाल भुज चारी, अस्तुति करत नयन भरि बारी.

छंद-chamda:

जय राम रूप अनूप निर्गुन सगुन गुन प्रेरक सही,
दससीस बाहु प्रचंड खंडन चंड सर मंडन मही.
पाथोद गात सरोज मुख राजीव आयत लोचनं,
नित नौमि रामु कृपाल बाहु बिसाल भव भय मोचनं.१.
बलमप्रमेयमनादिमजमब्यक्तमेकमगोचरं,
गोबिंद गोपर द्वंद्वहर बिग्यानघन धरनीधरं.
जे राम मंत्र जपंत संत अनंत जन मन रंजनं,
नित नौमि राम अकाम प्रिय कामादि खल दल गंजनं.२.
जेहि श्रुति निरंजन ब्रह्म ब्यापक बिरज अज कहि गावहीं,
करि ध्यान ग्यान बिराग जोग अनेक मुनि जेहि पावहीं.
सो प्रगट करुना कंद सोभा बृंद अग जग मोहई,
मम हृदय पंकज भृंग अंग अनंग बहु छबि सोहई.३.
जो अगम सुगम सुभाव निर्मल असम सम सीतल सदा,
पस्यंति जं जोगी जतन करि करत मन गो बस सदा.
सो राम रमा निवास संतत दास बस त्रिभुवन धनी,
मम उर बसउ सो समन संसृति जासु कीरति पावनी.४.

दोहा-dohā:

अबिरल भगति मागि बर गीध गयउ हरिधाम,
तेहि की क्रिया जथोचित निज कर कीन्ही राम.३२.

चौपाई-caupāī:

कोमल चित अति दीनदयाला, कारन बिनु रघुनाथ कृपाला.
गीध अधम खग आमिष भोगी, गति दीन्हि जो जाचत जोगी.
सुनहु उमा ते लोग अभागी, हरि तजि होहिं बिषय अनुरागी.
पुनि सीतहि खोजत द्वौ भाई, चले बिलोकत बन बहुताई.
संकुल लता बिटप घन कानन, बहु खग मृग तहँ गज पंचानन.
आवत पंथ कबंध निपाता, तेहिं सब कही साप कै बाता.
दुरबासा मोहि दीन्ही सापा, प्रभु पद पेखि मिटा सो पापा.
सुनु गंधर्ब कहउँ मैं तोही, मोहि न सोहाइ ब्रह्मकुल द्रोही.

दोहा-dohā:

मन क्रम बचन कपट तजि जो कर भूसुर सेव,
मोहि समेत बिरंचि सिव बस ताकें सब देव.३३.

चौपाई-caupāī:

सापत ताड़त परुष कहंता, बिप्र पूज्य अस गावहिं संता.
पूजिअ बिप्र सील गुन हीना, सूद्र न गुन गन ग्यान प्रबीना.
कहि निज धर्म ताहि समुझावा, निज पद प्रीति देखि मन भावा.
रघुपति चरन कमल सिरु नाई, गयउ गगन आपनि गति पाई.
ताहि देइ गति राम उदारा, सबरी कें आश्रम पगु धारा.
सबरी देखि राम गृहँ आए, मुनि के बचन समुझि जियँ भाए.
सरसिज लोचन बाहु बिसाला, जटा मुकुट सिर उर बनमाला.
स्याम गौर सुंदर दोउ भाई, सबरी परी चरन लपटाई.
प्रेम मगन मुख बचन न आवा, पुनि पुनि पद सरोज सिर नावा.
सादर जल लै चरन पखारे, पुनि सुंदर आसन बैठारे.

दोहा-dohā:

कंद मूल फल सुरस अति दिए राम कहुँ आनि,
प्रेम सहित प्रभु खाए बारंबार बखानि.३४.

चौपाई-caupāī:

पानि जोरि आगें भइ ठाढ़ी, प्रभुहि बिलोकि प्रीति अति बाढ़ी.
केहि बिधि अस्तुति करौं तुम्हारी, अधम जाति मैं जड़मति भारी.
अधम ते अधम अधम अति नारी, तिन्ह महँ मैं मतिमंद अघारी.
कह रघुपति सुनु भामिनि बाता, मानउँ एक भगति कर नाता.
जाति पाँति कुल धर्म बड़ाई, धन बल परिजन गुन चतुराई.
भगति हीन नर सोहइ कैसा, बिनु जल बारिद देखिअ जैसा.
नवधा भगति कहउँ तोहि पाहीं, सावधान सुनु धरु मन माहीं.
प्रथम भगति संतन्ह कर संगा, दूसरि रति मम कथा प्रसंगा.

दोहा-dohā:

गुर पद पंकज सेवा तीसरि भगति अमान,
चौथि भगति मम गुन गन करइ कपट तजि गान.३५.

चौपाई-caupāī:

मंत्र जाप मम दृढ़ बिस्वासा, पंचम भजन सो बेद प्रकासा.
छठ दम सील बिरति बहु करमा, निरत निरंतर सज्जन धरमा.
सातवँ सम मोहि मय जग देखा, मोतें संत अधिक करि लेखा.
आठवँ जथालाभ संतोषा, सपनेहुँ नहिं देखइ परदोषा.
नवम सरल सब सन छलहीना, मम भरोस हियँ हरष न दीना.
नव महुँ एकउ जिन्ह कें होई, नारि पुरुष सचराचर कोई.
सोइ अतिसय प्रिय भामिनि मोरें, सकल प्रकार भगति दृढ़ तोरें.
जोगि बृंद दुरलभ गति जोई, तो कहुँ आजु सुलभ भइ सोई.
मम दरसन फल परम अनूपा, जीव पाव निज सहज सरूपा.
जनकसुता कइ सुधि भामिनी, जानहि कहु करिबरगामिनी.
पंपा सरहि जाहु रघुराई, तहँ होइहि सुग्रीव मिताई.
सो सब कहिहि देव रघुबीरा, जानतहूँ पूछहु मतिधीरा.
बार बार प्रभु पद सिरु नाई, प्रेम सहित सब कथा सुनाई.

छंद-chamda:

कहि कथा सकल बिलोकि हरि मुख हृदयँ पद पंकज धरे,
तजि जोग पावक देह हरि पद लीन भइ जहँ नहिं फिरे.
नर बिबिध कर्म अधर्म बहु मत सोकप्रद सब त्यागहू,
बिस्वास करि कह दास तुलसी राम पद अनुरागहू.

दोहा-dohā:

जाति हीन अघ जन्म महि मुक्त कीन्हि असि नारि,
महामंद मन सुख चहसि ऐसे प्रभुहि बिसारि.३६.

चौपाई-caupāī:

चले राम त्यागा बन सोऊ, अतुलित बल नर केहरि दोऊ.
बिरही इव प्रभु करत बिषादा, कहत कथा अनेक संबादा.
लछिमन देखु बिपिन कइ सोभा, देखत केहि कर मन नहिं छोभा.
नारि सहित सब खग मृग बृंदा, मानहुँ मोरि करत हहिं निंदा.
हमहि देखि मृग निकर पराहीं, मृगीं कहहिं तुम्ह कहँ भय नाहीं.

तुम्ह आनंद करहु मृग जाए, कंचन मृग खोजन ए आए.
संग लाइ करिनीं करि लेहीं, मानहुँ मोहि सिखावनु देहीं.
सास्त्र सुचिंतित पुनि पुनि देखिअ, भूप सुसेवित बस नहिं लेखिअ.
राखिअ नारि जदपि उर माहीं, जुबती सास्त्र नृपति बस नाहीं.
देखहु तात बसंत सुहावा, प्रिया हीन मोहि भय उपजावा.

दोहा-dohā:

बिरह बिकल बलहीन मोहि जानेसि निपट अकेल,
सहित बिपिन मधुकर खग मदन कीन्ह बगमेल.३७क.

देखि गयउ भ्राता सहित तासु दूत सुनि बात,
डेरा कीन्हेउ मनहुँ तब कटकु हटकि मनजात.३७ख.

चौपाई-caupāī:

बिटप बिसाल लता अरुझानी, बिबिध बितान दिए जनु तानी.
कदलि ताल बर धुजा पताका, देखि न मोह धीर मन जाका.
बिबिध भाँति फूले तरु नाना, जनु बानैत बने बहु बाना.
कहुँ कहुँ सुन्दर बिटप सुहाए, जनु भट बिलग बिलग होइ छाए.
कूजत पिक मानहुँ गज माते, ढेक महोख ऊँट बिसराते.
मोर चकोर कीर बर बाजी, पारावत मराल सब ताजी.
तीतिर लावक पदचर जूथा, बरनि न जाइ मनोज बरुथा.
रथ गिरि सिला दुंदुभीं झरना, चातक बंदी गुन गन बरना.
मधुकर मुखर भेरि सहनाई, त्रिबिध बयारि बसीठीं आई.
चतुरंगिनी सेन सँग लीन्हें, बिचरत सबहि चुनौती दीन्हें.
लछिमन देखत काम अनीका, रहहिं धीर तिन्ह कै जग लीका.
एहि कें एक परम बल नारी, तेहि तें उबर सुभट सोइ भारी.

दोहा-dohā:

तात तीनि अति प्रबल खल काम क्रोध अरु लोभ,
मुनि बिग्यान धाम मन करहिं निमिष महुँ छोभ.३८क.

लोभ कें इच्छा दंभ बल काम कें केवल नारि,
क्रोध कें परुष बचन बल मुनिबर कहहिं बिचारि.३८ख.

चौपाई-caupāī:

गुनातीत सचराचर स्वामी, राम उमा सब अंतरजामी.
कामिन्ह कै दीनता देखाई, धीरन्ह कें मन बिरति दृढ़ाई.
क्रोध मनोज लोभ मद माया, छूटहिं सकल राम कीं दाया.
सो नर इंद्रजाल नहिं भूला, जा पर होइ सो नट अनुकूला.
उमा कहउँ मैं अनुभव अपना, सत हरि भजनु जगत सब सपना.
पुनि प्रभु गए सरोबर तीरा, पंपा नाम सुभग गंभीरा.
संत हृदय जस निर्मल बारी, बाँधे घाट मनोहर चारी.
जहँ तहँ पिअहिं बिबिध मृग नीरा, जनु उदार गृह जाचक भीरा.

दोहा-dohā:

पुरइनि सधन ओट जल बेगि न पाइअ मर्म,
मायाछन्न न देखिऐ जैसें निर्गुन ब्रह्म.३९क.

सुखी मीन सब एकरस अति अगाध जल माहिं,
जथा धर्मसीलन्ह के दिन सुख संजुत जाहिं.३९ख.

चौपाई-caupāī:

बिकसे सरसिज नाना रंगा, मधुर मुखर गुंजत बहु भृंगा.
बोलत जलकुक्कुट कलहंसा, प्रभु बिलोकि जनु करत प्रसंसा.
चक्रबाक बक खग समुदाई, देखत बनइ बरनि नहिं जाई.
सुंदर खग गन गिरा सुहाई, जात पथिक जनु लेत बोलाई.
ताल समीप मुनिन्ह गृह छाए, चहु दिसि कानन बिटप सुहाए.
चंपक बकुल कदंब तमाला, पाटल पनस परास रसाला.
नव पल्लव कुसुमित तरु नाना, चंचरीक पटली कर गाना.
सीतल मंद सुगंध सुभाऊ, संतत बहइ मनोहर बाऊ.
कुहू कुहू कोकिल धुनि करहीं, सुनि रव सरस ध्यान मुनि टरहीं.

दोहा-dohā:

फल भारन नमि बिटप सब रहे भूमि निअराइ,
पर उपकारी पुरुष जिमि नवहिं सुसंपति पाइ.४०.

चौपाई-caupāī:

देखि राम अति रुचिर तलावा, मज्जनु कीन्ह परम सुख पावा.
देखी सुंदर तरुबर छाया, बैठे अनुज सहित रघुराया.
तहँ पुनि सकल देव मुनि आए, अस्तुति करि निज धाम सिधाए.
बैठे परम प्रसन्न कृपाला, कहत अनुज सन कथा रसाला.
बिरहवंत भगवंतहि देखी, नारद मन भा सोच बिसेषी.
मोर साप करि अंगीकारा, सहत राम नाना दुख भारा.
ऐसे प्रभुहि बिलोकउँ जाई, पुनि न बनिहि अस अवसरु आई.
यह बिचारि नारद कर बीना, गए जहाँ प्रभु सुख आसीना.
गावत राम चरित मृदु बानी, प्रेम सहित बहु भाँति बखानी.
करत दंडवत लिए उठाई, राखे बहुत बार उर लाई.
स्वागत पूँछि निकट बैठारे, लछिमन सादर चरन पखारे.

दोहा-dohā:

नाना बिधि बिनती करि प्रभु प्रसन्न जियँ जानि,
नारद बोले बचन तब जोरि सरोरुह पानि.४१.

चौपाई-caupāī:

सुनहु उदार सहज रघुनायक, सुंदर अगम सुगम बर दायक.
देहु एक बर मागउँ स्वामी, जद्यपि जानत अंतरजामी.
जानहु मुनि तुम्ह मोर सुभाऊ, जन सन कबहुँ कि करउँ दुराऊ.
कवन बस्तु असि प्रिय मोहि लागी, जो मुनिबर न सकहु तुम्ह मागी.
जन कहुँ कछु अदेय नहिं मोरें, अस बिस्वास तजहु जनि भोरें.
तब नारद बोले हरषाई, अस बर मागउँ करउँ ढिठाई.
जद्यपि प्रभु के नाम अनेका, श्रुति कह अधिक एक तें एका.
राम सकल नामन्ह ते अधिका, होउ नाथ अघ खग गन बधिका.

दोहा-dohā:

राका रजनी भगति तव राम नाम सोइ सोम,
अपर नाम उडगन बिमल बसहुँ भगत उर ब्योम.४२क.

एवमस्तु मुनि सन कहेउ कृपासिंधु रघुनाथ,
तब नारद मन हरष अति प्रभु पद नायउ माथ.४२ख.

चौपाई-caupāī:

अति प्रसन्न रघुनाथहि जानी, पुनि नारद बोले मृदु बानी.
राम जबहिं प्रेरेउ निज माया, मोहेहु मोहि सुनहु रघुराया.
तब बिबाह मैं चाहउँ कीन्हा, प्रभु केहि कारन करै न दीन्हा.

सुनु मुनि तोहि कहउँ सहरोसा, भजहिं जे मोहि तजि सकल भरोसा.
करउँ सदा तिन्ह कै रखवारी, जिमि बालक राखइ महतारी.
गह सिसु बच्छ अनल अहि धाई, तहँ राखइ जननी अरगाई.
प्रौढ़ भएँ तेहि सुत पर माता, प्रीति करइ नहिं पाछिलि बाता.
मोरे प्रौढ़ तनय सम ग्यानी, बालक सुत सम दास अमानी.
जनहि मोर बल निज बल ताही, दुहु कहँ काम क्रोध रिपु आही.
यह बिचारि पंडित मोहि भजहीं, पाएहुँ ग्यान भगति नहिं तजहीं.

दोहा-dohā:

काम क्रोध लोभादि मद प्रबल मोह कै धारि,
तिन्ह महँ अति दारुन दुखद मायारूपी नारि.४३.

चौपाई-caupāī:

सुनु मुनि कह पुरान श्रुति संता, मोह बिपिन कहुँ नारि बसंता.
जप तप नेम जलाश्रय झारी, होइ ग्रीषम सोषइ सब नारी.
काम क्रोध मद मत्सर भेका, इन्हहि हरषप्रद बरषा एका.
दुर्बासना कुमुद समुदाई, तिन्ह कहँ सरद सदा सुखदाई.
धर्म सकल सरसीरुह बृंदा, होइ हिम तिन्हहि दहइ सुख मंदा.
पुनि ममता जवास बहुताई, पलुहइ नारि सिसिर रितु पाई.
पाप उलूक निकर सुखकारी, नारि निबिड़ रजनी अँधिआरी.
बुधि बल सील सत्य सब मीना, बनसी सम त्रिय कहहिं प्रबीना.

दोहा-dohā:

अवगुन मूल सूलप्रद प्रमदा सब दुख खानि,
ताते कीन्ह निवारन मुनि मैं यह जियँ जानि.४४.

चौपाई-caupāī:

सुनि रघुपति के बचन सुहाए, मुनि तन पुलक नयन भरि आए.
कहहु कवन प्रभु कै असि रीती, सेवक पर ममता अरु प्रीती.
जे न भजहिं अस प्रभु भ्रम त्यागी, ग्यान रंक नर मंद अभागी.
पुनि सादर बोले मुनि नारद, सुनहु राम बिग्यान बिसारद.
संतन्ह के लच्छन रघुबीरा, कहहु नाथ भव भंजन भीरा.
सुनु मुनि संतन्ह के गुन कहऊँ, जिन्ह ते मैं उन्ह कें बस रहऊँ.
षट बिकार जित अनघ अकामा, अचल अकिंचन सुचि सुखधामा.
अमितबोध अनीह मितभोगी, सत्यसार कबि कोबिद जोगी.
सावधान मानद मदहीना, धीर धर्म गति परम प्रबीना.

दोहा-dohā:

गुनागार संसार दुख रहित बिगत संदेह,
तजि मम चरन सरोज प्रिय तिन्ह कहुँ देह न गेह.४५.

चौपाई-caupāī:

निज गुन श्रवन सुनत सकुचाहीं, पर गुन सुनत अधिक हरषाहीं.
सम सीतल नहिं त्यागहिं नीती, सरल सुभाउ सबहि सन प्रीती.
जप तप ब्रत दम संजम नेमा, गुरु गोबिंद बिप्र पद प्रेमा.
श्रद्धा छमा मयत्री दाया, मुदिता मम पद प्रीति अमाया.
बिरति बिबेक बिनय बिग्याना, बोध जथारथ बेद पुराना.
दंभ मान मद करहिं न काऊ, भूलि न देहिं कुमारग पाऊ.
गावहिं सुनहिं सदा मम लीला, हेतु रहित परहित रत सीला.
मुनि सुनु साधुन्ह के गुन जेते, कहि न सकहिं सारद श्रुति तेते.

छंद-chaṁda:

कहि सक न सारद सेष नारद सुनत पद पंकज गहे,
अस दीनबंधु कृपाल अपने भगत गुन निज मुख कहे.
सिरु नाइ बारहिं बार चरनन्हि ब्रह्मपुर नारद गए,
ते धन्य तुलसीदास आस बिहाइ जे हरि रँग रँए.

दोहा-dohā:

रावनारि जसु पावन गावहिं सुनहिं जे लोग,
राम भगति दृढ़ पावहिं बिनु बिराग जप जोग.४६क.
दीप सिखा सम जुबति तन मन जनि होसि पतंग,
भजहि राम तजि काम मद करहि सदा सतसंग.४६ख.

मासपारायण बाईसवाँ विश्राम

इति श्रीमद्रामचरितमानसे सकलकलिकलुषविध्वंसने
तृतीयः सोपानः समाप्तः

सीताराम सीताराम

ॐ

श्रीजानकीवल्लभो विजयते

śrījānakīvallabho vijayate

श्रीरामचरितमानस

śrīrāmacaritamānasa

चतुर्थ सोपान - किष्किन्धाकाण्ड

caturtha sopāna - kiṣkindhākāṇḍa

श्लोक-śloka:

कुन्देन्दीवरसुन्दरावतिबलौ विज्ञानधामावुभौ
शोभाढ्यौ वरधन्विनौ श्रुतिनुतौ गोविप्रवृन्दप्रियौ,
मायामानुषरूपिणौ रघुवरौ सद्धर्मवर्मौ हितौ
सीतान्वेषणतत्परौ पथिगतौ भक्तिप्रदौ तौ हि नः.१.

ब्रह्माम्भोधिसमुद्भवं कलिमलप्रध्वंसनं चाव्ययं
श्रीमच्छम्भुमुखेन्दुसुन्दरवरे संशोभितं सर्वदा,
संसारामयभेषजं सुखकरं श्रीजानकीजीवनं
धन्यास्ते कृतिनः पिबन्ति सततं श्रीरामनामामृतम्.२.

सोरठा-soraṭhā:

मुक्ति जन्म महि जानि ग्यान खानि अघ हानि कर,
जहँ बस संभु भवानि सो कासी सेइअ कस न.
जरत सकल सुर बृंद बिषम गरल जेहिं पान किय,
तेहि न भजसि मन मंद को कृपाल संकर सरिस.

चौपाई-caupāī:

आगें चले बहुरि रघुराया, रिष्यमूक पर्बत निअराया.
तहँ रह सचिव सहित सुग्रीवा, आवत देखि अतुल बल सींवा.
अति सभीत कह सुनु हनुमाना, पुरुष जुगल बल रूप निधाना.
धरि बटु रूप देखु तैं जाई, कहेसु जानि जियँ सयन बुझाई.
पठए बालि होहिं मन मैला, भागौं तुरत तजौं यह सैला.
बिप्र रूप धरि कपि तहँ गयऊ, माथ नाइ पूछत अस भयऊ.
को तुम्ह स्यामल गौर सरीरा, छत्री रूप फिरहु बन बीरा.
कठिन भूमि कोमल पद गामी, कवन हेतु बिचरहु बन स्वामी.
मृदुल मनोहर सुंदर गाता, सहत दुसह बन आतप बाता.
की तुम्ह तीनि देव महँ कोऊ, नर नारायन की तुम्ह दोऊ.

दोहा-dohā:

जग कारन तारन भव भंजन धरनी भार,
की तुम्ह अखिल भुवन पति लीन्ह मनुज अवतार.१.

चौपाई-caupāī:

कोसलेस दसरथ के जाए, हम पितु बचन मानि बन आए.
नाम राम लछिमन दोउ भाई, संग नारि सुकुमारि सुहाई.
इहाँ हरी निसिचर बैदेही, बिप्र फिरहिं हम खोजत तेही.
आपन चरित कहा हम गाई, कहहु बिप्र निज कथा बुझाई.
प्रभु पहिचानि परेउ गहि चरना, सो सुख उमा जाइ नहिं बरना.
पुलकित तन मुख आव न बचना, देखत रुचिर बेष कै रचना.
पुनि धीरजु धरि अस्तुति कीन्ही, हरष हृदयँ निज नाथहि चीन्ही.
मोर न्याउ मैं पूछा साईं, तुम्ह पूछहु कस नर की नाईं.
तव माया बस फिरउँ भुलाना, ता ते मैं नहिं प्रभु पहिचाना.

दोहा-dohā:

एकु मैं मंद मोहबस कुटिल हृदय अग्यान,
पुनि प्रभु मोहि बिसारेउ दीनबंधु भगवान.२.

चौपाई-caupāī:

जदपि नाथ बहु अवगुन मोरें, सेवक प्रभुहि परै जनि भोरें.
नाथ जीव तव मायाँ मोहा, सो निस्तरइ तुम्हारेहिं छोहा.
ता पर मैं रघुबीर दोहाई, जानउँ नहिं कछु भजन उपाई.
सेवक सुत पति मातु भरोसें, रहइ असोच बनइ प्रभु पोसें.
अस कहि परेउ चरन अकुलाई, निज तनु प्रगटि प्रीति उर छाई.
तब रघुपति उठाइ उर लावा, निज लोचन जल सींचि जुड़ावा.
सुनु कपि जियँ मानसि जनि ऊना, तैं मम प्रिय लछिमन ते दूना.
समदरसी मोहि कह सब कोऊ, सेवक प्रिय अनन्यगति सोऊ.

दोहा-dohā:

सो अनन्य जाकें असि मति न टरइ हनुमंत,
मैं सेवक सचराचर रूप स्वामि भगवंत.३.

चौपाई-caupāī:

देखि पवनसुत पति अनुकूला, हृदयँ हरष बीती सब सूला.
नाथ सैल पर कपिपति रहई, सो सुग्रीव दास तव अहई.
तेहि सन नाथ मयत्री कीजे, दीन जानि तेहि अभय करीजे.
सो सीता कर खोज कराइहि, जहँ तहँ मरकट कोटि पठाइहि.
एहि बिधि सकल कथा समुझाई, लिए दुऔ जन पीठि चढ़ाई.
जब सुग्रीवँ राम कहुँ देखा, अतिसय जन्म धन्य करि लेखा.
सादर मिलेउ नाइ पद माथा, भेंटेउ अनुज सहित रघुनाथा.
कपि कर मन बिचार एहि रीती, करिहहिं बिधि मो सन ए प्रीती.

दोहा-dohā:

तब हनुमंत उभय दिसि की सब कथा सुनाइ,
पावक साखी देइ करि जोरी प्रीति दृढ़ाइ.४.

चौपाई-caupāī:

कीन्हि प्रीति कछु बीच न राखा, लछमिन राम चरित सब भाषा.
कह सुग्रीव नयन भरि बारी, मिलिहि नाथ मिथिलेसकुमारी.
मंत्रिन्ह सहित इहाँ एक बारा, बैठ रहेउँ मैं करत बिचारा.

गगन पंथ देखी मैं जाता, परबस परी बहुत बिलपाता.
राम राम हा राम पुकारी, हमहि देखि दीन्हेउ पट डारी.
मागा राम तुरत तेहिं दीन्हा, पट उर लाइ सोच अति कीन्हा.
कह सुग्रीव सुनहु रघुबीरा, तजहु सोच मन आनहु धीरा.
सब प्रकार करिहउँ सेवकाई, जेहि बिधि मिलिहि जानकी आई.

दोहा-dohā:

सखा बचन सुनि हरषे कृपासिंधु बलसींव,
कारन कवन बसहु बन मोहि कहहु सुग्रीव.५.

चौपाई-caupāī:

नाथ बालि अरु मैं द्वौ भाई, प्रीति रही कछु बरनि न जाई.
मय सुत मायावी तेहि नाऊँ, आवा सो प्रभु हमरें गाऊँ.
अर्ध राति पुर द्वार पुकारा, बाली रिपु बल सहै न पारा.
धावा बालि देखि सो भागा, मैं पुनि गयउँ बंधु सँग लागा.
गिरिबर गुहाँ पैठ सो जाई, तब बालीं मोहि कहा बुझाई.
परिखेसु मोहि एक पखवारा, नहिं आवौं तब जानेसु मारा.
मास दिवस तहँ रहेउँ खरारी, निसरी रुधिर धार तहँ भारी.
बाली हतेसि मोहि मारिहि आई, सिला देइ तहँ चलेउँ पराई.
मंत्रिन्ह पुर देखा बिनु साईं, दीन्हेउ मोहि राज बरिआईं.
बालि ताहि मारि गृह आवा, देखि मोहि जियँ भेद बढ़ावा.
रिपु सम मोहि मारेसि अति भारी, हरि लीन्हेसि सर्बसु अरु नारी.
ताकें भय रघुबीर कृपाला, सकल भुवन मैं फिरेउँ बिहाला.
इहाँ साप बस आवत नाहीं, तदपि सभीत रहउँ मन माहीं.
सुनि सेवक दुख दीनदयाला, फरकि उठीं द्वै भुजा बिसाला.

दोहा-dohā:

सुनु सुग्रीव मारिहउँ बालिहि एकहिं बान,
ब्रह्म रुद्र सरनागत गएँ न उबरिहिं प्रान.६.

चौपाई-caupāī:

जे न मित्र दुख होहिं दुखारी, तिन्हहि बिलोकत पातक भारी.
निज दुख गिरि सम रज करि जाना, मित्रक दुख रज मेरु समाना.
जिन्ह कें असि मति सहज न आई, ते सठ कत हठि करत मिताई.
कुपथ निवारि सुपंथ चलावा, गुन प्रगटै अवगुनन्हि दुरावा.
देत लेत मन संक न धरई, बल अनुमान सदा हित करई.
बिपति काल कर सतगुन नेहा, श्रुति कह संत मित्र गुन एहा.
आगें कह मृदु बचन बनाई, पाछें अनहित मन कुटिलाई.
जा कर चित अहि गति सम भाई, अस कुमित्र परिहरेहिं भलाई.
सेवक सठ नृप कृपन कुनारी, कपटी मित्र सूल सम चारी.
सखा सोच त्यागहु बल मोरें, सब बिधि घटब काज मैं तोरें.
कह सुग्रीव सुनहु रघुबीरा, बालि महाबल अति रनधीरा.
दुंदुभि अस्थि ताल देखराए, बिनु प्रयास रघुनाथ ढहाए.
देखि अमित बल बाढ़ी प्रीती, बालि बधब इन्ह भइ परतीती.
बार बार नावइ पद सीसा, प्रभुहि जानि मन हरष कपीसा.
उपजा ग्यान बचन तब बोला, नाथ कृपाँ मन भयउ अलोला.
सुख संपति परिवार बड़ाई, सब परिहरि करिहउँ सेवकाई.
ए सब राम भगति के बाधक, कहहिं संत तव पद अवराधक.
सत्रु मित्र सुख दुख जग माहीं, माया कृत परमारथ नाहीं.
बालि परम हित जासु प्रसादा, मिलेहु राम तुम्ह समन बिषादा.
सपनें जेहि सन होइ लराई, जागें समुझत मन सकुचाई.
अब प्रभु कृपा करहु एहि भाँती, सब तजि भजनु करौं दिन राती.
सुनि बिराग संजुत कपि बानी, बोले बिहँसि रामु धनुपानी.
जो कछु कहेहु सत्य सब सोई, सखा बचन मम मृषा न होई.
नट मरकट इव सबहि नचावत, रामु खगेस बेद अस गावत.
लै सुग्रीव संग रघुनाथा, चले चाप सायक गहि हाथा.
तब रघुपति सुग्रीव पठावा, गर्जेसि जाइ निकट बल पावा.
सुनत बालि क्रोधातुर धावा, गहि कर चरन नारि समुझावा.
सुनु पति जिन्हहि मिलेउ सुग्रीवा, ते द्वौ बंधु तेज बल सींवा.
कोसलेस सुत लछिमन रामा, कालहु जीति सकहिं संग्रामा.

दोहा-dohā:

कह बाली सुनु भीरु प्रिय समदरसी रघुनाथ,
जौं कदाचि मोहि मारहिं तौ पुनि होउँ सनाथ.७.

चौपाई-caupāī:

अस कहि चला महा अभिमानी, तृन समान सुग्रीवहि जानी.
भिरे उभौ बाली अति तर्जा, मुठिका मारि महाधुनि गर्जा.
तब सुग्रीव बिकल होइ भागा, मुष्टि प्रहार बज्र सम लागा.
मैं जो कहा रघुबीर कृपाला, बंधु न होइ मोर यह काला.
एकरूप तुम्ह भ्राता दोऊ, तेहि भ्रम तें नहिं मारेउँ सोऊ.
कर परसा सुग्रीव सरीरा, तनु भा कुलिस गई सब पीरा.
मेली कंठ सुमन कै माला, पठवा पुनि बल देइ बिसाला.
पुनि नाना बिधि भई लराई, बिटप ओट देखहिं रघुराई.

दोहा-dohā:

बहु छल बल सुग्रीव कर हियँ हारा भय मानि,
मारा बालि राम तब हृदय माझ सर तानि.८.

चौपाई-caupāī:

परा बिकल महि सर के लागें, पुनि उठि बैठ देखि प्रभु आगें.
स्याम गात सिर जटा बनाएँ, अरुन नयन सर चाप चढ़ाएँ.
पुनि पुनि चितइ चरन चित दीन्हा, सुफल जन्म माना प्रभु चीन्हा.
हृदयँ प्रीति मुख बचन कठोरा, बोला चितइ राम की ओरा.
धर्म हेतु अवतरेहु गोसाईं, मारेहु मोहि ब्याध की नाईं.
मैं बैरी सुग्रीव पिआरा, अवगुन कवन नाथ मोहि मारा.
अनुज बधू भगिनी सुत नारी, सुनु सठ कन्या सम ए चारी.
इन्हहि कुदृष्टि बिलोकइ जोई, ताहि बधें कछु पाप न होई.
मूढ़ तोहि अतिसय अभिमाना, नारि सिखावन करसि न काना.
मम भुज बल आश्रित तेहि जानी, मारा चहसि अधम अभिमानी.

दोहा-dohā:

सुनहु राम स्वामी सन चल न चातुरी मोरि,
प्रभु अजहूँ मैं पापी अंतकाल गति तोरि.९.

चौपाई-caupāī:

सुनत राम अति कोमल बानी, बालि सीस परसेउ निज पानी.
अचल करौं तनु राखहु प्राना, बालि कहा सुनु कृपानिधाना.

जन्म जन्म मुनि जतनु कराहीं, अंत राम कहि आवत नाहीं.
जासु नाम बल संकर कासी, देत सबहि सम गति अबिनासी.
मम लोचन गोचर सोइ आवा, बहुरि कि प्रभु अस बनिहि बनावा.

छंद-chamda:

सो नयन गोचर जासु गुन नित नेति कहि श्रुति गावहीं,
जिति पवन मन गो निरस करि मुनि ध्यान कबहुँक पावहीं.
मोहि जानि अति अभिमान बस प्रभु कहेउ राखु सरीरही,
अस कवन सठ हठि काटि सुरतरु बारि करिहि बबूरही.१.

अब नाथ करि करुना बिलोकहु देहु जो बर मागऊँ,
जेहिं जोनि जन्मौं कर्म बस तहँ राम पद अनुरागऊँ.
यह तनय मम सम बिनय बल कल्यानप्रद प्रभु लीजिऐ,
गहि बाहँ सुर नर नाह आपन दास अंगद कीजिऐ.२.

दोहा-dohā:

राम चरन दृढ़ प्रीति करि बालि कीन्ह तनु त्याग,
सुमन माल जिमि कंठ ते गिरत न जानइ नाग.१०.

चौपाई-caupāī:

राम बालि निज धाम पठावा, नगर लोग सब ब्याकुल धावा.
नाना बिधि बिलाप कर तारा, छूटे केस न देह सँभारा.
तारा बिकल देखि रघुराया, दीन्ह ग्यान हरि लीन्ही माया.
छिति जल पावक गगन समीरा, पंच रचित अति अधम सरीरा.
प्रगट सो तनु तव आगें सोवा, जीव नित्य केहि लगि तुम्ह रोवा.
उपजा ग्यान चरन तब लागी, लीन्हेसि परम भगति बर मागी.
उमा दारु जोषित की नाईं, सबहि नचावत रामु गोसाईं.
तब सुग्रीवहि आयसु दीन्हा, मृतक कर्म बिधिवत सब कीन्हा.
राम कहा अनुजहि समुझाई, राज देहु सुग्रीवहि जाई.
रघुपति चरन नाइ करि माथा, चले सकल प्रेरित रघुनाथा.

दोहा-dohā:

लछिमन तुरत बोलाए पुरजन बिप्र समाज,
राजु दीन्ह सुग्रीव कहँ अंगद कहँ जुबराज.११.

चौपाई-caupāī:

उमा राम सम हित जग माहीं, गुरु पितु मातु बंधु प्रभु नाहीं.
सुर नर मुनि सब कै यह रीती, स्वारथ लागि करहिं सब प्रीती.
बालि त्रास ब्याकुल दिन राती, तन बहु ब्रन चिंताँ जर छाती.
सोइ सुग्रीव कीन्ह कपिराऊ, अति कृपाल रघुबीर सुभाऊ.
जानतहूँ अस प्रभु परिहरहीं, काहे न बिपति जाल नर परहीं.
पुनि सुग्रीवहि लीन्ह बोलाई, बहु प्रकार नृपनीति सिखाई.
कह प्रभु सुनु सुग्रीव हरीसा, पुर न जाउँ दस चारि बरीसा.
गत ग्रीषम बरषा रितु आई, रहिहउँ निकट सैल पर छाई.
अंगद सहित करहु तुम्ह राजू, संतत हृदयँ धरेहु मम काजू.
जब सुग्रीव भवन फिरि आए, रामु प्रबरषन गिरि पर छाए.

दोहा-dohā:

प्रथमहिं देवन्ह गिरि गुहा राखेउ रुचिर बनाइ,
राम कृपानिधि कछु दिन बास करहिंगे आइ.१२.

चौपाई-caupāī:

सुंदर बन कुसुमित अति सोभा, गुंजत मधुप निकर मधु लोभा.
कंद मूल फल पत्र सुहाए, भए बहुत जब ते प्रभु आए.
देखि मनोहर सैल अनूपा, रहे तहँ अनुज सहित सुरभूपा.
मधुकर खग मृग तनु धरि देवा, करहिं सिद्ध मुनि प्रभु कै सेवा.
मंगलरुप भयउ बन तब ते, कीन्ह निवास रमापति जब ते.
फटिक सिला अति सुभ्र सुहाई, सुख आसीन तहाँ द्वौ भाई.
कहत अनुज सन कथा अनेका, भगति बिरति नृपनीति बिबेका.
बरषा काल मेघ नभ छाए, गरजत लागत परम सुहाए.

दोहा-dohā:

लछिमन देखु मोर गन नाचत बारिद पेखि,
गृही बिरति रत हरष जस बिष्नु भगत कहुँ देखि.१३.

चौपाई-caupāī:

घन घमंड नभ गरजत घोरा, प्रिया हीन डरपत मन मोरा.
दामिनि दमक रह न घन माहीं, खल कै प्रीति जथा थिर नाहीं.
बरषहिं जलद भूमि निअराएँ, जथा नवहिं बुध बिद्या पाएँ.
बूँद अघात सहहिं गिरि कैसें, खल के बचन संत सह जैसें.
छुद्र नदीं भरि चलीं तोराई, जस थोरेहुँ धन खल इतराई.
भूमि परत भा ढाबर पानी, जनु जीवहि माया लपटानी.
समिटि समिटि जल भरहिं तलावा, जिमि सदगुन सज्जन पहिं आवा.
सरिता जल जलनिधि महुँ जाई, होई अचल जिमि जिव हरि पाई.

दोहा-dohā:

हरित भूमि तृन संकुल समुझि परहिं नहिं पंथ,
जिमि पाखंड बाद तें गुप्त होहिं सदग्रंथ.१४.

चौपाई-caupāī:

दादुर धुनि चहु दिसा सुहाई, बेद पढ़हिं जनु बटु समुदाई.
नव पल्लव भए बिटप अनेका, साधक मन जस मिलें बिबेका.
अर्क जवास पात बिनु भयऊ, जस सुराज खल उद्यम गयऊ.
खोजत कतहुँ मिलइ नहिं धूरी, करइ क्रोध जिमि धरमहि दूरी.
ससि संपन्न सोह महि कैसी, उपकारी कै संपति जैसी.
निसि तम घन खद्योत बिराजा, जनु दंभिन्ह कर मिला समाजा.
महाबृष्टि चलि फूटि किआरीं, जिमि सुतंत्र भएँ बिगरहिं नारीं.
कृषी निरावहिं चतुर किसाना, जिमि बुध तजहिं मोह मद माना.
देखिअत चक्रबाक खग नाहीं, कलिहि पाइ जिमि धर्म पराहीं.
ऊषर बरषइ तृन नहिं जामा, जिमि हरिजन हियँ उपज न कामा.
बिबिध जंतु संकुल महि भ्राजा, प्रजा बाढ़ जिमि पाइ सुराजा.
जहँ तहँ रहे पथिक थकि नाना, जिमि इंद्रिय गन उपजें ग्याना.

दोहा-dohā:

कबहुँ प्रबल बह मारुत जहँ तहँ मेघ बिलाहिं,
जिमि कपूत के उपजें कुल सद्धर्म नसाहिं.१५क.
कबहुँ दिवस महँ निबिड़ तम कबहुँक प्रगट पतंग,
बिनसइ उपजइ ग्यान जिमि पाइ कुसंग सुसंग.१५ख.

चौपाई-caupāī:

बरषा बिगत सरद रितु आई, लछिमन देखहु परम सुहाई.
फूलें कास सकल महि छाई, जनु बरषाँ कृत प्रगट बुढ़ाई.

उदित अगस्ति पंथ जल सोषा, जिमि लोभहि सोषइ संतोषा.
सरिता सर निर्मल जल सोहा, संत हृदय जस गत मद मोहा.
रस रस सूख सरित सर पानी, ममता त्याग करहिं जिमि ग्यानी.
जानि सरद रितु खंजन आए, पाइ समय जिमि सुकृत सुहाए.
पंक न रेनु सोह असि धरनी, नीति निपुन नृप कै जसि करनी.
जल संकोच बिकल भइँ मीना, अबुध कुटुंबी जिमि धनहीना.
बिनु धन निर्मल सोह अकासा, हरिजन इव परिहरि सब आसा.
कहुँ कहुँ बृष्टि सारदी थोरी, कोउ एक पाव भगति जिमि मोरी.

दोहा-dohā:

चले हरषि तजि नगर नृप तापस बनिक भिखारि,
जिमि हरि भगति पाइ श्रम तजहिं आश्रमी चारि.१६.

चौपाई-caupāī:

सुखी मीन जे नीर अगाधा, जिमि हरि सरन न एकउ बाधा.
फूलें कमल सोह सर कैसा, निर्गुन ब्रह्म सगुन भएँ जैसा.
गुंजत मधुकर मुखर अनूपा, सुंदर खग रव नाना रूपा.
चक्रबाक मन दुख निसि पेखी, जिमि दुर्जन पर संपति देखी.
चातक रटत तृषा अति ओही, जिमि सुख लहइ न संकरद्रोही.
सरदातप निसि ससि अपहरई, संत दरस जिमि पातक टरई.
देखि इंदु चकोर समुदाई, चितवहिं जिमि हरिजन हरि पाई.
मसक दंस बीते हिम त्रासा, जिमि द्विज द्रोह किएँ कुल नासा.

दोहा-dohā:

भूमि जीव संकुल रहे गए सरद रितु पाइ,
सदगुर मिलें जाहिं जिमि संसय भ्रम समुदाइ.१७.

चौपाई-caupāī:

बरषा गत निर्मल रितु आई, सुधि न तात सीता कै पाई.
एक बार कैसेहुँ सुधि जानौं, कालहु जीति निमिष महुँ आनौं.
कतहुँ रहउ जौं जीवति होई, तात जतन करि आनउँ सोई.
सुग्रीवहुँ सुधि मोरि बिसारी, पावा राज कोस पुर नारी.
जेहिं सायक मारा मैं बाली, तेहिं सर हतौं मूढ़ कहँ काली.
जासु कृपाँ छूटहिं मद मोहा, ता कहुँ उमा कि सपनेहुँ कोहा.
जानहिं यह चरित्र मुनि ग्यानी, जिन्ह रघुबीर चरन रति मानी.
लछिमन क्रोधवंत प्रभु जाना, धनुष चढ़ाइ गहे कर बाना.

दोहा-dohā:

तब अनुजहि समुझावा रघुपति करुना सींव,
भय देखाइ लै आवहु तात सखा सुग्रीव.१८.

चौपाई-caupāī:

इहाँ पवनसुत हृदयँ बिचारा, राम काजु सुग्रीवँ बिसारा.
निकट जाइ चरनन्हि सिरु नावा, चारिहु बिधि तेहि कहि समुझावा.
सुनि सुग्रीवँ परम भय माना, बिषयँ मोर हरि लीन्हेउ ग्याना.
अब मारुतसुत दूत समूहा, पठवहु जहँ तहँ बानर जूहा.
कहहु पाख महुँ आव न जोई, मोरें कर ता कर बध होई.
तब हनुमंत बोलाए दूता, सब कर करि सनमान बहूता.
भय अरु प्रीति नीति देखराई, चले सकल चरनन्हि सिर नाई.
एहि अवसर लछिमन पुर आए, क्रोध देखि जहँ तहँ कपि धाए.

दोहा-dohā:

धनुष चढ़ाइ कहा तब जारि करउँ पुर छार,
ब्याकुल नगर देखि तब आयउ बालिकुमार.१९.

चौपाई-caupāī:

चरन नाइ सिरु बिनती कीन्ही, लछिमन अभय बाँह तेहि दीन्ही.
क्रोधवंत लछिमन सुनि काना, कह कपीस अति भयँ अकुलाना.
सुनु हनुमंत संग लै तारा, करि बिनती समुझाउ कुमारा.
तारा सहित जाइ हनुमाना, चरन बंदि प्रभु सुजस बखाना.
करि बिनती मंदिर लै आए, चरन पखारि पलँग बैठाए.
तब कपीस चरनन्हि सिरु नावा, गहि भुज लछिमन कंठ लगावा.
नाथ बिषय सम मद कछु नाहीं, मुनि मन मोह करइ छन माहीं.
सुनत बिनीत बचन सुख पावा, लछिमन तेहि बहु बिधि समुझावा.
पवन तनय सब कथा सुनाई, जेहि बिधि गए दूत समुदाई.

दोहा-dohā:

हरषि चले सुग्रीव तब अंगदादि कपि साथ,
रामानुज आगें करि आए जहँ रघुनाथ.२०.

चौपाई-caupāī:

नाइ चरन सिरु कह कर जोरी, नाथ मोहि कछु नाहिन खोरी.
अतिसय प्रबल देव तव माया, छूटइ राम करहु जौं दाया.
बिषय बस्य सुर नर मुनि स्वामी, मैं पावँर पसु कपि अति कामी.
नारि नयन सर जाहि न लागा, घोर क्रोध तम निसि जो जागा.
लोभ पाँस जेहिं गर न बँधाया, सो नर तुम्ह समान रघुराया.
यह गुन साधन तें नहिं होई, तुम्हरी कृपाँ पाव कोइ कोई.
तब रघुपति बोले मुसुकाई, तुम्ह प्रिय मोहि भरत जिमि भाई.
अब सोइ जतनु करहु मन लाई, जेहि बिधि सीता कै सुधि पाई.

दोहा-dohā:

एहि बिधि होत बतकही आए बानर जूथ,
नाना बरन सकल दिसि देखिअ कीस बरुथ.२१.

चौपाई-caupāī:

बानर कटक उमा मैं देखा, सो मूरुख जो करन चह लेखा.
आइ राम पद नावहिं माथा, निरखि बदनु सब होहिं सनाथा.
अस कपि एक न सेना माहीं, राम कुसल जेहि पूछी नाहीं.
यह कछु नहिं प्रभु कइ अधिकाई, बिस्वरूप ब्यापक रघुराई.
ठाढ़े जहँ तहँ आयसु पाई, कह सुग्रीव सबहि समुझाई.
राम काजु अरु मोर निहोरा, बानर जूथ जाहु चहुँ ओरा.
जनकसुता कहुँ खोजहु जाई, मास दिवस महँ आएहु भाई.
अवधि मेटि जो बिनु सुधि पाएँ, आवइ बनिहि सो मोहि मराएँ.

दोहा-dohā:

बचन सुनत सब बानर जहँ तहँ चले तुरंत,
तब सुग्रीवँ बोलाए अंगद नल हनुमंत.२२.

चौपाई-caupāī:

सुनहु नील अंगद हनुमाना, जामवंत मतिधीर सुजाना.
सकल सुभट मिलि दच्छिन जाहू, सीता सुधि पूँछेउ सब काहू.
मन क्रम बचन सो जतन बिचारेहु, रामचंद्र कर काजु सँवारेहु.
भानु पीठि सेइअ उर आगी, स्वामिहि सर्ब भाव छल त्यागी.

तजि माया सेइअ परलोका, मिटहिं सकल भवसंभव सोका.
देह धरे कर यह फलु भाई, भजिअ राम सब काम बिहाई.
सोइ गुनग्य सोई बड़भागी, जो रघुबीर चरन अनुरागी.
आयसु मागि चरन सिरु नाई, चले हरषि सुमिरत रघुराई.
पाछें पवन तनय सिरु नावा, जानि काज प्रभु निकट बोलावा.
परसा सीस सरोरुह पानी, करमुद्रिका दीन्हि जन जानी.
बहु प्रकार सीतहि समुझाएहु, कहि बल बिरह बेगि तुम्ह आएहु.
हनुमत जन्म सुफल करि माना, चलेउ हृदयँ धरि कृपानिधाना.
जद्यपि प्रभु जानत सब बाता, राजनीति राखत सुरत्राता.

दोहा-dohā:

चले सकल बन खोजत सरिता सर गिरि खोह,
राम काज लयलीन मन बिसरा तन कर छोह.२३.

चौपाई-caupāī:

कतहुँ होइ निसिचर सैं भेटा, प्रान लेहिं एक एक चपेटा.
बहु प्रकार गिरि कानन हेरहिं, कोउ मुनि मिलइ ताहि सब घेरहिं.
लागि तृषा अतिसय अकुलाने, मिलइ न जल घन गहन भुलाने.
मन हनुमान कीन्ह अनुमाना, मरन चहत सब बिनु जल पाना.
चढ़ि गिरि सिखर चहूँ दिसि देखा, भूमि बिबर एक कौतुक पेखा.
चक्रबाक बक हंस उड़ाहीं, बहुतक खग प्रबिसहिं तेहि माहीं.
गिरि ते उतरि पवनसुत आवा, सब कहुँ लै सोइ बिबर देखावा.
आगें कै हनुमंतहि लीन्हा, पैठे बिबर बिलंबु न कीन्हा.

दोहा-dohā:

दीख जाइ उपवन बर सर बिगसित बहु कंज,
मंदिर एक रुचिर तहँ बैठि नारि तप पुंज.२४.

चौपाई-caupāī:

दूरि ते ताहि सबन्हि सिर नावा, पूछें निज बृत्तांत सुनावा.
तेहिं तब कहा करहु जल पाना, खाहु सुरस सुंदर फल नाना.
मज्जनु कीन्ह मधुर फल खाए, तासु निकट पुनि सब चलि आए.
तेहिं सब आपनि कथा सुनाई, मैं अब जाब जहाँ रघुराई.
मूदहु नयन बिबर तजि जाहू, पैहहु सीतहि जनि पछिताहू.
नयन मूदि पुनि देखहिं बीरा, ठाढ़े सकल सिंधु कें तीरा.
सो पुनि गई जहाँ रघुनाथा, जाइ कमल पद नाएसि माथा.
नाना भाँति बिनय तेहिं कीन्ही, अनपायनी भगति प्रभु दीन्ही.

दोहा-dohā:

बदरीबन कहुँ सो गई प्रभु अग्या धरि सीस,
उर धरि राम चरन जुग जे बंदत अज ईस.२५.

चौपाई-caupāī:

इहाँ बिचारहिं कपि मन माहीं, बीती अवधि काजु कछु नाहीं.
सब मिलि कहहिं परस्पर बाता, बिनु सुधि लएँ करब का भ्राता.
कह अंगद लोचन भरि बारी, दुहुँ प्रकार भइ मृत्यु हमारी.
इहाँ न सुधि सीता कै पाई, उहाँ गएँ मारिहि कपिराई.
पिता बधे पर मारत मोही, राखा राम निहोर न ओही.
पुनि पुनि अंगद कह सब पाहीं, मरन भयउ कछु संसय नाहीं.
अंगद बचन सुनत कपि बीरा, बोलि न सकहिं नयन बह नीरा.
छन एक सोच मगन होइ रहे, पुनि अस बचन कहत सब भए.
हम सीता कै सुधि लीन्हें बिना, नहिं जैहैं जुबराज प्रबीना.
अस कहि लवन सिंधु तट जाई, बैठे कपि सब दर्भ डसाई.
जामवंत अंगद दुख देखी, कहिं कथा उपदेस बिसेषी.
तात राम कहुँ नर जनि मानहु, निर्गुन ब्रह्म अजित अज जानहु.
हम सब सेवक अति बड़भागी, संतत सगुन ब्रह्म अनुरागी.

दोहा-dohā:

निज इच्छाँ प्रभु अवतरइ सुर महि गो द्विज लागि,
सगुन उपासक संग तहँ रहहिं मोच्छ सब त्यागि.२६.

चौपाई-caupāī:

एहि बिधि कथा कहहिं बहु भाँती, गिरि कंदराँ सुनी संपाती.
बाहेर होइ देखि बहु कीसा, मोहि अहार दीन्ह जगदीसा.
आजु सबहि कहँ भच्छन करऊँ, दिन बहु चले अहार बिनु मरऊँ.
कबहुँ न मिल भरि उदर अहारा, आजु दीन्ह बिधि एकहिं बारा.
डरपे गीध बचन सुनि काना, अब भा मरन सत्य हम जाना.
कपि सब उठे गीध कहँ देखी, जामवंत मन सोच बिसेषी.
कह अंगद बिचारि मन माहीं, धन्य जटायू सम कोउ नाहीं.
राम काज कारन तनु त्यागी, हरि पुर गयउ परम बड़ भागी.
सुनि खग हरष सोक जुत बानी, आवा निकट कपिन्ह भय मानी.
तिन्हहि अभय करि पूछेसि जाई, कथा सकल तिन्ह ताहि सुनाई.
सुनि संपाति बंधु कै करनी, रघुपति महिमा बधुबिधि बरनी.

दोहा-dohā:

मोहि लै जाहु सिंधुतट देउँ तिलांजलि ताहि,
बचन सहाइ करबि मैं पैहहु खोजहु जाहि.२७.

चौपाई-caupāī:

अनुज क्रिया करि सागर तीरा, कहि निज कथा सुनहु कपि बीरा.
हम द्वौ बंधु प्रथम तरुनाई, गगन गए रबि निकट उड़ाई.
तेज न सहि सक सो फिरि आवा, मैं अभिमानी रबि निअरावा.
जरे पंख अति तेज अपारा, परेउँ भूमि करि घोर चिकारा.
मुनि एक नाम चंद्रमा ओही, लागी दया देखि करि मोही.
बहु प्रकार तेहिं ग्यान सुनावा, देह जनित अभिमान छड़ावा.
त्रेताँ ब्रह्म मनुज तनु धरिही, तासु नारि निसिचर पति हरिही.
तासु खोज पठइहि प्रभु दूता, तिन्हहि मिलें तैं होब पुनीता.
जमिहहिं पंख करसि जनि चिंता, तिन्हहि देखाइ देहेसु तैं सीता.
मुनि कइ गिरा सत्य भइ आजू, सुनि मम बचन करहु प्रभु काजू.
गिरि त्रिकूट ऊपर बस लंका, तहँ रह रावन सहज असंका.
तहँ असोक उपबन जहँ रहई, सीता बैठि सोच रत अहई.

दोहा-dohā:

मैं देखउँ तुम्ह नाहीं गीधहि दृष्टि अपार,
बूढ़ भयउँ न त करतेउँ कछुक सहाय तुम्हार.२८.

चौपाई-caupāī:

जो नाघइ सत जोजन सागर, करइ सो राम काज मति आगर.
मोहि बिलोकि धरहु मन धीरा, राम कृपाँ कस भयउ सरीरा.
पापिउ जा कर नाम सुमिरहीं, अति अपार भवसागर तरहीं.

तासु दूत तुम्ह तजि कदराई, राम हृदयँ धरि करहु उपाई.
अस कहि गरुड़ गीध जब गयऊ, तिन्ह कें मन अति बिसमय भयऊ.
निज निज बल सब काहूँ भाषा, पार जाइ कर संसय राखा.
जरठ भयउँ अब कहइ रिछेसा, नहिं तन रहा प्रथम बल लेसा.
जबहिं त्रिबिक्रम भए खरारी, तब मैं तरुन रहेउँ बल भारी.

दोहा-dohā:

बलि बाँधत प्रभु बाढ़ेउ सो तनु बरनि न जाइ,
उभय घरी महँ दीन्हीं सात प्रदच्छिन धाइ.२९.

चौपाई-caupāī:

अंगद कहइ जाउँ मैं पारा, जियँ संसय कछु फिरती बारा.
जामवंत कह तुम्ह सब लायक, पठइअ किमि सब ही कर नायक.
कहइ रीछपति सुनु हनुमाना, का चुप साधि रहेहु बलवाना.
पवन तनय बल पवन समाना, बुधि बिबेक बिग्यान निधाना.
कवन सो काज कठिन जग माहीं, जो नहिं होइ तात तुम्ह पाहीं.
राम काज लगि तव अवतारा, सुनतहिं भयउ पर्बताकारा.
कनक बरन तन तेज बिराजा, मानहुँ अपर गिरिन्ह कर राजा.
सिंहनाद करि बारहिं बारा, लीलहिं नाघउँ जलनिधि खारा.
सहित सहाय रावनहि मारी, आनउँ इहाँ त्रिकूट उपारी.
जामवंत मैं पूँछउँ तोही, उचित सिखावनु दीजहु मोही.
एतना करहु तात तुम्ह जाई, सीतहि देखि कहहु सुधि आई.
तब निज भुज बल राजिवनैना, कौतुक लागि संग कपि सेना.

छंद-chamda:

कपि सेन संग सँघारि निसिचर रामु सीतहि आनिहैं,
त्रैलोक पावन सुजसु सुर मुनि नारदादि बखानिहैं.
जो सुनत गावत कहत समुझत परम पद नर पावई,
रघुबीर पद पाथोज मधुकर दास तुलसी गावई.

दोहा-dohā:

भव भेषज रघुनाथ जसु सुनहिं जे नर अरु नारि,
तिन्ह कर सकल मनोरथ सिद्ध करहिं त्रिसिरारि.३०क.

सोरठा-soraṭhā:

नीलोत्पल तन स्याम काम कोटि सोभा अधिक,
सुनिअ तासु गुन ग्राम जासु नाम अघ खग बधिक.३०ख.

मासपारायण तेईसवाँ विश्राम

इति श्रीमद्रामचरितमानसे सकलकलिकलुषविध्वंसने
चतुर्थः सोपानः समाप्तः

सीताराम सीताराम

ॐ

श्रीजानकीवल्लभो विजयते

śrījānakīvallabho vijayate

श्रीरामचरितमानस

śrīrāmacaritamānasa

पञ्चम सोपान - सुन्दरकाण्ड

pañcama sopāna - sundarakāṇḍa

शलोक-śloka:

शान्तं शाश्वतमप्रमेयमनघं निर्वाणशान्तिप्रदं
ब्रह्माशम्भुफणीन्द्रसेव्यमनिशं वेदान्तवेद्यं विभुम्,
रामाख्यं जगदीश्वरं सुरगुरुं मायामनुष्यं हरिं
वन्देऽहं करुणाकरं रघुवरं भूपालचूडामणिम्.१.
नान्या स्पृहा रघुपते हृदयेऽस्मदीये
सत्यं वदामि च भवानखिलान्तरात्मा,
भक्तिं प्रयच्छ रघुपुङ्गव निर्भरां मे
कामादिदोषरहितं कुरु मानसं च.२.
अतुलितबलधामं हेमशैलाभदेहं
दनुजवनकृशानुं ज्ञानिनामग्रगण्यम्,
सकलगुणनिधानं वानराणामधीशं
रघुपतिप्रियभक्तं वातजातं नमामि.३.

चौपाई-caupāī:

जामवंत के बचन सुहाए, सुनि हनुमंत हृदय अति भाए,
तब लगि मोहि परिखेहु तुम्ह भाई, सहि दुख कंद मूल फल खाई.
जब लगि आवौं सीतहि देखी, होइहि काजु मोहि हरष बिसेषी.
यह कहि नाइ सबन्हि कहुँ माथा, चलेउ हरषि हियँ धरि रघुनाथा.
सिंधु तीर एक भूधर सुंदर, कौतुक कूदि चढ़ेउ ता ऊपर.
बार बार रघुबीर सँभारी, तरकेउ पवनतनय बल भारी.
जेहिं गिरि चरन देइ हनुमंता, चलेउ सो गा पाताल तुरंता.
जिमि अमोघ रघुपति कर बाना, एही भाँति चलेउ हनुमाना.
जलनिधि रघुपति दूत बिचारी, तैं मैनाक होहि श्रमहारी.

दोहा-dohā:

हनूमान तेहि परसा कर पुनि कीन्ह प्रनाम,
राम काजु कीन्हें बिनु मोहि कहाँ बिश्राम.१.

चौपाई-caupāī:

जात पवनसुत देवन्ह देखा, जानैं कहुँ बल बुद्धि बिसेषा.
सुरसा नाम अहिन्ह कै माता, पठइन्हि आइ कही तेहिं बाता.
आजु सुरन्ह मोहि दीन्ह अहारा, सुनत बचन कह पवनकुमारा.
राम काजु करि फिरि मैं आवौं, सीता कइ सुधि प्रभुहि सुनावौं.
तब तव बदन पैठिहउँ आई, सत्य कहउँ मोहि जान दे माई.
कवनेहुँ जतन देइ नहिं जाना, ग्रससि न मोहि कहेउ हनुमाना.
जोजन भरि तेहिं बदनु पसारा, कपि तनु कीन्ह दुगुन बिस्तारा.
सोरह जोजन मुख तेहिं ठयऊ, तुरत पवनसुत बत्तिस भयऊ.
जस जस सुरसा बदनु बढ़ावा, तासु दून कपि रूप देखावा.
सत जोजन तेहिं आनन कीन्हा, अति लघु रूप पवनसुत लीन्हा.
बदन पइठि पुनि बाहेर आवा, मागा बिदा ताहि सिरु नावा.
मोहि सुरन्ह जेहि लागि पठावा, बुधि बल मरमु तोर मै पावा.

दोहा-dohā:

राम काजु सबु करिहहु तुम्ह बल बुद्धि निधान,
आसिष देह गई सो हरषि चलेउ हनुमान.२.

चौपाई-caupāī:

निसिचरि एक सिंधु महुँ रहई, करि माया नभु के खग गहई.
जीव जंतु जे गगन उड़ाहीं, जल बिलोकि तिन्ह कै परिछाहीं.
गहइ छाहँ सक सो न उड़ाई, एहि बिधि सदा गगनचर खाई.
सोइ छल हनूमान कहँ कीन्हा, तासु कपटु कपि तुरतहिं चीन्हा.
ताहि मारि मारुतसुत बीरा, बारिधि पार गयउ मतिधीरा.
तहाँ जाइ देखी बन सोभा, गुंजत चंचरीक मधु लोभा.
नाना तरु फल फूल सुहाए, खग मृग बृंद देखि मन भाए,
सैल बिसाल देखि एक आगें, ता पर धाइ चढेउ भय त्यागें.
उमा न कछु कपि कै अधिकाई, प्रभु प्रताप जो कालहि खाई.
गिरि पर चढि लंका तेहिं देखी, कहि न जाइ अति दुर्ग बिसेषी.
अति उतंग जलनिधि चहु पासा, कनक कोट कर परम प्रकासा.

छंद-chanda:

कनक कोट बिचित्र मनि कृत सुंदरायतना घना,
चउहट्ट हट्ट सुबट्ट बीथीं चारु पुर बहु बिधि बना.
गज बाजि खच्चर निकर पदचर रथ बरूथन्हि को गनै,
बहुरूप निसिचर जूथ अतिबल सेन बरनत नहिं बनै.१.

बन बाग उपबन बाटिका सर कूप बापीं सोहहीं,
नर नाग सुर गंधर्ब कन्या रूप मुनि मन मोहहीं.
कहुँ माल देह बिसाल सैल समान अतिबल गर्जहीं,
नाना अखारेन्ह भिरहिं बहु बिधि एक एकन्ह तर्जहीं.२.

करि जतन भट कोटिन्ह बिकट तन नगर चहुँ दिसि रच्छहीं,
कहुँ महिष मानषु धेनु खर अज खल निसाचर भच्छहीं.

एहि लागि तुलसीदास इन्ह की कथा कछु एक है कही,
रघुबीर सर तीरथ सरीरन्हि त्यागि गति पैहहिं सही.३.

दोहा-dohā:

पुर रखवारे देखि बहु कपि मन कीन्ह बिचार,
अति लघु रूप धरौं निसि नगर करौं पइसार.३.

चौपाई-caupāī:

मसक समान रूप कपि धरी, लंकहि चलेउ सुमिरि नरहरी.
नाम लंकिनी एक निसिचरी, सो कह चलेसि मोहि निंदरी.
जानेहि नहीं मरमु सठ मोरा, मोर अहार जहाँ लगि चोरा.
मुठिका एक महा कपि हनी, रुधिर बमत धरनीं ढनमनी.
पुनि संभारि उठि सो लंका, जोरि पानि कर बिनय संसका.
जब रावनहि ब्रह्म बर दीन्हा, चलत बिरंचि कहा मोहि चीन्हा.
बिकल होसि तैं कपि कें मारे, तब जानेसु निसिचर संघारे.
तात मोर अति पुन्य बहूता, देखेउँ नयन राम कर दूता.

दोहा-dohā:

तात स्वर्ग अपबर्ग सुख धरिअ तुला एक अंग,
तूल न ताहि सकल मिलि जो सुख लव सतसंग.४.

चौपाई-caupāī:

प्रबिसि नगर कीजे सब काजा, हृदयँ राखि कोसलपुर राजा.
गरल सुधा रिपु करहिं मिताई, गोपद सिंधु अनल सितलाई.
गरुड़ सुमेरु रेनु सम ताही, राम कृपा करि चितवा जाही.
अति लघु रूप धरेउ हनुमाना, पैठा नगर सुमिरि भगवाना.
मंदिर मंदिर प्रति करि सोधा, देखे जहँ तहँ अगनित जोधा.
गयउ दसानन मंदिर माहीं, अति बिचित्र कहि जात सो नाहीं.
सयन किएँ देखा कपि तेही, मंदिर महुँ न दीखि बैदेही.
भवन एक पुनि दीख सुहावा, हरि मंदिर तहँ भिन्न बनावा.

दोहा-dohā:

रामायुध अंकित गृह सोभा बरनि न जाइ,
नव तुलसिका बृंद तहँ देखि हरष कपिराइ.५.

चौपाई-caupāī:

लंका निसिचर निकर निवासा, इहाँ कहाँ सज्जन कर बासा.
मन महुँ तरक करैं कपि लागा, तेहीं समय बिभीषनु जागा.
राम राम तेहिं सुमिरन कीन्हा, हृदयँ हरष कपि सज्जन चीन्हा.
एहि सन हठि करिहउँ पहिचानी, साधु ते होइ न कारज हानी.
बिप्र रुप धरि बचन सुनाए, सुनत बिभीषन उठि तहँ आए.
करि प्रनाम पूँछी कुसलाई, बिप्र कहहु निज कथा बुझाई.
की तुम्ह हरि दासन्ह महँ कोई, मोरें हृदय प्रीति अति होई.
की तुम्ह रामु दीन अनुरागी, आयहु मोहि करन बड़भागी.

दोहा-dohā:

तब हनुमंत कही सब राम कथा निज नाम,
सुनत जुगल तन पुलक मन मगन सुमिरि गुन ग्राम.६.

चौपाई-caupāī:

सुनहु पवनसुत रहनि हमारी, जिमि दसनन्हि महुँ जीभ बिचारी.
तात कबहुँ मोहि जानि अनाथा, करिहहिं कृपा भानुकुल नाथा.
तामस तनु कछु साधन नाहीं, प्रीति न पद सरोज मन माहीं.
अब मोहि भा भरोस हनुमंता, बिनु हरिकृपा मिलहिं नहिं संता.
जौं रघुबीर अनुग्रह कीन्हा, तौ तुम्ह मोहि दरसु हठि दीन्हा.
सुनहु बिभीषन प्रभु कै रीती, करहिं सदा सेवक पर प्रीती.
कहहु कवन मैं परम कुलीना, कपि चंचल सबहीं बिधि हीना.
प्रात लेइ जो नाम हमारा, तेहि दिन ताहि न मिलै अहारा.

दोहा-dohā:

अस मैं अधम सखा सुनु मोहू पर रघुबीर,
कीन्ही कृपा सुमिरि गुन भरे बिलोचन नीर.७.

चौपाई-caupāī:

जानतहूँ अस स्वामि बिसारी, फिरहिं ते काहे न होहिं दुखारी.
एहि बिधि कहत राम गुन ग्रामा, पावा अनिर्बाच्य बिश्रामा.
पुनि सब कथा बिभीषन कही, जेहि बिधि जनकसुता तहँ रही.
तब हनुमंत कहा सुनु भ्राता, देखी चहउँ जानकी माता.
जुगुति बिभीषन सकल सुनाई, चलेउ पवनसुत बिदा कराई.
करि सोइ रूप गयउ पुनि तहवाँ, बन असोक सीता रह जहवाँ.
देखि मनहि महुँ कीन्ह प्रनामा, बैठेहिं बीति जात निसि जामा.
कृस तनु सीस जटा एक बेनी, जपति हृदयँ रघुपति गुन श्रेनी.

दोहा-dohā:

निज पद नयन दिएँ मन राम पद कमल लीन,
परम दुखी भा पवनसुत देखि जानकी दीन.८.

चौपाई-caupāī:

तरु पल्लव महुँ रहा लुकाई, करइ बिचार करौं का भाई.
तेहि अवसर रावनु तहँ आवा, संग नारि बहु किएँ बनावा.
बहु बिधि खल सीतहि समुझावा, साम दान भय भेद देखावा.
कह रावनु सुनु सुमुखि सयानी, मंदोदरी आदि सब रानी.
तव अनुचरीं करउँ पन मोरा, एक बार बिलोकु मम ओरा.
तृन धरि ओट कहति बैदेही, सुमिरि अवधपति परम सनेही.
सुनु दसमुख खद्योत प्रकासा, कबहुँ कि नलिनी करइ बिकासा.
अस मन समुझु कहति जानकी, खल सुधि नहिं रघुबीर बान की.
सठ सूनें हरि आनेहि मोही, अधम निलज्ज लाज नहिं तोही.

दोहा-dohā:

आपुहि सुनि खद्योत सम रामहि भानु समान,
परुष बचन सुनि काढ़ि असि बोला अति खिसिआन.९.

चौपाई-caupāī:

सीता तैं मम कृत अपमाना, कटिहउँ तव सिर कठिन कृपाना.
नाहिं त सपदि मानु मम बानी, सुमुखि होति न त जीवन हानी.
स्याम सरोज दाम सम सुंदर, प्रभु भुज करि कर सम दसकंधर.
सो भुज कंठ कि तव असि घोरा, सुनु सठ अस प्रवान पन मोरा.
चंद्रहास हरु मम परितापं, रघुपति बिरह अनल संजातं.
सीतल निसित बहसि बर धारा, कह सीता हरु मम दुख भारा.
सुनत बचन पुनि मारन धावा, मयतनयाँ कहि नीति बुझावा.
कहेसि सकल निसिचरिन्ह बोलाई, सीतहि बहु बिधि त्रासहु जाई.
मास दिवस महुँ कहा न माना, तौ मैं मारबि काढ़ि कृपाना.

दोहा-dohā:

भवन गयउ दसकंधर इहाँ पिसाचिनि बृंद,
सीतहि त्रास देखावहिं धरहिं रूप बहु मंद.१०.

चौपाई-caupāī:

त्रिजटा नाम राच्छसी एका, राम चरन रति निपुन बिबेका.
सबन्हौ बोलि सुनाएसि सपना, सीतहि सेइ करहु हित अपना.
सपनें बानर लंका जारी, जातुधान सेना सब मारी.
खर आरूढ़ नगन दससीसा, मुंडित सिर खंडित भुज बीसा.
एहि बिधि सो दच्छिन दिसि जाई, लंका मनहुँ बिभीषन पाई.
नगर फिरी रघुबीर दोहाई, तब प्रभु सीता बोलि पठाई.
यह सपना मैं कहउँ पुकारी, होइहि सत्य गएँ दिन चारी.
तासु बचन सुनि ते सब डरीं, जनकसुता के चरनन्हि परीं.

दोहा-dohā:

जहँ तहँ गईं सकल तब सीता कर मन सोच,
मास दिवस बीतें मोहि मारिहि निसिचर पोच.११.

चौपाई-caupāī:

त्रिजटा सन बोलीं कर जोरी, मातु बिपति संगिनि तैं मोरी.
तजौं देह करु बेगि उपाई, दुसहु बिरहु अब नहिं सहि जाई.
आनि काठ रचु चिता बनाई, मातु अनल पुनि देहि लगाई.
सत्य करहि मम प्रीति सयानी, सुनै को श्रवन सूल सम बानी.
सुनत बचन पद गहि समुझाएसि, प्रभु प्रताप बल सुजसु सुनाएसि.
निसि न अनल मिल सुनु सुकुमारी, अस कहि सो निज भवन सिधारी.
कह सीता बिधि भा प्रतिकूला, मिलिहि न पावक मिटिहि न सूला.
देखिअत प्रगट गगन अंगारा, अवनि न आवत एकउ तारा.
पावकमय ससि स्रवत न आगी, मानहुँ मोहि जानि हत भागी.
सुनहि बिनय मम बिटप असोका, सत्य नाम करु हरु मम सोका.
नूतन किसलय अनल समाना, देहि अगिनि जनि करहि निदाना.
देखि परम बिरहाकुल सीता, सो छन कपिहि कलप सम बीता.

सोरठा-soraṭhā:

कपि करि हृदयँ बिचार दीन्हि मुद्रिका डारि तब,
जनु असोक अंगार दीन्ह हरषि उठि कर गहेउ.१२.

चौपाई-caupāī:

तब देखी मुद्रिका मनोहर, राम नाम अंकित अति सुंदर.
चकित चितव मुदरी पहिचानी, हरष बिषाद हृदयँ अकुलानी.
जीति को सकइ अजय रघुराई, माया तें असि रचि नहिं जाई.
सीता मन बिचार कर नाना, मधुर बचन बोलेउ हनुमाना.
रामचंद्र गुन बरनैं लागा, सुनतहिं सीता कर दुख भागा.
लागीं सुनैं श्रवन मन लाई, आदिहु तें सब कथा सुनाई.
श्रवनामृत जेहिं कथा सुहाई, कही सो प्रगट होति किन भाई.
तब हनुमंत निकट चलि गयऊ, फिरि बैठीं मन बिसमय भयऊ.
राम दूत मैं मातु जानकी, सत्य सपथ करुनानिधान की.
यह मुद्रिका मातु मैं आनी, दीन्हि राम तुम्ह कहँ सहिदानी.
नर बानरहि संग कहु कैसें, कही कथा भइ संगति जैसें.

दोहा-dohā:

कपि के बचन सप्रेम सुनि उपजा मन बिस्वास,
जाना मन क्रम बचन यह कृपासिंधु कर दास.१३.

चौपाई-caupāī:

हरिजन जानि प्रीति अति गाढ़ी, सजल नयन पुलकावलि बाढ़ी.
बूड़त बिरह जलधि हनुमाना, भयहु तात मो कहुँ जलजाना.
अब कहु कुसल जाउँ बलिहारी, अनुज सहित सुख भवन खरारी.
कोमलचित कृपाल रघुराई, कपि केहि हेतु धरी निठुराई.
सहज बानि सेवक सुख दायक, कबहुँक सुरति करत रघुनायक.
कबहुँ नयन मम सीतल ताता, होइहहिं निरखि स्याम मृदु गाता.
बचनु न आव नयन भरे बारी, अहह नाथ हौं निपट बिसारी.
देखि परम बिरहाकुल सीता, बोला कपि मृदु बचन बिनीता.
मातु कुसल प्रभु अनुज समेता, तव दुख दुखी सुकृपा निकेता.
जनि जननी मानहु जियँ ऊना, तुम्ह ते प्रेमु राम कें दूना.

दोहा-dohā:

रघुपति कर संदेसु अब सुनु जननी धरि धीर,
अस कहि कपि गदगद भयउ भरे बिलोचन नीर.१४.

चौपाई-caupāī:

कहेउ राम बियोग तव सीता, मो कहुँ सकल भए बिपरीता.
नव तरु किसलय मनहुँ कृसानू, काल निसा सम निसि ससि भानू.
कुबलय बिपिन कुंत बन सरिसा, बारिद तपत तेल जनु बरिसा.
जे हित रहे करत तेइ पीरा, उरग स्वास सम त्रिबिध समीरा.
कहेहू तें कछु दुख घटि होई, काहि कहौं यह जान न कोई.
तत्व प्रेम कर मम अरु तोरा, जानत प्रिया एकु मनु मोरा.
सो मनु सदा रहत तोहि पाहीं, जानु प्रीति रसु एतनेहि माहीं.
प्रभु संदेसु सुनत बैदेही, मगन प्रेम तन सुधि नहिं तेही.
कह कपि हृदयँ धीर धरु माता, सुमिरु राम सेवक सुखदाता.
उर आनहु रघुपति प्रभुताई, सुनि मम बचन तजहु कदराई.

दोहा-dohā:

निसिचर निकर पतंग सम रघुपति बान कृसानु,
जननी हृदयँ धीर धरु जरे निसाचर जानु.१५.

चौपाई-caupāī:

जौं रघुबीर होति सुधि पाई, करते नहिं बिलंबु रघुराई.
राम बान रबि उएँ जानकी, तम बरूथ कहँ जातुधान की.
अबहिं मातु मैं जाउँ लवाई, प्रभु आयसु नहिं राम दोहाई.
कछुक दिवस जननी धरु धीरा, कपिन्ह सहित अइहहिं रघुबीरा.
निसिचर मारि तोहि लै जैहहिं, तिहुँ पुर नारदादि जसु गैहहिं.
हैं सुत कपि सब तुम्हहि समाना, जातुधान अति भट बलवाना.
मोरें हृदय परम संदेहा, सुनि कपि प्रगट कीन्हि निज देहा.
कनक भूधराकार सरीरा, समर भयंकर अतिबल बीरा.
सीता मन भरोस तब भयऊ, पुनि लघु रूप पवनसुत लयऊ.

दोहा-dohā:

सुनु माता साखामृग नहिं बल बुद्धि बिसाल,
प्रभु प्रताप तें गरुड़हि खाइ परम लघु ब्याल.१६.

चौपाई-caupāī:

मन संतोष सुनत कपि बानी, भगति प्रताप तेज बल सानी.
आसिष दीन्हि रामप्रिय जाना, होहु तात बल सील निधाना.
अजर अमर गुननिधि सुत होहू, करहुँ बहुत रघुनायक छोहू.
करहुँ कृपा प्रभु अस सुनि काना, निर्भर प्रेम मगन हनुमाना.
बार बार नाएसि पद सीसा, बोला बचन जोरि कर कीसा.
अब कृतकृत्य भयउँ मैं माता, आसिष तव अमोघ बिख्याता.
सुनहु मातु मोहि अतिसय भूखा, लागि देखि सुंदर फल रूखा.
सुनु सुत करहिं बिपिन रखवारी, परम सुभट रजनीचर भारी.
तिन्ह कर भय माता मोहि नाहीं, जौं तुम्ह सुख मानहु मन माहीं.

दोहा-dohā:

देखि बुद्धि बल निपुन कपि कहेउ जानकीं जाहु,
रघुपति चरन हृदयँ धरि तात मधुर फल खाहु.१७.

चौपाई-caupāī:

चलेउ नाइ सिरु पैठेउ बागा, फल खाएसि तरु तोरैं लागा.
रहे तहाँ बहु भट रखवारे, कछु मारेसि कछु जाइ पुकारे.
नाथ एक आवा कपि भारी, तेहिं असोक बाटिका उजारी.
खाएसि फल अरु बिटप उपारे, रच्छक मर्दि मर्दि महि डारे.
सुनि रावन पठए भट नाना, तिन्हहि देखि गर्जेउ हनुमाना.
सब रजनीचर कपि संघारे, गए पुकारत कछु अधमारे.
पुनि पठयउ तेहिं अच्छकुमारा, चला संग लै सुभट अपारा.
आवत देखि बिटप गहि तर्जा, ताहि निपाति महाधुनि गर्जा.

दोहा-dohā:

कछु मारेसि कछु मर्देसि कछु मिलएसि धरि धूरि,
कछु पुनि जाइ पुकारे प्रभु मर्कट बल भूरि.१८.

चौपाई-caupāī:

सुनि सुत बध लंकेस रिसाना, पठएसि मेघनाद बलवाना.
मारसि जनि सुत बांधेसु ताही, देखिअ कपिहि कहाँ कर आही.
चला इंद्रजित अतुलित जोधा, बंधु निधन सुनि उपजा क्रोधा.
कपि देखा दारुन भट आवा, कटकटाइ गर्जा अरु धावा.
अति बिसाल तरु एक उपारा, बिरथ कीन्ह लंकेस कुमारा.
रहे महाभट ताके संगा, गहि गहि कपि मर्दइ निज अंगा.
तिन्हहि निपाति ताहि सन बाजा, भिरे जुगल मानहुँ गजराजा.
मुठिका मारि चढ़ा तरु जाई, ताहि एक छन मुरुछा आई.
उठि बहोरि कीन्हिसि बहु माया, जीति न जाइ प्रभंजन जाया.

दोहा-dohā:

ब्रह्म अस्त्र तेहिं साँधा कपि मन कीन्ह बिचार,
जौं न ब्रह्मसर मानउँ महिमा मिटइ अपार.१९.

चौपाई-caupāī:

ब्रह्मबान कपि कहुँ तेहिं मारा, परतिहुँ बार कटकु संघारा.
तेहिं देखा कपि मुरुछित भयऊ, नागपास बाँधेसि लै गयऊ.
जासु नाम जपि सुनहु भवानी, भव बंधन काटहिं नर ग्यानी.
तासु दूत कि बंध तरु आवा, प्रभु कारज लगि कपिहिं बँधावा.
कपि बंधन सुनि निसिचर धाए, कौतुक लागि सभाँ सब आए.
दसमुख सभा दीखि कपि जाई, कहि न जाइ कछु अति प्रभुताई.
कर जोरें सुर दिसिप बिनीता, भृकुटि बिलोकत सकल सभीता.
देखि प्रताप न कपि मन संका, जिमि अहिगन महुँ गरुड़ असंका.

दोहा-dohā:

कपिहि बिलोकि दसानन बिहसा कहि दुर्बाद,
सुत बध सुरति कीन्हि पुनि उपजा हृदयँ बिषाद.२०.

चौपाई-caupāī:

कह लंकेस कवन तैं कीसा, केहि कें बल घालेहि बन खीसा.
की धौं श्रवन सुनेहि नहिं मोही, देखउँ अति असंक सठ तोही.
मारे निसिचर केहिं अपराधा, कहु सठ तोहि न प्रान कइ बाधा.
सुनु रावन ब्रह्मांड निकाया, पाइ जासु बल बिरचति माया.
जाकें बल बिरंचि हरि ईसा, पालत सृजत हरत दससीसा.
जा बल सीस धरत सहसानन, अंडकोस समेत गिरि कानन.
धरइ जो बिबिध देह सुरत्राता, तुम्ह ते सठन्ह सिखावनु दाता.
हर कोदंड कठिन जेहिं भंजा, तेहि समेत नृप दल मद गंजा.
खर दूषन त्रिसिरा अरु बाली, बधे सकल अतुलित बलसाली.

दोहा-dohā:

जाके बल लवलेस तें जितेहु चराचर झारि,
तासु दूत मैं जा करि हरि आनेहु प्रिय नारि.२१.

चौपाई-caupāī:

जानउँ मैं तुम्हारि प्रभुताई, सहसबाहु सन परी लराई.
समर बालि सन करि जसु पावा, सुनि कपि बचन बिहसि बिहरावा.
खायउँ फल प्रभु लागी भूँखा, कपि सुभाव तें तोरेउँ रूखा.
सब कें देह परम प्रिय स्वामी, मारहिं मोहि कुमारग गामी.
जिन्ह मोहि मारा ते मैं मारे, तेहि पर बाँधेउँ तनयँ तुम्हारे.
मोहि न कछु बाँधे कइ लाजा, कीन्ह चहउँ निज प्रभु कर काजा.
बिनती करउँ जोरि कर रावन, सुनहु मान तजि मोर सिखावन.
देखहु तुम्ह निज कुलहि बिचारी, भ्रम तजि भजहु भगत भय हारी.
जाकें डर अति काल डेराई, जो सुर असुर चराचर खाई.
तासों बयरु कबहुँ नहिं कीजै, मोरे कहें जानकी दीजै.

दोहा-dohā:

प्रनतपाल रघुनायक करुना सिंधु खरारि,
गएँ सरन प्रभु राखिहैं तव अपराध बिसारि.२२.

चौपाई-caupāī:

राम चरन पंकज उर धरहू, लंका अचल राजु तुम्ह करहू.
रिषि पुलस्ति जसु बिमल मंयका, तेहि ससि महुँ जनि होहु कलंका.
राम नाम बिनु गिरा न सोहा, देखु बिचारि त्यागि मद मोहा.
बसन हीन नहिं सोह सुरारी, सब भूषन भूषित बर नारी.
राम बिमुख संपति प्रभुताई, जाइ रही पाई बिनु पाई.
सजल मूल जिन्ह सरितन्ह नाहीं, बरषि गए पुनि तबहिं सुखाहीं.
सुनु दसकंठ कहउँ पन रोपी, बिमुख राम त्राता नहिं कोपी.
संकर सहस बिष्नु अज तोही, सकहिं न राखि राम कर द्रोही.

दोहा-dohā:

मोहमूल बहु सूल प्रद त्यागहु तम अभिमान,
भजहु राम रघुनायक कृपा सिंधु भगवान.२३.

चौपाई-caupāī:

जदपि कही कपि अति हित बानी, भगति बिबेक बिरति नय सानी.
बोला बिहसि महा अभिमानी, मिला हमहि कपि गुर बड़ ग्यानी.
मृत्यु निकट आई खल तोही, लागेसि अधम सिखावन मोही.
उलटा होइहि कह हनुमाना, मतिभ्रम तोर प्रगट मैं जाना.
सुनि कपि बचन बहुत खिसिआना, बेगि न हरहु मूढ़ कर प्राना.
सुनत निसाचर मारन धाए, सचिवन्ह सहित बिभीषनु आए.
नाइ सीस करि बिनय बहूता, नीति बिरोध न मारिअ दूता.
आन दंड कछु करिअ गोसाँई, सबहीं कहा मंत्र भल भाई.
सुनत बिहसि बोला दसकंधर, अंग भंग करि पठइअ बंदर.

दोहा-dohā:

कपि कें ममता पूँछ पर सबहि कहउँ समुझाइ,
तेल बोरि पट बाँधि पुनि पावक देहु लगाइ.२४.

चौपाई-caupāī:

पूँछहीन बानर तहँ जाइहि, तब सठ निज नाथहि लइ आइहि.
जिन्ह कै कीन्हिसि बहुत बड़ाई, देखउँ मैं तिन्ह कै प्रभुताई.
बचन सुनत कपि मन मुसुकाना, भइ सहाय सारद मैं जाना.
जातुधान सुनि रावन बचना, लागे रचैं मूढ़ सोइ रचना.
रहा न नगर बसन घृत तेला, बाढ़ी पूँछ कीन्ह कपि खेला.
कौतुक कहँ आए पुरबासी, मारहिं चरन करहिं बहु हाँसी.
बाजहिं ढोल देहिं सब तारी, नगर फेरि पुनि पूँछ प्रजारी.
पावक जरत देखि हनुमंता, भयउ परम लघुरुप तुरंता.
निबुकि चढ़ेउ कपि कनक अटारीं, भईं सभीत निसाचर नारीं.

दोहा-dohā:

हरि प्रेरित तेहि अवसर चले मरुत उनचास,
अट्टहास करि गर्जा कपि बढ़ि लाग अकास.२५.

चौपाई-caupāī:

देह बिसाल परम हरुआई, मंदिर तें मंदिर चढ़ धाई.
जरइ नगर भा लोग बिहाला, झपट लपट बहु कोटि कराला.
तात मातु हा सुनिअ पुकारा, एहिं अवसर को हमहि उबारा.
हम जो कहा यह कपि नहिं होई, बानर रूप धरें सुर कोई.
साधु अवग्या कर फलु ऐसा, जरइ नगर अनाथ कर जैसा.
जारा नगरु निमिष एक माहीं, एक बिभीषन कर गृह नाहीं.
ता कर दूत अनल जेहिं सिरिजा, जरा न सो तेहि कारन गिरिजा.
उलटि पलटि लंका सब जारी, कूदि परा पुनि सिंधु मझारी.

दोहा-dohā:

पूँछ बुझाइ खोइ श्रम धरि लघु रूप बहोरि,
जनकसुता कें आगें ठाढ़ भयउ कर जोरि.२६.

चौपाई-caupāī:

मातु मोहि दीजे कछु चीन्हा, जैसें रघुनायक मोहि दीन्हा.
चूड़ामनि उतारि तब दयऊ, हरष समेत पवनसुत लयऊ.
कहेहु तात अस मोर प्रनामा, सब प्रकार प्रभु पूरनकामा.
दीन दयाल बिरिदु संभारी, हरहु नाथ मम संकट भारी.
तात सक्रसुत कथा सुनाएहु, बान प्रताप प्रभुहि समुझाएहु.
मास दिवस महुँ नाथु न आवा, तौ पुनि मोहि जिअत नहिं पावा.
कहु कपि केहि बिधि राखौं प्राना, तुम्हहू तात कहत अब जाना.
तोहि देखि सीतलि भइ छाती, पुनि मो कहुँ सोइ दिनु सो राती.

दोहा-dohā:

जनकसुतहि समुझाइ करि बहु बिधि धीरजु दीन्ह,
चरन कमल सिरु नाइ कपि गवनु राम पहिं कीन्ह.२७.

चौपाई-caupāī:

चलत महाधुनि गर्जेसि भारी, गर्भ स्रवहिं सुनि निसिचर नारी.
नाघि सिंधु एहि पारहि आवा, सबद किलिकिला कपिन्ह सुनावा.
हरषे सब बिलोकि हनुमाना, नूतन जन्म कपिन्ह तब जाना.
मुख प्रसन्न तन तेज बिराजा, कीन्हेसि रामचन्द्र कर काजा.
मिले सकल अति भए सुखारी, तलफत मीन पाव जिमि बारी.
चले हरषि रघुनायक पासा, पूँछत कहत नवल इतिहासा.
तब मधुबन भीतर सब आए, अंगद संमत मधु फल खाए.
रखवारे जब बरजन लागे, मुष्टि प्रहार हनत सब भागे.

दोहा-dohā:

जाइ पुकारे ते सब बन उजार जुबराज,
सुनि सुग्रीव हरष कपि करि आए प्रभु काज.२८.

चौपाई-caupāī:

जौं न होति सीता सुधि पाई, मधुबन के फल सकहिं कि खाई.
एहि बिधि मन बिचार कर राजा, आइ गए कपि सहित समाजा.
आइ सबन्हि नावा पद सीसा, मिलेउ सबन्हि अति प्रेम कपीसा.
पूँछी कुसल कुसल पद देखी, राम कृपाँ भा काजु बिसेषी.
नाथ काजु कीन्हेउ हनुमाना, राखे सकल कपिन्ह के प्राना.
सुनि सुग्रीव बहुरि तेहि मिलेऊ, कपिन्ह सहित रघुपति पहिं चलेऊ.
राम कपिन्ह जब आवत देखा, किएँ काजु मन हरष बिसेषा.
फटिक सिला बैठे द्वौ भाई, परे सकल कपि चरनन्हि जाई.

दोहा-dohā:

प्रीति सहित सब भेटे रघुपति करुना पुंज,
पूँछी कुसल नाथ अब कुसल देखि पद कंज.२९.

चौपाई-caupāī:

जामवंत कह सुनु रघुराया, जा पर नाथ करहु तुम्ह दाया.
ताहि सदा सुभ कुसल निरंतर, सुर नर मुनि प्रसन्न ता ऊपर.
सोइ बिजई बिनई गुन सागर, तासु सुजसु त्रैलोक उजागर.
प्रभु कीं कृपा भयउ सबु काजू, जन्म हमार सुफल भा आजू.
नाथ पवनसुत कीन्हि जो करनी, सहसहुँ मुख न जाइ सो बरनी.
पवनतनय के चरित सुहाए, जामवंत रघुपतिहि सुनाए.
सुनत कृपानिधि मन अति भाए, पुनि हनुमान हरषि हियँ लाए.
कहहु तात केहि भाँति जानकी, रहति करति रच्छा स्वप्रान की.

दोहा-dohā:

नाम पाहरु दिवस निसि ध्यान तुम्हार कपाट,
लोचन निज पद जंत्रित जाहिं प्रान केहिं बाट.३०.

चौपाई-caupāī:

चलत मोहि चूड़ामनि दीन्ही, रघुपति हृदयँ लाइ सोइ लीन्ही.
नाथ जुगल लोचन भरि बारी, बचन कहे कछु जनककुमारी.
अनुज समेत गहेहु प्रभु चरना, दीन बंधु प्रनतारति हरना.

मन क्रम बचन चरन अनुरागी, केहिं अपराध नाथ हौं त्यागी.
अवगुन एक मोर मैं माना, बिछुरत प्रान न कीन्ह पयाना.
नाथ सो नयनन्हि को अपराधा, निसरत प्रान करहिं हठि बाधा.
बिरह अगिनि तनु तूल समीरा, स्वास जरइ छन माहिं सरीरा.
नयन स्रवहिं जलु निज हित लागी, जरैं न पाव देह बिरहागी.
सीता कै अति बिपति बिसाला, बिनहिं कहें भलि दीनदयाला.

दोहा-dohā:

निमिष निमिष करुनानिधि जाहिं कलप सम बीति,
बेगि चलिय प्रभु आनिअ भुज बल खल दल जीति.३१.

चौपाई-caupāī:

सुनि सीता दुख प्रभु सुख अयना, भरि आए जल राजिव नयना.
बचन कायँ मन मम गति जाही, सपनेहुँ बूझिअ बिपति कि ताही.
कह हनुमंत बिपति प्रभु सोई, जब तव सुमिरन भजन न होई.
केतिक बात प्रभु जातुधान की, रिपुहि जीति आनिबी जानकी.
सुनु कपि तोहि समान उपकारी, नहिं कोउ सुर नर मुनि तनुधारी.
प्रति उपकार करौं का तोरा, सनमुख होइ न सकत मन मोरा.
सुनु सुत तोहि उरिन मैं नाहीं, देखेउँ करि बिचार मन माहीं.
पुनि पुनि कपिहि चितव सुरत्राता, लोचन नीर पुलक अति गाता.

दोहा-dohā:

सुनि प्रभु बचन बिलोकि मुख गात हरषि हनुमंत,
चरन परेउ प्रेमाकुल त्राहि त्राहि भगवंत.३२.

चौपाई-caupāī:

बार बार प्रभु चहइ उठावा, प्रेम मगन तेहि उठब न भावा.
प्रभु कर पंकज कपि कें सीसा, सुमिरि सो दसा मगन गौरीसा.
सावधान मन करि पुनि संकर, लागे कहन कथा अति सुंदर.
कपि उठाइ प्रभु हृदयँ लगावा, कर गहि परम निकट बैठावा.
कहु कपि रावन पालित लंका, केहि बिधि दहेउ दुर्ग अति बंका.
प्रभु प्रसन्न जाना हनुमाना, बोला बचन बिगत अभिमाना.
साखामृग कै बड़ि मनुसाई, साखा तें साखा पर जाई.
नाघि सिंधु हाटकपुर जारा, निसिचर गन बधि बिपिन उजारा.
सो सब तव प्रताप रघुराई, नाथ न कछू मोरि प्रभुताई.

दोहा-dohā:

ता कहुँ प्रभु कछु अगम नहिं जा पर तुम्ह अनुकूल,
तव प्रभावँ बड़वानलहि जारि सकइ खलु तूल.३३.

चौपाई-caupāī:

नाथ भगति अति सुखदायनी, देहु कृपा करि अनपायनी.
सुनि प्रभु परम सरल कपि बानी, एवमस्तु तब कहेउ भवानी.
उमा राम सुभाउ जेहिं जाना, ताहि भजनु तजि भाव न आना.
यह संबाद जासु उर आवा, रघुपति चरन भगति सोइ पावा.
सुनि प्रभु बचन कहहिं कपिबृंदा, जय जय जय कृपाल सुखकंदा.
तब रघुपति कपिपतिहि बोलावा, कहा चलैं कर करहु बनावा.
अब बिलंबु केहि कारन कीजे, तुरत कपिन्ह कहुँ आयसु दीजे.
कौतुक देखि सुमन बहु बरषी, नभ तें भवन चले सुर हरषी.

दोहा-dohā:

कपिपति बेगि बोलाए आए जूथप जूथ,
नाना बरन अतुल बल बानर भालु बरूथ.३४.

चौपाई-caupāī:

प्रभु पद पंकज नावहिं सीसा, गर्जहिं भालु महाबल कीसा.
देखी राम सकल कपि सेना, चितइ कृपा करि राजिव नैना.
राम कृपा बल पाइ कपिंदा, भए पच्छजुत मनहुँ गिरिंदा.
हरषि राम तब कीन्ह पयाना, सगुन भए सुंदर सुभ नाना.
जासु सकल मंगलमय कीती, तासु पयान सगुन यह नीती.
प्रभु पयान जाना बैदेहीं, फरकि बाम अँग जनु कहि देहीं.
जोइ जोइ सगुन जानकिहि होई, असगुन भयउ रावनहि सोई.
चला कटकु को बरनैं पारा, गर्जहिं बानर भालु अपारा.
नख आयुध गिरि पादपधारी, चले गगन महि इच्छाचारी.
केहरिनाद भालु कपि करहीं, डगमगाहिं दिग्गज चिक्करहीं.

छंद-chamda:

चिक्करहिं दिग्गज डोल महि गिरि लोल सागर खरभरे,
मन हरष सभ गंधर्ब सुर मुनि नाग किंनर दुख टरे.
कटकटहिं मर्कट बिकट भट बहु कोटि कोटिन्ह धावहीं,
जय राम प्रबल प्रताप कोसलनाथ गुन गन गावहीं.१.

सहि सक न भार उदार अहिपति बार बारहिं मोहई,
गह दसन पुनि पुनि कमठ पृष्ट कठोर सो किमि सोहई.
रघुबीर रुचिर प्रयान प्रस्थिति जानि परम सुहावनी,
जनु कमठ खर्पर सर्पराज सो लिखत अबिचल पावनी.२.

दोहा-dohā:

एहि बिधि जाइ कृपानिधि उतरे सागर तीर,
जहँ तहँ लागे खान फल भालु बिपुल कपि बीर.३५.

चौपाई-caupāī:

उहाँ निसाचर रहहिं ससंका, जब तें जारि गयउ कपि लंका.
निज निज गृहँ सब करहिं बिचारा, नहिं निसिचर कुल केर उबारा.
जासु दूत बल बरनि न जाई, तेहि आएँ पुर कवन भलाई.
दूतिन्ह सन सुनि पुरजन बानी, मंदोदरी अधिक अकुलानी.
रहसि जोरि कर पति पग लागी, बोली बचन नीति रस पागी.
कंत करष हरि सन परिहरहू, मोर कहा अति हित हियँ धरहू.
समुझत जासु दूत कइ करनी, स्रवहिं गर्भ रजनीचर धरनी.
तासु नारि निज सचिव बोलाई, पठवहु कंत जो चहहु भलाई.
तव कुल कमल बिपिन दुखदाई, सीता सीत निसा सम आई.
सुनहु नाथ सीता बिनु दीन्हें, हित न तुम्हार संभु अज कीन्हें.

दोहा-dohā:

राम बान अहि गन सरिस निकर निसाचर भेक,
जब लगि ग्रसत न तब लगि जतनु करहु तजि टेक.३६.

चौपाई-caupāī:

श्रवन सुनी सठ ता करि बानी, बिहसा जगत बिदित अभिमानी.
सभय सुभाउ नारि कर साचा, मंगल महुँ भय मन अति काचा.
जौं आवइ मर्कट कटकाई, जिअहिं बिचारे निसिचर खाई.

कंपहिं लोकप जाकीं त्रासा, तासु नारि सभीत बड़ि हासा.
अस कहि बिहसि ताहि उर लाई, चलेउ सभाँ ममता अधिकाई.
मंदोदरी हृदयँ कर चिंता, भयउ कंत पर बिधि बिपरीता.
बैठेउ सभाँ खबरि असि पाई, सिंधु पार सेना सब आई.
बूझेसि सचिव उचित मत कहहू, ते सब हँसे मष्ट करि रहहू.
जितेहु सुरासुर तब श्रम नाहीं, नर बानर केहि लेखे माहीं.

दोहा-dohā:

सचिव बैद गुर तीनि जौं प्रिय बोलहिं भय आस,
राज धर्म तन तीनि कर होइ बेगिहीं नास.३७.

चौपाई-caupāī:

सोइ रावन कहुँ बनी सहाई, अस्तुति करहिं सुनाइ सुनाई.
अवसर जानि बिभीषनु आवा, भ्राता चरन सीसु तेहिं नावा.
पुनि सिरु नाइ बैठ निज आसन, बोला बचन पाइ अनुसासन.
जौ कृपाल पूँछिहु मोहि बाता, मति अनुरुप कहउँ हित ताता.
जो आपन चाहै कल्याना, सुजसु सुमति सुभ गति सुख नाना.
सो परनारि लिलार गोसाईं, तजउ चउथि के चंद कि नाईं.
चौदह भुवन एक पति होई, भूतद्रोह तिष्टइ नहिं सोई.
गुन सागर नागर नर जोऊ, अलप लोभ भल कहइ न कोऊ.

दोहा-dohā:

काम क्रोध मद लोभ सब नाथ नरक के पंथ,
सब परिहरि रघुबीरहि भजहु भजहिं जेहि संत.३८.

चौपाई-caupāī:

तात राम नहिं नर भूपाला, भुवनेस्वर कालहु कर काला.
ब्रह्म अनामय अज भगवंता, ब्यापक अजित अनादि अनंता.
गो द्विज धेनु देव हितकारी; कृपा सिंधु मानुष तनुधारी.
जन रंजन भंजन खल ब्राता, बेद धर्म रच्छक सुनु भ्राता.
ताहि बयरु तजि नाइअ माथा, प्रनतारति भंजन रघुनाथा.
देहु नाथ प्रभु कहुँ बैदेही, भजहु राम बिनु हेतु सनेही.
सरन गएँ प्रभु ताहु न त्यागा, बिस्व द्रोह कृत अघ जेहि लागा.
जासु नाम त्रय ताप नसावन, सोइ प्रभु प्रगट समुझु जियँ रावन.

दोहा-dohā:

बार बार पद लागउँ बिनय करउँ दससीस,
परिहरि मान मोह मद भजहु कोसलाधीस.३९क.

मुनि पुलस्ति निज सिष्य सन कहि पठई यह बात,
तुरत सो मैं प्रभु सन कही पाइ सुअवसरु तात.३९ख.

चौपाई-caupāī:

माल्यवंत अति सचिव सयाना, तासु बचन सुनि अति सुख माना.
तात अनुज तव नीति बिभूषन, सो उर धरहु जो कहत बिभीषन.
रिपु उतकरष कहत सठ दोऊ, दूरि न करहु इहाँ हइ कोऊ.
माल्यवंत गृह गयउ बहोरी, कहइ बिभीषनु पुनि कर जोरी.
सुमति कुमति सब कें उर रहहीं, नाथ पुरान निगम अस कहहीं.
जहाँ सुमति तहँ संपति नाना, जहाँ कुमति तहँ बिपति निदाना.
तव उर कुमति बसी बिपरीता, हित अनहित मानहु रिपु प्रीता.
कालराति निसिचर कुल केरी, तेहि सीता पर प्रीति घनेरी.

दोहा-dohā:

तात चरन गहि मागउँ राखहु मोर दुलार,
सीता देहु राम कहुँ अहित न होइ तुम्हार.४०.

चौपाई-caupāī:

बुध पुरान श्रुति संमत बानी, कही बिभीषन नीति बखानी.
सुनत दसानन उठा रिसाई, खल तोहि निकट मृत्यु अब आई.
जिअसि सदा सठ मोर जिआवा, रिपु कर पच्छ मूढ़ तोहि भावा.
कहसि न खल अस को जग माहीं, भुज बल जाहि जिता मैं नाहीं.
मम पुर बसि तपसिन्ह पर प्रीती, सठ मिलु जाइ तिन्हहि कहु नीती.
अस कहि कीन्हेसि चरन प्रहारा, अनुज गहे पद बारहिं बारा.
उमा संत कइ इहइ बड़ाई, मंद करत जो करइ भलाई.
तुम्ह पितु सरिस भलेहिं मोहि मारा, रामु भजें हित नाथ तुम्हारा.
सचिव संग लै नभ पथ गयऊ, सबहि सुनाइ कहत अस भयऊ.

दोहा-dohā:

रामु सत्यसंकल्प प्रभु सभा कालबस तोरि,
मैं रघुबीर सरन अब जाउँ देहु जनि खोरि.४१.

चौपाई-caupāī:

अस कहि चला बिभीषनु जबहीं, आयूहीन भए सब तबहीं.
साधु अवग्या तुरत भवानी, कर कल्यान अखिल कै हानी.
रावन जबहिं बिभीषन त्यागा, भयउ बिभव बिनु तबहिं अभागा.
चलेउ हरषि रघुनायक पाहीं, करत मनोरथ बहु मन माहीं.
देखिहउँ जाइ चरन जलजाता, अरुन मृदुल सेवक सुखदाता.
जे पद परसि तरी रिषिनारी, दंडक कानन पावनकारी.
जे पद जनकसुताँ उर लाए, कपट कुरंग संग धर धाए.
हर उर सर सरोज पद जेई, अहोभाग्य मैं देखिहउँ तेई.

दोहा-dohā:

जिन्ह पायन्ह के पादुकन्हि भरतु रहे मन लाइ,
ते पद आजु बिलोकिहउँ इन्ह नयनन्हि अब जाइ.४२.

चौपाई-caupāī:

एहि बिधि करत सप्रेम बिचारा, आयउ सपदि सिंधु एहिं पारा.
कपिन्ह बिभीषनु आवत देखा, जाना कोउ रिपु दूत बिसेषा.
ताहि राखि कपीस पहिं आए, समाचार सब ताहि सुनाए.
कह सुग्रीव सुनहु रघुराई, आवा मिलन दसानन भाई.
कह प्रभु सखा बूझिऐ काहा, कहइ कपीस सुनहु नरनाहा.
जानि न जाइ निसाचर माया, कामरूप केहि कारन आया.
भेद हमार लेन सठ आवा, राखिअ बाँधि मोहि अस भावा.
सखा नीति तुम्ह नीकि बिचारी, मम पन सरनागत भयहारी.
सुनि प्रभु बचन हरष हनुमाना, सरनागत बच्छल भगवाना.

दोहा-dohā:

सरनागत कहुँ जे तजहिं निज अनहित अनुमानि,
ते नर पावँर पापमय तिन्हहि बिलोकत हानि.४३.

चौपाई-caupāī:

कोटि बिप्र बध लागहिं जाहू, आएँ सरन तजउँ नहिं ताहू.
सनमुख होइ जीव मोहि जबहीं, जन्म कोटि अघ नासहिं तबहीं.

पापवंत कर सहज सुभाऊ, भजनु मोर तेहि भाव न काऊ.
जौं पै दुष्टहृदय सोइ होई, मोरें सनमुख आव कि सोई.
निर्मल मन जन सो मोहि पावा, मोहि कपट छल छिद्र न भावा.
भेद लेन पठवा दससीसा, तबहुँ न कछु भय हानि कपीसा.
जग महुँ सखा निसाचर जेते, लछिमनु हनइ निमिष महुँ तेते.
जौं सभीत आवा सरनाईं, रखिहउँ ताहि प्रान की नाईं.

दोहा-dohā:

उभय भाँति तेहि आनहु हँसि कह कृपानिकेत,
जय कृपाल कहि कपि चले अंगद हनू समेत.४४.

चौपाई-caupāī:

सादर तेहि आगें करि बानर, चले जहाँ रघुपति करुनाकर.
दूरिहि ते देखे द्वौ भ्राता, नयनानंद दान के दाता.
बहुरि राम छबिधाम बिलोकी, रहेउ ठटुकि एकटक पल रोकी.
भुज प्रलंब कंजारुन लोचन, स्यामल गात प्रनत भय मोचन.
सिंघ कंध आयत उर सोहा, आनन अमित मदन मन मोहा.
नयन नीर पुलकित अति गाता, मन धरि धीर कही मृदु बाता.
नाथ दसानन कर मैं भ्राता, निसिचर बंस जनम सुरत्राता.
सहज पापप्रिय तामस देहा, जथा उलूकहि तम पर नेहा.

दोहा-dohā:

श्रवन सुजसु सुनि आयउँ प्रभु भंजन भव भीर,
त्राहि त्राहि आरति हरन सरन सुखद रघुबीर.४५.

चौपाई-caupāī:

अस कहि करत दंडवत देखा, तुरत उठे प्रभु हरष बिसेषा.
दीन बचन सुनि प्रभु मन भावा, भुज बिसाल गहि हृदयँ लगावा.
अनुज सहित मिलि ढिग बैठारी, बोले बचन भगत भयहारी.
कहु लंकेस सहित परिवारा, कुसल कुठाहर बास तुम्हारा.
खल मंडलीं बसहु दिनु राती, सखा धरम निबहइ केहि भाँती.
मैं जानउँ तुम्हारि सब रीती, अति नय निपुन न भाव अनीती.
बरु भल बास नरक कर ताता, दुष्ट संग जनि देइ बिधाता.
अब पद देखि कुसल रघुराया, जौं तुम्ह कीन्हि जानि जन दाया.

दोहा-dohā:

तब लगि कुसल न जीव कहुँ सपनेहुँ मन बिश्राम,
जब लगि भजत न राम कहुँ सोक धाम तजि काम.४६.

चौपाई-caupāī:

तब लगि हृदयँ बसत खल नाना, लोभ मोह मच्छर मद माना.
जब लगि उर न बसत रघुनाथा, धरें चाप सायक कटि भाथा.
ममता तरुन तमी अँधिआरी, राग द्वेष उलूक सुखकारी.
तब लगि बसति जीव मन माहीं, जब लगि प्रभु प्रताप रबि नाहीं.
अब मैं कुसल मिटे भय भारे, देखि राम पद कमल तुम्हारे.
तुम्ह कृपाल जा पर अनुकूला, ताहि न ब्याप त्रिबिध भव सूला.
मैं निसिचर अति अधम सुभाऊ, सुभ आचरनु कीन्ह नहिं काऊ.
जासु रूप मुनि ध्यान न आवा, तेहिं प्रभु हरषि हृदयँ मोहि लावा.

दोहा-dohā:

अहोभाग्य मम अमित अति राम कृपा सुख पुंज,
देखेउँ नयन बिरंचि सिव सेब्य जुगल पद कंज.४७.

चौपाई-caupāī:

सुनहु सखा निज कहउँ सुभाऊ, जान भुसुंडि संभु गिरिजाऊ.
जौं नर होइ चराचर द्रोही, आवे सभय सरन तकि मोही.
तजि मद मोह कपट छल नाना, करउँ सद्य तेहि साधु समाना.
जननी जनक बंधु सुत दारा, तनु धनु भवन सुहृद परिवारा.
सब कै ममता ताग बटोरी, मम पद मनहि बाँध बरि डोरी.
समदरसी इच्छा कछु नाहीं, हरष सोक भय नहिं मन माहीं.
अस सज्जन मम उर बस कैसें, लोभी हृदयँ बसइ धनु जैसें.
तुम्ह सारिखे संत प्रिय मोरें, धरउँ देह नहिं आन निहोरें.

दोहा-dohā:

सगुन उपासक परहित निरत नीति दृढ़ नेम,
ते नर प्रान समान मम जिन्ह कें द्विज पद प्रेम.४८.

चौपाई-caupāī:

सुनु लंकेस सकल गुन तोरें, तातें तुम्ह अतिसय प्रिय मोरें.
राम बचन सुनि बानर जूथा, सकल कहहिं जय कृपा बरूथा.
सुनत बिभीषनु प्रभु कै बानी, नहिं अघात श्रवनामृत जानी.
पद अंबुज गहि बारहिं बारा, हृदयँ समात न प्रेमु अपारा.
सुनहु देव सचराचर स्वामी, प्रनतपाल उर अंतरजामी.
उर कछु प्रथम बासना रही, प्रभु पद प्रीति सरित सो बही.
अब कृपाल निज भगति पावनी, देहु सदा सिव मन भावनी.
एवमस्तु कहि प्रभु रनधीरा, मागा तुरत सिंधु कर नीरा.
जदपि सखा तव इच्छा नाहीं, मोर दरसु अमोघ जग माहीं.
अस कहि राम तिलक तेहि सारा, सुमन बृष्टि नभ भई अपारा.

दोहा-dohā:

रावन क्रोध अनल निज स्वास समीर प्रचंड,
जरत बिभीषनु राखेउ दीन्हेउ राजु अखंड.४९क.

जो संपति सिव रावनहि दीन्हि दिएँ दस माथ,
सोइ संपदा बिभीषनहि सकुचि दीन्ह रघुनाथ.४९ख.

चौपाई-caupāī:

अस प्रभु छाडि भजहिं जे आना, ते नर पसु बिनु पूँछ बिषाना.
निज जन जानि ताहि अपनावा, प्रभु सुभाव कपि कुल मन भावा.
पुनि सर्बग्य सर्ब उर बासी, सर्बरूप सब रहित उदासी.
बोले बचन नीति प्रतिपालक, कारन मनुज दनुज कुल घालक.
सुनु कपीस लंकापति बीरा, केहि बिधि तरिअ जलधि गंभीरा.
संकुल मकर उरग झष जाती, अति अगाध दुस्तर सब भाँती.
कह लंकेस सुनहु रघुनायक, कोटि सिंधु सोषक तव सायक.
जद्यपि तदपि नीति असि गाई, बिनय करिअ सागर सन जाई.

दोहा-dohā:

प्रभु तुम्हार कुलगुर जलधि कहिहि उपाय बिचारि,
बिनु प्रयास सागर तरिहि सकल भालु कपि धारि.५०.

चौपाई-caupāī:

सखा कही तुम्ह नीकि उपाई, करिअ दैव जौं होइ सहाई.
मंत्र न यह लछिमन मन भावा, राम बचन सुनि अति दुख पावा.
नाथ दैव कर कवन भरोसा, सोषिअ सिंधु करिअ मन रोसा.

कादर मन कहुँ एक अधारा, दैव दैव आलसी पुकारा.
सुनत बिहसि बोले रघुबीरा, ऐसेहिं करब धरहु मन धीरा.
अस कहि प्रभु अनुजहि समुझाई, सिंधु समीप गए रघुराई.
प्रथम प्रनाम कीन्ह सिरु नाई, बैठे पुनि तट दर्भ डसाई.
जबहिं बिभीषन प्रभु पहिं आए, पाछें रावन दूत पठाए.

दोहा-dohā:

सकल चरित तिन्ह देखे धरें कपट कपि देह,
प्रभु गुन हृदयँ सराहहिं सरनागत पर नेह.५१.

चौपाई-caupāī:

प्रगट बखानहिं राम सुभाऊ, अति सप्रेम गा बिसरि दुराऊ.
रिपु के दूत कपिन्ह तब जाने, सकल बाँधि कपीस पहिं आने.
कह सुग्रीव सुनहु सब बानर, अंग भंग करि पठवहु निसिचर.
सुनि सुग्रीव बचन कपि धाए, बाँधि कटक चहु पास फिराए.
बहु प्रकार मारन कपि लागे, दीन पुकारत तदपि न त्यागे.
जो हमार हर नासा काना, तेहि कोसलाधीस कै आना.
सुनि लछिमन सब निकट बोलाए, दया लागि हँसि तुरत छोड़ाए.
रावन कर दीजहु यह पाती, लछिमन बचन बाचु कुलघाती.

दोहा-dohā:

कहेहु मुखागर मूढ़ सन मम संदेसु उदार,
सीता देइ मिलेहु न त आवा कालु तुम्हार.५२.

चौपाई-caupāī:

तुरत नाइ लछिमन पद माथा, चले दूत बरनत गुन गाथा.
कहत राम जसु लंकाँ आए, रावन चरन सीस तिन्ह नाए.
बिहसि दसानन पूँछी बाता, कहसि न सुक आपनि कुसलाता.
पुनि कहु खबरि बिभीषन केरी, जाहि मृत्यु आई अति नेरी.
करत राज लंका सठ त्यागी, होइहि जव कर कीट अभागी.
पुनि कहु भालु कीस कटकाई, कठिन काल प्रेरित चलि आई.
जिन्ह के जीवन कर रखवारा, भयउ मृदुल चित सिंधु बिचारा.
कहु तपसिन्ह कै बात बहोरी, जिन्ह के हृदयँ त्रास अति मोरी.

दोहा-dohā:

की भइ भेंट कि फिरि गए श्रवन सुजसु सुनि मोर,
कहसि न रिपु दल तेज बल बहुत चकित चित तोर.५३.

चौपाई-caupāī:

नाथ कृपा करि पूँछेहु जैसें, मानहु कहा क्रोध तजि तैसें.
मिला जाइ जब अनुज तुम्हारा, जातहिं राम तिलक तेहि सारा.
रावन दूत हमहि सुनि काना, कपिन्ह बाँधि दीन्हे दुख नाना.
श्रवन नासिका काटैं लागे, राम सपथ दीन्हें हम त्यागे.
पूँछिहु नाथ राम कटकाई, बदन कोटि सत बरनि न जाई.
नाना बरन भालु कपि धारी, बिकटानन बिसाल भयकारी.
जेहिं पुर दहेउ हतेउ सुत तोरा, सकल कपिन्ह महँ तेहि बलु थोरा.
अमित नाम भट कठिन कराला, अमित नाग बल बिपुल बिसाला.

दोहा-dohā:

द्विबिद मयंद नील नल अंगद गद बिकटासि,
दधिमुख केहरि निसठ सठ जामवंत बलरासि.५४.

चौपाई-caupāī:

ए कपि सब सुग्रीव समाना, इन्ह सम कोटिन्ह गनइ को नाना.
राम कृपाँ अतुलित बल तिन्हहीं, तृन समान त्रैलोकहि गनहीं.
अस मैं सुना श्रवन दसकंधर, पदुम अठारह जूथप बंदर.
नाथ कटक महँ सो कपि नाहीं, जो न तुम्हहि जीतै रन माहीं.
परम क्रोध मीजहिं सब हाथा, आयसु पै न देहिं रघुनाथा.
सोषहिं सिंधु सहित झष ब्याला, पूरहिं न त भरि कुधर बिसाला.
मर्दि गर्द मिलवहिं दससीसा, ऐसेइ बचन कहहिं सब कीसा.
गर्जहिं तर्जहिं सहज असंका, मानहुँ ग्रसन चहत हहिं लंका.

दोहा-dohā:

सहज सूर कपि भालु सब पुनि सिर पर प्रभु राम,
रावन काल कोटि कहुँ जीति सकहिं संग्राम.५५.

चौपाई-caupāī:

राम तेज बल बुधि बिपुलाई, सेष सहस सत सकहिं न गाई.
सक सर एक सोषि सत सागर, तव भ्रातहि पूँछेउ नय नागर.
तासु बचन सुनि सागर पाहीं, मागत पंथ कृपा मन माहीं.
सुनत बचन बिहसा दससीसा, जौं असि मति सहाय कृत कीसा.
सहज भीरु कर बचन दृढ़ाई, सागर सन ठानी मचलाई.
मूढ़ मृषा का करसि बड़ाई, रिपु बल बुद्धि थाह मैं पाई.
सचिव सभीत बिभीषन जाकें, बिजय बिभूति कहाँ जग ताकें.
सुनि खल बचन दूत रिस बाढ़ी, समय बिचारि पत्रिका काढ़ी.
रामानुज दीन्ही यह पाती, नाथ बचाइ जुड़ावहु छाती.
बिहसि बाम कर लीन्ही रावन, सचिव बोलि सठ लाग बचावन.

दोहा-dohā:

बातन्ह मनहि रिझाइ सठ जनि घालसि कुल खीस,
राम बिरोध न उबरसि सरन बिष्नु अज ईस.५६क.
की तजि मान अनुज इव प्रभु पद पंकज भृंग,
होहि कि राम सरानल खल कुल सहित पतंग.५६ख.

चौपाई-caupāī:

सुनत सभय मन मुख मुसुकाई, कहत दसानन सबहि सुनाई.
भूमि परा कर गहत अकासा, लघु तापस कर बाग बिलासा.
कह सुक नाथ सत्य सब बानी, समुझहु छाड़ि प्रकृति अभिमानी.
सुनहु बचन मम परिहरि क्रोधा, नाथ राम सन तजहु बिरोधा.
अति कोमल रघुबीर सुभाऊ, जद्यपि अखिल लोक कर राऊ.
मिलत कृपा तुम्ह पर प्रभु करिही, उर अपराध न एकउ धरिही.
जनकसुता रघुनाथहि दीजे, एतना कहा मोर प्रभु कीजे.
जब तेहिं कहा देन बैदेही, चरन प्रहार कीन्ह सठ तेही.
नाइ चरन सिरु चला सो तहाँ, कृपासिंधु रघुनायक जहाँ.
करि प्रनामु निज कथा सुनाई, राम कृपाँ आपनि गति पाई.
रिषि अगस्ति कीं साप भवानी, राछस भयउ रहा मुनि ग्यानी.
बंदि राम पद बारहिं बारा, मुनि निज आश्रम कहुँ पगु धारा.

दोहा-dohā:

बिनय न मानत जलधि जड़ गए तीनि दिन बीति,
बोले राम सकोप तब भय बिनु होइ न प्रीति.५७.

चौपाई-caupāī:

लछिमन बान सरासन आनू, सोषौं बारिधि बिसिख कृसानू.
सठ सन बिनय कुटिल सन प्रीती, सहज कृपन सन सुंदर नीती.
ममता रत सन ग्यान कहानी, अति लोभी सन बिरति बखानी.
क्रोधिहि सम कामिहि हरि कथा, ऊसर बीज बएँ फल जथा.
अस कहि रघुपति चाप चढ़ावा, यह मत लछिमन के मन भावा.
संघानेउ प्रभु बिसिख कराला, उठी उदधि उर अंतर ज्वाला.
मकर उरग झष गन अकुलाने, जरत जंतु जलनिधि जब जाने.
कनक थार भरि मनि गन नाना, बिप्र रूप आयउ तजि माना.

दोहा-dohā:

काटेहिं पइ कदरी फरइ कोटि जतन कोउ सींच,
बिनय न मान खगेस सुनु डाटेहिं पइ नव नीच.५८.

चौपाई-caupāī:

सभय सिंधु गहि पद प्रभु केरे, छमहु नाथ सब अवगुन मेरे.
गगन समीर अनल जल धरनी, इन्ह कइ नाथ सहज जड़ करनी.
तव प्रेरित मायाँ उपजाए, सृष्टि हेतु सब ग्रंथनि गाए.
प्रभु आयसु जेहि कहँ जस अहई, सो तेहि भाँति रहें सुख लहई.
प्रभु भल कीन्ह मोहि सिख दीन्ही, मरजादा पुनि तुम्हरी कीन्ही.
ढोल गवाँर सूद्र पसु नारी, सकल ताड़ना के अधिकारी.
प्रभु प्रताप मैं जाब सुखाई, उतरिहि कटकु न मोरि बड़ाई.
प्रभु अग्या अपेल श्रुति गाई, करौं सो बेगि जो तुम्हहि सोहाई.

दोहा-dohā:

सुनत बिनीत बचन अति कह कृपाल मुसुकाइ,
जेहि बिधि उतरै कपि कटकु तात सो कहहु उपाइ.५९.

चौपाई-caupāī:

नाथ नील नल कपि द्वौ भाई, लरिकाईं रिषि आसिष पाई.
तिन्ह कें परस किएँ गिरि भारे, तरिहहिं जलधि प्रताप तुम्हारे.
मैं पुनि उर धरि प्रभु प्रभुताई, करिहउँ बल अनुमान सहाई.
एहि बिधि नाथ पयोधि बँधाइअ, जेहिं यह सुजसु लोक तिहुँ गाइअ.
एहिं सर मम उत्तर तट बासी, हतहु नाथ खल नर अघ रासी.
सुनि कृपाल सागर मन पीरा, तुरतहिं हरी राम रनधीरा.
देखि राम बल पौरुष भारी, हरषि पयोनिधि भयउ सुखारी.
सकल चरित कहि प्रभुहि सुनावा, चरन बंदि पाथोधि सिधावा.

छंद-chaṁda:

निज भवन गवनेउ सिंधु श्रीरघुपतिहि यह मत भायऊ,
यह चरित कलि मलहर जथामति दास तुलसी गायऊ.
सुख भवन संसय समन दवन बिषाद रघुपति गुन गना,
तजि सकल आस भरोस गावहि सुनहि संतत सठ मना.

दोहा-dohā:

सकल सुमंगल दायक रघुनायक गुन गान,
सादर सुनहिं ते तरहिं भव सिंधु बिना जलजान.६०.

मासपारायण चौबीसवाँ विश्राम

इति श्रीमद्रामचरितमानसे सकलकलिकलुषविध्वंसने
पञ्चमः सोपानः समाप्तः

श्रीजानकीवल्लभो विजयते
śrījānakīvallabho vijayate

श्रीरामचरितमानस
śrīrāmacaritamānasa
षष्ठ सोपान - लंकाकाण्ड
ṣaṣṭha sopāna - laṁkākāṇḍa

शलोक-śloka:

रामं कामारिसेव्यं भवभयहरणं कालमत्तेभसिंहं
योगीन्द्रं ज्ञानगम्यं गुणनिधिमजितं निर्गुणं निर्विकारम्‌,
मायातीतं सुरेशं खलवधनिरतं ब्रह्मवृन्दैकदेवं
वन्दे कन्दावदातं सरसिजनयनं देवमुर्वीशरूपम्‌.१.
शङ्खेन्द्वाभमतीवसुन्दरतनुं शार्दूलचर्माम्बरं
कालव्यालकरालभूषणधरं गङ्गाशशाङ्कप्रियम्‌,
काशीशं कलिकल्मषौघशमनं कल्याणकल्पद्रुमं
नौमीड्यं गिरिजापतिं गुणनिधिं कन्दर्पहं शङ्करम्‌.२.
यो ददाति सतां शम्भुः कैवल्यमपि दुर्लभम्‌,
खलानां दण्डकृद्योऽसौ शङ्करः शं तनोतु मे.३.

दोहा-dohā:

लव निमेष परमानु जुग बरष कलप सर चंड,
भजसि न मन तेहि राम को कालु जासु कोदंड.

सोरठा-soraṭhā:

सिंधु बचन सुनि राम सचिव बोलि प्रभु अस कहेउ,
अब बिलंबु केहि काम करहु सेतु उतरै कटकु.
सुनहु भानुकुल केतु जामवंत कर जोरि कह,
नाथ नाम तव सेतु नर चढ़ि भव सागर तरहिं.

चौपाई-caupāī:

यह लघु जलधि तरत कति बारा, अस सुनि पुनि कह पवनकुमारा.
प्रभु प्रताप बड़वानल भारी, सोषेउ प्रथम पयोनिधि बारी.
तव रिपु नारि रुदन जल धारा, भरेउ बहोरि भयउ तेहिं खारा.
सुनि अति उकुति पवनसुत केरी, हरषे कपि रघुपति तन हेरी.
जामवंत बोले दोउ भाई, नल नीलहि सब कथा सुनाई.
राम प्रताप सुमिरि मन माहीं, करहु सेतु प्रयास कछु नाहीं.
बोलि लिए कपि निकर बहोरी, सकल सुनहु बिनती कछु मोरी.
राम चरन पंकज उर धरहू, कौतुक एक भालु कपि करहू.
धावहु मर्कट बिकट बरूथा, आनहु बिटप गिरिन्ह के जूथा.
सुनि कपि भालु चले करि हूहा, जय रघुबीर प्रताप समूहा.

दोहा-dohā:

अति उतंग गिरि पादप लीलहिं लेहिं उठाइ,
आनि देहिं नल नीलहि रचहिं ते सेतु बनाइ.१.

चौपाई-caupāī:

सैल बिसाल आनि कपि देहीं, कंदुक इव नल नील ते लेहीं.
देखि सेतु अति सुंदर रचना, बिहसि कृपानिधि बोले बचना.
परम रम्य उत्तम यह धरनी, महिमा अमित जाइ नहिं बरनी.
करिहउँ इहाँ संभु थापना, मोरे हृदयँ परम कलपना.
सुनि कपीस बहु दूत पठाए, मुनिबर सकल बोलि लै आए.
लिंग थापि बिधिवत करि पूजा, सिव समान प्रिय मोहि न दूजा.
सिव द्रोही मम भगत कहावा, सो नर सपनेहुँ मोहि न पावा.
संकर बिमुख भगति चह मोरी, सो नारकी मूढ़ मति थोरी.

दोहा-dohā:

संकरप्रिय मम द्रोही सिव द्रोही मम दास,
ते नर करहिं कलप भरि घोर नरक महुँ बास.२.

चौपाई-caupāī:

जे रामेस्वर दरसनु करिहहिं, ते तनु तजि मम लोक सिधरिहहिं.
जो गंगाजलु आनि चढ़ाइहि, सो साजुज्य मुक्ति नर पाइहि.
होइ अकाम जो छल तजि सेइहि, भगति मोरि तेहि संकर देइहि.
मम कृत सेतु जो दरसनु करिही, सो बिनु श्रम भवसागर तरिही.
राम बचन सब के जिय भाए, मुनिबर निज निज आश्रम आए.
गिरिजा रघुपति कै यह रीती, संतत करहिं प्रनत पर प्रीती.
बाँधा सेतु नील नल नागर, राम कृपाँ जसु भयउ उजागर.
बूड़हिं आनहि बोरहिं जेई, भए उपल बोहित सम तेई.
महिमा यह न जलधि कइ बरनी, पाहन गुन न कपिन्ह कइ करनी.

दोहा-dohā:

श्री रघुबीर प्रताप ते सिंधु तरे पाषान,
ते मतिमंद जे राम तजि भजहिं जाइ प्रभु आन.३.

चौपाई-caupāī:

बाँधि सेतु अति सुदृढ़ बनावा, देखि कृपानिधि के मन भावा.
चली सेन कछु बरनि न जाई, गर्जहिं मर्कट भट समुदाई.
सेतुबंध ढिग चढ़ि रघुराई, चितव कृपाल सिंधु बहुताई.
देखन कहुँ प्रभु करुना कंदा, प्रगट भए सब जलचर बृंदा.
मकर नक्र नाना झष ब्याला, सत जोजन तन परम बिसाला.
अइसेउ एक तिन्हहि जे खाहीं, एकन्ह कें डर तेपि डेराहीं.
प्रभुहि बिलोकहिं टरहिं न टारे, मन हरषित सब भए सुखारे.
तिन्ह की ओट न देखिअ बारी, मगन भए हरि रूप निहारी.

चला कटकु प्रभु आयसु पाई, को कहि सक कपि दल बिपुलाई.

दोहा-dohā:

सेतुबंध भइ भीर अति कपि नभ पंथ उड़ाहिं,
अपर जलचरन्हि ऊपर चढ़ि चढ़ि पारहि जाहिं.४.

चौपाई-caupāī:

अस कौतुक बिलोकि द्वौ भाई, बिहँसि चले कृपाल रघुराई.
सेन सहित उतरे रघुबीरा, कहि न जाइ कपि जूथप भीरा.
सिंधु पार प्रभु डेरा कीन्हा, सकल कपिन्ह कहुँ आयसु दीन्हा.
खाहु जाइ फल मूल सुहाए, सुनत भालु कपि जहँ तहँ धाए.
सब तरु फरे राम हित लागी, रितु अरु कुरितु काल गति त्यागी.
खाहिं मधुर फल बटप हलावहिं, लंका सन्मुख सिखर चलावहिं.
जहँ कहुँ फिरत निसाचर पावहिं, घेरि सकल बहु नाच नचावहिं.
दसनन्हि काटि नासिका काना, कहि प्रभु सुजसु देहिं तब जाना.
जिन्ह कर नासा कान निपाता, तिन्ह रावनहि कही सब बाता.
सुनत श्रवन बारिधि बंधाना, दस मुख बोलि उठा अकुलाना.

दोहा-dohā:

बांध्यो बननिधि नीरनिधि जलधि सिंधु बारीस,
सत्य तोयनिधि कंपति उदधि पयोधि नदीस.५.

चौपाई-caupāī:

निज बिकलता बिचारि बहोरी, बिहँसि गयउ गृह करि भय भोरी.
मंदोदरीं सुन्यो प्रभु आयो, कौतुकहीं पाथोधि बँधायो.
कर गहि पतिहि भवन निज आनी, बोली परम मनोहर बानी.
चरन नाइ सिरु अंचलु रोपा, सुनहु बचन पिय परिहरि कोपा.
नाथ बयरु कीजे ताही सों, बुधि बल सकिअ जीति जाही सों.
तुम्हहि रघुपतिहि अंतर कैसा, खलु खद्योत दिनकरहि जैसा.
अतिबल मधु कैटभ जेहिं मारे, महाबीर दितिसुत संघारे.
जेहिं बलि बाँधि सहजभुज मारा, सोइ अवतरेउ हरन महि भारा.
तासु बिरोध न कीजिअ नाथा, काल करम जिव जाकें हाथा.

दोहा-dohā:

रामहि सौंपि जानकी नाइ कमल पद माथ,
सुत कहुँ राज समर्पि बन जाइ भजिअ रघुनाथ.६.

चौपाई-caupāī:

नाथ दीनदयाल रघुराई, बाघउ सनमुख गएँ न खाई.
चाहिअ करन सो सब करि बीते, तुम्ह सुर असुर चराचर जीते.
संत कहहिं असि नीति दसानन, चौथेंपन जाइहि नृप कानन.
तासु भजन कीजिअ तहँ भर्ता, जो कर्ता पालक संहर्ता.
सोइ रघुवीर प्रनत अनुरागी, भजहु नाथ ममता सब त्यागी.
मुनिबर जतनु करहिं जेहि लागी, भूप राजु तजि होहिं बिरागी.
सोइ कोसलधीस रघुराया, आयउ करन तोहि पर दाया.
जौं पिय मानहु मोर सिखावन, सुजसु होइ तिहुँ पुर अति पावन.

दोहा-dohā:

अस कहि नयन नीर भरि गहि पद कंपित गात,
नाथ भजहु रघुनाथहि अचल होइ अहिवात.७.

चौपाई-caupāī:

तब रावन मयसुता उठाई, कहै लाग खल निज प्रभुताई.
सुनु तैं प्रिया बृथा भय माना, जग जोधा को मोहि समाना.
बरुन कुबेर पवन जम काला, भुज बल जितेउँ सकल दिगपाला.
देव दनुज नर सब बस मोरें, कवन हेतु उपजा भय तोरें.
नाना बिधि तेहि कहेसि बुझाई, सभाँ बहोरि बैठ सो जाई.
मंदोदरीं हृदयँ अस जाना, काल बस्य उपजा अभिमाना.
सभाँ आइ मंत्रिन्ह तेहिं बूझा, करब कवन बिधि रिपु सैं जूझा.
कहहिं सचिव सुनु निसिचर नाहा, बार बार प्रभु पूछहु काहा.
कहहु कवन भय करिअ बिचारा, नर कपि भालु अहार हमारा.

दोहा-dohā:

सब के बचन श्रवन सुनि कह प्रहस्त कर जोरि,
नीति बिरोध न करिअ प्रभु मंत्रिन्ह मति अति थोरि.८.

चौपाई-caupāī:

कहहिं सचिव सठ ठकुरसोहाती, नाथ न पूर आव एहि भाँती.
बारिधि नाघि एक कपि आवा, तासु चरित मन महुँ सबु गावा.
छुधा न रही तुम्हहि तब काहू, जारत नगरु कस न धरि खाहू.
सुनत नीक आगें दुख पावा, सचिवन अस मत प्रभुहि सुनावा.
जेहिं बारीस बँधायउ हेला, उतरेउ सेन समेत सुबेला.
सो भनु मनुज खाब हम भाई, बचन कहहिं सब गाल फुलाई.
तात बचन मम सुनु अति आदर, जनि मन गुनहु मोहि करि कादर.
प्रिय बानी जे सुनहिं जे कहहीं, ऐसे नर निकाय जग अहहीं.
बचन परम हित सुनत कठोरे, सुनहिं जे कहहिं ते नर प्रभु थोरे.
प्रथम बसीठ पठउ सुनु नीती, सीता देइ करहु पुनि प्रीती.

दोहा-dohā:

नारि पाइ फिरि जाहिं जौं तौ न बढ़ाइअ रारि,
नाहिं त सन्मुख समर महि तात करिअ हठि मारि.९.

चौपाई-caupāī:

यह मत जौं मानहु प्रभु मोरा, उभय प्रकार सुजसु जग तोरा.
सुत सन कह दसकंठ रिसाई, असि मति सठ केहिं तोहि सिखाई.
अबहीं ते उर संसय होई, बेनुमूल सुत भयहु घमोई.
सुनि पितु गिरा परुष अति घोरा, चला भवन कहि बचन कठोरा.
हित मत तोहि न लागत कैसें, काल बिबस कहुँ भेषज जैसें.
संध्या समय जानि दससीसा, भवन चलेउ निरखत भुज बीसा.
लंका सिखर उपर आगारा, अति बिचित्र तहँ होइ अखारा.
बैठ जाइ तेहिं मंदिर रावन, लागे किंनर गुन गन गावन.
बाजहिं ताल पखाउज बीना, नृत्य करहिं अपछरा प्रबीना.

दोहा-dohā:

सुनासीर सत सरिस सो संतत करइ बिलास,
परम प्रबल रिपु सीस पर तद्यपि सोच न त्रास.१०.

चौपाई-caupāī:

इहाँ सुबेल सैल रघुबीरा, उतरे सेन सहित अति भीरा.
सिखर एक उतंग अति देखी, परम रम्य सम सुभ्र बिसेषी.
तहँ तरु किसलय सुमन सुहाए, लछिमन रचि निज हाथ डसाए.
ता पर रूचिर मृदुल मृगछाला, तेहिं आसन आसीन कृपाला.
प्रभु कृत सीस कपीस उछंगा, बाम दहिन दिसि चाप निषंगा.
दुहुँ कर कमल सुधारत बाना, कह लंकेस मंत्र लगि काना.
बड़भागी अंगद हनुमाना, चरन कमल चापत बिधि नाना.
प्रभु पाछें लछिमन बीरासन, कटि निषंग कर बान सरासन.

दोहा-dohā:

एहि बिधि कृपा रूप गुन धाम रामु आसीन,
धन्य ते नर एहिं ध्यान जे रहत सदा लयलीन.११क.

पूरब दिसा बिलोकि प्रभु देखा उदित मंयक,
कहत सबहि देखहु ससिहि मृगपति सरिस असंक.११ख.

चौपाई-caupāī:

पूरब दिसि गिरिगुहा निवासी, परम प्रताप तेज बल रासी.
मत्त नाग तम कुंभ बिदारी, ससि केसरी गगन बन चारी.
बिथुरे नभ मुकुताहल तारा, निसि सुंदरी केर सिंगारा.
कह प्रभु ससि महुँ मेचकताई, कहहु काह निज निज मति भाई.
कह सुग्रीव सुनहु रघुराई, ससि महुँ प्रगट भूमि कै झाँई.
मारेउ राहु ससिहि कह कोई, उर महँ परी स्यामता सोई.
कोउ कह जब बिधि रति मुख कीन्हा, सार भाग ससि कर हरि लीन्हा.
छिद्र सो प्रगट इंदु उर माहीं, तेहि मग देखिअ नभ परिछाहीं.
प्रभु कह गरल बंधु ससि केरा, अति प्रिय निज उर दीन्ह बसेरा.
बिष संजुत कर निकर पसारी, जारत बिरहवंत नर नारी.

दोहा-dohā:

कह हनुमंत सुनहु प्रभु ससि तुम्हार प्रिय दास,
तव मूरति बिधु उर बसति सोइ स्यामता अभास.१२क.

नवाह्नपारायण सातवाँ विश्राम

पवन तनय के बचन सुनि बिहँसे रामु सुजान,
दच्छिन दिसि अवलोकि प्रभु बोले कृपानिधान.१२ख.

चौपाई-caupāī:

देखु बिभीषन दच्छिन आसा, घन घंमड दामिनि बिलासा.
मधुर मधुर गरजइ घन घोरा, होइ बृष्टि जनि उपल कठोरा.
कहत बिभीषन सुनहु कृपाला, होइ न तड़ित न बारिद माला.
लंका सिखर उपर आगारा, तहँ दसकंधर देख अखारा.
छत्र मेघडंबर सिर धारी, सोइ जनु जलद घटा अति कारी.
मंदोदरी श्रवन ताटंका, सोइ प्रभु जनु दामिनी दमंका.
बाजहिं ताल मृदंग अनूपा, सोइ रव मधुर सुनहु सुरभूपा.
प्रभु मुसुकान समुझि अभिमाना, चाप चढ़ाइ बान संधाना.

दोहा-dohā:

छत्र मुकुट ताटंक तब हते एकहीं बान,
सब कें देखत महि परे मरमु न कोऊ जान.१३क.

अस कौतुक करि राम सर प्रबिसेउ आइ निषंग,
रावन सभा ससंक सब देखि महा रसभंग.१३ख.

चौपाई-caupāī:

कंप न भूमि न मरुत बिसेषा, अस्त्र सस्त्र कछु नयन न देखा.
सोचहिं सब निज हृदय मझारी, असगुन भयउ भयंकर भारी.
दसमुख देखि सभा भय पाई, बिहसि बचन कह जुगुति बनाई.
सिरउ गिरे संतत सुभ जाही, मुकुट परे कस असगुन ताही.
सयन करहु निज निज गृह जाई, गवने भवन सकल सिर नाई.
मंदोदरी सोच उर बसेऊ, जब ते श्रवनपूर महि खसेऊ.
सजल नयन कह जुग कर जोरी, सुनहु प्रानपति बिनती मोरी.
कंत राम बिरोध परिहरहू, जानि मनुज जनि हठ मन धरहू.

दोहा-dohā:

बिस्वरुप रघुबंस मनि करहु बचन बिस्वासु,
लोक कल्पना बेद कर अंग अंग प्रति जासु.१४.

चौपाई-caupāī:

पद पाताल सीस अज धामा, अपर लोक अँग अँग बिश्रामा.
भृकुटि बिलास भयंकर काला, नयन दिवाकर कच घन माला.
जासु घ्रान अस्विनीकुमारा, निसि अरु दिवस निमेष अपारा.
श्रवन दिसा दस बेद बखानी, मारुत स्वास निगम निज बानी.
अधर लोभ जम दसन कराला, माया हास बाहु दिगपाला.
आनन अनल अंबुपति जीहा, उतपति पालन प्रलय समीहा.
रोम राजि अष्टादस भारा, अस्थि सैल सरिता नस जारा.
उदर उदधि अधगो जातना, जगमय प्रभु का बहु कलपना.

दोहा-dohā:

अहंकार सिव बुद्धि अज मन ससि चित्त महान,
मनुज बास सचराचर रुप राम भगवान.१५ क.

अस बिचारि सुनु प्रानपति प्रभु सन बयरु बिहाइ,
प्रीति करहु रघुबीर पद मम अहिवात न जाइ.१५ ख.

चौपाई-caupāī:

बिहँसा नारि बचन सुनि काना, अहो मोह महिमा बलवाना.
नारि सुभाउ सत्य सब कहहीं, अवगुन आठ सदा उर रहहीं.
साहस अनृत चपलता माया, भय अबिबेक असौच अदाया.
रिपु कर रुप सकल तैं गावा, अति बिसाल भय मोहि सुनावा.
सो सब प्रिया सहज बस मोरें, समुझि परा प्रसाद अब तोरें.
जानिउँ प्रिया तोरि चतुराई, एहि बिधि कहहु मोरि प्रभुताई.
तव बतकही गूढ़ मृगलोचनि, समुझत सुखद सुनत भय मोचनि.
मंदोदरि मन महुँ अस ठयऊ, पियहि काल बस मतिभ्रम भयऊ.

दोहा-dohā:

एहि बिधि करत बिनोद बहु प्रात प्रगट दसकंध,
सहज असंक लंकपति सभाँ गयउ मद अंध.१६क.

सोरठा-soraṭhā:

फूलइ फरइ न बेत जदपि सुधा बरषहिं जलद,
मूरुख हृदयँ न चेत जौं गुर मिलहिं बिरंचि सम.१६ख.

चौपाई-caupāī:

इहाँ प्रात जागे रघुराई, पूछा मत सब सचिव बोलाई.
कहहु बेगि का करिअ उपाई, जामवंत कह पद सिरु नाई.
सुनु सर्बग्य सकल उर बासी, बुधि बल तेज धर्म गुन रासी.
मंत्र कहउँ निज मति अनुसारा, दूत पठाइअ बालिकुमारा.
नीक मंत्र सब के मन माना, अंगद सन कह कृपानिधाना.
बालितनय बुधि बल गुन धामा, लंका जाहु तात मम कामा.
बहुत बुझाइ तुम्हहि का कहऊँ, परम चतुर मैं जानत अहऊँ.
काजु हमार तासु हित होई, रिपु सन करेहु बतकही सोई.

सोरठा-soraṭhā:

प्रभु अग्या धरि सीस चरन बंदि अंगद उठेउ,
सोइ गुन सागर ईस राम कृपा जा पर करहु.१७क.

स्वयंसिद्ध सब काज नाथ मोहि आदरु दियउ,
अस बिचारि जुबराज तन पुलकित हरषित हियउ.१७ख.

चौपाई-caupāī:

बंदि चरन उर धरि प्रभुताई, अंगद चलेउ सबहि सिरु नाई.
प्रभु प्रताप उर सहज असंका, रन बाँकुरा बालिसुत बंका.
पुर पैठत रावन कर बेटा, खेलत रहा सो होइ गै भेटा.
बातहिं बात करष बढ़ि आई, जुगल अतुल बल पुनि तरुनाई.
तेहिं अंगद कहुँ लात उठाई, गहि पद पटकेउ भूमि भवाँई.
निसिचर निकर देखि भट भारी, जहँ तहँ चले न सकहिं पुकारी.
एक एक सन मरमु न कहहीं, समुझि तासु बध चुप करि रहहीं.
भयउ कोलाहल नगर मझारी, आवा कपि लंका जेहिं जारी.
अब धौं कहा करिहि करतारा, अति सभीत सब करहिं बिचारा.
बिनु पूछें मगु देहिं दिखाई, जेहि बिलोक सोइ जाइ सुखाई.

दोहा-dohā:

गयउ सभा दरबार तब सुमिरि राम पद कंज,
सिंह ठवनि इत उत चितव धीर बीर बल पुंज.१८.

चौपाई-caupāī:

तुरत निसाचर एक पठावा, समाचार रावनहि जनावा.
सुनत बिहँसि बोला दससीसा, आनहु बोलि कहाँ कर कीसा.
आयसु पाइ दूत बहु धाए, कपिकुंजरहि बोलि लै आए.
अंगद दीख दसानन बैसें, सहित प्रान कज्जलगिरि जैसें.
भुजा बिटप सिर सृंग समाना, रोमावली लता जनु नाना.
मुख नासिका नयन अरु काना, गिरि कंदरा खोह अनुमाना.
गयउ सभाँ मन नेकु न मुरा, बालितनय अतिबल बाँकुरा.
उठे सभासद कपि कहुँ देखी, रावन उर भा क्रोध बिसेषी.

दोहा-dohā:

जथा मत्त गज जूथ महुँ पंचानन चलि जाइ,
राम प्रताप सुमिरि मन बैठ सभाँ सिरु नाइ.१९.

चौपाई-caupāī:

कह दसकंठ कवन तैं बंदर, मैं रघुबीर दूत दसकंधर.
मम जनकहि तोहि रही मिताई, तव हित कारन आयउँ भाई.
उत्तम कुल पुलस्ति कर नाती, सिव बिरंचि पूजेहु बहु भाँती.
बर पायहु कीन्हेहु सब काजा, जीतेहु लोकपाल सब राजा.
नृप अभिमान मोह बस किंबा, हरि आनिहु सीता जगदंबा.
अब सुभ कहा सुनहु तुम्ह मोरा, सब अपराध छमिहि प्रभु तोरा.
दसन गहहु तृन कंठ कुठारी, परिजन सहित संग निज नारी.
सादर जनकसुता करि आगें, एहि बिधि चलहु सकल भय त्यागें.

दोहा-dohā:

प्रनतपाल रघुबंसमनि त्राहि त्राहि अब मोहि,
आरत गिरा सुनत प्रभु अभय करैगो तोहि.२०.

चौपाई-caupāī:

रे कपिपोत बोलु संभारी, मूढ़ न जानेहि मोहि सुरारी.
कहु निज नाम जनक कर भाई, केहि नातें मानिऐ मिताई.
अंगद नाम बालि कर बेटा, तासों कबहुँ भई ही भेटा.
अंगद बचन सुनत सकुचाना, रहा बालि बानर मैं जाना.
अंगद तहीं बालि कर बालक, उपजेहु बंस अनल कुल घालक.
गर्भ न गयहु ब्यर्थ तुम्ह जायहु, निज मुख तापस दूत कहायहु.
अब कहु कुसल बालि कहँ अहई, बिहँसि बचन तब अंगद कहई.
दिन दस गएँ बालि पहिं जाई, बूझेहु कुसल सखा उर लाई.
राम बिरोध कुसल जसि होई, सो सब तोहि सुनाइहि सोई.
सुनु सठ भेद होइ मन ताकें, श्रीरघुबीर हृदय नहिं जाकें.

दोहा-dohā:

हम कुल घालक सत्य तुम्ह कुल पालक दससीस,
अंधउ बधिर न अस कहहिं नयन कान तव बीस.२१.

चौपाई-caupāī:

सिव बिरंचि सुर मुनि समुदाई, चाहत जासु चरन सेवकाई.
तासु दूत होइ हम कुल बोरा, अइसिहुँ मति उर बिहर न तोरा.
सुनि कठोर बानी कपि केरी, कहत दसानन नयन तरेरी.
खल तव कठिन बचन सब सहऊँ, नीति धर्म मैं जानत अहऊँ.
कह कपि धर्मसीलता तोरी, हमहुँ सुनी कृत पर त्रिय चोरी.
देखी नयन दूत रखवारी, बूड़ि न मरहु धर्म ब्रतधारी.
कान नाक बिनु भगिनि निहारी, छमा कीन्हि तुम्ह धर्म बिचारी.
धर्मसीलता तव जग जागी, पावा दरसु हमहुँ बड़भागी.

दोहा-dohā:

जनि जल्पसि जड़ जंतु कपि सठ बिलोकु मम बाहु,
लोकपाल बल बिपुल ससि ग्रसन हेतु सब राहु.२२क.

पुनि नभ सर मम कर निकर कमलन्हि पर करि बास,
सोभत भयउ मराल इव संभु सहित कैलास.२२ख.

चौपाई-caupāī:

तुम्हरे कटक माझ सुनु अंगद, मो सन भिरिहि कवन जोधा बद.
तव प्रभु नारि बिरहँ बलहीना, अनुज तासु दुख दुखी मलीना.
तुम्ह सुग्रीव कूलद्रुम दोऊ, अनुज हमार भीरु अति सोऊ.
जामवंत मंत्री अति बूढ़ा, सो कि होइ अब समरारूढ़ा.
सिल्पि कर्म जानहिं नल नीला, है कपि एक महा बलसीला.
आवा प्रथम नगरु जेहिं जारा, सुनत बचन कह बालिकुमारा.
सत्य बचन कहु निसिचर नाहा, साँचेहुँ कीस कीन्ह पुर दाहा.
रावन नगर अल्प कपि दहई, सुनि अस बचन सत्य को कहई.
जो अति सुभट सराहेहु रावन, सो सुग्रीव केर लघु धावन.
चलइ बहुत सो बीर न होई, पठवा खबरि लेन हम सोई.

दोहा-dohā:

सत्य नगरु कपि जारेउ बिनु प्रभु आयसु पाइ,
फिरि न गयउ सुग्रीव पहिं तेहिं भय रहा लुकाइ.२३क.

सत्य कहहि दसकंठ सब मोहि न सुनि कछु कोह,
कोउ न हमारें कटक अस तो सन लरत जो सोह.२३ख.

प्रीति बिरोध समान सन करिअ नीति असि आहि,
जौं मृगपति बध मेड़ुकन्हि भल कि कहइ कोउ ताहि.२३ग.

जद्यपि लघुता राम कहुँ तोहि बधें बड़ दोष,
तदपि कठिन दसकंठ सुनु छत्र जाति कर रोष.२३घ.

बक्र उक्ति धनु बचन सर हृदय दहेउ रिपु कीस,
प्रतिउत्तर सड़सिन्ह मनहुँ काढ़त भट दससीस.२३ङ.

हँसि बोलेउ दसमौलि तब कपि कर बड़ गुन एक,
जो प्रतिपालइ तासु हित करइ उपाय अनेक.२३च.

चौपाई-caupāī:
धन्य कीस जो निज प्रभु काजा, जहँ तहँ नाचइ परिहरि लाजा.
नाचि कूदि करि लोग रिझाई, पति हित करइ धर्म निपुनाई.
अंगद स्वामिभक्त तव जाती, प्रभु गुन कस न कहसि एहि भाँती.
मैं गुन गाहक परम सुजाना, तव कटु रटनि करउँ नहिं काना.
कह कपि तव गुन गाहकताई, सत्य पवनसुत मोहि सुनाई.
बन बिधंसि सुत बधि पुर जारा, तदपि न तेहिं कछु कृत अपकारा.
सोइ बिचारि तव प्रकृति सुहाई, दसकंधर मैं कीन्हि ढिठाई.
देखेउँ आइ जो कछु कपि भाषा, तुम्हरें लाज न रोष न माखा.
जौं असि मति पितु खाए कीसा, कहि अस बचन हँसा दससीसा.
पितहि खाइ खातेउँ पुनि तोही, अबहीं समुझि परा कछु मोही.
बालि बिमल जस भाजन जानी, हतउँ न तोहि अधम अभिमानी.
कहु रावन रावन जग केते, मैं निज श्रवन सुने सुनु जेते.
बलिहि जितन एक गयउ पताला, राखेउ बाँधि सिसुन्ह हयसाला.
खेलहिं बालक मारहिं जाई, दया लागि बलि दीन्ह छोड़ाई.
एक बहोरि सहसभुज देखा, धाइ धरा जिमि जंतु बिसेषा.
कौतुक लागि भवन लै आवा, सो पुलस्ति मुनि जाइ छोड़ावा.

दोहा-dohā:
एक कहत मोहि सकुच अति रहा बालि कीं काँख,
इन्ह महुँ रावन तैं कवन सत्य बदहि तजि माख.२४.

चौपाई-caupāī:
सुनु सठ सोइ रावन बलसीला, हरगिरि जान जासु भुज लीला.
जान उमापति जासु सुराई, पूजेउँ जेहि सिर सुमन चढ़ाई.
सिर सरोज निज करन्हि उतारी, पूजेउँ अमित बार त्रिपुरारी.
भुज बिक्रम जानहिं दिगपाला, सठ अजहूँ जिन्ह कें उर साला.
जानहिं दिग्गज उर कठिनाई, जब जब भिरउँ जाइ बरिआई.
जिन्ह के दसन कराल न फूटे, उर लागत मूलक इव टूटे.
जासु चलत डोलति इमि धरनी, चढ़त मत्त गज जिमि लघु तरनी.
सोइ रावन जग बिदित प्रतापी, सुनेहि न श्रवन अलीक प्रलापी.

दोहा-dohā:
तेहि रावन कहँ लघु कहसि नर कर करसि बखान,
रे कपि बर्बर खर्ब खल अब जाना तव ग्यान.२५.

चौपाई-caupāī:
सुनि अंगद सकोप कह बानी, बोलु सँभारि अधम अभिमानी.
सहसबाहु भुज गहन अपारा, दहन अनल सम जासु कुठारा.
जासु परसु सागर खर धारा, बूड़े नृप अगनित बहु बारा.
तासु गर्ब जेहि देखत भागा, सो नर क्यों दससीस अभागा.
राम मनुज कस रे सठ बंगा, धन्वी कामु नदी पुनि गंगा.
पसु सुरधेनु कल्पतरु रूखा, अन्न दान अरु रस पीयूषा.
बैनतेय खग अहि सहसानन, चिंतामनि पुनि उपल दसानन.
सुनु मतिमंद लोक बैकुंठा, लाभ कि रघुपति भगति अकुंठा.

दोहा-dohā:
सेन सहित तव मान मथि बन उजारि पुर जारि,
कस रे सठ हनुमान कपि गयउ जो तव सुत मारि.२६.

चौपाई-caupāī:
सुनु रावन परिहरि चतुराई, भजसि न कृपासिंधु रघुराई.
जौं खल भएसि राम कर द्रोही, ब्रह्म रुद्र सक राखि न तोही.
मूढ़ बृथा जनि मारसि गाला, राम बयर अस होइहि हाला.
तव सिर निकर कपिन्ह के आगें, परिहहिं धरनि राम सर लागें.
ते तव सिर कंदुक सम नाना, खेलिहहिं भालु कीस चौगाना.
जबहिं समर कोपिहि रघुनायक, छुटिहहिं अति कराल बहु सायक.
तब कि चलिहि अस गाल तुम्हारा, अस बिचारि भजु राम उदारा.
सुनत बचन रावन परजरा, जरत महानल जनु घृत परा.

दोहा-dohā:
कुंभकरन अस बंधु मम सुत प्रसिद्ध सक्रारि,
मोर पराक्रम नहिं सुनेहि जितेउँ चराचर झारि.२७.

चौपाई-caupāī:
सठ साखामृग जोरि सहाई, बाँधा सिंधु इहइ प्रभुताई.
नाघहिं खग अनेक बारीसा, सूर न होहिं ते सुनु सब कीसा.
मम भुज सागर बल जल पूरा, जहँ बूड़े बहु सुर नर सूरा.
बीस पयोधि अगाध अपारा, को अस बीर जो पाइहि पारा.
दिगपालन्ह मैं नीर भरावा, भूप सुजस खल मोहि सुनावा.
जौं पै समर सुभट तव नाथा, पुनि पुनि कहसि जासु गुन गाथा.
तौ बसीठ पठवत केहि काजा, रिपु सन प्रीति करत नहिं लाजा.
हरगिरि मथन निरखु मम बाहू, पुनि सठ कपि निज प्रभुहि सराहू.

दोहा-dohā:
सूर कवन रावन सरिस स्वकर काटि जेहिं सीस,
हुने अनल अति हरष बहु बार साखि गौरीस.२८.

चौपाई-caupāī:
जरत बिलोकेउँ जबहिं कपाला, बिधि के लिखे अंक निज भाला.
नर कें कर आपन बध बाँची, हसेउँ जानि बिधि गिरा असाँची.
सोउ मन समुझि त्रास नहिं मोरें, लिखा बिरंचि जरठ मति भोरें.
आन बीर बल सठ मम आगें, पुनि पुनि कहसि लाज पति त्यागें.
कह अंगद सलज्ज जग माहीं, रावन तोहि समान कोउ नाहीं.
लाजवंत तव सहज सुभाऊ, निज मुख निज गुन कहसि न काऊ.
सिर अरु सैल कथा चित रही, ताते बार बीस तैं कही.
सो भुजबल राखेउ उर घाली, जीतेहु सहसबाहु बलि बाली.
सुनु मतिमंद देहि अब पूरा, काटें सीस कि होइअ सूरा.
इंद्रजालि कहु कहिअ न बीरा, काटइ निज कर सकल सरीरा.

दोहा-dohā:
जरहिं पतंग मोह बस भार बहहिं खर बृंद,
ते नहिं सूर कहावहिं समुझि देखु मतिमंद.२९.

चौपाई-caupāī:
अब जनि बतबढ़ाव खल करही, सुनु मम बचन मान परिहरही.
दसमुख मैं न बसीठीं आयउँ, अस बिचारि रघुबीर पठायउँ.
बार बार अस कहइ कृपाला, नहिं गजारि जसु बधें सृकाला.
मन महुँ समुझि बचन प्रभु केरे, सहेउँ कठोर बचन सठ तेरे.
नाहिं त करि मुख भंजन तोरा, लै जातेउँ सीतहि बरजोरा.

जानेउँ तव बल अधम सुरारी, सूनें हरि आनिहि परनारी.
तैं निसिचरपति गर्ब बहूता, मैं रघुपति सेवक कर दूता.
जौं न राम अपमानहि डरउँ, तोहि देखत अस कौतुक करऊँ.

दोहा-dohā:

तोहि पटकि महि सेन हति चौपट करि तव गाउँ,
तव जुबतिन्ह समेत सठ जनकसुतहि लै जाउँ.३०.

चौपाई-caupāī:

जौं अस करौं तदपि न बड़ाई, मुएहि बधें नहिं कछु मनुसाई.
कौल कामबस कृपिन बिमूढ़ा, अति दरिद्र अजसी अति बूढ़ा.
सदा रोगबस संतत क्रोधी, बिष्नु बिमुख श्रुति संत बिरोधी.
तनु पोषक निंदक अघ खानी, जीवत सव सम चौदह प्रानी.
अस बिचारि खल बधउँ न तोही, अब जनि रिस उपजावसि मोही.
सुनि सकोप कह निसिचर नाथा, अधर दसन दसि मीजत हाथा.
रे कपि अधम मरन अब चहसी, छोटे बदन बात बड़ि कहसी.
कटु जल्पसि जड़ कपि बल जाकें, बल प्रताप बुधि तेज न ताकें.

दोहा-dohā:

अगुन अमान जानि तेहि दीन्ह पिता बनबास,
सो दुख अरु जुबती बिरह पुनि निसि दिन मम त्रास.३१क.

जिन्ह के बल कर गर्ब तोहि अइसे मनुज अनेक,
खाहिं निसाचर दिवस निसि मूढ़ समुझु तजि टेक.३१ख.

चौपाई-caupāī:

जब तेहिं कीन्हि राम कै निंदा, क्रोधवंत अति भयउ कपिंदा.
हरि हर निंदा सुनइ जो काना, होइ पाप गोघात समाना.
कटकटान कपिकुंजर भारी, दुहु भुजदंड तमकि महि मारी.
डोलत धरनि सभासद खसे, चले भाजि भय मारुत ग्रसे.
गिरत सँभारि उठा दसकंधर, भूतल परे मुकुट अति सुंदर.
कछु तेहिं लै निज सिरन्हि सँवारे, कछु अंगद प्रभु पास पबारे.
आवत मुकुट देखि कपि भागे, दिनहीं लूक परन बिधि लागे.
की रावन करि कोप चलाए, कुलिस चारि आवत अति धाए.
कह प्रभु हँसि जनि हृदयँ डेराहू, लूक न असनि केतु नहिं राहू.
ए किरीट दसकंधर केरे, आवत बालितनय के प्रेरे.

दोहा-dohā:

तरकि पवनसुत कर गहे आनि धरे प्रभु पास,
कौतुक देखहिं भालु कपि दिनकर सरिस प्रकास.३२क.

उहाँ सकोपि दसानन सब सन कहत रिसाइ,
धरहु कपिहि धरि मारहु सुनि अंगद मुसुकाइ.३२ख.

चौपाई-caupāī:

एहि बधि बेगि सुभट सब धावहु, खाहु भालु कपि जहँ जहँ पावहु.
मर्कटहीन करहु महि जाई, जिअत धरहु तापस द्वौ भाई.
पुनि सकोप बोलेउ जुबराजा, गाल बजावत तोहि न लाजा.
मरु गर काटि निलज कुलघाती, बल बिलोकि बिहरति नहिं छाती.
रे त्रिय चोर कुमारग गामी, खल मल रासि मंदमति कामी.
सन्यपात जल्पसि दुर्बादा, भएसि कालबस खल मनुजादा.
याको फलु पावहिगो आगें, बानर भालु चपेटन्हि लागें.
रामु मनुज बोलत असि बानी, गिरहिं न तव रसना अभिमानी.
गिरिहहिं रसना संसय नाहीं, सिरन्हि समेत समर महि माहीं.

सोरठा-sorathā:

सो नर क्यों दसकंध बालि बध्यो जेहिं एक सर,
बीसहुँ लोचन अंध धिग तव जन्म कुजाति जड़.३३क.

तव सोनित कीं प्यास तृषित राम सायक निकर,
तजउँ तोहि तेहि त्रास कटु जल्पक निसिचर अधम.३३ख.

चौपाई-caupāī:

मैं तव दसन तोरिबे लायक, आयसु मोहि न दीन्ह रघुनायक.
असि रिस होति दसउ मुख तोरौं, लंका गहि समुद्र महँ बोरौं.
गूलरि फल समान तव लंका, बसहु मध्य तुम्ह जंतु असंका.
मैं बानर फल खात न बारा, आयसु दीन्ह न राम उदारा.
जुगुति सुनत रावन मुसुकाई, मूढ़ सिखिहि कहँ बहुत झुठाई.
बालि न कबहुँ गाल अस मारा, मिलि तपसिन्ह तैं भएसि लबारा.
साँचेहुँ मैं लबार भुज बीहा, जौं न उपारिउँ तव दस जीहा.
समुझि राम प्रताप कपि कोपा, सभा माझ पन करि पद रोपा.
जौं मम चरन सकसि सठ टारी, फिरहिं रामु सीता मैं हारी.
सुनहु सुभट सब कह दससीसा, पद गहि धरनि पछारहु कीसा.
इंद्रजीत आदिक बलवाना, हरषि उठे जहँ तहँ भट नाना.
झपटहिं करि बल बिपुल उपाई, पद न टरइ बैठहिं सिरु नाई.
पुनि उठि झपटहीं सुर आराती, टरइ न कीस चरन एहि भाँती.
पुरुष कुजोगी जिमि उरगारी, मोह बिटप नहिं सकहिं उपारी.

दोहा-dohā:

कोटिन्ह मेघनाद सम सुभट उठे हरषाइ,
झपटहिं टरै न कपि चरन पुनि बैठहिं सिर नाइ.३४क.

भूमि न छाँडत कपि चरन देखत रिपु मद भाग,
कोटि बिघ्न ते संत कर मन जिमि नीति न त्याग.३४ख.

चौपाई-caupāī:

कपि बल देखि सकल हियँ हारे, उठा आपु कपि कें परचारे.
गहत चरन कह बालिकुमारा, मम पद गहें न तोर उबारा.
गहसि न राम चरन सठ जाई, सुनत फिरा मन अति सकुचाई.
भयउ तेजहत श्री सब गई, मध्य दिवस जिमि ससि सोहई.
सिंघासन बैठेउ सिर नाई, मानहुँ संपति सकल गँवाई.
जगदातमा प्रानपति रामा, तासु बिमुख किमि लह बिश्रामा.
उमा राम की भृकुटि बिलासा, होइ बिस्व पुनि पावइ नासा.
तृन ते कुलिस कुलिस तृन करई, तासु दूत पन कहु किमि टरई.
पुनि कपि कही नीति बिधि नाना, मान न ताहि कालु निअराना.
रिपु मद मथि प्रभु सुजसु सुनायो, यह कहि चल्यो बालि नृप जायो.
हतौं न खेत खेलाइ खेलाई, तोहि अबहिं का करौं बड़ाई.
प्रथमहिं तासु तनय कपि मारा, सो सुनि रावन भयउ दुखारा.
जातुधान अंगद पन देखी, भय ब्याकुल सब भए बिसेषी.

दोहा-dohā:

रिपु बल धरषि हरषि कपि बालितनय बल पुंज,
पुलक सरीर नयन जल गहे राम पद कंज.३५क.

सॉंझ जानि दसकंधर भवन गयउ बिलखाइ,
मंदोदरीं रावनहि बहुरि कहा समुझाइ.३५ख.

चौपाई-caupāī:

कंत समुझि मन तजहु कुमतिही, सोह न समर तुम्हहि रघुपतिही.
रामानुज लघु रेख खचाई, सोउ नहिं नाघेहु असि मनुसाई.
पिय तुम्ह ताहि जितब संग्रामा, जाके दूत केर यह कामा.
कौतुक सिंधु नाघि तव लंका, आयउ कपि केहरी असंका.
रखवारे हति बिपिन उजारा, देखत तोहि अच्छ तेहिं मारा.
जारि सकल पुर कीन्हेसि छारा, कहाँ रहा बल गर्ब तुम्हारा.
अब पति मृषा गाल जनि मारहु, मोर कहा कछु हृदयँ बिचारहु.
पति रघुपतिहि नृपति जनि मानहु, अग जग नाथ अतुल बल जानहु.
बान प्रताप जान मारीचा, तासु कहा नहिं मानेहि नीचा.
जनक सभाँ अगनित भूपाला, रहे तुम्हउ बल अतुल बिसाला.
भंजि धनुष जानकी बिआही, तब संग्राम जितेहु किन ताही.
सुरपति सुत जानइ बल थोरा, राखा जिअत आँखि गहि फोरा.
सूपनखा कै गति तुम्ह देखी, तदपि हृदयँ नहिं लाज बिसेषी.

दोहा-dohā:

बधि बिराध खर दूषनहि लीलाँ हत्यो कबंध,
बालि एक सर मारयो तेहि जानहु दसकंध.३६.

चौपाई-caupāī:

जेहिं जलनाथ बँधायउ हेला, उतरे प्रभु दल सहित सुबेला.
कारुनीक दिनकर कुल केतू, दूत पठायउ तव हित हेतू.
सभा माझ जेहिं तव बल मथा, करि बरूथ महुँ मृगपति जथा.
अंगद हनुमत अनुचर जाके, रन बाँकुरे बीर अति बाँके.
तेहि कहँ पिय पुनि पुनि नर कहहू, मुधा मान ममता मद बहहू.
अहह कंत कृत राम बिरोधा, काल बिबस मन उपज न बोधा.
काल दंड गहि काहु न मारा, हरइ धर्म बल बुद्धि बिचारा.
निकट काल जेहि आवत साईं, तेहि भ्रम होइ तुम्हारिहि नाईं.

दोहा-dohā:

दुइ सुत मरे दहेउ पुर अजहुँ पूर पिय देहु,
कृपासिंधु रघुनाथ भजि नाथ बिमल जसु लेहु.३७.

चौपाई-caupāī:

नारि बचन सुनि बिसिख समाना, सभाँ गयउ उठि होत बिहाना.
बैठ जाइ सिंघासन फूली, अति अभिमान त्रास सब भूली.
इहाँ राम अंगदहि बोलावा, आइ चरन पंकज सिरु नावा.
अति आदर समीप बैठारी, बोले बिहँसि कृपाल खरारी.
बालितनय कौतुक अति मोही, तात सत्य कहु पूछउँ तोही.
रावनु जातुधान कुल टीका, भुज बल अतुल जासु जग लीका.
तासु मुकुट तुम्ह चारि चलाए, कहहु तात कवनी बिधि पाए.
सुनु सर्बग्य प्रनत सुखकारी, मुकुट न होहिं भूप गुन चारी.
साम दान अरु दंड बिभेदा, नृप उर बसहिं नाथ कह बेदा.
नीति धर्म के चरन सुहाए, अस जियँ जानि नाथ पहिं आए.

दोहा-dohā:

धर्महीन प्रभु पद बिमुख काल बिबस दससीस,
तेहि परिहरि गुन आए सुनहु कोसलाधीस.३८क.

परम चतुरता श्रवन सुनि बिहँसे रामु उदार,
समाचार पुनि सब कहे गढ़ के बालिकुमार.३८ख.

चौपाई-caupāī:

रिपु के समाचार जब पाए, राम सचिव सब निकट बोलाए.
लंका बाँके चारि दुआरा, केहि बिधि लागिअ करहु बिचारा.
तब कपीस रिच्छेस बिभीषन, सुमिरि हृदयँ दिनकर कुल भूषन.
करि बिचार तिन्ह मंत्र दृढ़ावा, चारि अनी कपि कटकु बनावा.
जथाजोग सेनापति कीन्हे, जूथप सकल बोलि तब लीन्हे.
प्रभु प्रताप कहि सब समुझाए, सुनि कपि सिंघनाद करि धाए.
हरषित राम चरन सिर नावहिं, गहि गिरि सिखर बीर सब धावहिं.
गर्जहिं तर्जहिं भालु कपीसा, जय रघुबीर कोसलाधीसा.
जानत परम दुर्ग अति लंका, प्रभु प्रताप कपि चले असंका.
घटाटोप करि चहुँ दिसि घेरी, मुखहिं निसान बजावहीं भेरी.

दोहा-dohā:

जयति राम जय लछिमन जय कपीस सुग्रीव,
गर्जहिं सिंघनाद कपि भालु महा बल सींव.३९.

चौपाई-caupāī:

लंकाँ भयउ कोलाहल भारी, सुना दसानन अति अहँकारी.
देखहु बनरन्ह केरि ढिठाई, बिहँसि निसाचर सेन बोलाई.
आए कीस काल के प्रेरे, छुधावंत सब निसिचर मेरे.
अस कहि अट्टहास सठ कीन्हा, गृह बैठें अहार बिधि दीन्हा.
सुभट सकल चारिहुँ दिसि जाहू, धरि धरि भालु कीस सब खाहू.
उमा रावनहि अस अभिमाना, जिमि टिट्टिभ खग सूत उताना.
चले निसाचर आयसु मागी, गहि कर भिंडिपाल बर साँगी.
तोमर मुद्गर परसु प्रचंडा, सूल कृपान परिघ गिरिखंडा.
जिमि अरुनोपल निकर निहारी, धावहिं सठ खग मांस अहारी.
चोंच भंग दुख तिन्हहि न सूझा, तिमि धाए मनुजाद अबूझा.

दोहा-dohā:

नानायुध सर चाप धर जातुधान बल बीर,
कोट कँगूरन्हि चढ़ि गए कोटि कोटि रनधीर.४०.

चौपाई-caupāī:

कोट कँगूरन्हि सोहहिं कैसे, मेरु के सृंगनि जनु घन बैसे.
बाजहिं ढोल निसान जुझाऊ, सुनि धुनि होइ भटन्हि मन चाऊ.
बाजहिं भेरि नफीरि अपारा, सुनि कादर उर जाहिं दरारा.
देखिन्ह जाइ कपिन्ह के ठट्टा, अति बिसाल तनु भालु सुभट्टा.
धावहिं गनहिं न अवघट घाटा, पर्बत फोरि करहिं गहि बाटा.
कटकटाहिं कोटिन्ह भट गर्जहिं, दसन ओठ काटहिं अति तर्जहिं.
उत रावन इत राम दोहाई, जयति जयति जय परी लराई.
निसिचर सिखर समूह ढहावहिं, कूदि धरहिं कपि फेरि चलावहिं.

छंद-chamda:

धरि कुधर खंड प्रचंड मर्कट भालु गढ़ पर डारहीं,
झपटहिं चरन गहि पटकि महि भजि चलत बहुरि पचारहीं.
अति तरल तरुन प्रताप तरपहिं तमकि गढ़ चढ़ि चढ़ि गए,
कपि भालु चढ़ि मंदिरन्ह जहँ तहँ राम जसु गावत भए.

दोहा-dohā:

एकु एकु निसिचर गहि पुनि कपि चले पराइ,
ऊपर आपु हेठ भट गिरहिं धरनि पर आइ.४१.

चौपाई-caupāī:

राम प्रताप प्रबल कपिजूथा, मर्दहिं निसिचर सुभट बरूथा.
चढ़े दुर्ग पुनि जहँ तहँ बानर, जय रघुबीर प्रताप दिवाकर.
चले निसाचर निकर पराई, प्रबल पवन जिमि घन समुदाई.
हाहाकार भयउ पुर भारी, रोवहिं बालक आतुर नारी.
सब मिलि देहिं रावनहिं गारी, राज करत एहिं मृत्यु हँकारी.
निज दल बिचल सुनी तेहिं काना, फेरि सुभट लंकेस रिसाना.
जो रन बिमुख सुना मैं काना, सो मैं हतब कराल कृपाना.
सर्बसु खाइ भोग करि नाना, समर भूमि भए बल्लभ प्राना.
उग्र बचन सुनि सकल डेराने, चले क्रोध करि सुभट लजाने.
सन्मुख मरन बीर कै सोभा, तब तिन्ह तजा प्रान कर लोभा.

दोहा-dohā:

बहु आयुध धर सुभट सब भिरहिं पचारि पचारि,
ब्याकुल किए भालु कपि परिघ त्रिसूलन्हि मारि.४२.

चौपाई-caupāī:

भय आतुर कपि भागन लागे, जद्यपि उमा जीतिहहिं आगे.
कोउ कह कहँ अंगद हनुमंता, कहँ नल नील दुबिद बलवंता.
निज दल बिकल सुना हनुमाना, पच्छिम द्वार रहा बलवाना.
मेघनाद तहँ करइ लराई, टूट न द्वार परम कठिनाई.
पवनतनय मन भा अति क्रोधा, गर्जेउ प्रबल काल सम जोधा.
कूदि लंक गढ़ ऊपर आवा, गहि गिरि मेघनाद कहुँ धावा.
भंजेउ रथ सारथी निपाता, ताहि हृदय महुँ मारेसि लाता.
दुसरें सूत बिकल तेहि जाना, स्यंदन घालि तुरत गृह आना.

दोहा-dohā:

अंगद सुना पवनसुत गढ़ पर गयउ अकेल,
रन बाँकुरा बालिसुत तरकि चढ़ेउ कपि खेल.४३.

चौपाई-caupāī:

जुद्ध बिरुद्ध क्रुद्ध द्वौ बंदर, राम प्रताप सुमिरि उर अंतर.
रावन भवन चढ़े द्वौ धाई, करहिं कोसलाधीस दोहाई.
कलस सहित गहि भवनु ढहावा, देखि निसाचरपति भय पावा.
नारि बृंद कर पीटहिं छाती, अब दुइ कपि आए उतपाती.
कपिलीला करि तिन्हहि डेरावहिं, रामचंद्र कर सुजसु सुनावहिं.
पुनि कर गहि कंचन के खंभा, कहेन्हि करिअ उतपात अरंभा.
गर्जि परे रिपु कटक मझारी, लागे मर्दै भुज बल भारी.
काहुहि लात चपेटन्हि केहू, भजहु न रामहि सो फल लेहू.

दोहा-dohā:

एक एक सों मर्दहिं तोरि चलावहिं मुंड,
रावन आगें परहिं ते जनु फूटहिं दधि कुंड.४४.

चौपाई-caupāī:

महा महा मुखिआ जे पावहिं, ते पद गहि प्रभु पास चलावहिं.
कहइ बिभीषनु तिन्ह के नामा, देहिं राम तिन्हहू निज धामा.
खल मनुजाद द्विजामिष भोगी, पावहिं गति जो जाचत जोगी.
उमा राम मृदुचित करुनाकर, बयर भाव सुमिरत मोहि निसिचर.
देहिं परम गति सो जियँ जानी, अस कृपाल को कहहु भवानी.
अस प्रभु सुनि न भजहिं भ्रम त्यागी, नर मतिमंद ते परम अभागी.
अंगद अरु हनुमंत प्रबेसा, कीन्ह दुर्ग अस कह अवधेसा.
लंकाँ द्वौ कपि सोहहिं कैसें, मथहिं सिंधु दुइ मंदर जैसें.

दोहा-dohā:

भुज बल रिपु दल दलमलि देखि दिवस कर अंत,
कूदे जुगल बिगत श्रम आए जहँ भगवंत.४५.

चौपाई-caupāī:

प्रभु पद कमल सीस तिन्ह नाए, देखि सुभट रघुपति मन भाए.
राम कृपा करि जुगल निहारे, भए बिगतश्रम परम सुखारे.
गए जानि अंगद हनुमाना, फिरे भालु मर्कट भट नाना.
जातुधान प्रदोष बल पाई, धाए करि दससीस दोहाई.
निसिचर अनी देखि कपि फिरे, जहँ तहँ कटकटाइ भट भिरे.
द्वौ दल प्रबल पचारि पचारी, लरत सुभट नहिं मानहिं हारी.
महाबीर निसिचर सब कारे, नाना बरन बलीमुख भारे.
सबल जुगल दल समबल जोधा, कौतुक करत लरत करि क्रोधा.
प्राबिट सरद पयोद घनेरे, लरत मनहुँ मारुत के प्रेरे.
अनिप अकंपन अरु अतिकाया, बिचलत सेन कीन्हि इन्ह माया.
भयउ निमिष महँ अति अँधियारा, बृष्टि होइ रुधिरोपल छारा.

दोहा-dohā:

देखि निबिड़ तम दसहुँ दिसि कपिदल भयउ खभार,
एकहि एक न देखई जहँ तहँ करहिं पुकार.४६.

चौपाई-caupāī:

सकल मरमु रघुनायक जाना, लिए बोलि अंगद हनुमाना.
समाचार सब कहि समुझाए, सुनत कोपि कपिकुंजर धाए.
पुनि कृपाल हँसि चाप चढ़ावा, पावक सायक सपदि चलावा.
भयउ प्रकास कतहुँ तम नाहीं, ग्यान उदयँ जिमि संसय जाहीं.
भालु बलीमुख पाइ प्रकासा, धाए हरष बिगत श्रम त्रासा.
हनूमान अंगद रन गाजे, हाँक सुनत रजनीचर भाजे.
भागत पट पटकहिं धरि धरनी, करहिं भालु कपि अद्भुत करनी.
गहि पद डारहिं सागर माहीं, मकर उरग झष धरि धरि खाहीं.

दोहा-dohā:

कछु मारे कछु घायल कछु गढ़ चढ़े पराइ,
गर्जहिं भालु बलीमुख रिपु दल बल बिचलाइ.४७.

चौपाई-caupāī:

निसा जानि कपि चारिउ अनी, आए जहाँ कोसला धनी.
राम कृपा करि चितवा सबही, भए बिगतश्रम बानर तबही.
उहाँ दसानन सचिव हँकारे, सब सन कहेसि सुभट जे मारे.
आधा कटकु कपिन्ह संघारा, कहहु बेगि का करिअ बिचारा.
माल्यवंत अति जरठ निसाचर, रावन मातु पिता मंत्री बर.
बोला बचन नीति अति पावन, सुनहु तात कछु मोर सिखावन.
जब ते तुम्ह सीता हरि आनी, असगुन होहिं न जाहिं बखानी.
बेद पुरान जासु जसु गायो, राम बिमुख काहुँ न सुख पायो.

दोहा-dohā:

हिरन्याच्छ भ्राता सहित मधु कैटभ बलवान,
जेहिं मारे सोइ अवतरेउ कृपासिंधु भगवान.४८क.

मासपारायण पचीसवाँ विश्राम

कालरूप खल बन दहन गुनागार घनबोध,
सिव बिरंचि जेहि सेवहिं तासों कवन बिरोध.४८ख.

चौपाई-caupāi:
परिहरि बयरु देहु बैदेही, भजहु कृपानिधि परम सनेही.
ताके बचन बान सम लागे, करिआ मुह करि जाहि अभागे.
बूढ़ भएसि न त मरतेउँ तोही, अब जनि नयन देखावसि मोही.
तेहि अपने मन अस अनुमाना, बध्यो चहत एहि कृपानिधाना.
सो उठि गयउ कहत दुर्बादा, तब सकोप बोलेउ घननादा.
कौतुक प्रात देखिअहु मोरा, करिहउँ बहुत कहौं का थोरा.
सुनि सुत बचन भरोसा आवा, प्रीति समेत अंक बैठावा.
करत बिचार भयउ भिनुसारा, लागे कपि पुनि चहूँ दुआरा.
कोपि कपिन्ह दुर्घट गढ़ु घेरा, नगर कोलाहलु भयउ घनेरा.
बिबिधायुध धर निसिचर धाए, गढ़ ते पर्बत सिखर ढहाए.

छंद-chamda:
ढाहे महीधर सिखर कोटिन्ह बिबिध बिधि गोला चले,
घहरात जिमि पबिपात गर्जत जनु प्रलय के बादले.
मर्कट बिकट भट जुटत कटत न लटत तन जर्जर भए,
गहि सैल तेहि गढ़ पर चलावहिं जहँ सो तहँ निसिचर हए.

दोहा-dohā:
मेघनाद सुनि श्रवन अस गढ़ु पुनि छेंका आइ,
उतरयो बीर दुर्ग तें सन्मुख चल्यो बजाइ.४९.

चौपाई-caupāi:
कहँ कोसलाधीस द्वौ भ्राता, धन्वी सकल लोक बिख्याता.
कहँ नल नील दुबिद सुग्रीवा, अंगद हनूमंत बल सींवा.
कहाँ बिभीषनु भ्राताद्रोही, आजु सबहि हठि मारउँ ओही.
अस कहि कठिन बान संधाने, अतिसय क्रोध श्रवन लगि ताने.
सर समूह सो छाड़ै लागा, जनु सपच्छ धावहिं बहु नागा.
जहँ तहँ परत देखिअहिं बानर, सन्मुख होइ न सके तेहि अवसर.
जहँ तहँ भागि चले कपि रीछा, बिसरी सबहि जुद्ध कै ईछा.
सो कपि भालु न रन महँ देखा, कीन्हेसि जेहि न प्रान अवसेषा.

दोहा-dohā:
दस दस सर सब मारेसि परे भूमि कपि बीर,
सिंहनाद करि गर्जा मेघनाद बल धीर.५०.

चौपाई-caupāi:
देखि पवनसुत कटक बिहाला, क्रोधवंत जनु धायउ काला.
महासैल एक तुरत उपारा, अति रिस मेघनाद पर डारा.
आवत देखि गयउ नभ सोई, रथ सारथी तुरग सब खोई.
बार बार पचार हनुमाना, निकट न आव मरमु सो जाना.
रघुपति निकट गयउ घननादा, नाना भाँति करेसि दुर्बादा.
अस्त्र सस्त्र आयुध सब डारे, कौतुकहीं प्रभु काटि निवारे.
देखि प्रताप मूढ़ खिसिआना, करै लाग माया बिधि नाना.
जिमि कोउ करै गरुड़ सैं खेला, डरपावै गहि स्वल्प सपेला.

दोहा-dohā:
जासु प्रबल माया बल सिव बिरंचि बड़ छोट,
ताहि दिखावइ निसिचर निज माया मति खोट.५१.

चौपाई-caupāi:
नभ चढ़ि बरष बिपुल अंगारा, महि ते प्रगट होहिं जलधारा.
नाना भाँति पिसाच पिसाची, मारु काटु धुनि बोलहिं नाची.
बिष्टा पूय रुधिर कच हाड़ा, बरषइ कबहुँ उपल बहु छाड़ा.
बरषि धूरि कीन्हेसि अँधिआरा, सूझ न आपन हाथ पसारा.
कपि अकुलाने माया देखें, सब कर मरन बना एहि लेखें.
कौतुक देखि राम मुसुकाने, भए सभीत सकल कपि जाने.
एक बान काटी सब माया, जिमि दिनकर हर तिमिर निकाया.
कृपादृष्टि कपि भालु बिलोके, भए प्रबल रन रहहिं न रोके.

दोहा-dohā:
आयसु मागि राम पहिं अंगदादि कपि साथ,
लछिमन चले क्रुद्ध होइ बान सरासन हाथ.५२.

चौपाई-caupāi:
छतज नयन उर बाहु बिसाला, हिमगिरि निभ तनु कछु एक लाला.
इहाँ दसानन सुभट पठाए, नाना अस्त्र सस्त्र गहि धाए.
भूधर नख बिटपायुध धारी, धाए कपि जय राम पुकारी.
भिरे सकल जोरिहि सन जोरी, इत उत जय इच्छा नहिं थोरी.
मुठिकन्ह लातन्ह दातन्ह काटहिं, कपि जयसील मारि पुनि डाटहिं.
मारु मारु धरु धरु धरु मारू, सीस तोरि गहि भुजा उपारू.
असि रव पूरि रही नव खंडा, धावहिं जहँ तहँ रुंड प्रचंडा.
देखहिं कौतुक नभ सुर बृंदा, कबहुँक बिसमय कबहुँ अनंदा.

दोहा-dohā:
रुधिर गाड़ भरि भरि जम्यो ऊपर धूरि उड़ाइ,
जनु अँगार रासिन्ह पर मृतक धूम रह्यो छाइ.५३.

चौपाई-caupāi:
घायल बीर बिराजहिं कैसे, कुसुमित किंसुक के तरु जैसे.
लछिमन मेघनाद द्वौ जोधा, भिरहिं परसपर करि अति क्रोधा.
एकहि एक सकइ नहिं जीती, निसिचर छल बल करइ अनीती.
क्रोधवंत तब भयउ अनंता, भंजेउ रथ सारथी तुरंता.
नाना बिधि प्रहार कर सेषा, राच्छस भयउ प्रान अवसेषा.
रावन सुत निज मन अनुमाना, संकठ भयउ हरिहि मम प्राना.
बीरघातिनी छाड़िसि साँगी, तेज पुंज लछिमन उर लागी.
मुरुछा भई सक्ति के लागें, तब चलि गयउ निकट भय त्यागें.

दोहा-dohā:
मेघनाद सम कोटि सत जोधा रहे उठाइ,
जगदाधार सेष किमि उठै चले खिसिआइ.५४.

चौपाई-caupāi:
सुनु गिरिजा क्रोधानल जासू, जारइ भुवन चारिदस आसू.
सक संग्राम जीति को ताही, सेवहिं सुर नर अग जग जाही.
यह कौतूहल जानइ सोई, जा पर कृपा राम कै होई.
संध्या भइ फिरि द्वौ बाहनी, लगे सँभारन निज निज अनी.
ब्यापक ब्रह्म अजित भुवनेस्वर, लछिमन कहाँ बूझ करुनाकर.
तब लगि लै आयउ हनुमाना, अनुज देखि प्रभु अति दुख माना.
जामवंत कह बैद सुषेना, लंकाँ रहइ को पठई लेना.
धरि लघु रूप गयउ हनुमंता, आनेउ भवन समेत तुरंता.

दोहा-dohā:
राम पदारबिंद सिर नायउ आइ सुषेन,
कहा नाम गिरि औषधी जाहु पवनसुत लेन.५५.

चौपाई-caupāī:

राम चरन सरसिज उर राखी, चला प्रभंजन सुत बल भाषी.
उहाँ दूत एक मरमु जनावा, रावन कालनेमि गृह आवा.
दसमुख कहा मरमु तेहिं सुना, पुनि पुनि कालनेमि सिरु धुना.
देखत तुम्हहि नगरु जेहिं जारा, तासु पंथ को रोकन पारा.
भजि रघुपति करु हित आपना, छाँड़हु नाथ मृषा जल्पना.
नील कंज तनु सुंदर स्यामा, हृदयँ राखु लोचनाभिरामा.
मैं तैं मोर मूढ़ता त्यागू, महा मोह निसि सूतत जागू.
काल ब्याल कर भच्छक जोई, सपनेहुँ समर कि जीतिअ सोई.

दोहा-dohā:

सुनि दसकंठ रिसान अति तेहिं मन कीन्ह बिचार,
राम दूत कर मरौं बरु यह खल रत मल भार.५६.

चौपाई-caupāī:

अस कहि चला रचिसि मग माया, सर मंदिर बर बाग बनाया.
मारुतसुत देखा सुभ आश्रम, मुनिहि बूझि जल पियौं जाइ श्रम.
राच्छस कपट बेष तहँ सोहा, मायापति दूतहि चह मोहा.
जाइ पवनसुत नायउ माथा, लाग सो कहै राम गुन गाथा.
होत महा रन रावन रामहिं, जितिहहिं राम न संसय या महिं.
इहाँ भएँ मैं देखउँ भाई, ग्यान दृष्टि बल मोहि अधिकाई.
मागा जल तेहिं दीन्ह कमंडल, कह कपि नहिं अघाउँ थोरें जल.
सर मज्जन करि आतुर आवहु, दिच्छा देउँ ग्यान जेहिं पावहु.

दोहा-dohā:

सर पैठत कपि पद गहा मकरीं तब अकुलान,
मारी सो धरि दिव्य तनु चली गगन चढ़ि जान.५७.

चौपाई-caupāī:

कपि तव दरस भइउँ निष्पापा, मिटा तात मुनिबर कर सापा.
मुनि न होइ यह निसिचर घोरा, मानहु सत्य बचन कपि मोरा.
अस कहि गई अपछरा जबहीं, निसिचर निकट गयउ कपि तबहीं.
कह कपि मुनि गुरदछिना लेहू, पाछें हमहि मंत्र तुम्ह देहू.
सिर लंगूर लपेटि पछारा, निज तनु प्रगटेसि मरती बारा.
राम राम कहि छाड़ेसि प्राना, सुनि मन हरषि चलेउ हनुमाना.
देखा सैल न औषध चीन्हा, सहसा कपि उपारि गिरि लीन्हा.
गहि गिरि निसि नभ धावत भयऊ, अवधपुरी ऊपर कपि गयऊ.

दोहा-dohā:

देखा भरत बिसाल अति निसिचर मन अनुमानि,
बिनु फर सायक मारेउ चाप श्रवन लगि तानि.५८.

चौपाई-caupāī:

परेउ मुरुछि महि लागत सायक, सुमिरत राम राम रघुनायक.
सुनि प्रिय बचन भरत तब धाए, कपि समीप अति आतुर आए.
बिकल बिलोकि कीस उर लावा, जागत नहिं बहु भाँति जगावा.
मुख मलीन मन भए दुखारी, कहत बचन भरि लोचन बारी.
जेहिं बिधि राम बिमुख मोहि कीन्हा, तेहिं पुनि यह दारुन दुख दीन्हा.
जौं मोरें मन बच अरु काया, प्रीति राम पद कमल अमाया.
तौ कपि होउ बिगत श्रम सूला, जौं मो पर रघुपति अनुकूला.
सुनत बचन उठि बैठ कपीसा, कहि जय जयति कोसलाधीसा.

सोरठा-soraṭhā:

लीन्ह कपिहि उर लाइ पुलकित तनु लोचन सजल,
प्रीति न हृदयँ समाइ सुमिरि राम रघुकुल तिलक.५९.

चौपाई-caupāī:

तात कुसल कहु सुखनिधान की, सहित अनुज अरु मातु जानकी.
कपि सब चरित समास बखाने, भए दुखी मन महुँ पछिताने.
अहह दैव मैं कत जग जायउँ, प्रभु के एकहु काज न आयउँ.
जानि कुअवसरु मन धरि धीरा, पुनि कपि सन बोले बलबीरा.
तात गहरु होइहि तोहि जाता, काजु नसाइहि होत प्रभाता.
चढ़ु मम सायक सैल समेता, पठवौं तोहि जहँ कृपानिकेता.
सुनि कपि मन उपजा अभिमाना, मोरें भार चलिहि किमि बाना.
राम प्रभाव बिचारि बहोरी, बंदि चरन कह कपि कर जोरी.

दोहा-dohā:

तव प्रताप उर राखि प्रभु जैहउँ नाथ तुरंत,
अस कहि आयसु पाइ पद बंदि चलेउ हनुमंत.६०क.

भरत बाहु बल सील गुन प्रभु पद प्रीति अपार,
मन महुँ जात सराहत पुनि पुनि पवनकुमार.६०ख.

चौपाई-caupāī:

उहाँ राम लछिमनहि निहारी, बोले बचन मनुज अनुसारी.
अर्ध राति गइ कपि नहिं आयउ, राम उठाइ अनुज उर लायउ.
सकहु न दुखित देखि मोहि काऊ, बंधु सदा तव मृदुल सुभाऊ.
मम हित लागि तजेहु पितु माता, सहेहु बिपिन हिम आतप बाता.
सो अनुराग कहाँ अब भाई, उठहु न सुनि मम बच बिकलाई.
जौं जनतेउँ बन बंधु बिछोहू, पिता बचन मनतेउँ नहिं ओहू.
सुत बित नारि भवन परिवारा, होहिं जाहिं जग बारहिं बारा.
अस बिचारि जियँ जागहु ताता, मिलइ न जगत सहोदर भ्राता.
जथा पंख बिनु खग अति दीना, मनि बिनु फनि करिबर कर हीना.
अस मम जिवन बंधु बिनु तोही, जौं जड़ दैव जिआवै मोही.
जैहउँ अवध कवन मुहु लाई, नारि हेतु प्रिय भाइ गँवाई.
बरु अपजस सहतेउँ जग माहीं, नारि हानि बिसेष छति नाहीं.
अब अपलोकु सोकु सुत तोरा, सहिहि निठुर कठोर उर मोरा.
निज जननी के एक कुमारा, तात तासु तुम्ह प्रान अधारा.
सौंपेसि मोहि तुम्हहि गहि पानी, सब बिधि सुखद परम हित जानी.
उतरु काह दैहउँ तेहि जाई, उठि किन मोहि सिखावहु भाई.
बहु बिधि सोचत सोच बिमोचन, स्रवत सलिल राजिव दल लोचन.
उमा एक अखंड रघुराई, नर गति भगत कृपाल देखाई.

सोरठा-soraṭhā:

प्रभु प्रलाप सुनि कान बिकल भए बानर निकर,
आइ गयउ हनुमान जिमि करुना महँ बीर रस.६१.

चौपाई-caupāī:

हरषि राम भेंटेउ हनुमाना, अति कृतग्य प्रभु परम सुजाना.
तुरत बैद तब कीन्हि उपाई, उठि बैठे लछिमन हरषाई.
हृदयँ लाइ प्रभु भेंटेउ भ्राता, हरषे सकल भालु कपि ब्राता.
कपि पुनि बैद तहाँ पहुँचावा, जेहि बिधि तबहिं ताहि लइ आवा.
यह बृत्तांत दसानन सुनेऊ, अति बिषाद पुनि पुनि सिर धुनेऊ.
ब्याकुल कुंभकरन पहिं आवा, बिबिध जतन करि ताहि जगावा.

जागा निसिचर देखिअ कैसा, मानहुँ कालु देह धरि बैसा।
कुंभकरन बूझा कहु भाई, काहे तव मुख रहे सुखाई।
कथा कही सब तेहिं अभिमानी, जेहि प्रकार सीता हरि आनी।
तात कपिन्ह सब निसिचर मारे, महा महा जोधा संघारे।
दुर्मुख सुररिपु मनुज अहारी, भट अतिकाय अकंपन भारी।
अपर महोदर आदिक बीरा, परे समर महि सब रनधीरा।

दोहा-dohā:

सुनि दसकंधर बचन तब कुंभकरन बिलखान,
जगदंबा हरि आनि अब सठ चाहत कल्यान.६२.

चौपाई-caupāī:

भल न कीन्ह तैं निसिचर नाहा, अब मोहि आइ जगाएहि काहा।
अजहूँ तात त्यागि अभिमाना, भजहु राम होइहि कल्याना।
हैं दससीस मनुज रघुनायक, जाके हनूमान से पायक।
अहह बंधु तैं कीन्हि खोटाई, प्रथमहिं मोहि न सुनाएहि आई।
कीन्हेहु प्रभु बिरोध तेहि देवक, सिव बिरंचि सुर जाके सेवक।
नारद मुनि मोहि ग्यान जो कहा, कहतेउँ तोहि समय निरबहा।
अब भरि अंक भेंटु मोहि भाई, लोचन सुफल करौं मैं जाई।
स्याम गात सरसीरुह लोचन, देखौं जाइ ताप त्रय मोचन।

दोहा-dohā:

राम रूप गुन सुमिरत मगन भयउ छन एक,
रावन मागेउ कोटि घट मद अरु महिष अनेक.६३.

चौपाई-caupāī:

महिष खाइ करि मदिरा पाना, गर्जा बज्राघात समाना।
कुंभकरन दुर्मद रन रंगा, चला दुर्ग तजि सेन न संगा।
देखि बिभीषनु आगें आयउ, परेउ चरन निज नाम सुनायउ।
अनुज उठाइ हृदयँ तेहि लायो, रघुपति भक्त जानि मन भायो।
तात लात रावन मोहि मारा, कहत परम हित मंत्र बिचारा।
तेहिं गलानि रघुपति पहिं आयउँ, देखि दीन प्रभु के मन भायउँ।
सुनु सुत भयउ कालबस रावन, सो कि मान अब परम सिखावन।
धन्य धन्य तैं धन्य बिभीषन, भयहु तात निसिचर कुल भूषन।
बंधु बंस तैं कीन्ह उजागर, भजेहु राम सोभा सुख सागर।

दोहा-dohā:

बचन कर्म मन कपट तजि भजेहु राम रनधीर,
जाहु न निज पर सूझ मोहि भयउँ कालबस बीर.६४.

चौपाई-caupāī:

बंधु बचन सुनि चला बिभीषन, आयउ जहँ त्रैलोक बिभूषन।
नाथ भूधराकार सरीरा, कुंभकरन आवत रनधीरा।
एतना कपिन्ह सुना जब काना, किलकिलाइ धाए बलवाना।
लिए उठाइ बिटप अरु भूधर, कटकटाइ डारहिं ता ऊपर।
कोटि कोटि गिरि सिखर प्रहारा, करहिं भालु कपि एक एक बारा।
मुरयो न मनु तनु टरयो न टारयो, जिमि गज अर्क फलनि को मारयो।
तब मारुतसुत मुठिका हन्यो, परयो धरनि ब्याकुल सिर धुन्यो।
पुनि उठि तेहिं मारेउ हनुमंता, घुर्मित भूतल परेउ तुरंता।
पुनि नल नीलहि अवनि पछारेसि, जहँ तहँ पटकि पटकि भट डारेसि।
चली बलीमुख सेन पराई, अति भय त्रसित न कोउ समुहाई।

दोहा-dohā:

अंगदादि कपि मुरुछित करि समेत सुग्रीव,
काँख दाबि कपिराज कहुँ चला अमित बल सींव.६५.

चौपाई-caupāī:

उमा करत रघुपति नरलीला, खेलत गरुड़ जिमि अहिगन मीला।
भृकुटि भंग जो कालहि खाई, ताहि कि सोहइ ऐसि लराई।
जग पावनि कीरति बिस्तरिहहिं, गाइ गाइ भवनिधि नर तरिहहिं।
मुरुछा गइ मारुतसुत जागा, सुग्रीवहि तब खोजन लागा।
सुग्रीवहु कै मुरुछा बीती, निबुक गयउ तेहि मृतक प्रतीती।
काटेसि दसन नासिका काना, गरजि अकास चलेउ तेहिं जाना।
गहेउ चरन गहि भूमि पछारा, अति लाघवँ उठि पुनि तेहि मारा।
पुनि आयउ प्रभु पहिं बलवाना, जयति जयति जय कृपानिधाना।
नाक कान काटे जियँ जानी, फिरा क्रोध करि भइ मन ग्लानी।
सहज भीम पुनि बिनु श्रुति नासा, देखत कपि दल उपजी त्रासा।

दोहा-dohā:

जय जय जय रघुबंस मनि धाए कपि दै हूह,
एकहि बार तासु पर छाड़ेन्हि गिरि तरु जूह.६६.

चौपाई-caupāī:

कुंभकरन रन रंग बिरुद्धा, सन्मुख चला काल जनु क्रुद्धा।
कोटि कोटि कपि धरि धरि खाई, जनु टीड़ी गिरि गुहाँ समाई।
कोटिन्ह गहि सरीर सन मर्दा, कोटिन्ह मीजि मिलव महि गर्दा।
मुख नासा श्रवनन्हि कीं बाटा, निसरि पराहिं भालु कपि ठाटा।
रन मद मत्त निसाचर दर्पा, बिस्व ग्रसिहि जनु एहि बिधि अर्पा।
मुरे सुभट सब फिरहिं न फेरे, सूझ न नयन सुनहिं नहिं टेरे।
कुंभकरन कपि फौज बिडारी, सुनि धाई रजनीचर धारी।
देखि राम बिकल कटकाई, रिपु अनीक नाना बिधि आई।

दोहा-dohā:

सुनु सुग्रीव बिभीषन अनुज सँभारेहु सैन,
मैं देखउँ खल बल दलहि बोले राजिवनैन.६७.

चौपाई-caupāī:

कर सारंग साजि कटि भाथा, अरि दल दलन चले रघुनाथा।
प्रथम कीन्हि प्रभु धनुष टँकोरा, रिपु दल बधिर भयउ सुनि सोरा।
सत्यसंध छाँड़े सर लच्छा, कालसर्प जनु चले सपच्छा।
जहँ तहँ चले बिपुल नाराचा, लगे कटन भट बिकट पिसाचा।
कटहिं चरन उर सिर भुजदंडा, बहुतक बीर होहिं सत खंडा।
घुर्मि घुर्मि घायल महि परहीं, उठि संभारि सुभट पुनि लरहीं।
लागत बान जलद जिमि गाजहिं, बहुतक देखी कठिन सर भाजहिं।
रुंड प्रचंड मुंड बिनु धावहिं, धरु धरु मारू मारु धुनि गावहिं।

दोहा-dohā:

छन महुँ प्रभु के सायकन्हि काटे बिकट पिसाच,
पुनि रघुबीर निषंग महुँ प्रबिसे सब नाराच.६८.

चौपाई-caupāī:

कुंभकरन मन दीख बिचारी, हति छन माझ निसाचर धारी।
भा अति क्रुद्ध महाबल बीरा, कियो मृगनायक नाद गँभीरा।
कोपि महीधर लेइ उपारी, डारइ जहँ मर्कट भट भारी।
आवत देखि सैल प्रभु भारे, सरन्हि काटि रज सम करि डारे।
पुनि धनु तानि कोपि रघुनायक, छाँड़े अति कराल बहु सायक।

तनु महुँ प्रबिसि निसरि सर जाहीं, जिमि दामिनि घन माझ समाहीं.
सोनित स्रवत सोह तन कारे, जनु कज्जल गिरि गेरु पनारे.
बिकल बिलोकि भालु कपि धाए, बिहँसा जबहिं निकट कपि आए.

दोहा-dohā:

महानाद करि गर्जा कोटि कोटि गहि कीस,
महि पटकइ गजराज इव सपथ करइ दससीस.६९.

चौपाई-caupāī:

भागे भालु बलीमुख जूथा, बृकु बिलोकि जिमि मेष बरूथा.
चले भागि कपि भालु भवानी, बिकल पुकारत आरत बानी.
यह निसिचर दुकाल सम अहई, कपिकुल देस परन अब चहई.
कृपा बारिधर राम खरारी, पाहि पाहि प्रनतारति हारी.
सकरुन बचन सुनत भगवाना, चले सुधारि सरासन बाना.
राम सेन निज पाछें घाली, चले सकोप महा बलसाली.
खैंचि धनुष सर सत संधाने, छूटे तीर सरीर समाने.
लागत सर धावा रिस भरा, कुधर डगमगत डोलति धरा.
लीन्ह एक तेहिं सैल उपाटी, रघुकुल तिलक भुजा सोइ काटी.
धावा बाम बाहु गिरि धारी, प्रभु सोउ भुजा काटि महि पारी.
काटें भुजा सोह खल कैसा, पच्छहीन मंदर गिरि जैसा.
उग्र बिलोकनि प्रभुहि बिलोका, ग्रसन चहत मानहुँ त्रैलोका.

दोहा-dohā:

करि चिक्कार घोर अति धावा बदनु पसारि,
गगन सिद्ध सुर त्रासित हा हा हेति पुकारि.७०.

चौपाई-caupāī:

सभय देव करुनानिधि जान्यो, श्रवन प्रजंत सरासनु तान्यो.
बिसिख निकर निसिचर मुख भरेऊ, तदपि महाबल भूमि न परेऊ.
सरन्हि भरा मुख सन्मुख धावा, काल त्रोन सजीव जनु आवा.
तब प्रभु कोपि तीब्र सर लीन्हा, धर ते भिन्न तासु सिर कीन्हा.
सो सिर परेउ दसानन आगें, बिकल भयउ जिमि फनि मनि त्यागें.
धरनि धसइ धर धाव प्रचंडा, तब प्रभु काटि कीन्ह दुइ खंडा.
परे भूमि जिमि नभ तें भूधर, हेठ दाबि कपि भालु निसाचर.
तासु तेज प्रभु बदन समाना, सुर मुनि सबहिं अचंभव माना.
सुर दुंदुभीं बजावहिं हरषहिं, अस्तुति करहिं सुमन बहु बरषहिं.
करि बिनती सुर सकल सिधाए, तेही समय देवरिषि आए.
गगनोपरि हरि गुन गन गाए, रुचिर बीररस प्रभु मन भाए.
बेगि हतहु खल कहि मुनि गए, राम समर महि सोभत भए.

छंद-chamda:

संग्राम भूमि बिराज रघुपति अतुल बल कोसल धनी,
श्रम बिंदु मुख राजीव लोचन अरुन तन सोनित कनी.
भुज जुगल फेरत सर सरासन भालु कपि चहु दिसि बने,
कह दास तुलसी कहि न सक छबि सेष जेहि आनन घने.

दोहा-dohā:

निसिचर अधम मलाकर ताहि दीन्ह निज धाम,
गिरिजा ते नर मंदमति जे न भजहिं श्रीराम.७१.

चौपाई-caupāī:

दिन कें अंत फिरीं द्वौ अनी, समर भई सुभटन्ह श्रम घनी.
राम कृपाँ कपि दल बल बाढ़ा, जिमि तृन पाइ लाग अति डाढ़ा.
छीजहिं निसिचर दिनु अरु राती, निज मुख कहें सुकृत जेहि भाँती.
बहु बिलाप दसकंधर करई, बंधु सीस पुनि पुनि उर धरई.
रोवहिं नारि हृदय हति पानी, तासु तेज बल बिपुल बखानी.
मेघनाद तेहि अवसर आयउ, कहि बहु कथा पिता समुझायउ.
देखेहु कालि मोरि मनुसाई, अबहिं बहुत का करौं बड़ाई.
इष्टदेव सैं बल रथ पायउँ, सो बल तात न तोहि देखायउँ.
एहि बिधि जल्पत भयउ बिहाना, चहुँ दुआर लागे कपि नाना.
इत कपि भालु काल सम बीरा, उत रजनीचर अति रनधीरा.
लरहिं सुभट निज निज जय हेतू, बरनि न जाइ समर खगकेतू.

दोहा-dohā:

मेघनाद मायामय रथ चढ़ि गयउ अकास,
गर्जेउ अट्टहास करि भइ कपि कटकहि त्रास.७२.

चौपाई-caupāī:

सक्ति सूल तरवारि कृपाना, अस्त्र सस्त्र कुलिसायुध नाना.
डारइ परसु परिघ पाषाना, लागेउ बृष्टि करै बहु बाना.
दस दिसि रहे बान नभ छाई, मानहुँ मघा मेघ झरि लाई.
धरु धरु मारु सुनिअ धुनि काना, जो मारइ तेहि कोउ न जाना.
गहि गिरि तरु अकास कपि धावहिं, देखहिं तेहि न दुखित फिरि आवहिं.
अवघट घाट बाट गिरि कंदर, माया बल कीन्हेसि सर पंजर.
जाहिं कहाँ ब्याकुल भए बंदर, सुरपति बंदि परे जनु मंदर.
मारुतसुत अंगद नल नीला, कीन्हेसि बिकल सकल बलसीला.
पुनि लछिमन सुग्रीव बिभीषन, सरन्हि मारि कीन्हेसि जर्जर तन.
पुनि रघुपति सैं जूझै लागा, सर छाँड़इ होइ लागहिं नागा.
ब्याल पास बस भए खरारी, स्वबस अनंत एक अबिकारी.
नट इव कपट चरित कर नाना, सदा स्वतंत्र एक भगवाना.
रन सोभा लगि प्रभुहिं बँधायो, नागपास देवन्ह भय पायो.

दोहा-dohā:

गिरिजा जासु नाम जपि मुनि काटहिं भव पास,
सो कि बंध तर आवइ ब्यापक बिस्व निवास.७३.

चौपाई-caupāī:

चरित राम के सगुन भवानी, तर्कि न जाहिं बुद्धि बल बानी.
अस बिचारि जे तग्य बिरागी, रामहि भजहिं तर्क सब त्यागी.
ब्याकुल कटकु कीन्ह घननादा, पुनि भा प्रगट कहइ दुर्बादा.
जामवंत कह खल रहु ठाढ़ा, सुनि करि ताहि क्रोध अति बाढ़ा.
बूढ़ जानि सठ छाँड़िउँ तोही, लागेसि अधम पचारै मोही.
अस कहि तरल त्रिसूल चलायो, जामवंत कर गहि सोइ धायो.
मारिसि मेघनाद कै छाती, परा भूमि घुर्मित सुरघाती.
पुनि रिसान गहि चरन फिरायो, महि पछारि निज बल देखरायो.
बर प्रसाद सो मरइ न मारा, तब गहि पद लंका पर डारा.
इहाँ देवरिषि गरुड़ पठायो, राम समीप सपदि सो आयो.

दोहा-dohā:

खगपति सब धरि खाए माया नाग बरूथ,
माया बिगत भए सब हरषे बानर जूथ.७४क.

गहि गिरि पादप उपल नख धाए कीस रिसाइ,
चले तमीचर बिकलतर गढ़ पर चढ़े पराइ.७४ख.

चौपाई-caupāī:

मेघनाद कै मुरछा जागी, पितहि बिलोकि लाज अति लागी.
तुरत गयउ गिरिबर कंदरा, करौं अजय मख अस मन धरा.
इहाँ बिभीषन मंत्र बिचारा, सुनहु नाथ बल अतुल उदारा.
मेघनाद मख करइ अपावन, खल मायावी देव सतावन.
जौं प्रभु सिद्ध होइ सो पाइहि, नाथ बेगि पुनि जीति न जाइहि.
सुनि रघुपति अतिसय सुख माना, बोले अंगदादि कपि नाना.
लछिमन संग जाहु सब भाई, करहु बिधंस जग्य कर जाई.
तुम्ह लछिमन मारेहु रन ओही, देखि सभय सुर दुख अति मोही.
मारेहु तेहि बल बुद्धि उपाई, जेहिं छीजै निसिचर सुनु भाई.
जामवंत सुग्रीव बिभीषन, सेन समेत रहेहु तीनिउ जन.
जब रघुबीर दीन्हि अनुसासन, कटि निषंग कसि साजि सरासन.
प्रभु प्रताप उर धरि रनधीरा, बोले घन इव गिरा गँभीरा.
जौं तेहि आजु बधें बिनु आवौं, तौ रघुपति सेवक न कहावौं.
जौं सत संकर करहिं सहाई, तदपि हतउँ रघुबीर दोहाई.

दोहा-dohā:

रघुपति चरन नाइ सिरु चलेउ तुरंत अनंत,
अंगद नील मयंद नल संग सुभट हनुमंत.७५.

चौपाई-caupāī:

जाइ कपिन्ह सो देखा बैसा, आहुति देत रुधिर अरु भैंसा.
कीन्ह कपिन्ह सब जग्य बिधंसा, जब न उठइ तब करहिं प्रसंसा.
तदपि न उठइ धरेन्हि कच जाई, लातन्हि हति हति चले पराई.
लै त्रिसूल धावा कपि भागे, आए जहँ रामानुज आगे.
आवा परम क्रोध कर मारा, गर्ज घोर रव बारहिं बारा.
कोपि मरुतसुत अंगद धाए, हति त्रिसूल उर धरनि गिराए.
प्रभु कहँ छाँड़ेसि सूल प्रचंडा, सर हति कृत अनंत जुग खंडा.
उठि बहोरि मारुति जुबराजा, हतहिं कोपि तेहि घाउ न बाजा.
फिरे बीर रिपु मरइ न मारा, तब धावा करि घोर चिकारा.
आवत देखि क्रुद्ध जनु काला, लछिमन छाड़े बिसिख कराला.
देखेसि आवत पबि सम बाना, तुरत भयउ खल अंतरधाना.
बिबिध बेष धरि करइ लराई, कबहुँक प्रगट कबहुँ दुरि जाई.
देखि अजय रिपु डरपे कीसा, परम क्रुद्ध तब भयउ अहीसा.
लछिमन मन अस मंत्र दृढ़ावा, एहि पापिहि मैं बहुत खेलावा.
सुमिरि कोसलाधीस प्रतापा, सर संधान कीन्ह करि दापा.
छाड़ा बान माझ उर लागा, मरती बार कपटु सब त्यागा.

दोहा-dohā:

रामानुज कहँ रामु कहँ अस कहि छाँड़ेसि प्रान,
धन्य धन्य तव जननी कह अंगद हनुमान.७६.

चौपाई-caupāī:

बिनु प्रयास हनुमान उठायो, लंका द्वार राखि पुनि आयो.
तासु मरन सुनि सुर गंधर्बा, चढ़ि बिमान आए नभ सर्बा.
बरषि सुमन दुंदुभीं बजावहिं, श्रीरघुनाथ बिमल जसु गावहिं.
जय अनंत जय जगदाधारा, तुम्ह प्रभु सब देवन्हि निस्तारा.
अस्तुति करि सुर सिद्ध सिधाए, लछिमन कृपासिंधु पहिं आए.
सुत बध सुना दसानन जबहीं, मुरुछित भयउ परेउ महि तबहीं.
मंदोदरी रुदन कर भारी, उर ताड़न बहु भाँति पुकारी.
नगर लोग सब ब्याकुल सोचा, सकल कहहिं दसकंधर पोचा.

दोहा-dohā:

तब दसकंठ बिबिधि बिधि समुझाईं सब नारि,
नस्वर रूप जगत सब देखहु हृदयँ बिचारि.७७.

चौपाई-caupāī:

तिन्हहि ग्यान उपदेसा रावन, आपुन मंद कथा सुभ पावन.
पर उपदेस कुसल बहुतेरे, जे आचरहिं ते नर न घनेरे.
निसा सिरानि भयउ भिनुसारा, लगे भालु कपि चारिहुँ द्वारा.
सुभट बोलाइ दसानन बोला, रन सन्मुख जा कर मन डोला.
सो अबहीं बरु जाउ पराई, संजुग बिमुख भएँ न भलाई.
निज भुज बल मैं बयरु बढ़ावा, देहउँ उतरु जो रिपु चढ़ि आवा.
अस कहि मरुत बेग रथ साजा, बाजे सकल जुझाऊ बाजा.
चले बीर सब अतुलित बली, जनु कज्जल कै आँधी चली.
असगुन अमित होहिं तेहि काला, गनइ न भुजबल गर्ब बिसाला.

छंद-chamda:

अति गर्ब गनइ न सगुन असगुन स्रवहिं आयुध हाथ ते,
भट गिरत रथ ते बाजि गज चिक्करत भाजहिं साथ ते.
गोमाय गीध कराल खर रव स्वान बोलहिं अति घने,
जनु कालदूत उलूक बोलहिं बचन परम भयावने.

दोहा-dohā:

ताहि कि संपति सगुन सुभ सपनेहुँ मन बिश्राम,
भूत द्रोह रत मोहबस राम बिमुख रति काम.७८.

चौपाई-caupāī:

चलेउ निसाचर कटकु अपारा, चतुरंगिनी अनी बहु धारा.
बिबिधि भाँति बाहन रथ जाना, बिपुल बरन पताक ध्वज नाना.
चले मत्त गज जूथ घनेरे, प्राबिट जलद मरुत जनु प्रेरे.
बरन बरन बिरदैत निकाया, समर सूर जानहिं बहु माया.
अति बिचित्र बाहिनी बिराजी, बीर बसंत सेन जनु साजी.
चलत कटक दिगसिंधुर डगहीं, छुभित पयोधि कुधर डगमगहीं.
उठी रेनु रबि गयउ छपाई, मरुत थकित बसुधा अकुलाई.
पनव निसान घोर रव बाजहिं, प्रलय समय के घन जनु गाजहिं.
भेरि नफीरि बाज सहनाई, मारू राग सुभट सुखदाई.
केहरि नाद बीर सब करहीं, निज निज बल पौरुष उच्चरहीं.
कहइ दसानन सुनहु सुभट्टा, मर्दहु भालु कपिन्ह के ठट्टा.
हौं मारिहउँ भूप द्वौ भाई, अस कहि सन्मुख फौज रेंगाई.
यह सुधि सकल कपिन्ह जब पाई, धाए करि रघुबीर दोहाई.

छंद-chamda:

धाए बिसाल कराल मर्कट भालु काल समान ते,
मानहुँ सपच्छ उड़ाहिं भूधर बृंद नाना बान ते.
नख दसन सैल महाद्रुमायुध सबल संक न मानहीं,
जय राम रावन मत्त गज मृगराज सुजसु बखानहीं.

दोहा-dohā:

दुहु दिसि जय जयकार करि निज निज जोरी जानि,
भिरे बीर इत रामहि उत रावनहि बखानि.७९.

चौपाई-caupāī:

रावनु रथी बिरथ रघुबीरा, देखि बिभीषन भयउ अधीरा.
अधिक प्रीति मन भा संदेहा, बंदि चरन कह सहित सनेहा.

नाथ न रथ नहिं तन पद त्राना, केहि बिधि जितब बीर बलवाना.
सुनहु सखा कह कृपानिधाना, जेहिं जय होइ सो स्यंदन आना.
सौरज धीरज तेहि रथ चाका, सत्य सील दृढ़ ध्वजा पताका.
बल बिबेक दम परहित घोरे, छमा कृपा समता रजु जोरे.
ईस भजनु सारथी सुजाना, बिरति चर्म संतोष कृपाना.
दान परसु बुधि सक्ति प्रचंड़ा, बर बिग्यान कठिन कोदंडा.
अमल अचल मन त्रोन समाना, सम जम नियम सिलीमुख नाना.
कवच अभेद बिप्र गुर पूजा, एहि सम बिजय उपाय न दूजा.
सखा धर्ममय अस रथ जाकें, जीतन कहँ न कतहुँ रिपु ताकें.

दोहा-dohā:

महा अजय संसार रिपु जीति सकइ सो बीर,
जाकें अस रथ होइ दृढ़ सुनहु सखा मतिधीर.८०क.

सुनि प्रभु बचन बिभीषन हरषि गहे पद कंज,
एहि मिस मोहि उपदेसेहु राम कृपा सुख पुंज.८०ख.

उत पचार दसकंधर इत अंगद हनुमान,
लरत निसाचर भालु कपि करि निज निज प्रभु आन.८०ग.

चौपाई-caupāī:

सुर ब्रह्मादि सिद्ध मुनि नाना, देखत रन नभ चढ़े बिमाना.
हमहू उमा रहे तेहिं संगा, देखत राम चरित रन रंगा.
सुभट समर रस दुहु दिसि माते, कपि जयसील राम बल ताते.
एक एक सन भिरहिं पचारहिं, एकन्ह एक मर्दि महि पारहिं.
मारहिं काटहिं धरहिं पछारहिं, सीस तोरि सीसन्ह सन मारहिं.
उदर बिदारहिं भुजा उपारहिं, गहि पद अवनि पटकि भट डारहिं.
निसिचर भट महि गाड़हिं भालू, ऊपर ढारि देहिं बहु बालू.
बीर बलिमुख जुद्ध बिरुद्धे, देखिअत बिपुल काल जनु क्रुद्धे.

छंद-chaṁda:

क्रुद्धे कृतांत समान कपि तन स्रवत सोनित राजहीं,
मर्दहिं निसाचर कटक भट बलवंत घन जिमि गाजहीं.
मारहिं चपेटन्हि डाटि दातन्ह काटि लातन्ह मीजहीं,
चिक्करहिं मर्कट भालु छल बल करहिं जेहिं खल छीजहीं.
धरि गाल फारहिं उर बिदारहिं गल अँतावरि मेलहीं,
प्रह्लादपति जनु बिबिध तनु धरि समर अंगन खेलहीं.
धरु मारु काटु पछारु घोर गिरा गगन महि भरि रही,
जय राम जो तृन ते कुलिस कर कुलिस ते कर तृन सही.

दोहा-dohā:

निज दल बिचलत देखेसि बीस भुजाँ दस चाप,
रथ चढ़ि चलेउ दसानन फिरहु फिरहु करि दाप.८१.

चौपाई-caupāī:

धायउ परम क्रुद्ध दसकंधर, सन्मुख चले हूह दै बंदर.
गहि कर पादप उपल पहारा, डारेन्हि ता पर एकहिं बारा.
लागहिं सैल बज्र तन तासू, खंड खंड होइ फूटहिं आसू.
चला न अचल रहा रथ रोपी, रन दुर्मद रावन अति कोपी.
इत उत झपटि दपटि कपि जोधा, मर्दै लाग भयउ अति क्रोधा.
चले पराइ भालु कपि नाना, त्राहि त्राहि अंगद हनुमाना.
पाहि पाहि रघुबीर गोसाईं, यह खल खाइ काल की नाईं.
तेहिं देखे कपि सकल पराने, दसहुँ चाप सायक संधाने.

छंद-chaṁda:

संधानि धनु सर निकर छाड़ेसि उरग जिमि उड़ि लागहीं,
रहे पूरि सर धरनी गगन दिसि बिदिसि कहँ कपि भागहीं.
भयो अति कोलाहल बिकल कपि दल भालु बोलहिं आतुरे,
रघुबीर करुना सिंधु आरत बंधु जन रच्छक हरे.

दोहा-dohā:

निज दल बिकल देखि कटि कसि निषंग धनु हाथ,
लछिमन चले क्रुद्ध होइ नाइ राम पद माथ.८२.

चौपाई-caupāī:

रे खल का मारसि कपि भालू, मोहि बिलोकु तोर मैं कालू.
खोजत रहेउँ तोहि सुतघाती, आजु निपाति जुड़ावउँ छाती.
अस कहि छाड़ेसि बान प्रचंडा, लछिमन किए सकल सत खंडा.
कोटिन्ह आयुध रावन डारे, तिल प्रवान करि काटि निवारे.
पुनि निज बानन्ह कीन्ह प्रहारा, स्यंदनु भंजि सारथी मारा.
सत सत सर मारे दस भाला, गिरि सृंगन्ह जनु प्रबिसहिं ब्याला.
पुनि सत सर मारा उर माहीं, परेउ धरनि तल सुधि कछु नाहीं.
उठा प्रबल पुनि मुरुछा जागी, छाड़िसि ब्रह्म दीन्हि जो साँगी.

छंद-chaṁda:

सो ब्रह्म दत्त प्रचंड सक्ति अनंत उर लागी सही,
परयो बीर बिकल उठाव दसमुख अतुल बल महिमा रही.
ब्रह्मांड भवन बिराज जाकें एक सिर जिमि रज कनी,
तेहि चह उठावन मूढ़ रावन जान नहिं त्रिभुअन धनी.

दोहा-dohā:

देखि पवनसुत धायउ बोलत बचन कठोर,
आवत कपिहि हन्यो तेहिं मुष्टि प्रहार प्रघोर.८३.

चौपाई-caupāī:

जानु टेकि कपि भूमि न गिरा, उठा सँभारि बहुत रिस भरा.
मुठिका एक ताहि कपि मारा, परेउ सैल जनु बज्र प्रहारा.
मुरुछा गै बहोरि सो जागा, कपि बल बिपुल सराहन लागा.
धिग धिग मम पौरुष धिग मोही, जौं तैं जिअत रहेसि सुरद्रोही.
अस कहि लछिमन कहुँ कपि ल्यायो, देखि दसानन बिसमय पायो.
कह रघुबीर समुझु जियँ भ्राता, तुम्ह कृतांत भच्छक सुर त्राता.
सुनत बचन उठि बैठ कृपाला, गई गगन सो सकति कराला.
पुनि कोदंड बान गहि धाए, रिपु सन्मुख अति आतुर आए.

छंद-chaṁda:

आतुर बहोरि बिभंजि स्यंदन सूत हति ब्याकुल कियो,
गिरयो धरनि दसकंधर बिकलतर बान सत बेध्यो हियो.
सारथी दूसर घालि रथ तेहि तुरत लंका लै गयो,
रघुबीर बंधु प्रताप पुंज बहोरि प्रभु चरनन्हि नयो.

दोहा-dohā:

उहाँ दसानन जागि करि करै लाग कछु जग्य,
राम बिरोध बिजय चह सठ हठ बस अति अग्य.८४.

चौपाई-caupāī:

इहाँ बिभीषन सब सुधि पाई, सपदि जाइ रघुपतिहि सुनाई.
नाथ करइ रावन एक जागा, सिद्ध भएँ नहिं मरिहि अभागा.

पठवहु नाथ बेगि भट बंदर, करहिं बिधंस आव दसकंधर.
प्रात होत प्रभु सुभट पठाए, हनुमदादि अंगद सब धाए.
कौतुक कूदि चढ़े कपि लंका, पैठे रावन भवन असंका.
जग्य करत जबहीं सो देखा, सकल कपिन्ह भा क्रोध बिसेषा.
रन ते निलज भाजि गृह आवा, इहाँ आइ बक ध्यान लगावा.
अस कहि अंगद मारा लाता, चितव न सठ स्वारथ मन राता.

छंद-chamda:

नहिं चितव जब करि कोप कपि गहि दसन लातन्ह मारहीं,
धरि केस नारि निकारि बाहेर तेऽतिदीन पुकारहीं.
तब उठेउ क्रुद्ध कृतांत सम गहि चरन बानर डारई,
एहि बीच कपिन्ह बिधंस कृत मख देखि मन महुँ हारई.

दोहा-dohā:

जग्य बिधंसि कुसल कपि आए रघुपति पास,
चलेउ निसाचर क्रुद्ध होइ त्यागि जिवन कै आस.८५.

चौपाई-caupāi:

चलत होहिं अति असुभ भयंकर, बैठहिं गीध उड़ाइ सिरन्ह पर.
भयउ कालबस काहु न माना, कहेसि बजावहु जुद्ध निसाना.
चली तमीचर अनी अपारा, बहु गज रथ पदाति असवारा.
प्रभु सन्मुख धाए खल कैसें, सलभ समूह अनल कहँ जैसें.
इहाँ देवतन्ह अस्तुति कीन्ही, दारुन बिपति हमहि एहिं दीन्ही.
अब जनि राम खेलावहु एही, अतिसय दुखित होति बैदेही.
देव बचन सुनि प्रभु मुसुकाना, उठि रघुबीर सुधारे बाना.
जटा जूट दृढ़ बाँधें माथे, सोहहिं सुमन बीच बिच गाथे.
अरुन नयन बारिद तनु स्यामा, अखिल लोक लोचनाभिरामा.
कटितट परिकर कस्यो निषंगा, कर कोदंड कठिन सारंगा.

छंद-chamda:

सारंग कर सुंदर निषंग सिलीमुखाकर कटि कस्यो,
भुजदंड पीन मनोहरायत उर धरासुर पद लस्यो.
कह दास तुलसी जबहिं प्रभु सर चाप कर फेरन लगे,
ब्रह्मांड दिग्गज कमठ अहि महि सिंधु भूधर डगमगे.

दोहा-dohā:

सोभा देखि हरषि सुर बरषहिं सुमन अपार,
जय जय जय करुनानिधि छबि बल गुन आगार.८६.

चौपाई-caupāi:

एहीं बीच निसाचर अनी, कसमसात आई अति घनी.
देखि चले सन्मुख कपि भट्टा, प्रलयकाल के जनु घन घट्टा.
बहु कृपान तरवारि चमंकहिं, जनु दहँ दिसि दामिनीं दमंकहिं.
गज रथ तुरग चिकार कठोरा, गर्जहिं मनहुँ बलाहक घोरा.
कपि लंगूर बिपुल नभ छाए, मनहुँ इंद्रधनु उए सुहाए.
उठइ धूरि मानहुँ जलधारा, बान बुंद भै बृष्टि अपारा.
दुहुँ दिसि पर्बत करहिं प्रहारा, बज्रपात जनु बारहिं बारा.
रघुपति कोपि बान झरि लाई, घायल भै निसिचर समुदाई.
लागत बान बीर चिक्करहीं, घुर्मि घुर्मि जहँ तहँ महि परहीं.
स्रवहिं सैल जनु निर्झर भारी, सोनित सरि कादर भयकारी.

छंद-chamda:

कादर भयंकर रुधिर सरिता चली परम अपावनी,
दोउ कूल दल रथ रेत चक्र अबर्त बहति भयावनी.
जलजंतु गज पदचर तुरग खर बिबिध बाहन को गने,
सर सक्ति तोमर सर्प चाप तरंग चर्म कमठ घने.

दोहा-dohā:

बीर परहिं जनु तीर तरु मज्जा बहु बह फेन,
कादर देखि डरहिं तहँ सुभटन्ह के मन चेन.८७.

चौपाई-caupāi:

मज्जहिं भूत पिसाच बेताला, प्रमथ महा झोटिंग कराला.
काक कंक लै भुजा उड़ाहीं, एक ते छीनि एक लै खाहीं.
एक कहहिं ऐसिउ सौंघाई, सठहु तुम्हार दरिद्र न जाई.
कहँरत भट घायल तट गिरे, जहँ तहँ मनहुँ अर्धजल परे.
खैंचहिं गीध आँत तट भए, जनु बंसी खेलत चित दए.
बहु भट बहहिं चढ़े खग जाहीं, जनु नावरि खेलहिं सरि माहीं.
जोगिनि भरि भरि खप्पर संचहिं, भूत पिसाच बधू नभ नंचहिं.
भट कपाल करताल बजावहिं, चामुंडा नाना बिधि गावहिं.
जंबुक निकर कटक्कट कट्टहिं, खाहिं हुआहिं अघाहिं दपट्टहिं.
कोटिन्ह रुंड मुंड बिनु डोल्लहिं, सीस परे महि जय जय बोल्लहिं.

छंद-chamda:

बोल्लहिं जो जय जय मुंड रुंड प्रचंड सिर बिनु धावहीं,
खप्परिन्ह खग्ग अलुज्झि जुज्झहिं सुभट भटन्ह ढहावहीं.
बानर निसाचर निकर मर्दहिं राम बल दर्पित भए,
संग्राम अंगन सुभट सोवहिं राम सर निकरन्हि हए.

दोहा-dohā:

रावन हृदयँ बिचारा भा निसिचर संघार,
मैं अकेल कपि भालु बहु माया करौं अपार.८८.

चौपाई-caupāi:

देवन्ह प्रभुहि पयादें देखा, उपजा उर अति छोभ बिसेषा.
सुरपति निज रथ तुरत पठावा, हरष सहित मातलि लै आवा.
तेज पुंज रथ दिब्य अनूपा, हरषि चढ़े कोसलपुर भूपा.
चंचल तुरग मनोहर चारी, अजर अमर मन सम गतिकारी.
रथारूढ़ रघुनाथहि देखी, धाए कपि बलु पाइ बिसेषी.
सही न जाइ कपिन्ह कै मारी, तब रावन माया बिस्तारी.
सो माया रघुबीरहि बाँची, लछिमन कपिन्ह सो मानी साँची.
देखी कपिन्ह निसाचर अनी, अनुज सहित बहु कोसलधनी.

छंद-chamda:

बहु राम लछिमन देखि मर्कट भालु मन अति अपडरे,
जनु चित्र लिखित समेत लछिमन जहँ सो तहँ चितवहिं खरे.
निज सेन चकित बिलोकि हँसि सर चाप सजि कोसल धनी,
माया हरी हरि निमिष महुँ हरषी सकल मर्कट अनी.

दोहा-dohā:

बहुरि राम सब तन चितइ बोले बचन गँभीर,
द्वंदजुद्ध देखहु सकल श्रमित भए अति बीर.८९.

चौपाई-caupāi:

अस कहि रथ रघुनाथ चलावा, बिप्र चरन पंकज सिरु नावा.
तब लंकेस क्रोध उर छावा, गर्जत तर्जत सन्मुख धावा.
जीतेहु जे भट संजुग माहीं, सुनु तापस मैं तिन्ह सम नाहीं.
रावन नाम जगत जस जाना, लोकप जाकें बंदीखाना.
खर दूषन बिराध तुम्ह मारा, बधेहु ब्याध इव बालि बिचारा.

निसिचर निकर सुभट संघारेहु, कुंभकरन घननादहि मारेहु.
आजु बयरु सबु लेउँ निबाही, जौं रन भूप भाजि नहिं जाही.
आजु करउँ खलु काल हवाले, परेहु कठिन रावन के पाले.
सुनि दुर्बचन कालबस जाना, बिहँसि बचन कह कृपानिधाना.
सत्य सत्य सब तव प्रभुताई, जल्पसि जनि देखाउ मनुसाई.

छँद-chamda:

जनि जल्पना करि सुजसु नासहि नीति सुनहि करहि छमा,
संसार महँ पूरुष त्रिबिध पाटल रसाल पनस समा.
एक सुमनप्रद एक सुमन फल एक फलइ केवल लागहीं,
एक कहहिं कहहिं करहिं अपर एक करहिं कहत न बागहीं.

दोहा-dohā:

राम बचन सुनि बिहँसा मोहि सिखावत ग्यान,
बयरु करत नहिं तब डरे अब लागे प्रिय प्रान.९०.

चौपाई-caupāī:

कहि दुर्बचन क्रुद्ध दसकंधर, कुलिस समान लाग छाँडै सर.
नानाकार सिलीमुख धाए, दिसि अरु बिदिसि गगन महि छाए.
पावक सर छाँडेउ रघुबीरा, छन महुँ जरे निसाचर तीरा.
छाडिसि तीब्र सक्ति खिसिआई, बान संग प्रभु फेरि चलाई.
कोटिन्ह चक्र त्रिसूल पबारै, बिनु प्रयास प्रभु काटि निवारै.
निफल होहिं रावन सर कैसें, खल के सकल मनोरथ जैसें.
तब सत बान सारथी मारेसि, परेउ भूमि जय राम पुकारेसि.
राम कृपा करि सूत उठावा, तब प्रभु परम क्रोध कहुँ पावा.

छँद-chamda:

भए क्रुद्ध जुद्ध बिरुद्ध रघुपति त्रोन सायक कसमसे,
कोदंड धुनि अति चंड सुनि मनुजाद सब मारुत ग्रसे.
मंदोदरी उर कंप कंपति कमठ भू भूधर त्रसे,
चिक्करहिं दिग्गज दसन गहि महि देखि कौतुक सुर हँसे.

दोहा-dohā:

तानेउ चाप श्रवन लगि छाँडे बिसिख कराल,
राम मारगन गन चले लहलहात जनु ब्याल.९१.

चौपाई-caupāī:

चले बान सपच्छ जनु उरगा, प्रथमहिं हतेउ सारथी तुरगा.
रथ बिभंजि हति केतु पताका, गर्जा अति अंतर बल थाका.
तुरत आन रथ चढ़ि खिसिआना, अस्त्र सस्त्र छाँडेसि बिधि नाना.
बिफल होहिं सब उद्यम ताके, जिमि परद्रोह निरत मनसा के.
तब रावन दस सूल चलावा, बाजि चारि महि मारि गिरावा.
तुरग उठाइ कोपि रघुनायक, खैंचि सरासन छाँड़े सायक.
रावन सिर सरोज बनचारी, चलि रघुबीर सिलीमुख धारी.
दस दस बान भाल दस मारे, निसरि गए चले रुधिर पनारे.
स्रवत रुधिर धायउ बलवाना, प्रभु पुनि कृत धनु सर संधाना.
तीस तीर रघुबीर पबारे, भुजन्हि समेत सीस महि पारे.
काटतहीं पुनि भए नबीने, राम बहोरि भुजा सिर छीने.
प्रभु बहु बार बाहु सिर हए, कटत झटिति पुनि नूतन भए.
पुनि पुनि प्रभु काटत भुज सीसा, अति कौतुकी कोसलाधीसा.
रहे छाइ नभ सिर अरु बाहू, मानहुँ अमित केतु अरु राहू.

छँद-chamda:

जनु राहु केतु अनेक नभ पथ स्रवत सोनित धावहीं,
रघुबीर तीर प्रचंड लागहिं भूमि गिरन न पावहीं.
एक एक सर सिर निकर छेदे नभ उड़त इमि सोहहीं,
जनु कोपि दिनकर कर निकर जहँ तहँ बिधुंतुद पोहहीं.

दोहा-dohā:

जिमि जिमि प्रभु हर तासु सिर तिमि तिमि होहिं अपार,
सेवत बिषय बिबर्ध जिमि नित नित नूतन मार.९२.

चौपाई-caupāī:

दसमुख देखि सिरन्ह कै बाढ़ी, बिसरा मरन भई रिस गाढ़ी.
गर्जेउ मूढ़ महा अभिमानी, धायउ दसहु सरासन तानी.
समर भूमि दसकंधर कोप्यो, बरषि बान रघुपति रथ तोप्यो.
दंड एक रथ देखि न परेऊ, जनु निहार महुँ दिनकर दुरेऊ.
हाहाकार सुरन्ह जब कीन्हा, तब प्रभु कोपि कारमुक लीन्हा.
सर निवारि रिपु के सिर काटे, ते दिसि बिदिसि गगन महि पाटे.
काटे सिर नभ मारग धावहिं, जय जय धुनि करि भय उपजावहिं.
कहँ लछिमन सुग्रीव कपीसा, कहँ रघुबीर कोसलाधीसा.

छँद-chamda:

कहँ रामु कहि सिर निकर धाए देखि मर्कट भजि चले,
संधानि धनु रघुबंसमनि हँसि सरन्हि सिर बेधे भले.
सिर मालिका कर कालिका गहि बृंद बृंदन्हि बहु मिलीं,
करि रुधिर सरि मज्जनु मनहुँ संग्राम बट पूजन चलीं.

दोहा-dohā:

पुनि दसकंठ क्रुद्ध होइ छाँडी सक्ति प्रचंड,
चली बिभीषन सन्मुख मनहुँ काल कर दंड.९३.

चौपाई-caupāī:

आवत देखि सक्ति अति घोरा, प्रनतारति भंजन पन मोरा.
तुरत बिभीषन पाछें मेला, सन्मुख राम सहेउ सोइ सेला.
लागि सक्ति मुरुछा कछु भई, प्रभु कृत खेल सुरन्ह बिकलई.
देखि बिभीषन प्रभु श्रम पायो, गहि कर गदा क्रुद्ध होइ धायो.
रे कुभाग्य सठ मंद कुबुद्धे, तैं सुर नर मुनि नाग बिरुद्धे.
सादर सिव कहुँ सीस चढ़ाए, एक एक के कोटिन्ह पाए.
तेहि कारन खल अब लगि बाँच्यो, अब तव कालु सीस पर नाच्यो.
राम बिमुख सठ चहसि संपदा, अस कहि हनेसि माझ उर गदा.

छँद-chamda:

उर माझ गदा प्रहार घोर कठोर लागत महि परयो,
दस बदन सोनित स्रवत पुनि संभारि धायो रिस भरयो.
द्वौ भिरे अतिबल मल्लजुद्ध बिरुद्ध एकु एकहि हनै,
रघुबीर बल दर्पित बिभीषनु घालि नहिं ता कहुँ गनै.

दोहा-dohā:

उमा बिभीषनु रावनहि सन्मुख चितव कि काउ,
सो अब भिरत काल ज्यों श्रीरघुबीर प्रभाउ.९४.

चौपाई-caupāī:

देखा श्रमित बिभीषनु भारी, धायउ हनूमान गिरि धारी.
रथ तुरंग सारथी निपाता, हृदय माझ तेहि मारेसि लाता.
ठाढ़ रहा अति कंपित गाता, गयउ बिभीषनु जहँ जनत्राता.
पुनि रावन कपि हतेउ पचारी, चलेउ गगन कपि पूँछ पसारी.
गहिसि पूँछ कपि सहित उड़ाना, पुनि फिरि भिरेउ प्रबल हनुमाना.
लरत अकास जुगल सम जोधा, एकहि एकु हनत करि क्रोधा.

सोहहिं नभ छल बल बहु करहीं, कज्जल गिरि सुमेरु जनु लरहीं.
बुधि बल निसिचर परइ न पारयो, तब मारुत सुत प्रभु संभारयो.

छंद-chamda:

संभारि श्रीरघुबीर धीर पचारि कपि रावनु हन्यो,
महि परत पुनि उठि लरत देवन्ह जुगल कहुँ जय जय भन्यो.
हनुमंत संकट देखि मर्कट भालु क्रोधातुर चले,
रन मत्त रावन सकल सुभट प्रचंड भुज बल दलमले.

दोहा-dohā:

तब रघुबीर पचारे धाए कीस प्रचंड,
कपि बल प्रबल देखि तेहिं कीन्ह प्रगट पाषंड.९५.

चौपाई-caupāī:

अंतरधान भयउ छन एका, पुनि प्रगटे खल रूप अनेका.
रघुपति कटक भालु कपि जेते, जहँ तहँ प्रगट दसानन तेते.
देखे कपिन्ह अमित दससीसा, जहँ तहँ भजे भालु अरु कीसा.
भागे बानर धरहिं न धीरा, त्राहि त्राहि लछिमन रघुबीरा.
दहँ दिसि धावहिं कोटिन्ह रावन, गर्जहिं घोर कठोर भयावन.
डरे सकल सुर चले पराई, जय कै आस तजहु अब भाई.
सब सुर जिते एक दसकंधर, अब बहु भए तकहु गिरि कंदर.
रहे बिरंचि संभु मुनि ग्यानी, जिन्ह जिन्ह प्रभु महिमा कछु जानी.

छंद-chamda:

जाना प्रताप ते रहे निर्भय कपिन्ह रिपु माने फुरे,
चले बिचलि मर्कट भालु सकल कृपाल पाहि भयातुरे.
हनुमंत अंगद नील नल अतिबल लरत रन बाँकुरे,
मर्दहिं दसानन कोटि कोटिन्ह कपट भू भट अंकुरे.

दोहा-dohā:

सुर बानर देखे बिकल हँस्यो कोसलाधीस,
सजि सारंग एक सर हते सकल दससीस.९६.

चौपाई-caupāī:

प्रभु छन महुँ माया सब काटी, जिमि रबि उएँ जाहिं तम फाटी.
रावनु एकु देखि सुर हरषे, फिरे सुमन बहु प्रभु पर बरषे.
भुज उठाइ रघुपति कपि फेरे, फिरे एक एकन्ह तब टेरे.
प्रभु बलु पाइ भालु कपि धाए, तरल तमकि संजुग महि आए.
अस्तुति करत देवतन्हि देखें, भयउँ एक मैं इन्ह के लेखें.
सठहु सदा तुम्ह मोर मरायल, अस कहि कोपि गगन पर धायल.
हाहाकार करत सुर भागे, खलहु जाहु कहँ मोरें आगे.
देखि बिकल सुर अंगद धायो, कूदि चरन गहि भूमि गिरायो.

छंद-chamda:

गहि भूमि पारयो लात मारयो बालिसुत प्रभु पहिं गयो,
संभारि उठि दसकंठ घोर कठोर रव गर्जत भयो.
करि दाप चाप चढ़ाइ दस संधानि सर बहु बरषई,
किए सकल भट घायल भयाकुल देखि निज बल हरषई.

दोहा-dohā:

तब रघुपति रावन के सीस भुजा सर चाप,
काटे बहुत बढ़े पुनि जिमि तीरथ कर पाप.९७.

चौपाई-caupāī:

सिर भुज बाढ़ि देखि रिपु केरी, भालु कपिन्ह रिस भई घनेरी.
मरत न मूढ़ कटेहुँ भुज सीसा, धाए कोपि भालु भट कीसा.
बालितनय मारुति नल नीला, बानरराज दुबिद बलसीला.
बिटप महीधर करहिं प्रहारा, सोइ गिरि तरु गहि कपिन्ह सो मारा.
एक नखन्हि रिपु बपुष बिदारी, भागि चलहिं एक लातन्ह मारी.
तब नल नील सिरन्हि चढ़ि गयऊ, नखन्हि लिलार बिदारत भयऊ.
रुधिर देखि बिषाद उर भारी, तिन्हहि धरन कहुँ भुजा पसारी.
गहे न जाहिं करन्हि पर फिरहीं, जनु जुग मधुप कमल बन चरहीं.
कोपि कूदि द्वौ धरेसि बहोरी, महि पटकत भजे भुजा मरोरी.
पुनि सकोप दस धनु कर लीन्हे, सरन्हि मारि घायल कपि कीन्हे.
हनुमदादि मुरुछित करि बंदर, पाइ प्रदोष हरष दसकंधर.
मुरुछित देखि सकल कपि बीरा, जामवंत धायउ रनधीरा.
संग भालु भूधर तरु धारी, मारन लगे पचारि पचारी.
भयउ क्रुद्ध रावन बलवाना, गहि पद महि पटकइ भट नाना.
देखि भालुपति निज दल घाता, कोपि माझ उर मारेसि लाता.

छंद-chamda:

उर लात घात प्रचंड लागत बिकल रथ ते महि परा,
गहि भालु बीसहुँ कर मनहुँ कमलन्हि बसे निसि मधुकरा.
मुरुछित बिलोकि बहोरि पद हति भालुपति प्रभु पहिं गयो,
निसि जानि स्यंदन घालि तेहि तब सूत जतनु करत भयो.

दोहा-dohā:

मुरुछा बिगत भालु कपि सब आए प्रभु पास,
निसिचर सकल रावनहि घेरि रहे अति त्रास.९८.

मासपारायण छब्बीसवाँ विश्राम

चौपाई-caupāī:

तेही निसि सीता पहिं जाई, त्रिजटा कहि सब कथा सुनाई.
सिर भुज बाढ़ि सुनत रिपु केरी, सीता उर भइ त्रास घनेरी.
मुख मलीन उपजी मन चिंता, त्रिजटा सन बोली तब सीता.
होइहि कहा कहसि किन माता, केहि बिधि मरिहि बिस्व दुखदाता.
रघुपति सर सिर कटेहुँ न मरई, बिधि बिपरीत चरित सब करई.
मोर अभाग्य जिआवत ओही, जेहिं हौं हरि पद कमल बिछोही.
जेहिं कृत कपट कनक मृग झूठा, अजहुँ सो दैव मोहि पर रूठा.
जेहिं बिधि मोहि दुख दुसह सहाए, लछिमन कहुँ कटु बचन कहाए.
रघुपति बिरह सबिष सर भारी, तकि तकि मार बार बहु मारी.
ऐसेहुँ दुख जो राख मम प्राना, सोइ बिधि ताहि जिआव न आना.
बहु बिधि कर बिलाप जानकी, करि करि सुरति कृपानिधान की.
कह त्रिजटा सुनु राजकुमारी, उर सर लागत मरइ सुरारी.
प्रभु ताते उर हतइ न तेही, एहि के हृदयँ बसति बैदेही.

छंद-chamda:

एहि के हृदयँ बस जानकी जानकी उर मम बास है,
मम उदर भुअन अनेक लागत बान सब कर नास है.
सुनि बचन हरष बिषाद मन अति देखि पुनि त्रिजटाँ कहा,
अब मरिहि रिपु एहि बिधि सुनहि सुंदरि तजहि संसय महा.

दोहा-dohā:

काटत सिर होइहि बिकल छुटि जाइहि तव ध्यान,
तब रावनहि हृदय महुँ मरिहहिं रामु सुजान.९९.

चौपाई-caupāī:

अस कहि बहुत भाँति समुझाई, पुनि त्रिजटा निज भवन सिधाई.

राम सुभाउ सुमिरि बैदेही, उपजी बिरह बिथा अति तेही.
निसिहि ससिहि निंदति बहु भाँती, जुग सम भई सिराति न राती.
करति बिलाप मनहिं मन भारी, राम बिरहँ जानकी दुखारी.
जब अति भयउ बिरह उर दाहू, फरकेउ बाम नयन अरु बाहू.
सगुन बिचारि धरी मन धीरा, अब मिलिहहिं कृपाल रघुबीरा.
इहाँ अर्धनिसि रावनु जागा, निज सारथि सन खीझन लागा.
सठ रनभूमि छड़ाइसि मोही, धिग धिग अधम मंदमति तोही.
तेहिं पद गहि बहु बिधि समुझावा, भोरु भएँ रथ चढ़ि पुनि धावा.
सुनि आगवनु दसानन केरा, कपिदल खरभर भयउ घनेरा.
जहँ तहँ भूधर बिटप उपारी, धाए कटकटाइ भट भारी.

छंद-chaṁda:

धाए जो मर्कट बिकट भालु कराल कर भूधर धरा,
अति कोप करहिं प्रहार मारत भजि चले रजनीचरा.
बिचलाइ दल बलवंत कीसन्ह घेरि पुनि रावनु लियो,
चहुँ दिसि चपेटन्हि मारि नखन्हि बिदारि तनु ब्याकुल कियो.

दोहा-dohā:

देखि महा मर्कट प्रबल रावन कीन्ह बिचार,
अंतरहित होइ निमिष महुँ कृत माया बिस्तार.१००.

छंद-chaṁda:

जब कीन्ह तेहिं पाषंड, भए प्रगट जंतु प्रचंड.
बेताल भूत पिसाच, कर धरें धनु नाराच.१.
जोगिनि गहें करबाल, एक हाथ मनुज कपाल.
करि सद्य सोनित पान, नाचहिं करहिं बहु गान.२.
धरु मारु बोलहिं घोर, रहि पूरि धुनि चहुँ ओर.
मुख बाइ धावहिं खान, तब लगे कीस परान.३.
जहँ जाहिं मर्कट भागि, तहँ बरत देखहिं आगि.
भए बिकल बानर भालु, पुनि लाग बरषै बालु.४.
जहँ तहँ थकित करि कीस, गर्जेउ बहुरि दससीस.
लछिमन कपीस समेत, भए सकल बीर अचेत.५.
हा राम हा रघुनाथ, कहि सुभट मीजहिं हाथ.
एहि बिधि सकल बल तोरि, तेहिं कीन्ह कपट बहोरि.६.
प्रगटेसि बिपुल हनुमान, धाए गहे पाषान.
तिन्ह रामु घेरे जाइ, चहुँ दिसि बरूथ बनाइ.७.
मारहु धरहु जनि जाइ, कटकटहिं पूँछ उठाइ.
दहँ दिसि लँगूर बिराज, तेहिं मध्य कोसलराज.८.

छंद-chaṁda:

तेहिं मध्य कोसलराज सुंदर स्याम तन सोभा लही,
जनु इंद्रधनुष अनेक की बर बारि तुंग तमालही.
प्रभु देखि हरष बिषाद उर सुर बदत जय जय जय करी,
रघुबीर एकहिं तीर कोपि निमेष महुँ माया हरी.१.
माया बिगत कपि भालु हरषे बिटप गिरि गहि सब फिरे,
सर निकर छाडे राम रावन बाहु सिर पुनि महि गिरे.
श्रीराम रावन समर चरित अनेक कल्प जो गावहीं,
सत सेष सारद निगम कबि तेउ तदपि पार न पावहीं.२.

दोहा-dohā:

ताके गुन गन कछु कहे जड़मति तुलसीदास,
जिमि निज बल अनुरूप ते माछी उड़इ अकास.१०१क.

काटे सिर भुज बार बहु मरत न भट लंकेस,
प्रभु क्रीड़त सुर सिद्ध मुनि ब्याकुल देखि कलेस.१०१ख.

चौपाई-caupāī:

काटत बढ़हिं सीस समुदाई, जिमि प्रति लाभ लोभ अधिकाई.
मरइ न रिपु श्रम भयउ बिसेषा, राम बिभीषन तन तब देखा.
उमा काल मर जाकीं ईछा, सो प्रभु जन कर प्रीति परीछा.
सुनु सरबग्य चराचर नायक, प्रनतपाल सुर मुनि सुखदायक.
नाभिकुंड पियूष बस याकें, नाथ जिअत रावनु बल ताकें.
सुनत बिभीषन बचन कृपाला, हरषि गहे कर बान कराला.
असुभ होन लागे तब नाना, रोवहिं खर सृकाल बहु स्वाना.
बोलहिं खग जग आरति हेतू, प्रगट भए नभ जहँ तहँ केतू.
दस दिसि दाह होन अति लागा, भयउ परब बिनु रबि उपरागा.
मंदोदरि उर कंपति भारी, प्रतिमा स्रवहिं नयन मग बारी.

छंद-chaṁda:

प्रतिमा रुदहिं पबिपात नभ अति बात बह डोलति मही,
बरषहिं बलाहक रुधिर कच रज असुभ अति सक को कही.
उतपात अमित बिलोकि नभ सुर बिकल बोलहिं जय जए,
सुर सभय जानि कृपाल रघुपति चाप सर जोरत भए.

दोहा-dohā:

खैंचि सरासन श्रवन लगि छाडे सर एकतीस,
रघुनायक सायक चले मानहुँ काल फनीस.१०२.

चौपाई-caupāī:

सायक एक नाभि सर सोषा, अपर लगे भुज सिर करि रोषा.
लै सिर बाहु चले नाराचा, सिर भुज हीन रुंड महि नाचा.
धरनि धसइ धर धाव प्रचंडा, तब सर हति प्रभु कृत दुइ खंडा.
गर्जेउ मरत घोर रव भारी, कहाँ रामु रन हतौं पचारी.
डोली भूमि गिरत दसकंधर, छुभित सिंधु सरि दिग्गज भूधर.
धरनि परेउ द्वौ खंड बढ़ाई, चापि भालु मर्कट समुदाई.
मंदोदरि आगें भुज सीसा, धरि सर चले जहाँ जगदीसा.
प्रबिसे सब निषंग महु जाई, देखि सुरन्ह दुंदुभीं बजाई.
तासु तेज समान प्रभु आनन, हरषे देखि संभु चतुरानन.
जय जय धुनि पूरी ब्रह्मंडा, जय रघुबीर प्रबल भुजदंडा.
बरषहिं सुमन देव मुनि बृंदा, जय कृपाल जय जयति मुकुंदा.

छंद-chaṁda:

जय कृपा कंद मुकुंद द्वंद हरन सरन सुखप्रद प्रभो,
खल दल बिदारन परम कारन कारुनीक सदा बिभो.
सुर सुमन बरषहिं हरष संकुल बाज दुंदुभि गहगही,
संग्राम अंगन राम अंग अनंग बहु सोभा लही.
सिर जटा मुकुट प्रसून बिच बिच अति मनोहर राजहीं,
जनु नीलगिरि पर तड़ित पटल समेत उडुगन भ्राजहीं.
भुजदंड सर कोदंड फेरत रुधिर कन तन अति बने,
जनु रायमुनीं तमाल पर बैठीं बिपुल सुख आपने.

दोहा-dohā:

कृपादृष्टि करि बृष्टि प्रभु अभय किए सुर बृंद,
भालु कीस सब हरषे जय सुख धाम मुकुंद.१०३.

चौपाई-caupāi:

पति सिर देखत मंदोदरी, मुरुछित बिकल धरनि खसि परी.
जुबति बृंद रोवत उठि धाईं, तेहि उठाइ रावन पहिं आईं.
पति गति देखि ते करहिं पुकारा, छूटे कच नहिं बपुष सँभारा.
उर ताड़ना करहिं बिधि नाना, रोवत करहिं प्रताप बखाना.
तव बल नाथ डोल नित धरनी, तेज हीन पावक ससि तरनी.
सेष कमठ सहि सकहिं न भारा, सो तनु भूमि परेउ भरि छारा.
बरुन कुबेर सुरेस समीरा, रन सन्मुख धरि काहुँ न धीरा.
भुजबल जितेहु काल जम साईं, आजु परेहु अनाथ की नाईं.
जगत बिदित तुम्हारि प्रभुताई, सुत परिजन बल बरनि न जाई.
राम बिमुख अस हाल तुम्हारा, रहा न कोउ कुल रोवनिहारा.
तव बस बिधि प्रपंच सब नाथा, सभय दिसिप नित नावहिं माथा.
अब तव सिर भुज जंबुक खाहीं, राम बिमुख यह अनुचित नाहीं.
काल बिबस पति कहा न माना, अग जग नाथु मनुज करि जाना.

छंद-chamda:

जान्यो मनुज करि दनुज कानन दहन पावक हरि स्वयं,
जेहि नमत सिव ब्रह्मादि सुर पिय भजेहु नहिं करुनामयं.
आजन्म ते परद्रोह रत पापौघमय तव तनु अयं,
तुम्हहू दियो निज धाम राम नमामि ब्रह्म निरामयं.

दोहा-dohā:

अहह नाथ रघुनाथ सम कृपासिंधु नहिं आन,
जोगि बृंद दुर्लभ गति तोहि दीन्हि भगवान.१०४.

चौपाई-caupāi:

मंदोदरी बचन सुनि काना, सुर मुनि सिद्ध सबन्हि सुख माना.
अज महेस नारद सनकादी, जे मुनिबर परमारथबादी.
भरि लोचन रघुपतिहि निहारी, प्रेम मगन सब भए सुखारी.
रुदन करत देखीं सब नारी, गयउ बिभीषनु मन दुख भारी.
बंधु दसा बिलोकि दुख कीन्हा, तब प्रभु अनुजहि आयसु दीन्हा.
लछिमन तेहि बहु बिधि समुझायो, बहुरि बिभीषन प्रभु पहिं आयो.
कृपादृष्टि प्रभु ताहि बिलोका, करहु क्रिया परिहरि सब सोका.
कीन्हि क्रिया प्रभु आयसु मानी, बिधिवत देस काल जियँ जानी.

दोहा-dohā:

मंदोदरी आदि सब देइ तिलांजलि ताहि,
भवन गईं रघुपति गुन गन बरनत मन माहि.१०५.

चौपाई-caupāi:

आइ बिभीषन पुनि सिरु नायो, कृपासिंधु तब अनुज बोलायो.
तुम्ह कपीस अंगद नल नीला, जामवंत मारुति नयसीला.
सब मिलि जाहु बिभीषन साथा, सारेहु तिलक कहेउ रघुनाथा.
पिता बचन मैं नगर न आवउँ, आपु सरिस कपि अनुज पठावउँ.
तुरत चले कपि सुनि प्रभु बचना, कीन्ही जाइ तिलक की रचना.
सादर सिंहासन बैठारी, तिलक सारि अस्तुति अनुसारी.
जोरि पानि सबहीं सिर नाए, सहित बिभीषन प्रभु पहिं आए.
तब रघुबीर बोलि कपि लीन्हे, कहि प्रिय बचन सुखी सब कीन्हे.

छंद-chamda:

किए सुखी कहि बानी सुधा सम बल तुम्हारें रिपु हयो,
पायो बिभीषन राज तिहुँ पुर जसु तुम्हारो नित नयो.
मोहि सहित सुभ कीरति तुम्हारी परम प्रीति जो गाइहैं,
संसार सिंधु अपार पार प्रयास बिनु नर पाइहैं.

दोहा-dohā:

प्रभु के बचन श्रवन सुनि नहिं अघाहिं कपि पुंज,
बार बार सिर नावहिं गहहिं सकल पद कंज.१०६.

चौपाई-caupāi:

पुनि प्रभु बोलि लियउ हनुमाना, लंका जाहु कहेउ भगवाना.
समाचार जानकिहि सुनावहु, तासु कुसल लै तुम्ह चलि आवहु.
तब हनुमंत नगर महुँ आए, सुनि निसिचरी निसाचर धाए.
बहु प्रकार तिन्ह पूजा कीन्ही, जनकसुता देखाइ पुनि दीन्ही.
दूरिहि ते प्रनाम कपि कीन्हा, रघुपति दूत जानकीं चीन्हा.
कहहु तात प्रभु कृपानिकेता, कुसल अनुज कपि सेन समेता.
सब बिधि कुसल कोसलाधीसा, मातु समर जीत्यो दससीसा.
अबिचल राजु बिभीषन पायो, सुनि कपि बचन हरष उर छायो.

छंद-chamda:

अति हरष मन तन पुलक लोचन सजल कह पुनि पुनि रमा,
का देउँ तोहि त्रैलोक महुँ कपि किमपि नहिं बानी समा.
सुनु मातु मैं पायो अखिल जग राजु आजु न संसयं,
रन जीति रिपुदल बंधु जुत पस्यामि राममनामयं.

दोहा-dohā:

सुनु सुत सदगुन सकल तव हृदय बसहुँ हनुमंत,
सानुकूल कोसलपति रहहुँ समेत अनंत.१०७.

चौपाई-caupāi:

अब सोइ जतन करहु तुम्ह ताता, देखौं नयन स्याम मृदु गाता.
तब हनुमान राम पहिं जाई, जनकसुता कै कुसल सुनाई.
सुनि संदेसु भानुकुलभूषन, बोलि लिए जुबराज बिभीषन.
मारुतसुत के संग सिधावहु, सादर जनकसुतहि लै आवहु.
तुरतहिं सकल गए जहँ सीता, सेवहिं सब निसिचरीं बिनीता.
बेगि बिभीषन तिन्हहि सिखायो, तिन्ह बहु बिधि मज्जन करवायो.
बहु प्रकार भूषन पहिराए, सिबिका रुचिर साजि पुनि ल्याए.
ता पर हरषि चढ़ी बैदेही, सुमिरि राम सुखधाम सनेही.
बेतपानि रच्छक चहुँ पासा, चले सकल मन परम हुलासा.
देखन भालु कीस सब आए, रच्छक कोपि निवारन धाए.
कह रघुबीर कहा मम मानहु, सीतहि सखा पयादें आनहु.
देखहुँ कपि जननी की नाईं, बिहसि कहा रघुनाथ गोसाईं.
सुनि प्रभु बचन भालु कपि हरषे, नभ ते सुरन्ह सुमन बहु बरषे.
सीता प्रथम अनल महुँ राखी, प्रगट कीन्हि चह अंतर साखी.

दोहा-dohā:

तेहि कारन करुनानिधि कहे कछुक दुर्बाद,
सुनत जातुधानीं सब लागीं करै बिषाद.१०८.

चौपाई-caupāi:

प्रभु के बचन सीस धरि सीता, बोली मन क्रम बचन पुनीता.
लछिमन होहु धरम के नेगी, पावक प्रगट करहु तुम्ह बेगी.
सुनि लछिमन सीता कै बानी, बिरह बिबेक धरम निति सानी.

लोचन सजल जोरि कर दोऊ, प्रभु सन कछु कहि सकत न ओऊ.
देखि राम रुख लछिमन धाए, पावक प्रगटि काठ बहु लाए.
पावक प्रबल देखि बैदेही, हृदयँ हरष नहिं भय कछु तेही.
जौं मन बच क्रम मम उर माहीं, तजि रघुबीर आन गति नाहीं.
तौ कृसानु सब कै गति जाना, मो कहुँ होउ श्रीखंड समाना.

छंद-chaṁda:

श्रीखंड सम पावक प्रबेस कियो सुमिरि प्रभु मैथिली,
जय कोसलेस महेस बंदित चरन रति अति निर्मली.
प्रतिबिंब अरु लौकिक कलंक प्रचंड पावक महुँ जरे,
प्रभु चरित काहुँ न लखे नभ सुर सिद्ध मुनि देखहिं खरे.१.
धरि रूप पावक पानि गहि श्री सत्य श्रुति जग बिदित जो,
जिमि छीरसागर इंदिरा रामहि समर्पी आनि सो.
सो राम बाम बिभाग राजति रुचिर अति सोभा भली,
नव नील नीरज निकट मानहुँ कनक पंकज की कली.२.

दोहा-dohā:

बरषहिं सुमन हरषि सुर बाजहिं गगन निसान,
गावहिं किंनर सुरबधू नाचहिं चढ़ीं बिमान.१०९क.

जनकसुता समेत प्रभु सोभा अमित अपार,
देखि भालु कपि हरषे जय रघुपति सुख सार.१०९ख.

चौपाई-caupāī:

तब रघुपति अनुसासन पाई, मातलि चलेउ चरन सिरु नाई.
आए देव सदा स्वारथी, बचन कहहिं जनु परमारथी.
दीन बंधु दयाल रघुराया, देव कीन्हि देवन्ह पर दाया.
बिस्व द्रोह रत यह खल कामी, निज अघ गयउ कुमारगगामी.
तुम्ह समरूप ब्रह्म अबिनासी, सदा एकरस सहज उदासी.
अकल अगुन अज अनघ अनामय, अजित अमोघसक्ति करुनामय.
मीन कमठ सूकर नरहरी, बामन परसुराम बपु धरी.
जब जब नाथ सुरन्ह दुखु पायो, नाना तनु धरि तुम्हइँ नसायो.
यह खल मलिन सदा सुरद्रोही, काम लोभ मद रत अति कोही.
अधम सिरोमनि तव पद पावा, यह हमरें मन बिसमय आवा.
हम देवता परम अधिकारी, स्वारथ रत प्रभु भगति बिसारी.
भव प्रबाहँ संतत हम परे, अब प्रभु पाहि सरन अनुसरे.

दोहा-dohā:

करि बिनती सुर सिद्ध सब रहे जहँ तहँ कर जोरि,
अति सप्रेम तन पुलकि बिधि अस्तुति करत बहोरि.११०.

छंद-chaṁda:

जय राम सदा सुखधाम हरे, रघुनायक सायक चाप धरे.
भव बारन दारन सिंह प्रभो, गुन सागर नागर नाथ बिभो.
तन काम अनेक अनूप छबी, गुन गावत सिद्ध मुनींद्र कबी.
जसु पावन रावन नाग महा, खगनाथ जथा करि कोप गहा.
जन रंजन भंजन सोक भयं, गतक्रोध सदा प्रभु बोधमयं.
अवतार उदार अपार गुनं, महि भार बिभंजन ग्यानघनं.
अज ब्यापकमेकमनादि सदा, करुनाकर राम नमामि मुदा.
रघुबंस बिभूषन दूषन हा, कृत भूप बिभीषन दीन रहा.
गुन ग्यान निधान अमान अजं, नित राम नमामि बिभुं बिरजं.
भुजदंड प्रचंड प्रताप बलं, खल बृंद निकंद महा कुसलं.
बिनु कारन दीन दयाल हितं, छबि धाम नमामि रमा सहितं.
भव तारन कारन काज परं, मन संभव दारुन दोष हरं.
सर चाप मनोहर त्रोन धरं, जलजारुन लोचन भूपबरं.
सुख मंदिर सुंदर श्रीरमनं, मद मार मुधा ममता समनं.
अनवद्य अखंड न गोचर गो, सबरूप सदा सब होइ न गो.
इति बेद बदंति न दंतकथा, रबि आतप भिन्नमभिन्न जथा.
कृतकृत्य बिभो सब बानर ए, निरखंति तवानन सादर ए.
धिग जीवन देव सरीर हरे, तव भक्ति बिना भव भूलि परे.
अब दीनदयाल दया करिऐ, मति मोरि बिभेदकरी हरिऐ.
जेहि ते बिपरीत क्रिया करिऐ, दुख सो सुख मानि सुखी चरिऐ.
खल खंडन मंडन रम्य छमा, पद पंकज सेवित संभु उमा.
नृप नायक दे बरदानमिदं, चरनांबुज प्रेम सदा सुभदं.

दोहा-dohā:

बिनय कीन्हि चतुरानन प्रेम पुलक अति गात,
सोभासिंधु बिलोकत लोचन नहीं अघात.१११.

चौपाई-caupāī:

तेहि अवसर दसरथ तहँ आए, तनय बिलोकि नयन जल छाए.
अनुज सहित प्रभु बंदन कीन्हा, आसिरबाद पिताँ तब दीन्हा.
तात सकल तव पुन्य प्रभाऊ, जीत्यों अजय निसाचर राऊ.
सुनि सुत बचन प्रीति अति बाढ़ी, नयन सलिल रोमावलि ठाढ़ी.
रघुपति प्रथम प्रेम अनुमाना, चितइ पितहि दीन्हेउ दृढ़ ग्याना.
ताते उमा मोच्छ नहिं पायो, दसरथ भेद भगति मन लायो.
सगुनोपासक मोच्छ न लेहीं, तिन्ह कहुँ राम भगति निज देहीं.
बार बार करि प्रभुहि प्रनामा, दसरथ हरषि गए सुरधामा.

दोहा-dohā:

अनुज जानकी सहित प्रभु कुसल कोसलाधीस,
सोभा देखि हरषि मन अस्तुति कर सुर ईस.११२.

छंद-chaṁda:

जय राम सोभा धाम, दायक प्रनत बिश्राम.
धृत त्रोन बर सर चाप, भुजदंड प्रबल प्रताप.१.
जय दूषनारि खरारि, मर्दन निसाचर धारि.
यह दुष्ट मारेउ नाथ, भए देव सकल सनाथ.२.
जय हरन धरनी भार, महिमा उदार अपार.
जय रावनारि कृपाल, किए जातुधान बिहाल.३.
लंकेस अति बल गर्ब, किए बस्य सुर गंधर्ब.
मुनि सिद्ध नर खग नाग, हठि पंथ सब कें लाग.४.
परद्रोह रत अति दुष्ट, पायो सो फलु पापिष्ट.
अब सुनहु दीन दयाल, राजीव नयन बिसाल.५.
मोहि रहा अति अभिमान, नहिं कोउ मोहि समान.
अब देखि प्रभु पद कंज, गत मान प्रद दुख पुंज.६.
कोउ ब्रह्म निर्गुन ध्याव, अब्यक्त जेहि श्रुति गाव.
मोहि भाव कोसल भूप, श्रीराम सगुन सरूप.७.

बैदेहि अनुज समेत, मम हृदयँ करहु निकेत.
मोहि जानिए निज दास, दे भक्ति रमानिवास.८.

छंद-chamda:

दे भक्ति रमानिवास त्रास हरन सरन सुखदायकं,
सुख धाम राम नमामि काम अनेक छबि रघुनायकं.
सुर बृंद रंजन द्वंद भंजन मनुज तनु अतुलितबलं,
ब्रह्मादि संकर सेब्य राम नमामि करुना कोमलं.

दोहा-dohā:

अब करि कृपा बिलोकि मोहि आयसु देहु कृपाल,
काह करौं सुनि प्रिय बचन बोले दीनदयाल.११३.

चौपाई-caupāī:

सुनु सुरपति कपि भालु हमारे, परे भूमि निसिचरन्हि जे मारे.
मम हित लागि तजे इन्ह प्राना, सकल जिआउ सुरेस सुजाना.
सुनु खगेस प्रभु कै यह बानी, अति अगाध जानहिं मुनि ग्यानी.
प्रभु सक त्रिभुअन मारि जिआई, केवल सक्रहि दीन्हि बडाई.
सुधा बरषि कपि भालु जिआए, हरषि उठे सब प्रभु पहिं आए.
सुधाबृष्टि भै दुहु दल ऊपर, जिए भालु कपि नहिं रजनीचर.
रामाकार भए तिन्ह के मन, मुक्त भए छूटे भव बंधन.
सुर अंसिक सब कपि अरु रीछा, जिए सकल रघुपति कीं ईछा.
राम सरिस को दीन हितकारी, कीन्हे मुकुत निसाचर झारी.
खल मल धाम काम रत रावन, गति पाई जो मुनिबर पाव न.

दोहा-dohā:

सुमन बरषि सब सुर चले चढ़ि चढ़ि रुचिर बिमान,
देखि सुअवसरु प्रभु पहिं आयउ संभु सुजान.११४क.

परम प्रीति कर जोरि जुग नलिन नयन भरि बारि,
पुलकित तन गदगद गिराँ बिनय करत त्रिपुरारि.११४ख.

छंद-chamda:

मामभिरक्षय रघुकुल नायक, धृत बर चाप रुचिर कर सायक.
मोह महा घन पटल प्रभंजन, संसय बिपिन अनल सुर रंजन.
अगुन सगुन गुन मंदिर सुंदर, भ्रम तम प्रबल प्रताप दिवाकर.
काम क्रोध मद गज पंचानन, बसहु निरंतर जन मन कानन.
बिषय मनोरथ पुंज कंज बन, प्रबल तुषार उदार पार मन.
भव बारिधि मंदर परमं दर, बारय तारय संसृति दुस्तर.
स्याम गात राजीव बिलोचन, दीन बंधु प्रनतारति मोचन.
अनुज जानकी सहित निरंतर, बसहु राम नृप मम उर अंतर.
मुनि रंजन महि मंडल मंडन, तुलसिदास प्रभु त्रास बिखंडन.

दोहा-dohā:

नाथ जबहिं कोसलपुरीं होइहि तिलक तुम्हार,
कृपासिंधु मैं आउब देखन चरित उदार.११५.

चौपाई-caupāī:

करि बिनती जब संभु सिधाए, तब प्रभु निकट बिभीषनु आए.
नाइ चरन सिरु कह मृदु बानी, बिनय सुनहु प्रभु सारँगपानी.
सकुल सदल प्रभु रावन मारयो, पावन जस त्रिभुवन बिस्तारयो.
दीन मलीन हीन मति जाती, मो पर कृपा कीन्हि बहु भाँती.
अब जन गृह पुनीत प्रभु कीजे, मज्जनु करिअ समर श्रम छीजे.
देखि कोस मंदिर संपदा, देहु कृपाल कपिन्ह कहुँ मुदा.
सब बिधि नाथ मोहि अपनाइअ, पुनि मोहि सहित अवधपुर जाइअ.
सुनत बचन मृदु दीनदयाला, सजल भए द्वौ नयन बिसाला.

दोहा-dohā:

तोर कोस गृह मोर सब सत्य बचन सुनु भ्रात,
भरत दसा सुमिरत मोहि निमिष कल्प सम जात.११६क.

तापस बेष गात कृस जपत निरंतर मोहि,
देखौं बेगि सो जतनु करु सखा निहोरउँ तोहि.११६ख.

बीतें अवधि जाउँ जौं जिअत न पावउँ बीर,
सुमिरत अनुज प्रीति प्रभु पुनि पुनि पुलक सरीर.११६ग.

करेहु कल्प भरि राजु तुम्ह मोहि सुमिरेहु मन माहिं,
पुनि मम धाम पाइहहु जहाँ संत सब जाहिं.११६घ.

चौपाई-caupāī:

सुनत बिभीषन बचन राम के, हरषि गहे पद कृपाधाम के.
बानर भालु सकल हरषाने, गहि प्रभु पद गुन बिमल बखाने.
बहुरि बिभीषन भवन सिधायो, मनि गन बसन बिमान भरायो.
लै पुष्पक प्रभु आगें राखा, हँसि करि कृपासिंधु तब भाषा.
चढ़ि बिमान सुनु सखा बिभीषन, गगन जाइ बरषहु पट भूषन.
नभ पर जाइ बिभीषन तबही, बरषि दिए मनि अंबर सबही.
जोइ जोइ मन भावइ सोइ लेहीं, मनि मुख मेलि डारि कपि देहीं.
हँसे रामु श्री अनुज समेता, परम कौतुकी कृपा निकेता.

दोहा-dohā:

मुनि जेहि ध्यान न पावहिं नेति नेति कह बेद,
कृपासिंधु सोइ कपिन्ह सन करत अनेक बिनोद.११७क.

उमा जोग जप दान तप नाना मख ब्रत नेम,
राम कृपा नहिं करहिं तसि जसि निष्केवल प्रेम.११७ख.

चौपाई-caupāī:

भालु कपिन्ह पट भूषन पाए, पहिरि पहिरि रघुपति पहिं आए.
नाना जिनस देखि सब कीसा, पुनि पुनि हँसत कोसलाधीसा.
चितइ सबन्हि पर कीन्ही दाया, बोले मृदुल बचन रघुराया.
तुम्हरें बल मैं रावनु मारयो, तिलक बिभीषन कहँ पुनि सारयो.
निज निज गृह अब तुम्ह सब जाहू, सुमिरेहु मोहि डरपहु जनि काहू.
सुनत बचन प्रेमाकुल बानर, जोरि पानि बोले सब सादर.
प्रभु जोइ कहहु तुम्हहि सब सोहा, हमरें होत बचन सुनि मोहा.
दीन जानि कपि किए सनाथा, तुम्ह त्रैलोक ईस रघुनाथा.
सुनि प्रभु बचन लाज हम मरहीं, मसक कहूँ खगपति हित करहीं.
देखि राम रुख बानर रीछा, प्रेम मगन नहिं गृह कै ईछा.

दोहा-dohā:

प्रभु प्रेरित कपि भालु सब राम रूप उर राखि,
हरष बिषाद सहित चले बिनय बिबिध बिधि भाषि.११८क.

कपिपति नील रीछपति अंगद नल हनुमान,
सहित बिभीषन अपर जे जूथप कपि बलवान.११८ख.

कहि न सकहिं कछु प्रेम बस भरि भरि लोचन बारि,
सन्मुख चितवहिं राम तन नयन निमेष निवारि.११८ग.

चौपाई-caupāī:

अतिसय प्रीति देखि रघुराई, लीन्हे सकल बिमान चढ़ाई.
मन महुँ बिप्र चरन सिरु नायो, उत्तर दिसिहि बिमान चलायो.
चलत बिमान कोलाहल होई, जय रघुबीर कहइ सबु कोई.
सिंहासन अति उच्च मनोहर, श्री समेत प्रभु बैठे ता पर.
राजत रामु सहित भामिनी, मेरु सृंग जनु घन दामिनी.
रुचिर बिमान चलेउ अति आतुर, कीन्ही सुमन बृष्टि हरषे सुर.
परम सुखद चलि त्रिबिध बयारी, सागर सर सरि निर्मल बारी.
सगुन होहिं सुंदर चहुँ पासा, मन प्रसन्न निर्मल नभ आसा.
कह रघुबीर देखु रन सीता, लछिमन इहाँ हत्यो इँद्रजीता.
हनूमान अंगद के मारे, रन महि परे निसाचर भारे.
कुंभकरन रावन द्वौ भाई, इहाँ हते सुर मुनि दुखदाई.

दोहा-dohā:

इहाँ सेतु बाँध्यों अरु थापेउँ सिव सुख धाम,
सीता सहित कृपानिधि संभुहि कीन्ह प्रनाम.११९क.

जहँ जहँ कृपासिंधु बन कीन्ह बास बिश्राम,
सकल देखाए जानकिहि कहे सबन्हि के नाम.११९ख.

चौपाई-caupāī:

तुरत बिमान तहाँ चलि आवा, दंडक बन जहँ परम सुहावा.
कुंभजादि मुनिनायक नाना, गए रामु सब कें अस्थाना.
सकल रिषिन्ह सन पाइ असीसा, चित्रकूट आए जगदीसा.
तहँ करि मुनिन्ह केर संतोषा, चला बिमानु तहाँ ते चोखा.
बहुरि राम जानकिहि देखाई, जमुना कलि मल हरनि सुहाई.
पुनि देखी सुरसरी पुनीता, राम कहा प्रनाम करु सीता.
तीरथपति पुनि देखु प्रयागा, निरखत जन्म कोटि अघ भागा.
देखु परम पावनि पुनि बेनी, हरनि सोक हरि लोक निसेनी.
पुनि देखु अवधपुरी अति पावनि, त्रिबिध ताप भव रोग नसावनि.

दोहा-dohā:

सीता सहित अवध कहुँ कीन्ह कृपाल प्रनाम,
सजल नयन तन पुलकित पुनि पुनि हरषित राम.१२०क.

पुनि प्रभु आइ त्रिबेनीं हरषित मज्जनु कीन्ह,
कपिन्ह सहित बिप्रन्ह कहुँ दान बिबिध बिधि दीन्ह.१२०ख.

चौपाई-caupāī:

प्रभु हनुमंतहि कहा बुझाई, धरि बटु रूप अवधपुर जाई.
भरतहि कुसल हमारि सुनाएहु, समाचार लै तुम्ह चलि आएहु.
तुरत पवनसुत गवनत भयऊ, तब प्रभु भरद्वाज पहिं गयऊ.
नाना बिधि मुनि पूजा कीन्ही, अस्तुति करि पुनि आसिष दीन्ही.
मुनि पद बंदि जुगल कर जोरी, चढ़ि बिमान प्रभु चले बहोरी.
इहाँ निषाद सुना प्रभु आए, नाव नाव कहँ लोग बोलाए.
सुरसरि नाघि जान तब आयो, उतरेउ तट प्रभु आयसु पायो.
तब सीताँ पूजी सुरसरी, बहु प्रकार पुनि चरनन्हि परी.
दीन्हि असीस हरषि मन गंगा, सुंदरि तव अहिवात अभंगा.
सुनत गुहा धायउ प्रेमाकुल, आयउ निकट परम सुख संकुल.
प्रभुहि सहित बिलोकि बैदेही, परेउ अवनि तन सुधि नहिं तेही.
प्रीति परम बिलोकि रघुराई, हरषि उठाइ लियो उर लाई.

छंद-chamda:

लियो हृदयँ लाइ कृपा निधान सुजान रायँ रमापती,
बैठारि परम समीप बूझी कुसल सो कर बीनती.
अब कुसल पद पंकज बिलोकि बिरंचि संकर सेब्य जे,
सुख धाम पूरनकाम राम नमामि राम नमामि ते.१.

सब भाँति अधम निषाद सो हरि भरत ज्यों उर लाइयो,
मतिमंद तुलसीदास सो प्रभु मोह बस बिसराइयो.
यह रावनारि चरित्र पावन राम पद रतिप्रद सदा,
कामादिहर बिग्यानकर सुर सिद्ध मुनि गावहिं मुदा.२.

दोहा-dohā:

समर बिजय रघुबीर के चरित जे सुनहिं सुजान,
बिजय बिबेक बिभूति नित तिन्हहि देहिं भगवान.१२१क.

यह कलिकाल मलायतन मन करि देखु बिचार,
श्रीरघुनाथ नाम तजि नाहिन आन अधार.१२१ख.

मासपारायण सत्ताईसवाँ बिश्राम

इति श्रीमद्रामचरितमानसे सकलकलिकलुषविध्वंसने

षष्ठः सोपानः समाप्तः

ॐ

श्रीजानकीवल्लभो विजयते

śrījānakīvallabho vijayate

श्रीरामचरितमानस

śrīrāmacaritamānasa

सप्तम सोपान - उत्तरकाण्ड

saptama sopāna - uttarakāṇḍa

श्लोक-śloka:

केकीकण्ठाभनीलं सुरवरविलसद्विप्रपादाब्जचिह्नं
शोभाढ्यं पीतवस्त्रं सरसिजनयनं सर्वदा सुप्रसन्नम्,
पाणौ नाराचचापं कपिनिकरयुतं बन्धुना सेव्यमानं
नौमीड्यं जानकीशं रघुवरमनिशं पुष्पकारूढरामम्.१.
कोसलेन्द्रपदकञ्जमञ्जुलौ कोमलावजमहेशवन्दितौ,
जानकीकरसरोजलालितौ चिन्तकस्य मनभृङ्गसङ्गिनौ.२.
कुन्दइन्दुदरगौरसुन्दरं अम्बिकापतिमभीष्टसिद्धिदम्,
कारुणीककलकञ्जलोचनं नौमि शङ्करमनङ्गमोचनम्.३.

दोहा-dohā:

रहा एक दिन अवधि कर अति आरत पुर लोग,
जहँ तहँ सोचहिं नारि नर कृस तन राम बियोग.

सगुन होहिं सुंदर सकल मन प्रसन्न सब केर,
प्रभु आगवन जनाव जनु नगर रम्य चहुँ फेर.

कौसल्यादि मातु सब मन अनंद अस होइ,
आयउ प्रभु श्री अनुज जुत कहन चहत अब कोइ.

भरत नयन भुज दच्छिन फरकत बारहिं बार,
जानि सगुन मन हरष अति लागे करन बिचार.

चौपाई-caupāī:

रहेउ एक दिन अवधि अधारा, समुझत मन दुख भयउ अपारा.
कारन कवन नाथ नहिं आयउ, जानि कुटिल किधौं मोहि बिसरायउ.
अहह धन्य लछिमन बड़भागी, राम पदारबिंदु अनुरागी.
कपटी कुटिल मोहि प्रभु चीन्हा, ताते नाथ संग नहिं लीन्हा.
जौं करनी समुझै प्रभु मोरी, नहिं निस्तार कलप सत कोरी.
जन अवगुन प्रभु मान न काऊ, दीन बंधु अति मृदुल सुभाऊ.
मोरे जियँ भरोस दृढ़ सोई, मिलिहहिं राम सगुन सुभ होई.
बीतें अवधि रहहिं जौं प्राना, अधम कवन जग मोहि समाना.

दोहा-dohā:

राम बिरह सागर महँ भरत मगन मन होत,
बिप्र रूप धरि पवन सुत आइ गयउ जनु पोत.१क.

बैठे देखि कुसासन जटा मुकुट कृस गात,
राम राम रघुपति जपत स्रवत नयन जलजात.१ख.

चौपाई-caupāī:

देखत हनूमान अति हरषेउ, पुलक गात लोचन जल बरषेउ.
मन महँ बहुत भाँति सुख मानी, बोलेउ श्रवन सुधा सम बानी.
जासु बिरहँ सोचहु दिन राती, रटहु निरंतर गुन गन पाँती.
रघुकुल तिलक सुजन सुखदाता, आयउ कुसल देव मुनि त्राता.
रिपु रन जीति सुजस सुर गावत, सीता सहित अनुज प्रभु आवत.
सुनत बचन बिसरे सब दूखा, तृषावंत जिमि पाइ पियूषा.
को तुम्ह तात कहाँ ते आए, मोहि परम प्रिय बचन सुनाए.
मारुत सुत मैं कपि हनुमाना, नामु मोर सुनु कृपानिधाना.
दीनबंधु रघुपति कर किंकर, सुनत भरत भेंटेउ उठि सादर.
मिलत प्रेम नहिं हृदयँ समाता, नयन स्रवत जल पुलकित गाता.
कपि तव दरस सकल दुख बीते, मिले आजु मोहि राम पिरीते.
बार बार बूझी कुसलाता, तो कहुँ देउँ काह सुनु भ्राता.
एहि संदेस सरिस जग माहीं, करि बिचार देखेउँ कछु नाहीं.
नाहिन तात उरिन मैं तोही, अब प्रभु चरित सुनावहु मोही.
तब हनुमंत नाइ पद माथा, कहे सकल रघुपति गुन गाथा.
कहु कपि कबहुँ कृपाल गोसाईं, सुमिरहिं मोहि दास की नाईं.

छंद-chaṁda:

निज दास ज्यों रघुबंसभूषन कबहुँ मम सुमिरन करयो,
सुनि भरत बचन बिनीत अति कपि पुलकि तन चरनन्हि परयो.
रघुबीर निज मुख जासु गुन गन कहत अग जग नाथ जो,
काहे न होइ बिनीत परम पुनीत सदगुन सिंधु सो.

दोहा-dohā:

राम प्रान प्रिय नाथ तुम्ह सत्य बचन मम तात,
पुनि पुनि मिलत भरत सुनि हरष न हृदयँ समात.२क.

सोरठा-soraṭhā:

भरत चरन सिरु नाइ तुरित गयउ कपि राम पहिं,
कही कुसल सब जाइ हरषि चलेउ प्रभु जान चढ़ि.२ख.

चौपाई-caupāī:

हरषि भरत कोसलपुर आए, समाचार सब गुरहि सुनाए.
पुनि मंदिर महँ बात जनाई, आवत नगर कुसल रघुराई.
सुनत सकल जननीं उठि धाईं, कहि प्रभु कुसल भरत समुझाईं.

समाचार पुरबासिन्ह पाए, नर अरु नारि हरषि सब धाए.
दधि दुर्बा रोचन फल फूला, नव तुलसी दल मंगल मूला.
भरि भरि हेम थार भामिनी, गावत चलिं सिंधुरगामिनी.
जे जैसेहिं तैसेहिं उठि धावहिं, बाल बृद्ध कहँ संग न लावहिं.
एक एकन्ह कहँ बूझहिं भाई, तुम्ह देखे दयाल रघुराई.
अवधपुरी प्रभु आवत जानी, भई सकल सोभा कै खानी.
बहइ सुहावन त्रिबिध समीरा, भइ सरजू अति निर्मल नीरा.

दोहा-dohā:

हरषित गुर परिजन अनुज भूसुर बृंद समेत,
चले भरत मन प्रेम अति सन्मुख कृपानिकेत.३क.

बहुतक चढ़ीं अटारिन्ह निरखहिं गगन बिमान,
देखि मधुर सुर हरषित करहिं सुमंगल गान.३ख.

राका ससि रघुपति पुर सिंधु देखि हरषान,
बढ़यो कोलाहल करत जनु नारि तरंग समान.३ग.

चौपाई-caupāī:

इहाँ भानुकुल कमल दिवाकर, कपिन्ह देखावत नगर मनोहर.
सुनु कपीस अंगद लंकेसा, पावन पुरी रुचिर यह देसा.
जद्यपि सब बैकुंठ बखाना, बेद पुरान बिदित जगु जाना.
अवधपुरी सम प्रिय नहिं सोऊ, यह प्रसंग जानइ कोउ कोऊ.
जन्मभूमि मम पुरी सुहावनि, उत्तर दिसि बह सरजू पावनि.
जा मज्जन ते बिनहिं प्रयासा, मम समीप नर पावहिं बासा.
अति प्रिय मोहि इहाँ के बासी, मम धामदा पुरी सुख रासी.
हरषे सब कपि सुनि प्रभु बानी, धन्य अवध जो राम बखानी.

दोहा-dohā:

आवत देखि लोग सब कृपासिंधु भगवान,
नगर निकट प्रभु प्रेरेउ उतरेउ भूमि बिमान.४क.

उतरि कहेउ प्रभु पुष्पकहि तुम्ह कुबेर पहिं जाहु,
प्रेरित राम चलेउ सो हरषु बिरहु अति ताहु.४ख.

चौपाई-caupāī:

आए भरत संग सब लोगा, कृस तन श्रीरघुबीर बियोगा.
बामदेव बसिष्ठ मुनिनायक, देखे प्रभु महि धरि धनु सायक.
धाइ धरे गुर चरन सरोरुह, अनुज सहित अति पुलक तनोरुह.
भेंटि कुसल बूझी मुनिराया, हमरें कुसल तुम्हारिहिं दाया.
सकल द्विजन्ह मिलि नायउ माथा, धर्म धुरंधर रघुकुलनाथा.
गहे भरत पुनि प्रभु पद पंकज, नमत जिन्हहि सुर मुनि संकर अज.
परे भूमि नहिं उठत उठाए, बर करि कृपासिंधु उर लाए.
स्यामल गात रोम भए ठाढ़े, नव राजीव नयन जल बाढ़े.

छंद-chanda:

राजीव लोचन स्रवत जल तन ललित पुलकावलि बनी,
अति प्रेम हृदयँ लगाइ अनुजहि मिले प्रभु त्रिभुअन धनी.
प्रभु मिलत अनुजहि सोह मो पहिं जाति नहिं उपमा कही,
जनु प्रेम अरु सिंगार तनु धरि मिले बर सुषमा लही.१.
बूझत कृपानिधि कुसल भरतहि बचन बेगि न आवई,
सुनु सिवा सो सुख बचन मन ते भिन्न जान जो पावई.
अब कुसल कौसलनाथ आरत जानि जन दरसन दियो,
बूडत बिरह बारीस कृपानिधान मोहि कर गहि लियो.२.

दोहा-dohā:

पुनि प्रभु हरषि सत्रुहन भेंटे हृदयँ लगाइ,
लछिमन भरत मिले तब परम प्रेम दोउ भाइ.५.

चौपाई-caupāī:

भरतानुज लछिमन पुनि भेंटे, दुसह बिरह संभव दुख मेटे.
सीता चरन भरत सिरु नावा, अनुज समेत परम सुख पावा.
प्रभु बिलोकि हरषे पुरबासी, जनित बियोग बिपति सब नासी.
प्रेमातुर सब लोग निहारी, कौतुक कीन्ह कृपाल खरारी.
अमित रूप प्रगटे तेहि काला, जथाजोग मिले सबहि कृपाला.
कृपादृष्टि रघुबीर बिलोकी, किए सकल नर नारि बिसोकी.
छन महिं सबहि मिले भगवाना, उमा मरम यह काहुँ न जाना.
एहि बिधि सबहि सुखी करि रामा, आगें चले सील गुन धामा.
कौसल्यादि मातु सब धाई, निरखि बच्छ जनु धेनु लवाई.

छंद-chanda:

जनु धेनु बालक बच्छ तजि गृहँ चरन बन परबस गईं,
दिन अंत पुर रुख स्रवत थन हुंकार करि धावत भईं.
अति प्रेम प्रभु सब मातु भेटीं बचन मृदु बहुबिधि कहे,
गइ बिषम बिपति बियोग भव तिन्ह हरष सुख अगनित लहे.

दोहा-dohā:

भेंटेउ तनय सुमित्राँ राम चरन रति जानि,
रामहि मिलत कैकई हृदयँ बहुत सकुचानि.६क.

लछिमन सब मातन्ह मिलि हरषे आसिष पाइ,
कैकइ कहँ पुनि पुनि मिले मन कर छोभु न जाइ.६ख.

चौपाई-caupāī:

सासुन्ह सबनि मिली बैदेही, चरनन्हि लागि हरषु अति तेही.
देहिं असीस बूझि कुसलाता, होइ अचल तुम्हार अहिवाता.
सब रघुपति मुख कमल बिलोकहिं, मंगल जानि नयन जल रोकहिं.
कनक थार आरति उतारहिं, बार बार प्रभु गात निहारहिं.
नाना भाँति निछावरि करहीं, परमानंद हरष उर भरहीं.
कौसल्या पुनि पुनि रघुबीरहि, चितवति कृपासिंधु रनधीरहि.
हृदयँ बिचारति बारहिं बारा, कवन भाँति लंकापति मारा.
अति सुकुमार जुगल मेरे बारे, निसिचर सुभट महाबल भारे.

दोहा-dohā:

लछिमन अरु सीता सहित प्रभुहि बिलोकति मातु,
परमानंद मगन मन पुनि पुनि पुलकित गातु.७.

चौपाई-caupāī:

लंकापति कपीस नल नीला, जामवंत अंगद सुभसीला.
हनुमदादि सब बानर बीरा, धरे मनोहर मनुज सरीरा.
भरत सनेह सील ब्रत नेमा, सादर सब बरनहिं अति प्रेमा.
देखि नगरबासिन्ह कै रीती, सकल सराहहिं प्रभु पद प्रीती.
पुनि रघुपति सब सखा बोलाए, मुनि पद लागहु सकल सिखाए.
गुर बसिष्ट कुलपूज्य हमारे, इन्ह की कृपाँ दनुज रन मारे.

ए सब सखा सुनहु मुनि मेरे, भए समर सागर कहँ बेरे.
मम हित लागि जन्म इन्ह हारे, भरतहु ते मोहि अधिक पिआरे.
सुनि प्रभु बचन मगन सब भए, निमिष निमिष उपजत सुख नए.

दोहा-dohā:

कौसल्या के चरनन्हि पुनि तिन्ह नायउ माथ,
आसिष दीन्हे हरषि तुम्ह प्रिय मम जिमि रघुनाथ.८क.

सुमन बृष्टि नभ संकुल भवन चले सुखकंद,
चढ़ी अटारिन्ह देखहिं नगर नारि नर बृंद.८ख.

चौपाई-caupāī:

कंचन कलस बिचित्र सँवारे, सबहिं धरे सजि निज निज द्वारे.
बंदनवार पताका केतू, सबन्हि बनाए मंगल हेतू.
बीथीं सकल सुगंध सिंचाई, गजमनि रचि बहु चौक पुराई.
नाना भाँति सुमंगल साजे, हरषि नगर निसान बहु बाजे.
जहँ तहँ नारि निछावरि करहीं, देहिं असीस हरष उर भरहीं.
कंचन थार आरतीं नाना, जुबतीं सजें करहिं सुभ गाना.
करहिं आरती आरतिहर कें, रघुकुल कमल बिपिन दिनकर कें.
पुर सोभा संपति कल्याना, निगम सेष सारदा बखाना.
तेउ यह चरित देखि ठगि रहहीं, उमा तासु गुन नर किमि कहहीं.

दोहा-dohā:

नारि कुमुदिनीं अवध सर रघुपति बिरह दिनेस,
अस्त भएँ बिगसत भईं निरखि राम राकेस.९क.

होहिं सगुन सुभ बिबिध बिधि बाजहिं गगन निसान,
पुर नर नारि सनाथ करि भवन चले भगवान.९ख.

चौपाई-caupāī:

प्रभु जानी कैकई लजानी, प्रथम तासु गृह गए भवानी.
ताहि प्रबोधि बहुत सुख दीन्हा, पुनि निज भवन गवन हरि कीन्हा.
कृपासिंधु जब मंदिर गए, पुर नर नारि सुखी सब भए.
गुर बसिष्ट द्विज लिए बुलाई, आजु सुघरी सुदिन समुदाई.
सब द्विज देहु हरषि अनुसासन, रामचंद्र बैठहिं सिंघासन.
मुनि बसिष्ट के बचन सुहाए, सुनत सकल बिप्रन्ह अति भाए.
कहहिं बचन मृदु बिप्र अनेका, जग अभिराम राम अभिषेका.
अब मुनिबर बिलंब नहिं कीजै, महाराज कहँ तिलक करीजै.

दोहा-dohā:

तब मुनि कहेउ सुमंत्र सन सुनत चलेउ हरषाइ,
रथ अनेक बहु बाजि गज तुरत सँवारे जाइ.१०क.

जहँ तहँ धावन पठइ पुनि मंगल द्रब्य मगाइ,
हरष समेत बसिष्ट पद पुनि सिरु नायउ आइ.१०ख.

नवाह्नपारायण आठवाँ विश्राम

चौपाई-caupāī:

अवधपुरी अति रुचिर बनाई, देवन्ह सुमन बृष्टि झरि लाई.
राम कहा सेवकन्ह बुलाई, प्रथम सखन्ह अन्हवावहु जाई.
सुनत बचन जहँ तहँ जन धाए, सुग्रीवादि तुरत अन्हवाए.
पुनि करुनानिधि भरतु हँकारे, निज कर राम जटा निरुआरे.
अन्हवाए प्रभु तीनिउ भाई, भगत बछल कृपाल रघुराई.
भरत भाग्य प्रभु कोमलताई, सेष कोटि सत सकहिं न गाई.
पुनि निज जटा राम बिबराए, गुर अनुसासन मागि नहाए.
करि मज्जन प्रभु भूषन साजे, अंग अनंग देखि सत लाजे.

दोहा-dohā:

सासुन्ह सादर जानकिहि मज्जन तुरत कराइ,
दिब्य बसन बर भूषन अँग अँग सजे बनाइ.११क.

राम बाम दिसि सोभति रमा रूप गुन खानि,
देखि मातु सब हरषीं जन्म सुफल निज जानि.११ख.

सुनु खगेस तेहि अवसर ब्रह्मा सिव मुनि बृंद,
चढ़ि बिमान आए सब सुर देखन सुखकंद.११ग.

चौपाई-caupāī:

प्रभु बिलोकि मुनि मन अनुरागा, तुरत दिब्य सिंघासन मागा.
रबि सम तेज सो बरनि न जाई, बैठे राम द्विजन्ह सिरु नाई.
जनकसुता समेत रघुराई, पेखि प्रहरषे मुनि समुदाई.
बेद मंत्र तब द्विजन्ह उचारे, नभ सुर मुनि जय जयति पुकारे.
प्रथम तिलक बसिष्ट मुनि कीन्हा, पुनि सब बिप्रन्ह आयसु दीन्हा.
सुत बिलोकि हरषीं महतारी, बार बार आरती उतारी.
बिप्रन्ह दान बिबिधि बिधि दीन्हे, जाचक सकल अजाचक कीन्हे.
सिंघासन पर त्रिभुअन साईं, देखि सुरन्ह दुंदुभीं बजाईं.

छंद-chamda:

नभ दुंदुभीं बाजहिं बिपुल गंधर्ब किंनर गावहीं,
नाचहिं अपछरा बृंद परमानंद सुर मुनि पावहीं.
भरतादि अनुज बिभीषनांगद हनुमदादि समेत ते,
गहें छत्र चामर ब्यजन धनु असि चर्म सक्ति बिराजते.१.

श्री सहित दिनकर बंस भूषन काम बहु छबि सोहई,
नव अंबुधर बर गात अंबर पीत सुर मन मोहई.
मुकुटांगदादि बिचित्र भूषन अंग अंगन्हि प्रति सजे,
अंभोज नयन बिसाल उर भुज धन्य नर निरखंति जे.२.

दोहा-dohā:

वह सोभा समाज सुख कहत न बनइ खगेस,
बरनहिं सारद सेष श्रुति सो रस जान महेस.१२क.

भिन्न भिन्न अस्तुति करि गए सुर निज निज धाम,
बंदी बेष बेद तब आए जहँ श्रीराम.१२ख.

प्रभु सर्बग्य कीन्ह अति आदर कृपानिधान,
लखेउ न काहूँ मरम कछु लगे करन गुन गान.१२ग.

छंद-chamda:

जय सगुन निर्गुन रूप रूप अनूप भूप सिरोमने,
दसकंधरादि प्रचंड निसिचर प्रबल खल भुज बल हने.
अवतार नर संसार भार बिभंजि दारुन दुख दहे,
जय प्रनतपाल दयाल प्रभु संजुक्त सक्ति नमामहे.१.

तव बिषम माया बस सुरासुर नाग नर अग जग हरे,
भव पंथ भ्रमत अमित दिवस निसि काल कर्म गुननि भरे.
जे नाथ करि करुना बिलोके त्रिबिधि दुख ते निर्बहे,
भव खेद छेदन दच्छ हम कहुँ रच्छ राम नमामहे.२.
जे ग्यान मान बिमत्त तव भव हरनि भक्ति न आदरी,
ते पाइ सुर दुर्लभ पदादपि परत हम देखत हरी.
बिस्वास करि सब आस परिहरि दास तव जे होइ रहे,
जपि नाम तव बिनु श्रम तरहिं भव नाथ सो समरामहे.३.
जे चरन सिव अज पूज्य रज सुभ परसि मुनिपतिनी तरी,
नख निर्गता मुनि बंदिता त्रैलोक पावनि सुरसरी.
ध्वज कुलिस अंकुस कंज जुत बन फिरत कंटक किन लहे,
पद कंज द्वंद मुकुंद राम रमेस नित्य भजामहे.४.
अब्यक्तमूलमनादि तरु त्वच चारि निगमागम भने,
षट कंध साखा पंच बीस अनेक पर्न सुमन घने.
फल जुगल बिधि कटु मधुर बेलि अकेलि जेहि आश्रित रहे,
पल्लवत फूलत नवल नित संसार बिटप नमामहे.५.
जे ब्रह्म अजमद्वैतमनुभवगम्य मनपर ध्यावहीं,
ते कहहुँ जानहुँ नाथ हम तव सगुन जस नित गावहीं.
करुनायतन प्रभु सदगुनाकर देव यह बर मागहीं,
मन बचन कर्म बिकार तजि तव चरन हम अनुरागहीं.६.

दोहा-dohā:

सब के देखत बेदन्ह बिनती कीन्हि उदार,
अंतर्धान भए पुनि गए ब्रह्म आगार.१३क.

बैनतेय सुनु संभु तब आए जहँ रघुबीर,
बिनय करत गदगद गिरा पूरित पुलक सरीर.१३ख.

छंद-chamda:

जय राम रमारमनं समनं, भव ताप भयाकुल पाहि जनं.
अवधेस सुरेस रमेस बिभो, सरनागत मागत पाहि प्रभो.१.
दससीस बिनासन बीस भुजा, कृत दूरि महा महि भूरि रुजा.
रजनीचर बृंद पतंग रहे, सर पावक तेज प्रचंड दहे.२.
महि मंडल मंडन चारुतरं, धृत सायक चाप निषंग बरं.
मद मोह महा ममता रजनी, तम पुंज दिवाकर तेज अनी.३.
मनजात किरात निपात किए, मृग लोग कुभोग सरेन हिए.
हति नाथ अनाथनि पाहि हरे, बिषया बन पावँर भूलि परे.४.
बहु रोग बियोगन्हि लोग हए, भवदंघ्रि निरादर के फल ए.
भव सिंधु अगाध परे नर ते, पद पंकज प्रेम न जे करते.५.
अति दीन मलीन दुखी नितहीं, जिन्ह कें पद पंकज प्रीति नहीं.
अवलंब भवंत कथा जिन्ह कें, प्रिय संत अनंत सदा तिन्ह कें.६.
नहिं राग न लोभ न मान मदा, तिन्ह कें सम बैभव वा बिपदा.
एहि ते तव सेवक होत मुदा, मुनि त्यागत जोग भरोस सदा.७.
करि प्रेम निरंतर नेम लिएँ, पद पंकज सेवत सुद्ध हिएँ.
सम मानि निरादर आदरही, सब संत सुखी बिचरंति मही.८.
मुनि मानस पंकज भृंग भजे, रघुबीर महा रनधीर अजे.
तव नाम जपामि नमामि हरी, भव रोग महागद मान अरी.९.
गुन सील कृपा परमायतनं, प्रनमामि निरंतर श्रीरमनं.
रघुनंद निकंदय द्वंद्वघनं, महिपाल बिलोकय दीनजनं.१०.

दोहा-dohā:

बार बार बर मागउँ हरषि देहु श्रीरंग,
पद सरोज अनपायनी भगति सदा सतसंग.१४क.

बरनि उमापति राम गुन हरषि गए कैलास,
तब प्रभु कपिन्ह दिवाए सब बिधि सुखप्रद बास.१४ख.

चौपाई-caupāī:

सुनु खगपति यह कथा पावनी, त्रिबिध ताप भव भय दावनी.
महाराज कर सुभ अभिषेका, सुनत लहहिं नर बिरति बिबेका.
जे सकाम नर सुनहिं जे गावहिं, सुख संपति नाना बिधि पावहिं.
सुर दुर्लभ सुख करि जग माहीं, अंतकाल रघुपति पुर जाहीं.
सुनहिं बिमुक्त बिरत अरु बिषई, लहहिं भगति गति संपति नई.
खगपति राम कथा मैं बरनी, स्वमति बिलास त्रास दुख हरनी.
बिरति बिबेक भगति दृढ़ करनी, मोह नदी कहँ सुंदर तरनी.
नित नव मंगल कौसलपुरी, हरषित रहहिं लोग सब कुरी.
नित नइ प्रीति राम पद पंकज, सब कें जिन्हहि नमत सिव मुनि अज.
मंगन बहु प्रकार पहिराए, द्विजन्ह दान नाना बिधि पाए.

दोहा-dohā:

ब्रह्मानंद मगन कपि सब कें प्रभु पद प्रीति,
जात न जाने दिवस तिन्ह गए मास षट बीति.१५.

चौपाई-caupāī:

बिसरे गृह सपनेहुँ सुधि नाहीं, जिमि परद्रोह संत मन माहीं.
तब रघुपति सब सखा बोलाए, आइ सबन्हि सादर सिरु नाए.
परम प्रीति समीप बैठारे, भगत सुखद मृदु बचन उचारे.
तुम्ह अति कीन्हि मोरि सेवकाई, मुख पर केहि बिधि करौं बड़ाई.
ताते मोहि तुम्ह अति प्रिय लागे, मम हित लागि भवन सुख त्यागे.
अनुज राज संपति बैदेही, देह गेह परिवार सनेही.
सब मम प्रिय नहिं तुम्हहि समाना, मृषा न कहउँ मोर यह बाना.
सब कें प्रिय सेवक यह नीती, मोरें अधिक दास पर प्रीती.

दोहा-dohā:

अब गृह जाहु सखा सब भजेहु मोहि दृढ़ नेम,
सदा सर्बगत सर्बहित जानि करेहु अति प्रेम.१६.

चौपाई-caupāī:

सुनि प्रभु बचन मगन सब भए, को हम कहाँ बिसरि तन गए.
एकटक रहे जोरि कर आगे, सकहिं न कछु कहि अति अनुरागे.
परम प्रेम तिन्ह कर प्रभु देखा, कहा बिबिधि बिधि ग्यान बिसेषा.
प्रभु सन्मुख कछु कहन न पारहिं, पुनि पुनि चरन सरोज निहारहिं.
तब प्रभु भूषन बसन मगाए, नाना रंग अनूप सुहाए.
सुग्रीवहि प्रथमहिं पहिराए, बसन भरत निज हाथ बनाए.
प्रभु प्रेरित लछिमन पहिराए, लंकापति रघुपति मन भाए.
अंगद बैठ रहा नहिं डोला, प्रीति देखि प्रभु ताहि न बोला.

दोहा-dohā:

जामवंत नीलादि सब पहिराए रघुनाथ,
हियँ धरि राम रूप सब चले नाइ पद माथ.१७क.

तब अंगद उठि नाइ सिरु सजल नयन कर जोरि,
अति बिनीत बोलेउ बचन मनहुँ प्रेम रस बोरि.१७ख.

चौपाई-caupāī:

सुनु सर्बग्य कृपा सुख सिंधो, दीन दयाकर आरत बंधो.
मरती बेर नाथ मोहि बाली, गयउ तुम्हारेहि कोंछें घाली.
असरन सरन बिरदु संभारी, मोहि जनि तजहु भगत हितकारी.
मोरें तुम्ह प्रभु गुर पितु माता, जाउँ कहाँ तजि पद जलजाता.
तुम्हहि बिचारि कहहु नरनाहा, प्रभु तजि भवन काज मम काहा.
बालक ग्यान बुद्धि बल हीना, राखहु सरन नाथ जन दीना.
नीचि टहल गृह कै सब करिहउँ, पद पंकज बिलोकि भव तरिहउँ.
अस कहि चरन परेउ प्रभु पाही, अब जनि नाथ कहहु गृह जाही.

दोहा-dohā:

अंगद बचन बिनीत सुनि रघुपति करुना सींव,
प्रभु उठाइ उर लायउ सजल नयन राजीव.१८क.

निज उर माल बसन मनि बालितनय पहिराइ,
बिदा कीन्हि भगवान तब बहु प्रकार समुझाइ.१८ख.

चौपाई-caupāī:

भरत अनुज सौमित्रि समेता, पठवन चले भगत कृत चेता.
अंगद हृदयँ प्रेम नहिं थोरा, फिरि फिरि चितव राम कीं ओरा.
बार बार कर दंड प्रनामा, मन अस रहन कहहिं मोहि रामा.
राम बिलोकनि बोलनि चलनी, सुमिरि सुमिरि सोचत हँसि मिलनी.
प्रभु रुख देखि बिनय बहु भाषी, चलेउ हृदयँ पद पंकज राखी.
अति आदर सब कपि पहुँचाए, भाइन्ह सहित भरत पुनि आए.
तब सुग्रीव चरन गहि नाना, भाँति बिनय कीन्हे हनुमाना.
दिन दस करि रघुपति पद सेवा, पुनि तव चरन देखिहउँ देवा.
पुन्य पुंज तुम्ह पवनकुमारा, सेवहु जाइ कृपा आगारा.
अस कहि कपि सब चले तुरंता, अंगद कहइ सुनहु हनुमंता.

दोहा-dohā:

कहेहु दंडवत प्रभु सैं तुम्हहि कहउँ कर जोरि,
बार बार रघुनायकहि सुरति कराएहु मोरि.१९क.

अस कहि चलेउ बालिसुत फिरि आयउ हनुमंत,
तासु प्रीति प्रभु सन कहि मगन भए भगवंत. १९ख.

कुलिसहु चाहि कठोर अति कोमल कुसुमहु चाहि,
चित्त खगेस राम कर समुझि परइ कहु काहि.१९ग.

चौपाई-caupāī:

पुनि कृपाल लियो बोलि निषादा, दीन्हे भूषन बसन प्रसादा.
जाहु भवन मम सुमिरन करेहू, मन क्रम बचन धर्म अनुसरेहू.
तुम्ह मम सखा भरत सम भ्राता, सदा रहेहु पुर आवत जाता.
बचन सुनत उपजा सुख भारी, परेउ चरन भरि लोचन बारी.
चरन नलिन उर धरि गृह आवा, प्रभु सुभाउ परिजनन्हि सुनावा.
रघुपति चरित देखि पुरबासी, पुनि पुनि कहहिं धन्य सुखरासी.
राम राज बैठें त्रैलोका, हरषित भए गए सब सोका.
बयरु न कर काहू सन कोई, राम प्रताप बिषमता खोई.

दोहा-dohā:

बरनाश्रम निज निज धरम निरत बेद पथ लोग,
चलहिं सदा पावहिं सुखहि नहिं भय सोक न रोग.२०.

चौपाई-caupāī:

दैहिक दैविक भौतिक तापा, राम राज नहिं काहुहि ब्यापा.
सब नर करहिं परस्पर प्रीती, चलहिं स्वधर्म निरत श्रुति नीती.
चारिउ चरन धर्म जग माहीं, पूरि रहा सपनेहुँ अघ नाहीं.
राम भगति रत नर अरु नारी, सकल परम गति के अधिकारी.
अल्पमृत्यु नहिं कवनिउ पीरा, सब सुंदर सब बिरुज सरीरा.
नहिं दरिद्र कोउ दुखी न दीना, नहिं कोउ अबुध न लच्छन हीना.
सब निर्दंभ धर्मरत पुनी, नर अरु नारि चतुर सब गुनी.
सब गुनग्य पंडित सब ग्यानी, सब कृतग्य नहिं कपट सयानी.

दोहा-dohā:

राम राज नभगेस सुनु सचराचर जग माहिं,
काल कर्म सुभाव गुन कृत दुख काहुहि नाहिं.२१.

चौपाई-caupāī:

भूमि सप्त सागर मेखला, एक भूप रघुपति कोसला.
भुअन अनेक रोम प्रति जासू, यह प्रभुता कछु बहुत न तासू.
सो महिमा समुझत प्रभु केरी, यह बरनत हीनता घनेरी.
सोउ महिमा खगेस जिन्ह जानी, फिरी एहिं चरित तिन्हहुँ रति मानी.
सोउ जाने कर फल यह लीला, कहहिं महा मुनिबर दमसीला.
राम राज कर सुख संपदा, बरनि न सकइ फनीस सारदा.
सब उदार सब पर उपकारी, बिप्र चरन सेवक नर नारी.
एकनारि ब्रत रत सब झारी, ते मन बच क्रम पति हितकारी.

दोहा-dohā:

दंड जतिन्ह कर भेद जहँ नर्तक नृत्य समाज,
जीतहु मनहि सुनिअ अस रामचंद्र कें राज.२२.

चौपाई-caupāī:

फूलहिं फरहिं सदा तरु कानन, रहहिं एक सँग गज पंचानन.
खग मृग सहज बयरु बिसराई, सबन्हि परस्पर प्रीति बढ़ाई.
कूजहिं खग मृग नाना बृंदा, अभय चरहिं बन करहिं अनंदा.
सीतल सुरभि पवन बह मंदा, गुंजत अलि लै चलि मकरंदा.
लता बिटप मागें मधु चवहीं, मनभावतो धेनु पय स्रवहीं.
ससि संपन्न सदा रह धरनी, त्रेताँ भइ कृतजुग कै करनी.
प्रगटीं गिरिन्ह बिबिधि मनि खानी, जगदातमा भूप जग जानी.
सरिता सकल बहहिं बर बारी, सीतल अमल स्वाद सुखकारी.
सागर निज मरजादाँ रहहीं, डारहिं रत्न तटन्हि नर लहहीं.
सरसिज संकुल सकल तड़ागा, अति प्रसन्न दस दिसा बिभागा.

दोहा-dohā:

बिधु महि पूर मयूखन्हि रबि तप जेतनेहि काज,
मागें बारिद देहिं जल रामचंद्र कें राज.२३.

चौपाई-caupāī:

कोटिन्ह बाजिमेध प्रभु कीन्हे, दान अनेक द्विजन्ह कहँ दीन्हे.
श्रुति पथ पालक धर्म धुरंधर, गुनातीत अरु भोग पुरंदर.

पति अनुकूल सदा रह सीता, सोभा खानि सुसील बिनीता.
जानति कृपासिंधु प्रभुताई, सेवति चरन कमल मन लाई.
जद्यपि गृहँ सेवक सेवकिनी, बिपुल सदा सेवा बिधि गुनी.
निज कर गृह परिचरजा करई, रामचंद्र आयसु अनुसरई.
जेहि बिधि कृपासिंधु सुख मानइ, सोइ कर श्री सेवा बिधि जानइ.
कौसल्यादि सासु गृह माहीं, सेवइ सबन्हि मान मद नाहीं.
उमा रमा ब्रह्मादि बंदिता, जगदंबा संततमनिंदिता.

दोहा-dohā:

जासु कृपा कटाच्छु सुर चाहत चितव न सोइ,
राम पदारबिंद रति करति सुभावहि खोइ.२४.

चौपाई-caupāī:

सेवहिं सानकूल सब भाई, रामचरन रति अति अधिकाई.
प्रभु मुख कमल बिलोकत रहहीं, कबहुँ कृपाल हमहि कछु कहहीं.
राम करहिं भ्रातन्ह पर प्रीती, नाना भाँति सिखावहिं नीती.
हरषित रहहिं नगर के लोगा, करहिं सकल सुर दुर्लभ भोगा.
अहनिसि बिधिहि मनावत रहहीं, श्रीरघुबीर चरन रति चहहीं.
दुइ सुत सुन्दर सीताँ जाए, लव कुस बेद पुरानन्ह गाए.
दोउ बिजई बिनई गुन मंदिर, हरि प्रतिबिंब मनहुँ अति सुंदर.
दुइ दुइ सुत सब भ्रातन्ह केरे, भए रूप गुन सील घनेरे.

दोहा-dohā:

ग्यान गिरा गोतीत अज माया मन गुन पार,
सोइ सच्चिदानंद घन कर नर चरित उदार.२५.

चौपाई-caupāī:

प्रातकाल सरऊ करि मज्जन, बैठहिं सभाँ संग द्विज सज्जन.
बेद पुरान बसिष्ट बखानहिं, सुनहिं राम जद्यपि सब जानहिं.
अनुजन्ह संजुत भोजन करहीं, देखि सकल जननीं सुख भरहीं.
भरत सत्रुहन दोनउ भाई, सहित पवनसुत उपबन जाई.
बूझहिं बैठि राम गुन गाहा, कह हनुमान सुमति अवगाहा.
सुनत बिमल गुन अति सुख पावहिं, बहुरि बहुरि करि बिनय कहावहिं.
सब कें गृह गृह होहिं पुराना, रामचरित पावन बिधि नाना.
नर अरु नारि राम गुन गानहिं, करहिं दिवस निसि जात न जानहिं.

दोहा-dohā:

अवधपुरी बासिन्ह कर सुख संपदा समाज,
सहस सेष नहिं कहि सकहिं जहँ नृप राम बिराज.२६.

चौपाई-caupāī:

नारदादि सनकादि मुनीसा, दरसन लागि कोसलाधीसा.
दिन प्रति सकल अजोध्या आवहिं, देखि नगरु बिरागु बिसरावहिं.
जातरूप मनि रचित अटारीं, नाना रंग रुचिर गच ढारीं.
पुर चहुँ पास कोट अति सुंदर, रचे कँगूरा रंग रंग बर.
नव ग्रह निकर अनीक बनाई, जनु घेरी अमरावति आई.
महि बहु रंग रचित गच काँचा, जो बिलोकि मुनिबर मन नाचा.
धवल धाम ऊपर नभ चुंबत, कलस मनहुँ रबि ससि दुति निंदत.
बहु मनि रचित झरोखा भ्राजहिं, गृह गृह प्रति मनि दीप बिराजहिं.

छंद-chaṁda:

मनि दीप राजहिं भवन भ्राजहिं देहरीं बिद्रुम रची,
मनि खंभ भीति बिरंचि बिरची कनक मनि मरकत खची.
सुंदर मनोहर मंदिरायत अजिर रुचिर फटिक रचे,
प्रति द्वार द्वार कपाट पुरट बनाइ बहु बज्रन्हि खचे.

दोहा-dohā:

चारु चित्रसाला गृह गृह प्रति लिखे बनाइ,
राम चरित जे निरख मुनि ते मन लेहिं चोराइ.२७.

चौपाई-caupāī:

सुमन बाटिका सबहिं लगाई, बिबिध भाँति करि जतन बनाई.
लता ललित बहु जाति सुहाई, फूलहिं सदा बंसत कि नाई.
गुंजत मधुकर मुखर मनोहर, मारुत त्रिबिधि सदा बह सुंदर.
नाना खग बालकन्हि जिआए, बोलत मधुर उड़ात सुहाए.
मोर हंस सारस पारावत, भवननि पर सोभा अति पावत.
जहँ तहँ देखहिं निज परिछाहीं, बहु बिधि कूजहिं नृत्य कराहीं.
सुक सारिका पढ़ावहिं बालक, कहहु राम रघुपति जनपालक.
राज दुआर सकल बिधि चारू, बीथीं चौहट रूचिर बजारू.

छंद-chaṁda:

बाजार रुचिर न बनइ बरनत बस्तु बिनु गथ पाइए,
जहँ भूप रमानिवास तहँ की संपदा किमि गाइए.
बैठे बजाज सराफ बनिक अनेक मनहुँ कुबेर ते,
सब सुखी सब सच्चरित सुंदर नारि नर सिसु जरठ जे.

दोहा-dohā:

उत्तर दिसि सरजू बह निर्मल जल गंभीर,
बाँधे घाट मनोहर स्वल्प पंक नहिं तीर.२८.

चौपाई-caupāī:

दूरि फराक रुचिर सो घाटा, जहँ जल पिअहिं बाजि गज ठाटा.
पनिघट परम मनोहर नाना, तहाँ न पुरुष करहिं अस्नाना.
राजघाट सब बिधि सुंदर बर, मज्जहिं तहाँ बरन चारिउ नर.
तीर तीर देवन्ह के मंदिर, चहुँ दिसि तिन्ह के उपबन सुंदर.
कहुँ कहुँ सरिता तीर उदासी, बसहिं ग्यान रत मुनि संन्यासी.
तीर तीर तुलसिका सुहाई, बृंद बृंद बहु मुनिन्ह लगाई.
पुर सोभा कछु बरनि न जाई, बाहेर नगर परम रुचिराई.
देखत पुरी अखिल अघ भागा, बन उपबन बापिका तड़ागा.

छंद-chaṁda:

बापीं तड़ाग अनूप कूप मनोहरायत सोहहीं,
सोपान सुंदर नीर निर्मल देखि सुर मुनि मोहहीं.
बहु रंग कंज अनेक खग कूजहिं मधुप गुंजारहीं,
आराम रम्य पिकादि खग रव जनु पथिक हंकारहीं.

दोहा-dohā:

रमानाथ जहँ राजा सो पुर बरनि कि जाइ,
अनिमादिक सुख संपदा रहीं अवध सब छाइ.२९.

चौपाई-caupāī:

जहँ तहँ नर रघुपति गुन गावहिं, बैठि परसपर इहइ सिखावहिं.
भजहु प्रनत प्रतिपालक रामहि, सोभा सील रूप गुन धामहि.
जलज बिलोचन स्यामल गातहि, पलक नयन इव सेवक त्रातहि.
धृत सर रुचिर चाप तूनीरहि, संत कंज बन रबि रनधीरहि.
काल कराल ब्याल खगराजहि, नमत राम अकाम ममता जहि.
लोभ मोह मृगजूथ किरातहि, मनसिज करि हरि जन सुखदातहि.
संसय सोक निबिड़ तम भानुहि, दनुज गहन घन दहन कृसानुहि.
जनकसुता समेत रघुबीरहि, कस न भजहु भंजन भव भीरहि.

बहु बासना मसक हिम रासिहि, सदा एकरस अज अबिनासिहि.
मुनि रंजन भंजन महि भारहि, तुलसिदास के प्रभुहि उदारहि.

दोहा-dohā:

एहि बिधि नगर नारि नर करहिं राम गुन गान,
सानुकूल सब पर रहहिं संतत कृपानिधान.३०.

चौपाई-caupāī:

जब ते राम प्रताप खगेसा, उदित भयउ अति प्रबल दिनेसा.
पूरि प्रकास रहेउ तिहुँ लोका, बहुतेन्ह सुख बहुतन मन सोका.
जिन्हहि सोक ते कहउँ बखानी, प्रथम अबिद्या निसा नसानी.
अघ उलूक जहँ तहाँ लुकाने, काम क्रोध कैरव सकुचाने.
बिबिध कर्म गुन काल सुभाऊ, ए चकोर सुख लहहिं न काऊ.
मत्सर मान मोह मद चोरा, इन्ह कर हुनर न कवनिहुँ ओरा.
धरम तड़ाग ग्यान बिग्याना, ए पंकज बिकसे बिधि नाना.
सुख संतोष बिराग बिबेका, बिगत सोक ए कोक अनेका.

दोहा-dohā:

यह प्रताप रबि जाकें उर जब करइ प्रकास,
पछिले बाढ़हिं प्रथम जे कहे ते पावहिं नास.३१.

चौपाई-caupāī:

भ्रातन्ह सहित रामु एक बारा, संग परम प्रिय पवनकुमारा.
सुंदर उपबन देखन गए, सब तरु कुसुमित पल्लव नए.
जानि समय सनकादिक आए, तेज पुंज गुन सील सुहाए.
ब्रह्मानंद सदा लयलीना, देखत बालक बहुकालीना.
रूप धरें जनु चारिउ बेदा, समदरसी मुनि बिगत बिभेदा.
आसा बसन ब्यसन यह तिन्हहीं, रघुपति चरित होइ तहँ सुनहीं.
तहाँ रहे सनकादि भवानी, जहँ घटसंभव मुनिबर ग्यानी.
राम कथा मुनिबर बहु बरनी, ग्यान जोनि पावक जिमि अरनी.

दोहा-dohā:

देखि राम मुनि आवत हरषि दंडवत कीन्ह,
स्वागत पूँछि पीत पट प्रभु बैठन कहँ दीन्ह.३२.

चौपाई-caupāī:

कीन्ह दंडवत तीनिउँ भाई, सहित पवनसुत सुख अधिकाई.
मुनि रघुपति छबि अतुल बिलोकी, भए मगन मन सके न रोकी.
स्यामल गात सरोरुह लोचन, सुंदरता मंदिर भव मोचन.
एकटक रहे निमेष न लावहिं, प्रभु कर जोरें सीस नवावहिं.
तिन्ह कै दसा देखि रघुबीरा, स्रवत नयन जल पुलक सरीरा.
कर गहि प्रभु मुनिबर बैठारे, परम मनोहर बचन उचारे.
आजु धन्य मैं सुनहु मुनीसा, तुम्हरें दरस जाहिं अघ खीसा.
बड़े भाग पाइब सतसंगा, बिनहिं प्रयास होहिं भव भंगा.

दोहा-dohā:

संत संग अपबर्ग कर कामी भव कर पंथ,
कहहिं संत कबि कोबिद श्रुति पुरान सदग्रंथ.३३.

चौपाई-caupāī:

सुनि प्रभु बचन हरषि मुनि चारी, पुलकित तन अस्तुति अनुसारी.
जय भगवंत अनंत अनामय, अनघ अनेक एक करुनामय.
जय निर्गुन जय जय गुन सागर, सुख मंदिर सुंदर अति नागर.
जय इंदिरा रमन जय भूधर, अनुपम अज अनादि सोभाकर.
ग्यान निधान अमान मानप्रद, पावन सुजस पुरान बेद बद.
तग्य कृतग्य अग्यता भंजन, नाम अनेक अनाम निरंजन.
सर्ब सर्बगत सर्ब उरालय, बससि सदा हम कहुँ परिपालय.
द्वंद बिपति भव फंद बिभंजय, हृदि बसि राम काम मद गंजय.

दोहा-dohā:

परमानंद कृपायतन मन परिपूरन काम,
प्रेम भगति अनपायनी देहु हमहि श्रीराम.३४.

चौपाई-caupāī:

देहु भगति रघुपति अति पावनि, त्रिबिधि ताप भव दाप नसावनि.
प्रनत काम सुरधेनु कलपतरु, होइ प्रसन्न दीजै प्रभु यह बरु.
भव बारिधि कुंभज रघुनायक, सेवत सुलभ सकल सुख दायक.
मन संभव दारुन दुख दारय, दीनबंधु समता बिस्तारय.
आस त्रास इरिषादि निवारक, बिनय बिबेक बिरति बिस्तारक.
भूप मौलि मन मंडन धरनी, देहि भगति संसृति सरि तरनी.
मुनि मन मानस हंस निरंतर, चरन कमल बंदित अज संकर.
रघुकुल केतु सेतु श्रुति रच्छक, काल करम सुभाउ गुन भच्छक.
तारन तरन हरन सब दूषन, तुलसिदास प्रभु त्रिभुवन भूषन.

दोहा-dohā:

बार बार अस्तुति करि प्रेम सहित सिरु नाइ,
ब्रह्म भवन सनकादि गे अति अभीष्ट बर पाइ.३५.

चौपाई-caupāī:

सनकादिक बिधि लोक सिधाए, भ्रातन्ह राम चरन सिरु नाए.
पूछत प्रभुहि सकल सकुचाहीं, चितवहिं सब मारुतसुत पाहीं.
सुनी चहहिं प्रभु मुख कै बानी, जो सुनि होइ सकल भ्रम हानी.
अंतरजामी प्रभु सभ जाना, बूझत कहहु काह हनुमाना.
जोरि पानि कह तब हनुमंता, सुनहु दीनदयाल भगवंता.
नाथ भरत कछु पूँछन चहहीं, प्रस्न करत मन सकुचत अहहीं.
तुम्ह जानहु कपि मोर सुभाऊ, भरतहि मोहि कछु अंतर काऊ.
सुनि प्रभु बचन भरत गहे चरना, सुनहु नाथ प्रनतारति हरना.

दोहा-dohā:

नाथ न मोहि संदेह कछु सपनेहुँ सोक न मोह,
केवल कृपा तुम्हारिहि कृपानंद संदोह.३६.

चौपाई-caupāī:

करउँ कृपानिधि एक ढिठाई, मैं सेवक तुम्ह जन सुखदाई.
संतन्ह कै महिमा रघुराई, बहु बिधि बेद पुरानन्ह गाई.
श्रीमुख तुम्ह पुनि कीन्हि बड़ाई, तिन्ह पर प्रभुहि प्रीति अधिकाई.
सुना चहउँ प्रभु तिन्ह कर लच्छन, कृपासिंधु गुन ग्यान बिचच्छन.
संत असंत भेद बिलगाई, प्रनतपाल मोहि कहहु बुझाई.
संतन्ह के लच्छन सुनु भ्राता, अगनित श्रुति पुरान बिख्याता.
संत असंतन्हि कै असि करनी, जिमि कुठार चंदन आचरनी.
काटइ परसु मलय सुनु भाई, निज गुन देइ सुगंध बसाई.

दोहा-dohā:

ताते सुर सीसन्ह चढ़त जग बल्लभ श्रीखंड,
अनल दाहि पीटत घनहिं परसु बदन यह दंड.३७.

चौपाई-caupāī:

बिषय अलंपट सील गुनाकर, पर दुख दुख सुख सुख देखे पर.
सम अभूतरिपु बिमद बिरागी, लोभामरष हरष भय त्यागी.
कोमलचित दीनन्ह पर दाया, मन बच क्रम मम भगति अमाया.

सबहि मानप्रद आपु अमानी, भरत प्रान सम मम ते प्रानी.
बिगत काम मम नाम परायन, सांति बिरति बिनती मुदितायन.
सीतलता सरलता मयत्री, द्विज पद प्रीति धर्म जनयत्री.
ए सब लच्छन बसहिं जासु उर, जानेहु तात संत संतत फुर.
सम दम नियम नीति नहिं डोलहिं, परुष बचन कबहूँ नहिं बोलहिं.

दोहा-dohā:

निंदा अस्तुति उभय सम ममता मम पद कंज,
ते सज्जन मम प्रानप्रिय गुन मंदिर सुख पुंज.३८.

चौपाई-caupāī:

सुनहु असंतन्ह केर सुभाऊ, भूलेहुँ संगति करिअ न काऊ.
तिन्ह कर संग सदा दुखदाई, जिमि कपिलहि घालइ हरहाई.
खलन्ह हृदयँ अति ताप बिसेषी, जरहिं सदा पर संपति देखी.
जहँ कहुँ निंदा सुनहिं पराई, हरषहिं मनहुँ परी निधि पाई.
काम क्रोध मद लोभ परायन, निर्दय कपटी कुटिल मलायन.
बयरु अकारन सब काहू सों, जो कर हित अनहित ताहू सों.
झूठइ लेना झूठइ देना, झूठइ भोजन झूठ चबेना.
बोलहिं मधुर बचन जिमि मोरा, खाइ महा अति हृदय कठोरा.

दोहा-dohā:

पर द्रोही पर दार रत पर धन पर अपबाद,
ते नर पाँवर पापमय देह धरें मनुजाद.३९.

चौपाई-caupāī:

लोभइ ओढ़न लोभइ डासन, सिस्नोदर पर जमपुर त्रास न.
काहू की जौं सुनहिं बड़ाई, स्वास लेहिं जनु जूड़ी आई.
जब काहू कै देखहिं बिपती, सुखी भए मानहुँ जग नृपती.
स्वारथ रत परिवार बिरोधी, लंपट काम लोभ अति क्रोधी.
मातु पिता गुर बिप्र न मानहिं, आपु गए अरु घालहिं आनहिं.
करहिं मोह बस द्रोह परावा, संत संग हरि कथा न भावा.
अवगुन सिंधु मंदमति कामी, बेद बिदूषक परधन स्वामी.
बिप्र द्रोह पर द्रोह बिसेषा, दंभ कपट जियँ धरें सुबेषा.

दोहा-dohā:

ऐसे अधम मनुज खल कृतजुग त्रेताँ नाहिं,
द्वापर कछुक बृंद बहु होइहहिं कलिजुग माहिं.४०.

चौपाई-caupāī:

पर हित सरिस धर्म नहिं भाई, पर पीड़ा सम नहिं अधमाई.
निर्नय सकल पुरान बेद कर, कहेउँ तात जानहिं कोबिद नर.
नर सरीर धरि जे पर पीरा, करहिं ते सहहिं महा भव भीरा.
करहिं मोह बस नर अघ नाना, स्वारथ रत परलोक नसाना.
कालरूप तिन्ह कहँ मैं भ्राता, सुभ अरु असुभ कर्म फल दाता.
अस बिचारि जे परम सयाने, भजहिं मोहि संसृत दुख जाने.
त्यागहिं कर्म सुभासुभ दायक, भजहिं मोहि सुर नर मुनि नायक.
संत असंतन्ह के गुन भाषे, ते न परहिं भव जिन्ह लखि राखे.

दोहा-dohā:

सुनहु तात माया कृत गुन अरु दोष अनेक,
गुन यह उभय न देखिअहिं देखिअ सो अबिबेक.४१.

चौपाई-caupāī:

श्रीमुख बचन सुनत सब भाई, हरषे प्रेम न हृदयँ समाई.
करहिं बिनय अति बारहिं बारा, हनूमान हियँ हरष अपारा.
पुनि रघुपति निज मंदिर गए, एहि बिधि चरित करत नित नए.
बार बार नारद मुनि आवहिं, चरित पुनीत राम के गावहिं.
नित नव चरित देखि मुनि जाहीं, ब्रह्मलोक सब कथा कहाहीं.
सुनि बिरंचि अतिसय सुख मानहिं, पुनि पुनि तात करहु गुन गानहिं.
सनकादिक नारदहि सराहहिं, जद्यपि ब्रह्म निरत मुनि आहहिं.
सुनि गुन गान समाधि बिसारी, सादर सुनहिं परम अधिकारी.

दोहा-dohā:

जीवनमुक्त ब्रह्मपर चरित सुनहिं तजि ध्यान,
जे हरि कथाँ न करहिं रति तिन्ह के हिय पाषान.४२.

चौपाई-caupāī:

एक बार रघुनाथ बोलाए, गुर द्विज पुरबासी सब आए.
बैठे गुर मुनि अरु द्विज सज्जन, बोले बचन भगत भव भंजन.
सुनहु सकल पुरजन मम बानी, कहउँ न कछु ममता उर आनी.
नहिं अनीति नहिं कछु प्रभुताई, सुनहु करहु जो तुम्हहि सोहाई.
सोइ सेवक प्रियतम मम सोई, मम अनुसासन मानै जोई.
जौं अनीति कछु भाषौं भाई, तौ मोहि बरजहु भय बिसराई.
बड़ें भाग मानुष तनु पावा, सुर दुर्लभ सब ग्रंथन्हि गावा.
साधन धाम मोच्छ कर द्वारा, पाइ न जेहिं परलोक सँवारा.

दोहा-dohā:

सो परत्र दुख पावइ सिर धुनि धुनि पछिताइ,
कालहि कर्महि ईस्वरहि मिथ्या दोष लगाइ.४३.

चौपाई-caupāī:

एहि तन कर फल बिषय न भाई, स्वर्गउ स्वल्प अंत दुखदाई.
नर तनु पाइ बिषयँ मन देहीं, पलटि सुधा ते सठ बिष लेहीं.
ताहि कबहुँ भल कहइ न कोई, गुंजा ग्रहइ परस मनि खोई.
आकर चारि लच्छ चौरासी, जोनि भ्रमत यह जिव अबिनासी.
फिरत सदा माया कर प्रेरा, काल कर्म सुभाव गुन घेरा.
कबहुँक करि करुना नर देही, देत ईस बिनु हेतु सनेही.
नर तनु भव बारिधि कहुँ बेरो, सन्मुख मरुत अनुग्रह मेरो.
करनधार सदगुर दृढ़ नावा, दुर्लभ साज सुलभ करि पावा.

दोहा-dohā:

जो न तरै भव सागर नर समाज अस पाइ,
सो कृत निंदक मंदमति आत्माहन गति जाइ.४४.

चौपाई-caupāī:

जौं परलोक इहाँ सुख चहहू, सुनि मम बचन हृदयँ दृढ़ गहहू.
सुलभ सुखद मारग यह भाई, भगति मोरि पुरान श्रुति गाई.
ग्यान अगम प्रत्यूह अनेका, साधन कठिन न मन कहुँ टेका.
करत कष्ट बहु पावइ कोऊ, भक्ति हीन मोहि प्रिय नहिं सोऊ.
भक्ति सुतंत्र सकल सुख खानी, बिनु सतसंग न पावहिं प्रानी.
पुन्य पुंज बिनु मिलहिं न संता, सतसंगति संसृति कर अंता.
पुन्य एक जग महुँ नहिं दूजा, मन क्रम बचन बिप्र पद पूजा.
सानुकूल तेहि पर मुनि देवा, जो तजि कपटु करइ द्विज सेवा.

दोहा-dohā:

औरउ एक गुपुत मत सबहि कहउँ कर जोरि,
संकर भजन बिना नर भगति न पावइ मोरि.४५.

चौपाई-caupāī:

कहहु भगति पथ कवन प्रयासा, जोग न मख जप तप उपवासा.

सरल सुभाव न मन कुटिलाई, जथा लाभ संतोष सदाई.
मोर दास कहाइ नर आसा, करइ तौ कहहु कहा बिस्वासा.
बहुत कहउँ का कथा बढ़ाई, एहि आचरन बस्य मैं भाई.
बैर न बिग्रह आस न त्रासा, सुखमय ताहि सदा सब आसा.
अनारंभ अनिकेत अमानी, अनघ अरोष दच्छ बिग्यानी.
प्रीति सदा सज्जन संसर्गा, तृन सम बिषय स्वर्ग अपबर्गा.
भगति पच्छ हठ नहिं सठताई, दुष्ट तर्क सब दूरि बहाई.

दोहा-dohā:

मम गुन ग्राम नाम रत गत ममता मद मोह,
ता कर सुख सोइ जानइ परानंद संदोह.४६.

चौपाई-caupāī:

सुनत सुधासम बचन राम के, गहे सबनि पद कृपाधाम के.
जननि जनक गुर बंधु हमारे, कृपा निधान प्रान ते प्यारे.
तनु धनु धाम राम हितकारी, सब बिधि तुम्ह प्रनतारति हारी.
असि सिख तुम्ह बिनु देइ न कोऊ, मातु पिता स्वारथ रत ओऊ.
हेतु रहित जग जुग उपकारी, तुम्ह तुम्हार सेवक असुरारी.
स्वारथ मीत सकल जग माहीं, सपनेहुँ प्रभु परमारथ नाहीं.
सब के बचन प्रेम रस साने, सुनि रघुनाथ हृदयँ हरषाने.
निज निज गृह गए आयसु पाई, बरनत प्रभु बतकही सुहाई.

दोहा-dohā:

उमा अवधबासी नर नारि कृतारथ रूप,
ब्रह्म सच्चिदानंद घन रघुनायक जहँ भूप.४७.

चौपाई-caupāī:

एक बार बसिष्ट मुनि आए, जहाँ राम सुखधाम सुहाए.
अति आदर रघुनायक कीन्हा, पद पखारि पादोदक लीन्हा.
राम सुनहु मुनि कह कर जोरी, कृपासिंधु बिनती कछु मोरी.
देखि देखि आचरन तुम्हारा, होत मोह मम हृदयँ अपारा.
महिमा अमिति बेद नहिं जाना, मैं केहि भाँति कहउँ भगवाना.
उपरोहित्य कर्म अति मंदा, बेद पुरान सुमृति कर निंदा.
जब न लेउँ मैं तब बिधि मोही, कहा लाभ आगें सुत तोही.
परमातमा ब्रह्म नर रूपा, होइहि रघुकुल भूषन भूपा.

दोहा-dohā:

तब मैं हृदयँ बिचारा जोग जग्य ब्रत दान,
जा कहुँ करिअ सो पैहउँ धर्म न एहि सम आन.४८.

चौपाई-caupāī:

जप तप नियम जोग निज धर्मा, श्रुति संभव नाना सुभ कर्मा.
ग्यान दया दम तीरथ मज्जन, जहँ लगि धर्म कहत श्रुति सज्जन.
आगम निगम पुरान अनेका, पढ़े सुने कर फल प्रभु एका.
तव पद पंकज प्रीति निरंतर, सब साधन कर यह फल सुंदर.
छूटइ मल कि मलहि के धोएँ, घृत कि पाव कोइ बारि बिलोएँ.
प्रेम भगति जल बिनु रघुराई, अभिअंतर मल कबहुँ न जाई.
सोइ सर्बग्य तग्य सोइ पंडित, सोइ गुन गृह बिग्यान अखंडित.
दच्छ सकल लच्छन जुत सोई, जाकें पद सरोज रति होई.

दोहा-dohā:

नाथ एक बर मागउँ राम कृपा करि देहु,
जन्म जन्म प्रभु पद कमल कबहुँ घटै जनि नेहु.४९.

चौपाई-caupāī:

अस कहि मुनि बसिष्ट गृह आए, कृपासिंधु के मन अति भाए.
हनूमान भरतादिक भ्राता, संग लिए सेवक सुखदाता.
पुनि कृपाल पुर बाहेर गए, गज रथ तुरग मगावत भए.
देखि कृपा करि सकल सराहे, दिए उचित जिन्ह जिन्ह तेइ चाहे.
हरन सकल श्रम प्रभु श्रम पाई, गए जहाँ सीतल अवँराई.
भरत दीन्ह निज बसन डसाई, बैठे प्रभु सेवहिं सब भाई.
मारुतसुत तब मारूत करई, पुलक बपुष लोचन जल भरई.
हनूमान सम नहिं बड़भागी, नहिं कोउ राम चरन अनुरागी.
गिरिजा जासु प्रीति सेवकाई, बार बार प्रभु निज मुख गाई.

दोहा-dohā:

तेहिं अवसर मुनि नारद आए करतल बीन,
गावन लगे राम कल कीरति सदा नबीन.५०.

चौपाई-caupāī:

मामवलोकय पंकज लोचन, कृपा बिलोकनि सोच बिमोचन.
नील तामरस स्याम काम अरि, हृदय कंज मकरंद मधुप हरि.
जातुधान बरूथ बल भंजन, मुनि सज्जन रंजन अघ गंजन.
भूसुर ससि नव बृंद बलाहक, असरन सरन दीन जन गाहक.
भुज बल बिपुल भार महि खंडित, खर दूषन बिराध बध पंडित.
रावनारि सुखरूप भूपबर, जय दसरथ कुल कुमुद सुधाकर.
सुजस पुरान बिदित निगमागम, गावत सुर मुनि संत समागम.
कारुनीक ब्यलीक मद खंडन, सब बिधि कुसल कोसला मंडन.
कलि मल मथन नाम ममताहन, तुलसिदास प्रभु पाहि प्रनत जन.

दोहा-dohā:

प्रेम सहित मुनि नारद बरनि राम गुन ग्राम,
सोभासिंधु हृदयँ धरि गए जहाँ बिधि धाम.५१.

चौपाई-caupāī:

गिरिजा सुनहु बिसद यह कथा, मैं सब कही मोरि मति जथा.
राम चरित सत कोटि अपारा, श्रुति सारदा न बरनै पारा.
राम अनंत अनंत गुनानी, जन्म कर्म अनंत नामानी.
जल सीकर महि रज गनि जाहीं, रघुपति चरित न बरनि सिराहीं.
बिमल कथा हरि पद दायनी, भगति होइ सुनि अनपायनी.
उमा कहिउँ सब कथा सुहाई, जो भुसुंडि खगपतिहि सुनाई.
कछुक राम गुन कहेउँ बखानी, अब का कहौं सो कहहु भवानी.
सुनि सुभ कथा उमा हरषानी, बोली अति बिनीत मृदु बानी.
धन्य धन्य मैं धन्य पुरारी, सुनेउँ राम गुन भव भय हारी.

दोहा-dohā:

तुम्हरी कृपाँ कृपायतन अब कृतकृत्य न मोह,
जानेउँ राम प्रताप प्रभु चिदानंद संदोह.५२क.

नाथ तवानन ससि स्रवत कथा सुधा रघुबीर,
श्रवन पुटन्हि मन पान करि नहिं अघात मतिधीर.५२ख.

चौपाई-caupāī:

राम चरित जे सुनत अघाहीं, रस बिसेष जाना तिन्ह नाहीं.
जीवनमुक्त महामुनि जेऊ, हरि गुन सुनहिं निरंतर तेऊ.
भव सागर चह पार जो पावा, राम कथा ता कहँ दृढ़ नावा.
बिषइन्ह कहँ पुनि हरि गुन ग्रामा, श्रवन सुखद अरु मन अभिरामा.

श्रवनवंत अस को जग माहीं, जाहि न रघुपति चरित सोहाहीं.
ते जड़ जीव निजात्मक घाती, जिन्हहि न रघुपति कथा सोहाती.
हरिचरित्र मानस तुम्ह गावा, सुनि मैं नाथ अमिति सुख पावा.
तुम्ह जो कही यह कथा सुहाई, कागभसुंडि गरुड़ प्रति गाई.

दोहा-dohā:

बिरति ग्यान बिग्यान दृढ़ राम चरन अति नेह,
बायस तन रघुपति भगति मोहि परम संदेह.५३.

चौपाई-caupāī:

नर सहस्र महँ सुनहु पुरारी, कोउ एक होइ धर्म ब्रतधारी.
धर्मसील कोटिक महँ कोई, बिषय बिमुख बिराग रत होई.
कोटि बिरक्त मध्य श्रुति कहई, सम्यक ग्यान सकृत कोउ लहई.
ग्यानवंत कोटिक महँ कोऊ, जीवनमुक्त सकृत जग सोऊ.
तिन्ह सहस्र महुँ सब सुख खानी, दुर्लभ ब्रह्म लीन बिग्यानी.
धर्मसील बिरक्त अरु ग्यानी, जीवनमुक्त ब्रह्मपर प्रानी.
सब ते सो दुर्लभ सुरराया, राम भगति रत गत मद माया.
सो हरिभगति काग किमि पाई, बिस्वनाथ मोहि कहहु बुझाई.

दोहा-dohā:

राम परायन ग्यान रत गुनागार मति धीर,
नाथ कहहु केहि कारन पायउ काक सरीर.५४.

चौपाई-caupāī:

यह प्रभु चरित पवित्र सुहावा, कहहु कृपाल काग कहँ पावा.
तुम्ह केहि भाँति सुना मदनारी, कहहु मोहि अति कौतुक भारी.
गरुड़ महाग्यानी गुन रासी, हरि सेवक अति निकट निवासी.
तेहिं केहि हेतु काग सन जाई, सुनी कथा मुनि निकर बिहाई.
कहहु कवन बिधि भा संबादा, दोउ हरिभगत काग उरगादा.
गौरि गिरा सुनि सरल सुहाई, बोले सिव सादर सुख पाई.
धन्य सती पावन मति तोरी, रघुपति चरन प्रीति नहिं थोरी.
सुनहु परम पुनीत इतिहासा, जो सुनि सकल लोक भ्रम नासा.
उपजइ राम चरन बिस्वासा, भव निधि तर नर बिनहिं प्रयासा.

दोहा-dohā:

ऐसिअ प्रस्न बिहंगपति कीन्हि काग सन जाइ,
सो सब सादर कहिहउँ सुनहु उमा मन लाइ.५५.

चौपाई-caupāī:

मैं जिमि कथा सुनी भव मोचनि, सो प्रसंग सुनु सुमुखि सुलोचनि.
प्रथम दच्छ गृह तव अवतारा, सती नाम तब रहा तुम्हारा.
दच्छ जग्य तव भा अपमाना, तुम्ह अति क्रोध तजे तब प्राना.
मम अनुचरन्ह कीन्ह मख भंगा, जानहु तुम्ह सो सकल प्रसंगा.
तब अति सोच भयउ मन मोरें, दुखी भयउँ बियोग प्रिय तोरें.
सुंदर बन गिरि सरित तड़ागा, कौतुक देखत फिरउँ बेरागा.
गिरि सुमेर उत्तर दिसि दूरी, नील सैल एक सुन्दर भूरी.
तासु कनकमय सिखर सुहाए, चारि चारु मोरे मन भाए.
तिन्ह पर एक एक बिटप बिसाला, बट पीपर पाकरी रसाला.
सैलोपरि सर सुंदर सोहा, मनि सोपान देखि मन मोहा.

दोहा-dohā:

सीतल अमल मधुर जल जलज बिपुल बहुरंग,
कूजत कल रव हंस गन गुंजत मंजुल भृंग.५६.

चौपाई-caupāī:

तेहिं गिरि रुचिर बसइ खग सोई, तासु नास कल्पांत न होई.
माया कृत गुन दोष अनेका, मोह मनोज आदि अबिबेका.
रहे ब्यापि समस्त जग माहीं, तेहि गिरि निकट कबहुँ नहिं जाहीं.
तहँ बसि हरिहि भजइ जिमि कागा, सो सुनु उमा सहित अनुरागा.
पीपर तरु तर ध्यान सो धरई, जाप जग्य पाकरि तर करई.
आँब छाहँ कर मानस पूजा, तजि हरि भजनु काजु नहिं दूजा.
बर तर कह हरि कथा प्रसंगा, आवहिं सुनहिं अनेक बिहंगा.
राम चरित बिचित्र बिधि नाना, प्रेम सहित कर सादर गाना.
सुनहिं सकल मति बिमल मराला, बसहिं निरंतर जे तेहिं ताला.
जब मैं जाइ सो कौतुक देखा, उर उपजा आनंद बिसेषा.

दोहा-dohā:

तब कछु काल मराल तनु धरि तहँ कीन्ह निवास,
सादर सुनि रघुपति गुन पुनि आयउँ कैलास.५७.

चौपाई-caupāī:

गिरिजा कहेउँ सो सब इतिहासा, मैं जेहि समय गयउँ खग पासा.
अब सो कथा सुनहु जेही हेतू, गयउ काग पहिं खग कुल केतू.
जब रघुनाथ कीन्हि रन क्रीड़ा, समुझत चरित होति मोहि ब्रीड़ा.
इंद्रजीत कर आपु बँधायो, तब नारद मुनि गरुड़ पठायो.
बंधन काटि गयो उरगादा, उपजा हृदयँ प्रचंड बिषादा.
प्रभु बंधन समुझत बहु भाँती, करत बिचार उरग आराती.
ब्यापक ब्रह्म बिरज बागीसा, माया मोह पार परमीसा.
सो अवतार सुनेउँ जग माहीं, देखेउँ सो प्रभाव कछु नाहीं.

दोहा-dohā:

भव बंधन ते छूटहिं नर जपि जा कर नाम,
खर्ब निसाचर बाँधेउ नागपास सोइ राम.५८.

चौपाई-caupāī:

नाना भाँति मनहि समुझावा, प्रगट न ग्यान हृदयँ भ्रम छावा.
खेद खिन्न मन तर्क बढ़ाई, भयउ मोहबस तुम्हरिहिं नाई.
ब्याकुल गयउ देवरिषि पाहीं, कहेसि जो संसय निज मन माहीं.
सुनि नारदहि लागि अति दाया, सुनु खग प्रबल राम कै माया.
जो ग्यानिन्ह कर चित अपहरई, बरिआईं बिमोह मन करई.
जेहिं बहु बार नचावा मोही, सोइ ब्यापी बिहंगपति तोही.
महामोह उपजा उर तोरें, मिटिहि न बेगि कहें खग मोरें.
चतुरानन पहिं जाहु खगेसा, सोइ करेहु जेहि होइ निदेसा.

दोहा-dohā:

अस कहि चले देवरिषि करत राम गुन गान,
हरि माया बल बरनत पुनि पुनि परम सुजान.५९.

चौपाई-caupāī:

तब खगपति बिरंचि पहिं गयऊ, निज संदेह सुनावत भयऊ.
सुनि बिरंचि रामहि सिरु नावा, समुझि प्रताप प्रेम अति छावा.
मन महुँ करइ बिचार बिधाता, माया बस कबि कोबिद ग्याता.
हरि माया कर अमिति प्रभावा, बिपुल बार जेहिं मोहि नचावा.
अग जगमय जग मम उपराजा, नहिं आचरज मोह खगराजा.
तब बोले बिधि गिरा सुहाई, जान महेस राम प्रभुताई.
बैनतेय संकर पहिं जाहू, तात अनत पूछहु जनि काहू.
तहँ होइहि तव संसय हानी, चलेउ बिहंग सुनत बिधि बानी.

दोहा-dohā:

परमातुर बिहंगपति आयउ तब मो पास,
जात रहेउँ कुबेर गृह रहिहु उमा कैलास.६०.

चौपाई-caupāī:

तेहिं मम पद सादर सिरु नावा, पुनि आपन संदेह सुनावा.
सुनि ता करि बिनती मृदु बानी, प्रेम सहित मैं कहेउँ भवानी.
मिलेहु गरुड मारग महँ मोही, कवन भाँति समुझावौं तोही.
तबहिं होइ सब संसय भंगा, जब बहु काल करिअ सतसंगा.
सुनिअ तहाँ हरि कथा सुहाई, नाना भाँति मुनिन्ह जो गाई.
जेहि महुँ आदि मध्य अवसाना, प्रभु प्रतिपाद्य राम भगवाना.
नित हरि कथा होत जहँ भाई, पठवउँ तहाँ सुनहु तुम्ह जाई.
जाइहि सुनत सकल संदेहा, राम चरन होइहि अति नेहा.

दोहा-dohā:

बिनु सतसंग न हरि कथा तेहि बिनु मोह न भाग,
मोह गएँ बिनु राम पद होइ न दृढ़ अनुराग.६१.

चौपाई-caupāī:

मिलहिं न रघुपति बिनु अनुरागा, किएँ जोग तप ग्यान बिरागा.
उत्तर दिसि सुंदर गिरि नीला, तहँ रह काकभुसुंडि सुसीला.
राम भगति पथ परम प्रबीना, ग्यानी गुन गृह बहु कालीना.
राम कथा सो कहइ निरंतर, सादर सुनहिं बिबिध बिहंगबर.
जाइ सुनहु तहँ हरि गुन भूरी, होइहि मोह जनित दुख दूरी.
मैं जब तेहि सब कहा बुझाई, चलेउ हरषि मम पद सिरु नाई.
ताते उमा न मैं समुझावा, रघुपति कृपाँ मरमु मैं पावा.
होइहि कीन्ह कबहुँ अभिमाना, सो खोवै चह कृपानिधाना.
कछु तेहि ते पुनि मैं नहिं राखा, समुझइ खग खगही कै भाषा.
प्रभु माया बलवंत भवानी, जाहि न मोह कवन अस ग्यानी.

दोहा-dohā:

ग्यानी भगत सिरोमनि त्रिभुवनपति कर जान,
ताहि मोह माया नर पावँर करहिं गुमान.६२क.

मासपारायण अट्ठाईसवाँ विश्राम

सिव बिरंचि कहुँ मोहइ को है बपुरा आन,
अस जियँ जानि भजहिं मुनि माया पति भगवान.६२ख.

चौपाई-caupāī:

गयउ गरुड़ जहँ बसइ भुसुंडा, मति अकुंठ हरि भगति अखंडा.
देखि सैल प्रसन्न मन भयऊ, माया मोह सोच सब गयऊ.
करि तड़ाग मज्जन जलपाना, बट तर गयउ हृदयँ हरषाना.
बृद्ध बृद्ध बिहंग तहँ आए, सुनै राम के चरित सुहाए.
कथा अरंभ करै सोइ चाहा, तेही समय गयउ खगनाहा.
आवत देखि सकल खगराजा, हरषेउ बायस सहित समाजा.
अति आदर खगपति कर कीन्हा, स्वागत पूछि सुआसन दीन्हा.
करि पूजा समेत अनुरागा, मधुर बचन तब बोलेउ कागा.

दोहा-dohā:

नाथ कृतारथ भयउँ मैं तव दरसन खगराज,
आयसु देहु सो करौं अब प्रभु आयहु केहि काज.६३क.

सदा कृतारथ रूप तुम्ह कह मृदु बचन खगेस,
जेहि कै अस्तुति सादर निज मुख कीन्हि महेस.६३ख.

चौपाई-caupāī:

सुनहु तात जेहि कारन आयउँ, सो सब भयउ दरस तव पायउँ.
देखि परम पावन तव आश्रम, गयउ मोह संसय नाना भ्रम.
अब श्रीराम कथा अति पावनि, सदा सुखद दुख पुंज नसावनि.
सादर तात सुनावहु मोही, बार बार बिनवउँ प्रभु तोही.
सुनत गरुड़ कै गिरा बिनीता, सरल सुप्रेम सुखद सुपुनीता.
भयउ तासु मन परम उछाहा, लाग कहै रघुपति गुन गाहा.
प्रथमहिं अति अनुराग भवानी, रामचरित सर कहेसि बखानी.
पुनि नारद कर मोह अपारा, कहेसि बहुरि रावन अवतारा.
प्रभु अवतार कथा पुनि गाई, तब सिसु चरित कहेसि मन लाई.

दोहा-dohā:

बालचरित कहि बिबिधि बिधि मन महँ परम उछाह,
रिषि आगवन कहेसि पुनि श्रीरघुबीर बिबाह.६४.

चौपाई-caupāī:

बहुरि राम अभिषेक प्रसंगा, पुनि नृप बचन राज रस भंगा.
पुरबासिन्ह कर बिरह बिषादा, कहेसि राम लछिमन संबादा.
बिपिन गवन केवट अनुरागा, सुरसरि उतरि निवास प्रयागा.
बालमीक प्रभु मिलन बखाना, चित्रकूट जिमि बसे भगवाना.
सचिवागवन नगर नृप मरना, भरतागवन प्रेम बहु बरना.
करि नृप क्रिया संग पुरबासी, भरत गए जहँ प्रभु सुख रासी.
पुनि रघुपति बहुबिधि समुझाए, लै पादुका अवधपुर आए.
भरत रहनि सुरपति सुत करनी, प्रभु अरु अत्रि भेंट पुनि बरनी.

दोहा-dohā:

कहि बिराध बध जेहि बिधि देह तजी सरभंग,
बरनि सुतीछन प्रीति पुनि प्रभु अगस्ति सतसंग.६५.

चौपाई-caupāī:

कहि दंडक बन पावनताई, गीध मइत्री पुनि तेहिं गाई.
पुनि प्रभु पंचबटीं कृत बासा, भंजी सकल मुनिन्ह की त्रासा.
पुनि लछिमन उपदेस अनूपा, सूपनखा जिमि कीन्हि कुरूपा.
खर दूषन बध बहुरि बखाना, जिमि सब मरमु दसानन जाना.
दसकंधर मारीच बतकही, जेहि बिधि भई सो सब तेहिं कही.
पुनि माया सीता कर हरना, श्रीरघुबीर बिरह कछु बरना.
पुनि प्रभु गीध क्रिया जिमि कीन्ही, बधि कबंध सबरिहि गति दीन्ही.
बहुरि बिरह बरनत रघुबीरा, जेहि बिधि गए सरोबर तीरा.

दोहा-dohā:

प्रभु नारद संबाद कहि मारुति मिलन प्रसंग,
पुनि सुग्रीव मिताई बालि प्रान कर भंग.६६क.

कपिहि तिलक करि प्रभु कृत सैल प्रबरषन बास,
बरनन बर्षा सरद अरु राम रोष कपि त्रास.६६ख.

चौपाई-caupāī:

जेहि बिधि कपिपति कीस पठाए, सीता खोज सकल दिसि धाए.
बिबर प्रबेस कीन्ह जेहि भाँती, कपिन्ह बहोरि मिला संपाती.
सुनि सब कथा समीरकुमारा, नाघत भयउ पयोधि अपारा.
लंकाँ कपि प्रबेस जिमि कीन्हा, पुनि सीतहि धीरजु जिमि दीन्हा.

बन उजारि रावनहि प्रबोधी, पुर दहि नाघेउ बहुरि पयोधी.
आए कपि सब जहँ रघुराई, बैदेही कि कुसल सुनाई.
सेन समेति जथा रघुबीरा, उतरे जाइ बारिनिधि तीरा.
मिला बिभीषन जेहि बिधि आई, सागर निग्रह कथा सुनाई.

दोहा-dohā:

सेतु बाँधि कपि सेन जिमि उतरी सागर पार,
गयउ बसीठी बीरबर जेहि बिधि बालिकुमार.६७क.

निसिचर कीस लराई बरनिसि बिबिधि प्रकार,
कुंभकरन घननाद कर बल पौरुष संघार.६७ख.

चौपाई-caupāī:

निसिचर निकर मरन बिधि नाना, रघुपति रावन समर बखाना.
रावन बध मंदोदरि सोका, राज बिभीषन देव असोका.
सीता रघुपति मिलन बहोरी, सुरन्ह कीन्हि अस्तुति कर जोरी.
पुनि पुष्पक चढ़ि कपिन्ह समेता, अवध चले प्रभु कृपा निकेता.
जेहि बिधि राम नगर निज आए, बायस बिसद चरित सब गाए.
कहेसि बहोरि राम अभिषेका, पुर बरनत नृपनीति अनेका.
कथा समस्त भुसुंड बखानी, जो मैं तुम्ह सन कही भवानी.
सुनि सब राम कथा खगनाहा, कहत बचन मन परम उछाहा.

सोरठा-soraṭhā:

गयउ मोर संदेह सुनेउँ सकल रघुपति चरित,
भयउ राम पद नेह तव प्रसाद बायस तिलक.६८क.

मोहि भयउ अति मोह प्रभु बंधन रन महुँ निरखि,
चिदानंद संदोह राम बिकल कारन कवन.६८ख.

चौपाई-caupāī:

देखि चरित अति नर अनुसारी, भयउ हृदयँ मम संसय भारी.
सोइ भ्रम अब हित करि मैं माना, कीन्ह अनुग्रह कृपानिधाना.
जो अति आतप ब्याकुल होई, तरु छाया सुख जानइ सोई.
जौं नहिं होत मोह अति मोही, मिलतेउँ तात कवन बिधि तोही.
सुनतेउँ किमि हरि कथा सुहाई, अति बिचित्र बहु बिधि तुम्ह गाई.
निगमागम पुरान मत एहा, कहहिं सिद्ध मुनि नहिं संदेहा.
संत बिसुद्ध मिलहिं परि तेही, चितवहिं राम कृपा करि जेही.
राम कृपाँ तव दरसन भयऊ, तव प्रसाद सब संसय गयऊ.

दोहा-dohā:

सुनि बिहंगपति बानी सहित बिनय अनुराग,
पुलक गात लोचन सजल मन हरषेउ अति काग.६९क.

श्रोता सुमति सुसील सुचि कथा रसिक हरि दास,
पाइ उमा अति गोप्यमपि सज्जन करहिं प्रकास.६९ख.

चौपाई-caupāī:

बोलेउ काकभसुंड बहोरी, नभग नाथ पर प्रीति न थोरी.
सब बिधि नाथ पूज्य तुम्ह मेरे, कृपापात्र रघुनायक केरे.
तुम्हहि न संसय मोह न माया, मो पर नाथ कीन्हि तुम्ह दाया.
पठइ मोह मिस खगपति तोही, रघुपति दीन्हि बड़ाई मोही.
तुम्ह निज मोह कही खग साईं, सो नहिं कछु आचरज गोसाईं.
नारद भव बिरंचि सनकादी, जे मुनिनायक आतमबादी.
मोह न अंध कीन्ह केहि केही, को जग काम नचाव न जेही.
तृस्नाँ केहि न कीन्ह बौराहा, केहि कर हृदय क्रोध नहिं दाहा.

दोहा-dohā:

ग्यानी तापस सूर कबि कोबिद गुन आगार,
केहि कै लोभ बिडंबना कीन्हि न एहिं संसार.७०क.

श्री मद बक्र न कीन्ह केहि प्रभुता बधिर न काहि,
मृगलोचनि के नैन सर को अस लाग न जाहि.७०ख.

चौपाई-caupāī:

गुन कृत सन्यपात नहिं केही, कोउ न मान मद तजेउ निबेही.
जोबन ज्वर केहि नहिं बलकावा, ममता केहि कर जस न नसावा.
मच्छर काहि कलंक न लावा, काहि न सोक समीर डोलावा.
चिंता साँपिनि को नहिं खाया, को जग जाहि न ब्यापी माया.
कीट मनोरथ दारु सरीरा, जेहि न लाग घुन को अस धीरा.
सुत बित लोक ईषना तीनी, केहि कै मति इन्ह कृत न मलीनी.
यह सब माया कर परिवारा, प्रबल अमिति को बरनै पारा.
सिव चतुरानन जाहि डेराहीं, अपर जीव केहि लेखे माहीं.

दोहा-dohā:

ब्यापि रहेउ संसार महुँ माया कटक प्रचंड,
सेनापति कामादि भट दंभ कपट पाषंड.७१क.

सो दासी रघुबीर कै समुझें मिथ्या सोपि,
छूट न राम कृपा बिनु नाथ कहउँ पद रोपि.७१ख.

चौपाई-caupāī:

जो माया सब जगहि नचावा, जासु चरित लखि काहुँ न पावा.
सोइ प्रभु भ्रू बिलास खगराजा, नाच नटी इव सहित समाजा.
सोइ सच्चिदानंद घन रामा, अज बिग्यान रुप बल धामा.
ब्यापक ब्याप्य अखंड अनंता, अखिल अमोघसक्ति भगवंता.
अगुन अदभ्र गिरा गोतीता, सबदरसी अनवद्य अजीता.
निर्मम निराकार निरमोहा, नित्य निरंजन सुख संदोहा.
प्रकृति पार प्रभु सब उर बासी, ब्रह्म निरीह बिरज अबिनासी.
इहाँ मोह कर कारन नाहीं, रबि सन्मुख तम कबहुँ कि जाहीं.

दोहा-dohā:

भगत हेतु भगवान प्रभु राम धरेउ तनु भूप,
किए चरित पावन परम प्राकृत नर अनुरूप.७२क.

जथा अनेक बेष धरि नृत्य करइ नट कोइ,
सोइ सोइ भाव देखावइ आपुन होइ न सोइ.७२ख.

चौपाई-caupāī:

असि रघुपति लीला उरगारी, दनुज बिमोहनि जन सुखकारी.
जे मति मलिन बिषयबस कामी, प्रभु पर मोह धरहिं इमि स्वामी.
नयन दोष जा कहँ जब होई, पीत बरन ससि कहुँ कह सोई.
जब जेहि दिसि भ्रम होइ खगेसा, सो कह पच्छिम उयउ दिनेसा.
नौकारूढ़ चलत जग देखा, अचल मोह बस आपुहि लेखा.
बालक भ्रमहिं न भ्रमहिं गृहादी, कहहिं परस्पर मिथ्याबादी.
हरि बिषइक अस मोह बिहंगा, सपनेहुँ नहिं अग्यान प्रसंगा.
मायाबस मतिमंद अभागी, हृदयँ जमनिका बहुबिधि लागी.

ते सठ हठ बस संसय करहीं, निज अग्यान राम पर धरहीं.

दोहा-dohā:

काम क्रोध मद लोभ रत गृहासक्त दुखरूप,
ते किमि जानहिं रघुपतिहि मूढ़ परे तम कूप.७३क.

निर्गुन रूप सुलभ अति सगुन जान नहिं कोइ,
सुगम अगम नाना चरित सुनि मुनि मन भ्रम होइ.७३ख.

चौपाई-caupāī:

सुनु खगेस रघुपति प्रभुताई, कहउँ जथामति कथा सुहाई.
जेहि बिधि मोह भयउ प्रभु मोही, सोउ सब कथा सुनावउँ तोही.
राम कृपा भाजन तुम्ह ताता, हरि गुन प्रीति मोहि सुखदाता.
ताते नहिं कछु तुम्हहिं दुरावउँ, परम रहस्य मनोहर गावउँ.
सुनहु राम कर सहज सुभाऊ, जन अभिमान न राखहिं काऊ.
संसृत मूल सूलप्रद नाना, सकल सोक दायक अभिमाना.
ताते करहिं कृपानिधि दूरी, सेवक पर ममता अति भूरी.
जिमि सिसु तन ब्रन होइ गोसाईं, मातु चिराव कठिन की नाईं.

दोहा-dohā:

जदपि प्रथम दुख पावइ रोवइ बाल अधीर,
ब्याधि नास हित जननी गनति न सो सिसु पीर.७४क.

तिमि रघुपति निज दास कर हरहिं मान हित लागि,
तुलसिदास ऐसे प्रभुहि कस न भजहु भ्रम त्यागि.७४ख.

चौपाई-caupāī:

राम कृपा आपनि जड़ताई, कहउँ खगेस सुनहु मन लाई.
जब जब राम मनुज तनु धरहीं, भक्त हेतु लीला बहु करहीं.
तब तब अवधपुरी मैं जाऊँ, बालचरित बिलोकि हरषाऊँ.
जन्म महोत्सव देखउँ जाई, बरष पाँच तहँ रहउँ लोभाई.
इष्टदेव मम बालक रामा, सोभा बपुष कोटि सत कामा.
निज प्रभु बदन निहारि निहारी, लोचन सुफल करउँ उरगारी.
लघु बायस बपु धरि हरि संगा, देखउँ बालचरित बहु रंगा.

दोहा-dohā:

लरिकाईं जहँ जहँ फिरहिं तहँ तहँ संग उड़ाउँ,
जूठनि परइ अजिर महँ सो उठाइ करि खाउँ.७५क.

एक बार अतिसय सब चरित किए रघुबीर,
सुमिरत प्रभु लीला सोइ पुलकित भयउ सरीर.७५ख.

चौपाई-caupāī:

कहइ भसुंड सुनहु खगनायक, रामचरित सेवक सुखदायक.
नृप मंदिर सुंदर सब भाँती, खचित कनक मनि नाना जाती.
बरनि न जाइ रुचिर अँगनाई, जहँ खेलहिं नित चारिउ भाई.
बालबिनोद करत रघुराई, बिचरत अजिर जननि सुखदाई.
मरकत मृदुल कलेवर स्यामा, अंग अंग प्रति छबि बहु कामा.
नव राजीव अरुन मृदु चरना, पदज रुचिर नख ससि दुति हरना.
ललित अंक कुलिसादिक चारी, नूपुर चारू मधुर रवकारी.
चारु पुरट मनि रचित बनाई, कटि किंकिनि कल मुखर सुहाई.

दोहा-dohā:

रेखा त्रय सुन्दर उदर नाभी रुचिर गँभीर,
उर आयत भ्राजत बिबिधि बाल बिभूषन चीर.७६.

चौपाई-caupāī:

अरुन पानि नख करज मनोहर, बाहु बिसाल बिभूषन सुंदर.
कंध बाल केहरि दर ग्रीवा, चारु चिबुक आनन छबि सींवा.
कलबल बचन अधर अरुनारे, दुइ दुइ दसन बिसद बर बारे.
ललित कपोल मनोहर नासा, सकल सुखद ससि कर सम हासा.
नील कंज लोचन भव मोचन, भ्राजत भाल तिलक गोरोचन.
बिकट भृकुटि सम श्रवन सुहाए, कुंचित कच मेचक छबि छाए.
पीत झीनि झगुली तन सोही, किलकनि चितवनि भावति मोही.
रूप रासि नृप अजिर बिहारी, नाचहिं निज प्रतिबिंब निहारी.
मोहि सन करहिं बिबिधि बिधि क्रीड़ा, बरनत मोहि होति अति ब्रीड़ा.
किलकत मोहि धरन जब धावहिं, चलउँ भागि तब पूप देखावहिं.

दोहा-dohā:

आवत निकट हँसहिं प्रभु भाजत रुदन कराहिं,
जाउँ समीप गहन पद फिरि फिरि चितइ पराहिं.७७क.

प्राकृत सिसु इव लीला देखि भयउ मोहि मोह,
कवन चरित्र करत प्रभु चिदानंद संदोह.७७ख.

चौपाई-caupāī:

एतना मन आनत खगराया, रघुपति प्रेरित ब्यापी माया.
सो माया न दुखद मोहि काहीं, आन जीव इव संसृत नाहीं.
नाथ इहाँ कछु कारन आना, सुनहु सो सावधान हरिजाना.
ग्यान अखंड एक सीताबर, माया बस्य जीव सचराचर.
जौं सब कें रह ग्यान एकरस, ईस्वर जीवहि भेद कहहु कस.
माया बस्य जीव अभिमानी, ईस बस्य माया गुनखानी.
परबस जीव स्वबस भगवंता, जीव अनेक एक श्रीकंता.
मुधा भेद जद्यपि कृत माया, बिनु हरि जाइ न कोटि उपाया.

दोहा-dohā:

रामचंद्र के भजन बिनु जो चह पद निर्बान,
ग्यानवंत अपि सो नर पसु बिनु पूँछ बिषान.७८क.

राकापति षोड़स उअहिं तारागन समुदाइ,
सकल गिरिन्ह दव लाइअ बिनु रबि राति न जाइ.७८ख.

चौपाई-caupāī:

ऐसेहिं हरि बिनु भजन खगेसा, मिटइ न जीवन्ह केर कलेसा.
हरि सेवकहि न ब्याप अबिद्या, प्रभु प्रेरित ब्यापइ तेहि बिद्या.
ताते नास न होइ दास कर, भेद भगति बाढ़इ बिहंगबर.
भ्रम तें चकित राम मोहि देखा, बिहँसे सो सुनु चरित बिसेषा.
तेहि कौतुक कर मरमु न काहूँ, जाना अनुज न मातु पिताहूँ.
जानु पानि धाए मोहि धरना, स्यामल गात अरुन कर चरना.
तब मैं भागि चलेउँ उरगामी, राम गहन कहँ भुजा पसारी.
जिमि जिमि दूरि उड़ाउँ अकासा, तहँ भुज हरि देखउँ निज पासा.

दोहा-dohā:

ब्रह्मलोक लगि गयउँ मैं चितयउँ पाछ उड़ात,
जुग अंगुल कर बीच सब राम भुजहि मोहि तात.७९क.

सप्ताबरन भेद करि जहाँ लगें गति मोरि,
गयउँ तहाँ प्रभु भुज निरखि ब्याकुल भयउँ बहोरि.७९ख.

चौपाई-caupāī:

मूदेउँ नयन त्रसित जब भयउँ, पुनि चितवत कोसलपुर गयऊँ.
मोहि बिलोकि राम मुसुकाहीं, बिहँसत तुरत गयउँ मुख माहीं.
उदर माझ सुनु अंडज राया, देखेउँ बहु ब्रह्मांड निकाया.
अति बिचित्र तहँ लोक अनेका, रचना अधिक एक ते एका.
कोटिन्ह चतुरानन गौरीसा, अगनित उडगन रबि रजनीसा.
अगनित लोकपाल जम काला, अगनित भूधर भूमि बिसाला.
सागर सरि सर बिपिन अपारा, नाना भाँति सृष्टि बिस्तारा.
सुर मुनि सिद्ध नाग नर किंनर, चारि प्रकार जीव सचराचर.

दोहा-dohā:

जो नहिं देखा नहिं सुना जो मनहूँ न समाइ,
सो सब अद्भुत देखेउँ बरनि कवनि बिधि जाइ.८०क.

एक एक ब्रह्मांड महुँ रहउँ बरष सत एक,
एहि बिधि देखत फिरउँ मैं अंड कटाह अनेक.८०ख.

चौपाई-caupāī:

लोक लोक प्रति भिन्न बिधाता, भिन्न बिष्नु सिव मनु दिसित्राता.
नर गंधर्ब भूत बेताला, किंनर निसिचर पसु खग ब्याला.
देव दनुज गन नाना जाती, सकल जीव तहँ आनहि भाँती.
महि सरि सागर सर गिरि नाना, सब प्रपंच तहँ आनइ आना.
अंडकोस प्रति प्रति निज रुपा, देखेउँ जिनस अनेक अनूपा.
अवधपुरी प्रति भुवन निनारी, सरजू भिन्न भिन्न नर नारी.
दसरथ कौसल्या सुनु ताता, बिबिध रूप भरतादिक भ्राता.
प्रति ब्रह्मांड राम अवतारा, देखउँ बालबिनोद अपारा.

दोहा-dohā:

भिन्न भिन्न मैं दीख सबु अति बिचित्र हरिजान,
अगनित भुवन फिरेउँ प्रभु राम न देखेउँ आन.८१क.

सोइ सिसुपन सोइ सोभा सोइ कृपाल रघुबीर,
भुवन भुवन देखत फिरउँ प्रेरित मोह समीर.८१ख.

चौपाई-caupāī:

भ्रमत मोहि ब्रह्मांड अनेका, बीते मनहुँ कल्प सत एका.
फिरत फिरत निज आश्रम आयउँ, तहँ पुनि रहि कछु काल गवाँयउँ.
निज प्रभु जन्म अवध सुनि पायउँ, निर्भर प्रेम हरषि उठि धायउँ.
देखउँ जन्म महोत्सव जाई, जेहि बिधि प्रथम कहा मैं गाई.
राम उदर देखेउँ जग नाना, देखत बनइ न जाइ बखाना.
तहँ पुनि देखेउँ राम सुजाना, माया पति कृपाल भगवाना.
करउँ बिचार बहोरि बहोरी, मोह कलिल ब्यापित मति मोरी.
उभय घरी महँ मैं सब देखा, भयउँ भ्रमित मन मोह बिसेषा.

दोहा-dohā:

देखि कृपाल बिकल मोहि बिहँसे तब रघुबीर,
बिहँसतहीं मुख बाहेर आयउँ सुनु मतिधीर.८२क.

सोइ लरिकाई मो सन करन लगे पुनि राम,
कोटि भाँति समुझावउँ मनु न लहइ बिश्राम.८२ख.

चौपाई-caupāī:

देखि चरित यह सो प्रभुताई, समुझत देह दसा बिसराई.
धरनि परेउँ मुख आव न बाता, त्राहि त्राहि आरत जन त्राता.
प्रेमाकुल प्रभु मोहि बिलोकी, निज माया प्रभुता तब रोकी.
कर सरोज प्रभु मम सिर धरेऊ, दीनदयाल सकल दुख हरेऊ.
कीन्ह राम मोहि बिगत बिमोहा, सेवक सुखद कृपा संदोहा.
प्रभुता प्रथम बिचारि बिचारी, मन महँ होइ हरष अति भारी.
भगत बछलता प्रभु कै देखी, उपजी मम उर प्रीति बिसेषी.
सजल नयन पुलकित कर जोरी, कीन्हिउँ बहु बिधि बिनय बहोरी.

दोहा-dohā:

सुनि सप्रेम मम बानी देखि दीन निज दास,
बचन सुखद गंभीर मृदु बोले रमानिवास.८३क.

काकभसुंडि मागु बर अति प्रसन्न मोहि जानि,
अनिमादिक सिधि अपर रिधि मोच्छ सकल सुख खानि.८३ख.

चौपाई-caupāī:

ग्यान बिबेक बिरति बिग्याना, मुनि दुर्लभ गुन जे जग नाना.
आजु देउँ सब संसय नाहीं, मागु जो तोहि भाव मन माहीं.
सुनि प्रभु बचन अधिक अनुरागेउँ, मन अनुमान करन तब लागेउँ.
प्रभु कह देन सकल सुख सही, भगति आपनी देन न कही.
भगति हीन गुन सब सुख ऐसे, लवन बिना बहु बिंजन जैसे.
भजन हीन सुख कवने काजा, अस बिचारि बोलेउँ खगराजा.
जौं प्रभु होइ प्रसन्न बर देहू, मो पर करहु कृपा अरु नेहू.
मन भावत बर मागउँ स्वामी, तुम्ह उदार उर अंतरजामी.

दोहा-dohā:

अबिरल भगति बिसुद्ध तव श्रुति पुरान जो गाव,
जेहि खोजत जोगीस मुनि प्रभु प्रसाद कोउ पाव.८४क.

भगत कल्पतरु प्रनत हित कृपा सिंधु सुख धाम,
सोइ निज भगति मोहि प्रभु देहु दया करि राम.८४ख.

चौपाई-caupāī:

एवमस्तु कहि रघुकुलनायक, बोले बचन परम सुखदायक.
सुनु बायस तैं सहज सयाना, काहे न मागसि अस बरदाना.
सब सुख खानि भगति तैं मागी, नहिं जग कोउ तोहि सम बड़भागी.
जो मुनि कोटि जतन नहिं लहहीं, जे जप जोग अनल तन दहहीं.
रीझेउँ देखि तोरि चतुराई, मागेहु भगति मोहि अति भाई.
सुनु बिहंग प्रसाद अब मोरें, सब सुभ गुन बसिहहिं उर तोरें.
भगति ग्यान बिग्यान बिरागा, जोग चरित्र रहस्य बिभागा.
जानब तैं सबही कर भेदा, मम प्रसाद नहिं साधन खेदा.

दोहा-dohā:

माया संभव भ्रम सब अब न ब्यापिहहिं तोहि,
जानेसु ब्रह्म अनादि अज अगुन गुनाकर मोहि.८५क.

मोहि भगत प्रिय संतत अस बिचारि सुनु काग,
कायँ बचन मन मम पद करेसु अचल अनुराग.८५ख.

चौपाई-caupāī:

अब सुनु परम बिमल मम बानी, सत्य सुगम निगमादि बखानी.
निज सिद्धांत सुनावउँ तोही, सुनु मन धरु सब तजि भजु मोही.
मम माया संभव संसारा, जीव चराचर बिबिधि प्रकारा.
सब मम प्रिय सब मम उपजाए, सब ते अधिक मनुज मोहि भाए,
तिन्ह महँ द्विज द्विज महँ श्रुतिधारी, तिन्ह महुँ निगम धरम अनुसारी.
तिन्ह महँ प्रिय बिरक्त पुनि ग्यानी, ग्यानिहु ते अति प्रिय बिग्यानी.
तिन्ह ते पुनि मोहि प्रिय निज दासा, जेहि गति मोरि न दूसरि आसा.
पुनि पुनि सत्य कहउँ तोहि पाहीं, मोहि सेवक सम प्रिय कोउ नाहीं.
भगति हीन बिरंचि किन होई, सब जीवहु सम प्रिय मोहि सोई.
भगतिवंत अति नीचउ प्रानी, मोहि प्रानप्रिय असि मम बानी.

दोहा-dohā:

सुचि सुसील सेवक सुमति प्रिय कहु काहि न लाग,
श्रुति पुरान कह नीति असि सावधान सुनु काग.८६.

चौपाई-caupāī:

एक पिता के बिपुल कुमारा, होहिं पृथक गुन सील अचारा.
कोउ पंडित कोउ तापस ग्याता, कोउ धनवंत सूर कोउ दाता.
कोउ सर्बग्य धर्मरत कोई, सब पर पितहि प्रीति सम होई.
कोउ पितु भगत बचन मन कर्मा, सपनेहुँ जान न दूसर धर्मा.
सो सुत प्रिय पितु प्रान समाना, जद्यपि सो सब भाँति अयाना.
एहि बिधि जीव चराचर जेते, त्रिजग देव नर असुर समेते.
अखिल बिस्व यह मोर उपाया, सब पर मोहि बराबरि दाया.
तिन्ह महँ जो परिहरि मद माया, भजै मोहि मन बच अरू काया.

दोहा-dohā:

पुरूष नपुंसक नारि वा जीव चराचर कोइ,
सर्ब भाव भज कपट तजि मोहि परम प्रिय सोइ.८७क.

सोरठा-soraṭhā:

सत्य कहउँ खग तोहि सुचि सेवक मम प्रानप्रिय,
अस बिचारि भजु मोहि परिहरि आस भरोस सब.८७ख.

चौपाई-caupāī:

कबहूँ काल न ब्यापिहि तोही, सुमिरेसु भजेसु निरंतर मोही.
प्रभु बचनामृत सुनि न अघाऊँ, तनु पुलकित मन अति हरषाऊँ.
सो सुख जानइ मन अरु काना, नहिं रसना पहिं जाइ बखाना.
प्रभु सोभा सुख जानहिं नयना, कहि किमि सकहिं तिन्हहि नहिं बयना.
बहु बिधि मोहि प्रबोधि सुख देई, लगे करन सिसु कौतुक तेई.
सजल नयन कछु मुख करि रूखा, चितइ मातु लागी अति भूखा.
देखि मातु आतुर उठि धाई, कहि मृदु बचन लिए उर लाई.
गोद राखि कराव पय पाना, रघुपति चरित ललित कर गाना.

सोरठा-soraṭhā:

जेहि सुख लागि पुरारि असुभ बेष कृत सिव सुखद,
अवधपुरी नर नारि तेहि सुख महुँ संतत मगन.८८क.

सोइ सुख लवलेस जिन्ह बारक सपनेहुँ लहेउ,
ते नहिं गनहिं खगेस ब्रह्मसुखहि सज्जन सुमति.८८ख.

चौपाई-caupāī:

मैं पुनि अवध रहेउँ कछु काला, देखेउँ बालबिनोद रसाला.
राम प्रसाद भगति बर पायउँ, प्रभु पद बंदि निजाश्रम आयउँ.
तब ते मोहि न ब्यापी माया, जब ते रघुनायक अपनाया.
यह सब गुप्त चरित मैं गावा, हरि मायाँ जिमि मोहि नचावा.
निज अनुभव अब कहउँ खगेसा, बिनु हरि भजन न जाहिं कलेसा.
राम कृपा बिनु सुनु खगराई, जानि न जाइ राम प्रभुताई.
जानें बिनु न होइ परतीती, बिनु परतीति होइ नहिं प्रीती.
प्रीति बिना नहिं भगति दिढ़ाई, जिमि खगपति जल कै चिकनाई.

सोरठा-soraṭhā:

बिनु गुर होइ कि ग्यान ग्यान कि होइ बिराग बिनु,
गावहिं बेद पुरान सुख कि लहिअ हरि भगति बिनु.८९क.

कोउ बिश्राम कि पाव तात सहज संतोष बिनु,
चलै कि जल बिनु नाव कोटि जतन पचि पचि मरिअ.८९ख.

चौपाई-caupāī:

बिनु संतोष न काम नसाहीं, काम अछत सुख सपनेहुँ नाहीं.
राम भजन बिनु मिटहिं कि कामा, थल बिहीन तरु कबहुँ कि जामा.
बिनु बिग्यान कि समता आवइ, कोउ अवकास कि नभ बिनु पावइ.
श्रद्धा बिना धर्म नहिं होई, बिनु महि गंध कि पावइ कोई.
बिनु तप तेज कि कर बिस्तारा, जल बिनु रस कि होइ संसारा.
सील कि मिल बिनु बुध सेवकाई, जिमि बिनु तेज न रूप गोसाँई.
निज सुख बिनु मन होइ कि थीरा, परस कि होइ बिहीन समीरा.
कवनिउ सिद्धि कि बिनु बिस्वासा, बिनु हरि भजन न भव भय नासा.

दोहा-dohā:

बिनु बिस्वास भगति नहिं तेहि बिनु द्रवहिं न रामु,
राम कृपा बिनु सपनेहुँ जीव न लह बिश्रामु.९०क.

सोरठा-soraṭhā:

अस बिचारि मतिधीर तजि कुतर्क संसय सकल,
भजहु राम रघुबीर करुनाकर सुंदर सुखद.९०ख.

चौपाई-caupāī:

निज मति सरिस नाथ मैं गाई, प्रभु प्रताप महिमा खगराई.
कहेउँ न कछु करि जुगुति बिसेषी, यह सब मैं निज नयनन्हि देखी.
महिमा नाम रूप गुन गाथा, सकल अमित अनंत रघुनाथा.
निज निज मति मुनि हरि गुन गावहिं, निगम सेष सिव पार न पावहिं.
तुम्हहि आदि खग मसक प्रजंता, नभ उड़ाहिं नहिं पावहिं अंता.
तिमि रघुपति महिमा अवगाहा, तात कबहुँ कोउ पाव कि थाहा.
रामु काम सत कोटि सुभग तन, दुर्गा कोटि अमित अरि मर्दन.
सक्र कोटि सत सरिस बिलासा, नभ सत कोटि अमित अवकासा.

दोहा-dohā:

मरुत कोटि सत बिपुल बल रबि सत कोटि प्रकास,
ससि सत कोटि सुसीतल समन सकल भव त्रास.९१क.

काल कोटि सत सरिस अति दुस्तर दुर्ग दुरंत,
धूमकेतु सत कोटि सम दुराधरष भगवंत.९१ख.

चौपाई-caupāi:

प्रभु अगाध सत कोटि पताला, समन कोटि सत सरिस कराला.
तीरथ अमित कोटि सम पावन, नाम अखिल अघ पूग नसावन.
हिमगिरि कोटि अचल रघुबीरा, सिंधु कोटि सत सम गंभीरा.
कामधेनु सत कोटि समाना, सकल काम दायक भगवाना.
सारद कोटि अमित चतुराई, बिधि सत कोटि सृष्टि निपुनाई.
बिष्नु कोटि सम पालन कर्ता, रुद्र कोटि सत सम संहर्ता.
धनद कोटि सत सम धनवाना, माया कोटि प्रपंच निधाना.
भार धरन सत कोटि अहीसा, निरवधि निरुपम प्रभु जगदीसा.

छंद-chamda:

निरुपम न उपमा आन राम समान रामु निगम कहै,
जिमि कोटि सत खद्योत सम रबि कहत अति लघुता लहै.

एहि भाँति निज निज मति बिलास मुनीस हरिहि बखानहीं,
प्रभु भाव गाहक अति कृपाल सप्रेम सुनि सुख मानहीं.

दोहा-dohā:

रामु अमित गुन सागर थाह कि पावइ कोइ,
संतन्ह सन जस किछु सुनेउँ तुम्हहि सुनायउँ सोइ.९२क.

सोरठा-sorathā:

भाव बस्य भगवान सुख निधान करुना भवन,
तजि ममता मद मान भजिअ सदा सीता रवन.९२ख.

चौपाई-caupāi:

सुनि भुसुंडि के बचन सुहाए, हरषित खगपति पंख फुलाए.
नयन नीर मन अति हरषाना, श्रीरघुपति प्रताप उर आना.
पाछिल मोह समुझि पछिताना, ब्रह्म अनादि मनुज करि माना.
पुनि पुनि काग चरन सिरु नावा, जानि राम सम प्रेम बढ़ावा.
गुर बिनु भव निधि तरइ न कोई, जौं बिरंचि संकर सम होई.
संसय सर्प ग्रसेउ मोहि ताता, दुखद लहरि कुतर्क बहु ब्राता.
तव सरूप गारुड़ि रघुनायक, मोहि जिआयउ जन सुखदायक.
तव प्रसाद मम मोह नसाना, राम रहस्य अनूपम जाना.

दोहा-dohā:

ताहि प्रसंसि बिबिधि बिधि सीस नाइ कर जोरि,
बचन बिनीत सप्रेम मृदु बोलेउ गरुड़ बहोरि.९३क.

प्रभु अपने अबिबेक ते बूझउँ स्वामी तोहि,
कृपासिंधु सादर कहहु जानि दास निज मोहि.९३ख.

चौपाई-caupāi:

तुम्ह सर्बग्य तन्य तम पारा, सुमति सुसील सरल आचारा.
ग्यान बिरति बिग्यान निवासा, रघुनायक के तुम्ह प्रिय दासा.
कारन कवन देह यह पाई, तात सकल मोहि कहहु बुझाई.
राम चरित सर सुंदर स्वामी, पायहु कहाँ कहहु नभगामी.
नाथ सुना मैं अस सिव पाहीं, महा प्रलयहुँ नास तव नाहीं.
मुधा बचन नहिं ईस्वर कहई, सोउ मोरें मन संसय अहई.
अग जग जीव नाग नर देवा, नाथ सकल जगु काल कलेवा.
अंड कटाह अमित लय कारी, कालु सदा दुरतिक्रम भारी.

सोरठा-sorathā:

तुम्हहि न ब्यापत काल अति कराल कारन कवन,
मोहि सो कहहु कृपाल ग्यान प्रभाव कि जोग बल.९४क.

दोहा-dohā:

प्रभु तव आश्रम आएँ मोर मोह भ्रम भाग,
कारन कवन सो नाथ सब कहहु सहित अनुराग.९४ख.

चौपाई-caupāi:

गरुड़ गिरा सुनि हरषेउ कागा, बोलेउ उमा परम अनुरागा.
धन्य धन्य तव मति उरगारी, प्रस्न तुम्हारि मोहि अति प्यारी.
सुनि तव प्रस्न सप्रेम सुहाई, बहुत जनम कै सुधि मोहि आई.
सब निज कथा कहउँ मैं गाई, तात सुनहु सादर मन लाई.
जप तप मख सम दम ब्रत दाना, बिरति बिबेक जोग बिग्याना.
सब कर फल रघुपति पद प्रेमा, तेहि बिनु कोउ न पावइ छेमा.
एहिं तन राम भगति मैं पाई, ताते मोहि ममता अधिकाई.
जेहि तें कछु निज स्वारथ होई, तेहि पर ममता कर सब कोई.

सोरठा-sorathā:

पन्नगारि असि नीति श्रुति संमत सज्जन कहहिं,
अति नीचहु सन प्रीति करिअ जानि निज परम हित.९५क.

पाट कीट तें होइ तेहि तें पाटंबर रुचिर,
कृमि पालइ सबु कोइ परम अपावन प्रान सम.९५ख.

चौपाई-caupāi:

स्वारथ साँच जीव कहुँ एहा, मन क्रम बचन राम पद नेहा.
सोइ पावन सोइ सुभग सरीरा, जो तनु पाइ भजिअ रघुबीरा.
राम बिमुख लहि बिधि सम देही, कबि कोबिद न प्रसंसहिं तेही.
राम भगति एहिं तन उर जामी, ताते मोहि परम प्रिय स्वामी.
तजउँ न तन निज इच्छा मरना, तन बिनु बेद भजन नहिं बरना.
प्रथम मोहँ मोहि बहुत बिगोवा, राम बिमुख सुख कबहुँ न सोवा.
नाना जनम कर्म पुनि नाना, किए जोग जप तप मख दाना.
कवन जोनि जनमेउँ जहँ नाहीं, मैं खगेस भ्रमि भ्रमि जग माहीं.
देखेउँ करि सब करम गोसाईं, सुखी न भयउँ अबहिं की नाईं.
सुधि मोहि नाथ जन्म बहु केरी, सिव प्रसाद मति मोहँ न घेरी.

दोहा-dohā:

प्रथम जन्म के चरित अब कहउँ सुनहु बिहगेस,
सुनि प्रभु पद रति उपजइ जातें मिटहिं कलेस.९६क.

पूरुब कल्प एक प्रभु जुग कलिजुग मल मूल,
नर अरु नारि अधर्मरत सकल निगम प्रतिकूल.९६ख.

चौपाई-caupāi:

तेहिं कलिजुग कोसलपुर जाई, जन्मत भयउँ सूद्र तनु पाई.
सिव सेवक मन क्रम अरु बानी, आन देव निंदक अभिमानी.
धन मद मत्त परम बाचाला, उग्रबुद्धि उर दंभ बिसाला.
जदपि रहेउँ रघुपति रजधानी, तदपि न कछु महिमा तब जानी.
अब जाना मैं अवध प्रभावा, निगमागम पुरान अस गावा.

कवनेहुँ जन्म अवध बस जोई, राम परायन सो परि होई.
अवध प्रभाव जान तब प्रानी, जब उर बसहिं रामु धनुपानी.
सो कलिकाल कठिन उरगारी, पाप परायन सब नर नारी.

दोहा-dohā:

कलिमल ग्रसे धर्म सब लुप्त भए सदग्रंथ,
दंभिन्ह निज मति कल्पि करि प्रगट किए बहु पंथ.९७क.

भए लोग सब मोहबस लोभ ग्रसे सुभ कर्म,
सुनु हरिजान ग्यान निधि कहउँ कछुक कलिधर्म.९७ख.

चौपाई-caupāī:

बरन धर्म नहिं आश्रम चारी, श्रुति बिरोध रत सब नर नारी.
द्विज श्रुति बेचक भूप प्रजासन, कोउ नहिं मान निगम अनुसासन.
मारग सोइ जा कहुँ जोइ भावा, पंडित सोइ जो गाल बजावा.
मिथ्यारंभ दंभ रत जोई, ता कहुँ संत कहइ सब कोई.
सोइ सयान जो परधन हारी, जो कर दंभ सो बड़ आचारी.
जो कह झूँठ मसखरी जाना, कलिजुग सोइ गुनवंत बखाना.
निराचार जो श्रुति पथ त्यागी, कलिजुग सोइ ग्यानी सो बिरागी.
जाकें नख अरु जटा बिसाला, सोइ तापस प्रसिद्ध कलिकाला.

दोहा-dohā:

असुभ बेष भूषन धरें भच्छाभच्छ जे खाहिं,
तेइ जोगी तेइ सिद्ध नर पूज्य ते कलिजुग माहिं.९८क.

सोरठा-sorathā:

जे अपकारी चार तिन्ह कर गौरव मान्य तेइ,
मन क्रम बचन लबार तेइ बकता कलिकाल महुँ.९८ख.

चौपाई-caupāī:

नारि बिबस नर सकल गोसाईं, नाचहिं नट मर्कट की नाईं.
सूद्र द्विजन्ह उपदेसहिं ग्याना, मेलि जनेऊ लेहिं कुदाना.
सब नर काम लोभ रत क्रोधी, देव बिप्र श्रुति संत बिरोधी.
गुन मंदिर सुंदर पति त्यागी, भजहिं नारि पर पुरुष अभागी.
सौभागिनीं बिभूषन हीना, बिधवन्ह के सिंगार नबीना.
गुर सिष बधिर अंध का लेखा, एक न सुनइ एक नहिं देखा.
हरइ सिष्य धन सोक न हरई, सो गुर घोर नरक महुँ परई.
मातु पिता बालकन्हि बोलावहिं, उदर भरै सोइ धर्म सिखावहिं.

दोहा-dohā:

ब्रह्म ग्यान बिनु नारि नर कहहिं न दूसरि बात,
कौडी लागि लोभ बस करहिं बिप्र गुर घात.९९क.

बादहिं सूद्र द्विजन्ह सन हम तुम्ह ते कछु घाटि,
जानइ ब्रह्म सो बिप्रबर आँखि देखावहिं डाटि.९९ख.

चौपाई-caupāī:

पर त्रिय लंपट कपट सयाने, मोह द्रोह ममता लपटाने.
तेइ अभेदबादी ग्यानी नर, देखा मैं चरित्र कलिजुग कर.
आपु गए अरु तिन्हहू घालहिं, जे कहुँ सत मारग प्रतिपालहिं.
कल्प कल्प भरि एक एक नरका, परहिं जे दूषहिं श्रुति करि तरका.
जे बरनाधम तेलि कुम्हारा, स्वपच किरात कोल कलवारा.
नारि मुई गृह संपति नासी, मूड़ मुड़ाइ होहिं सन्यासी.
ते बिप्रन्ह सन आपु पुजावहिं, उभय लोक निज हाथ नसावहिं.
बिप्र निरच्छर लोलुप कामी, निराचार सठ बृषली स्वामी.
सूद्र करहिं जप तप ब्रत नाना, बैठि बरासन कहहिं पुराना.
सब नर कल्पित करहिं अचारा, जाइ न बरनि अनीति अपारा.

दोहा-dohā:

भए बरन संकर कलि भिन्नसेतु सब लोग,
करहिं पाप पावहिं दुख भय रुज सोक बियोग.१००क.

श्रुति संमत हरि भक्ति पथ संजुत बिरति बिबेक,
तेहिं न चलहिं नर मोह बस कल्पहिं पंथ अनेक.१००ख.

छंद-chamda:

बहु दाम सँवारहिं धाम जती, बिषया हरि लीन्हि न रहि बिरती.
तपसी धनवंत दरिद्र गृही, कलि कौतुक तात न जात कही.
कुलवंति निकारहिं नारि सती, गृह आनहिं चेरि निबेरि गती.
सुत मानहिं मातु पिता तब लौं, अबलानन दीख नहीं जब लौं.
ससुरारि पिआरि लगी जब तें, रिपुरूप कुटुंब भए तब तें.
नृप पाप परायन धर्म नहीं, करि दंड बिडंब प्रजा नितहीं.
धनवंत कुलीन मलीन अपी, द्विज चिन्ह जनेउ उघार तपी.
नहिं मान पुरान न बेदहि जो, हरि सेवक संत सही कलि सो.
कबि बृंद उदार दुनी न सुनी, गुन दूषक ब्रात न कोपि गुनी.
कलि बारहिं बार दुकाल परै, बिनु अन्न दुखी सब लोग मरै.

दोहा-dohā:

सुनु खगेस कलि कपट हठ दंभ द्वेष पाषंड,
मान मोह मारादि मद ब्यापि रहे ब्रह्मंड.१०१क.

तामस धर्म करहिं नर जप तप ब्रत मख दान,
देव न बरषहिं धरनीं बए न जामहिं धान.१०१ख.

छंद-chamda:

अबला कच भूषन भूरि छुधा, धनहीन दुखी ममता बहुधा.
सुख चाहहिं मूढ़ न धर्म रता, मति थोरि कठोरि न कोमलता.
नर पीड़ित रोग न भोग कहीं, अभिमान बिरोध अकारनहीं.
लघु जीवन संबतु पंच दसा, कलपांत न नास गुमानु असा.
कलिकाल बिहाल किए मनुजा, नहिं मानत क्वौ अनुजा तनुजा.
नहिं तोष बिचार न सीतलता, सब जाति कुजाति भए मगता.
इरिषा परुषाच्छर लोलुपता, भरि पूरि रही समता बिगता.
सब लोग बियोग बिसोक हुए, बरनाश्रम धर्म अचार गए.
दम दान दया नहिं जानपनी, जड़ता परबंचनताति घनी.
तनु पोषक नारि नरा सगरे, परनिंदक जे जग मो बगरे.

दोहा-dohā:

सुनु ब्यालारि काल कलि मल अवगुन आगार,
गुनउँ बहुत कलिजुग कर बिनु प्रयास निस्तार.१०२क.

कृतजुग त्रेताँ द्वापर पूजा मख अरु जोग,
जो गति होइ सो कलि हरि नाम ते पावहिं लोग.१०२ख.

चौपाई-caupāī:

कृतजुग सब जोगी बिग्यानी, करि हरि ध्यान तरहिं भव प्रानी.
त्रेताँ बिबिध जग्य नर करहीं, प्रभुहि समर्पि कर्म भव तरहीं.

द्वापर करि रघुपति पद पूजा, नर भव तरहिं उपाय न दूजा.
कलिजुग केवल हरि गुन गाहा, गावत नर पावहिं भव थाहा.
कलिजुग जोग न जग्य न ग्याना, एक अधार राम गुन गाना.
सब भरोस तजि जो भज रामहि, प्रेम समेत गाव गुन ग्रामहि.
सोइ भव तर कछु संसय नाहीं, नाम प्रताप प्रगट कलि माहीं.
कलि कर एक पुनीत प्रतापा, मानस पुन्य होहिं नहिं पापा.

दोहा-dohā:

कलिजुग सम जुग आन नहिं जौं नर कर बिस्वास,
गाइ राम गुन गन बिमल भव तर बिनहिं प्रयास.१०३क.

प्रगट चारि पद धर्म के कलि महुँ एक प्रधान,
जेन केन बिधि दीन्हें दान करइ कल्यान.१०३ख.

चौपाई-caupāī:

नित जुग धर्म होहिं सब केरे, हृदयँ राम माया के प्रेरे.
सुद्ध सत्व समता बिग्याना, कृत प्रभाव प्रसन्न मन जाना.
सत्व बहुत रज कछु रति कर्मा, सब बिधि सुख त्रेता कर धर्मा.
बहु रज स्वल्प सत्व कछु तामस, द्वापर धर्म हरष भय मानस.
तामस बहुत रजोगुन थोरा, कलि प्रभाव बिरोध चहुँ ओरा.
बुध जुग धर्म जानि मन माहीं, तजि अधर्म रति धर्म कराहीं.
काल धर्म नहिं ब्यापहिं ताही, रघुपति चरन प्रीति अति जाही.
नट कृत बिकट कपट खगराया, नट सेवकहि न ब्यापइ माया.

दोहा-dohā:

हरि माया कृत दोष गुन बिनु हरि भजन न जाहिं,
भजिअ राम तजि काम सब अस बिचारि मन माहिं.१०४क.

तेहिं कलिकाल बरष बहु बसेउँ अवध बिहगेस,
परेउ दुकाल बिपति बस तब मैं गयउँ बिदेस.१०४ख.

चौपाई-caupāī:

गयउँ उजेनी सुनु उरगारी, दीन मलीन दरिद्र दुखारी.
गएँ काल कछु संपति पाई, तहँ पुनि करउँ संभु सेवकाई.
बिप्र एक बैदिक सिव पूजा, करइ सदा तेहि काजु न दूजा.
परम साधु परमारथ बिंदक, संभु उपासक नहिं हरि निंदक.
तेहि सेवउँ मैं कपट समेता, द्विज दयाल अति नीति निकेता.
बाहिज नम्र देखि मोहि साईं, बिप्र पढ़ाव पुत्र की नाईं.
संभु मंत्र मोहि द्विजबर दीन्हा, सुभ उपदेस बिबिध बिधि कीन्हा.
जपउँ मंत्र सिव मंदिर जाई, हृदयँ दंभ अहमिति अधिकाई.

दोहा-dohā:

मैं खल मल संकुल मति नीच जाति बस मोह,
हरि जन द्विज देखें जरउँ करउँ बिष्नु कर द्रोह.१०५क.

सोरठा-soraṭhā:

गुर नित मोहि प्रबोध दुखित देखि आचरन मम,
मोहि उपजइ अति क्रोध दंभिहि नीति कि भावई.१०५ख.

चौपाई-caupāī:

एक बार गुर लीन्ह बोलाई, मोहि नीति बहु भाँति सिखाई.
सिव सेवा कर फल सुत सोई, अबिरल भगति राम पद होई.
रामहि भजहिं तात सिव धाता, नर पावँर कै केतिक बाता.
जासु चरन अज सिव अनुरागी, तासु द्रोहँ सुख चहसि अभागी.
हर कहुँ हरि सेवक गुर कहेऊ, सुनि खगनाथ हृदय मम दहेऊ.
अधम जाति मैं बिद्या पाएँ, भयउँ जथा अहि दूध पिआएँ.
मानी कुटिल कुभाग्य कुजाती, गुर कर द्रोह करउँ दिनु राती.
अति दयाल गुर स्वल्प न क्रोधा, पुनि पुनि मोहि सिखाव सुबोधा.
जेहि ते नीच बड़ाई पावा, सो प्रथमहिं हति ताहि नसावा.
धूम अनल संभव सुनु भाई, तेहि बुझाव घन पदवी पाई.
रज मग परी निरादर रहई, सब कर पद प्रहार नित सहई.
मरुत उड़ाव प्रथम तेहि भरई, पुनि नृप नयन किरीटन्हि परई.
सुनु खगपति अस समुझि प्रसंगा, बुध नहिं करहिं अधम कर संगा.
कबि कोबिद गावहिं असि नीती, खल सन कलह न भल नहिं प्रीती.
उदासीन नित रहिअ गोसाईं, खल परिहरिअ स्वान की नाईं.
मैं खल हृदयँ कपट कुटिलाई, गुर हित कहइ न मोहि सोहाई.

दोहा-dohā:

एक बार हर मंदिर जपत रहेउँ सिव नाम,
गुर आयउ अभिमान तें उठि नहिं कीन्ह प्रनाम.१०६क.

सो दयाल नहिं कहेउ कछु उर न रोष लवलेस,
अति अघ गुर अपमानता सहि नहिं सके महेस.१०६ख.

चौपाई-caupāī:

मंदिर माझ भई नभ बानी, रे हतभाग्य अग्य अभिमानी.
जद्यपि तव गुर कें नहिं क्रोधा, अति कृपाल चित सम्यक बोधा.
तदपि साप सठ दैहउँ तोही, नीति बिरोध सोहाइ न मोही.
जौं नहिं दंड करौं खल तोरा, भ्रष्ट होइ श्रुतिमारग मोरा.
जे सठ गुर सन इरिषा करहीं, रौरव नरक कोटि जुग परहीं.
त्रिजग जोनि पुनि धरहिं सरीरा, अयुत जन्म भरि पावहिं पीरा.
बैठ रहेसि अजगर इव पापी, सर्प होहि खल मल मति ब्यापी.
महा बिटप कोटर महुँ जाई, रहु अधमाधम अधगति पाई.

दोहा-dohā:

हाहाकार कीन्ह गुर दारुन सुनि सिव साप,
कंपित मोहि बिलोकि अति उर उपजा परिताप.१०७क.

करि दंडवत सप्रेम द्विज सिव सन्मुख कर जोरि,
बिनय करत गदगद स्वर समुझि घोर गति मोरि.१०७ख.

छंद-chaṃda:

नमामीशमीशान निर्वाणरूपं, विभुं व्यापकं ब्रह्म वेदस्वरूपं.
निजं निर्गुणं निर्विकल्पं निरीहं, चिदाकाशमाकाशवासं भजेऽहं.
निराकारमोंकारमूलं तुरीयं, गिरा ग्यान गोतीतमीशं गिरीशं.
करालं महाकाल कालं कृपालं, गुणागार संसारपारं नतोऽहं.
तुषाराद्रि संकाश गौरं गभीरं, मनोभूत कोटि प्रभा श्री शरीरं.
स्फुरन्मौलि कल्लोलिनी चारु गंगा, लसद्भालबालेन्दु कंठे भुजंगा.
चलत्कुंडलं भ्रू सुनेत्रं विशालं, प्रसन्नाननं नीलकंठं दयालं.
मृगाधीशचर्माम्बरं मुण्डमालं, प्रियं शंकरं सर्वनाथं भजामि.
प्रचंडं प्रकृष्टं प्रगल्भं परेशं, अखंडं अजं भानुकोटिप्रकाशं.
त्रयःशूल निर्मूलनं शूलपाणिं, भजेऽहं भवानीपतिं भावगम्यं.
कलातीत कल्याण कल्पान्तकारी, सदा सज्जनान्ददाता पुरारी.

चिदानंदसंदोह मोहापहारी, प्रसीद प्रसीद प्रभो मन्मथारी.
न यावद् उमानाथ पादारविन्दं, भजंतीह लोके परे वा नराणां.
न तावत्सुखं शान्ति सन्तापनाशं, प्रसीद प्रभो सर्वभूताधिवासं.
न जानामि योगं जपं नैव पूजां, नतोऽहं सदा सर्वदा शंभु तुभ्यं.
जरा जन्म दुःखौघ तातप्यमानं, प्रभो पाहि आपन्नमामीश शंभो.

श्लोक-śloka:

रुद्राष्टकमिदं प्रोक्तं विप्रेण हरतोषये,
ये पठन्ति नरा भक्त्या तेषां शम्भुः प्रसीदति.

दोहा-dohā:

सुनि बिनती सर्बग्य सिव देखि बिप्र अनुरागु,
पुनि मंदिर नभबानी भइ द्विजबर बर मागु.१०८क.

जौं प्रसन्न प्रभु मो पर नाथ दीन पर नेहु,
निज पद भगति देइ प्रभु पुनि दूसर बर देहु.१०८ख.

तव माया बस जीव जड़ संतत फिरइ भुलान,
तेहि पर क्रोध न करिअ प्रभु कृपासिंधु भगवान.१०८ग.

संकर दीनदयाल अब एहि पर होहु कृपाल,
साप अनुग्रह होइ जेहिं नाथ थोरेहीं काल.१०८घ.

चौपाई-caupāī:

एहि कर होइ परम कल्याना, सोइ करहु अब कृपानिधाना.
बिप्रगिरा सुनि परहित सानी, एवमस्तु इति भइ नभबानी.
जदपि कीन्ह एहिं दारुन पापा, मैं पुनि दीन्हि कोप करि सापा.
तदपि तुम्हारि साधुता देखी, करिहउँ एहि पर कृपा बिसेषी.
छमासील जे पर उपकारी, ते द्विज मोहि प्रिय जथा खरारी.
मोर श्राप द्विज ब्यर्थ न जाइहि, जन्म सहस अवस्य यह पाइहि.
जनमत मरत दुसह दुख होई, एहि स्वल्पउ नहिं ब्यापिहि सोई.
कवनेउँ जन्म मिटिहि नहिं ग्याना, सुनहि सूद्र मम बचन प्रवाना.
रघुपति पुरीं जन्म तव भयऊ, पुनि तैं मम सेवाँ मन दयऊ.
पुरी प्रभाव अनुग्रह मोरें, राम भगति उपजिहि उर तोरें.
सुनु मम बचन सत्य अब भाई, हरितोषन ब्रत द्विज सेवकाई.
अब जनि करहि बिप्र अपमाना, जानेहु संत अनंत समाना.
इंद्र कुलिस मम सूल बिसाला, कालदंड हरि चक्र कराला.
जो इन्ह कर मारा नहिं मरई, बिप्र द्रोह पावक सो जरई.
अस बिबेक राखेहु मन माहीं, तुम्ह कहँ जग दुर्लभ कछु नाहीं.
औरउ एक आसिषा मोरी, अप्रतिहत गति होइहि तोरी.

दोहा-dohā:

सुनि सिव बचन हरषि गुर एवमस्तु इति भाषि,
मोहि प्रबोधि गयउ गृह संभु चरन उर राखि.१०९क.
प्रेरित काल बिंधि गिरि जाइ भयउँ मैं ब्याल,
पुनि प्रयास बिनु सो तनु तजेउँ गएँ कछु काल.१०९ख.

जोइ तनु धरउँ तजउँ पुनि अनायास हरिजान,
जिमि नूतन पट पहिरइ नर परिहरइ पुरान.१०९ग.
सिवँ राखी श्रुति नीति अरु मैं नहिं पावा क्लेस,
एहि बिधि धरेउँ बिबिधि तनु ग्यान न गयउ खगेस.१०९घ.

चौपाई-caupāī:

त्रिजग देव नर जोइ तनु धरउँ, तहँ तहँ राम भजन अनुसरऊँ.
एक सूल मोहि बिसर न काऊ, गुर कर कोमल सील सुभाऊ.
चरम देह द्विज कै मैं पाई, सुर दुर्लभ पुरान श्रुति गाई.
खेलउँ तहूँ बालकन्ह मीला, करउँ सकल रघुनायक लीला.
प्रौढ़ भएँ मोहि पिता पढ़ावा, समझउँ सुनउँ गुनउँ नहिं भावा.
मन ते सकल बासना भागी, केवल राम चरन लय लागी.
कहु खगेस अस कवन अभागी, खरी सेव सुरधेनुहि त्यागी.
प्रेम मगन मोहि कछु न सोहाई, हारेउ पिता पढ़ाइ पढ़ाई.
भए कालबस जब पितु माता, मैं बन गयउँ भजन जनत्राता.
जहँ जहँ बिपिन मुनीस्वर पावउँ, आश्रम जाइ जाइ सिरु नावउँ.
बूझउँ तिन्हहि राम गुन गाहा, कहहिं सुनउँ हरषित खगनाहा.
सुनत फिरउँ हरि गुन अनुबादा, अब्याहत गति संभु प्रसादा.
छूटी त्रिबिधि ईषना गाढ़ी, एक लालसा उर अति बाढ़ी.
राम चरन बारिज जब देखौं, तब निज जन्म सफल करि लेखौं.
जेहि पूँछउँ सोइ मुनि अस कहई, ईस्वर सर्ब भूतमय अहई.
निर्गुन मत नहिं मोहि सोहाई, सगुन ब्रह्म रति उर अधिकाई.

दोहा-dohā:

गुर के बचन सुरति करि राम चरन मनु लाग,
रघुपति जस गावत फिरउँ छन छन नव अनुराग.११०क.
मेरु सिखर बट छायाँ मुनि लोमस आसीन,
देखि चरन सिरु नायउँ बचन कहेउँ अति दीन.११०ख.

सुनि मम बचन बिनीत मृदु मुनि कृपाल खगराज,
मोहि सादर पूँछत भए द्विज आयहु केहि काज.११०ग.
तब मैं कहा कृपानिधि तुम्ह सर्बग्य सुजान,
सगुन ब्रह्म अवराधन मोहि कहहु भगवान.११०घ.

चौपाई-caupāī:

तब मुनीस रघुपति गुन गाथा, कहे कछुक सादर खगनाथा.
ब्रह्मग्यान रत मुनि बिग्यानी, मोहि परम अधिकारी जानी.
लागे करन ब्रह्म उपदेसा, अज अद्वैत अगुन हृदयेसा.
अकल अनीह अनाम अरुपा, अनुभव गम्य अखंड अनूपा.
मन गोतीत अमल अबिनासी, निर्बिकार निरवधि सुख रासी.
सो तैं ताहि तोहि नहिं भेदा, बारि बीचि इव गावहिं बेदा.
बिबिधि भाँति मोहि मुनि समुझावा, निर्गुन मत मम हृदयँ न आवा.
पुनि मैं कहेउँ नाइ पद सीसा, सगुन उपासन कहहु मुनीसा.
राम भगति जल मम मन मीना, किमि बिलगाइ मुनीस प्रबीना.
सोइ उपदेस कहहु करि दाया, निज नयनन्हि देखौं रघुराया.
भरि लोचन बिलोकि अवधेसा, तब सुनिहउँ निर्गुन उपदेसा.
मुनि पुनि कहि हरिकथा अनूपा, खंडि सगुन मत अगुन निरूपा.

तब मैं निर्गुन मत कर दूरी, सगुन निरूपउँ करि हठ भूरी.
उत्तर प्रतिउत्तर मैं कीन्हा, मुनि तन भए क्रोध के चीन्हा.
सुनु प्रभु बहुत अवग्या किएँ, उपज क्रोध ग्यानिन्ह के हिएँ.
अति संघरषन जौं कर कोई, अनल प्रगट चंदन ते होई.

दोहा-dohā:

बारंबार सकोप मुनि करइ निरुपन ग्यान,
मैं अपनें मन बैठ तब करउँ बिबिधि अनुमान.१११क.

क्रोध कि द्वैतबुद्धि बिनु द्वैत कि बिनु अग्यान,
मायाबस परिछिन्न जड़ जीव कि ईस समान.१११ख.

चौपाई-caupāī:

कबहुँ कि दुख सब कर हित ताकें, तेहि कि दरिद्र परस मनि जाकें.
परद्रोही की होहिं निसंका, कामी पुनि कि रहहिं अकलंका.
बंस कि रह द्विज अनहित कीन्हें, कर्म कि होहिं स्वरूपहि चीन्हें.
काहू सुमति कि खल सँग जामी, सुभ गति पाव कि परत्रिय गामी.
भव कि परहिं परमात्मा बिंदक, सुखी कि होहिं कबहुँ हरि निंदक.
राजु कि रहइ नीति बिनु जानें, अघ कि रहहिं हरिचरित बखानें.
पावन जस कि पुन्य बिनु होई, बिनु अघ अजस कि पावइ कोई.
लाभु कि किछु हरि भगति समाना, जेहि गावहिं श्रुति संत पुराना.
हानि कि जग एहि सम किछु भाई, भजिअ न रामहि नर तनु पाई.
अघ कि पिसुनता सम कछु आना, धर्म कि दया सरिस हरिजाना.
एहि बिधि अमिति जुगुति मन गुनऊँ, मुनि उपदेस न सादर सुनऊँ.
पुनि पुनि सगुन पच्छ मैं रोपा, तब मुनि बोलेउ बचन सकोपा.
मूढ़ परम सिख देउँ न मानसि, उत्तर प्रतिउत्तर बहु आनसि.
सत्य बचन बिस्वास न करही, बायस इव सबही ते डरही.
सठ स्वपच्छ तव हृदयँ बिसाला, सपदि होहि पच्छी चंडाला.
लीन्ह श्राप मैं सीस चढ़ाई, नहिं कछु भय न दीनता आई.

दोहा-dohā:

तुरत भयउँ मैं काग तब पुनि मुनि पद सिरु नाइ,
सुमिरि राम रघुबंस मनि हरषित चलेउँ उड़ाइ.११२क.

उमा जे राम चरन रत बिगत काम मद क्रोध,
निज प्रभुमय देखहिं जगत केहि सन करहिं बिरोध.११२ख.

चौपाई-caupāī:

सुनु खगेस नहिं कछु रिषि दूषन, उर प्रेरक रघुबंस बिभूषन.
कृपासिंधु मुनि मति करि भोरी, लीन्ही प्रेम परिच्छा मोरी.
मन बच क्रम मोहि निज जन जाना, मुनि मति पुनि फेरी भगवाना.
रिषि मम महत सीलता देखी, राम चरन बिस्वास बिसेषी.
अति बिसमय पुनि पुनि पछिताई, सादर मुनि मोहि लीन्ह बोलाई.
मम परितोष बिबिधि बिधि कीन्हा, हरषित राममंत्र तब दीन्हा.
बालकरूप राम कर ध्याना, कहेउ मोहि मुनि कृपानिधाना.
सुंदर सुखद मोहि अति भावा, सो प्रथमहिं मैं तुम्हहि सुनावा.
मुनि मोहि कछुक काल तहँ राखा, रामचरितमानस तब भाषा.
सादर मोहि यह कथा सुनाई, पुनि बोले मुनि गिरा सुहाई.
रामचरित सर गुप्त सुहावा, संभु प्रसाद तात मैं पावा.
तोहि निज भगत राम कर जानी, ताते मैं सब कहेउँ बखानी.
राम भगति जिन्ह कें उर नाहीं, कबहुँ न तात कहिअ तिन्ह पाहीं.
मुनि मोहि बिबिधि भाँति समुझावा, मैं सप्रेम मुनि पद सिरु नावा.
निज कर कमल परसि मम सीसा, हरषित आसिष दीन्ह मुनीसा.
राम भगति अबिरल उर तोरें, बसिहि सदा प्रसाद अब मोरें.

दोहा-dohā:

सदा राम प्रिय होहु तुम्ह सुभ गुन भवन अमान,
कामरूप इच्छामरन ग्यान बिराग निधान.११३क.

जेहिं आश्रम तुम्ह बसब पुनि सुमिरत श्रीभगवंत,
ब्यापिहि तहँ न अबिद्या जोजन एक प्रजंत.११३ख.

चौपाई-caupāī:

काल कर्म गुन दोष सुभाऊ, कछु दुख तुम्हहि न ब्यापिहि काऊ.
राम रहस्य ललित बिधि नाना, गुप्त प्रगट इतिहास पुराना.
बिनु श्रम तुम्ह जानब सब सोऊ, नित नव नेह राम पद होऊ.
जो इच्छा करिहहु मन माहीं, हरि प्रसाद कछु दुर्लभ नाहीं.
सुनि मुनि आसिष सुनु मतिधीरा, ब्रह्मगिरा भइ गगन गँभीरा.
एवमस्तु तव बच मुनि ग्यानी, यह मम भगत कर्म मन बानी.
सुनि नभगिरा हरष मोहि भयऊ, प्रेम मगन सब संसय गयऊ.
करि बिनती मुनि आयसु पाई, पद सरोज पुनि पुनि सिरु नाई.
हरष सहित एहिं आश्रम आयउँ, प्रभु प्रसाद दुर्लभ बर पायउँ.
इहाँ बसत मोहि सुनु खग ईसा, बीते कलप सात अरु बीसा.
करउँ सदा रघुपति गुन गाना, सादर सुनहिं बिहंग सुजाना.
जब जब अवधपुरीं रघुबीरा, धरहिं भगत हित मनुज सरीरा.
तब तब जाइ राम पुर रहऊँ, सिसुलीला बिलोकि सुख लहऊँ.
पुनि उर राखि राम सिसुरूपा, निज आश्रम आवउँ खगभूपा.
कथा सकल मैं तुम्हहि सुनाई, काग देह जेहिं कारन पाई.
कहिउँ तात सब प्रस्न तुम्हारी, राम भगति महिमा अति भारी.

दोहा-dohā:

ताते यह तन मोहि प्रिय भयउ राम पद नेह,
निज प्रभु दरसन पायउँ गए सकल संदेह.११४क.

मासपारायण उन्तीसवाँ विश्राम

भगति पच्छ हठ करि रहेउँ दीन्हि महारिषि साप,
मुनि दुर्लभ बर पायउँ देखहु भजन प्रताप.११४ख.

चौपाई-caupāī:

जे असि भगति जानि परिहरहीं, केवल ग्यान हेतु श्रम करहीं.
ते जड़ कामधेनु गृहँ त्यागी, खोजत आकु फिरहिं पय लागी.
सुनु खगेस हरि भगति बिहाई, जे सुख चाहहिं आन उपाई.
ते सठ महासिंधु बिनु तरनी, पैरि पार चाहहिं जड़ करनी.
सुनि भसुंडि के बचन भवानी, बोलेउ गरुड़ हरषि मृदु बानी.
तव प्रसाद प्रभु मम उर माहीं, संसय सोक मोह भ्रम नाहीं.
सुनेउँ पुनीत राम गुन ग्रामा, तुम्हरी कृपाँ लहेउँ बिश्रामा.
एक बात प्रभु पूँछउँ तोही, कहहु बुझाइ कृपानिधि मोही.
कहहिं संत मुनि बेद पुराना, नहिं कछु दुर्लभ ग्यान समाना.
सोइ मुनि तुम्ह सन कहेउ गोसाईं, नहिं आदरेहु भगति की नाईं.
ग्यानहि भगतिहि अंतर केता, सकल कहहु प्रभु कृपा निकेता.

सुनि उरगारि बचन सुख माना, सादर बोलेउ काग सुजाना.
भगतिहि ग्यानहि नहिं कछु भेदा, उभय हरहिं भव संभव खेदा.
नाथ मुनीस कहहिं कछु अंतर, सावधान सोउ सुनु बिहंगबर.
ग्यान बिराग जोग बिग्याना, ए सब पुरुष सुनहु हरिजाना.
पुरुष प्रताप प्रबल सब भाँती, अबला अबल सहज जड़ जाती.

दोहा-dohā:

पुरुष त्यागि सक नारिहि जो बिरक्त मति धीर,
न तु कामी बिषयाबस बिमुख जो पद रघुबीर.११५क.

सोरठा-soraṭhā:

सोउ मुनि ग्याननिधान मृगनयनी बिधु मुख निरखि,
बिबस होइ हरिजान नारि बिष्नु माया प्रगट.११५ख.

चौपाई-caupāī:

इहाँ न पच्छपात कछु राखउँ, बेद पुरान संत मत भाषउँ.
मोह न नारि नारि कें रूपा, पन्नगारि यह रीति अनूपा.
माया भगति सुनहु तुम्ह दोऊ, नारि बर्ग जानइ सब कोऊ.
पुनि रघुबीरहि भगति पिआरी, माया खलु नर्तकी बिचारी.
भगतिहि सानुकूल रघुराया, ताते तेहि डरपति अति माया.
राम भगति निरुपम निरुपाधी, बसइ जासु उर सदा अबाधी.
तेहि बिलोकि माया सकुचाई, करि न सकइ कछु निज प्रभुताई.
अस बिचारि जे मुनि बिग्यानी, जाचहिं भगति सकल सुख खानी.

दोहा-dohā:

यह रहस्य रघुनाथ कर बेगि न जानइ कोइ,
जो जानइ रघुपति कृपाँ सपनेहुँ मोह न होइ.११६क.

औरउ ग्यान भगति कर भेद सुनहु सुप्रबीन,
जो सुनि होइ राम पद प्रीति सदा अबिछीन.११६ख.

चौपाई-caupāī:

सुनहु तात यह अकथ कहानी, समुझत बनइ न जाइ बखानी.
ईस्वर अंस जीव अबिनासी, चेतन अमल सहज सुखरासी.
सो मायाबस भयउ गोसाईं, बँध्यो कीर मरकट की नाईं.
जड़ चेतनहि ग्रंथि परि गई, जदपि मृषा छूटत कठिनई.
तब ते जीव भयउ संसारी, छूट न ग्रंथि न होइ सुखारी.
श्रुति पुरान बहु कहेउ उपाई, छूट न अधिक अधिक अरुझाई.
जीव हृदयँ तम मोह बिसेषी, ग्रंथि छूट किमि परइ न देखी.
अस संजोग ईस जब करई, तबहुँ कदाचित सो निरुअरई.
सात्त्विक श्रद्धा धेनु सुहाई, जौं हरि कृपाँ हृदयँ बस आई.
जप तप ब्रत जम नियम अपारा, जे श्रुति कह सुभ धर्म अचारा.
तेइ तृन हरित चरै जब गाई, भाव बच्छ सिसु पाइ पेन्हाई.
नोइ निबृत्ति पात्र बिस्वासा, निर्मल मन अहीर निज दासा.
परम धर्ममय पय दुहि भाई, अवटै अनल अकाम बनाई.
तोष मरुत तब छमाँ जुड़ावै, धृति सम जावनु देइ जमावै.
मुदिताँ मथै बिचार मथानी, दम अधार रजु सत्य सुबानी.
तब मथि काढ़ि लेइ नवनीता, बिमल बिराग सुभग सुपुनीता.

दोहा-dohā:

जोग अगिनि करि प्रगट तब कर्म सुभासुभ लाइ,
बुद्धि सिरावै ग्यान घृत ममता मल जरि जाइ.११७क.

तब बिग्यानरूपिनि बुद्धि बिसद घृत पाइ,
चित्त दिआ भरि धरै दृढ़ समता दिअटि बनाइ.११७ख.

तीनि अवस्था तीनि गुन तेहि कपास तें काढ़ि,
तूल तुरीय सँवारि पुनि बाती करै सुगाढ़ि.११७ग.

सोरठा-soraṭhā:

एहि बिधि लेसै दीप तेज रासि बिग्यानमय,
जातहिं जासु समीप जरहिं मदादिक सलभ सब.११७घ.

चौपाई-caupāī:

सोहमस्मि इति बृत्ति अखंडा, दीप सिखा सोइ परम प्रचंडा.
आतम अनुभव सुख सुप्रकासा, तब भव मूल भेद भ्रम नासा.
प्रबल अबिद्या कर परिवारा, मोह आदि तम मिटइ अपारा.
तब सोइ बुद्धि पाइ उँजिआरा, उर गृहँ बैठि ग्रंथि निरुआरा.
छोरन ग्रंथि पाव जौं सोई, तब यह जीव कृतारथ होई.
छोरत ग्रंथि जानि खगराया, बिघ्न अनेक करइ तब माया.
रिद्धि सिद्धि प्रेरइ बहु भाई, बुद्धिहि लोभ दिखावहिं आई.
कल बल छल करि जाहिं समीपा, अंचल बात बुझावहिं दीपा.
होइ बुद्धि जौं परम सयानी, तिन्ह तन चितव न अनहित जानी.
जौं तेहि बिघ्न बुद्धि नहिं बाधी, तौ बहोरि सुर करहिं उपाधी.
इंद्री द्वार झरोखा नाना, तहँ तहँ सुर बैठे करि थाना.
आवत देखहिं बिषय बयारी, ते हठि देहिं कपाट उघारी.
जब सो प्रभंजन उर गृहँ जाई, तबहिं दीप बिग्यान बुझाई.
ग्रंथि न छूटि मिटा सो प्रकासा, बुद्धि बिकल भइ बिषय बतासा.
इंद्रिन्ह सुरन्ह न ग्यान सोहाई, बिषय भोग पर प्रीति सदाई.
बिषय समीर बुद्धि कृत भोरी, तेहि बिधि दीप को बार बहोरी.

दोहा-dohā:

तब फिरि जीव बिबिधि बिधि पावइ संसृति क्लेस,
हरि माया अति दुस्तर तरि न जाइ बिहगेस.११८क.

कहत कठिन समुझत कठिन साधत कठिन बिबेक,
होइ घुनाच्छर न्याय जौं पुनि प्रत्यूह अनेक.११८ख.

चौपाई-caupāī:

ग्यान पंथ कृपान कै धारा, परत खगेस होइ नहिं बारा.
जो निर्बिघ्न पंथ निर्बहई, सो कैवल्य परम पद लहई.
अति दुर्लभ कैवल्य परम पद, संत पुरान निगम आगम बद.
राम भजत सोइ मुकुति गोसाईं, अनइच्छित आवइ बरिआईं.
जिमि थल बिनु जल रहि न सकाई, कोटि भाँति कोउ करै उपाई.
तथा मोच्छ सुख सुनु खगराई, रहि न सकइ हरि भगति बिहाई.
अस बिचारि हरि भगत सयाने, मुक्ति निरादर भगति लुभाने.
भगति करत बिनु जतन प्रयासा, संसृति मूल अबिद्या नासा.
भोजन करिअ तृपिति हित लागी, जिमि सो असन पचवै जठरागी.
असि हरि भगति सुगम सुखदाई, को अस मूढ़ न जाहि सोहाई.

दोहा-dohā:

सेवक सेब्य भाव बिनु भव न तरिअ उरगारि,
भजहु राम पद पंकज अस सिद्धांत बिचारि.११९क.

जो चेतन कहँ जड़ करइ जड़हि करइ चैतन्य,
अस समर्थ रघुनायकहि भजहिं जीव ते धन्य.११९ख.

चौपाई-caupāī:

कहेउँ ग्यान सिद्धांत बुझाई, सुनहु भगति मनि कै प्रभुताई.
राम भगति चिंतामनि सुंदर, बसइ गरुड़ जाके उर अंतर.
परम प्रकास रूप दिन राती, नहिं कछु चहिअ दिआ घृत बाती.
मोह दरिद्र निकट नहिं आवा, लोभ बात नहिं ताहि बुझावा.
प्रबल अबिद्या तम मिटि जाई, हारहिं सकल सलभ समुदाई.
खल कामादि निकट नहिं जाहीं, बसइ भगति जाके उर माहीं.
गरल सुधासम अरि हित होई, तेहि मनि बिनु सुख पाव न कोई.
ब्यापहिं मानस रोग न भारी, जिन्ह के बस सब जीव दुखारी.
राम भगति मनि उर बस जाकें, दुख लवलेस न सपनेहुँ ताकें.
चतुर सिरोमनि तेइ जग माहीं, जे मनि लागि सुजतन कराहीं.
सो मनि जदपि प्रगट जग अहई, राम कृपा बिनु नहिं कोउ लहई.
सुगम उपाय पाइबे केरे, नर हतभाग्य देहिं भटभेरे.
पावन पर्बत बेद पुराना, राम कथा रुचिराकर नाना.
मर्मी सज्जन सुमति कुदारी, ग्यान बिराग नयन उरगारी.
भाव सहित खोजइ जो प्रानी, पाव भगति मनि सब सुख खानी.
मोरें मन प्रभु अस बिस्वासा, राम ते अधिक राम कर दासा.
राम सिंधु घन सज्जन धीरा, चंदन तरु हरि संत समीरा.
सब कर फल हरि भगति सुहाई, सो बिनु संत न काहूँ पाई.
अस बिचारि जोइ कर सतसंगा, राम भगति तेहि सुलभ बिहंगा.

दोहा-dohā:

ब्रह्म पयोनिधि मंदर ग्यान संत सुर आहिं,
कथा सुधा मथि काढ़हिं भगति मधुरता जाहिं.१२०क.

बिरति चर्म असि ग्यान मद लोभ मोह रिपु मारि,
जय पाइअ सो हरि भगति देखु खगेस बिचारि.१२०ख.

चौपाई-caupāī:

पुनि सप्रेम बोलेउ खगराऊ, जौं कृपाल मोहि ऊपर भाऊ.
नाथ मोहि निज सेवक जानी, सप्त प्रस्न मम कहहु बखानी.
प्रथमहिं कहहु नाथ मतिधीरा, सब ते दुर्लभ कवन सरीरा.
बड़ दुख कवन कवन सुख भारी, सोउ संछेपहिं कहहु बिचारी.
संत असंत मरम तुम्ह जानहु, तिन्ह कर सहज सुभाव बखानहु.
कवन पुन्य श्रुति बिदित बिसाला, कहहु कवन अघ परम कराला.
मानस रोग कहहु समुझाई, तुम्ह सर्बग्य कृपा अधिकाई.
तात सुनहु सादर अति प्रीती, मैं संछेप कहउँ यह नीती.
नर तन सम नहिं कवनिउ देही, जीव चराचर जाचत तेही.
नरक स्वर्ग अपबर्ग निसेनी, ग्यान बिराग भगति सुभ देनी.
सो तनु धरि हरि भजहिं न जे नर, होहिं बिषय रत मंद मंद तर.
काँच किरिच बदलें ते लेही, कर ते डारि परस मनि देहीं.
नहिं दरिद्र सम दुख जग माहीं, संत मिलन सम सुख जग नाहीं.
पर उपकार बचन मन काया, संत सहज सुभाउ खगराया.
संत सहहिं दुख परहित लागी, परदुख हेतु असंत अभागी.
भूर्ज तरू सम संत कृपाला, परहित निति सह बिपति बिसाला.
सन इव खल पर बंधन करई, खाल कढ़ाइ बिपति सहि मरई.
खल बिनु स्वारथ पर अपकारी, अहि मूषक इव सुनु उरगारी.
पर संपदा बिनासि नसाहीं, जिमि ससि हति हिम उपल बिलाहीं.
दुष्ट उदय जग आरति हेतू, जथा प्रसिद्ध अधम ग्रह केतू.
संत उदय संतत सुखकारी, बिस्व सुखद जिमि इंदु तमारी.
परम धर्म श्रुति बिदित अहिंसा, पर निंदा सम अघ न गरीसा.
हर गुर निंदक दादुर होई, जन्म सहस्र पाव तन सोई.
द्विज निंदक बहु नरक भोग करि, जग जनमइ बायस सरीर धरि.
सुर श्रुति निंदक जे अभिमानी, रौरव नरक परहिं ते प्रानी.
होहिं उलूक संत निंदा रत, मोह निसा प्रिय ग्यान भानु गत.
सब कै निंदा जे जड़ करहीं, ते चमगादुर होइ अवतरहीं.
सुनहु तात अब मानस रोगा, जिन्ह ते दुख पावहिं सब लोगा.
मोह सकल ब्याधिन्ह कर मूला, तिन्ह ते पुनि उपजहिं बहु सूला.
काम बात कफ लोभ अपारा, क्रोध पित्त नित छाती जारा.
प्रीति करहिं जौं तीनिउ भाई, उपजइ सन्यपात दुखदाई.
बिषय मनोरथ दुर्गम नाना, ते सब सूल नाम को जाना.
ममता दादु कंडु इरषाई, हरष बिषाद गरह बहुताई.
पर सुख देखि जरनि सोइ छई, कुष्ट दुष्टता मन कुटिलई.
अहंकार अति दुखद डमरुआ, दंभ कपट मद मान नेहरुआ.
तृस्ना उदरबृद्धि अति भारी, त्रिबिधि ईषना तरुन तिजारी.
जुग बिधि ज्वर मत्सर अबिबेका, कहँ लगि कहौं कुरोग अनेका.

दोहा-dohā:

एक ब्याधि बस नर मरहिं ए असाधि बहु ब्याधि,
पीड़हिं संतत जीव कहुँ सो किमि लहै समाधि.१२१क.

नेम धर्म आचार तप ग्यान जग्य जप दान,
भेषज पुनि कोटिन्ह नहिं रोग जाहिं हरिजान.१२१ख.

चौपाई-caupāī:

एहि बिधि सकल जीव जग रोगी, सोक हरष भय प्रीति बियोगी.
मानस रोग कछुक मैं गाए, हहिं सब कें लखि बिरलेन्ह पाए.
जाने ते छीजहिं कछु पापी, नास न पावहिं जन परितापी.
बिषय कुपथ्य पाइ अंकुरे, मुनिहु हृदयँ का नर बापुरे.
राम कृपाँ नासहिं सब रोगा, जौं एहि भाँति बनै संयोगा.
सदगुर बैद बचन बिस्वासा, संजम यह न बिषय कै आसा.
रघुपति भगति सजीवन मूरी, अनूपान श्रद्धा मति पूरी.
एहि बिधि भलेहिं सो रोग नसाहीं, नाहिं त जतन कोटि नहिं जाहीं.
जानिअ तब मन बिरुज गोसाँई, जब उर बल बिराग अधिकाई.
सुमति छुधा बाढ़इ नित नई, बिषय आस दुर्बलता गई.
बिमल ग्यान जल जब सो नहाई, तब रह राम भगति उर छाई.
सिव अज सुक सनकादिक नारद, जे मुनि ब्रह्म बिचार बिसारद.
सब कर मत खगनायक एहा, करिअ राम पद पंकज नेहा.
श्रुति पुरान सब ग्रंथ कहाहीं, रघुपति भगति बिना सुख नाहीं.
कमठ पीठ जामहिं बरु बारा, बंध्या सुत बरु काहुहि मारा.
फूलहिं नभ बरु बहुबिधि फूला, जीव न लह सुख हरि प्रतिकूला.
तृषा जाइ बरु मृगजल पाना, बरु जामहिं सस सीस बिषाना.

अंधकारु बरु रबिहि नसावै, राम बिमुख न जीव सुख पावै.
हिम ते अनल प्रगट बरु होई, बिमुख राम सुख पाव न कोई.

दोहा-dohā:

बारि मथें घृत होइ बरु सिकता ते बरु तेल,
बिनु हरि भजन न भव तरिअ यह सिद्धांत अपेल.१२२क.

मसकहि करइ बिरंचि प्रभु अजहि मसक ते हीन,
अस बिचारि तजि संसय रामहि भजहिं प्रबीन.१२२ख.

श्लोक-śloka:

विनिश्चितं वदामि ते न अन्यथा वचांसि मे,
हरि नरा भजन्ति येऽतिदुस्तरं तरन्ति ते.१२२ग.

चौपाई-caupāī:

कहेउँ नाथ हरि चरित अनूपा, ब्यास समास स्वमति अनुरुपा.
श्रुति सिद्धांत इहइ उरगारी, राम भजिअ सब काज बिसारी.
प्रभु रघुपति तजि सेइअ काही, मोहि से सठ पर ममता जाही.
तुम्ह बिग्यानरूप नहिं मोहा, नाथ कीन्हि मो पर अति छोहा.
पूँछिहु राम कथा अति पावनि, सुक सनकादि संभु मन भावनि.
सत संगति दुर्लभ संसारा, निमिष दंड भरि एकउ बारा.
देखु गरुड निज हृदयँ बिचारी, मैं रघुबीर भजन अधिकारी.
सकुनाधम सब भाँति अपावन, प्रभु मोहि कीन्ह बिदित जग पावन.

दोहा-dohā:

आजु धन्य मैं धन्य अति जद्यपि सब बिधि हीन,
निज जन जानि राम मोहि संत समागम दीन.१२३क.

नाथ जथामति भाषेउँ राखेउँ नहिं कछु गोइ,
चरित सिंधु रघुनायक थाह कि पावइ कोइ.१२३ख.

चौपाई-caupāī:

सुमिरि राम के गुन गन नाना, पुनि पुनि हरष भुसुंडि सुजाना.
महिमा निगम नेति करि गाई, अतुलित बल प्रताप प्रभुताई.
सिव अज पूज्य चरन रघुराई, मो पर कृपा परम मृदुलाई.
अस सुभाउ कहुँ सुनउँ न देखउँ, केहि खगेस रघुपति सम लेखउँ.
साधक सिद्ध बिमुक्त उदासी, कबि कोबिद कृतग्य संन्यासी.
जोगी सूर सुतापस ग्यानी, धर्म निरत पंडित बिग्यानी.
तरहिं न बिनु सेएँ मम स्वामी, राम नमामि नमामि नमामी.
सरन गएँ मो से अघ रासी, होहिं सुद्ध नमामि अबिनासी.

दोहा-dohā:

जासु नाम भव भेषज हरन घोर त्रय सूल,
सो कृपाल मोहि तो पर सदा रहउ अनुकूल.१२४क.

सुनि भुसुंडि के बचन सुभ देखि राम पद नेह,
बोलेउ प्रेम सहित गिरा गरुड़ बिगत संदेह.१२४ख.

चौपाई-caupāī:

मैं कृतकृत्य भयउँ तव बानी, सुनि रघुबीर भगति रस सानी.
राम चरन नूतन रति भई, माया जनित बिपति सब गई.
मोह जलधि बोहित तुम्ह भए, मो कहँ नाथ बिबिध सुख दए.
मो पहिं होइ न प्रति उपकारा, बंदउँ तव पद बारहिं बारा.
पूरन काम राम अनुरागी, तुम्ह सम तात न कोउ बड़भागी.
संत बिटप सरिता गिरि धरनी, पर हित हेतु सबन्ह कै करनी.
संत हृदय नवनीत समाना, कहा कबिन्ह परि कहै न जाना.
निज परिताप द्रवइ नवनीता, पर दुख द्रवहिं संत सुपुनीता.
जीवन जन्म सुफल मम भयऊ, तव प्रसाद संसय सब गयऊ.
जानेहु सदा मोहि निज किंकर, पुनि पुनि उमा कहइ बिहंगबर.

दोहा-dohā:

तासु चरन सिरु नाइ करि प्रेम सहित मतिधीर,
गयउ गरुड़ बैकुंठ तब हृदयँ राखि रघुबीर.१२५क.

गिरिजा संत समागम सम न लाभ कछु आन,
बिनु हरि कृपा न होइ सो गावहिं बेद पुरान.१२५ख.

चौपाई-caupāī:

कहेउँ परम पुनीत इतिहासा, सुनत श्रवन छूटहिं भव पासा.
प्रनत कल्पतरु करुना पुंजा, उपजइ प्रीति राम पद कंजा.
मन क्रम बचन जनित अघ जाई, सुनहिं जे कथा श्रवन मन लाई.
तीर्थाटन साधन समुदाई, जोग बिराग ग्यान निपुनाई.
नाना कर्म धर्म ब्रत दाना, संजम दम जप तप मख नाना.
भूत दया द्विज गुर सेवकाई, बिद्या बिनय बिबेक बड़ाई.
जहँ लगि साधन बेद बखानी, सब कर फल हरि भगति भवानी.
सो रघुनाथ भगति श्रुति गाई, राम कृपाँ काहूँ एक पाई.

दोहा-dohā:

मुनि दुर्लभ हरि भगति नर पावहिं बिनहिं प्रयास,
जे यह कथा निरंतर सुनहिं मानि बिस्वास.१२६.

चौपाई-caupāī:

सोइ सर्बग्य गुनी सोइ ग्याता, सोइ महि मंडित पंडित दाता.
धर्म परायन सोइ कुल त्राता, राम चरन जा कर मन राता.
नीति निपुन सोइ परम सयाना, श्रुति सिद्धांत नीक तेहिं जाना.
सोइ कबि कोबिद सोइ रनधीरा, जो छल छाड़ि भजइ रघुबीरा.
धन्य देस सो जहँ सुरसरी, धन्य नारि पतिब्रत अनुसरी.
धन्य सो भूपु नीति जो करई, धन्य सो द्विज निज धर्म न टरई.
सो धन धन्य प्रथम गति जाकी, धन्य पुन्य रत मति सोइ पाकी.
धन्य घरी सोइ जब सतसंगा, धन्य जन्म द्विज भगति अभंगा.

दोहा-dohā:

सो कुल धन्य उमा सुनु जगत पूज्य सुपुनीत,
श्रीरघुबीर परायन जेहिं नर उपज बिनीत.१२७.

चौपाई-caupāī:

मति अनुरूप कथा मैं भाषी, जद्यपि प्रथम गुप्त करि राखी.
तव मन प्रीति देखि अधिकाई, तब मैं रघुपति कथा सुनाई.
यह न कहिअ सठही हठसीलहि, जो मन लाइ न सुन हरि लीलहि.
कहिअ न लोभिहि क्रोधिहि कामिहि, जो न भजइ सचराचर स्वामिहि.
द्विज द्रोहिहि न सुनाइअ कबहूँ, सुरपति सरिस होइ नृप जबहूँ.
राम कथा के तेइ अधिकारी, जिन्ह कें सतसंगति अति प्यारी.
गुर पद प्रीति नीति रत जेई, द्विज सेवक अधिकारी तेई.
ता कहँ यह बिसेष सुखदाई, जाहि प्रानप्रिय श्रीरघुराई.

दोहा-dohā:

राम चरन रति जो चह अथवा पद निर्बान,
भाव सहित सो यह कथा करउ श्रवन पुट पान.१२८.

चौपाई-caupāī:

राम कथा गिरिजा मैं बरनी, कलि मल समनि मनोमल हरनी.
संसृति रोग सजीवन मूरी, राम कथा गावहिं श्रुति सूरी.
एहि महँ रुचिर सप्त सोपाना, रघुपति भगति केर पंथाना.
अति हरि कृपा जाहि पर होई, पाउँ देइ एहिं मारग सोई.
मन कामना सिद्धि नर पावा, जे यह कथा कपट तजि गावा.
कहहिं सुनहिं अनुमोदन करहीं, ते गोपद इव भवनिधि तरहीं.
सुनि सब कथा हृदय अति भाई, गिरिजा बोली गिरा सुहाई.
नाथ कृपाँ मम गत संदेहा, राम चरन उपजेउ नव नेहा.

दोहा-dohā:

मैं कृतकृत्य भइउँ अब तव प्रसाद बिस्वेस,
उपजी राम भगति दृढ़ बीते सकल कलेस.१२९.

चौपाई-caupāī:

यह सुभ संभु उमा संबादा, सुख संपादन समन बिषादा.
भव भंजन गंजन संदेहा, जन रंजन सज्जन प्रिय एहा.
राम उपासक जे जग माहीं, एहि सम प्रिय तिन्ह कें कछु नाहीं.
रघुपति कृपाँ जथामति गावा, मैं यह पावन चरित सुहावा.
एहिं कलिकाल न साधन दूजा, जोग जग्य जप तप ब्रत पूजा.
रामहि सुमिरिअ गाइअ रामहि, संतत सुनिअ राम गुन ग्रामहि.
जासु पतित पावन बड़ बाना, गावहिं कबि श्रुति संत पुराना.
ताहि भजहि मन तजि कुटिलाई, राम भजें गति केहिं नहिं पाई.

छंद-chanda:

पाई न केहिं गति पतित पावन राम भजि सुनु सठ मना,
गनिका अजामिल ब्याध गीध गजादि खल तारे घना.
आभीर जमन किरात खस स्वपचादि अति अघरूप जे,
कहि नाम बारक तेपि पावन होहिं राम नमामि ते.१.
रघुबंस भूषन चरित यह नर कहहिं सुनहिं जे गावहीं,
कलि मल मनोमल धोइ बिनु श्रम राम धाम सिधावहीं.
सत पंच चौपाईं मनोहर जानि जो नर उर धरै,
दारुन अबिद्या पंच जनित बिकार श्रीरघुबर हरै.२.
सुंदर सुजान कृपा निधान अनाथ पर कर प्रीति जो,
सो एक राम अकाम हित निर्बानप्रद सम आन को.
जाकी कृपा लवलेस ते मतिमंद तुलसीदासहूँ,
पायो परम बिश्रामु राम समान प्रभु नाहीं कहूँ.३.

दोहा-dohā:

मो सम दीन न दीन हित तुम्ह समान रघुबीर,
अस बिचारि रघुबंस मनि हरहु बिषम भव भीर.१३०क.

कामिहि नारि पिआरि जिमि लोभिहि प्रिय जिमि दाम,
तिमि रघुनाथ निरंतर प्रिय लागहु मोहि राम.१३०ख.

श्लोक-śloka:

यत्पूर्वं प्रभुणा कृतं सुकविना श्रीशम्भुना दुर्गमं
श्रीमद्रामपदाब्जभक्तिमनिशं प्राप्त्यै तु रामायणम्,
मत्वा तद्रघुनाथमनिरतं स्वान्तस्तमःशान्तये
भाषाबद्धमिदं चकार तुलसीदासस्तथा मानसम्.१.
पुण्यं पापहरं सदा शिवकरं विज्ञानभक्तिप्रदं
मायामोहमलापहं सुविमलं प्रेमाम्बुपूरं शुभम्,
श्रीमद्रामचरित्रमानसमिदं भक्त्यावगाहन्ति ये
ते संसारपतङ्गघोरकिरणैर्दह्यन्ति नो मानवाः.२.

मासपारायण तीसवाँ विश्राम
नवाह्नपारायण नवाँ विश्राम

इति श्रीमद्रामचरितमानसे सकलकलिकलुषविध्वंसने सप्तमः सोपानः समाप्तः

श्री राम-स्तुति — śrī rāma-stuti

श्री रामचन्द्र कृपालु भजु मन हरण भवभय दारुणं,
śrī rāmacandra kṛpālu bhaju mana haraṇa bhavabhaya dāruṇaṁ,
नवकंज-लोचन कंज-मुख कर-कंज पद कंजारुणं.[1]
navakaṁja-locana kaṁja-mukha kara-kaṁja pada kaṁjāruṇaṁ.
कंदर्प अगणित अमित छवि नवनील नीरद सुंदरं,
kaṁdarpa agaṇita amita chavi navanīla nīrada suṁdaraṁ,
पट पीत मानहु तड़ित रुचि शुचि नौमि जनक सुतावरं.[2]
paṭa pīta mānahu taṛita ruci śuci naumi janaka sutāvaraṁ.
भजु दीनबंधु दिनेश दानव-दैत्य-वंश निकंदनं,
bhaju dīnabaṁdhu dineśa dānava-daitya-vaṁśa nikaṁdanaṁ,
रघुनंद आनँदकंद कोशलचंद दशरथ नंदनं.[3]
raghunaṁda ānam̐dakaṁda kośalacaṁda daśaratha naṁdanaṁ.
सिर मुकुट कुंडल तिलक चारु उदारु अंग विभूषणं,
sira mukuṭa kuṁḍala tilaka cāru udāru aṁga vibhūṣaṇaṁ,
आजानुभुज शर-चाप-धर संग्राम-जित-खरदूषणं.[4]
ājānubhuja śara-cāpa-dhara saṁgrāma-jita-kharadūṣaṇaṁ.
इति वदति तुलसीदास शंकर-शेष-मुनि-मन-रंजनं,
iti vadati tulasīdāsa śaṁkara-śeṣa-muni-mana-raṁjanaṁ,
मम हृदय कंज निवास करु कामादि खल-दल-गंजनं.[5]
mama hṛdaya kaṁja nivāsa karu kāmādi khala-dala-gaṁjanaṁ.

श्री रामचन्द्र कृपालु भजु मन हरण भवभय दारुणं …
śrī rāmacandra kṛpālu bhaju mana haraṇa bhavabhaya dāruṇaṁ …

॥

श्री हनुमान-स्तुति — śrī hanumāna-stuti

मंगल-मूरति मारुत-नंदन, सकल-अमंगल-मूल-निकंदन.[1]
maṁgala-mūrati māruta-naṁdana, sakala-amaṁgala-mūla-nikaṁdana.
पवन-तनय संतन-हितकारी। हृदय विराजत अवध बिहारी.[2]
pavana-tanaya saṁtana-hitakārī, hṛdaya virājata avadha bihārī.
मातु-पिता गुरु गनपति सारद। सिवा-समेत संभु सुक-नारद.[3]
mātu-pitā guru ganapati sārada, sivā-sameta saṁbhu suka-nārada.
चरन बंदि बिनवौं सब काहू। देहु रामपद-नेह-निबाहू.[4]
carana baṁdi binavauṁ saba kāhū, dehu rāmapada-neha-nibāhū.
बंदौं राम-लखन-बैदेही। जे तुलसी के परम सनेही.[5]
baṁdauṁ rāma-lakhana-baidehī, je tulasī ke parama sanehī.

मंगल-मूरति मारुत-नंदन …
maṁgala-mūrati māruta-naṁdana …

(तुलसीदास कृत विनय-पत्रिका से – From the Vinay-Patrika of Goswāmi Tulsīdās)

श्री हनुमान चालीसा — śrī hanumāna cālīsā

दोहा - dohā

श्रीगुरु चरन सरोज रज निज मन मुकुर सुधारि, बरनऊँ रघुबर बिमल जस जो दायक फल चारि.
śrīguru carana saroja raja nija mana mukura sudhāri, baranaūṁ raghubara bimala jasa jo dāyaka phala cāri.
बुद्धि हीन तनु जानिकै सुमिरौं पवन कुमार, बल बुद्धि बिद्या देहु मोहि हरहु कलेश विकार.
buddhi hīna tanu jānikai sumirauṁ pavana kumāra, bala buddhi bidyā dehu mohi harahu kaleśa vikāra.

चौपाई - caupāī

जय हनुमान ज्ञान गुण सागर, जय कपीश तिहुँ लोक उजागर. 1
jaya hanumāna jñāna guṇa sāgara, jaya kapīśa tihuṁ loka ujāgara.
राम दूत अतुलित बल धामा, अंजनिपुत्र पवनसुत नामा. 2
rāma dūta atulita bala dhāmā, aṁjaniputra pavanasuta nāmā.
महाबीर बिक्रम बजरंगी, कुमति निवार सुमति के संगी. 3
mahābīra bikrama bajaraṁgī, kumati nivāra sumati ke saṁgī.
कंचन बरन बिराज सुबेषा, कानन कुंडल कुंचित केशा. 4
kaṁcana barana birāja subeṣā, kānana kuṁḍala kuṁcita keśā.
हाथ बज्र और ध्वजा बिराजै, काँधे मूँज जनेऊ साजै. 5
hātha bajra aura dhvajā birājai, kāṁdhe mūṁja janeū sājai.
शङ्कर स्वयं केशरीनंदन, तेज प्रताप महा जग बंदन. 6
śaṅkara svayaṁ keśarīnaṁdana, teja pratāpa mahā jaga baṁdana.
विद्यावान गुणी अति चातुर, राम काज करिबे को आतुर. 7
vidyāvāna guṇī ati cātura, rāma kāja karibe ko ātura.
प्रभु चरित्र सुनिबे को रसिया, राम लखन सीता मन बसिया. 8
prabhu caritra sunibe ko rasiyā, rāma lakhana sītā mana basiyā.
सूक्ष्म रूप धरि सियहिं दिखावा, बिकट रूप धरि लंक जरावा. 9
sūkṣma rūpa dhari siyahiṁ dikhāvā, bikaṭa rūpa dhari laṁka jarāvā.
भीम रूप धरि असुर सँहारे, रामचन्द्र के काज सँवारे. 10
bhīma rūpa dhari asura saṁhāre, rāmacandra ke kāja saṁvāre.
लाय संजीवनि लखन जियाये, श्री रघुबीर हरषि उर लाये. 11
lāya saṁjīvani lakhana jiyāye, śrī raghubīra haraṣi ura lāye.
रघुपति कीन्ही बहुत बड़ाई, तुम मम प्रिय भरतहिं सम भाई. 12
raghupati kīnhī bahuta baṛāī, tuma mama priya bharatahiṁ sama bhāī.
सहस बदन तुम्हरो जस गावैं, अस कहि श्रीपति कंठ लगावैं. 13
sahasa badana tumharo jasa gāvaiṁ, asa kahi śrīpati kaṁṭha lagāvaiṁ.
सनकादिक ब्रह्मादि मुनीशा, नारद शारद सहित अहीशा. 14
sanakādika brahmādi munīśā, nārada śārada sahita ahīśā.
जम कुबेर दिगपाल जहाँ ते, कबि कोबिद कहि सकै कहाँ ते. 15
jama kubera digapāla jahāṁ te, kabi kobida kahi sakai kahāṁ te.
तुम उपकार सुग्रीवहिं कीन्हा, राम मिलाय राज पद दीन्हा. 16
tuma upakāra sugrīvahiṁ kīnhā, rāma milāya rāja pada dīnhā.
तुम्हरो मंत्र बिभीषन माना, लंकेश्वर भए सब जग जाना. 17
tumharo maṁtra bibhīṣana mānā, laṁkeśvara bhae saba jaga jānā.
जुग सहस्त्र जोजन पर भानू, लील्यो ताहि मधुर फल जानू. 18
* juga sahastra jojana para bhānū, līlyo tāhi madhura phala jānū.
प्रभु मुद्रिका मेलि मुख माहीं, जलधि लाँघि गये अचरज नाहीं. 19
prabhu mudrikā meli mukha māhīṁ, jaladhi lāṁghi gaye acaraja nāhīṁ.
दुर्गम काज जगत के जेते, सुगम अनुग्रह तुम्हरे तेते. 20
durgama kāja jagata ke jete, sugama anugraha tumhare tete.
राम दुआरे तुम रखवारे, होत न आज्ञा बिनु पैसारे. 21
rāma duāre tuma rakhavāre, hota na ājñā binu paisāre.
सब सुख लहैं तुम्हारी शरना, तुम रक्षक काहू को डर ना. 22
saba sukha lahaiṁ tumhārī śaranā, tuma rakṣaka kāhū ko ḍara nā.
आपन तेज सम्हारो आपै, तीनौं लोक हाँक ते काँपै. 23
āpana teja samhāro āpai, tīnauṁ loka hāṁka te kāṁpai.
भूत पिशाच निकट नहिं आवै, महाबीर जब नाम सुनावै. 24
bhūta piśāca nikaṭa nahiṁ āvai, mahābīra jaba nāma sunāvai.
नासै रोग हरै सब पीरा, जपत निरंतर हनुमत बीरा. 25
nāsai roga harai saba pīrā, japata niraṁtara hanumata bīrā.
संकट ते हनुमान छुड़ावै, मन क्रम बचन ध्यान जो लावै. 26
saṁkaṭa te hanumāna chuṛāvai, mana krama bacana dhyāna jo lāvai.
सब पर राम तपस्वी राजा, तिन के काज सकल तुम साजा. 27
saba para rāma tapasvī rājā, tina ke kāja sakala tuma sājā.
और मनोरथ जो कोउ लावै, तासु अमित जीवन फल पावै. 28
aura manoratha jo kou lāvai, tāsu amita jīvana phala pāvai.
चारों जुग परताप तुम्हारा, है परसिद्ध जगत उजियारा. 29
cāroṁ juga paratāpa tumhārā, hai parasiddha jagata ujiyārā.
साधु संत के तुम रखवारे, असुर निकंदन राम दुलारे. 30
sādhu saṁta ke tuma rakhavāre, asura nikaṁdana rāma dulāre.
अष्ट सिद्धि नव निधि के दाता, अस बर दीन्ह जानकी माता. 31
aṣṭa siddhi nava nidhi ke dātā, asa bara dīnha jānakī mātā.
राम रसायन तुम्हरे पासा, सदा रहउ रघुपति के दासा. 32
rāma rasāyana tumhare pāsā, sadā rahau raghupati ke dāsā.
तुम्हरे भजन राम को पावै, जनम जनम के दुख बिसरावै. 33
tumhare bhajana rāma ko pāvai, janama janama ke dukha bisarāvai.
अंत काल रघुबर पुर जाई, जहाँ जन्म हरिभक्त कहाई. 34
aṁta kāla raghubara pura jāī, jahāṁ janma haribhakta kahāī.
और देवता चित्त न धरई, हनुमत सेइ सर्ब सुख करई. 35
aura devatā citta na dharaī, hanumata sei sarba sukha karaī.
संकट कटै मिटै सब पीरा, जो सुमिरै हनुमत बलबीरा. 36
saṁkaṭa kaṭai miṭai saba pīrā, jo sumirai hanumata balabīrā.
जय जय जय हनुमान गोसाईं, कृपा करहु गुरु देव की नाईं. 37
jaya jaya jaya hanumāna gosāīṁ, kṛpā karahu guru deva kī nāīṁ.
यह शत बार पाठ कर जोई, छूटै बंदि महा सुख सोई. 38
yaha śata bāra pāṭha kara joī, chūṭai baṁdi mahā sukha soī.
जो यह पढ़ै हनुमान चालीसा, होय सिद्धि साखी गौरीसा. 39
jo yaha paṛhai hanumāna cālīsā, hoya siddhi sākhī gaurīsā.
तुलसीदास सदा हरि चेरा, कीजै नाथ हृदय महँ डेरा. 40
tulasīdāsa sadā hari cerā, kījai nātha hṛdaya mahaṁ ḍerā.

दोहा - dohā

पवन तनय संकट हरन मंगल मूरति रूप, राम लखन सीता सहित हृदय बसहु सुर भूप.
pavana tanaya saṁkaṭa harana maṁgala mūrati rūpa, rāma lakhana sītā sahita hṛdaya basahu sura bhūpa.

* Here Juga (which equal 12,000 Divine-Years per Vedic-Time-Scale) is used as a number; sahastra is 1000; jojana is 8 miles. The distance to Bhanu (Sun) 12,000x1000x8 = 96 million miles is given out in this 18th Chaupai. This estimate by Tulsīdās from sixteenth century India is within 3.3% of modern day calculations.

श्री हनुमान आरती — śrī hanumāna āratī

आरती कीजै हनुमान लला की, दुष्ट-दलन रघुनाथ कला की.[1]
āratī kījai hanumāna lalā kī, duṣṭa-dalana raghunātha kalā kī.
जाके बल से गिरिवर काँपै, रोग दोष जाके निकट न झाँपै.[2]
jāke bala se girivara kāṁpai, roga doṣa jāke nikaṭa na jhāṁpai.
अंजनि-पुत्र महा बल दाई, संतन के प्रभु सदा सहाई.[3]
aṁjani-putra mahā bala dāī, saṁtana ke prabhu sadā sahāī.
दे बीरा रघुनाथ पठाये, लंका जारि सीय सुधि लाये.[4]
de bīrā raghunātha paṭhāye, laṁkā jāri sīya sudhi lāye.
लंका-सो कोट समुद्र-सी खाई, जात पवनसुत बार न लाई.[5]
laṁkā-so koṭa samudra-sī khāī, jāta pavanasuta bāra na lāī.
लंका जारि असुर संहारे, सियारामजी के काज सँवारे.[6]
laṁkā jāri asura saṁhāre, siyārāmajī ke kāja saṁvāre.
लछिमन मूर्छित पड़े सकारे, आनि सजीवन प्रान उबारे.[7]
lachimana mūrchita paṛe sakāre, āni sajīvana prāna ubāre.
पैठी पताल तोरि जम-कारे, अहिरावन की भुजा उखारे.[8]
paiṭhī patāla tori jama-kāre, ahirāvana kī bhujā ukhāre.
बायें भुजा असुरदल मारे, दहिने भुजा संतजन तारे.[9]
bāyeṁ bhujā asuradala māre, dahine bhujā saṁtajana tāre.
सुर नर मुनि आरती उतारे, जै जै जै हनुमान उचारे.[10]
sura nara muni āratī utāre, jai jai jai hanumāna ucāre.
कंचन थार कपूर लौ छाई, आरति करत अंजना माई.[11]
kaṁcana thāra kapūra lau chāī, ārati karata aṁjanā māī.
जो हनुमानजी की आरति गावै, बसि बैकुंठ परमपद पावै.[12]
jo hanumānajī kī ārati gāvai, basi baikuṁṭha paramapada pāvai.

आरती कीजै हनुमान लला की, दुष्ट-दलन रघुनाथ कला की ...
āratī kījai hanumāna lalā kī, duṣṭa-dalana raghunātha kalā kī ...

सियावर रामचन्द्र की जय
siyāvara rāmacandra kī jaya
पवनसुत हनुमान की जय
pavanasuta hanumāna kī jaya
गोस्वामी तुलसीदास की जय
gosvāmī tulasīdāsa kī jaya

ABOUT RĀMCHARITMĀNAS AND TULSĪDĀS

Cheerfully and lovingly recited by all the devotees of Bhagwān Rāma, Rāmcharitmānas, the Epic-of-Rāma, is a veritable fount of Devotion and Wisdom known to dispel away evil and ignorance. Established through all the dominions of earth, this timeless saga of the ancient most Being Rāma has been narrated by many a great Rishīs of past; and once again to trumpet it in the Kali-Yug, the holy story of Rāma, Lord of Hanumān, has been penned by the wonderful saint Tulsīdās—from a quill fashioned with the very feathers of a Param-Haṁsa, the divine bird of highest discrimination and wisdom—and written dipped in the sweetness of Nectar of Devotion.

Tulsīdās, born in India in the sixteenth century, was an illustrious saint, philosopher, poet, and a supreme devotee of Bhagwān Rāma, the incarnate Supreme Being. He composed many poems in praise of Shrī Rāma, with Rāmcharitmānas being his most celebrated epic. Though he was an eminent Sanskrit scholar he chose to write in Awadhī, the language of the populace, so that all could sing the glories of Lord God Rāma.

The potency and beauty of Tulsīdās' poetry is unparalleled in the history of literature. Rāmcharitmānas, intended as the religious instruction for all—literate or illiterate, even those who have absolutely no knowledge of the Vedas—is the quintessence of Sanātana-Dharma; and the verses of Rāmcharitmānas may be compared to Mantras: containing the gist of the highest truths culled from the Vedas and Purānas.

By churning the wealth that is contained in many religious works and in many discourses based on Dharma, the nectar of Rāmcharitmānas—comprising of the highest knowledge and most sublime devotion—has been raised by Rishī Tulsīdās. As ghee is created from milk for the benefit of a beloved, even so has Rāmcharitmānas been churned out by Tulsīdās for the sake of Rāma Devotees—simply out of compassion and love that only a parent can have for their child. Our repeated obeisance to the parent of every Devotee: Bhakta Shiromanī Param Rāma Bhakta Sant Rishī Tulsīdās Jī.

The Vedas and Purānas are oceans of wisdom; and when the intellect of a seer like Tulsīdās shines upon them, then, seared from its fieriness, some of that sapience evaporates; and further, when those cumulous clouds of profundity condense under the cooling influence of compassion of that saint's lovesome heart, then they pour in as snow upon the sublime heights of Himalayas called the Rāmcharitmānas; and then from those lofty heights, multiple streams of the wonderful confluence of Wisdom and Devotion are seen forevermore in a relentless flow: as the Gangā of Rāma-Kathā, for the thirsting humanity.

Within Rāmcharitmānas, Tulsīdās has caught the essence of the mystic susurrations of Vedic chants; and their ancient rhythm has become woven into a simple rustic poetry in his artful words and deft hands. Verily the bright searing heat from the sun of Vedic wisdom is seen congealed into the cooling beams of full-moon light in Tulsīdās' verses sublime—which bring restful solace to one and all who have read them just but once. And these verses of Rāmcharitmānas—when sung or heard, whether understood or not—when their charming beauty has inundated you with bliss, and when their sound floats away driven by the dictates of the laws of nature—then they do not mingle far but remain suspended in space, clinging around you, and they wrap you in an aura of hushed serenity which carries you on a cloud of calm, through the intensity of entire day.

(Above culled from **RAMA GOD** and other books in the **Upanishad Vidya (Know Thyself) Series.** Authored by: Vidya Wati)

—o—

Thank you and congratulations on possessing this splendid scripture of Goswāmi Tulsīdās.
Help us to reach out to more people. Please consider telling your friends about this Holy-Book—or gift them a copy.
And do please leave your ratings/reviews on Amazon and elsewhere to help spread the word. Thank you.

Jaya Hanumān. Jaya Sītā-Rāma.

—o—

Some Other Editions of This Scripture

- **Tulsi Ramayana--The Hindu Bible**: Ramcharitmanas with English Translation & Transliteration
8.5" x 11" ISBN: 978-1-945739-01-9 (Paperback)   ISBN: 978-1-945739-03-3 (Hardcover)
- **Ramcharitmanas**: Ramayana of Tulsidas with Transliteration
8.5" x 11" ISBN: 978-1-945739-00-2 (Paperback)   ISBN: 978-1-945739-02-6 (Hardcover)

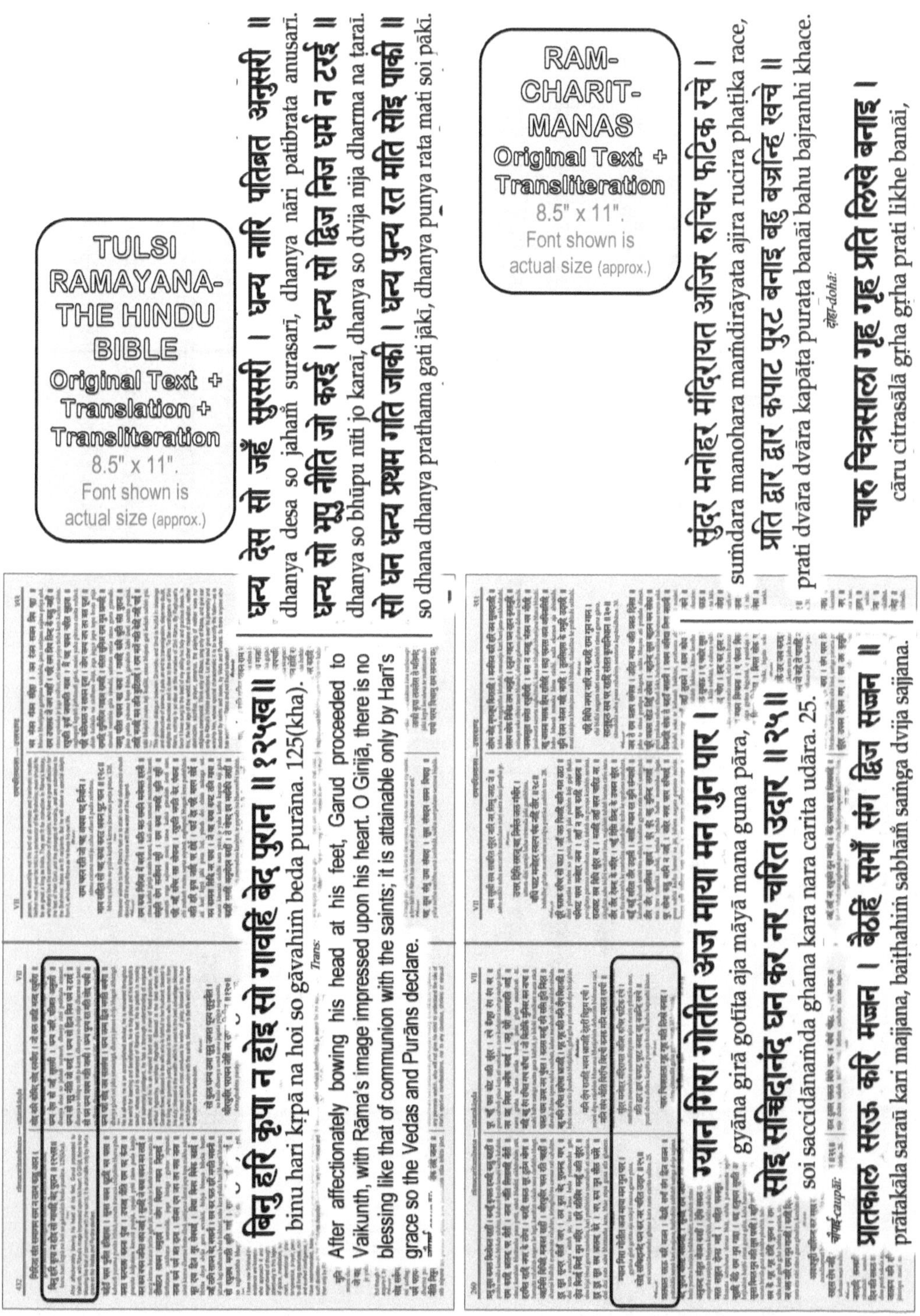

Some Other Editions of This Scripture

- **Ramayana, Large**: Tulsi Ramcharitmanas, Hindi only Edition
  8.5" x 11" ISBN: 978-1-945739-06-4 (Paperback) ISBN: 978-1-945739-10-1 (Hardcover)
- **Ramayana, Medium**: Tulsi Ramcharitmanas, Hindi only Edition
  8" x 10" ISBN: 978-1-945739-12-5 (Paperback) ISBN: 978-1-945739-11-8 (Hardcover)

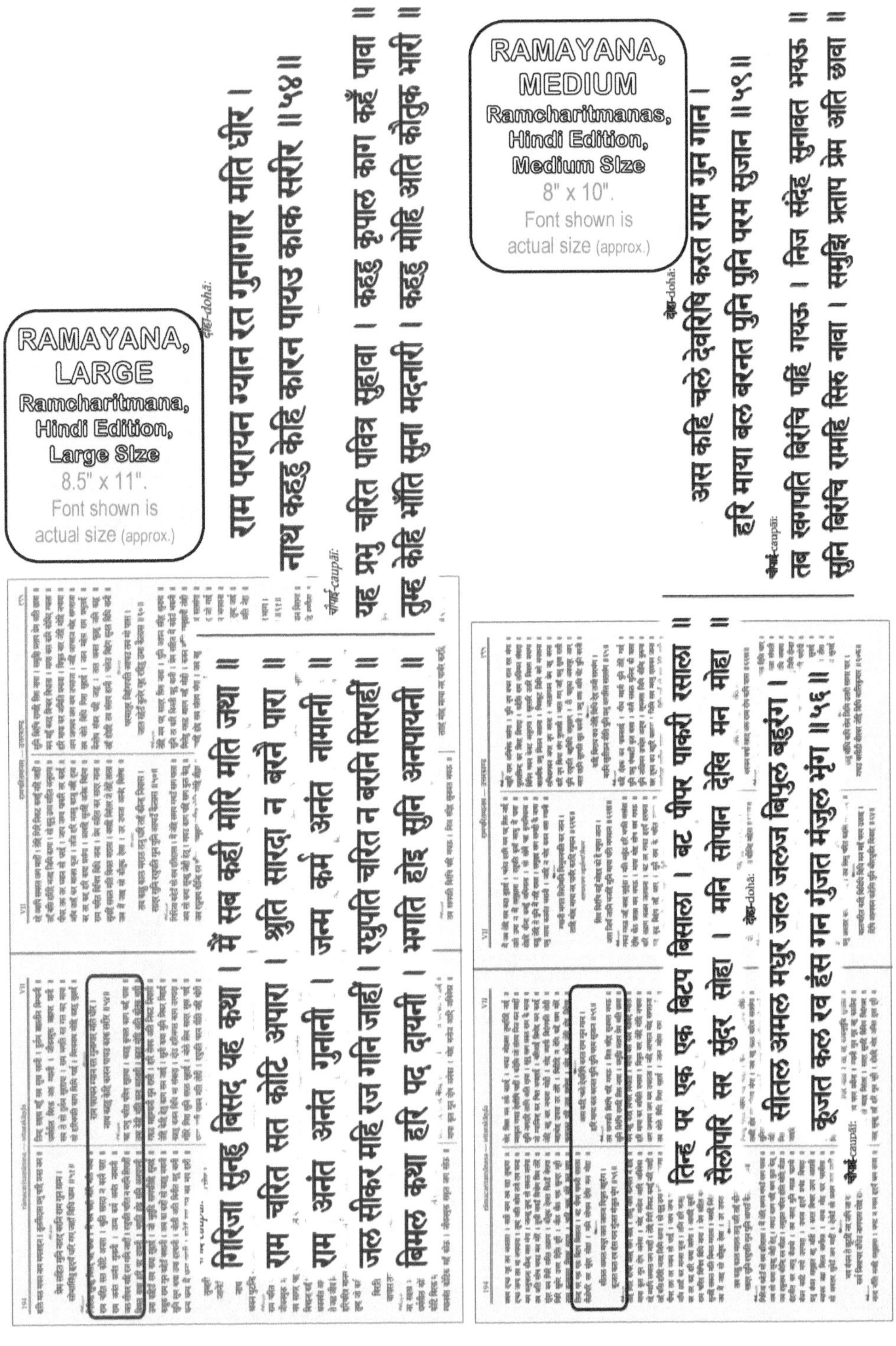

Rama-Hymns: Hanuman-Chalisa, Rama-Raksha-Stotra, Bhushumdi-Ramayana, Nama-Ramayana, Rama-Shata-Nama-Stotra, Rama-Ashtakam and other Hymns with Devanagari Text, Transliteration & English Translation

Translator: **Sushma** -- ISBN: 978-1-945739-25-5 (Paperback) -- 6.1" x 9.2" x 100 pages

Devanagari Text, Transliteration & English Translation of Important Hymns on Lord Rāma by Tulsidas, and others Ancient Sages of India. Contains: **Hanuman-Chalisa** (40 verses on Hanuman), **Rāma-Raksha-Stotra** (Hymn to gain Rāma's protection), **Bhushumdi-Ramayana** (Crow's Ramayana), **Nama-Ramayanam** (Ramayana through Names of Rāma), **Rāma-Shata-Nama-Stotra** (the Auspicious 108 Names of God Rāma), **Rāma-Shata-Nama-Stotra** (Rāma's 108 Names in List-Form) **Rāma-Ashtakam** (Octet on Rāma), **Rāma Stuti** (Praise of Rāma), **Hanuman Stuti** (Praise of Hanuman) & others.

[Links to rendition of these Hymns on our website: www.**onlyRama**.com]

श्रीराम-स्तुति . śrī-rāma-stuti

सिर मुकुट कुंडल तिलक चारु उदारु अंग विभूषणं,
sira mukuṭa kuṁḍala tilaka cāru udāru aṁga vibhūṣaṇaṁ,
आजानुभुज शर-चाप-धर संग्राम-जित-खरदूषणं।
ājānubhuja śara-cāpa-dhara saṁgrāma-jita-kharadūṣaṇaṁ.

He—whose head bears a crown, with pendants on the ears, a *Tilak* marked on the forehead; whose shapely limbs shine resplendent, whose arms extend down to the knees and wield the arms of bow & arrows, who in battle decimated the demons Khara and Dūshan—chant His Holy-Name: Rāma, the blissly ocean.

श्रीरामरक्षा-स्तोत्र . śrī-rāma-rakṣā-stotra

आत्तसज्जधनुषाविषुस्पृशावक्षयाशुगनिषङ्गसङ्गनौ ।
ātta-sajja-dhanuṣā-viṣu-spṛśā-vakṣay-āśuga-niṣaṅga-saṅganau ,
रक्षणाय मम रामलक्ष्मणावग्रतः पथि सदैव गच्छताम् ॥ २० ॥
rakṣ-aṇāya mama rāma-lakṣman-āvagrataḥ pathi sadaiva gacch-atām . 20 .

Accompanying me, with bows pulled and ready, with their hand stroking the arrows, with quivers full of unfailing arms slung on their back—may those wayfarers Rāma and Lakshman always stay in the front as I traverse my way, granting their protection.

श्री हनुमान चालीसा
śrī-hanumāna-cālīsā

श्रीगुरु चरन सरोज रज निज मन मुकुर सुधारि ।
śrīguru carana saroja raja nija mana mukura sudhāri,
बरनऊँ रघुबर बिमल जस जो दायक फल चारि ॥
baranaūṁ raghubara bimala jasa jo dāyaka phala cāri.

Cleansing the mirror of mind with the dust from the lotus feet of the revered Guru, I sing the unsullied glories of Shrī Rāma—the bestower of four fruits of life.

श्रीनामरामायणम्
śrī nāma rāmāyaṇam

-- बालकाण्डः -- bālakāṇḍaḥ --

॥ शुद्धब्रह्मपरात्पर राम ॥
śuddha-brahma-parāt-para rāma .1.
Behold Rāma—of the nature of pure Braham,
who is the Supreme-One, second to none.

श्रीरामाष्टोत्तर-शतनामावलि . śrī-rām-āṣṭottara-śata-nāma- vali

25	ॐ विराधवधपण्डिताय नमः om virādha-vadha-paṁḍit-āya namaḥ	-- my obeisance to -- Virādha-Vadha-Paṇḍita – the masterly Destroyer of demon Virādha
26	ॐ विभीषणपरित्रात्रे नमः om vibhīṣaṇa-paritr-ātre namaḥ	-- my obeisance to -- Vibhīṣaṇa-Paritrātā – Protector of Vibhishan

श्रीरामाष्टकम्
śrī-rāmāṣṭakam

भजे विशेषसुन्दरं समस्तपापखण्डनम् ।
bhaje viśeṣa-sundaraṁ samasta-pāpa-khaṇḍa-nam ,
स्वभक्तचित्तरञ्जनं सदैव राममद्वयम् ॥ १ ॥
sva-bhakta-citta-rañja-naṁ sa-daiva rāmam-ad-vayam .1.

He, who cuts off all sins, who brings lasting joy to the hearts of His devotees, O mind, dwell upon Him—the supremely beautiful Lord: Shrī Rāma, the One-God second to none.

श्रीरामाष्टोत्तर-शतनाम-स्तोत्रं . śrī-rām-āṣṭottara-śata-nāma-stotram

पुण्योदयो दयासारः पुराणपुरुषोत्तमः ।
puṇyo-dayo dayā-sāraḥ purāṇa-puruṣ-ottamaḥ ,
स्मितवक्त्रो मिताभाषी पूर्वभाषी च राघवः ॥ १३ ॥
smita-vaktro mitā-bhāṣī pūrva-bhāṣī ca rāghavaḥ .13.

Glory be to Shrī-Rāma, the source of every blessing & good furtune, the embodiment of compassion, the Supreme-Being whose laurels are sung in the Puranas—the Lord who speaks smilingly and is reticent and mellifluent, who can tell of things to come, who's the brightest scion of the Raghu dynasty.

श्रीकाकभुसुंडिरामायण
śrī-kāka-bhusuṁḍi-rāmāyaṇa

नाथ कृतारथ भयउँ मैं तव दरसन खगराज ।
nātha kṛtāratha bhayauṁ maiṁ tava darasana khagarāja,
आयसु देहु सो करौं अब प्रभु आयहु केहि काज ॥६३क॥
āyasu dehu so karauṁ aba prabhu āyahu kehi kāja. 63(ka).

सदा कृतारथ रूप तुम्ह कह मृदु बचन खगेस ।
sadā kṛtāratha rūpa tumha kaha mṛdu bacana khagesa,
जेहि कै अस्तुति सादर निज मुख कीन्हि महेस ॥६३ख॥
jehi kai astuti sādara nija mukha kīnhi mahesa. 63(kha).

[Bhushumdi addressed Garuda:] "I am blest by your sight; and now that I have seen you, O king of birds, please allow me to be of service to you. Pray say—what is the object of your visit, my Lord?" "You have ever been the picture of blessedness," replied Garuda in gracious tones, "seeing that Shiva, with his own mouth, always reverently sings your praise.

बंदौं राम-लखन-बैदेही। जे तुलसी के परम सनेही।[5]
baṁdauṁ rāma-lakhana-baidehī, je tulasī ke parama sanehī.

मंगल-मूरति मारुत-नंदन ...
maṁgala-mūrati māruta-naṁdana ...

Venerations to Hanumān, whose Sire is Marut, who is the embodiment of auspiciousness and well-being. Veneration unto him who can dispel all faults, and uproot every sin from the very foundation.

Venerations to the Son-of-Wind, who is a great benefactor of saints, in whose

Extracted from our book:

Sundarakanda -- The Fifth-Ascent of Tulsi Ramayana with English Translation & Transliteration

(6.1" x 9.2" x 108 pages ISBN: 978-1-945739-05-7 (Paperback)

Such souls are truly blessed: who drink of the nectar which is the name 'Rāma'—which nectar has been churned out of the all-pervading ocean of Brahmn—which nectar may be availed of as much as desired but never becomes depleted—which nectar remains ever present on the moon-like beautiful face of Lord Shankar increasing his beauty—which nectar is the sole remedy for all worldly afflictions—which nectar is the provider of all bliss—which nectar is the very life of mother Jānakī Sītā.

Blessed is our Lord God Sītā-Rāma and blessed the devotees of Sītā-Rāma: who remain ever absorbed in the joy of devotion to their Lord; who have thrown their heart as fish into the nectarine lake of love for the beautiful name Sītā-Rāma—two redeeming words, easy to remember, most delightful to hear, utter, sing; which satisfy every wish, and are the highest gain in this world and the next.

Blessed are such noble souls, who have heard the word, and who now understand, and who find themselves almost there; or who, in the spirit of devotion, have taken their first plunge; but the blessed-most are those who have already attained eternal happiness in the sea of serenity called Sītā-Rāma. But what about the rest of us? How will I secure my own release from this endless cycle of transmigration? Having Bhakti and submission to our Lord is the surest means of gaining deliverance from the cruel cycle of births and deaths—easy to say, but how do we attain to that? How far is it from here to there? And how do we get there? Who will be gracious to me? Who will inspire me with devotion to the lotus feet of Sītā-Rāma? In these difficult times, how is one to inculcate Devotion to the Lord's feet, and furthermore sustain it?

The answer is Tulsīdās' Rāmacaritamānas.

Yes, Rāmacaritamānas, the divine song—which emerged from the beautiful Mānas Lake of Lord Shiva's soul—which is the celestial river replete with Rāma's bright renown that has been in a relentless flow for eons—in whose holy torrents are swept away all the impurities of the Kali-Yug, whether they be in the form of tiny blades of grass or mighty tress tall—in the proximity of which you find your soul in an overflowing swell of ecstatic devotion—and submerged in whose streams you find your heart welling with joy and rapture.

Verily Rāmacaritamānas imparts Bhakti—as millions over the ages have discovered and aver. Its recitation helps us inculcate the habit of constantly remembering Bhagwān Rāma: to focus our minds upon Him, and His Holy Name. This is the supreme easy path of Hinduism known as Bhakti-Yog—finding God through Devotion. Bhakti for Sītā-Rāma, Hanumān, is the infallible remedy for all worldly ills and misfortunes which you see spreading like wildfire in this Kali-Yug.

Not just imparting the highest bliss of emancipation, Rāmacaritamānas delivers at every level—be it worldly or spiritual. After a hard day's toil, one finds a fount of rejuvenation within the verses of Tulsīdās; and just as a fish feels fresh when submerged in water, so too our souls feel invigorated by taking a dip in the Ocean of Bliss called Rāma—which Ocean exists within Rāmacaritamānas: the holy water of divine enactments and stories of Lord Rāma—which deeds were recorded by Lord Shiva Himself; and which have percolated down to us through several different narrators—with Goswāmī Tulsīdās being the latest in the long chain. Tulsīdās recorded the Rāmacaritamānas in his rustic poetry and his books are like pitchers full of ambrosia for gaining everlasting peace within our soul.

With the blessings of Lord Shiva, the verses of Rāmacaritamānas have acquired the power of Mantras. Each verse within Rāmacaritamānas is like a Siddha-Mantra—this the multitudes have testified over the centuries. Not only does Rāmacaritamānas bring the Supreme Being nearer to our hearts than ever before—making spiritual liberation and deliverance easily available—but the worldly benefits she brings to us are endless too. As myriads of devotees have verified through experiences of direct grace, Rāmacaritamānas, the Epic of Rāma, is like a Kāmadhenu—the celestial cow—which yields whatever the devotee seeks from her, be it some worldly remedy or spiritual enlightenment.

Amongst the people, Sundarakāṇḍa, the fifth ascent into Rāmacaritamānas has become the most popular Canto of the great Epic. Often it is often sung independently and is considered a book in itself. It is called Sundara because it is Beautiful, and it is Beautiful for its various reasons; especially since the sorrowful events of Ayodhyā-Kānd, this episode rekindles hope.

The Fifth Canto of Rāmacaritamānas bridges many ends and in it one finds many wishes being granted—which span the spectrum of human desires. In the same vein, numerous Rāma devotees over the centuries have averred, after direct realization, that the Pāṭha (recitation) of Rāmacaritamānas (or her proxy, the Sundarakāṇḍa) has the power to grant you any wish which you harbor in your heart; and during their recitation, they use the Samputs of certain verses taken from within the Rāmacaritamānas to get their desired wish.

Samput or Samputikaran is a Mantra which adds potency to the verses being hymned; in essence, it is a Mantra within a Mantra. Considered very powerful, Samput Mantras are mostly Chaupaīs or Dohās from within the Rāmacaritamānas itself; or they are the various chants of 'Rāma'—the King of Holy Mantras.

There are many Mantras in Rāmacaritamānas which are used to ward off troubles and afflictions as well as to gain the favor of our Lord God. For instance many parents will do the Pāṭha of Sundarakāṇḍa on the birthday of their children or loved ones using the following Mantra:

अजर अमर गुननिधि सुत होहू । करहुँ बहुत रघुनायक छोहू ॥

ajara amara gunanidhi suta hohū, karahuṁ bahuta raghunāyaka chohū.

which means: May you, dear, become ageless, deathless and a treasury of virtues and the very beloved of Shrī Rāma. This is the boon which mother Sītā bestows upon Hanumān in verse 5.17.3 of Rāmacaritamānas (the 3rd Chaupaī leading up to Dohā 17 of the Fifth Canto, Sundarakāṇḍa). Similarly, to gain the favor of Lord God and for the welfare and general well-being of their family, people will add the following Samput Mantra during their weekly Sundarakāṇḍa Pātha:

मंगल भवन अमंगल हारी । द्रवउ सो दसरथ अजिर बिहारी ॥

maṁgala bhavana amaṁgala hārī, dravau so dasaratha ajira bihārī.

meaning: He, who is the bane of all woes and an Abode of Bliss, who sports in the courtyards of King Dasrath, may that compassionate child Rāma, be ever kind to me. This verse is spoken by Lord Shiva to Uma at Rāmacaritamānas 1.112.4.

(Subhash Chandra -- Author of **Sundarakanda -- The Fifth-Ascent of Tulsi Ramayana)**

"A Brief Note" -- reproduced from our book:

Tulsi Ramayana --The Hindu Bible: Ramcharitmanas with English Translation & Transliteration

(8.5" x 11" x 450 pages ISBN: 978-1-945739-01-9 (Paperback) ISBN: 978-1-945739-03-3 (Hardcover)

Rāmcharitmānas, the scripture studied religiously by millions of Hindus across the world everyday, is a most Holy Writ: blessed, divine, sublime. It is a sanctified scripture rife with its own wonderful intrinsic power that sanctifies; and it is renowned to cure the maladies of body, mind, soul, life. As if possessing some magical attributes, there is something which makes Rāmcharitmānas so charming and profound—but that something has not been discovered even until now.

Of course being the Epic of Lord God Rāma, the appeal, enchantment, and profoundness replete herein, should lend itself to no wonderment; but then again, the charm also results because these divine verses come to us through the medium of a remarkable seer and saint, a supreme devotee of Lord Rāma, a true man of God, an empyreal bard: Sant Tulsīdās.

As you study this holy scripture—also known as the Tulsī Rāmāyana—let it be known: The real substance of this book is the original verses of Tulsīdās. Remove them from the book—or ignore them during the reading—and less than one percent of the book will remain; And that is the reason why we have rendered the original Tulsī text into Transliterated form as well: so that the benefits of reading the Tulsī Rāmāyana can be earned in full by one and all.

And although we also give English portrayal of the verses to suggest to the reader what is going on but we consider these to be simply merely hints, and deem them as having little import beyond that. The so-called 'Translation' is not the real deal, if you will, but just a shadowy clue—which is the best that one can do. Yes; to present the work of a literary giant like Tulsīdās, through the medium of Translation, is a most daunting task and we will not even begin to attempt that. We prefer to call this venture not a Translation but simply a decrepit depiction in English words of the Tulsī Rāmāyana.

In the past, numerous great souls have rendered the Rāmcharitmānas into Hindi, English, and various other languages, and we are greatly indebted to all of them—for we have copiously made use of the several existing works to cumulate this work here. All the credit goes only to such noble souls who have written and discoursed upon this great Epic over the years, and only the mistakes originate from me: a little bee floundering, who flew to many beautiful flowers, but being incapable, could not gather the nectar well enough.

Now, without further ado, most humbly, sitting at his blessed feet, this book is placed in the hands of our family deity Shrī Hanumān, the most favorite attendant of Shrī Rāma, and may he do what he pleases with it.

(**Baldev Prasad Saxena** -- Compiler-Translator-Editor of: **Tulsi Ramayana--The Hindu Bible**)

The Upanishad Vidya Series

Vedas, the ancient most human compositions, end in Vedanta: the "Culmination-of-Vedas." Vedanta—containing the philosophical parts of Vedas—comprises of many Upanishads. Our Upanishad Vidya (Know Thyself) Series gives the 'Gist of Upanishads' in an easy to understand language.

RAMA GOD: In The Beginning - Upanishad Vidya (Know Thyself) Author: Vidya Wati

ISBN: 9781945739217 (Paperback), 9781945739224 (Hardback)

Eastern wisdom—a continual meditation on Life, Death, Self, Immortality—has inspired and puzzled wisdom seekers for ages. Expressing these philosophical, spiritual ideas in poetic words that are simultaneously lucid, and insightful, this book reveals the ultimate reality—taking one on a journey beyond death: to the portals of eternal life. The theme of Vedanta is presented here in an easy to understand language through the lips of Tulsidas, a sixteenth century saint, who is on his travels in a fictional journey through parts of India. This book is the "First Gem" in the continuing "Upanishad Vidya" Series. Here we can hear the audacious voice of the saint go rolling through the multitudes:

"I am. I am the Self—the Self whose essence is the snow-white flux of consciousness. My real nature is pureness without a hint of blemishes. Minus a beginning, minus an end, I am the dominion that ever am; and I am the light that can never be snuffed-out, extinguished. I am the element coalesced from the flux of luminance; and I am the Sun, and the child of Sun—emerged from the womb of endless space. A light-beam torn from the stars, I am the soul upon its circular journey—to the ocean of radiance. Of Rāma, within Rāma—I am the child of blessedness.

Where am I? Where the head is void and quiet the heart reposed; where the world…like a hollow murmur rings; where mute forever abides the voice,—the one that's there, who's still in here: that one is me; O yes, that one's me… Motionless below an abeyant arch; where is no sunlight above, and neath, no shadows curve; where no waves of dualities ever swing; the one there alone, who ever sings, —that one is me, … is me." *Who am I?* Where joys and sorrows turn back, return …away; from where every single thought … …runs away; that singularity of awareness, the purity of simply being: that one is me;… is me.

Yes—not the cacophonous sounds of shuddering despair and doom; or the grating noise from chains that generations dragged across dark thresholds through chapels of gloom; or the babbling words of hell, satan, sin, damnation; or a rumpus of the falling ruins rising from depths of unavailing bleak faith—this is the voice of the Free, the proclamation of the Fearless, the sound that sets one Free.

Purling Shadows: And A Dream Called Life - **Upanishad Vidya (Know Thyself) Author: Vidya Wati**

ISBN: 9781945739231 (Paperback), 9781945739248 (Hardback)

This life is but a dream! In an unbridled setting for fascinating tales spun out by someone wacky and wild, or perhaps like a playful child, and with one huge blue canvas before him and a palette of monstrous colors to the side, this life is but infinite painted dreams—dreams that transcend the ambit of all sane possibilities.

In a vast land of imagery—so beautiful and such carefully wrought—stroking a wonderful complexity of its infinite threads; sinking his finger into them but without truly feeling their touch; with many imagined knots rolled tightly into a ball—but held in a loose clasp; dreaming on and on with his wide lustrous open eyes—languid and yet bright; gazing at an undulating canvas covering the whole of the wall; creating and working to make many things come alive, just so that he can eventually commemorate their deaths—there is this One Insane Being—of incomprehensible merit and wondrous brilliance—and of such an aching consciousness, and a mind full of wistful play. Him—God—who can ever really fully understand?

And when fatigued of some play then, with one soft cold touch of his thought, he just pushes it all aside, makes them simply mute, blends them quietly away—a fade out as some would say. And lies there this pathetic heap, gathered of his broken bits; and he takes a moment to stop and gaze at it; then idly he rearranges it all into one beautiful new artifact—caring not even to add his name upon it, before or after. "To be known, and to propel your name into futurity it's a requisite to write your name upon it"—I shout out to him, but he cares not the least. A Majestic Madman of such divine qualities indeed—now him, who can ever truly understand? And O, how can I even begin to tell you what I see in his eyes! And at times I too become one with his unhinged cerebrations of the crazed kind—where all things are found simply to shine—even those things that are the most unkind; and where no sighs drift up to us from the woes of the earth below; and where no griefs ever touch us while we are with him there.

Lost Soul - Upanishad Vidya (Know Thyself)	Author: Vidya Wati	Release date: Fall 2018
The Orb - Upanishad Vidya (Know Thyself)	Author: Vidya Wati	Release date: Winter 2018
Fiery Circle - Upanishad Vidya (Know Thyself)	Author: Vidya Wati	Release date: 2019

(Names may change slightly at the time of Book-Release)

Sundarakāṇḍa
सुन्दरकाण्ड
ramcharitmanas
Original Text with Transliteration
रामचरितमानस
PURLING
Shadows
UPANISHAD VIDYA
KNOW
THYSELF
FOOL
Rāma-Hymns
राम-जप
रामचरितमानस
TULSI
rāmayana
THE HINDU BIBLE
रामचरितमानस
FIRST
KNOW
THYSELF
O
FOOL
UPANISHAD VIDYA
RAMA
God
Vidya Wati
रामचरितमानस
रामचरितमानस

www.ingramcontent.com/pod-product-compliance
Lightning Source LLC
Chambersburg PA
CBHW021437080526
44588CB00009B/560
* 9 7 8 1 9 4 5 7 3 9 0 8 8 *